모두를 위한
설교 시리즈
11

하나님의 성품에 도달하는 예수의 공동체, 사도행전 강해

아름다운 교회를 향하여

세움북스는 기독교 가치관으로 교회와 성도를 건강하게 세우는 바른 책을 만들어 갑니다.

모두를 위한 설교 시리즈 11

아름다운 교회를 향하여

하나님의 성품에 도달하는 예수의 공동체, 사도행전 강해

초판 1쇄 인쇄 2025년 1월 20일
초판 1쇄 발행 2025년 1월 25일

지은이 | 홍성훈
펴낸이 | 강인구
펴낸곳 | 세움북스

등   록 | 제2014-000144호
주   소 | 서울시 종로구 대학로 19 한국기독교회관 1010호
전   화 | 02-3144-3500
팩   스 | 02-6008-5712
이메일 | cdgn@daum.net

디자인 | 참디자인

ISBN 979-11-93996-34-8 (03230)

모두를 위한
설교 시리즈
11

The BOOK of

of

아름다운 교회를 향하여

*

하나님의 성품에 도달하는 예수의 공동체, 사도행전 강해

홍성훈 지음

ACTS

세움북스

추천사

**

　『아름다운 교회를 향하여』는 저자 홍성훈 목사님의 오랜 묵상과 깊은 신앙 여정이 깃든 책으로서, 교회의 참된 아름다움과 본질을 향한 사색을 정성스럽게 담아냅니다. 저자는 사도행전의 이야기를 단순히 해설하는 것을 넘어, 오늘날 교회가 회복해야 할 진정한 방향성을 따뜻한 어조로 일깨웁니다. 글을 읽다 보면 성령의 불꽃 속에서 복음을 전하던 초대 교회의 열정이 지금의 우리에게도 살아 있는 울림으로 다가옵니다.

　독일에서 이민자 교회를 섬기며 저자는 "교회란 무엇인가?" "아름다운 교회란 어떤 모습인가?"라는 질문을 놓지 않았습니다. 그에게 교회는 고향을 떠나온 이민자들이 하나님의 품 안에서 쉼과 위로를 얻고 서로의 손을 맞잡는 곳이자, 동시에 세상 속으로 나아가 복음을 전하는 공동체였습니다. 그렇게 그의 오랜 목회 여정과 '아름다운 교회'에 대한 깊은 갈망은 이 책의 뼈대이자 숨결이 되었습니다. 저자가 수년간 강단에서 전해 온 사도행전 강해 설교를 엮은 이 책은 그의 진지한 신앙의 땀과 사려 깊은 통찰이 배어 있는 귀중한 열매입니다.

　저자의 시선은 따뜻하면서도 예리하게 교회의 본질을 향하고 있습니다. 그는 교회가 단순한 공간을 넘어, 성령 안에서 하나 되어 기쁨과 아픔을 나누고 세상에 복음을 전하는 살아 있는 공동체여야 함을 거듭 강조합니다. 그가 꿈꾸는 교회는 단지 예배 공간이 아닌, 사랑과 빛이 머무는 생명의 자리이며, 하나님을 향한 순수한 갈망으로 가득 찬 공동체입니다. 따라서 '교회란 하나님과의 관계 안에서 빛나는 곳이어야 하며, 교인들이 서로를 돌아보고 세상으로 나아가는 사랑의 중심이어야 한다'라고 하는 그의 신념은 이 책 속에서 깊은 울림을 전합니다.

『아름다운 교회를 향하여』는 교회가 본질로 돌아가기를 바라는 저자의 간절한 열망과 소망을 담아, 하나님 앞에 선 교회의 진정한 모습을 조용히 비춰 줍니다. 독자들은 이 책을 통해 사도행전의 이야기를 따라가며 교회의 참된 의미와 아름다움을 새롭게 발견하게 될 것입니다. 또한 저자가 꿈꾸는 것처럼 벽과 기둥을 넘어, 하나님을 사랑하고 서로를 돌보며 예수 그리스도의 빛을 세상에 비추는 공동체로서의 교회를 어느덧 함께 꿈꾸게 될 것입니다. "교회란 무엇인가?" "아름다운 교회란 어떤 모습인가?" 교회의 본질에 대해 끊임없이 질문하며 도전하고 있는 오늘날의 모든 교회와 성도님들에게 이 책을 적극 추천합니다.

‖ **김관성** (낮은담교회 담임목사)

*
**

홍성훈 목사님이 독일의 카셀아름다운교회에서 목회를 하실 때, 그곳에 서너 번 방문한 적이 있습니다. 커다란 독일 교회당을 빌려서 적은 인원이 예배를 드렸지만, 말씀의 은혜가 충만하며 찬양의 기쁨이 가득

찼던 교회의 분위기에 놀랐고 크게 감동을 받았던 기억이 납니다.

그의 두 번째 강해 설교집인『아름다운 교회를 향하여』를 읽으며 말씀을 따라 사는 그의 삶과 교회의 모습을 엿볼 수 있었습니다.

이 책의 주요 특징은 성경 본문에 충실한 설교라는 점입니다. 또한 성령의 이끌림을 받는 초대 교회가 경험했던 신비한 감동을 현대 교회에 어떻게 적용해야 할지에 대한 통찰을 동시에 느끼게 한다는 점입니다. 따라서 이 책은 예수님이 유대 땅에서 전한 하나님 나라의 복음이 어떻게 온 세상으로 퍼져 나가게 되었는지, 그 복음의 능력이신 성령께서 어떻게 각 사람들에게 역사하셨는지, 예수를 그리스도로 믿은 사람들이 어떻게 하나님의 사람으로 변화되었는지, 그리고 교회란 무엇이며, 어떻게 세워지고, 어떻게 확장되고, 무슨 일을 하는지, 그러나 무엇보다도 그리스도인은 어떤 사람이며 어떻게 살아야 하는지, 한마디로 성경적 인생의 나침반이요 삶의 지도라고 말할 수 있습니다.

만일 생명력이 넘치는 그리스도인의 삶을 살기 원한다면, 만일 하나님께서 원하시는 사랑과 진리의 삶을 살기 원한다면, 만일 성령의 이끌림을 받기 원한다면 이 책을 일주일에 한 편씩 읽고 묵상하며 생활에 적용해 보십시오. 분명히 생명과 진리의 말씀 안에서 성령에 이끌리는 삶을 경험하게 될 것이라고 믿습니다.

‖ **김온양** (아하코칭센터 대표, 세움교회 은퇴장로)

＊
＊＊

오래전 저자는 독일의 한 유학생 교회에 부임하면서 고민합니다. 이

합집산에, 때론 동상이몽과 동병상련의 특징이 있는 유학생 교회에 어떻게 신앙의 불꽃을 댕길 수 있을까? 신앙에 관한 한 대부분 어린 신자들이라는 점을 잘 아는 저자는 성경으로 신앙의 기본 틀을 세우기로 합니다. 여러 생각 끝에 출애굽기와 사도행전을 염두에 두고 고민합니다. 여러분도 어느 정도 그 이유를 짐작하실 것입니다. 저자는 숙고 끝에 사도행전을 택합니다. 사도행전에 드러나는 교회 공동체의 역동성을 교우들이 느끼고 경험하기를 바랐기 때문입니다.

그는, 교회 공동체의 역동성은 장소와 형편과 지역에 상관없이 어디서든 한 하나님의 부르심을 받은 이들의 기본적 특성이어야 한다고 생각했습니다. 그리고 꼬박 2년 동안 신실하게 강단에서 사도행전을 연속으로 설교했습니다. 그 결실이 이 책, 『아름다운 교회를 향하여』입니다. 부제는 설교 전체를 통해 저자가 이루고 싶었던 공동체를 표현한 핵심 문장입니다. "하나님의 성품에 도달하는 예수의 공동체."

저자가 밝혔듯이, 저자는 이 책에 사도행전 본문의 세세한 주석적 설명이나 신학적 해설을 담지 않았습니다. 설교를 통해서 자기 앞에 앉아 있는 교우들의 상황에 맞추어 본문이 말하려는 뜻을 알려 주고, 때론 본문에서 발생하는 신앙적 질문들을 솔직담백하게 드러내어 고민하며 도전했습니다. 그리고 설교할 당시의 시사(時事)와 청중이 공유할 수 있는 다양한 상황과 형편들, 시의적절한 예화 등을 사용했습니다. 이로써 설교의 현장성이 돋보입니다.

그럼에도 가장 중요한 특징은 저자가 청중들 각자가 처한 환경 안에서 성령의 인도에 예민하게 반응하는 (사도행전에 등장하는) 인물들의 모습을 볼 수 있도록 묘사하는 데 많은 시간을 할애한 것입니다. 이로써 청중과 함께 호흡하는 설교가 되도록 애를 쓴 흔적이 역력하게 드러납니다. 사랑하는 교인들을 '위한' 목회자의 애정 어린 설교입니다. 독자들은 49편의 설교를 매주 한 편씩, 해당 본문을 펼쳐 놓고서 곱씹어 읽으면 좋겠습니다.

‖ **류호준** (백석대학교 신학대학원 은퇴교수, 다니엘의 샘 원장)

***

사도행전은 느릿느릿 진행된 하나님 나라 이야기입니다. 하나님의 실력을 생각하면 언약을 맺은 후 이렇게 긴 세월을 버르장머리 없는 인간에게 허비하고서 아들을 메시아로 보내실 리가 없습니다. 그를 허망하게 십자가에서 죽게 하실 리가 없습니다. 성령까지 보내셨으니 거칠 것 없는 광폭 행보로 삽시간에 복음이 확산되고 증인들이 가는 곳마다 파란을 일으키셔야 마땅할 듯합니다. 그런데 너무 더뎠습니다. 기다리십니다. 돌아가십니다. 막힙니다. 아니, 하나님이 스스로 막으십니다. 갇힙니다. 돌에 맞고 쫓겨나고 방황합니다. 하지만 중단은 없었습니다. 넘어졌지만 패하지는 않았습니다. 하나도 당연하지 않게 하셨고 예측 가능하지 않게 하셨습니다. 제국과 기성 권력의 말과 힘과 지혜를 무색하게 하는 방식으로, 당신만의 속도로 이루어 가셨습니다.

저자의 사도행전 강해는 휠체어의 속도로, 한계로, 그의 팔의 힘만큼 읽게 해 줍니다. 그가 빨리 갈 수 없어서, 달려갈 수 없어서, 자유자재로 삶의 조건들을 장악할 수 없으니, 마찬가지이면서도 착각하고 있는 우리보다 더 하나님의 속도에 민감합니다. 하나님의 눈높이로 읽습니다. 그가 할 수 없는 것이 몇 가지 더 있어 하나님만이 하실 수 있었던 것을 볼 수 있는 감각이 있습니다. 그를 통해서만 읽을 수 있는 사도행전이 있습니다. 그만 쓸 수 있는 책을 썼습니다. 어디에 있든 그는 보이지 않았습니다. 아는 체하면서 수줍어했습니다. 그래서 하나님은 그를 사용하시기 편하셨을 듯합니다. 성령님이 수줍은 하나님 아니신가, 당신 닮은 종에게 잘 들키신 책입니다.

‖ **박대영** (광주 소명교회 담임목사)

*
**

아침 큐티로 홍성훈 목사님의 설교를 읽었습니다. 홍성훈 목사님의 설교문을 읽으며 드는 생각은 다음과 같습니다. 군더더기가 없다. 문장이 단문으로 깔끔하다. 논리성이 뛰어나다. 성경 본문의 메시지가 분명하다.

네덜란드와 독일을 넘나들며 기독교 윤리학을 공부했던 홍 목사님은 바른 사고와 행동을 잊지 않습니다. 정파적이고 치우치는 이념적 인간이 되기 쉬운 땅 분단의 나라 한국에서 소신껏 살아간다는 것이 쉽지 않은데, 저는 그가 언제나 바른 말과 그에 따른 행동을 실천하려고 노력하는 것을 보았습니다. 그는 한마디로 성경의 사람이요, 예수님의 제자였습니다. 그런 그가 독일 유학생들로 이루어진 아름다운 카셀의 한인 교회에서 담임 목사로서 전한 사도행전 강해 설교는 삶 그 자체였다는 생각이 듭니다.

한 예로, 저는 여섯 번째 설교 "교회에는 은과 금은 없다"(행 3:1-10)을 읽으며 많은 은혜를 받았습니다. 나면서부터 앉은뱅이 된 자를 오직 예수님의 능력으로 일으키는 말씀인데, 이 설교에서 홍 목사님은 장애인들이 다소 불편해할 수 있는 용어, 개념, 단어를 전혀 개의치 않고 씁니다. 그 한 예가 '병신'이라는 말입니다. 저자는 휠체어를 타야만 하는 장애인인 자신에게 말하듯 이 단어를 망설임 없이 쓰고 있습니다. 이는 홍 목사님 자신이 자신의 가장 큰 아픔인 걷지 못하는 장애를 그리스도 안에서 극복한 사람이라는 것을 보여 줍니다. 설교를 통해 어느새 자신이 육신의 장애를 복음으로 극복한 후, 훨훨 나는 새처럼 자유로워졌음을 보여 줍니다. 이 글을 읽으며 어느 순간 저의 조바심은 사라지고 속이 시원하기까지 했습니다. 그는 분명히 거듭난 그리스도인, 복음으로 치유함을 받은 영적으로 건강한 주의 종이었습니다.

그런 그가 성실하게 준비하고, 기쁨으로 설교문을 쓰고, 예리하게 선포한 설교를 출판하기 위해 다듬어서 한국 교회에 내어놓음은 독자에게 큰 복입니다. 무엇보다 그의 설교는 티 없이 맑고 순수합니다. 그는 당시 곧 떠날 나그네로서 곧 문닫을 독일의 작은 예배 공동체에서 전혀 욕심 없이 복음을 순수하게 유언처럼 전했습니다. 이러한 홍성훈 목사님의 설교를 기꺼이 추천합니다. 홍 목사님의 설교문을 읽으며 독자들이 묵상하고, 성찰하고, 영성을 회복하고, 영감을 받아 설교의 갱신을 이루기를 소망합니다.

‖ **주도홍** (백석대학교 역사신학 은퇴교수)

서문

마가복음 강해집『하늘의 음성 땅의 고백』이 출간된 이후, 꽤 오랜 시간이 지나고서 사도행전 강해집을 세상에 내놓게 되었다. 이 강해집의 시초는 필자가 시무하던 (독일) 카셀아름다운교회에서 2006년 9월 17일부터 2008년 8월 1일까지 주일 예배 시간에 행한 설교들이다. 그 후 많은 시간이 흘렀으니 이 원고들의 수준이나 내용에 큰 진보가 있어야 할 것이다. 그러나 나는 그 시절의 원고에서 크게 손질을 하지 않았다. 우선은 그때의 설교에 우리 교회의 역사가 서려 있기 때문이다. 또 한 가지, 설교는 그 자체로 완성된 신학적 체계가 아니다. 어느 시간 어느 장소에서 어느 누군가에게 행해지는 것이 설교라고 한다면, 설교에 있어서 가장 중요한 것은 '현장성'이다. 같은 설교자가 같은 본문을 전한다고 하더라도, 그것을 듣는 청중이 누구이고 어떤 상황에 있는지를 매번 고려하는 것이 중요하다는 뜻이다. 아주 직접적이고 특정적이어서 삭제하거나 독자를 고려하여 수정한 몇 곳을 빼고는 기존의 원고 그대로를 책으로 내는 내 나름의 이유다.

사도행전 강해는 필자가 3년 동안 네덜란드와 독일을 오가며 교회를 섬기다가 가까스로 비자를 받고 이주한 후에 시작되었다. 2006년에 노동 비자를 받는 조건으로 이수하게 된 독일어 공부와 자격시험을 준비하느라 매주 닷새 동안 학원을 오가고 있었다. 쉽지 않은 일정이었지만, 그보다는 학위 과정에서 윤리학을 전공하기 위한 책 외에는 모두를 한국에 두고 온 터라 설교를 준비하는 데 필요한 자료를 찾기가 불가능한 상황이었다. 교회는 전부가 유학생으로 구성되었고, 당시 교인 대부분은 1970년대에 출생한 서른 살 정도의 청년들이었다. 짐작하겠지만, 그들은 한국에서의 교회 생활을 통해서 교회와 신앙에 관하여 알기는 해도 체계적인 훈련을 좀 더 필요로 하는 교인이었다. 필자가 부임한 지 몇 달이 지나 내년에 교회를 섬길 집사를 세우겠다고 광고하고 네 페이지에 달하는 서약서를 보내자, "집사가 뭐 하는 직분이에요?"라며 한국의 부모나 친지들에게 전화를 한 사람도 있을 정도였다.

이러니, 정서나 의지는 기꺼이 신자와 교인임에도 신앙의 구체적인 내용을 자상히 알지 못한다고 봐도 과언은 아니었다. 이런 상황에서 필자가 가장 우선으로 강조하고자 하는 바가 있었다. 그것은 "어차피 여기에 죽을 때까지 살 사람은 없다. 그러니, 기회 있는 대로 신나게 신앙생활 하다가 형편이 어쩔 수 없으면 교회 문 닫고 떠나자"였다. 실제로 필자는 연말마다 제직 수련회를 가지면서 이렇게 말하곤 했다. 이때 필자의 마음을 사로잡은 그림은 성경에 등장하는 신앙의 선배들이 하나님께서 이끄시는 곳을 따라다니면서 발걸음이 멈추는 곳마다 거기에서 하나님의 이름을 불렀던 바로 그 이미지였다.

이런 이미지는 필자가 부임한 이후 공개적으로 혹은 개인적으로 "우리 교회의 이름은 그냥 놔두실 건가요?" "교회 표어는 안 고치시나요?" "우리 교회는 목사님이 속한 교단을 따라야 하는 것 아닌가요?" 같은 여러 질문을 받으면서, 교회가 무엇인지를 구체적으로 함께 묵상할 필요를 느끼게 했다. 그리고 그 묵상의 텍스트로 '사도행전'을 택한 것이다. 사도행전에 등장하는 수많은 유·무명의 신자들이 그러했듯, 가는 곳마다 예배하며 복음을 증거하자는 것이었다. 예수를 주로 영접한 그들은 자의로 혹은 타의로 고향을 떠나 하나님께서 인도하시는 곳으로 갔으며, 거기서 하나님께 예배하며 그리스도 예수의 이름을 전했다. 하나님의 구체적인 목적을 인지하지 못했음에도 초대 교회 시대의 신자들은 이곳에서 저곳으로 움직였다. 그들은 때로 핍박을 통해 흩어지기도 했고, 개인적인 사유 때문에 먼 곳까지 이동하기도 했다. 그 이유야 어떻든, 그들은 가서 머무는 곳마다 하나님의 이름을 불렀고, 복음을 전하면서 자신의 구주이신 예수 그리스도를 알렸다.

이런 모습이 오늘날이라고 다르겠는가. 우리의 경험 안에서야, 교회는 건물을 중심으로 고정된 공동체이지만, 오늘날에도 우리 생각보다 훨씬 많은 사람이 건물 중심의 고정된 공동체를 누리지 못한다. 어쩌면, 우리가 요즘 흔하게 말하는 디아스포라 공동체도 여기에 속할 것이다.

그러므로 필자가 사도행전 연속 설교를 통해서 강조하려는 것은 교회 공동체의 역동성, 즉 어디를 가든지 하나님의 자녀와 한 하나님의 부르심을 받은 이들의 기본적인 특성이었다. 이것을 강조하기 위해서 필자는 사도행전의 세세한 신학적 의미를 설명하기보다, 각자가 처한 환경 안에서 성령의 인도에 예민하게 반응하는 인물들의 모습을 묘사하는 데 많은 시간을 할애했다. 그들의 즉각적인 반응성을 나의 청중들도 갖기를 간절히 바라면서 말이다.

이러저러한 곡절 끝에 카셀아름다운교회는 2021년 2월 28일, 마침내 마지막 예배를 드리고 문을 닫게 되었다. 교회는 하나님의 것이요, 목회는 그의 부르심에 대한 응답이라고 한다. 그러니 교회와 목회가 중단된들 무슨 미련이 남겠는가. 하지만 하나님의 섭리는 참으로 오묘하다. 사역자는 교회를 마치 자신의 분신처럼 여기며 여기에 생명을 걸고 일한다. 교회 역시 교인에게 있어서 그러하다. 사람은 자기 것이라 여겨야 최선을 다한다는 그 본성을 하나님께서 이렇게 이용하시는 것이다. 그러니, 미련 역시 남는 것이 당연하다. 다만, 주께서 이런 마음을 위로해 주시길 기도할 뿐이다. 그리고 그동안에 미련하고 우매하여 주인의 뜻을 잘 헤아리지 못하고 일했던 부분이 있으면 회개하여 용서함을 받고자 한다.

사도행전 설교를 하면서 그분의 뜻을 헤아렸던 나의 메시지가 과연 그분의 마음에 드셨을지, 그의 뜻에 부합했을지, 이것이 과연 카셀아름다운교회의 역사에 제대로 구현이 되었을지를 이제 차분히 들여다보고자 한다. 그리고 한 지역 교회의 짧은 역사와 함께 선포된 사도행전의 가르침이 과연 다른 지역 교회에 어떤 교훈을 줄지 그 반향을 조용히 기다린다. 만약 거기에 긍정이 있다면, 나의 슬픔과 아픔에 그 어떤 것보다 깊은 위로가 주어질 것이다.

부족한 설교 원고를 읽고 추천해 주신 분들께 깊은 감사를 드린다.

네덜란드에서의 공부가 시작되던 무렵부터 나의 존경하는 선배가 되어 주셔서 지금까지도 인생의 황혼 가운데로 함께 걸어가며 좋은 말씀으로 격려해 주시는 류호준 목사님, 카셀이라는 공통점으로 맺어져서 지금까지 역시 오랜 시간을 형님처럼 격의 없이 어깨를 내어 주신 주도홍 목사님. 내가 섬기던 카셀아름다운교회를 견적도 나오지 않을 만한 희생과 호의로 친히 찾아오시기까지 하면서 오랫동안 삶과 눈물과 감동을 함께 나누어 주시는 나의 형님 같은 선배 김온양 목사님. 덕은교회로부터 행신교회를 거쳐 낮은담교회에 이르기까지 그 사연 많은 시간을 걸어오며 멀리서 가까이서 마음을 나누고, 생각을 나누며, 각자의 자리에서 목회의 길을 함께 걸어 주는 동역자 김관성 목사님. 코스타에서의 만남으로 시작해 멀리서 혹은 가까이서 많은 것을 나누어 준 나의 동역자 박대영 목사님. 어쩌면 이분들이 본 나의 모습이야말로 나의 진면목을 다채로운 그림으로 설명하는 데 가장 적격인 분들이 아닌가 싶다. 이분들의 추천사를 읽으며 형언할 수 없는 큰 감사의 마음을 전하고자 한다. 이 책이 그 호의에 부응하기를 바란다.

마지막으로, 이 설교가 전해지던 그 시간에 함께 해준 교우들께 감사드린다. 가장 좋은 훈련과 경험을 해야 했던 시절, 부족함이 많았던 목회자와 함께하느라 얼마나 고생했을지…. 다시 한번 심심한 사과와 함께, 내게 남은 시간 그대들을 위해 기도함으로써 나의 미안함을 조금이나마 갚고자 한다. 또 하나의 개인적인 소원이 있다면, 이 책이, 나의 사랑하는 아내와 딸의 쉽지 않았던 인생이 결코 의미 없지는 않았음을 그들에게 조용히, 그러나 또렷하게 알려 주면 정말 좋겠다. 부디 이 책

이 당신의 자녀들을 이끌며 앞서가시는 하나님을 따라 미지의 세계로
항해하는 독자들에게 큰 용기를 주길 기원한다.

Contents
목차

01

기도하고 기다리면
행 1:1-14

사도행전의 주제

사도행전은 '누가'라는 사람이 '데오빌로'에게 보낸 문서입니다. 형태는 서간문, 즉 편지같이 쓰여서 본문에 저자와 독자가 분명하게 드러납니다. 그러나 그 내용은 한 명의 저자, 즉 편지를 보내는 사람인 누가의 감성을 전달하자는 것이 아닙니다. 누가 스스로가 표현하듯이 데오빌로에게 자신이 사도행전 전에 이미 보낸 편지, 즉 누가복음으로부터 이어지는(後續) 이야기를 전달하고자 했던 것입니다. 말하자면 사도행전은 누가복음에서 소개된 바 있는 예수 그리스도라는 분의 이야기를 계속 전하려는 글입니다.

사도행전 1장 1-3절에 있는 바와 같이, 누가복음은 시간적인 면에서 볼 때 그리스도의 나심과 죽으심, 그리고 부활하심과 부활하신 후 승천하시기까지 40일 동안 제자들과 함께하시면서 하나님 나라에 관해 가르치신 일까지를 기록했습니다. 사도행전은 그 이후의 시점부터 그리스도에 관한 일을 기록했다고 보면 됩니다. 뿐만 아니라 신학자들도 거의 동의하는 것은, 누가라는 저자가 누가복음과 사도행전을 용의주도한 목적을 가지고 하나의 글로서 이어 가고 있다는 점입니다.

이처럼 누가가 진지하게 진행하는 글쓰기 작업은 이상하게도 사도행전의 마지막에 이르러 갑작스럽게 끝나 버리고 맙니다. 이상하지 않습니까? 누가가 이 두 책을 쓸 때는 장과 절의 구분이 없었습니다만, 장수만을 보더라도 누가복음이 24장, 사도행전이 28장으로 모두 52장입니다. 무척이나 길다는 뜻입니다. 이렇게 엄청난 분량을 써 내려간 성의만 가지고서 말하더라도, 누가는 사도행전의 마지막에 이르러 어떤 분명한 메시지로써 결론을 내려야 할 것입니다. 그러나 문제는 그렇지 않다는 것이죠. 이건 무엇을 의미하는 걸까요?

또, 이 사도행전의 내용은 '사도행전'이라는 책 이름 그대로 예수 승천과 성령 강림 사건 이후로 사도들을 중심으로 하여 예수의 복음이 전파되어 가는 과정을 기록하고 있습니다. 여기에 특별히 사도 베드로와 사도 바울이라는 걸출한 하나님의 종들의 활약이 무척 많은 분량 기록되어 있습니다.

뿐만 아니라 사도행전이 우리가 아는 그 누가에 의해 기록되었다면, 그리고 학자들이 말하는 대로 사도행전이 주후 70년에서 80년 사이에 기록되었다면, 사도행전은 최소한 사도 바울의 죽음과 성공적인 로마 선교에 관한 기록을 좀 더 기록했어야 합니다. 그러나 누가는 이 기대(企待)에 대해서도 역시 충분한 대답을 보여 주지 않았습니다. 따라서 이 러저러한 질문들을 쌓아 놓은 다음에 우리가 물어야 하는 질문은 이것입니다. "그러면, 누가는 이 사도행전이라는 책을 통해서 도대체 무엇을 말하려는 것인가?"

누가는 사도행전을 통해 그야말로 예수의 복음이 이 세상 땅끝까지 전파되고 있는 사실을 기록했습니다. 누가가 말하고자 했던 것은 위대한 사도들의 업적이 아닙니다. 예수께서 제자들에게 몇 번이나 반복해서 말씀하신 것들이 한 치의 착오와 실패도 없이 성취되고 있다는 사실을 전하고자 했습니다. 주님께서 이르신 말씀들은 그 자체가 이미 구약의 선지자들이 오랫동안 예언해 온 것들입니다. 누가의 관점은 이것입니다. "구약 선지자들의 예언과 그리스도 예수의 가르침, 이 모든 것들이 역사 가운데 이루어지고 있다. 이 예언 성취는 그 자체로 하나의 분명한 사실을 주장한다. 그것은 예수라는 인물이 성경이 오랫동안 예언하고 고대(苦待)해 온 구세주 그리스도, 하나님의 아들이라는 사실이다. 성령께서 오신 후에 그리스도의 복음은 그를 사랑하는 종들에 의해서 세상 끝까지 전파되어 간다. 이것은, 이 세상의 통치자가 예수 그리스도이시며, 그 일이 지금 문자 그대로의 완전한 실현을 향해서 달려가고 있음을 의미한다. 이 일의 마지막에, 그리스도 예수께서는 온 우주의 피조물로부터 왕과 구주로서 찬양을 받으실 것이다."

누가에 의해서 기록된 사도행전을 이렇게 거시적인 시각으로 보면, 사도행전에서 어느 위대한 사도의 행적을 구체적으로 알아본다든가, 혹은 어떤 신학적 질문에 대한 자세한 대답을 기대하는 것은 참으로 초점이 안 맞는 노릇임을 깨닫습니다. 그러므로 우리가 사도행전을 통해서 놓치지 않아야 할 점은, 어느 사건과 어느 과정에서든 예수 그리스도께서 참되고 진정한 우주 통치자의 보좌에 앉으시기까지 끈질기고 강력하게 역사하시는 '하나님과 성령님의 활동'입니다.

이런 점에서 우리는 사도행전을 '성령행전'이라고도 일컫습니다. 이런 배경과 신학에 대해서는 나중에 말씀드릴 기회가 있을 것입니다. 어쨌든 사도행전의 개요(槪要)를 정리하자면 이렇습니다. 사도행전은 누가가 데오빌로에게 보낸 서신이자 역사책입니다. 누가는 이 책을 주후 약 80년경에 지금의 그리스 지역의 아가야에서 기록했습니다. 누가는 이 책의 역사적인 사건을 통해 예수 그리스도께서 왕 되시는 승리의 역사를 알리려 했습니다.

역사의 시작은 어디에서?

자, 사도행전의 기본적인 관점을 이상과 같이 아주 간략하게 소개하고서 이제 본문으로 들어가고자 합니다.

사도행전의 처음에서 누가는 간략하게 이 글의 전편인 누가복음의 개요를 설명한 후에, 예수 그리스도께서 부활하신 후에 제자들에게 말씀을 가르치셨던 일을 기록합니다. 그리고 바로 이어서 예수님의 아주 중요한 부탁을 되새기고 있습니다. 예수님의 부탁이 무엇이죠? 본문 4절에 있는 그대로입니다. 사도행전 1장 4절의 말씀을 다시 읽겠습니다.

사도와 함께 모이사 그들에게 분부하여 이르시되 예루살렘을 떠나지 말고 내게서 들은 바 아버지께서 약속하신 것을 기다리라 (4절)

예수님께서 제자들에게 말씀하셨습니다. "너희들은 내가 하늘로 올라가더라도 흩어지지 말고 내가 말한 것, 그리고 하나님께서 성경을 통해 약속하신 그것을 기다려라." 그런데 그 '그것'이라는 게 무엇입니까? 그 대답은 바로 뒤 5절에서 나타납니다.

> 요한은 물로 세례를 베풀었으나 너희는 몇 날이 못 되어 성령으로 세례를 받으리라 하셨느니라 (5절)

예수님께서 제자들에게 약속하셨고, 하나님께서도 약속하신 '그것'은 바로 '성령'이었습니다. 우리가 이미 알고 있는 사실은 이 말씀이 이로부터 약 열흘 후에 문자 그대로 이루어졌다는 점입니다. 자, 이 시점에서 이 말씀을 요약해 봅시다. 누가가 그려 내려는 메시지는 언약과 약속이 성취하는 역사의 전개 과정입니다. 다시 말해, 예루살렘에 모인 예수님의 제자들이 승천하기 전에 분부하셨던 예수님의 약속을 믿고서 기다렸으며, 이때 약속하신 그대로 성령께서 임하셨습니다. 누가의 그 장대한 스케일의 역사는 바로 이 사건으로부터 시작되는 것입니다. 그러나 이 엄청난 역사의 시작은 사실 인간의 입장에서 볼 때 아직 준비가 덜 되었다고 보는 것이 정직한 판단입니다. 왜일까요? 예수님께서 이렇게 역사의 시작을 예고하실 때, 그 예고가 이미 십자가형(刑) 이전부터 몇 번이나 반복해서 언급된 것임에도 불구하고 제자들은 아직 이렇게 대답하고 있기 때문입니다. 사도행전 1장 6절의 말씀입니다.

그들이 모였을 때에 예수께 여쭈어 이르되 주께서 이스라엘 나라를 회복하심이 이때니이까 하니 (6절)

제자들은 예수님의 가르침을 오롯이 세상적인 차원에서만 해석했습니다. 제자들은 예수님의 승천과 성령의 오심으로 말미암아 세상이 완전하게 변할 것을 기대했습니다. 그러나 그들의 그 기대는 오롯이 정치적이고 세속적인 것이었습니다. 바로 이 점이 문제였습니다. 그들은 예수님의 승천과 함께 찾아오실 성령님의 존재가, 그들이 갖고 있는 관점과 한계 안에서만 성취될 것이라 보았던 것입니다. 그들은 기본적으로 유대인이었기에, 그들이 믿는 하나님과 예수 그리스도 역시 유대교 신앙이라는 한계 안에 갇혀 있었습니다. 그들은 예수님께서 이 세상의 왕이 되실 것이라는 예고를 들으면서 한껏 이렇게 생각했습니다. '아하, 예수님께서 다윗의 왕국을 다시 일으키시려나 보구나!'

그들은 예수님의 승천과 성령 강림, 그리고 예수 그리스도께서 왕으로 등극하시는 역사의 발전 과정에 관하여 이미 예수님을 통해 듣고 배웠습니다. 그러나 그들의 머릿속에 그려지는 이미지는 결국 유대인의 세계 안에서만 존재할 수밖에 없었습니다. 오늘을 사는 우리는 예수님의 가르침이 그들의 상상과 기대보다 훨씬 더 크다는 사실을 압니다. 하지만 유대교의 틀에 갇힌 그들은 결코 예수님과 성경의 예고를 사실대로 정확하게 그릴 수 없었습니다. 따라서 사도행전의 역사는 유대교와 그 세계에 갇혀 있는 하나님의 이미지를 '세계', 혹은 '우주'라고 하는 거대한 스케일로 확장해 나가는 과정이라고도 할 수 있습니다.

다시 말해서 사도행전은 세상의 왕이신 예수 그리스도를 문자 그대로의 우주 통치자로 만들어 나가는 과정이기도 할뿐더러 중동과 유대인의 한계에 갇혀 계셨던—적어도 인간적인 차원에서만 맞는 표현입니다만—하나님께서 예수의 십자가와 부활 사건을 계기로 온 세계와 우주의 지배자로 신자들의 사고 속에 자리 잡아 가시는 과정이기도 한 것입니다. 사도들과 예루살렘의 교회는 이제, 유대뿐만 아니라 세계의 각지에서 숨돌릴 새도 없이 자신의 이름을 알리시며 승리해 가시는 성령님의 활약에 찬탄하기도 하고 고민하기도 하면서 하나님에 관한 자신의 좁은 한계를 넓혀 가게 될 것입니다.

어쨌든 제가 결론으로서 전하고자 하는 교훈은 이것입니다. 우리는 세계를 향해 뻗어 나가는 이 걷잡을 수 없는 하나님의 활동이 사도행전 1장으로부터 시작되고 있음을 봅니다. 이 출발점에서 사도들, 즉 우리가 지금도 '교회의 초석'이자 '위대한 신앙의 선배'라고 여기는 그들이 엉거주춤하게 서 있음을 보게 됩니다. 하나님의 계획은 오래전부터 정해진 시간표에 따라 착착 진행되고 있건만, 그들은 여전히 하나님의 일정표를 이해하지 못하고 있습니다. 좀 답답하지요? 그러나 저는 바로 이 점에서 오히려 안도합니다. 준비되지 않은 사람들, 아직도 자신이 할 일의 내용과 의미를 모르는 사람들. 그러나 그들의 성공은 여전히 낙관적입니다. 왜죠? 이유는 오직 하나뿐입니다. 사도행전이 시작하려는 그 모든 일들이 오직 하나님의 주권과 능력에 의해 계획되고, 집행되고, 완성될 것이기 때문입니다.

우리가 놓치지 말아야 할 긴장이 바로 여기에 있습니다. 하나님께서는 아들을 통해 기어이 영광 받으실 원대한 계획을 착착 진행하고 계십니다. 하나님께서는 이미 아들 예수의 십자가를 통해 이 계획을 결정적으로 완성하셨습니다. 그러나 그 일을 이 땅에서 실행해야 할 인간들은 아직도 미완성인 상태입니다. 그들은 이제 곧 하늘로 올라가실 예수 앞에서 참으로 어리석고 맥 빠지는 질문을 합니다. 그리고 그들은 예수께서 하늘로 올라가시는 광경을 바라본 후 터덜거리며 예루살렘으로 돌아갑니다. 바로 이 장면이 이제부터 우리가 바라보게 될 사도행전의 시작이며, 새로운 역사의 시작입니다.

우리의 관점에서 볼 때, 이 장면은 실망과 허탈의 순간입니다. 그토록 오랜 시간을 듣고 배웠지만 제자들의 마음은 이제 곧 일어날 그 엄청난 사건을 기다리는 마음보다는 예수께서 하늘로 올라가신 사실이 더 허전했습니다. 그러나 하나님의 입장에서 볼 때, 이 순간은 새로운 폭발적 사건을 만삭인 채로 간직하고 있는 시간입니다. 하나님께서는 천사를 통해서 예루살렘으로 돌아가는 그들에게 이렇게 질문하십니다.

이르되 갈릴리 사람들아 어찌하여 서서 하늘을 쳐다보느냐 너희 가운데서 하늘로 올려지신 이 예수는 하늘로 가심을 본 그대로 오시리라 하였느니라 (11절)

그들이 이제 할 수 있는 일은 오직 하나입니다. 그분 예수 그리스도의 명령대로 인내하고, 기대하며, 그날이 오기까지 흩어짐 없이 기도하는 것. 막연해 보이는 하나님의 역사에서 인간이 할 수 있는 일이란 바로 이것밖에는 없습니다. 이것이 사도행전의 엄청난 역사를 목격한 증인들의 상황이요, 오늘날 우리의 상황입니다.

사랑하는 여러분, 오늘 우리들의 교회가 어떤 모습으로 나아가며, 또 그 교회 안에서 나의 개인적 인생의 걸음걸이는 어떤 방향으로 나아가야 할까요? 이 모든 질문의 해답을 아직 우리는 온전히 모릅니다. 그러나 사도행전의 서두에서 우리가 보는 바와 같이, 교회와 우리 자신의 진로를 놓고서 지금 우리가 당장 해야 할 일은 알고 있습니다. 그것은 주님의 때를 기도하며 기다리는 것입니다. 지금 우리에게는 이 일들이 막연하지만, 하나님께는 분명한 계획과 시간표가 있음을 잘 압니다. 따라서 우리가 해야 할 일은 실망하지 말고, 낙심하지 말고, 인내하며, 흩어지지 않고, 기도하며 기다리는 것입니다. 이사야 선지자를 통해서 하나님께서 말씀하십니다.

보라 내가 새 일을 행하리니 이제 나타낼 것이라 너희가 그것을 알지 못하겠느냐 반드시 내가 광야에 길을 사막에 강을 내리니 (사 43:19)

때가 이르매 반드시 이룰 것입니다. 낙망하지 말고, 기도에 힘쓸 일입니다.

02 오소서, 불꽃 같은 성령이여!

행 2:1-13

성령께서 임하시다!

예수께서 하늘로 올라가신 후, 제자들과 주님을 따르던 많은 무리가 매일같이 모여 기도에 힘썼습니다. 주님께서 승천하시기 전 간곡하게 당부하신 말씀을 기억했기 때문입니다. 본문의 배경은 예수께서 승천하신 지 열흘이 될 무렵, 때는 유대인의 절기로 오순절을 맞고 있는 때입니다. 본문 사도행전 2장 1절은 저들이 '한곳'에 모여 있었다고 하는데, 성경 학자들은 이 '한곳'이 마가의 집, 혹은 마가의 어머니인 마리아의 집이라고 주장합니다.

오순절을 맞은 그날, 저들이 기도하는 중에 갑자기 급하고 강한 바람 같은 소리가 들렸습니다. 그 소리가 얼마나 강한지, 저들이 앉은 온 집을 요란스럽게 흔들었습니다. 그리고 3절에 보는 바와 같이 활활 타오르는 듯한 불꽃이 혀와 같이 갈라져 각 사람의 머리 위에 머물렀습니다. 기도하던 각 사람은 각자 성령의 인도하심을 따라 방언, 곧 다른 나라의 말로 기도하기 시작했습니다.

마가의 집은 이 많은 사람의 방언 소리와 성령의 움직이시는 소리가 어우러져 하나의 거대한 소음을 만들어 냈습니다. 이 소리가 얼마나 큰지, 마침 오순절을 맞아 예루살렘에 제사를 드리러 왔던 많은 사람이 듣게 되었습니다. 그 소리가 예루살렘 전역에서 들을 수 있을 만큼 컸다고는 생각되지 않습니다만, 어쨌든 이 큰 소리와 이상한 광경은 북새통을 이룬 명절 대목 예루살렘의 모든 사람이 입소문으로라도 알게 되었음이 분명합니다. 따라서, 마가의 집에 이 이상하고 충격적인 광경을 구경하려는 거대한 무리가 모이게 된 것입니다. 그런데 이 많은 사람은 하나의 신기한 사실을 발견하게 됩니다. 사도행전 2장 5절부터 다시 읽겠습니다.

> 그때에 경건한 유대인들이 천하 각국으로부터 와서 예루살렘에 머물러 있더니 이 소리가 나매 큰 무리가 모여 각각 자기의 방언으로 제자들이 말하는 것을 듣고 소동하여 다 놀라 신기하게 여겨 이르되 보라 이 말하는 사람들이 다 갈릴리 사람이 아니냐 우리가 우리 각 사람이 난 곳 방언으로 듣게 되는 것이 어찌 됨이냐 (5-8절)

그 자리에는 바대에서 온 사람도 있었습니다. 메대에서 온 사람도 있었습니다. 메소포타미아, 엘림, 갑바도기아, 브루기아와 밤빌리아, 심지어는 애굽과 리비아 지방에서 온 사람도 있었습니다. 비단 유대인들만 아니라, 그레데인과 아라비아인도 그 가운데 있었습니다. 이들은 성령 충만하여 기도하는 주님의 제자들이 각자 자신이 알아들을 수 있는 언어로 말하는 것을 보고 큰 충격을 받았습니다. 그들은 한결같이 놀라서 서로 쳐다보며 물어봅니다. "이게 도대체 어찌 된 일이란 말인가?" 그중에 어떤 사람은 이렇게 비웃기도 합니다. "이 사람들이 벌건 대낮부터 술에 취해서 주정을 하는구만!"

시대의 징조 – 성령님의 등장

이때, 기도하던 사람들 가운데 있던 베드로가 일어나 사람들의 질문에 답하기 시작합니다. 베드로에 따르면, 이 일은 선지자들의 예언이 성취된 것입니다. 요엘 선지자는 말세에 하나님께서 모든 남녀노소에게 당신의 영을 부어 주신다고 했는데, 지금 이것이 바로 그 예언의 성취라는 것입니다. 복잡한 듯하지만, 베드로의 설명은 아주 간단합니다. 이날의 이 엄청난 구경거리는 성경에서 선지자들이 일찍이 예언한 것이 이루어진 것입니다. 뿐만 아니라 이 성령님의 내려오심은 예수님께서도 이미 언급하셨던 일입니다. 예수님은 하나님의 아들이시며, 바로 며칠 전에 십자가에서 죽었다가 다시 살아나셔서 하늘로 올라가셨습니다. 그리고 아버지 하나님으로부터 성령을 허락받으시고, 약속하신 대로 당신을 믿는 모든 사람에게 그 성령을 나누어 주셨습니다. 베드로는 사도행전 2장 33절에서 이렇게 말합니다.

하나님이 오른손으로 예수를 높이시매 그가 약속하신 성령을 아버지께 받아서 너희가 보고 듣는 이것을 부어 주셨느니라 (행 2:33)

우리는 베드로의 이 말에 주목해야 합니다. 오순절의 이 엄청난 광경을 본 사람들은 그 신기한 현상에만 관심을 기울였습니다. 그러나 베드로의 설명에 따르면 우리가 관심을 기울여야 할 곳은 딴 데 있었습니다. 즉, 예수님께서 하나님의 아들 되신 사실을 가장 분명하게 보여 주는 증거가 바로 주님의 부활 사건이라는 것, 그리고 성령 강림 사건은 그가 하나님의 아들로서 이 세상의 통치자가 되심을 공개적으로 발표하는 의미가 있다는 것입니다. 다시 요약합니다. 베드로는 다음과 같은 두 가지를 말합니다. 첫째, 이 일은 이미 오래전부터 예언되었던 일이라는 것. 둘째, 이 일의 주도적인 인물은 예수 그리스도시라는 것. 무엇보다 중요한 초점은, 이 강력하고 인상적인 성령의 역사는 인류를 구원하기 위해 십자가에 달려 죽었다가 살아나신 예수 그리스도가 우주의 통치자로서 취임했다는 사실을 공개적으로 선언하기 위함이라는 것입니다.

교회의 역사를 돌이켜 볼 때, 성령께서 대중 앞에 이처럼 공개적으로, 그리고 인상적으로 자신의 모습을 드러내신 것은 처음입니다. 오순절 성령 강림 사건 이후, 그리스도교 신자들은 성령의 임재하심을 공공연히 기대하게 되었고, 또 이날 이후로 성령을 체험할 것을 교회가 공공연히 강조하게 되었습니다. 다시 말해서, 오순절 사건을 계기로 하여 성령님께서는 비밀스럽게, 혹은 비공개적으로 활동하시던 당신의 모습을 공개적으로 드러내셨다는 것입니다. 이날 이후로 교회는 교리를 통해서, 혹은 실제의 생활을 통해서 끊임없이 성령을 받아야 한다고 가르치고 있습니다. 아니, 성령을 받고 그분을 체험하지 않고서는 참된 신자라 할 수 없다고 가르칩니다.

여기서 우리는 잠시 성령님에 관한 지식을 정리해 봐야겠습니다. 성령님은 삼위일체 되신 하나님의 세 위 가운데 하나입니다. 성령님께서는 성부 하나님 및 성자 하나님과 함께 만물의 창조에 참여하셨습니다. 이사야서 40장 13절은 주 하나님께서 그 자신의 영으로 말미암아 만물을 산출하셨다고 기록합니다. 태초에 그 영이 수면 위에 운행하셨고(창 1:2), 모든 피조물 가운데 머무르며 활동하십니다. 성부, 즉 삼위 가운데 첫 번째 위격이신 하나님은 본질상 영이시며(요 4:24), 거룩하시지만, 제삼 위의 하나님으로서의 성령님은 성부 하나님과 명백히 구별됩니다.

하나님은 이 영으로 말미암아 하늘을 단장하셨고(욥 26:13), 지면을 새롭게 하시고(시 104:30), 인간을 살리시고(욥 33:4), 인간 코의 기운을 보존하시며(욥 27:3), 총명과 지혜를 주시며(욥 32:8), 심지어는 풀과 꽃에 생기를 주기도 하십니다(사 40:7). 그러나 성령 하나님은 성부 및 성자 하나님의 두 분과 가장 깊은 교통 가운데 있습니다. 그 때문에 성령 하나님은 오히려 성경의 더 많은 곳에서 독립된 인격이라기보다는 전능자의 기운(욥 33:4), 그의 입의 영(시 33:6) 등과 같은 호칭으로 불렸던 것입니다. 따라서 성령님은 오순절을 계기로 해서 난데없이 튀어나온 존재가 아닙니다. 성령님께서는 창조주이신 성부 하나님, 그리고 성자 하나님과 함께 영원 전부터 존재해 오신 분입니다.

그럼에도 불구하고 우리가 베드로의 말에서 더욱 주목해야 할 것은, 예수님께서 부활 후 승천하여 하나님으로부터 성령을 받아 이 성령을 약속대로 당신의 신자들에게 부어 주셨다는 말입니다. 방금 말씀드린 바와 같이, 성령님께서 창세전부터 하나님으로서 존재하지 않으신 것은 아닙니다. 그러나 오순절 성령 강림 사건 이전까지 성령님께서는 언제나 성부 하나님의 사역에 보이지 않게, 드러나지 않게 참여하실 뿐이었습니다. 그리스도 예수께서는 승천하신 후 하나님 우편에 앉으시면서 성령을 성부 하나님께로부터 받았습니다. 이 때문에, 우리 주 예수 그리스도께서는 살리는 영이라 불리기도 하시며(고전 15:45), 일곱 영을 소유하신 분으로 묘사되는 것입니다(계 3:1). 그리스도께서는 당신의 완전한 순종에 근거하여 충만하신 성령을 받으셨습니다. 따라서, 이제 그리스도께서는 이 성령을 당신께서 원하시는 자에게, 당신께서 원하시는 방식으로, 당신의 약속을 따라 자유로이, 그리고 값없이 나누어 주실 수 있게 되었습니다.

아주 복잡한 설명이라서 혼란스러우시겠지만, 이 기나긴 교리적인 설명이 의도하는 바는 하나입니다. 성령님께서는 삼위일체 하나님 안에서 독립적인 방식으로 존재하는 한 위(位)이시지만, 오순절 이후로 이 세상에 공개된 그분의 활동은 오직 한 가지의 목적에만 집중됩니다. 그것은 성자 예수 그리스도를 증거하는 것입니다. 성령님께서는 성자의 보내심을 받아 성자께서 원하시는 자에게 임하시되, 자신의 것을 말씀하지 않으시고 오직 그리스도 예수만을 증거하고, 그분에 관해서만 인간들의 마음 가운데서 말씀하실 것입니다.

다시 정리합니다. 성령께서는 오순절 사건을 계기로 본격적인 활동을 시작하시되, 독자적인 활동이 아니라 그리스도를 증거하기 위한 목적을 가지고서 당신의 사역을 시작하셨습니다.

새로운 통치 방식으로서의 성령 강림

그런데 많은 사람들이 사도행전의 본문에서 성령님께서 강림하실 때 '불의 혀같이' 갈라지는 형상으로 임하시고, 또 성령을 체험하는 사람들이 '각 나라의 방언'으로 말하는 신비한 현상에 과도한 관심을 집중해 왔습니다. 그리하여, 심지어 방언을 하지 못하면 구원이 없다느니, 성령을 체험하지 못하면 진정한 그리스도인이 아니라느니 하는 과도한 해석이 나오게 되었던 것을 우리는 교회의 역사 속에서 드물지 않게 발견합니다. 그러나 사도행전에 나오는 성령님과 관계된 현상은 고린도전서 14장에 나오는 은사로서의 성령의 역사와는 분명하게 차이가 있습니다. 오순절 성령 강림의 특징은 사람들이 성령의 충만함을 입어 방언을 말하는 사실이 아닙니다. 무엇보다도, 여기에 언급되는 방언은 각 지역의 거주인들이 알아들을 수 있는 지역 언어였고, 고린도전서 14장에 나오는 방언은 주로 사람들이 알아듣지 못하는 영적인 언어였습니다. 그러므로 이 오순절 성령의 역사는 신비한 영적 세계를 경험한다는 관점에서 해석될 성격이 아닙니다.

우리는 사도행전 2장의 말씀대로 이들이 외국어로 '하나님의 일들'을 말했다는 사실에 주목해야 합니다. 즉, 성령께서 이들에게 임하시고 이들이 성령님의 임재 가운데 여러 나라의 언어로 말하게 된 것은 이 사건을 기점으로 '하나님의 일들'이 모든 나라 모든 민족에게 선포될 것을 암시한다는 것입니다. 요엘 선지자의 예언을 베드로가 인용한 이유도 여기에 있습니다. 요엘 선지자가 예언한 바와 같이, 그동안 극소수의 특별한 경우와 사람에만 제한적으로 나타난 성령님의 사역이 이제부터는 모든 나라 모든 민족에게 나타날 것입니다. 다시 말해, 온 세상의 모든 민족에게 이해할 수 있는 방식으로 하나님의 일, 즉 주 예수 그리스도를 통한 온 인류의 구속 계획이 공개적으로 선포될 것입니다. 그리하여, 어른이든 아이든, 남자든 여자든 가리지 않고 모든 사람이 성령의 내적인 역사를 통해 하나도 비밀이 없이, 하나도 숨김없이, 그리고 구원에 이를 만큼 완전하고 충분한 수준에 이르도록, 그리스도 예수의 구주 되심이 설명되고 선포될 것이라는 말씀입니다. 이 때문에 베드로는 사도행전 2장 32절에서 이렇게 말합니다.

이 예수를 하나님이 살리신지라 … (행 2:32)

예수님께서는 십자가에서 죽기까지 순종하심으로 하나님의 인정을 받아 부활하시고, 하늘로 오르셨습니다. 하나님은 아들 예수 그리스도를 당신의 오른손으로 높이시고, 성령을 아들에게 주십니다. 이런 맥락에서 볼 때, 성령님께서 하늘로부터 만국 백성들에게 임하여 하나님의 일들을 알리시는 이유는 분명해집니다. 성령님의 사역은 예수 그리스도를 높이는 일이라는 것입니다. 즉, 예수 그리스도를 이 세상과 우주의 진정한 통치자로 세우는 일을 위해 우리 모든 인류에게 부어진 것이지요. 여기에서 베드로는 다윗의 고백을 인용합니다.

… 주께서 내 주에게 말씀하시기를 내가 네 원수로 네 발등상이 되게 하기

까지 너는 내 우편에 앉아 있으라 하셨도다 하였으니 (행 2:34-35)

무엇을 말하려는 것입니까? 베드로는 곧이어 자신의 설교를 다음과 같이 결론짓습니다. 베드로가 다윗의 말을 인용한 의도가 여기서 드러납니다.

그런즉 이스라엘 온 집은 확실히 알지니 너희가 십자가에 못 박은 이 예수를 하나님이 주와 그리스도가 되게 하셨느니라 하니라 (행 2:36)

그리스도 예수의 보냄을 받은 성령은 만민에게 부어집니다. 성령님께서는 그들 안에서 하나님의 아들이신 그리스도를 증거하여 믿게 하십니다. 그 사역은 다윗이 말한 대로 '원수들이 발등상처럼 낮아질 때까지' 계속됩니다. 이 같은 성령 사역의 목적은 분명히 베드로가 말한 대로 이 예수님께서 '주와 그리스도' 되시는 것입니다. 그러므로 성령님의 지상 사역은 자기 능력을 인간들에게 과시하고자 함이 아니라, 예수님을 이 세상의 구주와 통치자 되시도록 하는 것입니다.

다른 말로 표현하자면, 성령님의 역사하심, 즉 인류에게 부어지고 그 안에서 움직이시는 모습은 신비한 운동으로서의 은사적 차원에서만 바라볼 것이 아니라는 것입니다. 그것은 그리스도께서 다스리실 하나님의 나라, 온 인류와 민족들이 한마음으로 감사와 영광을 돌리는 왕국을 실현하는 하나님의 방법이자 새로운 통치 방식이기도 합니다. 그리고 지난번에 말씀드린 바와 같이, 우리 신자들에게 성령이 주어지는 것은 전도를 통해 하나님의 나라를 이 땅 위에 확장하고, 그를 통해 마침내 진정한 평화의 나라를 이루려는 구체적인 실천 전략에의 부르심입니다.

인간의 불순종으로 인해 실패로 끝난 육신의 하나님 나라, 이스라엘 왕국은 이제 성령님의 등장과 함께 더 이상 이스라엘 혈통과 팔레스타인 국경 내에 머물지 않습니다. 성령님의 사역을 통해, 하나님은 시온에 있는 성전으로부터 진행하여 온 땅에 편만하게 거하실 것입니다. 그리하여 솔로몬이 기도할 때 고백했던 것처럼, 이제 하나님은 성령님의 역사를 통해 진정으로 하나님을 주로 고백하는 자들의 마음 가운데 거하시며 그들을 통치하심으로써 진정한 하나님의 임재, 즉 임마누엘을 완성하시는 것입니다. 이 사역은 마침내 그리스도의 재림과 함께 완성됩니다. 영광의 나팔 소리와 호령 소리와 함께 우리 주 예수 그리스도께서 다시 오실 때, 요한계시록 21장 22절의 말씀처럼 가시적인 성전이 다시 없고 주 하나님 및 어린 양 예수 그리스도께서 영원하고 완전한 성전이 되시는 진정한 임마누엘이 실현될 것입니다.

불꽃 같은 성령이여!

이제 말씀을 맺고자 합니다. 성령은 우리가 받고 싶다고 받을 수 있는 것이 아닙니다. 그러나 진정으로 구주 예수 그리스도를 영접하여 신자가 되고자 하는 사람이라면 누구든지 성령을 사모해야 함도 엄연한 사실입니다. 누구든지 성령님이 아니고서는 예수님을 주라 말할 수 없기 때문이며(고전 12:3), 그리스도의 영이 없는 사람은 그리스도의 사람이 아니라 말씀하셨기 때문입니다(롬 8:9). 다시 말해, 그리스도를 믿는 사람에게 있어서 성령을 받는 일에는 선택의 여지가 없습니다.

다소 복잡하게 설명드렸습니다만, 이 모든 가르침의 강조점은 사실 아주 단순합니다. 성령님께서는 그리스도를 세상 모든 백성에게 선포하시며, 그분의 구주 되심을 설명하십니다. 따라서 신자들이 성령을 체험해야 하는 것은, 이제껏 알지 못한 신비의 영역을 체험하는 데 우선적인 목적이 있지 않습니다. 신자들이 방언하고 예언하며 병을 고치기도 하는 것은, 성령의 신비한 힘을 과시하거나 은사를 가진 사람의 영적 수준을 보이는 데 있지 않습니다. 그것은 성령을 받았을 때 누리는 유익 가운데 하나일 뿐입니다. 신자가 성령을 깊이 체험하는 것은 그 성령님께서 증거하시는 바 그리스도를 믿고자 함입니다. 성령님께서 증거하시는 바 그리스도 예수의 순종과 낮아지심, 죽음과 부활, 그리고 승천과 높아지심을 보고 듣고 믿어, 그분의 충만하신 인격에 이르기까지 변화하고자 함입니다. 따라서 저는 신자가 성령 체험하는 목적을 다음과 같이 아주 거칠게 요약하고자 합니다. "여러분, 우리는 성령을 받아야 합니다. 그 성령을 통해 예수를 보다 분명히 나의 구주와 통치자로서 고백해야 합니다. 은사를 받았다고 자랑할 것이 아니라, 그 은사를 통해 그리스도의 성품에 보다 더 가까이 다가가기를 힘써야 합니다."

성령님께서 거하시는 곳이 바로 하나님의 성전이라 했습니다. 또 그분의 통치에 순종하는 곳이 바로 하나님의 나라가 됩니다. 우리가 성령님을 사모하며 성령 체험하기를 원하는 것은 성령의 도우심에 힘입어 그분의 인도하심에 순종하며, 아직도 불순종하기를 즐겨하는 우리의 변화되지 못한 부분을 쳐서 순복하고자 함이며, 우리 삶의 모든 부분이 그리스도의 왕권에 복속되는 진정한 하나님의 나라를 만들고자 함입니다. 하나님의 나라는 평화의 나라이며, 때문에 권력이나 힘이 아닌 진정한 신뢰와 복종과 사랑으로 이루어지는 방식으로 건설됩니다. 성령님께서는 이런 방식을 통해 그 나라의 백성들을 진정한 마음으로, 즐거운 마음으로, 감사하는 마음으로 그 나라의 왕 되신 그리스도 예수께 그 나라의 백성으로서 복속시키십니다.

그 나라의 백성이 되고자 하는 자는 성령을 사모합니다. 그 불꽃과 같은 성령님께서 우리의 마음을 뜨겁게 하여 하나님 나라의 왕이요 구주이신 예수 그리스도를 참으로 믿게 하시며, 사랑하게 하시며, 순종하게 하시기를 고대합니다. 그리하여, 내 마음에서 시작된 평화와 순종의 나라가 누룩과 같이 점점 퍼져 나가, 온 세상 끝까지 퍼져 나가기를 소원하게 됩니다. 그리하여, 마침내 신자들은 다음과 같이 부르짖습니다. "오, 불꽃과 같은 성령이여, 지금 오셔서 우리를 사로잡아 주소서! 우리를 다스려 주옵소서! 우리의 마음으로 주를 시인하게 하시고, 우리의 입으로 주를 고백하게 하소서. 우리로 하여금 그리스도의 충만하신 인격을 닮아 가게 하소서."

03 새 역사가 시작되다!
행 2:14-36

성령을 간구하는 사람들

예수님께서 제자들이 보는 앞에서 하늘로 올라가신 후, 제자들과 주님을 따르던 무리는 매일같이 모여 기도에 힘썼습니다. 사도행전 1장 13절을 보면, 제자들은 예루살렘으로 돌아가 어느 한 집에 함께 모이게 되었습니다. 이들은 주님의 지시를 충실하게 따랐습니다. 예수님의 승천 후에도 예루살렘으로 돌아가 뿔뿔이 흩어지지 않고서 한데 모였고, 더군다나 모여서 함께 기도했습니다. 사도행전은 이어서 함께 모여 기도한 사람들의 이름을 나열합니다. 사도행전 1장 13절과 14절에 올려진 명단을 살펴보면, 예수님의 제자들과 예수님을 아주 가까이에서 모시며 따랐던 사람의 이름이 등장하고 있습니다. 누가는 이들의 숫자가 120명이라고 기록했습니다.

이들은 대체 무엇을 위해 기도했을까요? 알 수 없습니다. 그러나 그리스어 원문 성경을 보면, 그들은 "모두 마음을 같이하여 기도하며 간구하기를 계속했다"라고 합니다. 여기서 말하려는 것은, 그들의 기도와 간구가 오로지 하나의 바람을 가지고서 끈기 있게 계속되었다는 사실입니다. 그 '하나의 바람'이 무엇입니까? 주님께서 이렇게 말씀하신 바가 있었습니다.

… 예루살렘을 떠나지 말고 내게서 들은 바 아버지께서 약속하신 것을 기다리라 (행 1:4)

쉽게 말해, 제자들은 주님께서 약속하신 그 성령을 간구했습니다. 그들은 그야말로 마음을 다해, 합심해서 기도했습니다. 주님께서 하늘로 올라가실 때 약속하신 그 성령을 간구했습니다. 예수님은 이 성령의 존재를 그 이전에도 몇 번이나 말씀하셨습니다. 이에 관한 요한복음의 말씀을 봅시다.

내가 아버지께 구하겠으니 그가 또 다른 보혜사를 너희에게 주사 영원토록 너희와 함께 있게 하리니 (요 14:16)

보혜사 곧 아버지께서 내 이름으로 보내실 성령 그가 너희에게 모든 것을 가르치고 내가 너희에게 말한 모든 것을 생각나게 하리라 (요 14:26)

내가 아버지께로부터 너희에게 보낼 보혜사 곧 아버지께로부터 나오시는 진리의 성령이 오실 때에 그가 나를 증언하실 것이요 (요 15:26)

그러나 내가 너희에게 실상을 말하노니 내가 떠나가는 것이 너희에게 유익
이라 내가 떠나가지 아니하면 보혜사가 너희에게로 오시지 아니할 것이요
가면 내가 그를 너희에게로 보내리니 (요 16:7)

지금 인용한 요한복음의 말씀들은 성령을 가리켜 '보혜사'라고 표현
합니다. '보혜사(παράκλητος)'라는 단어는 그리스어로 '중보자', '위로자',
'변호자'라는 뜻입니다. 즉 성령님은 예수님이 누구신가를 설명하고 깨
우치는 역할을 하는 것에서 가장 큰 특징을 찾을 수 있습니다. 그러므로
사도행전에서 성령님의 등장은 예수님을 증거하는 일을 떠나서는 절대
이야기할 수 없는 것입니다.

여기 예수님을 따르던 무리가 있습니다. 그들은 예루살렘에 모여서
한 가지를 기도하며 기다리고 있습니다. 그들은 성령님을 기다립니다.
성령님은 때가 되면 하늘로부터 임하셔서, 예수님이 누구신지를 신자
들의 마음에서 설명하실 것입니다. 그 결과가 무엇일 것 같습니까? 예
수님을 하나님의 아들, 즉 구세주와 그리스도로 증거하는 일입니다. 이
런 관점에서 우리는 사도행전 1장 8절의 말씀을 유의해서 보아야 하는
데, 이 말씀이야말로 예수의 부활 이후를 살아가는 신자들과 교회의 정
체성을 규명하는 데 결정적인 말씀입니다. 사도행전 1장 8절의 말씀을
읽어 봅시다.

오직 성령이 너희에게 임하시면 너희가 권능을 받고 예루살렘과 온 유대와
사마리아와 땅 끝까지 이르러 내 증인이 되리라 하시니라 (행 1:8)

그러고 보니 이 말씀은 마태복음의 말씀, 즉 그리스도의 대명령이라고 불리는 그 말씀과 아주 유사하다는 생각이 듭니다. 마태복음 28장 18-20절의 말씀입니다.

예수께서 나아와 말씀하여 이르시되 하늘과 땅의 모든 권세를 내게 주셨으니 그러므로 너희는 가서 모든 민족을 제자로 삼아 아버지와 아들과 성령의 이름으로 세례를 베풀고 내가 너희에게 분부한 모든 것을 가르쳐 지키게 하라 볼지어다 내가 세상 끝날까지 너희와 항상 함께 있으리라 하시니라 (마 28:18-20)

이제 정리해 봅시다. 첫째, 신자가 그리스도의 증인이 되기 위해서 해야 할 일은 무엇입니까? 성령을 받아야 합니다. 둘째, 성령은 어떤 역할을 합니까? 우리에게 그리스도를 알게 하십니다. 셋째, 그러면 그리스도의 신자는 어떤 일을 하게 됩니까? 그리스도에 관하여 증거합니다. 예수님께서 몇 번이나 강조하여 언급하시고 예고하신 성령은 반드시 이 땅에 오셔야만 하며, 신자들은 오직 한 가지의 일을 위해 반드시 그 성령을 받아야 합니다. 성령을 받음으로써 자신에게 부여된 그리스도의 지상 명령을 따라 세상 끝 날까지 그리스도를 증거해야 합니다.

성령께서 오시다!

자, 이렇게 해서 드디어 성령께서 이 세상에 오시는 대목으로 접어들게 되었습니다. 사도행전 1장에서 예수님의 직접적인 제자들 및 예수님을 가장 가까이 따랐던 사람들이 성령을 체험한 것은 예수께서 승천하신 지 열흘이 될 무렵이었습니다. 이때는 오순절, 즉 유대인의 큰 명절 가운데 하나였습니다. 오순절은 그해 중 처음으로 거둔 곡식에 대해 하나님께 감사하는 명절입니다. 이때 유대인들은 예물을 가지고 예루살렘을 순례합니다. 따라서 그 무렵은 예루살렘 전체가 그야말로 도떼기 시장같이 시끌벅적한 때였습니다. 그러나 제자들은 그날도 여전히 한마음으로 주님의 약속을 기억하면서 열심히 기도하며 간구하고 있었습니다. 그날, 저들은 갑자기 급하고 강한 바람 같은 소리가 들렸습니다. 그 소리가 얼마나 강했는지, 저들이 앉은 온 집을 요란스럽게 흔들었습니다. 그리고 3절에 보는 바와 같이 활활 타오르는 듯한 불꽃이 혀와 같이 갈라져 각 사람의 머리 위에 머물렀습니다. 기도하던 각 사람은 각자 성령의 인도하심을 따라 방언, 곧 다른 나라의 말로 기도하기 시작했습니다.

이 방언 소리와 성령께서 움직이시는 소리가 어우러져서, 하나의 거대한 소음이 만들어졌습니다. 이 소음이 얼마나 큰지, 마침 오순절을 맞아 예루살렘에 제사를 드리러 왔던 많은 사람이 듣고 몰려들었습니다. 그런데 이 사람들은 하나의 신기한 사실을 발견하게 됩니다. 사도행전 2장 5-8절을 봅시다.

그때에 경건한 유대인들이 천하 각국으로부터 와서 예루살렘에 머물러 있더니 이 소리가 나매 큰 무리가 모여 각각 자기의 방언으로 제자들이 말하

는 것을 듣고 소동하여 다 놀라 신기하게 여겨 이르되 보라 이 말하는 사람
들이 다 갈릴리 사람이 아니냐 우리가 우리 각 사람이 난 곳 방언으로 듣게
되는 것이 어찌 됨이냐 (행 2:5-8)

그 자리에는 바대에서 온 사람도 있었고, 메대에서 온 사람도 있었습
니다. 메소포타미아, 엘림, 갑바도기아, 브루기아와 밤빌리아, 심지어
는 애굽과 리비아 지방에서 온 사람도 있었습니다. 비단 유대인들만이
아니라, 그레데인과 아라비아인도 그 가운데 있었습니다. 이들은 성령
충만하여 기도하는 주님의 제자들이 각자 자신이 알아들을 수 있는 언
어로 말하는 것을 보고 큰 충격을 받았습니다.

시대의 징조 – 성령님의 등장

이때, 베드로가 일어나 이 현상을 설명하기 시작합니다. 베드로에 따
르면, 이 일은 선지자들의 예언이 성취된 것입니다. 요엘 선지자는 말
세에 하나님께서 모든 남녀노소에게 당신의 영을 부어 주신다고 했는
데, 지금 이것이 바로 그 예언의 성취라는 것입니다. 복잡한 듯하지만,
베드로의 설명은 아주 간단합니다. 이날의 이 엄청난 구경거리는 성경
에서 선지자들이 일찍이 예언한 것이 이루어진 것입니다. 뿐만 아니라
이 성령의 내려오심은 예수님께서도 이미 언급하셨던 일입니다. 예수
님은 하나님의 아들이시며, 바로 며칠 전에 십자가에서 죽으셨다가 다
시 살아나셔서 하늘로 올라가셨습니다. 예수님께서는 아버지 하나님으

로부터 성령을 허락받으셨습니다. 그리고 그 성령을 예수님께서 약속하신 대로 당신을 믿는 모든 사람에게 나누어 주셨습니다. 베드로는 본문 33절에서 이렇게 말합니다.

> 하나님이 오른손으로 예수를 높이시매 그가 약속하신 성령을 아버지께 받아서 너희가 보고 듣는 이것을 부어 주셨느니라 (33절)

베드로의 긴 설교에서 가장 두드러지는 강조점은, 성령님께서 왜 지금 이런 현상을 우리에게 보여 주시는가, 즉 성령님께서 이렇게 공개적으로, 그리고 이렇게 많은 사람에게 한꺼번에 임하게 된 것이 도대체 어떤 의미가 있는가 하는 것입니다. 베드로의 설명에 따르면, 지금 이들이 보는 성령 체험 현상은 예수님이 하나님의 아들이신 사실을 가장 분명하게 보여 주는 증거입니다. 다시 말해서 성령님은 이 현상을 통해서 다음과 같은 사실을 강력하게 증거하고 있습니다. 첫째, 이 일은 이미 오래전부터 예언되었던 일이며, 둘째, 이 일의 주도적인 인물은 예수 그리스도시라는 것입니다.

교회의 역사를 돌이켜 볼 때, 성령님께서 이처럼 공개적으로, 그리고 인상적으로 자신의 모습을 드러내신 것은 처음입니다. 오순절 성령 강림 사건 이후, 그리스도교 신자들은 성령님의 임재하심을 공공연히 기대하게 되었고, 또 이날 이후로 성령을 체험하라고 교회가 공공연히 강조하게 되었습니다. 다시 말해서, 오순절 사건을 계기로 성령님께서는 비밀스럽게, 혹은 비공개적으로 활동하시던 당신의 모습을 공개적으로 드러내셨다는 것이지요. 이날 이후로 교회는 교리를 통해서 혹은 실제의 생활을 통해서 끊임없이 성령을 받아야 한다고 가르치고 있습니다. 아니, 성령을 받고 그분을 체험하지 않고서는 참된 신자라 할 수 없다고 가르칩니다.

베드로의 말에서 주목해야 할 것은, 예수님께서 부활 후 승천하여 하나님으로부터 성령을 받아 이 성령을 약속대로 당신의 신자들에게 부어 주셨다는 말입니다. 그러나 오순절 이후로 이 세상에 공개된 그분의 활동은 오직 한 가지의 목적에만 집중됩니다. 그것은 성자 예수 그리스도를 증거하시는 일입니다. 성령님께서는 성자 예수님의 보내심을 받아 그가 원하는 자에게 임하시되, 자신의 것을 말씀하지 않으시고 오직 그리스도 예수만을 증거하고, 그분에 관해서만 인간들의 마음 가운데서 말씀하실 것입니다.

다시 정리합니다. 성령님께서는 오순절 사건을 계기로 본격적인 활동을 시작하시되, 독자적 활동이 아니라 그리스도를 증거하기 위한 목적을 가지고 당신의 사역을 시작하십니다.

새로운 통치의 방식으로서의 성령 강림

성령님의 활동이 전세계적으로 확장될 것이라는 사실은 이른바 '성령의 임재 현상'이라고 일컬어지는 '방언'에 의해 상징적으로 알려집니다. 사도행전 2장은 성령님께서 예수님의 제자들에게 임하셨을 때 어떤 모습으로 임하셨는지를 기록했습니다. 사도행전 2장 2-3절은 이렇게 말합니다.

> 홀연히 하늘로부터 급하고 강한 바람 같은 소리가 있어 그들이 앉은 온 집에
> 가득하며 마치 불의 혀처럼 갈라지는 것들이 그들에게 보여 각 사람 위에
> 하나씩 임하여 있더니 (행 2:2-3)

성령님께서 임하실 때 이 현상이 사람의 눈에 보였다는 기록은, 이때의 현상이 얼마나 강력했는지를 알립니다. 그때 사람들은 성령님께서 하나의 불덩어리처럼 하늘로부터 내려오셨는데 이 불길이 혓바닥처럼 갈라지는, 즉 성령님께서 각 사람의 머리 위에 하나의 이글거리는 불꽃처럼 머무시는 모습을 보았습니다.

성령님께서 이들 위에 머무신 결과는 또 하나의 신비한 현상으로 이어졌습니다. 그들이 각각 다른 나라의 말로 기도하기 시작한 것입니다. 이른바 방언을 하게 되었다는 것이지요. 그런데 이들이 여러 나라의 언어를 구사하는 광경을 보고서 크게 놀란 사람들이 있었습니다. 이들은 천하 각 지역으로 흩어져서 살다가 오순절을 맞아 예루살렘을 방문한 사람들이었습니다. 이들은 유대 경내를 한 번도 벗어난 적 없어 보이는 토박이 유대인들이 자기가 사는 지역의 이방 언어로 무언가를 말하는 사실에 크게 놀랐습니다.

사도행전 2장 9-11절은 이때 제자들이 구사한 언어의 종류들을 적어 놓았는데, 각 지역과 그 지역의 언어들이 과연 어떤 것이었는지를 알 수 있습니다. 바대, 메대 엘람, 메소보다미아는 동방 혹은 바빌로니

아 지역으로 이 지역은 셈족어를 사용하는 지역입니다. 유대, 가바도기아, 본도, 아시아, 브루기아, 밤빌리아는 크게 보아 시리아 지역에 속하는데, 언어적인 관점에서는 그리스어를 사용합니다. 애굽, 리비아, 구레네, 로마 지역은 라틴어를 사용합니다. 이것이 무엇을 의미하는지는 우리가 잘 알고 있습니다. 오순절에 하늘로부터 임한 성령의 사역이 예루살렘이나 유대의 경내에만 머물지 않고 이처럼 세계 각 지역으로 퍼져 나갈 것을 선언하는 것입니다. 즉, 성령의 임재 가운데 사람들이 여러 나라의 언어로 말하게 된 것은 이 사건을 기점으로 '하나님의 일들'이 모든 나라 모든 민족에게 선포될 것을 암시한다는 것입니다.

요엘 선지자가 예언한 바와 같이, 그동안 극소수의 특별한 경우와 사람에만 제한적으로 나타난 성령님의 사역이 이제부터는 모든 나라 모든 민족에게 나타날 것입니다. 다시 말해, 온 세상의 모든 민족에게 이해할 수 있는 방식으로 하나님의 일, 즉 주님 예수 그리스도를 통한 온 인류의 구속 계획이 공개적으로 선포될 것입니다. 그리하여, 어른이든 아이든, 남자든 여자든 가리지 않고 모든 사람이, 성령님의 내적인 역사를 통해 하나도 비밀이 없이, 하나도 숨김없이, 그리고 구원에 이를 만큼 완전하고 충분한 수준에 이르도록, 그리스도 예수의 구주 되심이 설명되고 선포될 것이라는 말씀입니다. 성령님의 사역은 예수 그리스도를 높이는 일, 즉 예수 그리스도를 이 세상과 우주의 진정한 통치자로 세우는 일을 위해 우리 모든 인류에게 부어지는 것입니다. 베드로는 사도행전의 설교에서 다윗의 고백을 인용합니다.

… 주께서 내 주에게 말씀하시기를 내가 네 원수로 네 발등상이 되게 하기까지 너는 내 우편에 앉아 있으라 하셨도다 (34-35절)

성령이 만민에게 부어집니다. 성령님께서는 그들 안에서 하나님의 아들이신 그리스도를 증거해 믿게 하십니다. 그 사역은 다윗이 말한 대로 '원수들이 발등상처럼 낮아질 때까지' 계속될 것입니다.

사랑하는 여러분, 지금까지 우리는 사도행전 2장에 기록된, 이른바 성령 강림 사건이 무슨 의미를 갖는지에 관해 생각해 보았습니다. 예수님의 사역과 마지막 약속도 생각해 보았습니다. 그리고 초대 교회가 시작되었을 때 신자들의 성령 체험이 어떤 의미가 있는지도 생각해 보았습니다. 우리가 생각하는 모든 것들에 하나의 분명한 목표가 보이지요? 바로, 교회나 그 교회의 신자들이 절체절명의 목표를 공유하고 있다는 것입니다. 그리고 교회는 그리스도를 증거하기 위해 존재하며, 신자 역시 각자의 삶에서 그리스도를 증거하는 것을 가장 우선되는 목표로 하여 부름을 받았다는 것입니다. 교회와 신자가 성령을 체험하는 궁극적인 이유 역시 그러합니다. 성령님께서는 우리를 그리스도의 제자로 만들어 그분을 증거하는 삶을 살도록 하시며, 교회 안에서 역사하셔서 교회로 하여금 그리스도의 복음을 전하도록 하십니다.

오랫동안 극장에서 일하기를 소원했던 한 사람이 얼마 전에 드디어 취직을 했습니다. 그 사람이 몇 주 전에 저에게 전화를 했습니다. 그리고 제게 인터넷으로 신학을 공부할 수 있는 방법을 찾아 달라고 부탁했습니다. 그가 말하기를, 하나님께서 자기 소원을 이뤄 주셨으니 이제

자기에게 주신 은사로 하나님을 전하는 일을 준비하고 싶다고 말했습니다. 이 사람은 뜻이 맞는 사람들과 함께 극장의 긴 휴가 기간에 전국 어디든 순회하면서 찬양 집회를 해 보고 싶다고 말했습니다. 그게 사실은 자기의 가장 오랜 꿈이었다고 말하더군요.

유학생이라는 신분만큼 자신의 장래를 놓고 깊이 고민하는 부류도 없지 싶습니다. 여러분은 나름대로 어떤 장래를 꿈꿀 것이고, 그를 위해 기도하고 계실 것입니다. 어떤 길을 가야겠다는 생각 때문에 지금 이 자리에 오셔서 기도하고 계실지도 모르겠습니다. 그러나 여러분, 여러분 자신의 인생길에 한 번이라도 그리스도를 전하는 일이 목표로서 연결된 적이 있으셨습니까? 내가 그렇게 바라는 길을 하나님께서 허락하신다면, 그 자리에 서서 그냥 돈 벌어 사는 것이 내 인생의 유일한 계획이 되어서는 안 됩니다. 내게 주시는 기회는 하나님께서 당신의 일을 이루기 위해 허락하신 하나님의 기회이기도 합니다. 우리는 그 기회에 대해 빚진 자들입니다. 교회 역시 그러합니다. 이런저런 사업을 놓고 부지런히 준비하는 부분들이 있습니다. 우리 교회는 그리스도를 전하는 일에 관하여 어떤 비전과 목표를 갖고 있습니까? 우리 교회의 1년 행사 계획은 그 비전과 목표와 어떻게 연관되어 있습니까?

우리는 우리 개인의 삶, 그리고 교회의 정체성에 있어서 하나의 거대한 목표가 있음을 봅니다. 그리스도를 증거하는 일이 바로 그것입니다. 그리고 그 일을 통해 예수 그리스도를 우주의 왕으로 세우는 일이 바로 그것입니다. 그리스도를 전하는 일, 혹은 "하나님께 영광을 돌립니다"라고 흔히 말하는 일은 우리가 원하는 어떤 목표를 이룬 다음에 선택적으로 할 일이 아닙니다. 오히려 그 일 자체가 우리 인생과 교회의 진로에 있어서 가장 본질적이고 궁극적인 목표입니다. 이 일이 여러분 개인과 우리 교회의 가장 큰 고민거리이자 존재의 이유가 되기를 바랍니다. 여러분의 인생이 성령님과 함께 새 역사를 시작하게 되기를 축복합니다.

04 새로운 공동체가 시작되다
행 2:37-41

베드로의 설교와 신앙 공동체의 탄생

베드로가 설교를 시작한 것은 오순절 날에 예수님의 제자들이 모여서 기도할 때 성령께서 강력하게 임하면서 벌어진 엄청난 광경을 예루살렘 사람들이 보고서 놀라는 때였습니다. 이때 베드로 설교의 서두에서, 성령님께서 이렇게 강력하게 역사하시는 이유가 무엇인지를 설명했습니다. 베드로에 따르면, 성령님께서 그날 그렇게 임하신 것은 우연이 아니었습니다. 오래전 선지자들을 통해서 하나님께서 예언하신 그일이 이루어진 것이었습니다. 하나님의 예언은 말세가 되면, 혹은 하나님께서 정하신 그때가 되면, 세상의 모든 사람이 성령을 받을 것이라는 말씀이었습니다. 다시 말해서 오순절 날에 마가의 다락방에서 기도하던 예수님의 제자들에게 성령님이 임하신 것은, 바로 이때부터 세상의 모든 인간이 차별 없이 성령을 받게 될 것이라는 하나님의 선언이었습니다.

이 사건의 중심축에는 예수 그리스도가 있습니다. 예수 그리스도는 하나님과 함께 성령을 보내신 분입니다. 그리스도께서 하나님과 함께 성령을 이 땅의 백성에게 보내신 것은 그가 하나님의 아들이심을 증거하는 사건입니다. 다시 말해서 십자가 위에서 죽으신 당신의 아들이 하나님과 동격(同格)으로 존귀한 분이 되셨음을 증명하는 사건이라는 것입니다. 유대인은 예수를 이단과 범죄자로 몰아서 십자가 틀에 못 박았습니다. 하나님께서 보내신 아들을 메시아로 맞아들이지 않고 거절했습니다. 따라서 예수의 죽음과 부활, 승천, 그리고 성령을 보내신 일은 유대인의 판단이 옳지 않았음을 증명하는 사건입니다. 유대인은 이제 더 이상 하나님의 자랑스러운 백성이 아닙니다. 그들은 하나님의 뜻을 잘못 이해했으며, 거기다가 하나님의 아들을 죽인 죄인이 되었습니다.

여기까지가 본문 이전의 내용입니다. 자, 이제 본문으로 돌아와서 생각을 해 보겠습니다. 사도행전 2장 37절을 보면 베드로의 설교를 들은 백성들의 반응이 이렇게 기록되어 있습니다.

그들이 이 말을 듣고 마음에 찔려 베드로와 다른 사도들에게 물어 이르되

형제들아 우리가 어찌할꼬 하거늘 (37절)

이들은 베드로의 말을 듣고 마음에 찔리는 것이 있음을 느꼈습니다. 그 느낌은 그냥 묻고 지나갈 정도로 가벼운 것이 아니었습니다. 여기서 "마음이 찔려"라는 말의 그리스어(κατενύγησαν) 원뜻을 풀면, "마음을 심하게 찔러 고통스럽게 하다"라는 뜻이 있다고 합니다. 그런 것까지는 모른다고 하더라도, 이들이 마음에 고통을 느끼는 것이 얼마나 심했으면 생전 처음 보는 제자들을 붙잡고 "형제들아, 우리가 어떻게 하면 좋겠느냐?"라고 묻기까지 했겠습니까? 어쨌거나 우리가 여기서 마음에 깊이 담아 두어야 할 것은, 베드로가 지금 설교를 하고 이 설교를 들은 사람들이 이렇게 적극적인 반응을 보인 것 자체가 바로 성령님께서 이 사건에 깊이 간섭하고 계시다는 사실입니다. 그러나 여기서 이 문제를 더 길게 다룰 수 없으므로, 우리는 지금 본문의 모든 과정에 성령께서 깊이 간여하고 계신다는 사실만 기억하고 계속 진도를 나가겠습니다.

청중들이 자신의 설교를 들은 후 제자들을 붙잡고 "이제 우리가 어떻게 하면 좋겠느냐"고 물으면서 어쩔 줄 몰라 하는 광경을 베드로가 지금 보고 있습니다. 베드로가 이윽고 입을 열어 다음과 같이 말합니다.

> 너희가 회개하여 각각 예수 그리스도의 이름으로 세례를 받고 죄 사함을 받으라 그리하면 성령의 선물을 받으리니 이 약속은 너희와 너희 자녀와 모든 먼 데 사람 곧 주 우리 하나님이 얼마든지 부르시는 자들에게 하신 것이라 하고 또 여러 말로 확증하며 권하여 이르되 너희가 이 패역한 세대에서 구원을 받으라 하니 (38-40절)

베드로의 말에서 우리 눈에 띄는 제안이 몇 가지 있는데, 그것은 다음과 같은 단어로 표현되어 있습니다. '회개', '세례', '죄 사함', 마지막으로 '성령'. 우리는 '세례'라는 단어에서부터 생각을 시작해야 합니다. 세례는 예수께서 이 땅에서 일을 시작하시기 전에 이미 세례 요한에 의해 유대인에게 대중적으로 인식된 의식입니다. 세례 요한의 세례는 죄

사함, 즉 하나님과 인간 앞에 지은 죄를 의식을 통해 씻는다는 개념을 담고 있었습니다. 그러나 베드로의 세례는 분명히 세례 요한의 세례 개념과 다릅니다. 문장의 논리를 보면 베드로의 세례도 죄 사함과 밀접한 관계가 있는 것이 사실입니다. 그러나 베드로의 세례는 예수 그리스도와 연결되어 있다는 점에서 세례 요한의 세례와 분명한 차이가 있습니다. 그리고 또 하나의 특징이 있는데, 그것은 이 세례가 성령과 아주 직접적인 관련이 있다는 점입니다. 베드로는 사람들이 죄 사함을 받은 표시로서 세례를 받을 때 그다음의 순서로서 자연스럽게 성령을 받을 것이라고 말합니다.

이 말씀의 의미가 결코 쉽지 않습니다만, 베드로의 강조점에다 맞추어서 쉽게 풀자면 다음과 같습니다. 세례의 주체는 예수님입니다. 이말은 죄 사함의 주체가 예수님이라는 뜻입니다. 세례와 죄 사함이 어떻게 가능하겠습니까? 예수님께서 하나님이 아니시고서야 어떻게 이런일이 가능하겠습니까? 그러므로 예수님의 이름으로 세례를 베풀고 죄사함을 받는다는 것은 다시 말해 예수께서 하나님의 신격(神格)과 동등한 지위에 오르신 것을 고백하는 행위가 되는 것입니다. 뿐만 아니라 이세례의 자연스러운 결과로 성령님이 예수님의 세례를 받은 자에게 임하게 될 것입니다. 이것 역시 앞에서 베드로가 누누이 말한 바와 같이 예수님이 하나님의 신분임을 선포하는 사건이라 할 것입니다.

우리는 본문 말씀의 결과를 알고 있습니다. 베드로의 선포를 듣고서 회개하고 세례를 받은 무리가 오늘날 예루살렘 교회, 혹은 초대 교회라고 불리는 신앙 공동체를 형성했습니다. 이 사실이 무엇을 의미하는 것이겠습니까? 신앙 공동체, 좀 더 정확히 말하자면 예루살렘에 오순절을 기점으로 하여 이루어진 신앙 공동체는 유대교라는 신학적 바탕 위에 세워졌음에도 또 하나의 새로운 특징적 요소를 지니게 되었다는 것입니다. 그 특징이 무엇입니까? 예수 그리스도라고 하는 하나의 이름입니다. 다시 말해, 오늘날 기독교를 '예수교'라고도 부르는 것은 이처럼 신앙의 공동체가 처음부터 '예수'라고 하는 바로 그분을 확고한 기초로 하여 세워졌기 때문입니다. 따라서 '교회'라고도 불리는 신앙 공동체는 바로 그분 '예수'를 떠나서는 존재할 수 없는 집단입니다.

'예수 공동체', 무슨 의미일까?

지금까지 논의된 것이 실제 우리의 신앙생활에 무슨 의미가 있을까요? 우리는 지금 '교회'라고 하는 공동체를 경험하고 있습니다. 우리가 교회라는 공동체를 경험하게 될 때, 반드시 전제해야 할 것들이 있습니다. 첫째, 이 공동체는 '예수'에 의한 공동체입니다. 교회라는 공동체는 예수님의 죽음과 부활이라는 사건에 의해 시작되고 유지된다는 뜻입니다. 교회가 인간들의 모임이고, 그렇기 때문에 교회는 어쩔 수 없이 그 구성원인 인간의 가치관에 의해서 영향을 받게 되어 있습니다. 그렇다고 하더라도, 교회가 나아가는 방향이나 최종적인 가치관은 결국 이 '예수'라고 하는 분에게 물을 수밖에 없다는 뜻이지요. 얘기할 필요도 없이 명백한 사실을 되풀이하는 것 같지만, 실은 우리의 경험 세계에서 이 진리가 제대로 지켜지지 않습니다. 특히 인간 사이에 어떤 이해관계나 갈등이 개입되어 있을 때는 더욱 그러합니다.

　오래전에 한 교회를 섬길 때, 그 교회 안에 참 심각한 갈등이 있었습니다. 이런 말 저런 말로 위로하기도 하고 권면도 했지만, 도무지 그 갈등을 해결할 수가 없었습니다. 그때 어떤 분이 이런 말씀을 하셨습니다. "목사님, 제가 목사님 말씀이 옳은 줄은 알지만 그건 이론일 뿐입니다. 성경은 누구든지 용납하고 사랑하라 하지만, 지난 20여 년이 넘도록 그 사람이 저질러 온 짓을 생각하면 저 사람도 정말 구원받을 사람인지, 사랑할 만한 가치가 있는 사람인지 확신이 가질 않습니다." 제가 이렇게 적나라하게 말씀을 드리는 것은 저 역시 그런 고민에 빠져서 괴로워하는 사람이기 때문입니다.

　유학을 처음 왔을 때, 저를 참 힘들게 하는 사람이 있었습니다. 얼마나 마음이 힘들었는지, 제 하루가 시작될 때 했던 기도의 제목이 한때는 "오늘은 그 사람을 안 보게 해 주세요"였습니다. 일어나자마자 그 자리에 엎드려서 이런 기도를 하다가, '내가 정말 미쳤지, 어쩌자고 이런 기도를 하고 있는가?' 하고 소스라치게 놀라서 회개하곤 했습니다. 나중에는 이렇게 기도도 해 보았습니다. "하나님, 그를 사랑할 수 없다면 그와 부딪히지 않게만 해 주세요. 오늘 그 사람 안 보길 원합니다." 그러다가 또 놀랍니다. '내가 이 정도밖에 안 되는 인간인가?' 하는 자괴감 때문에 슬피 울기도 했습니다. 이런 식의 갈등이 얼마나 끈질기게 계속되던지요! 말이 나온 김에 드리는 고백입니다만, 인간 사이의 갈등을 여러분이나 나중에 제가 섬길 교회의 교인이 제게 상담한다면 저는 아직까지도 성경에 충실하게 "그래도 사랑하세요, 기도하세요" 하는 식의 충고를 드릴 자신이 없습니다. 이 문제에 관하여, 저 역시 주님의 말씀을 지키려고 목숨을 걸고 그를 사랑하려고 하기보다는, 안 보고 안 부딪히는 방식으로 그 문제를 해결해 오곤 했으니까요.

이런 식의 태도가 얼마나 차원 낮고, 또 유치한 것인지 잘 아시죠? 그러나 이런 어려움을 겪어 보지 않은 사람이 없을 만큼 교회 안의 갈등은 심각하고 또 흔합니다. 어떤 사람은 보기 싫은 사람이 있어서 교회를 안 나온다고 말하기도 합니다. 저는 이럴 때 정말 어떻게 이 사람을 권면하고 설득해야 할지 자신이 없습니다. 거기다가, 그렇게 힘든 문제를 일으키고 있는 사람이 버젓이 교회에 나와 태연하게 앉아 있는 걸 보면, 그 사람을 그래도 사랑하고 타일러서 제발 남을 힘들게 하지 않도록 할 방법이 없을까 고민하기도 하고, 때로는 그 사람을 향해 속으로 분노하기도 합니다. 동시에 '나에게 그럴 만한 능력이 없는가?' 하고 스스로의 무능력에 좌절하기도 합니다.

길게 말할 필요 없이, 이렇게 물어보는 게 좋겠습니다. "성도들 간에 어떤 문제를 놓고 다툼이 생길 때, 우리는 어떤 방식으로 그 문제를 해결해야겠습니까? 갈등이 있을 때, 우리는 그 순간에도 우리를 지배하셔야 할 하나님을 의식합니까? 그 문제를 해결하려 할 때, 우리는 성경 말씀을 따르려 합니까, 아니면 우리의 본능이나 사회적 경험을 따르려 합니까?" 우리의 진정한 문제는 이런 종류의 질문에 대해 대답을 이미 알고 있음에도 불구하고 그 대답이 우리의 삶에서 실천되지 않는다는 점에 있습니다.

게다가 더욱 우리를 슬프게 하는 것은, 신앙을 가졌다고 말하는 사람들의 문제가 세상에서 가장 해결하기 어렵다는 점입니다. 우리는 별다른 고민도 없이 이렇게 말하곤 합니다. "세상에 예수 믿는 사람들이 싸우는 건 아무도 못 말려. 안 믿는 사람은 말이야, 열나게 싸우다가도 같이 한잔하면 풀리는데, 예수 믿는 사람은 한번 싸우면 끝장을 내야 한다니까!" 이런 말을 할 때 우리가 별다른 고민이 없는 것은 그만큼 우리가 이런 경험을 자주 했기 때문에 이제는 아파야 해도 아픈 일이 아니게 되어 버렸다는 의미일 것입니다. 그럼에도 불구하고… 두 주 전에 저는 어떤 분에게 이런 메일을 보냈습니다.

… 네가 겨우 이거밖에 아니냐고 수없이 질책도 해 보았습니다만, 마지막 결론은 그동안 쌓아 온 신앙이나 신학적인 지식 등등은 결국 이 문제에 대해 그 정도밖에 해결할 수 없는, 아무것도 아닌 것이었다는 것이었습니다. 그게, 제 나이 마흔 몇에야 깨달은 진실이었습니다. 자신이 아무것도 아니라고 고백할 때쯤에야 평안이 찾아오더군요. 그러고는, 그다음부터 신앙인을 포함한 인간에 대해 약간은 냉소적인, 어쩌면 약간은 현실적인 태도를 갖게 되었습니다. 지금 제 기도 제목은 약간 바뀌었습니다. 이런 문제에도 불구하고 좀 더 인간에 대해 희망을 갖게 해 달라고, 그런 사람과 상황을 좀 더 따뜻하게 볼 수 있게 해 달라고 말입니다. 냉소적이랄까, 희망 없음이라는 관점으로 주위를 볼 때, 자기 자신이 가장 불행한 피해자가 된다고 생각해 봅니다….

지금 우리는 본문에서 초대 교회의 엄청난 역동성을 바라보고 있습니다. 예수를 믿어 죄 사함을 받고, 예수 그리스도의 이름으로 세례를 받아 성령을 받으라는 권면을 베드로가 하자, 이 말을 들은 사람들이 무려 삼천 명이나 그리스도를 영접하고서 세례를 받았습니다. 이런 식의 기적적인 성장은 비단 이번 본문에만 그치지 않고 다음에도 또 일어나게 될 것입니다. 이 무리는 오늘날까지 교회의 원형(原型)이라 할 모습으로 신앙생활을 해 나갑니다. 이들의 활력은 헤롯이 이들을 박해할 때 잠시 주춤하지만, 거기서 완전히 사라지지 않았습니다. 이들은 헤롯의 박해를 피해서 예루살렘을 벗어나 유대 각 지방으로 퍼져 가며, 마침내는 소아시아 지방과 로마에까지 도달합니다. 그리고 그들은 거기에서도 생명을 걸고서 자신이 섬기는 구주 예수 그리스도를 증거합니다. 그들을 거기에서 기다리던 것은 헤롯보다 더 악독하고 처절한 로마 황제의 박해였습니다. 그러나 그마저도 그들을 포기하게 할 수 없었습니다.

이들은 마침내 이방인에 의해서 '염병', 즉 도저히 걷잡을 수 없는 전염병 환자들이라는 소리를 들었습니다. 오늘날 우리는 스스로를 무엇이라 부릅니까? '그리스도인'이라 부릅니다. 세상 사람들 역시 우리를 가리켜 '그리스도인' 혹은 '기독교인'이라 부릅니다. 이 호칭이 원래 어디서 시작된 줄 아십니까? 그 느낌을 가장 잘 전해 주는 단어가 한국말에도 있습니다. 바로 '예수쟁이'입니다. "예수밖에 모르는 놈들, 예수에 미친 놈들"이라는 뜻으로 세상 사람들이 신자들을 비웃을 때, 그들은 그 비난을 부끄럽게 생각하지 않았습니다. 오히려 자랑스럽게 생각했습니다. 그 일을 통해서 자신이 예수님을 위해 고난받는다고 생각했기 때문입니다. 신자들은 스스로를 '예수쟁이', 즉 '예수에 미친 사람'이라고 부르기 시작했습니다. 이처럼, 예수님을 그리스도와 주로 영접한 사람들은 자신을 이해하지 못하는 사람들에게 비난받기를 마다하지 않았습니다. 이들은 왜 이렇게 자신을 낮추어 부르는 호칭을 거리끼지 않았을까요? 이들은 또 왜 자신을 비난하는 사람들의 조롱도 마다하지 않고, 자신이 믿는 주를 위해서 고난의 길을 걸어갔을까요?

저는 저 자신에게 이렇게 물어보곤 합니다. "세상을 살아가는 데 유익한 가르침이기에 예수를 믿고 있는가? 아니면 예수 안에 이러저러한 모든 어려움을 능히 극복하고도 남음이 있을 만한 어떤 능력이 있기에 믿고 있는가?" 이런 질문을 여러분에게도 던져 보고자 합니다. 여러분은 왜 예수를 믿습니까? 예수님의 말씀이 여러분에게 도덕적인 감화를 주기 때문입니까? 아니면 그를 위해 죽을 만한 어떤 이유를 발견하셨기 때문입니까? 기독교는 체험의 종교라고 말합니다. 그것은 예수를 믿는다는 것이 결코 만만치 않은 결과를 요구하기 때문이고, 또 그렇기 때문에 능히 그 모든 일들을 극복하고서라도 예수를 믿을 만한 이유가 없고서는 도저히 성경이 요구하는 신앙의 모습을 실천할 수 없기 때문입니다.

저는 지금까지 우리가 흔히 경험하는, 그러나 현실적으로 해결하기가 절대 불가능해 보이는 문제 가운데 극히 일부를 어렵사리 거론해 보았습니다. 사실 이런 문제 하나만 하더라도 많은 사람들이 상처라는 걸 입은 채, 심지어는 아프다고 말조차 하지 못하고서 끙끙대며 살아갑니다. 아파하는 것은 차라리 사치로 느껴집니다. 왜냐하면 역시 많은 사람이 이런 한계를 마치 당연한 듯이, 원래 교회도 인간의 집단이니까 그런 정도는 체념하고 다녀야 한다는 듯이 아파하지도, 아픈 줄도 모르고 교회를 다니고 있기 때문입니다. 거기에 비하면 이번과 다음 번에 읽을 성경 말씀은 거의 신화에 가까운 이상향(理想鄕)이라 불러 마땅할 것입니다. 성경은 그때, 즉 교회가 공개적으로 시작되었을 때의 모습을 이렇게 기록합니다.

> 사람마다 두려워하는데 사도들로 말미암아 기사와 표적이 많이 나타나니 믿는 사람이 다 함께 있어 모든 물건을 서로 통용하고 또 재산과 소유를 팔아 각 사람의 필요를 따라 나눠 주며 날마다 마음을 같이하여 성전에 모이기를 힘쓰고 집에서 떡을 떼며 기쁨과 순전한 마음으로 음식을 먹고 하나님을 찬미하며 또 온 백성에게 칭송을 받으니 주께서 구원 받는 사람을 날마다 더하게 하시니라 (43-47절)

우리의 현실과 그때의 현실이 얼마나 마음이 시릴 정도로 다릅니까? 우리는 어떻게 하면 좋겠습니까? 안 될 일은 포기하고, 적당히 타협할까요? '그때는 그랬느니라, 그러므로 그 일은 오늘과는 다른 일이니 고민하지도 말아라' 하고 그냥 짐짓 잊어버릴까요? 그럴 수는 없습니다. 하나님께서 우리 신자들에게 교회를 허락하신 것은 이 세상을 살아가는 당신의 백성에게 허락하신 복입니다. 교회는 우리가 그 안에서 평안을 얻고 힘을 공급받아 살아가야 할 힘의 원천입니다. 우리는 하나님께서 우리에게 허락하신 그 복을 결코 포기할 수 없습니다. 성경이 증언하는 교회의 모습을 반드시 회복하여, 그 교회를 드나드는 모든 사람이 하나님을 경험할 수 있도록 해야 합니다. 이것은 사실 우리 자신을 위한 것입니다.

개인적으로 저는 성경의 가르침과 현실의 괴리가 클수록 오히려 흥분합니다. 그리고 간절히 소망합니다. 절대 안 될 것 같을수록 우리가 해야 할 일은 포기하는 것이 아니라 기도하는 것입니다. 교회가 예수의 이름 위에 세워졌다는 사실을 마음에 새기기를 힘쓰고, 무슨 일이든지 주님의 말씀에서 해답 찾기를 힘써야 합니다. 교회를 드나들 때마다 우리가 마음을 두렵게 하여, 이 교회를 성경의 원칙이 지배하는 장소로 구별해야 합니다. 이 일이 교회 안에서 가능하지 않다면 우리는 이 세상을 하나님의 나라로 만드는 일도 포기해야 할 것입니다. 우리가 사도행전을 시작할 때 생각해 보았던 것처럼, 사도행전에 기록된 이 모든 일을 하나님께서 정하신 바로 그때, 오직 그분만의 능력으로 이루셨습니다. 그러니 지금 우리가 할 일이 무엇이겠습니까? 기도하며, 오직 성령님께서 우리 안에 오셔서 당신의 뜻을 이루어 주시기를 간구하는 일밖에 달리 무엇을 할 수 있겠습니까? 우리가 알고 있는 교회의 한계들, 수많은 나쁜 경험에도 불구하고 성경에 기록된 그 교회를 우리도 경험하게 해 달라고 기도해야 합니다.

우리가 지금 해야 할 일은 이것이 과연 될 것인가 안 될 것인가를 판단하는 것이 아닙니다. 기도도 하지 않고 그동안 경험한 아픔만을 기억하려는 태도는 나에게도, 하나님의 교회에도 절대 도움이 되지 않습니다. 그 일이 옳은 일이라면, 그리고 하나님께서 원하시는 일이라면, 우리는 그 일을 마음에 품고 기도하기 시작해야 하고, 지금 내가 할 수 있는 일만이라도 실천해야 합니다. 처음 보는 이들에게 한 번이라도 인사하고 웃어 주며, 내 앞에 있는 사람에게 친교실로 가는 길을 인도하는 일, 이런 일들이 절대 할 수 없는 일은 아닐 것입니다. "오늘 입은 옷, 참 예쁘다!" 하고 옆 사람을 칭찬하는 것마저 할 수 없는 사람은 여기에 한 명도 없겠지요. 나보다 늦게 친교실에 들어오는 사람에게 자기 옆자리를 권하는 일이 그리 어렵지는 않겠지요. 우리가 간절하게 바라는 사랑의 공동체는 하늘에서 불벼락처럼 떨어지는 은사를 받아야만 이루는 것이 아닙니다. 이런 소소한 일들, 할 수 있는 일들을 실천하며, 이 모든 실천 가운데 예수의 이름을 기억함으로써, 바로 '나'라는 존재가 변화함으로써 조금씩 완성되는 것입니다.

지금은 뜻을 품어야 할 때요, 절대 포기하지 않아야 할 때입니다. 기도를 시작하기 바랍니다. 그리고 내가 할 수 있는 작은 일만이라도 실천하기를 바랍니다. 그 일은 하나님을 위해 해야 할 일이기도 하며, 실은 나 자신이 그런 공동체를 통해 천상의 유익을 지금 이 땅에서 얻기 위해서라도 해야 할 일입니다. 불신앙은, 내가 할 수 없으므로 하나님도 하실 수 없다고 판단하며 포기하는 것입니다. 하나님의 정하신 때가 되면, 우리가 꿈꾸는 사랑의 공동체, 성령께서 살아 움직이는 공동체, 사람을 능히 구원하는 공동체가 반드시 우리 안에서 이루어질 것입니다.

05 떡을 떼며 교제하는 공동체
행 2:42-47

복음의 능력에 대한 신뢰

우리는 성경을 읽을 때 그 말씀을 가지고서 오늘을 살아가는 우리의 모습을 비추어 보곤 합니다. 이때 가장 필요한 것은 우리 각자의 현실을 가장 적나라하게, 그리고 가장 정직하게 말씀의 거울에 비추어 봐야 한다는 것입니다. 자기의 모든 것을 알고 또 그 모든 문제를 스스로 관리할 수 있다고 말하는 환자는 낫기를 기대할 수 없습니다. 의사의 의견을 존중하고 그의 경험과 지식을 귀담아들어야만, 환자는 병을 고칠 수 있습니다. 병을 낫고자 하는 환자는 반드시 자신의 모든 문제를 의사에게 털어놓고 그의 지시를 따라야 합니다. 의사 앞에서 자기 병을 부끄러워해서는 안 되며, 자기 약점을 오히려 드러내고 인정해야만 의사의 도움을 기대할 수 있습니다. 우리의 신앙 문제 역시 그러합니다. 성경이 나의 문제를 지적한다고 느낄 때, 그 지적을 고스란히 받아들이며 성경이 말하는 해결책을 문자 그대로 받아들이는 태도는 그 문제를 해결하기 위해 반드시 필요한 첫걸음이라고 생각합니다.

제가 이런 생각을 가지고 있고 말투도 조금 직선적이다 보니, 무슨 문제에 대해 이야기할 때면 찬바람 날 정도로 주제에 집중하곤 합니다. 그만큼 그 문제에 대한 확신이 있다는 겁니다. 저는 그 문제를 그만큼 철저하게, 그리고 적나라하게 드러내더라도 능히 해결할 만큼의 능력이 하나님의 말씀에 있음을 믿습니다. 저는 해도 그만 안 해도 그만인 두루뭉술하게 말하다가 덕담하듯 지나가 버리는 식의 문제 제기를 원치 않습니다. 신앙의 성장, 혹은 교회의 발전은 변죽만 울리다 말 일이 아니라, 철저하게 근본적으로 파고들어서 기어이 그 무엇을 고치는 데에까지 다다라야 하는 과제이기 때문입니다.

저는 지금 여러분이 살아가는 모든 문제에 대한 답을 성경에서 얻을 수 있다고 믿기를 원하며, 그 문제를 해결할 능력 역시 성경에 있다고 믿기를 바라기에 이런 말씀을 드립니다. 그리고 지금 성경에 대한 여러분의 기대가 얼마나 커야 하는지, 또 그 성경을 토대로 꿈꾸어야 하는 장래가 얼마나 넓어야 하는지를 말씀드리고 있습니다. 자신과 교회의 문제를 언급할 때마다 경구(警句)처럼 떠오르는 성경 말씀이 있습니다. 로마서 1장 16절의 말씀입니다.

> 내가 복음을 부끄러워하지 아니하노니 이 복음은 모든 믿는 자에게 구원을 주시는 하나님의 능력이 됨이라 … (롬 1:16)

주변 사람들이 경외하는 새로운 공동체

이제 본문으로 돌아가야 하는데, 이번 본문은 사도행전 2장 42절로 시작됩니다. 이 구절은 사실 바로 그 앞 구절에 붙어 있어야 합니다만, 저는 본문의 내용을 더욱 분명하게 하기 위해 일부러 이번 본문에 붙였습니다. 어쨌든 이 구절을 보면 다음과 같습니다.

그들이 사도의 가르침을 받아 서로 교제하고 떡을 떼며 오로지 기도하기를 힘쓰니라 (42절)

"그들이", 즉 '마가의 다락방에서 기도하던 예수의 제자들과 추종자들, 그리고 오순절 성령강림 사건 후 예수를 영접하여 그리스도의 회중에 든 사람들'을 말합니다. 이들이 무엇을 했습니까? 사도의 가르침을 받았습니다. 여기에서 '사도(ἀποστόλων)'는 복수형이고, '가르침(διδαχή)'은 단수형입니다. 아주 간결하게 표현하자면 이렇습니다. 여러 사람의 사도가 무엇인가를 사람들에게 가르쳤지만, 그 가르침은 결국 한 가지였다는 것이죠. 그것이 어떤 통일성 있는 내용, 즉 하나의 공통된 내용을 가르쳤다는 뜻입니다. 그 내용이 무엇일까요? 예수님께서 그들에게 친히 가르치셨던 바로 그 내용이었을 것입니다. 어쨌든, 그 일관된 가르침의 결과가 바로 뒤에 이렇게 이어져 나옵니다. "(저들이) 서로 교제하며 떡을 떼며 기도하기를 전혀 힘쓰니라"

그다음의 말씀은 사실 이 말씀의 확장 증보판처럼 생각해도 좋습니다. 본문을 계속 읽으면서 이들의 변화를 좀 더 살펴보도록 하죠. 2장 43절의 말씀을 보면 이런 말씀이 나옵니다. "사람마다 두려워하는데…" 사람들이 두려워한다? 좀 이상하지 않습니까? 신자들이 모여서 주님의 말씀을 들으면서 떡을 나누고 교제하며 기도합니다. 교인들이 모여서 이런 일을 열심히 하는데, 그게 왜 주위 사람들에게 두려움을 줄까요? 이 두려움의 성격에 관하여, 성경 학자들은 '존경심과 경외심으로부터 나오는 두려움'이라고 해석해 놓았습니다. 그러나 그렇다 하더라도 그게 왜 하필 두렵겠습니까? 사도행전 2장 44절부터 47절까지의 말씀입니다.

> 믿는 사람이 다 함께 있어 모든 물건을 서로 통용하고 또 재산과 소유를 팔아 각 사람의 필요를 따라 나눠 주며 날마다 마음을 같이하여 성전에 모이기를 힘쓰고 집에서 떡을 떼며 기쁨과 순전한 마음으로 음식을 먹고 하나님을 찬미하며 … (44-47절)

이 부분을 부분별로 잘라서 조합하면 이렇습니다. 신자들이 주님의 가르침을 제자들로부터 들으며 모이는 일에 힘을 썼습니다. 그들은 이웃의 필요를 파악하여 모자란 것을 서로 채워 주었습니다. 돈이 없는 사람을 위해서 집과 재산을 팔아 돕는 사람들도 있었습니다. 그리고 이들이 한마음으로 모여서 이렇게 예배하고 교제하며 생활했더니, 그 결과로 사람들이 교회를 칭찬할 뿐만 아니라 진심으로 두려워할 만큼 존경하게 되었다는 것입니다.

자, 이렇게 하여 우리는 예루살렘에 오순절 성령 체험을 통해 생겨난 교회가 어떤 모습이었는지에 관해 알아보았습니다. 이 말씀을 통해서 오늘날의 교회를 향한 교훈을 얻어야 한다면, 우리는 무엇을 얻을 수 있을까요?

식사하며 교제하는 공동체

본문에서 먼저 우리의 눈에 띄는 것은 소위 '교제'라고 하는 부분입니다. 이 '교제'라는 말은 굳이 그리스어를 공부하지 않은 사람이라도 기독교인이면 대부분 잘 아는 '코이노니아(κοινωνία)'라는 단어입니다. 성경사전은 코이노니아를 이렇게 설명해 놓았습니다. "(문자적으로) '참석', 또는 (사회적으로) '상호 교류', 또는 (특별히) 자선(慈善), 교통(交通), 교제, 분배, 우정, 동료 의식." 코이노니아를 이런 개념들의 조합이라고 한다면, 이 단어에서 우리가 예루살렘 교회에 관해 얻을 수 있는 인상이 대강 결정지어질 것입니다. 예루살렘 교회는 모일 때마다 이런 성격의 교제를 나누었다는 것입니다.

예수님의 가르침은 '하늘나라에 관한 복음'이라고 요약해도 좋습니다. 예수님께서 친히 복음을 전파하실 때 "회개하라, 천국이 가까웠다!"라고 말씀하셨다고 성경이 말하기 때문입니다. 예수님은 '임박한 천국'을 전하셨습니다. 이 메시지는 그분께서 돌아가실 때까지 전파되었습니다. 제자들은 바로 그 메시지를 다시 청중들에게 전했습니다. 따라서 우리가 주목할 것은 예수님께서 가르치신 천국에 관한 복음이 사도들을 통해서 청중에게 전해졌는데, 그 결과가 교제하고 떡을 떼며 기도하는 일에서 나타났다는 사실입니다. 그러니 누구라도 쉽게 내릴 수 있는 결론은 예수님께서 가르치시고 전하신 '천국'이 '먹고 마시는 일', 즉 교제와 아주 가까운 관계를 맺고 있겠구나 하는 것입니다.

먹는 걸 싫어하는 사람은 없겠지만, 한국 사람은 특히 먹는 걸 좋아합니다. 어떤 학자들은 한국 사람이 함께 모였을 때 먹는 걸 그렇게 즐겨하는 것이 과거에 못 먹은 경험이 있어서 그런다고 말하기도 하지만, 그건 적어도 요즘 전쟁과 가난을 겪어 보지 않은 젊은 세대에 해당하는 이유가 아니지요. 또 어떤 학자들은 한국 사람이 같이 모였을 때 공유할 만한 다른 대안이 없기 때문에 그렇게 먹는 걸 좋아하는 거라고 말하는데, 그럴듯합니다만 정확한 분석은 아닌 것 같습니다. 어쨌든 교회가 처음으로 시작되었을 때 그들은 거의 매일같이 모여서 예수님의 가르침을 되새겼습니다. 그들은 예배를 드린 후 혹은 드릴 때, 떡을 떼며 교제했습니다. 이 떡을 떼며 교제한다는 말에는 요즘 개념으로 성찬과 애찬(愛餐), 즉 성만찬과 식사 나눔이 포함되어 있습니다(46절, 고전 10:16; 11:23-25). 어쨌든, 성찬을 통해서든 애찬을 통해서든 식사를 하며 교제하는 일은 가장 먼저 손꼽힐 만한 교회의 특징 가운데 하나가 되었습니다. 이 때문에, 어떤 사람들은 사도행전의 교회를 가리켜 '밥상 공동체'라고 일컫기도 합니다. 그만큼이나, 교회는 밥을 같이 먹으며 교제하는 것을 중요하게 생각했다는 것입니다.

누구와 함께 밥을 먹는다는 것은 그 사람을 그야말로 '밥을 같이 먹을 정도로' 가깝게 생각한다는 뜻입니다. 이 말은 특히나 유대적 배경에서는 아주 적합한 생각입니다. 어떤 사람이 누구를 좋아한다, 즉 오랫동안 사귀고 싶은 사람이다 싶으면 식사에 초대를 하지요. 유대인은 이 식사 시간에 가장 가까운 사람을 자신의 바로 왼쪽이나 오른쪽에 앉힙니다. 유대인들은 옆으로 비스듬히 누워서 대화를 나누며 식사를 했는데, 이렇게 되면 자기의 바로 옆에 앉은 사람이 자신의 가슴께에다가 머리를 대게 됩니다. 말하자면, 자기 바로 옆에 있는 사람이 자기의 가슴을 비워 줄 정도로 가깝다는 것을 그런 식으로 표현하는 것이지요. 유대인들은 상대방에 대한 신뢰를 식사 때 그런 방법으로 표현하곤 했습니다. 당시 교회가 모였을 때 그런 식으로 식사를 나누었다는 글을 본 적은 없습니다만, 저는 이런 유대적 식사 문화가 당시 교회의 식사 시간과 교제 때의 강력한 배경을 이루었을 것이라고 믿습니다.

자, 이제 상상을 해 봅시다. 예수를 영접한 사람들이 매일 모입니다. 그들은 구원자이신 예수 그리스도와 그 아버지 하나님을 찬양합니다. 그리고 예배 도중에, 혹은 예배 전후에 빵과 포도주를 떼면서 교제를 나눕니다. 집에 가서, 혹은 사회에 나가서는 각자 위치가 다를지라도, 교회에 모일 때만큼은 하나가 됩니다. 그중에는 높은 지위를 가진 사람도 있으며, 혹은 그 집에서 하인으로 일하는 사람도 있을 것입니다. 어떤 때는 주인이 하인의 가슴에 기대서 빵을 나눌 것이고, 어떤 때는 그 반대로도 교제를 나눴을지도 모르죠. 그 순간만큼은 예배와 친교에 참석한 모두가 하나님의 아들 예수 그리스도 안에서 하나의 똑같은 신분을 가지게 되었기 때문입니다. 이렇게 함으로써, 그들은 주님의 가르침에 근거한 새로운 파트너십, 즉 동료 의식을 몸으로 배워 갔습니다.

그들은 노예 해방을 주장하지도 않았고, 재산의 공유를 이념으로 내세우지도 않았습니다. 그럼에도 불구하고 그들은 이런 방식의 교제 시간을 통해 우리는 한 하나님과 한 주(主)의 백성과 제자라는 공감대를 가질 수 있었고, 이 공감대 때문에 누가 강요하거나 요청한 것이 아님에도 불구하고 자기의 집을 팔기도 했고 패물을 내어놓기도 했습니다. 그들은 이 돈을 가지고 교회로 나와 자기 옆에 있는 사람의 모자라고 필요한 점들을 채워 주었습니다. 이런 결과가 나타나기 시작한 것은 이들이 함께 모여 날마다 찬양하고 예배하는 것뿐만 아니라 식사의 교제를 나누는 일에서였습니다.

이제 요약해 봅시다. 사도행전의 교회는 자주 모여서 하나님의 나라를 주제로 한 분 예수님의 가르침을 전해 받았습니다. 또 그분께서 마지막 날에 제자들과 함께 나누신 마지막 식사를 추억하면서 사랑의 교제를 나누었습니다. 이 커다란 두 가지의 행위가 마침내 교인의 생활 모습을 변화시켰습니다. 이 결과로, 사도행전 2장 47절의 말씀이 나타납니다.

하나님을 찬미하며 또 온 백성에게 칭송을 받으니 주께서 구원받는 사람을 날마다 더하게 하시니라 (47절)

제가 보기에 이 말씀은 당연한 결과인 것 같습니다. 매일 모여서 예배하고 찬송하며, 순전한 마음으로 교제하니, 이 예배와 교제의 기쁨이 사람들을 변화시켜 이웃을 사랑하는 구체적인 행동을 불러일으키는 것입니다.

여기서 우리는 이렇게 물어봐야 합니다. 세상에 어느 시대라 할 것 없이, 이런 식으로 모이고 행동하는 교회가 칭찬을 받지 않겠습니까? 우리는 더욱 중요한 질문을 해야 합니다. 그렇다면 우리의 교회, 오늘날의 교회는 이런 일이 불가능할까요? 불가능하다면 왜 불가능할까요? 무엇이 오늘날의 교회가 이런 모습을 갖기 어렵게 만들었을까요? 사실 이런 질문에 대한 답은 간단하지 않습니다. 이런 질문은 사실 교회가 존재한 역사만큼이나 길게, 그리고 심각하게 제기되어 온 질문이기도 합니다. 그만큼 어렵고 심각한 질문이라는 뜻입니다. 그럼에도 불구하고 지금 우리는 교회를 좀 더 그런 교회에 가까이 만들어 가기 위해서 이 같은 질문을 끊임없이 제기해야 합니다. 앞에서 말씀드린 대로, 하나님께서 우리에게 주신 그 많은 복을 이 교회라고 하는 공동체를 통해서 얻기 위해서라도 말입니다.

이 복잡하고 깊은 사고를 요하는 질문에 대해서, 저 자신도 대답할 자신은 없습니다. 그러나 본문을 근거해서 두 가지 문제만은 거론하고 말씀을 마치고자 합니다. 첫째는 예배에 관해서이고, 둘째는 교제에 관해서입니다.

예배하며 교제하는 공동체

첫째, 그들은 예배했습니다. 그들이 드린 '예배'에서 가장 본질적인 요소를 발견해야 하는데, 그것은 '말씀'이라는 요소입니다. 하나님 나라를 가르치신 예수님의 말씀을 기억하고, 그 말씀의 현재적 의미를 되새김질하는 일, 이 일이야말로 예배의 치명적 요소라는 말씀입니다.

어쩌면 우리는 예배의 달인(達人)이라 불려도 될 만한 사람들입니다. 여러분은 언제부터 교회를 다니셨습니까? 그때부터 지금까지, 여러분은 예배를 몇 번이나 드리셨습니까? 아마 여러분이 예수님을 믿고 교회를 다닌 지 한 10년 정도 되셨다면, 여러분은 이미 자격증만 없다 뿐이지 예배를 아주 익숙하게 편성할 정도로 예배의 전문가가 되어 있을 것입니다. 그만큼 기독교인은 예배함에 익숙합니다. 그런데 저는 이렇게 아주 거칠게 물어보고 싶습니다. 그러면, 그렇게 자주 드리는 예배에서 여러분은 어떤 활력과 자극을 얻으십니까? 그 예배를 통해서 여러분은 오늘을 능히 살아갈 힘을 얻고 계십니까? 예루살렘의 교인들이 예배를 마치고 돌아가서 자기 집을 팔아다가 이웃을 돕습니다. 그들은 예배에서 힘을 얻어 이웃 사랑을 실천한 것입니다. 아, 제가 지금 여러분에게 옳게 예배했다면 집을 팔아서라도 이웃을 도와야 한다는 뜻으로 말씀드리는 것은 아닙니다. 예배라고 하는 것이 여러분에게 있어서 과연 그만한 역동성을 가져다주고 있느냐 묻고 있는 것입니다.

한국 교회에서 유행하는 예배의 개념 가운데 하나가 '열린 예배'가 아닐까 생각합니다. '열린 예배'를 정의하는 글들을 읽어 보면 '열린 예배'란 '쌍방향 예배'를 의미하는 것 같습니다. 기존의 예배가 지나치게 일방적이었다, 즉 예배에 참석하는 자는 마냥 앉아서 듣기만 해야 하고 설교자는 일방적으로 주입하려는 형태로 진행되었던 점을 개선하자고 하는 의미에서 이른바 '열린 예배'가 시작된 면이 있다는 것입니다. 예배의 참석자들이 나름대로 반응을 보이면서 예배에 적극적으로 참여하는 것, 또 그로 인해서 참여자들이 예배에 대한 관심을 가질 수 있다면 그 것은 정말 좋은 일입니다. 그러나 그것은 예배에로의 적극적인 참여를 장려하기 위한 방법론적인 대안일 뿐입니다.

예배에 있어서 가장 중요한 본질은 예나 지금이나 변함없이, 그 예배의 온전한 주도권이 하나님의 말씀과 그 가치관에 있어야 한다는 것입니다. 하나님의 말씀이 인간의 가치관이나 세계관에 의해 오염되지 않은 채 선포되고 인간의 영혼이 거기에 순전하게 반응하는 것, 그리고 그 모든 과정에 하나님의 성령께서 주관하시는 것. 이것이야말로 예배를 예배답게 보전하는 가장 본질적인 과제라고 생각합니다. 그 일이 온전하게 이루어진 후에야, 우리는 어떻게 하면 이 예배에 나온 사람들이 더 자발적인 참여로써 예배의 구경꾼이 아닌 예배하는 자가 될 것인가 하는 질문을 할 수 있을 것입니다. 요컨대, 예배의 본질은 하나님의 말씀에 더욱 가까이 다가가 그분의 음성을 듣는 데 있다는 것입니다. 이 일을 통해서 우리는 예배 가운데 말씀과 함께 역사하시는 성령님의 능력을 체험할 수 있습니다. 그리고 바로 이런 과정을 통해서 우리가 삶의 변화를 일으킬 만한 능력을 얻을 수 있습니다.

두 번째 교훈은 짧게 언급하겠습니다. 두 번째 교훈은 이른바 '코이노니아', 즉 '교제'의 성격입니다. 예배를 드리고 나서 우리는 밥을 먹습니다. 그러나 그 밥 먹는 일에 관하여 우리가 명심해야 할 것이 있는데, 말 그대로 그냥 밥을 먹는 것이 아니라 본문이 말하는 것과 같은 성격의 교제가 밥을 먹는 과정에서 실현되어야 한다는 것입니다. 왜냐하면, 교회가 밥을 나누는 것은 우리의 가장 기본적인 욕구를 채우는 과정을 통해 옆에서 같이 밥을 나누는 사람과의 동료 의식을 일깨우고 장려하는 데 그 목적이 있기 때문입니다. 이런 의미에서, 밥을 먹는다는 사실 그 자체보다는 밥을 함께 만들고, 밥을 나누어 담으며, 그릇을 옮기고서 같이 설거지하는 그런 모든 과정이 더욱 중요하다는 말입니다. 우리 교회가 이런 점에 있어서는 과히 나쁘지 않습니다만, 그래도 교회에서 함께 식사하는 의도를 좀 더 깊이 인식하고 있으면 좋겠습니다.

이 문제는 사도행전 4장을 다룰 때 다시 언급할 테니까 이만 줄이겠습니다. 말씀을 통해 우리가 너무나도 익숙하게 치러 내는 예배와 교제의 의미를 다시 한번 깊이 되새겨 보길 바랍니다.

06 교회에는 은과 금이 없다!
행 3:1-10

베드로와 요한, 앉은뱅이를 보다

오순절 성령 강림 사건이 일어난 지 얼마 되지 않은 어느 날, 베드로와 요한이 성전으로 올라가고 있었습니다. 본문은 그때가 제구 시, 즉 오후 세 시경이었다고 기록하고 있습니다. 우리는 오순절이라는 절기가 유대 민족의 가장 큰 명절 가운데 하나임을 잘 압니다. 오순절은 이스라엘이 햇곡식을 거두어 하나님께 드리는, 일종의 추석 같은 개념의 명절이었습니다. 이 절기가 되면 이스라엘의 모든 성인 남성은 예루살렘에 와서 하나님께 감사의 예물을 바쳐야 했습니다. 예수님이 계셨을 당시의 이스라엘이 어느 정도까지 이 절기를 성실하게 지켰는지는 모르지만, 그래도 적지 않은 사람들이 이 절기를 지켰을 것은 분명합니다. 따라서 이 오순절에는 예루살렘이 매우 북적거렸을 것이고, 이 큰 명절이 끝난 후에는 한바탕 법석이 벌어진 후의 놀이터처럼 약간은 나른하고 한적한 분위기였을 것입니다.

그러나 본문이 기록된 무렵의 예루살렘은 오히려 강한 긴장이랄까,

어쨌든 그런 느낌을 주는 일들이 줄지어 일어나고 있었습니다. 이 일들은 소위 예수교도들에 관한 것이었습니다. 예수님의 제자들이 오순절을 계기로 예수님의 죽음과 부활을 설교할 때 큰 무리의 호응이 일어났으며, 이들은 독특한 의식과 분위기 속에서 하나의 끈끈한 신앙 공동체를 이루어 가기 시작했습니다. 그들은 예수님을 그리스도라고 공개적으로 시인했으며, 자신을 예수의 제자라고 고백했습니다. 그리고 그들은 그분이 가르치셨던 것들을 실천하기 시작했습니다. 이런 모습 때문에 어떤 사람은 이들을 두려워하기도 했고, 또 어떤 사람들은 이들에 관하여 지대한 관심을 갖기도 했습니다. 따라서 본문이 기록되는 무렵에 이르러 예수님을 따르는 신자의 무리는 예루살렘 전체에 무시할 수 없는 영향력을 드리우기 시작했습니다. 한마디로, 이 모든 사건과 긴장의 중심부에 예수라고 하는 이름이 존재했습니다. 그 무렵 예루살렘의 주민들은 거의 매일 예수교라는 신흥 종교 집단에 관한 소식을 들으면서 자고 깼던 것입니다.

바로 이런 때에 베드로와 요한 사도가 기도하러 성전으로 올라가고 있었습니다. 베드로와 요한은 '미문'이라 불리는 성전 문 앞에 앉아서 구걸하는 한 앉은뱅이를 주목하여 보았습니다. '미문'(美門), 즉 '아름다운 문'이라 불리는 문은 오직 이 본문에서만 거론되는 문입니다. 성경학자들은 이 '미문'이 예루살렘 성전의 동쪽으로 난 '니카노(Nicanor)의 문'이라고 짐작합니다. 즉, '이방인의 뜰'로부터 '여인의 뜰'로 이르는 길에 서 있는 바로 그 문을 가리키지 않을까 짐작하는 것입니다. 유대인 역사가 요세푸스(Flavius Josephus)가 기록한 바에 따르면, 이 미문은 기드론 골짜기를 향해 서 있는 '코린트 양식'으로 지어진 놋으로 된 대문이며, 은 혹은 금으로 도금한 문보다 값비싼 것이었다고 합니다. 그만큼이나 웅장하고 아름다운 이 문 앞에, 여기를 지나다니는 사람들로부터 구걸하여 먹고 사는 한 명의 비참한 인생이 앉아 있었던 것입니다.

개역한글 성경을 보면, 이 사람은 "나면서 앉은뱅이 된 자"(2절)라고 되어 있습니다. 그리고 그리스어 성경은 이 사람을 '그의 어머니의 자궁에서부터 앉은뱅이였던 한 사람(ἐκ κοιλίας μητρὸς αὐτοῦ ὑπάρχων)'이라고 설명했습니다. 굳이 표현하자면 그는 선천성 기형(畸形)을 안고 태어났다고 볼 수 있겠지요. 요즘같이 의학 기술이 발달하지 않았으니, 이 사람이 도대체 무슨 까닭으로 이런 병을 앓고 있는지를 알기란 불가능했을 것입니다. 걸어 다니지 못한다는 이유로, 그래서 허구한 날 앉아 있다 해서, 사람들은 그를 '앉은뱅이'라고 불렀겠지요. 그런데 사람들은 하필이면 그 사람을 가리켜 "나면서"라는 표현을 덧붙이고 있었습니다. 이것을 보면 역시 많은 사람이 어지간히 이렇게 물어보았던 모양입니다. "당신, 어쩌다가 앉은뱅이가 된 거야?" 혹은 "언제부터 그렇게 된 거야?"라고 물어서, 이 앉은뱅이 겸 비렁뱅이의 별명(別名)이 이렇게 결정되지 않았을까 싶습니다. "어머니의 자궁에서부터 앉은뱅이였던 사람"

사도행전 4장 22절은 이 사람이 마흔 살이었다고 기록합니다. 이 말은 이 사람이 나서부터 죽을 때까지 도무지 그 병의 사슬에서 벗어나지 못한 채 그냥 그렇게 살다 죽어야 할 운명이라는 뜻이기도 했습니다. 거기다가, 움직일 수도 없으니 돈을 벌지도 못했을 것이고, 그러니 가난은 당연하게 따라다니는 굴레가 되었겠지요. 그의 부모가 평생을 먹고 살 만한 재산을 물려주지 않았다면 말입니다. 더욱이, '병'이라는 것이 '하나님의 벌'이라고 여겨지던 당시였습니다. 따라서 그런 류의 사람을 멀리하고 삐쭉이던 시절에, 이 사람이 입에 풀칠 할 수 있는 방법은 하나밖에 없었습니다. 자신의 가장 부끄러운 모습, 가장 내보이기 싫은 신체의 모습을 사람들에게 보여 주어 빌어먹는 길 말입니다. 쉬운 말로, 자신의 병신 된 것을 보여 줌으로써 동정심을 불러일으키고, 이로써 동냥하여 먹고 사는 것이지요.

그러나 그는 그 일조차 마음대로 할 수 없었습니다. 움직일 수가 없으니, 동냥하기에 적당한 장소, 동냥하기에 소위 '몫이 좋은 곳'으로 오가는 것마저 마음대로 할 수 없었겠죠. 따라서 그는 이리저리 아는 유대인들의 도움으로 이곳, 성문 옆으로 매일 출근을 해야만 했던 것입니다. 그의 병을 낫게 해 줄 수도, 그의 가난을 해결해 줄 수도 없는 이웃들은 최소한 그 일만은 도울 수 있었습니다.

우리를 보라고?

어쨌든, 베드로와 요한은 성전으로 올라가다가 그 앉은뱅이를 보았습니다. 본문 4절에는 그들이 앉은뱅이 거지를 "주목하여" 보았다고 기록되어 있습니다. 다시 말씀드립니다만, 이 거지는 나면서부터 앉은뱅이였다고 기록되었습니다. 또, 그가 그런 병자라는 사실을, 예루살렘에 잠시나마 살았던 사람이라면 누구나 알고 있었을 가능성을 암시합니다. 한마디로, 그 거지는 예루살렘의 명물(名物)이었던 것이죠. 그런 의미에서, 베드로와 요한도 이 앉은뱅이 거지에 대해서 이미 최소한 어느 정도까지는 알았다고 보는 것이 옳을 것 같습니다. 이제, 베드로와 요한은 성령의 인도하심을 따라 그 거지를 주목하여 봅니다. 그것은 사실 새삼스러운 행동입니다. 어제도 보았을 것 아닙니까? 어제 본 거지 겸 앉은뱅이가 오늘이라고 주목받을 만한 특별한 점이 생겼을 리가 없습니다. 어쨌든 그 베드로와 요한이 그 거지에게 말합니다. "우리를 보라!"(4절).

이럴 때 거지는 어떤 반응을 보이겠습니까? 당연히, 말하는 그 사람을 주목하여 보겠죠. 얼마나 동냥을 줄 것인지, 기대에 찬 마음으로 그의 손과 입을 바라볼 것입니다. 성경은 거지의 기대를 다음과 같이 표현합니다.

그가 그들에게서 무엇을 얻을까 하여 바라보거늘 (5절)

그리스어로 된 성경 원문은 이를 '에페코(ἐπέχω)', 즉 '무언가를 기대하며 주목하여 보다' 혹은 '하던 일을 멈추고 어떤 것을 주목하여 보다'라는 뜻을 가진 단어를 사용했습니다. 그만큼, 그 거지가 베드로와 요한의 말에 어떤 기대를 걸었다는 의미일 것입니다. 그런데 베드로와 요한의 말이 무엇이었습니까? "은과 금은 내게 없거니와…"(6절a) 아, 그의 말은 이로써 더 이상 기대할 만한 것이 없게 되었습니다. 거지에게는 무엇보다 돈이 필요합니다. 그런데 일껏 거지를 불러 놓고 "사실은 말야, 내가 지금 돈은 없는데…"라고 합니다.

기대가 크면 실망도 크죠. 얼마나 김새는 일이었을까요? "에이씨…"
하고 욕이나 한마디 하려던 바로 그 순간, 베드로의 입에서 놀라운 말이
떨어집니다.

> … 내게 있는 이것을 네게 주노니 나사렛 예수 그리스도의 이름으로 일어나
>
> 걸으라 (6절)

동전 몇 푼이 낫겠습니까? 일어나서 걷는 게 낫겠습니까? 물어볼 필
요도 없지요? 나면서부터 앉은뱅이였던 사람에게 "일어나 걸으라"라고
합니다. 그는 굶어 죽더라도 좋으니 한 번만이라도 걸어 보고 싶었을 것
입니다. 그런 그에게 베드로는 "일어나 걸으라"라고 합니다. 그것이 돈
보다 더 귀한 것이지 않습니까? 생명보다 더 좋은 것이죠.

사도들은 거지를 향해 손을 내밀었습니다. 그들의 손에 육신의 배를
채울 만한 물질은 없었습니다. 사실이었습니다. 그들 손에 돈은 없었습
니다. 하지만 주 예수의 권능이 있었습니다. 성령의 능력이 있었습니
다. 거지의 병을 낫게 하는 성령의 능력이었습니다. 거지의 간절한 소
원을 만족하게 하는 능력이었습니다. 하루하루의 삶을 연명하는 정도
의 능력이 아니라, 한 인간의 평생의 간절한 소원을 단번에 만족시키는
능력이요, 평생의 한을 단번에 씻어 내는 능력이며, 인간의 자존심을
단숨에 회복시키는 능력이었습니다. 날 때부터 장애인, 즉 병신으로 태
어나 "도대체 그 병이 누구의 죄 때문이냐?"라는 질문을 수없이 들으며
살던 죄인 아닌 죄인의 그 질곡에서 벗어나도록 하는 능력입니다. 성경

은 이 순간을 이렇게 증언합니다.

> … 발과 발목이 곧 힘을 얻고 뛰어 서서 걸으며 그들과 함께 성전으로 들어
> 가면서 걷기도 하고 뛰기도 하며 하나님을 찬송하니 (7-8절)

베드로가 이 거지 겸 장애인의 손을 잡아끌자, 이런 놀라운 일이 벌어졌습니다. 그가 전한 이 능력은 받는 자로 하여금 감격과 기쁨에 몸을 떨도록 하는 능력이었습니다. 방금 전까지만 해도 구걸하는 자리에 가는 것조차 남이 옮겨 줘야 했습니다. 그런데 이제 발과 발목이 힘을 얻었으니 걸을 수 있게 되었습니다. 그 기쁨이 그로 하여금 일어서서 걸으며, 뛰게 했습니다. 그 터져 나오는 기쁨은 이전까지는 병신이기에, 불완전한 사람이기에, 사람이 아닌 사람이기에 들어가지 못했던 성전 안으로 담대히 들어가게 합니다. 뛰어 들어가게 합니다. 춤을 추며 들어가게 합니다. 병신 아닌 자도 혹시 하나님의 진노를 사지나 않을까 두려워하며 들어가던 그 성전으로, 기쁨으로 뛰며 거침없이 들어가게 합니다. 그리고 넘치며 터져 나오는 환희로 하나님을 찬미합니다!

우리를 보지 말라고?

너무나 엄청난 이 이적에, 주위에 있던 사람들이 모두 놀라 버렸습니다. 본문 9-10절은 그들의 상태를 다음과 같이 표현합니다.

모든 백성이 그 걷는 것과 하나님을 찬송함을 보고 그가 본래 성전 미문에
앉아 구걸하던 사람인 줄 알고 그에게 일어난 일로 인하여 심히 놀랍게 여
기며 놀라니라 (9-10절)

구걸하던 거지, 동정받으며 살던 그 앉은뱅이가 걷고, 뛰며, 환호하
고, 하나님을 찬미했습니다. 그 광경을 모든 사람이 보았습니다. 그날
그를 그 자리에 옮겨다 주었던 사람도 보았을 것입니다. 오늘뿐만 아니
라 어제, 그제, 아니 매일같이 동전을 던져 주던 사람들도 그 광경을 볼
수 있었습니다. 지금 마치 딴 사람처럼 뛰어다니지만, 모든 사람은 그
가 누구인 줄 알았습니다. 성령의 능력은 이미 그를 더 이상 구걸하는
자가 아니게 했지만, 사람들은 그가 어떤 사람이었는지를 알았습니다.
그가 본래 성전 미문에 앉아 구걸하던 사람인 줄 알았던 것입니다.

성경에는 백성들이 "심히 놀랍게 여기며"라고 했는데, 원문을 그대로
직역하면 '그들은 경이와 놀라움에 가득 찼다' 정도가 될 것 같습니다.
여기에 '놀라움'이라고 표현한 그리스어 단어(엑스타시스, ἔκστασις)는 너
무 놀라서 정상적인 마음의 상태를 잃어버리거나, 거의 넋이 나간 상태
를 묘사하는 단어입니다. 거지의 과거를 아는 사람들이 거지의 현재를
보고서는 최고의 흥분과 경악에 가득 차게 되었다는 것이지요. 당연한
일이지만 거지는 베드로와 요한을 붙들고 연신 감사했고, 이 광경을 바
라보는 사람들 역시 까닭을 알 수 없는 두려움에 사로잡혀 베드로와 요
한을 붙잡고 늘어졌습니다. 그냥 지나칠 수 없는 두려움과 호기심이 그
들을 사로잡았기 때문입니다. 그들은 누가 무어라 하지도 않았는데 솔

로몬의 행각이라는 곳에 모입니다. 마침내, 솔로몬의 행각에 모인 거대한 군중 앞에서 베드로와 요한은 다시 한번 놀라운 말을 합니다. "왜 우리를 주목하느냐?"(12절) 베드로와 요한은 이 자리에서 대담하게 그리스도를 증거합니다. "이 거지를 구원한 것은 우리가 아니다. 너희가 죽였던 바로 그 예수가 이 거지를 구원하였다."

베드로와 요한에 의하면, 그 거지를 낫게 한 것은 그들이 아닙니다. 이 광경을 보면서 놀라워하는 이들이 얼마 전에 죽였던 그 예수, 그분의 영이 그를 낫게 한 것입니다. 그분의 영은 생명의 영입니다. 사람들이 예수님을 죽였으나 그 예수님은 자신의 생명의 영으로 다시 살아나셨습니다. 그분의 영은 지금도 살아 움직이며, 그분을 믿는 모든 자들을 살립니다. 거지요 앉은뱅이인 자의 병이 낫게 된 것은 바로 그 영이 역사하신 결과입니다. 그분의 영이 살아 움직이며, 각 사람의 마음과 몸과 생각 속에서 살아 움직입니다. 그 영의 역사야말로, 예수가 하나님의 아들이심을 증거하는 가장 강력한 증거입니다. 그러므로 죄인을 구원하며 병자를 낫게 하는 그 광경을 보며 놀라는 사람들은 그 영의 주인이신 예수 그리스도를 '주'로 영접해야만 합니다. 그 영이 그분의 구주 되심을 증거하기 때문입니다.

그러면 이제, 그들에게 한 가지 의문이 남습니다. "그래, 그 이적을 행한 것이 너희의 능력이 아니라 그리스도의 영이라 하자. 그렇다면 너희는 도대체 누구란 말이냐?" 주님과 주님의 능력을 가리키던 사람의 손가락을 그것과 동일시하던 경악에서 돌아와, 이제 그 손가락의 주인인 베드로와 요한을 새삼스럽게 쳐다보아야 할 순간이 돌아왔습니다.

거지를 단 몇 마디의 말로 일으켜 세우고 뛰게 만든 베드로와 요한. 그러나 거지나 베드로, 요한이 도대체 무엇이 다릅니까? 도대체 그들에게 "우리를 보라"라고 자신 있게 말할 만한 어떤 것이 있었단 말입니까? 앉은뱅이는 앉은뱅이이기에 말할 필요도 없이 비천한 사람입니다. 그런데, "내가 당신에게 무엇을 주겠다"라고 선언할 만한 그 무엇이 베드로와 요한에게 있었습니까?

갈릴리 호숫가에서 태어났던 그들입니다. 머리는 좋았는지 몰라도, 평생을 조상이 그러했듯 어부로 먹고살아야 했을 그들입니다. 비천하든지, 아니면 그다지 존경받지 못하는 출신 성분의 그들이었습니다. 그러다, 예수를 만나는 바람에 그들의 예측 가능한 인생은 어그러졌습니다. 부모와 친척과 가족을 버리고서, 무엇인가 할 듯 떠들썩하게 3년 동안 전국을 떠돌아다녔습니다. 그러나 그들의 교주 격인 예수는 십자가 형을 받아 죽어 버렸습니다. 지금까지도 제자들이 예수의 시신을 훔쳐다 숨기고서는 그가 부활했다는 거짓말을 퍼뜨리고 있다는 소문이 돌고 있는 상황입니다. 그럼에도 불구하고 그들을 인정하지 않으면 안 될 만한 단 한 가지가 있었습니다. 바로 복음의 능력입니다!

그 능력 앞에, 세상의 온갖 논리와 학식이 빛을 잃으며 침묵합니다. 다른 것이 못하는 것을 그 능력은 하기 때문입니다. 죽은 자를 살립니다. 병든 자를 살립니다. 인생의 의미를 잃고 방황하는 자에게 희망과 삶의 의미를 줍니다. 예전에는 아무 가치도 없는 썩은 막대기 같은 병자를 낫게 함으로써 그를 참인간 되게 하며, 환희하게 하며, 뛰게 하며, 걷게 하며, 하나님을 찬양하게 합니다. 병자와 좌절한 자, 마음에 이미 죽은 바와 다름없다는 선고를 받은 죄인들의 마음에 소망과 열락(悅樂)을 주며, 그들의 심장에 박동을 주며, 그들의 혈관에 감격의 전율이 헤엄치고 돌아다니게 합니다. 억눌린 자에게 소망을 갖게 합니다. 가난한 자에게 더 이상 자신이 가난하지 않음을 확증해 줍니다. 애통한 자에게 더 이상 그리 살지 않아도 될 기쁨을 줍니다. 애써서 율법을 지키고도 얻을 수 없는, 하나님을 향한 타오르는 열망과 사랑을 두려움 대신 가져다줍니다.

이것이 복음의 능력입니다. 이것이, 베드로와 요한이 거지에게 주고자 했던 그것입니다. 이것이, 줄 것이라고는 아무것도 없는 그들이 뻔뻔스럽게도 무엇인가 내게 가진 것이 있노라고, 거지에게 담대하게 말을 걸 수 있었던 바로 그것이었습니다!

어떤 교회가 되어야 하나?

본문을 보면 베드로와 요한은 거지를 향해 "우리를 보라"라고 말함으로써 거지의 이목을 끌었습니다. 그러나 사실, 예수의 능력을 가진 사람은 이렇게 이목을 끌지 않더라도 세상의 눈길을 끌게 되어 있습니다. 예수님은 마태복음에서 이렇게 말씀하셨습니다.

너희는 세상의 빛이라 산 위에 있는 동네가 숨겨지지 못할 것이요 사람이 등불을 켜서 말 아래에 두지 아니하고 등경 위에 두나니 이러므로 집 안 모든 사람에게 비치느니라 이같이 너희 빛이 사람 앞에 비치게 하여 그들

로 너희 착한 행실을 보고 하늘에 계신 너희 아버지께 영광을 돌리게 하라

(마 5:14-16)

예수를 믿는다는 것은 마치 산 위에 있는 동네와 같은 것입니다. 등경 위에 올린 등불과 같은 것입니다. 숨고자 해도, 숨기고자 해도 숨을 수 없다는 뜻입니다. 예수님을 믿는 사람은 세상 사람들의 주목을 받습니다. 일부러 그러지 않아도, 그리됩니다. 여러분이 예수님을 믿는 순간, 여러분은 세상 사람 앞에 어둠 가운데 빛처럼 주목을 받게 됩니다. 예수님의 영을 가진 사람은 예수님의 영의 명령을 따라 살게 됩니다. 예수님의 영을 따라 사는 사람은 세상 사람들의 방식과는 다르게 살 수밖에 없습니다. 그들의 눈에 띄지 않으려야 않을 수 없습니다. 세상 사람들은 우리를 주목하여 봅니다. 마치 무엇인가를 줄 수 있는 사람인 양, 우리를 주목할 것입니다. 바로 이 일을 위해 우리가 하나님의 자녀와 교회로 부르심을 받았기 때문입니다.

그때, 우리는 무엇이라 말하겠습니까? 우리를 왜 주목하여 보느냐고 하실 겁니까? 우리를 보지 말라고 하실 겁니까? 우리는 줄 것이 없다고 말씀하실 겁니까? 아니면, 당당하게 "우리를 보라!"라고 말씀하실 겁니까? 요한계시록에서 주님은 이렇게 권면하십니다.

네가 말하기를 나는 부자라 부요하여 부족한 것이 없다 하나 네 곤고한 것과 가련한 것과 가난한 것과 눈먼 것과 벌거벗은 것을 알지 못하는도다 내가 너를 권하노니 내게서 불로 연단한 금을 사서 부요하게 하고 흰옷을 사서

입어 벌거벗은 수치를 보이지 않게 하고 안약을 사서 눈에 발라 보게 하라

(계 3:17-18)

교회는 세상이 가지지 못한 능력을 갖고 있습니다. 아니, 갖고 있어야 합니다. 사람을 살리고, 지친 마음을 일깨우며, 삶의 목적과 방향을 새롭게 하는 능력이 있어야 합니다. 그것이 교회에 있음을 알기에 우리가 이렇게 교회에 앉아 있고, 그렇기에 세상이 교회에 대하여 기대하는 것입니다. 따라서, 교회는 오직 이 능력을 갖고 있느냐에 의해 존재할 만한 가치가 있는 교회인가를 판가름할 수 있습니다.

사랑하는 여러분, 우리 교회는 어떤 교회입니까? 여러분이 소망하는 교회, 여러분이 땀을 흘려 일굴 교회는 어떤 교회입니까? 재미있는 교회? 떠들썩한 교회? 여러 가지 사업과 행사로 바쁜 교회? 좋은 사람이 많은 교회? 유익한 말을 많이 들을 수 있는 교회? 잘 먹는 교회? 다 괜찮은 일이지만, 그보다 훨씬 중요하고 본질적인 것을 잊지 마십시오. 능력 있는 교회, 그리스도의 영이 살아 운동하면서 사람을 살리는 교회가 되어야 합니다. 교회는 이 능력을 가지고 세상을 살려 내야만 합니다. 그것이 교회의 사명이요, 본질입니다. 내가 추구하는 교회의 모습이 좀 더 이 본질에 가까워져야 합니다. 그래야만 나도 살고, 세상도 살기 때문입니다. 바로 이 일을 위해 교회의 머리 되신 주님께서 우리를 부르셨습니다!

07

우리는 무엇을 두려워해야 하는가?
행 4:13-22

들어가며

앞서 우리는 사도 베드로와 요한이 성전에 들어가다가 나면서부터 앉은뱅이인 한 거지를 낫게 해 준 사건에 관하여 생각해 보았습니다. 베드로와 요한이 인간의 능력으로써는 도저히 어떻게 할 수 없는 병자를 낫게 해 주었다는 것입니다. 성경에는 사실 이적, 특히 병 고침을 받는 이적이 많이 기록되어 있습니다. 그런데 '이적'이라는 것이 무엇일까요? '이적(異跡·異蹟)'이라는 단어를 '민중국어사전'에서 찾아보면 이렇게 설명되어 있습니다. "1) 기이한 행적. 2) 기적" 또 '기적(奇蹟)'이라는 단어는 이렇게 설명되어 있습니다. "1) 사람이 생각할 수 없는 아주 신기한 일. 2) 신, 하느님의 힘으로 특수한 사람이 행하는 일. 예수가 기도로써 문둥병, 앉은뱅이를 고친 일 따위." 요약하자면 이적, 혹은 기적은 인간이 일으킬 수 없는 일이라는 것입니다.

기적에 관하여

'인간이 할 수 없는 일'이라는 말은 자연히 이 이적의 근원을 하나님, 즉 신적(神的) 존재로 거슬러 가도록 합니다. 있을 수 없는 어떤 일이 일어났는데 이 일이 왜 일어났는지 모른다고 한다면, 인간은 자연스럽게 그 일의 원인을 신적인 영역에 돌린다는 뜻입니다. 다시 말해서, 이적 혹은 기적은 하나님, 혹은 그 현상의 세계를 지배하는 존재에 의해서 일어난 일이라고 생각되는 현상을 가리킵니다. 이런 맥락에서 우리는 이적, 혹은 기적을 가리켜 '초자연적 현상'이라 부르기를 좋아하지요. 하지만 인간의 이성이 강조되는 근대 이후로 신의 영역에 있던 이적 혹은 기적은 이제 학문의 영역으로 끌어들여져서 수많은 논의를 일으키게 되었습니다.

두 가지 예를 들어 보겠습니다. 먼저, 바뤼흐 스피노자(Baruch Spinoza, 1632-1675). 스피노자는 17세기의 철학자입니다. 스페인계의 부모를 둔 유대인으로서, 네덜란드의 암스테르담(Amsterdam)에서 태어났습니다. 그는 이적에 관해 이렇게 말한 적이 있습니다. "기적이라는 것은 일어날 수 없는 것이다. 자연법칙은 신의 뜻이므로, 적어도 자연의 질서를 침해하는 것은 신 자신의 자기모순을 뜻하기 때문이다." 이 사람의 주장은 무엇을 의미할까요? "신이 이 세상을 창조하시고 세상이 움직이는 법칙을 만들었다고 하자. 신이 이 자연법칙으로 우주의 질서를 잡았다면, 어떻게 그 자연법칙이 깨어지는 초자연적 현상, 즉 기적을 허용하겠는가? 그러므로 초자연적 현상, 즉 이적은 존재할 수 없다." 그러니까 말하자면, 스피노자는 기적의 존재를 믿지 않았다는 것입니다. 스피노자가 이렇게 말한 데에는 아주 복잡한 정황이 있습니다만, 여기서는 모두 생략하겠습니다.

그리고 또 한 사람. 데이비드 흄(David Hume, 1711-1776)이라는 사람입니다. 이 사람은 스피노자보다 약간 늦은 시대의 철학자입니다. 그는 기적에 관하여 이렇게 말합니다. "기적이라는 것이 크면 클수록 그것을 입증하는 것에도 한층 더 실질적인 근거가 있는 것이어야 한다. 자연법칙을 입증하는 데는 막대한 증거가 있다. 기적이라고 할 경우에 예외적인 증거는 결코 이러한 경험에 바탕을 두는 증거보다 나을 수 없다." 자연법칙을 입증하는 데 엄청난 증거가 동원된다면, 기적을 입증하는 데도 마찬가지로 방대한 증거가 동원되어야 한다는 뜻입니다. 즉, 흄도 역시 인간의 이성이나 경험에 어긋나는 기적의 존재를 이런 식으로 부정했다는 말이지요.

머리가 더 아파지기 전에 빨리 이 이야기에서 벗어나야겠는데, 이 두 사람이 공통적으로 보이는 태도는 무엇입니까? 인간의 이성 혹은 합리성에 의해 설명되거나 부합되지 않는 한 기적은 받아들일 수 없다는 것입니다. 인간은 무슨 일이든지 그것을 자기 안의 세계로 끌어들여서 분석하고 평가하려 합니다. 특히 오늘의 인간은 자기가 가진 경험의 세계를 소위 '과학'이라는 완강한 단어로써 방어하고 있습니다. 소위 과학만능주의지요. 그러나 과학이란 무엇입니까? 과학은 인간이 자기가 경험한 사건들을 분석하여 그것이 일어나는 인과관계를 일반화된 법칙으로 설명한 것입니다. 법칙은 질서를 상징하며, 따라서 인간은 그 질서화된 규칙 안에서 평안함을 느낍니다. 다시 말해, 인간은 과학이라는 이름으로 규정된 질서가 깨질 때 불안해한다는 것입니다.

조금 거칠게 표현하자면, 기적에 관한 위의 두 사람의 태도는 사실 오늘날까지도 많은 사람들이 가진 대표적인 태도라고 할 수 있습니다. 그러나 저는 이런 태도에 대해 이렇게 다소 무식하게 질문하고 싶습니다. "기적이라는 이름의 현상을 하나님의 자연법칙이나 인간의 경험법칙에 어긋난다는 이유로 거절한다고 하는데, 인간에게 그럴 권리가 있는가?" 하나님께서 자연을 만드시고 그 자연이 움직일 법칙을 만드셨다고 합시다. 그렇다면 하나님은 당신이 친히 만드신 법칙을 깨뜨릴 권리가 없으십니까? 말장난 같지만 결코 말장난인 듯 여기며 지나치지 못할 심각성이 잠재된 질문입니다.

예를 들어 보지요. 매일 아침 여덟 시에 일어난다는 규칙을 세웠습니다. 그날 이후, 나는 여덟 시에 반드시 일어나야 합니다. 그러니, 나는 아침 아홉 시에 일어나서도 안 되고, 열 시에 일어날 수도 없습니다. 말이 됩니까, 안 됩니까? 말이 안 되지요? 규칙과 그 규칙을 만든 사람이 여기 있습니다. 규칙이 위입니까? 아니면 그 규칙을 만든 사람이 위입니까? 당연히 규칙을 만든 사람이 더 위지요? 그럼, 하나님이 먼저입니까, 아니면 하나님께서 만드셨다는 그 자연법칙이 먼저입니까? 하나님이 위죠. 그러므로, 만일 자연법칙을 하나님께서 만드셨다고 해서 하나님마저 그 자연법칙을 깨서는 안 된다고 말한다면, 우리는 즉시 이런 오류를 범하는 셈입니다. 자연법칙을 가지고서 그 자연법칙을 만드신 하나님을 제한하는 것이지요.

따라서 우리는 기적에 대한 인간의 태도에 대해서 이렇게 말할 수밖에 없습니다. 기적이 존재하느냐 하지 않느냐의 문제는 이미 우리의 문제가 아니라는 것입니다. 기적의 현상이 우리 앞에 나타날 때, 우리가 할 일은 그것을 겸손하게 인정하는 것이고, 그리고 그 일의 의미를 되새겨 보는 것입니다.

기적 앞에 선 인간들

따라서 본문이 전하는 사건은 인간이 얼마나 자기의 능력을 벗어나는 일에 대해 교만한지, 그리고 하나님의 일에 대해 잘못될 수 있는지를 잘 보여 줍니다. 앞에서도 말씀드린 바와 같이 본문의 쟁점(爭點)은 나면서부터 앉은뱅이 된 거지가 걷게 된 사건에서 시작됩니다. 베드로와 요한이 성전 안으로 기도하러 들어가다가 이 사람을 낫게 했습니다. 이 사건이 그냥 놀라고 마는 하나의 해프닝이었다면 조용했을지도 모르지만, 베드로가 사람들 앞에서 이 사건의 의미를 해석하는 바람에 문제가 복잡해졌습니다. 베드로의 주장이 뭐죠? "이 병자가 낫게 된 것은 어떠한 능력 때문이다. 그리고 이 능력은 하나님의 성령의 능력이다. 성령은 예수 그리스도께서 보내신 분이다. 성령께서는 이 병자를 낫게 하는 능력을 보이심으로써 예수께서 하나님의 아들이심을 증거하신다." 대략 이런 내용이었습니다. 이러한 주장으로 인해서 나면서부터 앉은뱅이였던 자가 걷게 된 이적의 사건은 보다 복잡한 국면으로 치닫게 됩니다.

여기, 이적이 있습니다. 모든 사람이 놀라지요? 거기에 베드로가 이 이적의 의미를 설명함으로써, '예수가 과연 하나님의 아들이신가? 인류의 구원자이신가?' 하는 논쟁이 끼어듭니다. 그런데 이 논쟁은 그 자리에 있는 하나님의 백성이 그들의 하나님이시요 창조주이신 분의 아들을 왕으로 받아들이지 않고, 오히려 십자가에 못 박은 죄인으로 만들어 버립니다. 참으로 딱한 일이지요? 그러나 베드로는 사도행전 3장의 마지막 부분에서 오히려 이렇게 유대인을 위로합니다. "형제자매 여러분, 저는 여러분들이 여러분의 지도자들과 마찬가지로 무지해서 그렇게 행동했음을 알고 있습니다"(3:17).

모르고 지은 죄는 회개하고 돌이키면 되는 일입니다. 뿐만 아니라 베드로는 이 일이 누구의 잘못이냐를 따지는 것이 무의미하다고 주장합니다. 왜냐하면, 이 일이 누가 뭐라 하더라도 일어날 수밖에 없었던 하나님의 계획에 속해 있었기 때문입니다. 베드로는 이들이 해야 할 일을 이렇게 알려 주었습니다.

그러므로 너희가 회개하고 돌이켜 너희 죄 없이 함을 받으라 (3:19)

사람은 판단을 잘못할 수 있습니다. 사람은 모든 것을 다 알지 못하기 때문입니다. 그러므로 그것을 돌이키면 되는 것입니다. 예수가 인간으로서 하나님의 아들이라고 하는 주장을 잘못이라고 알았고, 그래서 그를 죽였다면, 그들이 죽였음에도 불구하고 다시 살아나신 그분을 하나님의 아들과 구주로 받아들이면 되는 것입니다. 이것이 바로 잘못을 저지른 인간이 해야 할 일인 것이지요. 베드로는 이것을 '회개'라고 말했습니다. 이처럼 분명한 해석과 대책이 있는데도 불구하고, 본문이 보여 주는 인간들은 그것을 잘 받아들이지 못합니다.

여기 두 가지 부류의 인간이 본문에 등장합니다. 하나는, 베드로와 요한의 메시지를 진심으로 받아들이고 그 말을 따른 사람들입니다. 사도행전 4장 4절의 말씀입니다.

> 그런데 사도들의 말을 들은 사람들 가운데서 믿는 사람이 많으니, 남자 어른의 수가 약 오천 명이나 되었다 (4:4, 표준새번역)

또 하나는, 이들의 권면을 받아들이지 않은 사람들입니다. 사도행전 4장 1절은 이들이 어떤 사람인지를 알려 줍니다. 이들은 간단한 말로 표현하면 당시의 종교 지도자들이라 할 수 있겠습니다. 이들은 사도들의 설교를 듣고 크게 화를 냈습니다. 그리고 베드로와 요한을 그 자리에서 잡아 옥에 가뒀습니다. 그리고 다음 날 아침 다시 모였습니다.

이 자리에는 유대인의 공의회 의원들과 장로들, 서기관들이 있었는데, 사도행전 4장 6절에는 이들의 면모가 좀 더 자세히 기록되어 있습니다. '대제사장 안나스'라는 사람은 주후 7년부터 15년 무렵까지 대제사장으로 봉직한 인물로, 퇴임한 이후에도 산헤드린이라 불리는 공의회에 강력한 영향력을 행사한 인물로 알려졌습니다. 이 사람은 예수를 판결하는 일에도 적지 않은 영향을 주었습니다. 또 '가야바'라는 사람은 안나스의 사위로, 주후 18년부터 36년까지 대제사장이었고, 유대인 공의회의 의장이기도 했던 인물입니다. 그리고 '요한'과 '알렉산더'. 몇 가지 기록을 살펴보면, '요한'이라 기록된 인물은 주후 36년경 가야바의 후임으로 대제사장이 된 사람, 즉 '요나단'인 듯합니다. 그렇다면 이 사람은 가야바의 아들입니다.

이외에도 이날의 회합에는 대제사장의 가문에 속한 몇 사람이 참석했다고 사도행전이 말하고 있습니다. 오늘날 우리가 익숙한 방식으로 이날의 모임을 규정하면 어떻게 될까요? 저는 이들을 이렇게 표현하고자 합니다. "종교와 사회 분야에서 강력한 기득권을 가진 집단." 어떻습니까? 본문에 열거한 인물을 간단히 살펴보더라도 이들이 혈연(血緣)으로 똘똘 뭉쳐서 종교와 사회 분야에서 적지 않은 영향력과 기득권을 행사하던 인물들이라는 것이 드러나지 않습니까?

그런데 중요한 것은, 이들이 한결같이 예수가 그리스도인 사실과, 따라서 그들이 하나님의 아들이신 분을 잘못 알아보고 죽이기까지 했다는 사실을 인정하지 않으려 한다는 것입니다. 베드로가 이들 앞에 끌려와서 이렇게 말할 때, 그들은 한사코 베드로의 말을 부인했습니다. 먼저 베드로의 말을 들어 봅시다.

우리가 오늘 신문을 받는 것이, 병자에게 행한 착한 일과 또 그가 누구의 힘으로 낫게 되었느냐 하는 문제 때문이라면, 여러분 모두와 모든 이스라엘 백성은 이것을 알아야 합니다. 이 사람이 성한 몸으로 여러분 앞에 서게 된 것은, 여러분이 십자가에 못 박아 죽였으나 하나님이 죽은 사람들 가운데서 살리신 나사렛 예수 그리스도의 이름을 힘입어서 된 것입니다 (9-10절,

표준새번역)

베드로는 마침내 다음과 같은 놀라운 결론을 선포합니다. "이분을 힘입지 않고는 아무도 구원받을 수 없습니다. 사람에게 주신 이름 가운데 우리를 구원할 수 있는 이름은 이 이름밖에 없습니다."

진리 앞에 선 사람들 – 우리는 누구를 따라야 합니까?

이러한 폭탄선언이 나오자, 이들은 즉시 그들끼리 모여 이렇게 말했습니다.

"이 사람들을 어떻게 하면 좋겠습니까? 그들로 말미암아 기적이 일어났다는 사실은 예루살렘에 사는 모든 사람이 다 알고 있고, 우리도 이것을 부인할 수 없습니다. 다만 이 소문이 사람들에게 더 퍼지지 못하게, 앞으로는 이 이름으로 아무에게도 말하지 말라고, 그들에게 엄중히 경고합시다." (16-17절, 표준새번역)

이들이 그나마 인정하는 것이 여기 있습니다. 그들이 이미 오래전부터 알던 그 장애인이 기적적으로 걷고 있다는 사실입니다. 그러나 이들은 이 일이 더 널리 퍼지는 결과만은 결사적으로 막으려 했습니다. 그래서 그들은 비겁하게도 이 시점에서 사태를 타협하려 합니다. 본문 18절을 보면, 이들은 베드로와 요한을 불러세우고서 다시는 이 일을 공개적으로 말하지 말라고 협박했습니다.

이들은 어째서 이 일에 대해서 함구령을 내린 것일까요? 19-20절을 보면, 베드로와 요한이 이들의 마음이 어떠했는지를 꿰뚫어 보았던 것 같습니다. 그들은 이렇게 대답합니다.

"하나님의 말씀을 듣는 것보다, 당신들의 말을 듣는 것이, 하나님 보시기에 옳은 일인가를 판단해 보십시오. 우리는 보고 들은 것을 말하지 않을 수 없습니다." (19-20절, 표준새번역)

여기, 하나의 큰 질문이 놓여 있습니다. 하나님의 말씀을 들어야 할 것인가, 인간의 말을 들어야 할 것인가? 인간의 말을 듣지 않으면 큰 벌이 따르게 될 것입니다. 그러면 그 벌을 피하기 위해서 인간의 말을 들어야 하겠습니까? 인간의 말을 듣는다면 결과적으로 하나님의 말씀을 어기는 일이 되는데도요? 결국 베드로가 만든 질문은 "우리가 무엇을 더 무서워해야 하겠는가?" 하는 질문인 셈입니다. 베드로와 요한은 하나님을 선택했습니다. 그 선택의 결과 때문에 어쩌면 그들은 인간들로부터 큰 해를 당하게 될지도 모릅니다. 그러나 그들은 차라리 하나님의 길을 택하는 것이 낫다고 판단했습니다. 인간보다는 하나님이 더 무섭기 때문입니다.

그러나 여기에 또 한 종류의 인간이 있습니다. 앞에서 말씀드린 소위 지도자들입니다. 이들은 이적을 보고서 하나님을 찬양하는 사람들의 시선이 무서워 베드로와 요한을 풀어 줄 수밖에 없었습니다. 이들은 결국 자신이 믿는 종교적 진리보다는 사람의 시선을 더욱 두려워했던 것입니다. 이들은 모든 사람이 부러워하고 두려워할 만한 권력과 명성을 가지고 있었지만, 사람의 시선을 두려워했습니다. 그들은 나름대로 예수가 하나님의 아들이 아니라는 확신이 있었을 것입니다. 그 확신은 예수를 죽음으로 몰 정도였습니다. 그러나 그들의 확신은 자기들을 바라보는 인간의 시선을 이길 정도로 강하지 않았습니다. 예수를 죽일 때는 대중을 선동해서 그런 분위기로 몰아가는 데 성공했지만, 지금의 사정은 그때와 달랐습니다. 다수가 그들을 따르기보다 베드로와 요한을 지지했기 때문입니다. 이들의 힘이라는 것, 그리고 이들의 확신이라는 것이 얼마나 한심합니까?

자, 이제 말씀을 정리하고 마쳐야겠습니다. 우리는 본문에서 두 부류의 사람을 봅니다. 대중의 존경을 받는 지도자 무리가 그중 하나입니다. 그들은 하나님이라는 이름을 통해서 온갖 것들을 누리는 기득권층이었습니다. 무엇에든지 얼굴을 들이밀고 자신의 종교적 지식과 경험을 자랑스레 보여 주던 사람들이었습니다. 그들은 진리의 수호자로 자처하면서 예수라는 한 인물을 잔인하게 죽이기도 했습니다. 만약에 그들이 예수를 죽인 일에 대해 정말 자신이 있었다면, 그들은 대중이 그들을 지지하든 안 하든 관계없이 베드로와 요한을 재판해야 했을 것입니다. 그러나 베드로와 요한의 능력 앞에서, 그들의 확신과 권위가 얼마나 보잘것없는 것이었는지가 명백해졌습니다. 그들의 자부심은 대중이 지지를 얻지 못하자 비겁하게 꼬리를 내립니다. 그들은 자신들이 행한 일에 대해 그 정도밖에 확신이 없었던 것입니다. 그들이 진정으로 믿고

의지한 것은 하나님의 진리가 아니었습니다. 인간의 인기와 대중의 지지였습니다.

그러나 여기 또 한 부류의 인간이 있습니다. 베드로와 요한으로 대표되는 예수님의 제자들입니다. 그들은 얼마 전까지도 선생이신 예수님을 버리고 살길을 찾던 사람들입니다. 그들은 어린 여자 하인 앞에서도 예수를 부인하였습니다. 그러나 이들이 성령의 충만함을 받자, 변해버렸습니다. 그들은 그들이 그렇게도 두려워하던 인간보다는 하나님을 더 두려워하게 되었습니다. 그들은 인간의 위협 앞에서 이렇게 말합니다.

"하나님의 말씀을 듣는 것보다, 당신들의 말을 듣는 것이, 하나님 보시기에 옳은 일인가를 판단해 보십시오."(19절, 표준새번역)

사도들은 그들의 행동을 결정할 때 '하나님께서 그들의 행동을 어떻게 판단하실까?' 오직 이 기준에만 충실한 사람으로 변했습니다. 사도들은 사람을 두려워하지도, 그들이 가할 위협을 두려워하지도 않았습니다. 하나님의 아들 예수를 그리스도와 구주로 고백하는 데 따를 결과에 대해 염려하지도 않았습니다. 이들은 이처럼 변화했습니다. 어떻게 이 일이 가능했을까요? 그렇습니다. 성령의 능력 때문이었습니다.

무엇엔가에 심취해서 아주 자신만만하게 큰소리치는 사람들을 자주 봅니다. 소위 개똥철학에 심취해서 고래고래 궤변을 늘어놓는 사람들도 자주 보곤 합니다. 어디선가 무슨 책을 읽었는지, 그걸로 마치 세상을 다 꿰뚫어 본 듯이 사설을 늘어놓는 사람도 봅니다. 그러나 진리는 언제 어디서나 아주 단순한 하나의 기준으로써 판단될 뿐입니다. '무엇이 사람으로 하여금 기꺼이 죽기까지 복종하게 하는가?' 여러분은 지금 어떤 진리를 믿고 계십니까? 여러분이 믿는 그 진리가 진리인 것을 무엇으로 증명할 수 있습니까? 만약 여러분이 진리라 주장하는 바로 그 진리를 위해 기꺼이 자신의 삶을 내놓지 못한다면, 그것은 진리인지 아닌지와 상관없이 이미 진리가 아닙니다. 본문에서 베드로와 요한의 모습을 되새기면서, 여러분이 믿는 진리가 과연 어떤 것인지를 점검해 보시기 바랍니다.

08 예수의 이름으로 기도하라!
행 4:23-31

산헤드린 앞에서 심문받는 사도들

지난번에 우리가 생각해 보았던 말씀은 '미문(美門)'이라는 성전 문에 앉은 거지 겸 지체 장애인을 사도 요한과 베드로가 고치면서 일어난 사건이 중심이었습니다. 이번 본문은 그 사건의 후일담(後日談), 즉 그 사건으로 인해 일어난 결과 중 하나에 집중합니다. 본문은 이런 말씀으로 시작됩니다.

사도들이 놓이매 그 동료에게 가서 제사장들과 장로들의 말을 다 알리니 (23절)

사도 요한과 베드로가 한 장애인을 고친 일로 인해 제사장과 장로들 앞에 끌려가서 심문(審問)을 받고 풀려났습니다. 그 이후의 사건이 바로 본문 내용인데, 그 내용이 사실은 아주 간단합니다. 두 사도가 풀려난 후, 동료들을 찾아가서 심문 과정에 있었던 일을 얘기하고서 함께 기도했다는 것입니다. 실제로도 아주 간단하지요? 그러나 제가 보기에 본문은 그냥 한번 읽어 보고 지나가는 정도의 단순한 의미만을 갖고 있지는 않습니다. 왜 그럴까요? 본문이 갖는 의미를 제대로 이해하려면, 다시 본문 앞의 사건으로 돌아가야 합니다. 돌아가서, 사도행전 4장 7절의 말씀을 다시 한번 음미해 보아야 합니다.

> 사도들을 가운데 세우고 묻되 너희가 무슨 권세와 누구의 이름으로 이 일
> 을 행하였느냐 (7절)

식민지로 추락한 유대인들이지만, 하나님께 선택받은 백성인 그들의 자부심은 실로 대단했습니다. 당시 강대국 로마에 비교하면 정말 한 주먹 정도밖에 안 되는 유대 땅이었습니다. 그러나 그들은 로마뿐만 아니라 언제 어느 나라에 의해 정복당하더라도 자부심 하나만큼은 꺾이지 않고서 그 어려움을 버텨 내곤 했습니다. 따라서 유대인은 정복자들에 의해서 '결코 정복당하지 않는 민족'이라는 칭호를 받았습니다. 그리고 로마의 지배 아래 있을 때, 그들은 자신의 전통적인 사회질서와 신앙심에 따라 스스로 움직일 수 있는 권위를 얻어 냈습니다. 그 가운데 하나가 바로 '산헤드린'이었습니다.

산헤드린은 사도행전 4장 15절에서 우리말로 '공회', 혹은 '공의회'라고 번역되었습니다. 산헤드린의 회원은 순수한 이스라엘의 혈통을 지닌 사람에게 국한되었으며, 평생 회원이었습니다. 그 재판권의 한계는 유대인에 국한되었습니다. 산헤드린은 율법의 해석에 관계된 사건에 대해서는 최종적인 결단을 내렸으며, 형사 사건의 경우에는 신약 시대

로마의 통치하에서는 총독의 동의하에 사형을 선고하기도 했습니다. 산헤드린은 이처럼 유대인 사회에서 주도적이고 공적인 권위를 갖고 있었습니다.

이들은 경제적으로나 사회적으로나 선택된 사람들이었으며, 지식적인 면에서는 유대인 가운데 가장 많이 배운 사람, 특히나 성경을 가장 잘 아는 사람들이었습니다. 따라서 대중들로부터 부러움과 존경을 받는 사람들이었습니다. 그들의 면모가 사도행전 4장에 이렇게 기록되어 있습니다. "제사장들과 성전 맡은 자와 사두개인들"(1절), '관리들과 장로들과 서기관들… 대제사장 안나스와 가야바와 요한과 알렉산더와 및 대제사장의 문중…"(5-6절). 얼마나 화려한 멤버들입니까? 이들에 비할 때 사도들의 모습은 또 얼마나 초라하게 보였겠습니까? 배운 것 없지, 가문 별 볼 일 없지, 배경 좋지 않지…. 이들이 유대 전국에서 대중의 이목을 끈 이유는 오직 한 가지, 예수라는 인물과 함께 3년 동안 전국을 떠돌며 "하나님의 나라가 가까이 왔다"라고 외쳤다는 것밖에는 없었습니다. 이 갈릴리 출신의 어부들이 속된 말로 먹물 많이 먹고 믿음도 좋은 사회 지도층 인사들에게 둘러싸여서 심문을 받고 있는 것입니다.

무슨 권세와 누구의 이름이냐?

공회원들은 이렇게 질문합니다. 사도행전 4장 7절의 말씀입니다.

… 너희가 무슨 권세와 누구의 이름으로 이 일을 행하였느냐 (7절b)

그리스어로 된 원문의 분위기를 살려서 다시 읽어 드리겠습니다. "너희 같은 인간들이 도대체 어떤 종류의 능력과 누구의 이름으로 이 일을 행했단 말이냐?" 그들은 사도들을 향해 "너희 같은 인간"이라고 부릅니다. 그들이 얼마나 비천한 가문의 사람인지, 그들이 얼마나 배운 게 없는지, 그래서 그들이 얼마나 시원찮은 존재인지, 공회원들은 너무나 잘 알았습니다. 사도들이 나사렛 예수의 이름으로 앉은뱅이인 거지를 낫게 했다는 사실을 공회원들이 몰랐을까요? 아닙니다. 그들은 이 두 사람이 예수의 이름으로 병자를 고쳤다는 사실도 알았습니다. 그분의 능력이 병자를 낫게 했노라고, 사도들이 주장한 사실 역시 이미 전해 들었을 것입니다. 그럼에도 그들은 짐짓 아무것도 모르는 양, 사도들을 최대한으로 멸시하며 깔보고자 이런 식으로 물었던 것입니다.

왜죠? 그들에게 있어서 '예수'라는 이름은 헛된 꿈에 사로잡혀 자신을 하나님의 아들이라고 주장하다가 비참하게 십자가에 달려 죽은 '죄인의 이름'일 뿐이었기 때문입니다. 그들에게 있어서 예수라는 이름은 '이단자의 이름'이요, '하나님의 저주를 받은 인물의 이름'일 뿐이었습니다. 그러므로 그들의 판단이 옳다면 '예수'라는 이름에 의해서 병자가 나을 리는 절대 없어야 하는 것이지요. 그런데 어떻게 그런 일이 일어날 수 있단 말입니까? 이 질문에 대해 사도가 이렇게 대답하자, 공회원들은 더 이상 할 말이 없게 되었습니다.

… 백성의 관리들과 장로들아 만일 병자에게 행한 착한 일에 대하여 이 사람이 어떻게 구원을 받았느냐고 오늘 우리에게 질문한다면 너희와 모든 이

스라엘 백성들은 알라 너희가 십자가에 못 박고 하나님이 죽은 자 가운데서 살리신 나사렛 예수 그리스도의 이름으로 이 사람이 건강하게 되어 너희 앞에 섰느니라 (8-10절)

간단히 말하자면 이렇습니다. "누구의 권세와 무슨 이름으로 이 병자를 낫게 했냐고요? 당신들이 불과 며칠 전에 죽인 바로 그분, 예수의 이름으로 그리한 것이오!" 그런데 이 도전적인 대답을 듣고도 공회원들은 아무 말도 할 수 없었습니다. 이유는 오직 하나입니다. 사도들 바로 옆에 문제의 바로 그 인물, 즉 나면서부터 앉은뱅이 된 거지가 어엿이 서 있었기 때문입니다. 그럼에도 그들은 분노했습니다. 사도들의 이 대답이 자신들의 권위와 판단을 깡그리 무시하는 말이었기 때문입니다. 그들은 이들을 죽이고 싶었습니다. 하지만 그럴 수 없었습니다. 앉은뱅이를 고치는 이적 때문에 사도들의 인기가 너무 올라가서, 이들을 죽였다가는 대중들이 어떤 반응을 보일지 예측하기 어려운 형편이었기 때문입니다. 적어도 그들이 보기에는 그랬던 것 같습니다.

공회원들은 비겁하게도 사도들과 타협을 시도합니다. 그들은 사도들에게 공갈(恐喝)을 칩니다. "절대 예수의 이름으로 말하지도 말고 가르치지도 말라!" 하지만 사도들은 이 위협에 대해 이렇게 대답합니다. "우리가 하나님을 두려워해야 할까요, 아니면 사람의 말을 따라야 할까요?" 공회원들의 말을 따르지 않겠다는 말인데, 이렇게 모욕적인 대답을 듣고서도 사도들을 풀어 줄 수밖에 없었습니다. 사도들의 논리에 따르자면, 공회원들은 그들이 가진 종교적 신념보다는 대중들의 판단을 더욱 무서워했기 때문입니다.

사도들의 믿음과 역사 인식

이렇게 해서, 요한과 베드로가 삼엄하고 살벌한 공회에서 풀려나게 되었습니다. 두 사람은 풀려나자마자 곧바로 동료들에게 갔습니다. 사도들이 모인 자리에서 이 두 사람은 공의회에서 있었던 일을 모두 설명합니다. 그리고 이 이야기를 들은 사도들은 한마음으로 기도를 시작합니다. 우리는 이들의 기도에 매우 주목해야 합니다. 이 기도를 통해서 사도들이 이번 사건과 역사를 어떤 시각에서 바라보고 있는지 분명하게 볼 수 있기 때문입니다.

사도들은 기도의 첫머리에서 하나님을 향해 '대주재'라고 부릅니다(24절). '대주재(大主宰, δεσπότης)'라는 말은, 주로 노예의 주인을 가리키는 단어입니다. 절대적인 권력을 가진 통치자라는 뜻을 가진 단어입니다. 요점을 말씀드리면, 사도들은 이 세상을 오직 자신의 뜻과 권력을 가지고 좌지우지 하시는 하나님의 모습을 이 단어로 표현하려 했습니다. 사도들이 기도 가운데 이 단어를 쓴 사실을 보면서, 우리는 역사 가운데 벌어지고 있는 일에 관한 두 가지 뚜렷한 대조점을 발견합니다.

사도들은 방금 전, 예수의 이름을 전하고 또 그의 이름으로 병자를 고친 일에 대하여 공회의 신문을 받았습니다. 공회는 사도들을 붙잡아 그들의 행위를 심판했으며, 그들을 향해 무슨 권세와 어떤 이름으로 이런 짓을 했느냐고 으박질렀습니다. 그들은 사도들에게 또다시 이런 짓을 하면 재미없을 것이라고 위협했습니다. 그들은 사도들을 향해 마음만 먹으면 언제든지 붙잡을 수 있고, 또 벌을 내릴 수 있다고 자신의 힘을 과시했습니다. 겉으로 볼 때 이들은 사도들의 목숨을 자신의 의지에 따라 움직일 수 있는 권위와 힘을 가진 듯이 보입니다. 그러나 사도들은 하나님을 '대주재'라고 부름으로써, 자신들을 다스리고 제어할 권위와 힘이 공회가 아니라 오직 하나님께 있음을 고백하고 있습니다. 그들은 세상의 권위와 힘으로 사도들을 마음대로 불러다 비난하고 유죄와 무죄를 결정하려 했지만, 사도들이 보기에 이들의 권위와 힘은 너무나 덧없어 보였던 것입니다.

사도들은 하나님이 왜 대주재, 즉 절대적인 통치자이신지를 이렇게 설명합니다. "천지와 바다와 그 가운데 만물을 지은 이"(24절). 이 세상을 만드신 분이 이 세상의 주인이십니다. 너무나 당연한 것 아닙니까? 세상을 만드신 분이 그 세상을 다스리시는 것이 맞습니다. 세상을 만드신 분만이 이 세상을 다스릴 권세를 가진 것이 맞습니다. 그들은 이 세상을 하나님께서 지으셨다는 믿음에서 출발해서, 마침내 자신들의 생명을 죽이고 살리는 일 역시 오직 하나님만이 주관하실 거라는 고백에 도달했습니다. 이들의 믿음과 관점은 분명한 증거가 있습니다. 사도들은 기도하면서 시편에서 다윗이 고백한 말을 인용하여 이렇게 말합니다.

어찌하여 열방이 분노하며 족속들이 허사를 경영하였는고 (25절, 시 2:1 이하 인용)

세상이 헛된 일을 행했습니다. 그 헛된 일이 무엇일까요? 이어지는 기도에서 사도들은 세상이 헛된 일을 시도했다는 그 일이 무엇인지를 밝힙니다. 즉, 세상 사람들이 이 세상의 구주이신 예수, 즉 그리스도와 메시아 되신 바로 그분을 죽이려 한 그 일을 말하는 것입니다.

사람들은 예수님이 구주이신 사실을 모르고, 오히려 그분을 십자가에 매달아 죽였습니다. 그 일이 얼마나 어리석은 일입니까? 예수님께서는 무덤에서 사흘 만에 일어나심으로써, 그들의 판단과 행위를 비웃으셨습니다. 이로써 세상 사람들은 자기가 무엇을 어떻게 하든 상관없이 자신의 뜻을 관철하시는 하나님의 능력을 경험한 것입니다. 세상의 권위자들은 자기가 사람의 생명을 죽이기도 하고 살리기도 하는 능력을 가진 듯 믿습니다. 이 믿음으로 인해 그들은 거만해지기도 하고, 자기의 뜻을 세상에 관철하려고도 합니다. 그러나 이 세상의 진정한 통치자는 하나님이십니다. 하나님께서 이 세상을 만드셨으니까, 그런 권한을 하나님께서 가지신 것은 너무나 당연합니다. 이런 의미에서, 예수님께서 달리신 십자가는 이 세상의 진정한 지배자가 누구인가를 놓고 세상의 권세와 하나님의 권세가 충돌한 곳이었습니다. 우리는 이 싸움에서 하나님께서 승리하신 사실을 이미 알고 있습니다. 사람을 죽이는 것은 사람도 할 수 있습니다. 그러나 죽은 사람을 살리는 일은 생명을 창조하신 하나님만이 하실 수 있습니다. 죽으신 예수님을 살리심으로써, 하나님께서는 이 세상의 모든 영혼의 지배자가 바로 당신이심을 선언하셨습니다. 사도들은 이 경험에 기초하여 이렇게 말합니다.

주여 이제도 그들의 위협함을 굽어보시옵고 (29절a)

예수님을 죽이려 시도했다가 철저히 패배한 저들이 이제는 사도들을 죽이려 하며, 그들이 복음을 전하지 못하도록 위협하고 있습니다. 사도들은 이 사실을 하나님께서 하감해 주시라고 요청합니다. '굽어보다($\dot{\epsilon}\pi\epsilon\hat{\imath}\delta o\nu$)'라는 말은 '(벌을 주기 위해서) 눈을 떼지 않고 잘 살펴본다'라는 뜻이 있다고 합니다. 하나님께 이들의 방해 공작을 유의해서 지켜봐 달라는 뜻입니다. 공회가 그 어떤 권위와 힘을 가지고 사도들을 막으려 한다 하더라도 이들은 실패할 것입니다. 세상의 진정한 주인이시며, 또 그에 합당한 능력을 지니신 하나님께서 사도들을 지켜보시기 때문입니다. 이것이 그들의 믿음이었고, 공회의 위협에도 두려워하지 않는 진정한 이유였습니다. 따라서 그들은 이렇게 기도함으로써 간구를 마칩니다.

또 종들로 하여금 담대히 하나님의 말씀을 전하게 하여 주시오며 손을 내밀어 병을 낫게 하시옵고 표적과 기사가 거룩한 종 예수의 이름으로 이루어지게 하옵소서 (29b-30절)

공회가 어떠한 위협과 방해를 하더라도 사도들은 복음 전하는 일을 중단하지 않을 것입니다. 또 병자들의 병 고치는 일을 멈추지도 않을 것입니다. 그분의 이름을 전하는 일도 멈추지 않을 것입니다. 왜죠? 세상을 진정으로 다스리시는 분은 하나님이시기 때문입니다. 그렇게 일하는 것이 그분의 뜻이기 때문이기도 합니다. 공회가 생명을 위협합니다만, 그들은 결코 그럴 수 없을 것입니다. 생명을 주관하시는 분은 하나님이십니다. 그러니, 죽고 사는 것은 오직 하나님만이 결정하실 수 있는 것입니다. 사도들의 질문은 단순합니다. 인간의 생명을 누가 주관하는가? 세상의 일을 누가 결정하는가? 그러므로 이제 우리는 누구를 두려워해야 하며, 누구를 위해 일해야 하는가? 질문에 대한 대답도 단순합니다. 이 모든 질문에 대해 우리는 "하나님!"이라고 대답할 수밖에 없습니다.

사도들은 세상의 창조자가 하나님이시라는 단순한 믿음에서 출발하여, 자신의 생명을 내어 맡기고 충성해야 할 대상 역시 하나님이시라는 결론에 도달했습니다. 그들의 기도에는 이 믿음에 대한 역사관이 담겨 있습니다. 세상이 예수를 대적하고 예수를 십자가에 달려 돌아가시도록 시도했지만, 이들의 노력은 실패로 끝났습니다. 하나님께서 이들의 계획에 동의하지 않으셨기 때문입니다. 하나님께서는 죽은 예수를 능력으로 살리심으로써 세상의 진정한 통치자가 당신임을 선포하셨습니다. 사도들은 예수의 죽음과 부활이라는 역사적 사실 속에서 이 세상의 역사를 통치하시는 하나님의 능력을 발견했던 것입니다. 사실, 이들의 믿음과 역사관은 일찍이 예수께서 이 세상에 계실 때 끊임없이 가르쳐 주신 것이며, 오래전 선지자들이 끊임없이 예언하고 기록한 내용이기도 했습니다. 이 가르침과 말씀이 이제는 사도들의 뇌리 속에 뚜렷하게 박혀서, 이들의 생각과 믿음을 이처럼 확고하게 지배하는 가치관이 되었던 것입니다.

기도, 기도하는 교회

본문의 마지막을 보면 이런 기록이 있습니다.

빌기를 다하매 모인 곳이 진동하더니 (31절a)

사도들이 믿음이 충만하여 기도하자, 땅이 진동했습니다. 지진은 하나님께서 나타나셨음을 상징하는 현상입니다(사 6:4). 사도들의 기도가 하나님의 마음에 부합했음을, 하나님께서 지진을 통해 증명하셨던 것입니다. 사도들은 곧이어 성령을 충만하게 받아 복음을 계속해서 담대하게 전했습니다.

자, 이제 말씀을 마무리해야겠습니다. 사도들은 이 기도에서 그들의 믿음을 이렇게 보여 줍니다. "우리가 예수의 이름으로 병자를 낫게 하고 그의 이름을 전하는 것은 하나님의 뜻이다. 하나님은 우리의 생명을 주관하시는 분이시다. 그러므로 세상이 우리를 위협한다고 하더라도 이 일을 중단할 수 없다. 우리는 반드시 이길 것이다."

제가 이들의 기도를 이렇게 길게 설명하는 이유가 있습니다. 기도는 이처럼 기도하는 사람의 역사관과 가치관이 뚜렷하게 드러난다는 사실을 말씀드리려는 것입니다. 공회의 삼엄하고 위압적인 권위 앞에서 사도들은 "우리는 보고 들은 바를 그대로 전할 수밖에 없다"라며 담대히 반박(反駁)하긴 했습니다. 세상은 공회가 이들을 풀어 준 것처럼 생각할 것입니다. 어느 누구라도 사도의 용기보다는 공회의 권세에 주목할 것이 틀림없습니다. 그러나 사도들은 그렇게 생각하지 않았습니다. 그들은 하나님께 기도하면서, 이 일뿐만 아니라 세상의 모든 일에 있어서 그 일을 지배하시는 유일한 주재자, 하나님을 유의했습니다. 심지어 예수님을 죽인 저들의 시도 역시 하나님의 계획과 허용 아래 일어난 일이었다고 주장합니다. 따라서 그들은 자신의 복음 전하는 일에 대한 최종적인 권한과 정당성을 오직 하나님께만 여쭈었던 것입니다.

그들이 기도를 통해 보여 주는 것은 이것입니다. "하나님께서 허락하신다면!", "하나님의 뜻이라면!" 하나님의 의지가 중요하며, 그분의 뜻이 중요하다는 말입니다. 그분이 원하신다면, 무엇이라도 그리될 수밖에 없습니다. 그분은 이 우주의 주재자이시기 때문입니다. 그들은 복음을 전하기 위해 공회와 타협하지 않았습니다. 그들은 오히려 하나님께 기도했습니다. 복음을 전하는 일이 하나님의 뜻이라면, 복음을 전할 기회를 여는 것 역시 그분께서 주관하실 일임을 알았기 때문입니다.

사도들은 본문의 기도를 통해서 자신의 믿음과 역사관을 이처럼 여지없이 보여 주었습니다. 그러면, 오늘의 우리와 우리 교회는 어떻습니까? 우리는 우리 자신의 일에 대해 어떤 믿음을 가지고 기도합니까? 우리 교회는 어떤 역사관을 가지고 기도합니까? 우리는 기도할 때 땅이 흔들리는 경험을 합니까? 우리가 기도하는 이유는 할 수 있는 게 아무것도 없어서, 기도밖에 할 일이 없어서 기도하는 것이 아닙니다. 세상을 오직 당신의 뜻과 권세로써 지배하시는 하나님을 믿기에 기도하는 것입니다. 그분께서 능력으로 역사하실 것을 탄원하는 기도입니다.

오늘 내가 좁은 골방에서 드리는 기도일지라도, 허름(어스름)한 곳에 모인 소수의 기도일지라도, 하나님께서 그 기도에 동의하신다면, 그 기도에 담긴 우리의 고백과 믿음에 동의하신다면, 하나님께서는 하늘을 가르시고 땅을 뒤흔드시며 일하실 것입니다. 이 세상의 주재자는 하나님이시기 때문입니다. 여러분의 기도에 유의하시는 하나님을 체험하십니까? 교회에 모여 기도하는 우리의 목소리와 고백에 하나님께서 기뻐하시는 모습을 보십니까? 보좌에서 떨쳐 일어나 우리의 기도에 따라 권능으로 역사하시는 하나님을 보십니까? 하늘을 가르고 땅을 흔들며 우리에게 달려오시는 하나님의 장엄한 모습을 보십니까? 기도는 능력 있는 분이 누구인지를 아는 자만이 할 수 있는 행위입니다. 그러므로 기도는 오직 진정한 교회만이, 오직 진실한 신자만이 누릴 수 있는 특권입니다.

기도를 통해서, 큰 영광 나타내시는 하나님을 경험하시길 바랍니다. 기도의 줄을 놓지 않는 여러분이 되시기를 축복합니다.

09 하나님의 성품에 도달하는 교회
행 4:32-37

사도행전을 읽을 때 가져야 할 초점

굳이 교회의 안과 밖을 이분법적으로 나누고 싶지는 않지만, 교회는 분명 교회 밖의 공동체와 전혀 다른 관점과 가치관을 가진 집단입니다. 그러므로 교회에 드나드는 사람, 혹은 교회의 구성원인 교인들은 반드시 그 모임의 특성과 기준을 알아야 합니다. 교회는 어떤 곳인가? 교회는 무엇을 지향하는 집단인가? 교회는 무엇을 기초로 하여 유지되는 곳인가? 이런 질문들은 굳이 말하기 쑥스러울 만큼 당연한 질문들입니다. 그러니, 묻지 않는 것이 낫겠습니까? 늘 익숙하게 교회에 속하여 교회 생활을 영위해 나가지만, 우리가 어떤 모임이며 어떤 기준과 목표를 갖고 나아가고 있는지를 자주 물어보지는 않습니다. 그렇다고 하더라도, '교회란 무엇인가', '교회는 무엇을 목표로 하는가' 하는 질문을 대수롭지 않게 생각한다면 그건 참 우스꽝스러운 일이 될 것입니다.

지난번에 살펴본 바와 같이, 사도들은 당시의 종교 지도자와 정치 지도자들의 위협에도 불구하고 담대하게 하나님의 말씀을 전했습니다.

사도들이 용감하게 말씀을 전한 행위는 그것만으로 칭찬받아 마땅합니다. 그러나 우리가 주목해야 할 것은 그들이 세상과는 다른 가치관, 흔한 말로 하나님의 뜻을 실현하는 데 중점을 두고 있었다는 사실입니다. 다시 말해, 신자로서의 용감한 행위도 주목할 일이기는 하지만, 그보다 더욱 중요한 사실은 이들이 새로운 가치관, 새로운 관점을 가지고 있었다는 점에 주목해야 한다는 것입니다. 우리가 사도행전의 초반부를 보면서 이 점에 관심을 가져야 하는 것은 바로 이 점 때문입니다. 사도행전 교회의 역사를 통해서 우리 교회가 지금까지 가져왔고 잊지 말아야 할 교회의 영속적인 가치관과 목표를 보여 주기 때문이라는 말씀입니다.

좀 더 구체적으로 살펴보지요. 바로 전의 본문에서 우리가 확인한 것이 무엇입니까? 사도들은 함께 모여 하나님께 소리 높여 기도하면서 그 기도를 통해 자신들의 역사관, 세계관을 보여 주었습니다. 세상의 권위자들이 이 세상을 통치하는 것같이 보일지라도 실제 이 세상과 우주를 지배하고 다스리시는 분은 하나님이시다, 바로 이 믿음을 뚜렷하게 보여 주었다는 것입니다. 산헤드린의 공회원들은 세상 사람의 평판이 두려워서 사도들을 석방했습니다. 그러나 공회원들은 언제든지 마음만 먹으면 사도들을 다시 잡아들일 수 있으며, 뿐만 아니라 죽일 힘도 있다면서 뻐겼습니다. 그러나 사도들은 그들의 힘을 전혀 인정하지 않았습니다. 공회에서 풀려나는 순간 사도들은 세상의 감옥 문을 열어 주시는 하늘 하나님의 능력을 바라보았습니다. 뿐만 아니라 하나님만이 인간의 생명을 주관하신다는 사실도 확인했습니다. 따라서 사도들이 생명을 바쳐서 충성해야 할 대상도 결정되었습니다. 이들은 오직 하나님을 두려워할 것이며, 따라서 오직 그분이 전하기 원하시는 대로 복음의 말씀을 전하며 살게 될 것입니다. 이 깨달음이 기도가 되어 하나님께 드려진 것입니다.

초대 교회의 모습 – 한마음과 한뜻을 가지다

이렇게 해서 드디어 지금의 본문이 이어지는데, 사실 그 내용은 간단합니다. '사도들은 여전히 능력 있게 복음을 전하며, 교회는 이 말씀을 먹어 가면서 성장해 간다.' 이 정도입니다. 하지만 본문에서 우리가 매우 집중하고 눈여겨봐야 할 것은 교회가 구체적으로 어떻게 변해 가고 있는가 하는 부분입니다. 먼저 사도행전 4장 32-35절의 말씀을 표준새번역 성경으로 다시 읽어 보겠습니다.

> 많은 신도가 다 한마음과 한뜻이 되어서, 누구 하나도 자기 소유를 자기 것이라고 하지 않고, 모든 것을 공동으로 사용하였다. 사도들은 큰 능력으로 주 예수의 부활을 증언하였고, 그들은 모두 큰 은혜를 받았다. 그들 가운데는 가난한 사람이 하나도 없었다. 땅이나 집을 가진 사람들은 그것을 팔아서, 그 판 돈을 가져다가 사도들의 발 앞에 놓았고, 사도들은 각 사람에게 필요에 따라 나누어 주었다(32-35절, 표준새번역).

32절에서 말하는 바와 같이, 예루살렘의 교회는 누구 하나도 자기 소유를 자기 것이라 주장하지 않았습니다. 그 결과로 그 무리 가운데 한 명도 무언가 모자라서 쩔쩔매는 사람이 없게 되었습니다(34절). 가난한 사람이 있으면 누구라도 기꺼이 자기 재산을 팔아다가 그 돈으로 그를 도왔기 때문입니다.

본문을 통해서 예루살렘 교회의 모습을 이렇게 간단히 그려 보았습니다. 하지만 이게 전부라고는 할 수 없습니다. 우리는 본문의 말씀이 텍스트를 통해 과연 우리에게 무엇을 전하려고 하는지 좀 더 깊이 살펴 봐야 합니다. 먼저 32절에 나온 것처럼, "많은 신도가 한마음과 한뜻이 되었다"라는 기록에 주목해야겠습니다. 교인들이 전적으로 한마음과 한뜻이 되었다는 말이, 자신이 주 예수 그리스도의 제자라고 고백하고 교회에 등록한 사람들 모두가 그야말로 모노크롬(monochrome)하게, 즉 한치의 이견(異見)도 없이 일치된 생각과 관점을 가지게 되었다는 것일까요?

성경이 오직 하나님 한 분의 의견을 증언하고 있으므로, 우리는 어떤 일에 대해서 하나님의 뜻이 하나일 거라고 믿습니다. 하나님께서는 어떤 문제에 대해서나 분명한 의견을 갖고 계실 것이기 때문입니다. 그러나 문제는 어떤 지도자라도 하나님의 뜻을 한치의 틀림없이 이해할 수는 없다는 것입니다. 교회는 다양한 생각과 관점을 가진 사람들의 모임이며, 하나님의 온전한 뜻은 그 누구도 단독으로 도달할 수 없습니다. 따라서 그 누구의 견해도 절대적인 것으로 보장될 수 없지요. 목사 역시 예외가 아닙니다. 그러므로 교회는 '완전'이라는 단어보다 '다양성'이라는 단어에 의해 특징 지을 수밖에 없습니다. 또 이 다양성 가운데서 하나님의 뜻을 온전하게 분별할 수 있는 방법은 원칙적으로 없습니다.

이런 상황에서 교회의 결정에 오류 없음을 보장받기 위한 방법이 있겠습니까? 사도행전을 보면 하나님의 뜻을 발견하기 위해서 '제비뽑기'를 사용한 기록이 있습니다. 가룟 유다의 공석을 채울 새로운 사도를 뽑기 위해서였습니다. 오늘날에도 제비뽑기를 통해 선거를 하는 경우가 있습니다만, 교회가 가장 보편적으로 사용하는 방법은 '민주주의'라는 제도입니다. 민주주의란 무엇입니까? 참으로 쉽지 않은 질문입니다만, 제가 위험을 무릅쓰고 이렇게 정의를 내려 보겠습니다. 민주주의란, 모든 사람이 한 가지씩의 의견을 내어 그 가운데 다수의 일치된 견해를 그 공동체의 공식 입장으로 내세우는, 말하자면 다수의 의견을 수렴하는 방식 중 하나입니다.

그러나 민주주의에는 치명적 단점이 있습니다. 첫째, 다수가 진리를 보장하지 못한다는 점, 둘째, 민주주의는 모든 사람이 어떤 주제에 대해 균일하고 일정 수준 이상의 지식을 갖고 있어야 한다는 점. 이 두 전제 조건을 충족해야 하는데 실제로는 그렇지 못하다는 점입니다. 따라서 의사 결정을 위한 수많은 방법 가운데 하나일 뿐인 이 민주주의를 교회의 모든 부분에 절대적으로 적용할 수 없음은 분명합니다. 그럼에도 불구하고 우리가 민주주의를 거의 모든 부분에서 가장 이상적인 방법인 양 사용할 수밖에 없는 것은 민주주의가 다른 어떤 방법보다 나은 점이 많기 때문입니다. 그뿐입니다.

무엇을 위한 한마음과 한뜻인가?

이번 본문의 주제가 이것이 아니므로 이 문제에 관해서는 요점만 말씀드리겠습니다. 예루살렘 교회가 한마음과 한뜻이 되었다는 것은, 사도들이 "돌격!" 하고 지시하면 교인들은 이것저것 생각도 안 하고 그냥 순종만 했다는 뜻이 아닙니다. 그들은 한마음과 한뜻이 되긴 했는데, 모든 면에 그런 것이 아니라 바로 그다음 구절에 보이는 목적에 있어서 한마음과 한뜻이 되었습니다. 그 목적이 뭘까요? 사도행전 4장 32절 후반부를 함께 보겠습니다.

… 모든 물건을 서로 통용하고 자기 재물을 조금이라도 자기 것이라 하는 이가 하나도 없더라 (32절)

예루살렘 교회는 교회가 과연 어떤 면에서 한마음과 한뜻이 되어야 하는지를 잘 보여 주었습니다. 이 부분에서 '통용'이라는 단어가 나옵니다. 통용(通用, κοινός)했다는 말은, 재산이 각자의 것이라 하더라도 이를 사용하는 데 있어서 누구도 자신의 소유권을 주장하려 하지 않았다는 말입니다. 예루살렘 교회의 교인들은 이 점에 있어서 일치된 태도를 가졌습니다. 이들이 자기 재산에 대한 소유권을 강조하지 않은 이유가 사도행전 4장 34절에 등장합니다.

그중에 가난한 사람이 없으니… (34절a)

다시 말해, 예루살렘 교회에 나오는 교인 가운데는 먹을 것이 없어서 굶주리는 사람이 없었다는 것입니다. 이런 일이 가능할 수 있었던 것은 교회에 나오는 사람들이 저마다 자신의 것을 팔아다가 사도에게 내어 놓고, 사도들은 교인들의 사정을 살펴서 필요에 따라 그것을 나눠 주었기 때문입니다. 요컨대, 예루살렘 교인들은 이 일을 위해서 자기 물건의 소유권을 굳이 주장하려 하지 않았다는 것입니다.

여기서 우리는 한 가지 물음을 갖게 됩니다. 예루살렘 교회가 그 뒤의 모든 교회의 모델이 되어야 한다면, 예루살렘 교회는 과연 주님의 모든 교회가 공산주의적 공동체를 지향해야 한다는 사실을 말하려는 것일까요? 예수 믿는 사람은 자기 재산의 사유권을 주장하면 안 된다는 뜻일까요? 이 질문에 대한 대답은 쉬울 수도 있고 어려울 수도 있습니다. 그러나 이 문제에 관해 저는 가능한 한 빨리 제 대답을 내어놓고 진도를 나가고자 합니다.

사도행전의 이 부분에서 성경은 기독교인의 사유 재산을 전적으로 부정하려고 하지 않습니다. 더욱이, 성경은 기독교인들이 예수를 믿는 순간 모든 재산을 교회에 내놓으라고 강요하지도 않습니다. 그러나 동시에 분명하게, 개인의 재산에 대해 매우 색다르고 분명한 관점을 가지길 요구하고 있는 것도 사실입니다. 성경은 기독교 신자들에게 자기 개인 재산에 대한 소유권을 인정합니다. 그러나 동시에 그 재물에 대한 공공성을 강력하게 말합니다. 다시 말해서, 하나님의 자녀는 개인 재산을 절대 개인을 위해서만 사용해서는 안 된다는 것입니다. 왜 그렇죠? 내 재산은 내 것이라는 사실에 덧붙여서 하나님께서 주신 것이라는 사실 때문입니다. 하나님께서 내게 재물을 주신 것은 내가 당연히 가질 만한 자격이 있기 때문이 아닙니다. 나에게 빌려주신 것입니다. 무엇을 위해서요? 나만을 위해서요? 아니죠. 내 주변의 가난한 사람들을 위해 쓰도록 하기 위해서입니다.

간단히 말씀드립니다. 돈을 벌기 원하십니까? 많이 벌어야죠. 그렇게 되기를 축복합니다. 그러나 돈을 많이 버는 것보다 그 돈을 어떻게 사용하는가가 더욱 중요합니다. 내가 돈을 벌어도, 나 자신만을 기름지게 하고서 '나 잘났지?' 하고 뻐기기 위해서 쓰려고 한다면, 하나님께서는 그 사람에게 돈을 허락하지 않으실 겁니다. 돈은 위험한 것입니다. 돈이 하나님의 뜻에 따라 사용될 때, 돈은 그 돈을 가진 사람을 하나님의 나라로 인도합니다. 그러나 그 돈이 하나님의 뜻대로 사용되지 않고 주인의 뜻에 따라 사용될 때, 하나님과 멀어지게 합니다. 그러니 사실은 돈이 위험한 것이 아니라 돈을 사용하는 사람의 마음이 위험한 것입니다. 하나님께서 사랑하시는 어떤 사람이 돈을 잘 사용할 준비가 되지 않았다면, 그럼에도 불구하고 하나님께서 그 사람에게 돈을 주실까요? 돈을 벌기 원하는 사람은 먼저 자신의 욕망을 다스릴 줄 아는 능력을 갖추기 위해 노력해야 합니다. 바울은 이 점에 대해 이처럼 강력하게 경고합니다. 디모데전서 6장 10절입니다.

돈을 사랑함이 일만 악의 뿌리가 되나니 이것을 탐내는 자들은 미혹을 받아 믿음에서 떠나 많은 근심으로써 자기를 찔렀도다 (딤전 6:10)

돈을 얻고자 하는 자는 먼저 자기 마음을 다스릴 줄 알아야 합니다. 아무리 돈이 중요하다고 하더라도 사람이 돈보다 아래에 있을 수는 없습니다. 하나님께서는 우리가 돈의 노예로 살기를 원치 않으십니다. 돈을 다스리고 지배할 줄 아는 사람으로 살기를 원하십니다. 우리는 하나님의 자녀이며, 세상의 무엇보다도 귀중한 존재이기 때문입니다. 본론과는 동떨어진 주제라서 그냥 지나갑니다만, 신자에게 돈의 문제는 얼마나 버느냐의 문제가 아니라 어떤 인격과 목적을 가지고 사용하느냐의 문제라는 점을 분명히 아셔야 합니다.

복음을 힘써 전하는 사도들

다시 본문으로 돌아갑시다. 또 하나의 물음을 가질 수 있습니다. 이상과 같이 예루살렘 교회가 가난한 자를 돕는 일에 한마음과 한뜻이 된 이유가 뭘까요? 교회의 목표가 인도주의적인 차원에서 가난한 사람을 돕는 데 그 목적이 있기 때문입니까? 이 질문은 사실 아주 중요합니다. 오늘날의 교회는 더 이상 소수의 무리가 아닙니다. 아직도 많은 사람이 예수를 믿지 않지만, 그렇다고 하더라도 교회는 사회에서 무시당하거나 없는 듯이 여겨도 될 만큼 소수이지 않다는 것입니다. 사정이 그렇다 보니, 교회를 바라보는 사회의 기대가 엄청나게 큰 것도 사실입니다. 따라서 한국의 교회는 사회로부터 적지 않는 부담을 지게 되었습니다. 사회는 교회를 향해, 사회에 대한 교회의 의무를 다하라고 거칠게 요구하는 지경에 이르게 되었습니다. 이 일은 이미 오래되었습니다.

사회는 교회가 가진 인적인 자원과 물질적 자원을 사회를 위해 사용하라고 요구합니다. 교회 역시 이 요구에 대해 결코 부정적이지 않습니다. 교회는 이 요구에 대해서 최선을 다하기를 다짐해 왔고, 심지어는 죄책감을 느끼기도 했습니다. 교회는 세상의 가난한 자에 대해 구제의 의무를 져야 합니까? 네, 그렇습니다. 가난한 사람을 돕는 일은 교회가 언제나 최선을 다해야 하는 일 가운데 하나입니다. 좀 더 적극적으로 말해서, 교회가 세상의 아픔에 대해 외면한다면 그 교회는 더 이상 교회가 아니라고까지도 말할 수 있습니다. 그러나 그렇다고 해서 교회가 가난한 자와 아픈 자, 억눌린 자를 구제하고 돕는 기관이라고 말할 수는 없습니다. 교회는 그 일을 해야 함에도 불구하고 그 일에만 전념할 수 없다는 뜻입니다.

그러면 교회는 가난한 자와 억눌린 자, 아픈 자를 왜 도와야 합니까? 사실 이 물음에 대한 답이 가장 중요한데, 그것은 교회의 주인이신 예수 그리스도의 성품과 인격이 가난한 자와 억눌린 자, 아픈 자와 도움이 필요한 자를 사랑하셨기 때문입니다. 다시 말해, 교회가 주변의 어려운 사람을 도와야 하는 것은 인도주의적인 차원이나 가진 자로서의 도덕적 의무 때문이 아니고, 교회의 기초가 되신 예수 그리스도 그분 자신이 그런 성향을 가지셨기 때문입니다. 따라서 그분의 제자와 백성이 된 우리로서는 다른 선택의 여지가 전혀 없습니다. 교회가 가난한 자와 억울한 자를 돕는 것은 교회의 주인이신 예수 그리스도를 닮아야 하는 교회가 당연히 해야 할 일입니다. 동시에, 그렇기 때문에 교회는 가난한 자와 억울한 자를 도울 때 이 일의 의미를 잊지 않아야 합니다. 이 사실을 잊지 않기 위해 사도들이 한 일이 본문 4장 33절에 두드러지게 기록되었습니다.

> 사도들이 큰 권능으로 주 예수의 부활을 증언하니 무리가 큰 은혜를 받아
>
> (33절)

사도들은 교회의 중심점을 한 가지에 맞추었습니다. 그것은 성경 말씀이었습니다. 사도들은 끊임없이 교회의 머리와 주인이신 예수 그리스도를 전했습니다. 예수님이 누구신지, 예수님이 무엇을 원하셨는지, 예수님이 무엇을 하셨는지, 자기들이 보고 경험한 예수 그리스도를 끊임없이 전했던 것입니다. 사도들은 이렇게 함으로써 교회 공동체가 변질되지 않고 순수하게 예수 그리스도의 정신을 유지할 수 있도록 했습니다. 이 일은 교인들이 내놓은 돈을 가지고 가난한 사람을 구제할 때도 멈추지 않았습니다. 그렇게 함으로써 교회는 예수 그리스도의 정신을 실천하는 공동체가 되었습니다.

하나님의 성품에 도달하기 위하여

이제 말씀을 맺겠습니다. 일전에 저는 "고아의 아버지, 과부의 재판장"이라는 제목으로 설교한 적이 있습니다. 시편 68편 5절에서 하나님은 고아의 아버지요, 과부의 재판장이라고 고백됩니다. 가난한 자와 억울한 자는 하나님에게서 늘 관심과 은총의 대상이었고, 하나님은 언제

나 그들의 대변자와 보호자가 되기를 기뻐하신다는 말씀입니다. 신명기 15장 4절에서 하나님은 가나안 땅에 사는 너희 가운데 가난한 자가 없을 거라고 말씀하십니다. 그러나 그 방법이 역시 신명기 15장 11절에 등장하는데, 이스라엘 모든 자가 가난한 자와 억울한 자에게 하나님을 대신하여 손을 펴는 방법으로써 실현된다고 하셨습니다. 따라서 가난한 자와 억울한 자를 돕는 것은 하나님을 대신하는 영광스러운 일이며, 하나님의 성품에 도달하는 방법이자 수단이라고 할 수 있겠습니다.

가난한 자를 도와서 교회 공동체 안에 굶주리고 힘든 사람이 없게 하는 일, 이 일은 초기 공동체 때부터 교회가 가장 이상적인 영적 분위기로서 동경하던 목표였습니다. 오늘날 교회의 참으로 많은 곳에서 성공한 자의 감사와 일등 한 자의 찬양이 울려 퍼집니다. 물론 신자가 세상에서 잘되는 것은 참으로 좋은 일입니다. 그러나 교회는 성공한 자만을 위한 교회가 아닙니다. 한 마리의 잃은 양을 찾기 위해 애쓰셨던 예수님의 마음처럼, 교회 역시 가난하고 억울하며 실패한 자를 위해 깊이 배려하고 마음을 같이하기 위해 노력해야 합니다. 이로써 교회가 하나님의 성품을 닮아 갈 수 있기 때문입니다.

우리 교회는 힘들고 어려워하는 사람을 존중하고 염려합니까? 우리 교회는 가난하고 굶주린 자 돌보는 일을 교회의 본질적 사역으로 인식하고 있습니까? 우리는 내 옆의 힘들어하는 형제와 자매에 관심을 기울이고 있습니까? 교회든 개인이든, 그리스도를 주로 시인하는 모든 자들이 명심할 사실이 있습니다. 가난한 자와 어려운 자를 돕기 위해 그들을 사랑하고 배려하며, 때로는 자신의 것을 기꺼이 내놓을 줄도 아는 일,

이 일은 형편 되는 사람들만의 선택이 아닙니다. 하나님의 성품에 도달하는 일은 모든 신자와 교회의 의무입니다. 따라서 저는 이렇게 말씀드리고 싶습니다. 가난한 자를 돕는 일은 바로 지금 내 삶에서 실천되어야 할 영성 훈련이며 영성 그 자체입니다. 기도와 봉사를 열심히 하고 전도도 열심히 하는 일은 한국의 교회에서 경건의 상징적인 모습이었습니다. 참으로 좋은 일입니다. 그러나 저는 가난하고 억울한 사람을 돕는 일 역시 우리 신자들의 경건 지수를 솔직하게 드러내는 시험지라고 말씀드립니다.

우리의 신앙이 무엇이며, 신앙을 드러내는 모습은 어디에 있습니까? 사도행전의 교회를 통해서 내 개인과 교회의 신앙을 다시 한번 점검했으면 합니다.

10

성결한 사람으로 사는 법
행 5:1-11

헌금 잘못하면 죽는다?

우리는 아나니아와 삽비라 부부의 범죄와 죽음에 관한 이야기를 보고 있습니다. 이 부부가 하나님께 헌금을 바치다가 거짓말을 한 것 때문에 그 자리에서 사망했다는 이야기입니다. 사건 자체만으로는 그다지 복잡하지도 않습니다. 그러나 이 사건은 내용 자체보다 그 의미에 더 큰 비중을 두고서 살펴야 할 사건입니다. 왜요? 이 사건은 요즘 말로 엽기적이라고 할 수 있습니다. 헌금 잘못해서 하나님의 벌을 받아 죽는 것이 사건의 내용이라고 할 수 있겠는데, '헌금하다가 죽는다' 이거, 보통 일이 아니지 않습니까?

어떤 사람은 이 사건을 보고 도무지 이해할 수 없다고 말합니다. 헌금을 할 때 거짓말한 것을 절대 잘했다고 말할 수는 없지만, 그렇다고 그깟 거짓말 때문에 사람의 생명을 앗아간다는 것이 하나님으로서 할 일이냐고 반문하곤 합니다. '그깟 거짓말'이라… 말이 좀 그렇긴 합니다만, 어쨌든 그럴듯하지요? 헌금은 어디까지나 자원해서 하는 행위인데, 그것에 관해 거짓말했기로 하나님께서 그 자리에서 그들을 죽이셔야만 했을까요? 그 일이 정말 그처럼 죽을 만한 일이었을까요? 그러나 우리는 색깔을 달리 해서 이렇게 말해야 합니다. "생명을 지으신 분은 하나님이신데, 그분께서 왜 한 생명을 죽이셔야만 했을까요? 그분께서 한 생명을 죽이셔야만 했다면, 그분의 마음은 얼마나 아프셨겠습니까?"

솔직히 저 개인적으로도 아나이아와 삽비라 사건은 너무나도 충격적이라고 생각합니다. 하나님께서 좀 지나치지 않으셨나 하는 생각이 들기도 합니다. 그러나 우리는 이 시점에서 일단 이렇게 결론을 내리고서 생각을 시작해야 합니다. 본문의 사건은 아나니아와 삽비라가 그 자리에서 죽을 만큼이나 중요한 의미와 교훈이 담겨 있을 것이라고 말입니다. 따라서 우리는 아나니아와 삽비라의 사건이 도대체 어떤 메시지를 담고 있는지를 찬찬히 들여다보려고 합니다.

아나니아와 삽비라, 집을 팔다

이전에 말씀드린 바와 같이, 사도들의 확신에 찬 설교와 성령의 능력 있는 역사에 힘입어 예루살렘 교회는 나날이 숫자를 더하고 있었습니다. 복음이 온전하게 전해지고 그 복음을 전적으로 신뢰하는 교인들이 어우러질 때, 예루살렘 교회는 마침내 구약 성경이 간절히 바라던 공동체를 이루게 되었습니다. 즉, 가난한 사람들은 부유한 사람들이 자기 재산을 팔아 구제함으로써 무리 가운데 궁핍한 자를 찾아볼 수 없는 사랑의 공동체를 이루게 된 것입니다. 이미 짐작하시겠지만, 교인 가운데 가난한 사람이 없다는 사실 자체가 중요하지는 않습니다. 자신이 속한 무리 가운데 가난하고 억울한 사람, 혹은 다른 무슨 이유로라도 자신을 불행하다고 생각하는 사람이 없게 하겠다고 노력하는 그 분위기가 더욱 중요합니다. 그리고 그것을 위해서 자신의 가장 중요한 것이라도 희생하여 해결해 보겠다는, 교회 구성원들의 구체적인 실천이 있었다는 사실이 더욱 중요하지요.

어쨌든, 예루살렘 교회가 이런 분위기 속에서 정말 천국과 같은 모습으로 성장하고 있었는데, 여기서 본문의 주인공 아나니아와 삽비라 부부가 등장합니다. 이들이 언제 예수님을 영접하고 교회에 등록했는지는 알려지지 않았습니다. 또 이 부부가 언제, 그리고 왜 자기 재산을 팔아서 어려운 사람들을 도와주려는 마음을 갖게 되었는지에 관한 정보도 없습니다. 그러나 분명한 사실이 있습니다. 그것은 아나니아와 삽비라 부부가 나름대로 선한 마음과 좋은 믿음의 기초를 갖고 있었을 것이라는 점입니다.

예를 들어 봅시다. 여러분이 어느 장로님과 권사님께서 자기 재산을 팔아서 좋은 일에 열심으로 헌신하시는 모습을 보았다고 합시다. 그럼, 여러분들이 그 모습을 보면서 "와, 좋다! 나도 내 집 팔아서 저런 일을 해야지." 이렇게 쉽게 결정할 수 있겠습니까? 사실, 그런 일을 보고 남을 칭찬을 하는 일은 잘할 수 있어도 그 일을 따라 할 수 있는 사람은 많지 않다는 것이 우리의 경험 아닐까요? 그러므로 우리는 아나니아와 삽비라가 하나님의 벌을 받아 죽었다는 사실만 보고 이렇게 쉽게 말해서는 안 됩니다. "아나니아와 삽비라는 나쁜 사람이다."

자, 이제 이렇게 생각해 봅시다. 아나니아와 삽비라가 믿음 좋은 사람들의 헌신을 보면서 적지 않은 감동을 받았다고 할 때, 자연히 그들도 이런 생각이 들었을 것입니다. '우리도 저렇게 거룩한 헌신을 하면 좋겠다. 우리도 집이 있으니까 그걸 팔아서 하나님께 드려야겠다.' 여기까지도 귀한 모습 아니겠습니까? 두 사람은 이 문제를 놓고 아주 진지하게 이야기했을 겁니다. '진지하게'라는 단어를 제가 방금 사용했습니다. '부부가 진지하게 의논했다'라고 말씀드린 것은 인간 누구라도 자기 집을 팔아서 아낌없이 내놓기란 여간 어려운 일이 아님을 제가 알기 때문입니다.

여러분도 동의하지요? 아무리 믿음 좋은 사람이라도 집을 팔아 헌금한다는 것은 결코 쉽지 않은 일입니다. 교회 안에서 '이 사람은 믿음이 이렇네, 저 사람은 믿음이 시원찮네'라고 쉽게 말하곤 합니다. 하지만 여러분, 여러분은 그만큼이라도 하고 그렇게 말하시나요? 남이 하는 것은 쉬워 보여도 내가 하는 것은 쉽지 않습니다. 내 돈 100원 내기는 어려워도, 남이 내는 1000원에 대해서는 그만한 능력이 있으니 당연히 낼 만큼 냈다고 생각합니다. 나는 단 10분이라도 쪼개서 교회 일에 봉사할 수 없으면서, 다른 사람이 하루 종일 교회에서 열심히 일하는 건 그만한 여유가 있으니 당연히 할 수 있는 거라고 쉽게 생각합니다. 나는 약속된 교회 봉사 시간도 갑자기 걸려 온 친구 전화 때문에 취소할 수 있으면서, 남들은 지금 당장 교회로 달려오라고 전화 한 방만 때리면 무조건 달려와야 하는 게 당연하다고 생각하지요. 이것이 우리의 흔한 경험입니다.

하나님을 속였다?

결론은 뭐지요? 아나니아와 삽비라의 생각과 결심은, 최소한 거기까지는 매우 훌륭하고 아무나 할 수 있는 일이 아니었다고 칭찬해야 한다는 것입니다. 그리고 이들은 한 걸음 더 나아가 칭찬받아 마땅한 행동을 또 하나 행합니다. 아나니아와 삽비라가 실제로 집을 팔았습니다. 이 일 역시 쉬운 일은 결코 아니었습니다. 그런데 일은 거기서 어그러지기 시작하는 것이지요. 집을 팔아 돈을 만든 후, 무슨 사정이 있었는지 아나니아가 먼저 사도들이 있는 곳에 도착했습니다. 아나니아는 그 돈을 사도에게 내놓았습니다. 그러나 그 돈은 집을 판 돈 전부가 아니었습니다. 사도들에게 그 돈을 내놓기 전에 아나니아는 아내와 의논해서 이렇게 하기로 합의했습니다. 집 판 돈 전부를 헌금하지 말고, 일부만 내놓자. 이렇게 해서 아나니아는 아내와의 합의하에 집 판 돈의 일부를 내놓았던 것입니다.

그런데 아나니아가 하는 행동을 보십시오. 아나니아는 사도 앞에 집 판 돈을 내놓을 때 그 돈이 집 판 돈의 전부라고 말한 듯합니다. 베드로는 아나니아가 거짓을 말하고 있음을 알아차렸습니다. 베드로가 이렇게 말하는데, 우리는 베드로가 말하는 대목을 아주 조심스럽게 봐야 합니다. '쉬운성경' 번역본에서는 이렇게 말합니다.

아나니아는 땅을 판 돈에서 얼마를 떼어 몰래 숨겨 놓고, 나머지만 사도들의 발 앞에 갖다 놓았습니다. 그의 아내도 이런 내막을 다 알고 있었습니다.

그때, 베드로가 말했습니다. "아나니아여, 어찌하여 사탄이 그대의 마음에 가득하여 성령을 속이고 땅을 팔아 받은 돈 가운데 얼마를 떼어 놓았소? 그 땅은 팔기 전에도 그대의 것이었고, 판 뒤에도 그 돈을 그대 마음대로 할 수 있었소. 그런데 어찌하여 성령을 속일 마음을 먹었소? 그대는 사람을 속인 것이 아니라 하나님을 속인 것이오."(2-4절, 쉬운성경)

베드로가 말합니다. 이 땅은 팔기 전에도 당신 것이었고, 그 땅을 판 후에 돈으로 갖고 있었을 때도 그 돈은 당신의 것이었다고 말입니다. 베드로가 말하려는 것은 그 집을 당신이 그냥 갖고 있든, 집을 팔아서 그 돈의 전부를 내놓든, 일부를 내놓든, 그것은 오직 당신이 당신 마음먹기에 달려 있는 일이었다는 것입니다. 그러나 그는 전적인 권한을 갖고 있는 바로 이 일에 실패했습니다. 그는 성령을 시험한 죄를 짓게 되었고 하나님을 속인 죄를 지었습니다. 어떻게요? 단 한마디, "이 돈이 전부입니다"라고 말함으로써 말입니다.

이렇게 아나니아가 허망하게 사도 앞에 거꾸러져 죽은 후, 그의 시신이 밖으로 치워진 지 얼마 되지 않아 부인 삽비라도 사도들에게 왔습니다. 그녀는 자기 남편이 죽었다는 사실을 아직 몰랐습니다. 그 상황에서 베드로 사도가 삽비라에게 다시 물었습니다. "아까 당신 남편이 집 판 돈을 갖고 왔었는데, 그 돈이 집 판 돈의 전부입니까?" 삽비라가 대답합니다. "예, 전부입니다." 그 순간, 베드로는 이렇게 말했습니다. 역시 '쉬운성경'으로 읽어 봅시다.

… "어찌하여 그대와 그대의 남편은 서로 짜고 주님의 성령을 시험할 수 있단 말이오? 보시오! 그대의 남편을 장사 지내고 온 사람들이 문 앞에 있으니, 그들이 그대를 메고 나갈 것이오"(9절, 쉬운성경)

베드로가 이번에는 삽비라를 향해 "서로 짜고서 주님의 성령을 시험했다"라고 말했습니다. 따라서 베드로는 성령의 가르침을 통해 이들이 서로 짜고서 집 판 돈의 일부를 전부라고 말하면서 헌금하는 사실을 알아차렸던 것입니다. 아나니아에게 한 말에서나 삽비라에게 한 말에서나 베드로가 공통적으로 말하려는 것은 무엇이겠습니까? 이들이 하나님을 속였다는 것입니다.

왜 거짓을 말했을까?

이제부터 우리가 생각해야 할 첫 번째 과제는, '무엇 때문에 아나니아와 삽비라가 이처럼 어리석은 행동을 하게 되었는가?' 하는 것입니다. 일의 결과를 보면서 우리는 이렇게 생각하게 됩니다. '차라리 이 부부가 헌금을 하지 않았으면 좋지 않았을까?' 그렇지 않았다면 이들이 죽지 않았을 테니 말입니다. 처음에도 말씀드렸습니다만, 이들 부부가 하나님의 교회를 위해 헌금 하기를 바랐고, 또 그 마음을 구체적으로 실천해서 집을 실제로 판 것까지는 누가 뭐라 하더라도 잘한 행동으로 보입니다. 베드로의 논리대로라면, 이 부부는 문자 그대로 자기 물건을 자기 의지에 따라 지배했습니다.

그러나 이들은 돈이라는 물질을 보는 순간 눈이 뒤집혔습니다. 집은 집 자체로 구매력을 갖지 않습니다. 얼마짜리라는 가치는 매겨져 있어도, 그 액수 자체로 무엇을 구매할 능력은 가지지 않습니다. 그러나 돈은 다르죠. 찍혀 있는 숫자 그대로, 무엇이든지 내가 원하는 것을 살 수 있는 그만큼의 실제적 능력인 셈입니다. 쉽게 말해, 집이라는 물건과 집문서가 내 눈앞에 있어도 그걸 가지고 무얼 사 먹고 싶다는 생각이 유혹으로 느껴지지 않지만, 내 주머니에 10,000원을 가지고 있을 때는 무언가를 먹고 싶다는 생각이 거절하기 어려운 유혹으로 느껴질 수 있다는 것입니다. 아나니아와 삽비라는 좋은 동기를 갖고 시작한 행동에 좋은 마무리를 하지 못했습니다. 돈의 유혹을 이길 수 없는 사람이 감당하지 못할 선행을 결심했다가 돈의 유혹에 지배당하고 마는, 쓰디쓴 비극을 경험해야 했던 것이지요.

현금이라는 유혹에 지배당한 이 부부는 나아가 하나님 앞에 중대한 범죄, 즉 거짓말을 모의합니다. 그들은 애초에 하나님께 내놓으려고 했던 결심을 바꾸었습니다. '헌금을 안 내놓을 수는 없으나, 전부를 다 내놓지는 말아야겠다.' 이것이 그들의 결론이었습니다. 그리고 그들은 이 결심을 행동으로 옮겼습니다. 그러므로 이들의 거짓말은 순간적인 충동이 아니라, 고의적이고 계획적인 행위였습니다. 물어보겠습니다. 이들이 헌금을 하면서 "이 돈은 집 판 돈의 일부입니다"라고 말하면 안 되었을까요? 안 될 리가 있나요! 저는 당연히 된다고 생각합니다. 일부이든 전부이든, 헌신이란 고귀한 것이기 때문입니다. 100원이라고 하찮고 100만 원이라서 귀하겠습니까? 성경은 언제나 헌금의 진심과 정성을 요구하지, 액수를 따지지는 않습니다.

그런데 이들은 또 하나의 잘못된 생각을 가지고 있었습니다. 그들은 왜 '일부'를 '전부'라고 했을까요? 해답은 '일부'와 '전부'라는 단어의 차이에 있습니다. 쉽게 예를 들어 봅시다. 내가 헌금을 하면서, "이 돈은 제 집을 판 돈의 전부입니다"라고 말했다고 합시다. 또 "이 돈은 제 집을 판 돈의 일부올시다"라고 말했다고 합시다. 이 두 가지의 말을 듣는 사람들이 어느 쪽을 더 높이 평가할까요? 이제 짐작이 되죠? 사람들은 '전부'라고 말하는 쪽을 높이 평가하게 될 것입니다. 흔히 말하는 대로 하자면, 우리는 '집 판 돈의 전부'를 내놓은 사람의 신앙이 '집 판 돈의 일부'를 내놓은 사람보다 훨씬 좋다고 칭찬할 것입니다. 이 부부의 문제, 즉 거짓말의 동기가 바로 여기에 있었습니다. 요컨대, 이들의 거짓말은 칭찬에 대한 욕망, 즉 허영심에서 비롯되었다는 것입니다.

그러나 한번 생각해 봅시다. 사람은 자기 눈과 귀에 의지해서 판단합니다. 따라서, 어느 시대와 어느 장소를 가리지 않고 소위 '오버' 하는 사람들이 대개 분위기를 장악합니다. 눈과 귀에 보이고 들리는 것만으로 판단할 수 있을 뿐, 어느 누구도 말하는 사람의 속마음을 모두 들여다볼 수는 없기 때문입니다. 세상 어디서나 이러한 모습을 정상이라고 봅니다. 교회도 예외가 아니라고 생각합니다. 이것이 엄연한 현실이지요. 그러나 언제나 중요한 사실, 인간은 인간의 중심을 볼 수 없으나 하나님만은 보실 수 있다는 것입니다. 사람은 속을 수 있지만 하나님은 속일 수 없다는 말입니다. 신자가 진실하고 정직하게 살 수밖에 없는 것은 내가 어디서 무엇을 하든지 하나님께서 보고 계신다는 믿음 때문입니다.

교회는 이것을 가리켜 라틴어로 이렇게 말합니다. '코람 데오(*coram Deo*)'. 문자 그대로 번역하면, '하나님 앞에서'입니다. 하나님을 믿는 사람은 언제나 자기 삶을 마치 하나님 앞에 서 있는 듯한 마음으로 살아야 함을 가르치는 말입니다. 하나님께서 나를 지켜보시는데, 어느 누가 감히 거짓을 말하며 속이는 행동을 할 수 있겠습니까? 정직과 진실의 기준은 내가 아니라 하나님이십니다. 그러나 '다른 사람도 하는데 나라고 왜 못해?' 하면서 거짓을 말하는 사람이 많습니다. '다른 사람'이 우리의 기준이 될 수 없습니다. 그렇다면 남을 따라 거짓을 말하는 사람은 남처럼 그에 대한 대가를 똑같이 받아야겠지요. 그러므로 "남이 하기 때문에 나도 해도 괜찮아"라는 말은 신자의 기준이 될 수 없습니다. 또, '그 정도라면 거짓말이 아니라 적당한 변명인 거야'라고 하는 생각 역시 우리의 기준이 될 수 없습니다. 우리는 '하나님께서 나를 어떻게 보시며, 뭐라 평가하실까?' 하는 질문에 기준을 맞추어 살아갈 뿐입니다.

'거짓말'이라는 이름의 죄는 사실을 말하지 않는다는 점에 포인트가 있지 않습니다. 하나님을 속이려 했다는 데 궁극적 잘못이 있습니다. 어쨌든, 아나니아와 삽비라는 가장 적고 거짓된 헌신을 통해 사람들에게 가장 큰 칭찬을 받으려다 결과적으로는 하나님을 속이는 엄청난 죄를 범하게 되었습니다. 돈의 유혹과 칭찬을 받고자 하는 허영심, 이 두 가지 덫에 걸려 버린 아나니아와 삽비라 부부는 사도 앞에서 이 돈이 전부라는 거짓을 말하게 되었습니다. 이 거짓말에 대해 베드로는 하나님의 판단을 들려줍니다. "네 마음에 사단이 가득하여 성령을 시험했다." 시작은 돈에 대한 작은 유혹이었으나, 인간의 욕망은 이 작은 유혹을 하나님께 대한 사기, 즉 거짓말로 발전시켰습니다. '전부'라는 말과 '일부'라는 말은 그야말로 한 끗 차이 아닙니까? 그러나 하나님께서는 아나니아와 삽비라의 거짓말에 대해 사탄이 가득하여 주의 성령을 시험하는 중죄로 판결하셨습니다.

성결을 향해 달려가는 순례자들

자, 이제 말씀을 마무리해야겠습니다. 마치 천국과 같았던 예루살렘 교회에도 본문의 사건과 같은 유혹이 있었고, 이 유혹에 넘어가 슬픈 종말을 경험한 사람이 있었습니다. 이 말씀을 통해 우리가 교훈받는 것은 무엇입니까? 우선은 이 세상에 존재하는 한, 완전한 교회는 있을 수 없다는 사실입니다. 어느 교회, 어느 신자에게도 유혹이 있습니다. 주님께서는 믿는 자들을 자기 자녀로서 보호하시지만, 그 유혹마저 막지는 않으십니다. 그가 넘어지기를 바라시기 때문이 아닙니다. 자신을 하나님의 소유로 구별한 사람은 마땅히 자신의 마음과 생각을 거룩하게 분별하려고 노력해야 할 의무가 있기 때문입니다. 돈을 바라보며 명예와 칭찬을 누리고자 하는 유혹에 빠진 아나니아와 삽비라를 보십시오. 그는 복음을 받아들였고, 또 먼저 믿고 열심히 헌신하는 사람들을 보면서 나도 그렇게 살아야겠노라는 좋은 도전도 받았습니다. 그러나 그들은 돈에 대한 유혹을 이길 수 없었으며, 오히려 자기를 온전히 희생한 신자라는 칭찬을 받고 싶은 허영심의 유혹에 넘어갔습니다.

따라서 이들의 슬픈 경험을 통해 우리가 명심해야 할 교훈은 두 가지입니다. 첫째로, 신자는 물질의 유혹에 넘어가서는 안 된다는 것입니다. 베드로의 말처럼, 돈은 내가 지배할 대상입니다. 돈이 나를 지배해서 안 되고 내가 돈을 지배해야 한다는 뜻입니다. 신자에게 있어서 돈은 살아갈 수단이요, 내 믿음을 표현할 수 있는 수단일 뿐입니다. 신자는 무슨 일에든지 돈 자체가 목표가 되어서는 안 됩니다. 이 교훈은 비단 돈에만 한정된 것이 아닙니다. 우리는 우리의 영혼보다, 하나님보다 중요한 것을 가지고 살 수 없습니다. 이런 점에서, 신자란 자기 인생에 있어서 가장 중요한 것이 무엇인지를 분명하게 알고 사는 사람입니다.

둘째로, 우리는 자신의 행동과 생각에 대한 분명한 판단 기준을 가지고 있어야 합니다. 사람은 속일 수 있어도 하나님은 속일 수 없습니다. 우리가 조그만 경각심도 없이 거짓말하기를 두려워하지 않는 것은 자기 말의 진실을 아무도 모를 것이라는 믿음이 있기 때문입니다. 그러나 하나님은 우리 하나하나를 지켜보십니다. 거짓을 말하는 사람을 가리켜 세상은 믿을 수 없는 사람이라 말하겠지만, 성경은 이런 사람을 가리켜 하나님을 속이는 사람이라 부릅니다. 거짓을 말하는 사람은 하나님을 속이려는 사람이요, 주의 성령을 시험하는 자입니다. 얼마나 무서운 일입니까? 우리는 거짓을 말해서는 안 됩니다. 뿐만 아니라 믿음 좋다는 칭찬을 받기 위해서 사실이 아닌 것을 말해서도 안 됩니다. 바울은 갈라디아서 6장 7절에서 이렇게 말합니다.

스스로 속이지 말라 하나님은 업신여김을 받지 아니하시나니 사람이 무엇으로 심든지 그대로 거두리라 (갈 6:7)

요즘 말로 하면 이런 뜻이 되겠지요. "거짓된 유혹에 빠지지 마십시오. 하나님은 바보 취급을 당할 분이 아니십니다. 사람은 무슨 일에든 행한 만큼 그대로 거두게 될 것입니다." 아나니아와 삽비라는 생명을 잃었습니다. 뿐만 아니라 영원히 구원받을 기회를 놓치게 되었습니다. 돈이 생명보다 귀한 것이었습니까? 명예와 칭찬이 하나님을 속이는 짓을 하고서라도 얻어야 할 만큼 귀한 것이었습니까? 무엇이 더 중요한 것인 줄을 잊지 않고 사는 사람은 유혹에 넘어지지 않습니다. 실수하지 아니하고 죄를 짓지 아니합니다. 다스릴 것을 다스릴 줄 알고, 피할 것을 피할 줄 압니다. 해야 할 것과 해서는 안 될 일이 무엇인지를 압니다. 하나님을 두려워하는 믿음은 이처럼 사람을 지혜롭게 합니다.

천국과 같았던 예루살렘 교회는 한 가정을 잃는 슬픔을 맛보았습니다. 일부만 바쳤어도 칭찬받을 일을, 전부 다 바쳤다고 거짓말함으로써 칭찬은 고사하고 죽음을 선고받았습니다. 허영심 그리고 하찮은 듯한 거짓말. 이 어이없는 사소한 일이 교회나 한 개인을 너무나도 큰 고통 가운데로 몰아갔습니다. 사소한 것, 남도 하는 것. 그것을 방심할 때 공동체와 개인이 파멸로 몰려갈 수 있습니다. 거룩함을 이루기 위해 순례의 길을 가는 것, 그것은 고단하고 힘이 드는 일입니다. 그러나 성결을 향한 우리의 길은 사실 가깝습니다. 인생 개인이나 공동체가 든든한 원칙을 세우고 거기에 충실하다면, 거룩함 역시 내 손에 잡힐 듯이 가까울 것입니다. 사랑하는 여러분, 하나님을 제대로 알고 섬겨서 자신을 성결에 이르는 가장 지혜로운 길로 인도하고, 또 교회도 올바르게 섬기는 사람이 되기를 축복합니다.

11 나는 누구를 두려워하는가?
행 5:12-42

들어가며

먼저 사도행전 5장 12-42절 본문의 내용을 정리해 보려 합니다. 사도들이 하나님의 말씀을 전파하고 신자들의 말씀에 순종하여 살려고 노력할 때, 교회는 사랑의 공동체가 되었으며, 때로는 하나님께서 이들을 통해 이적을 베푸셨습니다. 하지만 하나님께서 교회를 통해서 영광을 받으시는 것에 비례하여 그리스도의 복음을 반대하는 사람도 많아졌으며, 그들의 반대 역시 노골적이고 위협적으로 변해 갔습니다. 마침내 이들은 사도들 몇을 잡아다가 옥에 가두고, 이들이 예수의 복음 전하는 것을 못 하도록 위협합니다.

그러나 그들의 위협은 그야말로 위협에 그칩니다. 그들은 사도와 신자들을 죽이고 싶었지만, 그럴 수 없었습니다. 예루살렘 교회의 움직임에 호감(好感)을 가진 사람들이 예루살렘 성내에 적지 않았기 때문입니다. 이들은 옥에 갇혔던 사도들이 하나님의 사자들에 의해 풀려나는 이적을 경험하고도 이들을 다시 잡아들입니다. 그들의 마음이 시기와 미움에 사로잡혀 있었기 때문입니다. 이들은 사도들의 마음을 돌이켜 복음 전하는 일을 단념하게 하려고 합니다. 그러나 사도들은 단호하게 그들의 제안을 거절합니다. 분노한 사람들이 사도를 죽이고자 하는데, 가말리엘이라는 사람이 나타나 한 가지 중요한 제안을 합니다. 만약 이들이 하는 일이 옳다면, 즉 하나님께서 함께하시는 일이라면 우리가 어떠한 방법으로도 이들을 막을 수 없을 것이다. 마찬가지로 이들이 하나님의 뜻에서 나온 집단이 아니라면, 그냥 두더라도 저절로 사라질 것이다. 그러자 공회는 사도들을 석방합니다.

자, 본문의 말씀이 우리에게 무엇을 이야기하려는 것일까요? 우리는 본문에서 깊이 생각해야 할 몇 가지 주제를 얻을 수 있습니다. 그러나 그 모든 것을 한 번에 다루기는 어렵기 때문에, 이번에는 교회와 관련된 교훈만을 몇 가지 추려서 간단히 생각해 보려고 합니다.

교회와 세상의 관계 – 영적 전투에 관하여

먼저 우리는 교회와 세상과의 관계에 관한 교훈을 얻게 됩니다. 오순절에 성령께서 놀랍게 임하시고, 이 성령을 체험한 사도 중심의 신자들이 그리스도의 복음을 용감하게 전합니다. 이들의 공동체 안에서는 연일 자기의 물건을 팔아서 가난한 사람을 돕고자 하는 사랑의 실천 운동이 일어나고, 모임 가운데 예배와 찬송이 끊이지 않으며, 이 예배와 친교의 중심에는 하나님의 말씀과 그리스도의 복음이 선포되었습니다. 또, 공동체 밖에서는 이들을 통해 많은 이적이 일어납니다. 이들을 중

심으로 일어난 놀라운 일이 사도행전 5장 15-16절에 이렇게 기록되어
있습니다.

> 심지어 병든 사람을 메고 거리에 나가 침대와 요 위에 누이고 베드로가 지
> 날 때에 혹 그의 그림자라도 누구에게 덮일까 바라고 예루살렘 부근의 수많
> 은 사람들도 모여 병든 사람과 더러운 귀신에게 괴로움 받는 사람을 데리고
> 와서 다 나음을 얻으니라 (15-16절)

이런 이적의 특징은 외견상 이적의 중심에 있는 사도의 뛰어남을 증
거하는 데 목적이 있지 않습니다. 이적은 언제나 하나님의 임재를 상징
적으로 보여 주는 하나의 현상에 불과하며, '하나님께서 사도와 교회에
대해 전적인 신뢰를 보내고 계신다', 혹은 '이들을 통해서 하나님의 뜻
이 실현되고 있음을 인정하신다'라는 의미입니다. 우리는 이 사실에 온
관심을 기울여야 합니다.

이 원리는 오늘날의 교회에도 적용됩니다. 교회, 혹은 어떤 목회자나
영적 지도자와 관련하여 이적이 일어난다면, 우리는 거기에 임재하여
그 일을 주재하시는 하나님을 바라봐야 합니다. 그런데 만약 이 일을 통
해서 어떤 개인 혹은 공동체가 신성시되거나 정당화된다면, 그것은 하
나님 이외의 어떤 대상을 우상으로 떠받드는 일입니다. 사도행전 14장
을 보면, 나면서부터 앉은뱅이인 사람이 걷게 되었을 때 사람들이 바울
과 바나바를 떠받들자 그들은 황급히 옷을 찢으면서 이들을 말렸습니
다. 왜요? 이 이적을 행하신 분이 하나님이심을 알았고, 이 일과 자신이

관련이 있음에도 불구하고 인간으로부터 어떠한 영광의 조각이라도 받을 수 없음을 알았기 때문입니다. 이적을 통해 추앙받는 일이 곧 하나님의 영광을 가로채는 행위이며, 하나님의 진노를 일으키기에 충분한 죄임을 알았던 것입니다.

어쨌든, 우리가 더욱 주목해야 할 일이 있습니다. 교회가 하나님의 임재하심을 이처럼 놀랍게 증거하고 있는데도 불구하고, 세상은 교회를 긍정적으로 보지 않았다는 사실입니다. 사도행전 5장 16절을 보면, 참으로 많은 병자가 그리스도의 능력으로 치유되었습니다. 또 예루살렘 교회는 이미 주변의 사람들을 적잖이 구제하고 있었습니다. 그런데 왜 긍정적으로 보지 않았을까요? 이들의 행위가 죽임을 당할 만큼 미운 짓이었을까요? 아니지요? 오히려 칭찬받아야 할 일 아니겠습니까? 그럼에도 예루살렘 교회를 바라보던 사람들은 이들을 죽이고 싶을 만큼 미워했습니다. 사도행전 5장 17절은 이들의 미움이 '시기(猜忌)'에서 비롯되었다고 밝힙니다.

그리스어 원문 성경에 나타난 '시기(ζῆλος)'를 사전은 이렇게 설명하고 있습니다. "어떤 것을 방어하기 위한 열정적인 마음". 여기서 '어떤 것'이란, 경쟁적인 위치에 있는 사람, 혹은 그런 상태에 있는 일을 가리킵니다. 쉽게 풀자면, '시기'란 자기가 받을 영광이 남에게 옮겨 가는 걸 아주 싫어하는 마음을 가리킵니다. 이 시기하는 마음이 누구에게 주어졌죠? 바로 대제사장과 사두개인에게 주어졌습니다(17절). 사두개인들과 대제사장은 당시 유대인의 사회를 이끄는 종교 지도자 계층이었습니다. 그렇다면 이 시기의 정체를 이렇게 정리할 수 있겠습니다. 대제사장과 사두개인은 자기들이 여태껏 누리던 종교적 리더십을 그리스도에게 빼앗기자, 이들을 죽이고 싶도록 미워했던 것입니다.

다루어야 할 주제가 조금 더 있기 때문에 약간 건너뛰어서 말씀드립니다만, 세상이 교회를 미워하는 이유는 다른 데 있지 않습니다. 예수 믿는 사람이 미워서도 아니고, 교회가 하는 짓거리가 잘못되어서 그런 것도 아닙니다. 그리스도를 제대로 믿는 사람들이 자기 마음의 중심을 그리스도에게 돌리는 것이 밉기 때문입니다. 이 말의 뜻을 잘 알아들어야 합니다. 예수를 모르던 사람이 있습니다. 그 사람이 예수를 믿고 진심으로 자기 생활과 마음의 주재권을 그리스도께로 돌려드렸습니다. 이 사람이 예수를 믿은 후에 세상 사람들의 미움을 받게 된다면, 그런데 이 사람이 이런 미움을 받거나 비난을 받을 만한 행위를 한 적이 없다면, 그것은 분명 이 사람의 옛 주인 마귀가 자신의 영향력을 잃은 것을 시기하여 벌이는 장난일 것입니다.

예수를 믿는다는 것은 영적인 차원에서 볼 때 나의 주인을 마귀에게서 하나님에게로 옮기는 것입니다. 그리스도를 따른다는 것은 내 생각의 중심을 나에서 그리스도로 이동하는 행위를 의미합니다. 이것은 영적인 전쟁입니다. 예전에 우리가 하나님을 몰랐을 때 나의 욕심과 가치관을 따라 행동하며, 이로써 하나님의 마음을 슬프게 했던 그 모든 습관을 깨끗이 씻는 것입니다. 이 일이 하나님께 기쁨을 드리는 행위라면 동시에 이 일은 마귀를 화나게 하는 일입니다. 우리가 기도해야 한다고 말하는 것은 이처럼 예수를 믿는다는 일이 영적으로 심각한 전쟁을 불러일으키기 때문이며, 우리의 힘으로 감당할 수 없는 전쟁이기 때문입니다. 성령님의 도우심을 간구해야 하는 것도 기도를 통해서 나 자신의 내부에서 죄악 된 습성과 생각들을 쫓아내며, 성령의 도우심을 받아 나를 여전히 유혹하고 권리를 주장하는 마귀를 이기기 위해서입니다.

저는 지금 예수를 믿는다는 것, 그리스도의 공동체인 교회를 하나님의 말씀 위에 세운다는 것이 필연적으로 세상과의 갈등을 불러온다는 사실을 말씀드리고 있습니다. 교회가 제대로 되어 가는 것에 마귀가 칭찬할 리가 없습니다. 자기의 영향력이 줄어드는 것을 반길 왕은 아무도 없기 때문입니다. 그러므로 교회가 하나님의 말씀을 따라 그리스도의 주인 되심을 인정하고 그리스도의 가르침에 순종할 때, 세상의 적대적인 비판은 마땅히 감수해야 할 장애물입니다. 물론, 우리는 때때로 세상이 손가락질할 만한 잘못을 행하기도 합니다. 심지어는 우리 교회조차도 교회 밖의 사람들에게 좋지 않은 평판을 듣는 부분이 있습니다. 좋지 않은 평판이 전부 마귀 장난이요, 마귀의 시기라고 받아들일 수는 없습니다. 거기에는 분명히 그럴 만한 이유가 있다고 생각합니다. 우리는 온전하지 않으며, 실수하거나 잘못 행하기도 합니다. 따라서 저들의 비평과 손가락질에 대해서 순전함과 솔직함으로 사실을 인정하는 용기가 필요하며, 참되고 온전한 교회를 향한 우리의 발걸음이 힘을 잃어서는 안 됩니다. 그러나 더욱 중요한 사실은 세상과 교회와의 본질적인 관계, 즉 영적인 주재권(主宰權)을 놓고서 세상과 교회가 전투를 벌이고 있음은 여전히 동일하다는 것입니다.

우리는 누구를 섬겨야 할까?

이런 점에서 사도들은 올바르게 사태를 파악했습니다. 그리고 올바르게 결정했습니다. 사도행전 5장 29절을 보니, 베드로와 사도들이 이렇게 말합니다.

사람보다 하나님께 순종하는 것이 마땅하니라 (29절)

대제사장들과 사두개인들이 교회를 미워하여 사도들을 감옥에 가두었을 때, 하나님께서는 이들을 풀어 주셨습니다. 이 놀라운 이적의 의미에 대해서 이들은 깊이 생각해야 했습니다. 그러나 미움에 사로잡힌 이들은 하나님께서 보여 주신 분명한 메시지를 전혀 심각하게 받아들이지 않았습니다. 그들은 사도들을 다시 잡아들였습니다. 사도들을 잡아들일 때 그들은 짐짓 신사적으로 행동했습니다. 백성들이 이미 교회를 좋게 생각하고 있었기 때문에, 이들을 대놓고 강제로 잡아들이면 즉각적으로 강력한 항의를 받을 게 뻔했고, 그것이 무서웠기 때문입니다. 그러나 일단 사도들이 자기 수중(手中)에 들어와서 이들을 공회 앞에 세우게 되자, 그들은 곧 으르렁대면서 사도들을 위협합니다. 사도들에게 이들이 내세우는 비난의 증거는 참으로 가당찮았습니다. 본문 28절에서 이들은 이렇게 말합니다.

우리가 이 이름으로 사람을 가르치지 말라고 엄금하였으되 너희가 너희 가

르침을 예루살렘에 가득하게 하니 이 사람의 피를 우리에게로 돌리고자 함
이로다 (28절)

이들이 그리스도의 이름으로 복음 전하는 것을 엄하게 막은 이유가
바로 뒤에서 드러납니다. 그리스도를 믿는 사람이 늘어난다는 것은 저
들이 예수를 죽인 것이 잘못이었다는 뜻으로 해석되기 때문입니다. 결
국 그들의 관점은 이런 것입니다. 예수와 관련된 일이 잘될수록 저들의
잘못된 판결과 처형이 부당했다는 사실이 분명해지는 것입니다.

그러나 사도들은 이들의 위협에 대해 못을 박듯 대답합니다. "우리
는 하나님께 순종할 뿐이다." 사도들의 메시지는 분명합니다. "너희들
의 체면과 기득권을 보호하기 위해서 예수의 복음 전하는 일에 관해서
타협할 수 없다. 그것은 하나님께서 우리에게 명령하신 것이기 때문이
다." 사도들은 이미 이들 앞에서 자신의 태도를 분명히 밝힌 적이 있었
습니다. 사도행전 4장 19-20절에 이렇게 기록되어 있습니다.

하나님 앞에서 너희의 말을 듣는 것이 하나님의 말씀 듣는 것보다 옳은가
판단하라. 우리는 보고 들은 것을 말하지 아니할 수 없다 (행 4:19-20)

사도를 비롯한 그리스도인들은 자신을 위협하는 세상 권세 앞에서
오로지 하나님의 뜻을 선택했습니다. 자신의 선택으로 인해서 세상이
어떻게 될지, 심지어 자기의 생명이 어떤 위협을 받게 될지에 관해서도
고려하지 않았습니다. 그들의 마음은 오직 하나, '나는 하나님의 것이며

그분이 명령하고 바라시는 것을 따를 뿐'이라는 생각에 지배되었기 때문입니다.

다시 한번 생각해 보겠습니다. 사도행전을 지배하는 관점이 본문에서도 분명하게 드러납니다. 사도들은 자신에게 닥친 세상 권세의 위협을 하나님의 나라와 세상의 나라가 벌이는 주재권의 다툼으로 바라보았습니다. 이 세상을 다스리는 존재는 누구인가? 하나님이냐, 세상의 권력이냐? 하나님이냐, 마귀냐? 이 관점은 자신의 입장과 행동을 결정하는 치명적인 기준이 되었습니다. 나아가, 세상을 향해서 복음을 전하는 일도 이 관점에서 해석되었습니다. 일찍이 예수님께서는 제자들이 복음을 전하고 돌아왔을 때 이렇게 말씀하신 적이 있습니다. "사탄이 하늘로부터 번개같이 떨어지는 것을 내가 보았노라"(눅 10:18). 제자들이 복음을 전할 때 사람들이 복음을 받아들이고 회개하는 모습이나 병자가 낫기도 하는 현상을 보시면서, 주님께서는 이것을 사탄이 하나님의 나라와 권세에 대해 항복하는 것으로 해석하셨던 것입니다.

이 관점은 오늘날에도 동일하게 적용됩니다. 앞에서도 이미 말씀드린 바와 같이 교회는 그 존재로서 이미 하나님 나라와 세상 나라의 영적 싸움의 중심에 서 있습니다. 예를 들어, 카셀에 우리 카셀아름다운교회가 서 있습니다. 이는 카셀이라는 지역을 놓고 이 지역의 주재권이 누구에게 있느냐를 두고서 하나님과 세상이 다투는 폭풍의 소용돌이가 존재한다는 뜻입니다. 우리는 이 소용돌이 속에서 하나님께 이 지역의 주재권을 돌리는 일을 위해 존재합니다. 이것이 교회의 실상입니다. 이 교회 안에서 우리는 각자의 꿈을 기르며, 하나님 안에서 나의 그릇을 준비해 나갑니다. 이 교회 안에서 우리는 형제자매의 사랑을 배우고 실천합니다. 가난하지만 소박하고 살 깊은 교제가 우리 안에 있습니다. 그러나 이것만이 교회가 존재하는 이유의 전부는 아닙니다. 예전에 사도들이 벌였던 영적 전투는 아직도 계속되고 있습니다. 내 마음과 내 생활의 반경과 내가 사는 지역이라는 여러 가지 영역에서 누가 그곳을 다스리는가를 결정짓는 영적인 전투는 계속되고 있습니다.

'전쟁'이라는 살벌한 용어를 쓰지 않더라도 이 영적 전투는 계속되고 있으며, 계속되어야 하며, 계속될 수밖에 없습니다. 우리는 하나님의 말씀을 읽으면서 그 말씀을 순종하고자 애씁니다. 사람을 만난 자리에서 그에게 나의 믿음을 고백합니다. 연습실에서 노래하거나 그림을 그리거나 연주를 하면서, 이것이 나의 안정된 삶을 위한 것이 아니라 하나님께 좀 더 큰 기쁨과 영광을 돌려드리기 위한 일이라고 다짐합니다. 어떤 사람과의 갈등에 괴로워하면서, 이때 예수님은 이 문제를 어떻게 해결하기 원하실지 생각합니다. 친구들과 수다를 떨면서 왁자지껄한 가운데 내가 그리스도인이라면 어떤 단어를 사용하는 것이 바람직할까를 생각합니다. 이런 사소한 것에서까지 내 생활의 주인이 누구이신가를 놓고서 전투가 계속되고 있는 것입니다. '나는 누구인가?' '나는 누구를 따라야 하는가?' '나는 누구를 기쁘게 하기 위하여 살고 있는가?' 이런 생각을 갖고 사는 것이야말로 하나님을 믿는 사람이 가져야 할 기본적인 태도입니다.

오늘 아침에 일어나자마자 하나님의 말씀을 들여다보는 것, 하나님께 나의 오늘 하루를 의탁한다고 고백하는 것, 이런 일들이 작지 않습니다. 하나님께서는 큰 전투에서 화려하고 무시무시한 활약을 원치 않으십니다. 때로는 그렇게 하기를 요구하시겠지만, 지금 우리에게 중요한 것은 아주 작고 사소한 것에서도 하나님을 잊지 않고 살아가는 것을 훈련하는 것입니다. 바울은 이런 일을 가리켜 "내가 내 몸을 쳐서 복종케 한다"(고전 9:27)라고 말합니다. 그리고 예수님께서는 누가복음에서 이렇게 말씀하셨습니다. "아무든지 나를 따라오려거든 자기를 부인하고 날마다 제 십자가를 지고 나를 좇을 것이니라"(눅 9:13). 내가 누구이며, 누구의 명령을 따라야 하는가를 잘 아는 것은 훌륭한 군인이 되기 위한 기초입니다. 나는 하나님의 것이며, 주님의 명령에 순종해야 할 사람이라는 사실을 잊지 않고 살아가려 노력하는 것은, 보다 큰 전투를 준비해야 하는 하나님의 사람의 일과인 것입니다.

나의 선택이 올바른 것인가?

본문 마지막 부분에서 우리는 아주 중요한 교훈을 듣습니다. 사도들을 죽이려고 할 때, 가말리엘이라는 사람이 일어나 공회 앞에서 이런 말을 합니다. "이 사상과 이 소행이 사람으로부터 났으면 무너질 것이요 만일 하나님께로부터 났으면 너희가 그들을 무너뜨릴 수 없겠고 도리어 하나님을 대적하는 자가 될까 하노라"(행 5:38-39). 좀 더 자세히 설명하면 이런 뜻입니다. "저들을 무조건 탄압할 게 아니라 내버려 두세요. 만일 저들이 하나님에게 속한 것이라면 사람이 막는다고 될 일이 아니지 않습니까? 저들이 하나님께 속하지 않았다면 우리가 손을 쓰지 않더라도 저절로 없어질 것입니다." 이 제안으로 인해 사도들은 목숨을 구했습니다. 그러나 가말리엘의 말은 매우 무거운 도전을 우리에게까지 전하고 있습니다.

우리의 결말은 어디입니까? 나의 열정, 나의 꿈, 나의 계획, 교회의 존재, 교회의 목표, 교회의 사업 등, 이 모든 것들이 가말리엘의 논리에 따라 정말 그 목적들이 하나님께로부터 나온 것인지를 입증하게 될 것입니다. 나의 꿈은 하나님에게서 나왔습니까? 나의 희망은 하나님께서 주신 것입니까? 내가 지금 달려가는 이 길은 정말 이루어질 끝이 있는 길입니까? 우리가 열망하는 하나님의 교회는 과연 이루어질 수 있습니까? 내가 바라고 소망하는 것, 우리가 지금 생명을 걸고 달려가는 이 길, 혹은 우리가 옳다고 주장하고 살아가는 모든 원칙과 주장들, 이 모든 것들이 정말 정당한지는 그 결과로써 입증될 것입니다. 우리가 내세운 것들의 정당성은 하나님만이 판단하시며, 그것들이 과연 실현될 수 있을지는 하나님만이 결정하십니다.

사랑하는 여러분, 우리는 여전히 동일한 도전을 받고 있습니다. 사도들은 세상의 권위에 의해 위협을 받을 때 이 문제를 하나님과 세상과의 전쟁이라는 관점에서 해석했습니다. 그들은 하나님만이 나를 주장하실 수 있다는 믿음을 가지고서, 하나님을 기쁘시게 해 드리겠다는 결심을 확인했습니다. 나는 내게 지금 벌어지고 있는 일을 어떤 관점에서 해석하고 있습니까? 내가 어떤 선택을 하게 될 때, 그 선택을 지배하는 가치관은 무엇입니까? 나는 무엇 때문에 이 일을 선택하며, 저 일을 결정합니까? 돈? 명예? 체면? 나의 미래를 확실하게 보장하는 것은 무엇입니까? 건강? 나의 선배? 나의 학력? 아니면 나의 실력? 나를 행복하게 하는 것은 무엇입니까? 사랑하는 연인? 안정된 가정? 똑똑한 부인이나 남편의 돈벌이 능력?

하나님을 믿는다는 것은, 하나님을 믿는 사람이라는 뜻은, 이 모든 질문에 대해 하나님을 가장 먼저, 가장 밑바닥에 깔 줄 아는 사람이라는 뜻입니다. 나의 삶, 나의 행복, 나의 존재, 나의 의미, 나의 모든 것이 하나님께 걸려 있음을 아는 것, 그리고 그 믿음을 자신의 생활 곳곳에서 실천할 줄 아는 사람이 곧 하나님을 믿는 사람입니다. 교회 역시 그러합니다. 모든 것을 하나님께 거는 인생, 하나님께서 책임지실 것입니다. 모든 것을 하나님께 거는 교회, 하나님으로 인해 든든해질 것입니다. 사도행전을 살았던 사도들과 그리스도인들처럼, 하나님으로 인해 든든한 길을 걸어가길 축복합니다.

12
무엇인가를 거스르는 설교
행 6:8-15

음식점 메뉴판과 설교

미국의 어느 시골 작은 마을에 자그마한 교회가 하나 있었습니다. 이 교회에 새로운 목사가 부임했는데, 그는 교인들이 순박하고, 교회 생활도 잘하고, 십일조 헌금도 잘 내는 것에 만족했습니다. 그런데 얼마 되지 않아서 목사는 적지 않은 교인들이 옳지 않은 방법으로 살아가고 있다는 사실을 알게 되었습니다. 마을 옆으로 큰 강이 지나가는데, 이 강은 상류(上流)의 숲에서 베어 낸 나무를 하류 지역의 제재소(製材所)로 옮기는 데 이용되었습니다. 그런데 적지 않은 교인들이 밤이면 몰래 강 아래로 떠내려가는 통나무를 끌어내어 그것을 잘라 팔거나, 그것으로 여러 가지 목재로 이용하면서 돈을 벌고 있었습니다. 이 사실을 알면서부터 목사는 고민이 시작되었습니다.

목사는 오랜 기도 끝에 설교를 통해서 교인들을 깨우치려고 했습니다. 그 주일 설교 제목은 "도적질하지 말라"였지요. 본문은 십계명이었습니다. 하나님께서는 자기 백성이 도적질하는 것을 원치 않을 뿐 아니라 도적질하는 사람에게는 심판을 행하실 것이라는 내용으로 설교를 했습니다. 예배가 끝나고서, 교인들은 문 앞에 서 있는 목사와 악수를 하면서 인사를 나누었습니다. 어떤 교인은 오늘 설교에 은혜를 많이 받았다고 인사했고, 어떤 교인들은 매주 십계명을 가지고 하나씩 설교하면 어떻겠냐고 제안하기까지 했습니다.

그러나 목사님은 교인들에게, "여러분들은 오늘 제 설교를 제대로 이해하지 못한 것 같습니다"라고 조용히 말했습니다. 그리고 목사님은 그다음 주일에도 똑같은 본문을 가지고서 또다시 거의 똑같은 설교를 했습니다. 그러나 이번에는 설교 제목을 좀 더 분명하게 밝혔습니다. "떠내려오는 남의 통나무를 도적질하지 말라." 예배가 끝난 후 목사님은 예전처럼 돌아가는 교인들과 악수하려고 교회 문 앞에 나가 서 있었습니다. 그런데 대부분의 교인들은 뒷문을 통해서 교회를 빠져나갔습니다.

이상은 어느 목사님의 설교에서 다시 인용한 예화이고요, 저는 본 설교의 주제를 '설교'로 잡았습니다. 신자 개개인의 신앙에서 설교가 얼마나 큰 비중을 차지하고 있는지, 우리는 잘 알고 있습니다. 기독교인이 모여서 무엇이라도 할라치면, 아무리 바쁘더라도 '간단하게'나마 설교를 듣는 것이 거의 불문율처럼 되어 있지 않습니까? 그럼에도 불구하고 설교는, 어떤 사람에게는 그 어떤 의견이라도 감히 말해서는 안 되는 신성한 영역처럼 생각되기도 하고, 또 어떤 사람에게는 이렇게 심드렁하게 여겨지기도 합니다. "뭐, 중요하긴 하지만 내가 하는 게 아니라 목사님이 하는 일이니 어쩔 것이냐, 싫으면 딴 교회로 가면 되지…."

얼마 전에 이곳에 처음 온 분이 이런 말을 들었다고 합니다. "이 동네에 교회가 둘이 있는데, 한 교회는 설교를 강의하듯 하고 또 한 교회는 밥이 잘 나와." 얼마 전 베를린에 가서도 이런 비슷한 우스갯소리를 들었습니다. 어떤 동네에 교회가 둘 있는데 둘 중에 어떤 교회가 좋으냐고 물으면 오래전부터 살던 사람은 이렇게 물어본다는 거지요. "살살 믿을래, 진지하게 믿을래?" 살살 믿으며 다닐 수 있는 교회가 있고, 진지하게 믿으며 다닐 교회도 있다는 뜻이겠지요?

어쨌든, 요즘의 우리 환경은 교회를 마치 내 구미에 맞추어 찾아가는 음식점처럼 고를 수 있게 된 듯 보입니다. 선택의 여지가 많다는 것은 소비자의 권익을 위해서는 좋은 일 아니겠습니까? 그렇다면, 교회 역시 입맛 따라 고를 수 있게 되었으니 우리는 지금 좋은 세상에 산다고 말해야 할까요? 설교 역시 그렇지 않나 생각됩니다. 좀 과장해서 말씀드리자면, 오늘날의 세대는 자기가 듣고 싶어 하고 관심을 가지고 싶은 것만 말하는 설교를 선택적으로 찾아다닌다는 것입니다. 여기까지 와서 본문의 주제를 다시 정리하자면 이렇습니다. "좋은 설교란 어떤 것인가?" 굉장히 방대한 주제이며, 당연히 이 주제를 지금 전부 다룰 수는 없습니다. 따라서 저는 지금 사도행전 본문에서 이 질문과 관련된 흥미 있는 교훈을 하나 집어내어 나누고자 합니다.

전통을 거스르다

본문은 원래 사도행전 7장 마지막까지가 되어야 합니다. 본문의 문맥이 그렇게 이어지기 때문입니다. 예루살렘 교회가 일곱 명의 집사를 세웠는데, 그 가운데 한 사람인 스데반이 이번 이야기의 주인공입니다. 스데반은 본문이 말하는 대로 '은혜와 권능이 충만한' 사람이었습니다. 그리고 그는 교회의 행정을 위해 뽑힌 집사였지만, 동시에 탁월한 전도자이기도 했습니다. 그의 모습이 이렇게 본문에 기록되어 있습니다.

> 회당에서 어떤 자들이 일어나 스데반과 더불어 논쟁할새 스데반이 지혜와 성령으로 말함을 그들이 능히 당하지 못하여 (9b-10절)

스데반은 어디를 가든지 그리스도의 복음을 전했습니다. 그 복음을 들은 사람들이 숱하게 논쟁을 걸어 왔지만, 그들은 결코 스데반을 당할 수 없었습니다. 성경은 이를 하나님께서 그에게 부어 주신 지혜와 성령의 능력 때문이었다고 설명했습니다. 그들은 한 가지 간악한 꾀를 생각해 냈습니다. 그 계책이 성경에 이렇게 기록되었습니다. 본문 11-14절까지의 말씀입니다.

> 사람들을 매수하여 말하게 하되 이 사람이 모세와 하나님을 모독하는 말을 하는 것을 우리가 들었노라 하게 하고 백성과 장로와 서기관들을 충동시켜 와서 잡아 가지고 공회에 이르러 거짓 증인들을 세우니 이르되 이 사람이 이 거룩한 곳과 율법을 거슬러 말하기를 마지 아니하는도다 그의 말에 이 나사렛 예수가 이곳을 헐고 또 모세가 우리에게 전하여 준 규례를 고치겠다 함을 우리가 들었노라 하거늘 (11-14절)

이들이 생각해 낸 계략은 거짓 증인을 내세워서 스데반을 고소하는 것이었습니다. 스데반이 뒤집어쓰게 된 죄목을 우리가 잘 보아야 합니다. 그 죄목이 11절에 이렇게 나옵니다. "이 사람이 모세와 하나님을 모독하는 말을 했다." 13절에는 이렇게 기록되어 있습니다. "이 거룩한 곳과 율법을 거슬러 말하기를 마지 않았다." 마지막으로 14절에는 이렇게 나옵니다. "나사렛 예수가 이곳을 헐고 또 모세가 우리에게 전하여 준 규례를 고치겠다고 말했다." 우리는 이와 똑같은 죄목들을 이미 들어 보았습니다. 그렇습니다. 예수님께서 바로 이 죄목 때문에 십자가에 달리셨습니다.

11절과 13절의 내용을 보면 하나의 공통점이 보입니다. 먼저 거짓 증인의 말에 등장하는 단어들을 짚어 봐야 하는데요, '모세', '하나님', '거룩한 곳', '율법'이 바로 그것입니다. 이 단어들의 공통점이 무엇인지 발견할 수 있겠습니까? 이 단어들은 한결같이 '전통'을 말하고 있습니다. 다시 말해, 스데반은 지금 스데반을 반대하는 사람들이 신성하게 생각해 온 무엇인가를 거슬렀다는 죄목 때문에 고소를 당한 것입니다. '모세'는 유대인들에게 전설과 같은 인물이었습니다. 그는 하나님의 종으로서 애굽에 종살이하는 히브리인들에게서 마치 하나님의 대리인과 다름없었습니다. 그는 스데반의 시대까지도 감히 도전할 수 없을 만한 권위를 인정받았고, 지극한 존경의 대상이었습니다. 한마디로, 모세는 곧 하나님과 다름없이 여겨질 만큼의 신성한 존재였지요.

'하나님'은 더 말할 필요도 없지요? '거룩한 곳'이란 예루살렘을 가리킵니다. 예루살렘은 하나님께서 자리를 펴고 앉아 계신 곳의 상징이기도 한 만큼, 이스라엘에게 예루살렘은 하나님의 임재(臨在)를 암시하는 단어였습니다. 그만큼 신성하다는 뜻이지요. '율법'이란, 하나님의 말씀과 관련하여 유대인 사이에 자자손손 이어져 내려온 가르침을 의미합니다. 얼마나 좋은 것입니까? 그런데 이들은 일제히 스데반을 모함해서, 그가 이 좋은 것들을 공공연히 반대하고 있음을 주장합니다.

그러나 여기서 질문 하나! 이들이 정말 하나님과 모세를 존중하고 또 전통을 존중하기 때문에 화를 내는 것일까요? 이들이 정말로 신앙심이 좋아서 스데반을 싫어하는 걸까요? 이 질문에 바로 답하기 전에 조금 더 성경을 읽어 봅시다. 바로 이어지는 본문 마지막 절을 보면, 이렇게 기록되어 있습니다.

> 공회 중에 앉은 사람들이 다 스데반을 주목하여 보니 그 얼굴이 천사의 얼굴과 같더라 (15절)

스데반을 모함하여 죽이려 모인 사람들을 포함해서 공회에 참석한 모든 사람이 공통적으로 느낀 것이 있습니다. 그것은 스데반의 얼굴이 천사와 같이 보였다는 사실입니다. 사도행전 시대의 문화적 배경을 가지고서 아주 쉽게 설명하자면, 스데반이 무죄라는 사실은 누구라도 부정할 수 없이 보였다는 의미입니다. 그러나 이상한 것은, 그럼에도 불구하고 이들은 스데반을 죽이려는 계획을 결코 멈추지 않았다는 사실입니다.

우리가 지금 주목해야 할 것은 바로 이 사실입니다. 이들은 실상 전통과 율법을 열렬하게 존중하지 않았습니다. 또, 이들은 스데반의 얼굴에서 영광의 광채가 돌고 있음을 보면서도 스데반을 죽이려는 노력을 포기하지 않았습니다. 도대체 무엇 때문일까요? 무엇이 이들로 하여금 이토록 스데반을 죽이려는 일에 집착하게 했을까요? 그들의 보이지 않는 동기는 이어지는 스데반의 설교에서 그 실마리를 얻을 수 있습니다. 사도행전은 스데반이 공회에서 행한 설교를 7장에 담아 두었습니다.

사도행전 7장의 설교는 성경에서도 찾아보기 힘든 긴 설교입니다. 이 설교는 오늘날까지도 모든 목회자와 교회가 유념해서 살펴야 할 설교의 모범 가운데 하나입니다. 그럼에도 불구하고 이 설교는 실상 매우 놀랄 만큼이나 거칠고 단순한 구조로 이루어져 있습니다. 스데반의 설교는 언뜻 보았을 때 아주 간략한 이스라엘 역사를 다룹니다. 그 역사는 이스라엘의 선조 아브라함이 메소포타미아 지방에 살던 한 평범한 사람으로서 하나님의 부르심을 받았던 때부터 시작됩니다. 머나먼 이방 지역에서 하나님을 만나서 하란을 거쳐 가나안에 이른 아브라함…. 스데반은 아브라함의 이 여정을 이런 단어로써 강조합니다. "고향과 친척을 떠나", "발붙일 만한 유업도 없는", "나그네", "광야에서의 방황". 야곱의 대에 이르러 이들 가족은 애굽에서 안정되는가 했지만, 이들의 여정은 아직 완전히 마무리되지 않았습니다. 그들은 다시 큰 민족을 이루어 애굽을 벗어나 약속의 땅 가나안으로 들어갑니다.

왕국을 이룬 다윗은 간절한 소원을 갖고 있었습니다. 그것은 자기 손으로 영광의 주 하나님의 처소, 즉 예루살렘 성전을 짓는 것이었습니다. 그러나 다윗의 소원은 아들 솔로몬에 의해 이루어집니다. 이렇게 해서 이스라엘이 말하는 하나님의 성전이 세워집니다. 그러나 하나님의 성전은 처음부터 뚜렷한 한계를 안고 있었습니다. 그것은 이 성전이 하나님의 처소, 즉 하나님께서 머무시는 곳이라고 불림에도 불구하고 도무지 하나님을 모실 수 없었다는 사실입니다. 스데반은 구약 성경을 인용하여 이 한계를 이렇게 지적합니다.

> 지극히 높으신 이는 손으로 지은 곳에 계시지 아니하시나니 선지자가 말한 바 주께서 이르시되 하늘은 나의 보좌요 땅은 나의 발등상이니 너희가 나를 위하여 무슨 집을 짓겠으며 나의 안식할 처소가 어디냐 이 모든 것이 다 내 손으로 지은 것이 아니냐 함과 같으니라 (행 7:48-50)

스데반이 말하려는 바를 철학적 개념을 가지고서 요약하면 이렇습니다. "유한(有限)은 무한(無限)을 담지 못한다." 하나님은 무한하신 분, 곧 신이시니, 어떤 장소에라도 담아질 수 없다는 뜻입니다. 스데반의 이 지적은 논리 그 자체로는 지극히 합당했지만, 그것이 가져올 결과는 정말로 폭발적이었습니다. 스데반의 말은 예루살렘을 신성하게 생각해 온 유대인들의 전통을 송두리째 부정하는 것이었기 때문입니다. 스데반의 설교를 여기까지 들은 유대인들은 자기 귀가 더러워질까 두려워 귀를 막으며 분노했습니다. 스데반의 지적은 유대인들의 마음을 깊숙이 찔렀습니다. 그리고 그의 설교는 즉각적으로 예수 그리스도, 즉 이들이 바로 얼마 전에 성전을 모독했다는 죄목을 붙여 십자가에 달아 죽였던 바로 그 인물을 떠올리게 했습니다. 이들은 극도의 죄책감과 분노에 사로잡혔습니다. 스데반은 하늘이 열리고서 예수님이 하나님의 우편에 앉으신 광경을 본다고 증거했지만, 살의(殺意)에 사로잡힌 유대인들은 이 말을 듣지 않고 돌을 던져 스데반을 죽이고 맙니다.

이른바 좋은 설교라는 것

저는 본 설교의 주제인 '설교'에 관심을 집중하기 위해 사도행전 7장의 내용을 깊이 살펴보지는 않았습니다. 말씀의 결론에 속히 도달하기 위해서 여러분께 이렇게 질문하고자 합니다. 스데반의 설교는 어떤 설교였습니까? 스데반의 설교를 들은 청중의 반응은 어떠했습니까? 청중이 스데반의 설교를 듣고 분노한 이유는 무엇이었습니까? 마지막으로, 스데반의 설교를 통해 우리가 반성해야 할 교훈은 무엇입니까?

스데반은 자신의 설교에서 이스라엘의 역사를 가장 풍성한 소재로 사용하고 있습니다. 아브라함으로부터 다윗을 거쳐 솔로몬과 그 이후까지, 스데반은 이스라엘의 역사를 오직 한 가지의 메시지를 전하기 위한 소재로서만 사용합니다. 그리고 그는 하나님께서 어느 장소와 건물에 머무실 만한 분이 아니며, 이스라엘은 모든 역사를 통틀어 하나님의 의도를 잘못 알았다고 주장합니다. 이스라엘은 결과적으로 숱한 선지자를 죽였으며, 마침내는 예수 그리스도, 즉 하나님의 아들마저 죽였다고 통렬하게 비판합니다. 이 메시지를 들은 청중은 스데반이 자신들을 정죄하고 있다는 사실을 알았습니다. 스데반의 메시지를 잘 알아들은 것이지요. 결국 분노한 청중은 스데반을 죽여 버렸습니다.

왜 이런 일이 벌어졌을까요? 스데반은 유대인의 잘못을 지적하기 원했습니다. 그러나 슬프게도, 청중은 조상들의 잘못을 반복합니다. 그들은 자신의 신념에 반대되는 스데반의 설교에 분노했습니다. 스데반의 설교에 한치라도 신학적인 잘못이 있었을까요? '어떠한 장소와 건물이라도 하나님을 모실 수는 없다'라고 하는 사실은 누구라도 부정할 수 없는 진리 아닙니까? 그러나 그들은 스데반의 주장에 대해 절대 동의하지 않았습니다. 오히려 분을 내며, 스데반을 죽이기로 결정했습니다. 무엇이 이들을 이렇게 화나게 했습니까? 그들은 진리에 동의하기보다는 전통에 집착하는 데 더 열심이었습니다. 진리 위에 서서 제시되는 스데반의 지적에 동의하기보다는, 동의한 후에 파생될 결과를 더욱 두려워했습니다. 그러나 저는 이 사실에 대해서 더는 말씀드리지 않겠습니다. 대신 이들이 보여 준 하나의 두려운 습관을 지적하고자 합니다.

스데반의 설교를 듣는 유대인의 마음속에서 우리는 하나의 완고한 습관을 발견합니다. 그것은 그들이 듣고 싶은 말만을 듣고자 했다는 사실입니다. 자신의 전통, 그리고 자신이 인정하는 한도 내에서만 언급되는 진리, 무엇보다도 자기 입장이나 이익을 난처하게 하지 않는 범위 내에서만, 그들은 설교를 듣기 원했습니다. 그들은 설교를 통해 진리를 들으면서 혹시라도 자신에게 있을 법한 잘못을 교정하길 원치 않았습니다. 결국 그들이 듣고자 한 소위 '진리'는 자기 귀를 즐겁게 하고, 동시에 자신의 이익을 조금만치라도 해치지 않는 것이어야 했습니다. 그들이 듣고자 한 진리는 자신의 확신을 확인하는 것만으로 충분했습니다.

앞에서도 언뜻 말씀드린 바와 같이, 오늘날에도 이런 현상은 반복되고 있습니다. 설교를 고를 수 있는 폭이 넓어졌다는 말은 이른바 '좋은 설교'를 들을 수 있는 가능성이 더욱 높아졌다는 말과 완벽하게 일치되지 않습니다. 설교를 다양하게 들을 수 있다는 말은, 슬프게도 설교를 내 취향에 맞춰 들을 수 있게 되었다는 뜻으로 해석될 가능성이 얼마든지 있다는 것입니다. 사사기의 마지막은 이런 말씀으로 끝을 맺습니다. "그때에 이스라엘에 왕이 없으므로 사람이 각각 그 소견에 옳은 대로 행하였더라"(삿 21:25). 선한 왕도 없고, 올바른 영적 지도자도 없던 그 시절, 이스라엘 백성은 각자가 옳다고 생각되는 대로 행동하며 살았습니다. 그것은 성숙한 인간으로서 자율적으로 살아간다는 뜻이 절대 아니었습니다.

모든 사람은 이때를 가리켜 이스라엘의 암흑기였다고 말합니다. 오늘날의 영적 분위기가 마치 그때와 같아 보입니다. 설교자는 자기 세계관과 구미에 맞추어 제멋대로 성경을 해석하며, 자기가 전하고자 하는 메시지를 성경 본문에 묶어 전합니다. 듣는 사람 역시 자기 구미에 맞추어 설교를 골라 들으며, 제대로 해석된 말씀을 겸손하게 들으면서 자신을 정직하게 반성하려 하지 않습니다. 우리는 설교와 해석이 인류 역사상 가장 풍성한 시기에 사는 것 같습니다. 그러나 우리는 사실상 하나님의 뜻이 가장 왜곡된 시절을 살아가고 있는지도 모릅니다. 참으로 두려운 일입니다.

여러분, 저는 여러분에게 이렇게 권면하고 싶습니다. 우리는 왜 설교하며, 왜 설교를 듣습니까? 우리가 다 알고 있는 사실을 '확인'하고자 설교하고, 또 그것을 듣습니까? 나를 위로하고 복을 비는 내용에는 '아멘'

하며, 나를 곤란하게 하는 내용에는 얼굴을 돌리거나 침묵으로써 거절하지는 않습니까? 우리가 반드시 알아야 할 것은, 하나님께서 설사 우리를 그 자리에 주저앉게 할 만큼 통렬하게 정죄하실지라도, 우리가 미워서 그리하시는 것은 절대 아니라는 사실입니다. 우리를 그만큼 사랑하시기에, 때로는 맹렬하게 두드려서 회개하도록 하시는 것임을 우리는 결코 잊어서는 안 됩니다.

스스로를 정당화하는 헛된 전통과 주장 뒤에 숨어서 도무지 회개하지 않는 완고한 사람이 되어서는 안 됩니다. 내 귀를 즐겁게만 하는 잘못된 위로보다, 정직하게 나의 부족을 지적하는 메시지 앞에 당당하고 용감하게 설 줄 알아야 합니다. 내가 듣고자 하는 내용을 담은 설교보다, 하나님께서 들려주기를 원하시는 메시지가 담긴 설교를 즐겨 들어야 합니다. 우리는 그런 설교를 통해 정직한 나와 있는 그대로의 현재를 발견하게 될 것이며, 통렬한 비판 뒤를 따르는 하나님의 진정한 위로와 싸매심을 체험할 수 있습니다. 이것이 진정한 '위로', '하나님의 위로'입니다. 무조건 내 편만 드는 부모가 훌륭한 부모가 아니듯이, 무조건 나만 옳고 내 아픔만 쓰다듬어 주는 설교는 우리를 유대인의 슬픈 모습으로 이끌어 갈 뿐입니다.

하나님의 말씀이 때로는 여러분의 마음을 자극하고 아프게 할 수 있으며, 때로는 여러분의 입장을 난처하게 할 수 있습니다. 그러나 그 말씀이 여러분의 상황과 관련 없이 정당하다면, 여러분은 그 말씀을 용감하게 받아야 합니다. "좋은 약이 입에 쓰다"라는 말이 있습니다. 우리의 상처를 싸매고 아픔을 치료하기 위해, 어쩌면 지금의 아픔보다 더 아픈 치료 방법이 동원될 수도 있습니다. 이 자극과 아픔을 견디지 못한다면, 우리의 문제는 영원히 해결되지 않을 것입니다. 여러분이 앞으로 어디에서 어떤 설교를 들으면서 신앙생활을 하실지 모르지만, 이 교훈을 깊이 명심하시길 바랍니다.

13 흘어지는 교회, 퍼져 가는 기쁨
행 8:1-8

박해가 본격적으로 시작되다

지난번 본문에서 사울이라는 인물이 등장했습니다. 사울이라는 이름의 청년이 사도행전 7장의 마지막에 보였는데, 그는 스데반 집사가 죽는 장면에 마치 잠시 스쳐 가는 엑스트라처럼 등장합니다. 그런데 사도행전 8장에 이르러서는 본격적으로 초대 교회 역사의 전면에 드러나기 시작합니다. 그러나 아직은 아닙니다. 사도행전 8장에는 사울이 교회사 전면에 주역으로 활동하기 전의 역사적 상황이 기록되어 있습니다. 사도행전 8장 1절은 이렇게 말합니다.

그날에 예루살렘에 있는 교회에 큰 박해가 있어 사도 외에는 다 유대와 사마리아 모든 땅으로 흩어지니라 (1절b)

유대교 지도자들은 예수교인들이 예루살렘에 급격하게 늘어나는 것을 두려워했습니다. 그들은 예수교의 확장으로 인해 오랫동안 이어져 온 유대교의 전통과 그들이 그동안 누려온 기득권이 사라지게 될까 봐 두려웠습니다. 그래서 그들은 비열한 방법으로 스데반을 죽였습니다. 스데반의 죽음은 유대교와 그 전통에 도전하는 한 예수교도들을 용서하지 않겠다는 경고였습니다. 따라서 스데반의 죽음은 시작에 불과했습니다. 스데반이 죽는 사건을 시점으로 하여 예수교도들에 대한 대대적인 박해가 시작되었습니다.

사도행전 8장 1절의 처음을 보면, 사울이 "그", 즉 스데반의 죽음을 "마땅히 여기더라"라고 했습니다. 사울이 스데반의 비극적인 죽음에 대해서 슬퍼하거나 유감스럽게 생각하지 않았다는 뜻입니다. 오히려 그는 그 일을 당연하게 여겼습니다. 사울은 사도행전 22장 20절에서 자기가 스데반이 죽는 일에 대해 '찬성'했다고 고백합니다. 그가 사도행전 22장에서 사용한 '찬성하다'라는 단어(συνευδοκέω)를 그리스어 사전에서 찾아보면 "누구, 혹은 무엇과 함께하는 것을 기뻐하다, 함께하기를 승인하다, 그와 기꺼이 한자리에 같이하다, 만족하다" 등의 뜻이 있습니다.

사도 바울은 그 자신의 서신에서 스데반의 죽음을 몇 번이나 말합니다. 이를 통해서 자기가 스데반의 죽음에 적극적으로 찬동했을 뿐만 아니라 그 일에 능동적으로 참여했음을 알립니다. 물론 사울은 나중에 스데반을 가리켜 '주님의 증인'이라고 말합니다. 예수를 믿고 난 후에 보니 스데반이야말로 주 예수 그리스도를 목숨으로써 증거한 사람이었다는 뜻입니다. 그러나 그건 조금 뒤의 일이고, 이 박해를 견디지 못한 예루살렘 교회는 마침내 사방으로 흩어지게 되었습니다. 성경은 이들이 흩어진 것에 대해 이렇게 표현했습니다.

… 유대와 사마리아 모든 땅으로 흩어지니라 (1절b)

사도들이 예루살렘에 몸을 숨긴 채로 남아 있었으나, 그 나머지는 목숨을 부지할 수 있다면 어디라도 갈 수밖에 없을 정도로 엄청난 박해가 있었다는 것입니다. 그래서 이어지는 사도행전 8장 2절에는 스데반의 죽음을 애도하는 사람들의 이야기가 들어 있습니다. 1절에 기록된 비극적인 박해의 소식과 연결되어, 태어난 지 얼마 되지 않은 교회의 비극적인 운명을 서술하는 듯한 비장한 분위기를 느낄 수 있습니다.

그뿐이 아니지요? 3절을 보면 스데반의 죽음에서 확신을 얻은 듯한 사울은 더욱 기세등등하고, 공개적으로 예수교인에 대한 노골적인 적대감을 드러내고 있습니다. 3절은 이렇게 말합니다.

사울이 교회를 잔멸할새 각 집에 들어가 남녀를 끌어다가 옥에 넘기니라 (3절)

본문은 사울이 "교회를 잔멸했다"라고 말하는데, 여기에 나오는 '잔멸하다(λυμαίνομαι)'라는 단어는 '모욕하다, 망가뜨리다'라는 뜻입니다. 시편 80편 13절에서 "멧돼지가 포도원을 망가뜨린 것 같다"라는 표현이 나오는데, 여기서 사용된 개념이 바로 사도행전 본문의 단어와 비슷한 개념이라고 주장하는 주석가도 있습니다. 사울은 예수 믿는 사람의 집마다 쳐들어가서 남녀노소를 불문하고 그들을 끌어내어 감옥에 집어넣었습니다.

흩어지는 교회

자, 스데반이 죽고 박해가 대대적으로 시작되면서는 교회가 사방으로 흩어져 버립니다. 사도행전 8장 1–3절까지의 분위기가 아주 슬프지요? 그런데 4절은 놀랍게도 이렇게 이어집니다.

그 흩어진 사람들이 두루 다니며 복음의 말씀을 전할새 (4절)

병자를 고치고 가난한 자를 위로하던 교회, 사람의 깊은 비밀을 꿰뚫어 보기도 하고 죽이기까지 하는 능력을 지닌 교회. 거기에 비하면, 지금 4절에서 말하는 "흩어진 사람들"의 이미지는 얼마나 초라합니까? 그런데 그 흩어진 사람들, 즉 죽음의 위협을 피해 도망간 사람들이 복음의 말씀을 전했습니다. "두루 다니며"라는 말은 8장 1절에서의 "유대와 사마리아 모든 땅"을 말합니다. 사도행전 11장 19절은 8장 1절의 "모든 땅"의 의미를 이렇게 자세히 풀어놓았습니다.

그때에 스데반의 일로 일어난 환난으로 말미암아 흩어진 자들이 베니게와
구브로와 안디옥까지 이르러 유대인에게만 말씀을 전하는데 (행 11:19)

어떻습니까? 스데반의 죽음 이후에 따라온 대박해가 얼마나 심했는지, 예수교도들은 페니키아, 사이프러스, 요즘 말로는 키프러스 섬, 그리고 안티오커스까지 피했습니다. 그렇게 널리 흩어질 만큼 박해를 받

은 교회의 교인들, 풍비박산 난 교회의 교인들이 발길이 닿는 곳마다 그리스도의 복음을 전했다는 것입니다. 우리가 만일 사도행전 1장부터 7장까지의 교회 이미지를 가지고서 이 대목을 접한다면, 흩어진 교인들의 전도는 참으로 가련한 모습일 것 같습니다. 그러나 우리가 여기서 놓치지 말아야 할 관점이 있습니다. 여러분, '누가 과연 이들을 흩었는가?' 하는 물음을 가져 보셨습니까? 참으로 어리석은 질문 같지만, 누가 이들을 이처럼 흩었는가에 대한 답을 어떻게 하느냐에 따라 이들 모습의 인상이 극적으로 바뀌리라는 점에 대해서는 의문의 여지가 없을 것입니다.

자, 스데반의 죽음 이후 대대적인 박해가 일어났습니다. 예루살렘의 교인들은 이 엄청난 박해를 피해 유대와 사마리아의 모든 지역에 내려갔습니다. 이들은 이 지역까지 가서도 자기가 믿는 그리스도의 이름을 전했습니다. 여기서 우리가 꼭 명심해야 할 사실은 이들이 도대체 어떤 역사관, 어떤 세계관을 갖고 있느냐는 것입니다. 이미 생각해 본 본문이므로, 사도들이 바로 이전에 감옥에 갇혔다가 풀려나왔을 때 하나님께 찬송하며 기도한 내용을 다시 간단히 살펴보겠습니다. 사도들은 기도하면서 이렇게 고백합니다.

그들이 듣고 한마음으로 하나님께 소리를 높여 이르되 대주재여 천지와 바다와 그 가운데 만물을 지은 이시요 또 주의 종 우리 조상 다윗의 입을 통하여 성령으로 말씀하시기를 어찌하여 열방이 분노하며 족속들이 허사를 경영하였는고 세상의 군왕들이 나서며 관리들이 함께 모여 주와 그의 그리스도를 대적하도다 하신 이로소이다 과연 헤롯과 본디오 빌라도는 이방인과 이스라엘 백성과 합세하여 하나님께서 기름 부으신 거룩한 종 예수를 거슬러 하나님의 권능과 뜻대로 이루려고 예정하신 그것을 행하려고 이 성에 모였나이다 주여 이제도 그들의 위협함을 굽어보시옵고 또 종들로 하여금 담대히 하나님의 말씀을 전하게 하여 주시오며 손을 내밀어 병을 낫게 하시옵고 표적과 기사가 거룩한 종 예수의 이름으로 이루어지게 하옵소서 하더라 (행 4:24-30)

우리 식으로 말하면, "너희가 어떻게 생각하고 행동하든지 그 일을 움직이시는 분은 오직 하나님 한 분이시다"라고 할 수 있겠습니다. 이들이 이런 역사관을 갖게 된 것은 '예수께서 이 땅에 오셔서 하신 모든 일이 하나님께서 작정하시고 예언하신 모든 것들을 이루시려는 것이었다'라는 사실을 깨달았기 때문입니다. '인간이 무엇을 어떻게 오해하고, 심지어 방해할지라도, 하나님께서는 작정하신 일을 반드시 이루신다' 바로 이것이 예루살렘 교인들의 믿음이요, 세계관이었다는 말씀입니다.

그러면, 이들의 믿음이 언젠가 딴 데로 갔겠습니까? 아닙니다! 이들은 스데반의 순교 이후에 벌어지는 대대적인 박해 속에서도 이 믿음과 세계관을 그대로 간직했음이 틀림없습니다. 그렇지 않고서야 이들이 어떻게 이처럼 박해를 피해 도망간 그곳에서조차 대담하게 복음을 전할 수 있었겠습니까? 이들은 자신에게 닥쳐오는 박해와 치명적인 위협 속에서도 오순절에 시작된, 아니 예수의 오심으로부터 시작된 하나님의 놀라운 일이 기어이 이루어질 것이라는 믿음을 버리지 않았습니다. 이 믿음이 용기가 되어, 이들의 입은 가는 곳마다 예수와 하나님의 나라를 선포하게 되었습니다.

그리고 보니, 이들이 흩어져 간 지역의 이름 역시 이 같은 믿음에 따라 함축적으로 적혀 있음을 발견하게 됩니다. 보십시오, 사도행전 8장 1절이 "유대와 사마리아 모든 지역"이라 말하지요? 이들이 출발한 지역은 예루살렘입니다. 그렇게 순서를 따라 적어 보면 다음과 같습니다. "예루살렘, 유대, 사마리아." 이 순서는 어디선가 이미 본 적이 있는 순서지요? 네, 그렇습니다. 사도행전 1장 8절에서 우리 주님께서 이렇게 말씀하셨습니다.

오직 성령이 너희에게 임하시면 너희가 권능을 받고 예루살렘과 온 유대와 사마리아와 땅끝까지 이르러 내 증인이 되리라 하시니라 (행 1:8)

우리는 이 지점에 이르러 결국 이렇게 고백하지 않을 수 없게 됩니다. "예루살렘 교회가 박해를 받아 유대와 사마리아, 심지어 소아시아 지역에까지 흩어진 것은 예수 그리스도의 마지막 말씀을 이루시려는 하나님의 원대한 계획의 일부였다." 동의하십니까? 복음으로 인해 집을 잃고, 생활의 근거지를 잃으며, 때로는 가족과 헤어지기도 합니다. 성경은 이것을 '박해'라고 부릅니다. 참으로 아프고 견디기 힘든 일입니다. 이 박해로 인해 사랑하는 사람을 잃기도 하고 헤어지기도 합니다. 어떤 사람은 생명을 내어놓아야 할 것입니다. 또 어떤 사람은 새로운 삶의 터전을 마련하기 위해서 아마 오랫동안 고통을 감수해야 할 것입니다. 이것이 예루살렘 교회 교인들이 당면한 삶이었습니다.

그러나 이들의 삶에는, 그들을 통해 복음을 널리 전하려는 하나님의 섭리가 숨어 있었습니다. 예루살렘에서 시작된 새로운 공동체, 예수를 주로 시인하는 그리스도의 공동체는, 이렇게 '박해'라는 전혀 생각지도 못한 자극제를 통해서 확장되어 갔습니다. 그러므로 이 지점에 이르러 우리가 고백할 역사관은 무엇입니까? 복음과 하나님의 나라를 확장하기 위해서 하나님께서는 때때로 박해라고 하는 방식을 통해 교회를 흩기도 하신다는 것입니다.

빌립의 사역 – 기쁨을 전하다

다음으로 이어지는 본문은 박해를 피해서 흩어진 이들 가운데서 '빌립'이라는 인물을 소개하고 있습니다. 흩어진 이들이라 불리는 많은 신자들은 어디에 가더라도 그들 마음 깊은 곳에 자리 잡은 주 예수 그리스도의 사랑스러운 이름을 전했습니다. 박해를 피해 숨어 다니던 저들이 다시 그리스도의 이름을 공개적으로 전한다는 게 어찌 쉬운 일이겠습니까? 이 일에는 대단한 용기가 필요했습니다. 거기에 빌립이라는 사람도 있었던 겁니다. 빌립은 사마리아 지역에 이르러 거기서 그리스도의 복음을 전했습니다. 빌립이 복음을 전할 때, 사마리아 지역 청중의 반응이 본문 6절에 이렇게 기록되었습니다.

무리가 빌립의 말도 듣고 행하는 표적도 보고 한마음으로 그가 하는 말을 따르더라 (6절)

'한마음으로(ὁμοθυμαδόν)'라는 말이 나오는데, 사전적인 뜻은 "여러 마음이 일치하여"라는 뜻입니다. 그러나 이 단어가 그리는 이미지는 상당히 음악적입니다. 어떤 위대한 지휘자가 있는데 이 사람의 지휘에 맞추어 오케스트라가 하나 되어 연주합니다. 이것이 '한마음으로'라는 단어가 그려 내어 보여 주는 이미지입니다. 따라서 이 단어는 청중의 일치된 마음에 중점이 있는 것이기도 하거니와 그렇게 일치된 마음을 만들어 내는 지휘자의 존재를 전제하기도 합니다. 사실은 이 지휘자의 존재를 말하려는 것이 이 단어의 포인트입니다. 무슨 의미이겠습니까? '청중들이 한결같은 마음이 되어서 빌립의 말을 귀 기울여 들었다, 이 현상에 반드시 원인이 있다'라는 것입니다. 즉, 이렇게 청중들의 마음이 일치되어 빌립의 전도에 관심을 가진 것이 바로 성령의 역사 때문이었다는 의미입니다.

네, 그렇습니다. 빌립이 전도할 때, 청중들은 마음을 합하여 복음을 듣기도 하고 이적 행하는 것을 보기도 했습니다. 그런데 그것이 빌립의 능력이 아니라, 그들을 불러 그리스도인으로 만드시려는 하나님의 강력한 역사의 결과였다는 것입니다. 빌립의 전도에 하나님의 능력이 동반되어 있음이 본문 7절에 이렇게 표현되어 있습니다.

많은 사람에게 붙었던 더러운 귀신들이 크게 소리를 지르며 나가고 또 많은

중풍 병자와 못 걷는 사람이 나으니 (7절)

따지고 보면 빌립의 전도에 청중이 귀를 기울여 들을 수밖에 없는 이유가 여기에 있었습니다. 귀신이 떨어져 나가고, 중풍 병자와 앉은뱅이가 일어나 걷습니다. 이런 이적에도 불구하고 귀를 틀어막을 사람이 어디 있겠습니까? 그러나 우리는 이적에도 불구하고 하나님의 복음에 대해 마음을 굳게 닫는 사람이 적지 않음을 알고 있습니다. 그러므로 우리는 복음에 관심을 기울이는 일조차도 하나님의 허락이 없이는 일어날 수 없다고 말해야 합니다.

어쨌든, 빌립이 그리스도의 복음을 전하면서 이적까지 행하자, 예수를 그리스도와 주로 시인하고 고백하는 사람들이 많이 생겨났습니다. 그 결과가 본문 마지막에 나옵니다. 본문 8절의 말씀입니다.

그 성에 큰 기쁨이 있더라 (8절)

복음이 선포됩니다. 귀신이 쫓겨납니다. 병자가 낫습니다. 그리스도의 복음이 승리를 거두고 있음을 보여 주는 증거입니다. 우리는 예수님께서 복음을 전하실 때도 이런 현상이 일어났던 것을 기억합니다. 빌립은 지금 예수님께서 복음을 전하실 때 일어났던 현상을 사마리아 지역에서 재현하고 있는 것입니다. 빌립의 사역을 한마디로 표현하면 어떻게 될까요? 복음을 전하다? 이적을 행하다? 둘 다 맞는 표현입니다. 이 둘을 하나로 표현할 수 있을까요? 네, 있습니다. 빌립은 지금 사마리아 지역에 그리스도께서 주시는 기쁨을 전했습니다. 그 기쁨은 하나님 나라에서 맛볼 수 있는 기쁨입니다. 따라서 하나님의 임재의 결과이기도 합니다.

복음, 그 기쁨의 소식에 관하여

자, 이제 우리는 말씀을 정리하며 교훈을 얻을 지점에 도달했습니다. 본문 말씀에서 우리는 '흩어지는 교회'에 관한 교훈을 얻었습니다. 하나님의 계획은 이 예루살렘 교회가 가진 잠재력에 집중해서 보다 크고 체계적인 교회, 안정된 교회를 만드는 데 있지 않았습니다. 그 엄청난 에너지를 흩어서, 예수 그리스도의 복음을 더 넓고 더 멀리 퍼뜨리는 데 하나님의 계획이 있었습니다. 하나님께서는 그 에너지를 분배하는 데 박해라는 기가 막힌 수단을 사용하셨습니다. '박해'는 한마디로 예수를 못 믿게 하려는 강압적인 어려움입니다.

그러나 신앙은 박해의 어려움 속에서 오히려 기도함으로 더욱 강해집니다. 신앙은 생명력을 가졌기 때문입니다. 예수 믿는 데 가장 어려운 장애물이 무엇인지 아십니까? 믿지 말라고 말리거나 억압하는 것일까요? 그렇지 않습니다. 그냥 내버려 두는 것입니다. 믿음은 어려움을 두려워하지 않습니다. 어려움을 이기기 위해 몸부림칩니다. 이것이 바로 생명력의 특징입니다. 어쨌든, 예루살렘 교회의 신자들은 박해를 피해 세계 곳곳으로 뿔뿔이 흩어졌습니다. 그러나 그들의 믿음이 식은 것이 아니라 오히려 강해지고 절박해져서, 그들이 가는 곳마다 거기서도 복음을 전하게 되었습니다.

교회는 언제나 붐벼야 하고, 또 많이 모여야 한다는 기대가 우리에게 있습니다. 맞습니다. 더 많은 사람이 예수님을 알게 되고, 그분이 주시는 죄 사함의 기쁨을 누려야 합니다. 이것이 우리가 믿는 믿음의 궁극적인 목적이기 때문입니다. 우리가 예수 안에서 누리는 평안과 기쁨이 있을 때, 형제자매의 사랑이 넘치게 될 것입니다. 이런 신자가 어떻게 함께 모여서 찬송하고 예배하는 일을 게을리할 수 있겠습니까? 매주가 아니라 거의 매일 같이 모여서 예배하고 찬송하며 전도했던 예루살렘 교회는, 예수 믿는 기쁨과 맛을 제대로 알았던 교회였습니다. 구역을 편성하고 사역자를 필요한 곳에 세워서 교회를 좀 더 조직화한다면 좀 더 안정도 되고, 또 그 엄청난 교회의 에너지를 한곳에 집중할 수 있지 않았을까요? 그러나 하나님의 계획은 예루살렘 교회를 세계에서 가장 큰 교회로 만드는 데 있지 않았습니다. 오히려 흩어져서 더 멀리, 더 널리 예수의 복음과 평안을 전하는 데 있었습니다. 예수 믿는 즐거움이 교인에게만 머물 수는 없습니다. 복음의 능력은 마침내 세상의 끝까지 선포되어야 하며, 세상 모든 사람에게 들려져야 합니다. 교회는 잘 모이는 것만으로 힘을 자랑할 수 없습니다. 흩어져서 복음을 선포하기 위해 존재하는 것입니다.

우리가 보듯이, 이런 기가 막힌 하나님의 섭리 안에서 흩어진 예루살렘 교인들은 발이 닿는 곳마다 복음을 전했으며, 복음에 귀를 기울이는 사람들에게 복음의 비밀과 능력, 그리고 기쁨을 전했습니다. 이들은 결국 가는 곳마다 그리스도 예수의 기쁨을 전달하는 사신이 되었습니다.

사랑하는 여러분, 본문에서 우리는 우리의 감추어진 정체성을 깨달아야 합니다. 그것은 우리가 세상 끝까지 하나님의 나라와 예수 그리스도의 복음을 전달하는 축복의 통로로 세워졌다는 사실입니다. 복음은 우리에게 그 능력을 깨달아 기쁨으로 살게 합니다. 그러나 복음의 생명력은 우리를 움직이게 합니다. 복음은 우리를 한곳에 안정되게 그리스도의 기쁨을 죽을 때까지 즐기도록 하지 않습니다. 어디론가 움직이고 떠나게 해서 내 발길이 닿는 그곳에서 복음의 능력이 드러나게 합니다.

삼국지를 보면 유비가 어느 날 문득 살 오른 자신의 허벅지를 보고 놀라는 장면이 나옵니다. 나라를 세우기 위해 쉴 새 없이 말을 타고 달려야 할 자기가 장가를 가서 신혼 재미에 빠져 사느라 허벅지에 살이 오른 줄도 모르고 살았던 것이 부끄러웠던 것입니다. 우리의 삶은 어떻습니까? 우리가 지금 여기에 있는 것이 의미 없이 그냥 있는 것이라고 생각합니까? 고작 하루하루 먹고살다가 이 세상을 떠나는 것이 나의 사명일까요? 물론, 모두가 '사명' 하나에 미쳐서 숨 가쁘게 살도록 태어나진 않았습니다. 그러나 하나님께서는 내 인생을 쥐고 흔들어 어디론가 움직이게 하십니다. 그럴 때도 있습니다. 내 팔자에 역마살이 끼어서가 아닙니다. 나를 통해 아직도 복음의 능력과 기쁨을 모르는 곳에 복음을 전하게 하시려는 하나님의 뜻이 있기 때문입니다.

더 길게 말씀드리지 않겠습니다. 사랑하는 여러분, 흩어지고 움직이는 것, 가는 곳마다 복음을 전하는 것이 우리의 운명이고 교회의 사명입니다. 교회는 안정보다 끊임없이 움직이는 위험을 감수해야 한다는 사실을 분명히 아시길 바랍니다. 여러분은 안정된 삶보다 움직이는 삶을 살아야 함을 분명히 아시길 바랍니다. 하나님께서 우리와 함께하실 것입니다. 그곳이 어디라도 두려워 마십시오. 여러분의 삶이 안정과는 멀어 보이고 때로는 이 일로 인하여 고단할 때, 여러분은 하나님 나라의 기쁨을 전하는 기쁨의 통로로 사용되고 있음을 기억하시며 이를 기뻐하시길 바랍니다.

14

돈으로 살 수 없는 하나님의 은혜
행 8:9-24

사마리아 사람들, 예수를 영접하다

우리가 이미 살펴본 바와 같이, 예루살렘 교회는 폭발적인 힘을 갖고 성장하면서 대중의 지지를 받았습니다. 그러나 정치 지도자와 종교 지도자들의 이익과 기반을 건드리면서 금방 박해의 대상이 되었습니다. 스데반 집사의 순교는 대대적이고 체계적인 박해가 시작되었음을 알리는 사건이었습니다. 본문은 바로 여기에서 그리 멀지 않은 시점에 일어난 것으로 보입니다. 이 사건은 박해를 피해서 멀리 이동해 가는 기독교인과 그들을 접하는 비기독교인 사이에서 일어납니다. 그리고 이 사건이 일어난 장소는 본문에서 "그 성"이라고 표현되었는데, 이 성은 바로 앞의 5절에서 '사마리아 성'이라고 했습니다. 물론, 이 사마리아 성이 우리가 아는 사마리아 성이 아닐 확률도 적지 않습니다. 그냥, 사마리아 지역의 어느 한 성 정도로 알고 지나가면 좋겠습니다.

예루살렘에서 시작된 박해를 피해서 크리스천들이 각지로 흩어지게 되었는데, 그 가운데 일부가 사마리아 성에 도착했습니다. 그들 가운데 빌립이라고 하는 사람이 있었습니다. 빌립만이 그런 것은 아니겠지만, 어쨌든 빌립은 사마리아 성에서 열심히 복음을 전했습니다. 사도행전 8장 6절을 보면, 빌립이 복음을 전할 때 여러 가지 이적도 나타났습니다. 복음과 함께 이적도 일어나자, 사마리아 사람들은 한마음이 되어 예수를 구주와 그리스도로 영접했습니다. 이렇게 해서 사마리아 성 전체에 큰 기쁨이 깃들게 되지요. 바로 이때 등장하는 사람이 '시몬'입니다.

시몬은 사마리아에 살던 사람입니다. 여기 외에는 성경 어디에도 등장하지 않는 인물이기 때문에 이 사람을 설명하기란 쉽지는 않습니다. 이 사람에 관한 정보가 몇몇 자료들에 등장합니다만, 시몬이 누구인지는 중요하지 않으니 그냥 지나가겠습니다. 그래도 이 자료들 가운데 초대 교회의 지도자들이 전하는 기록까지 있다는 형편이니, 이쯤에서 우리는 '시몬이라는 인물이 단순한 조무래기 마술사라고 생각할 수는 없다'라는 정도로 정리하고 지나가야겠습니다.

본문을 보면, 시몬은 예전부터 이 지역에 살면서 마술을 행했다고 기록되어 있습니다. 어떤 마술인지는 모르겠지만 이 마술이 상당한 경지였던 것은 틀림없습니다. 그 증거가 성경에 나오는데, 백성들이 이 마술을 보고 크게 놀랐다고 말하기 때문입니다. 마술 실력을 한껏 뽐낸 시몬은 백성들의 반응에 힘입어 스스로를 "큰 자"라고 일컬었습니다. 시몬의 자부심은 꽤 근거가 있어 보입니다. 오죽하면 백성들이 시몬을 가리켜 "크다 일컫는 하나님의 능력"이라고까지 말했겠습니까? 당연한 일이겠지만 사마리아 지역 상당수의 사람이 시몬을 따랐고요, 거기에는 꽤 세 있는 사람들도 포함되었다고 성경은 알려 줍니다.

정리해 봅시다. 시몬은 사마리아 지역에 예전부터 살면서 마술을 행했습니다. 이 마술이 상당한 수준이어서, 시몬을 가리켜 하나님의 능력을 행하는 사람이라는 소문까지 있었다는 거지요. 그런데 우리는 사마리아 사람들이 시몬의 마술을 하나님의 능력이라고 표현한 사실을 주목해야 합니다. 먼저 우리가 이 사실로부터 짐작할 수 있는 것이 있지요? 그것은 시몬이 마술을 행할 때 자기의 마술을 '하나님의 것'이라고 속인 것이 아닌가 싶다는 겁니다. 이 점이 아주 중요합니다. 왜죠? 마술이 제아무리 수준이 높아도 눈속임이거나 귀신의 힘을 빌린 것일 뿐이기 때문입니다.

우리는 하나님의 능력과 비슷한 흉내를 내려다가 무참하게 실패한 마술사에 관하여 잘 알고 있습니다. 출애굽기를 보면, 모세가 하나님의 명령을 바로에게 전하여 이스라엘 백성을 애굽에서 벗어나게 하려 할 때 바로가 이를 거절하자 열 가지의 재앙을 애굽에 내린 역사가 등장합니다. 이 재앙들에 대해서 애굽의 술객들은 흉내를 내지요? "이 정도쯤은 우리도 하는데, 너와 이스라엘이 믿는 하나님이라는 존재가 기껏 이 정도를 행한다고 우리가 겁을 먹겠느냐?" 뭐 이런 뜻 아니었겠습니까? 그러나 그들이 모세를 흉내 내어서 만들어 낸 뱀이나 개구리나 이, 모든 것이 비슷하기는 했지만 그야말로 그들의 능력은 '거기까지만'이었습니다. 마침내 애굽의 술객들은 모세가 보여 주는 능력에 진심으로 굴복하고 맙니다. 그때 그들은 바로 왕 앞에서 이렇게 고백합니다. "이는 하나님의 권능입니다"(출 8:19).

시몬은 자기의 마술에 진심으로 탄복하며 따르는 백성 앞에서 자신의 마술을 하나님의 능력이라고 선언했습니다. 이런 행동이 무엇을 의미하겠습니까? 자신의 능력이 하나님의 능력이라면 그 능력을 지닌 사람은 당연히 하나님의 사람, 즉 신적인 인물이 아니겠습니까? 다시 말해, 시몬은 자신을 한껏 하나님의 자리에 올려놓고서 어리숙한 백성들에게 받아서는 아니 될 존경을 받았던 것입니다. 이 명예에는 자연스레 더 좋은 부수입도 따랐습니다. 명예와 함께 적잖은 돈도 벌 수 있었습니다.

성령을 아직 받지 못한 사람들

시몬의 전성기는 이제 끝이 나고 말았습니다. 박해를 피해서 예루살렘으로부터 떠밀려 온 사람들, 크리스천들 때문입니다. 특히 그들 가운데 빌립은 더 이상 바랄 것이 없었던 시몬에게 더 없는 좌절을 안겨 주었습니다. '짝퉁' 하나님의 능력 앞에 '오리지널' 하나님의 능력이 나타났으니, 요즘 말로 찌그러지는 게 지혜로운 일 아니었겠습니까? 자기보다 훨씬 더 고차원의 마술, 아! 물론 이 말은 시몬의 관점에서 그렇다는 것이고 우리말로는 진짜 하나님의 능력이라고 해야겠지요? 어쨌든 그 신비한 고수의 현란한 개인기 앞에 시몬이 무엇을 할 수 있겠습니까? 시몬은 아주 지혜로웠습니다. 그는 빌립의 신공(神功) 앞에 꼬리를 내렸습니다. 빌립이 도저히 감당할 수 없는 고수임을 알아보았던 것입니다. 이어서 그는 많은 사람과 함께 예수 그리스도의 복음을 받아들였습니다. 마술가 시몬이 예수를 믿게 되었다는 겁니다. 본문 13절을 보면 이런 말이 나옵니다.

> 시몬도 믿고 세례를 받은 후에 전심으로 빌립을 따라다니며 그 나타나는 표
> 적과 큰 능력을 보고 놀라니라 (13절)

시몬은 예수를 진심으로 믿었습니다. 빌립의 복음을 듣고 또 이적을 보면서 예수의 구주 되심을 진심으로 받아들이게 되었습니다. 시몬은 빌립이 복음을 전할 때마다 일어나는 표적과 능력을 보면서 거듭 탄복했습니다. 그런데 여기서 한 가지 사건이 더 벌어집니다. 사마리아 지역에서 많은 사람이 예수를 영접하고 있다는 소식을 들은 예루살렘의 사도들이 사람을 보내어 이 사실을 확인하게 했던 것입니다. 예루살렘 교회는 이 일을 베드로와 요한에게 맡기고 이들을 사마리아 지역으로 보냈습니다. 베드로와 요한은 사마리아에 도착해서 상황을 파악한 후 이들을 위해 기도했습니다. 그런데 베드로와 요한이 무엇을 위해 기도했는지 보셨습니까? 이들은 사마리아 지역의 초신자들이 성령을 받도록 기도했습니다. 그리고 사도들이 기도할 때 이들은 성령을 받게 되었습니다.

시몬은 예루살렘에서 온 두 사도의 행적을 유심히 보았습니다. 그리고 이들에게 중대한 제안을 했습니다. 시몬은 이렇게 말합니다.

> 이 권능을 내게도 주어 누구든지 내가 안수하는 사람은 성령을 받게 하여
> 주소서 (19절)

시몬은 이 말과 함께 사도들에게 돈을 바쳤습니다. 다시 말해, 성령을 주는 능력을 돈으로 사기 원했던 것입니다. 자, 시몬의 문제가 무엇일까요? 사도로부터 성령을 부어 주는 능력을 돈으로 살 수 있다고 믿었다는 점입니다. 바로 이 질문에 대한 대답으로부터 오늘 우리가 받을 교훈이 시작되는데요. 이 문제를 좀 더 다루면서 본문의 첫 번째 교훈을 생각해야겠습니다.

시몬의 상황이 어떠했습니까? 시몬은 오랫동안 마술사로 살다가 예수를 영접했습니다. 그는 자기보다 더 신기한 마술을 행사하는 빌립을 보면서 자기보다 월등한 신적 능력이 존재한다는 사실을 깨닫고 깨끗이 굴복했습니다. 그가 예수를 믿게 된 것은 진심이었음을 성경이 보장합니다. 그런데 시몬은 믿은 후에도 한 가지 중대하고 잘못된 생각을 하고 있었습니다. 성령께서 일하시는 능력을 보면서, 그것을 돈이나 보물 같은 것으로 거래할 수 있는 것쯤으로 생각했던 것입니다. 이 생각이 어디에서 나온 것일까요? 우리가 능히 짐작할 수 있듯이, 시몬의 잘못은 예수 믿기 전의 잘못된 생각에서 나온 것입니다.

시몬의 이전 생활을 봅시다. 그는 고난도의 마술을 행했고, 이 마술 능력을 가지고 명예와 돈을 벌었습니다. 성경은 시몬이 이런 삶을 살아온 기간이 짧지 않았던 것으로 말합니다. 말하자면 시몬은 마술과 돈과 명예가 항상 연결되어 있는 세계에서 자기 생애의 대부분을 보냈습니다. 따라서 시몬에게 있어서 마술은 돈과 연결되어 있습니다. 마술이 돈이고, 돈이 마술이지요. 이런 경험이 너무나도 익숙했던 시몬에게 성령이라는 존재는, 역시 마술과 관련된 자신의 경험과 다를 바가 없었던 것입니다. 즉, 시몬은 성령을 돈으로 거래할 수 있는 존재로 인식하는 게 편한 사람이었습니다. 그에게 있어서 성령은 아무런 의지도 없이 사람이 원하기만 하면 언제든 누구에게나 전해 줄 수도, 전해 받을 수도 있는 대상일 뿐이었던 것입니다.

성령은 스스로 움직이시는 분이다

더 말씀드리면 너무 길어질 것 같아서 이쯤에서 개략적으로 정리하고 싶습니다. 우리는 성령에 관하여 이렇게 믿습니다. 성령은 독립된 인격과 의지를 지니신 성 삼위 하나님 가운데 한 분이십니다. 따라서 성령께서는 스스로 움직이시는 분입니다. 성령은 내가 원한다고 주어지는 것도 아니며, 주고 싶다고 줄 수 있는 물건이 아닙니다. 그러니까 시몬은 사람 안에서 움직이시는 성령 하나님을 바라보지 못하고 그 성령과 함께 움직이는 인간만을 보았던 것입니다. 이것은 그의 짧은 신앙 경력과 상대적으로 오래고 잘못된 삶의 경험에서 올 수밖에 없었던 당연한 결과였습니다. 사도들은 시몬의 제안을 받고서 이렇게 말합니다. 베드로가 이렇게 말합니다.

네가 하나님의 선물을 돈 주고 살 줄로 생각하였으니 네 은과 네가 함께 망할지어다 (20절)

베드로가 말하려는 것은 성령을 돈 주고 살 수 있다고 생각했던 시몬의 생각이 잘못되었다는 것입니다. 시몬은 베드로의 호된 질책을 받아들였습니다. 이로써 시몬의 잘못된 생각은 고쳐질 수 있게 되었습니다. 그런데, 저는 시몬의 생각이 오늘날의 우리에게도 여전한 경고를 주고 있다고 봅니다.

여러분, 여러 가지 힘든 일을 경험하면서 하나님의 은혜를 사모하게 되지 않습니까? 성령을 받으면 이 답답한 마음이 얼마나 위로를 받을 수 있을까 생각하기도 하며, 하나님의 은혜를 좀 더 체험하기만 하면 내가 좀 더 깊이 하나님을 알 수 있을 것이라는 이유를 내세워 그분의 은혜를 사모하기도 합니다. 또는 어려운 문제로 인해서 전혀 앞길이 보이지 않을 때, 그분께서 당장이라도 임하셔서 이 어둠에서부터 건져 주시기를 간구하기도 합니다. 어디 용하고 능력 있는 기도 모임이라도 있으면, 거기 가서 이 답답한 마음을 해결하고 싶은 생각이 들 때도 있지요. 이런 생각이 들지 않는다면 그게 이상한 것 아닐까요? 저 역시 앞이 캄캄할 때면 누구라도 붙잡고 기도를 받고 싶을 때가 있습니다.

그러나 여러분, 이럴 때 우리의 태도에서 아주 이상한 것을 발견합니다. 그게 뭔지 아십니까? 중요한 기도 제목이 있을 때, 아니면 하나님의 도움이 절실하게 필요할 때, 우리는 이전보다 더 눈에 띌 정도로 열심을 낸다는 것입니다. 입학 시험이 있다거나, 졸업 연주가 있거나, 취업 시험을 앞두고서, 진급을 앞두고서… 참 어지간히 많은 사람이 기도하러 교회에 가거나 기도원에 갑니다. 혹은 감사 헌금을 낸다거나 열심히 봉사하기도 합니다. 또 결혼을 앞두고서 금식을 하기도 합니다. 저도 대학 입학 시험을 앞두고서 이런 제목으로 감사 헌금을 한 적이 있습니다.

"합격하게 하실 줄 믿고 감사드립니다" 우리는 이런 식의 믿음을 주변에서 너무나도 쉽게 발견합니다. 입시 철만 되면 부모와 자녀가 함께 참여하는 기도회가 교회마다 열리고, 새벽예배가 사람들로 넘칩니다. 새해가 되면 하나님께 기도하자는 특별 성회 광고가 넘쳐 납니다.

저는 인생의 고비야말로 하나님께서 친히 인간을 만나시려고 보내신 초대장이라고 늘 말하곤 합니다. 어려운 고비에서야 인간은 하나님을 만납니다. 그러니 중요한 시기에 하나님께 기도드리는 것 자체가 무슨 문제겠습니까? 그러나, 우리는 스스로에게 물어보아야 합니다. 그 시간이 지난 다음에도 기도합니까? 그 후에도 열심히 봉사합니까? 그 후에도 우리는 하나님께 헌물을 바치며 감사합니까? 만일 우리가 이 몇 가지 질문에 '예'라고 대답할 수 없다면, 우리의 이런 태도들을 도대체 어떻게 해석하면 좋겠습니까? '신앙'이라는 이름이 걸려 있다 하더라도 그 모든 것에 '어려울 때만'이라는 조건이 전제된다면, 그것은 모두 '거래'라고 볼 수밖에 없습니다.

시몬이 돈을 주고 성령을 거래한 것이나, 우리가 '봉사'와 '기도'로 혹은 '헌금'으로 하나님의 은혜와 도우심을 거래하려는 것이나 어떤 차이가 있습니까? 돈을 주고서 성령의 능력을 사기 원했던 시몬과 '합격' 혹은 '취업'을 바라고서 교회 어디에선가 봉사하거나 소위 '감사 헌금'을 내는 행위가 본질적으로 어떤 차이가 있다고 보십니까? 교회는 인생의 고비를 담보로 하여 돈을 벌거나 신자의 노력을 강요하는 곳이 아닙니다. 또 그런 조건이 달린 소위 헌신에 대해 교회는 그 어떤 성취도 보장할 수 없습니다. 인간의 눈은 사람의 봉사와 헌신의 동기를 명백하게 판정할 수 없겠지만, 하나님의 눈마저 속일 수는 없습니다. 목사에게 듣기 좋은 소리 하고, 교회 앞에 이름 밝혀 가면서 봉사를 하면 적어도 목사와 사람에게 칭찬은 듣겠지만, 그의 받을 복은 그 칭찬으로 그칠 것입니다. 그가 사람의 눈만을 즐겁게 했기 때문입니다.

하나님의 은총을 받는 것은 언제나 동일합니다. 하나님께서 바라시는 방식으로 하나님을 기쁘게 해 드릴 때만 그분께서 기뻐하시고 은혜를 베푸십니다. 하나님만을 바라는 마음으로 행해지는 그 모든 행위만이 하나님의 마음을 움직일 수 있습니다. 한때 기도에 미쳐서 산기도를 자주 다녔던 시절이 있었습니다. 중학교에 다니던 시절 삼각산과 청계산은 제 고함으로 쩌렁거린 적이 있었습니다. 어느 자리, 어느 바위에서 기도하면 응답이 빠르다고 말하는 것이 전혀 어색하지 않은 시절이 있었습니다. 경험상 그 말이 전혀 근거 없는 말은 아니었습니다. 정말 기도가 잘되는 곳이 있는 것 같았습니다. 그러나 우리는 분명히 압니다. 그런 생각이야말로 어린아이 같은 생각이라고요. 어디 가서 기도한다고 응답이 더 있는 것도 아니고, 어떤 봉사를 어떻게 한다고 하나님의 도우심을 더 받지는 않습니다. 그 모든 것은 오로지 하나님의 마음에 달린 것입니다.

성령을 받아야 한다

두 번째 교훈을 짧게 생각해 봅시다. 베드로와 요한은 사마리아의 초신자들이 성령 받기를 위해서 기도했습니다. 베드로와 요한은 사마리아에 와서 이들을 살펴본 후, 이들이 예수를 믿고 세례는 받았지만 성령을 받지는 않았다고 결론 내렸습니다. 그런데 이 성령은 앞서 빌립이 복음을 전할 때 보여 준 성령의 능력과 무슨 차이가 있을까요? 이 질문에 대한 대답은 아주 쉽습니다. 빌립이 복음을 전할 때 나타난 성령의 역사는 병 고침과 관련이 있습니다. 말하자면 이때 성령께서 일하신 것은 복음의 내용이 진실인 것을 증명하기 위해 '표적'으로서 나타난 현상입니다. 그러나 베드로와 요한이 말하고 있는 성령은 기독교인 개인과 관련한 것입니다. 다시 말해, 복음을 통해서 예수를 내 개인의 구주로 영접한 후 그 믿음이 더욱 굳어지고 성장하기 위해 반드시 필요한 성령의 '은사'를 가리키는 것입니다. 신자 속에서 움직이시는 성령은 오로지 하나님께서 당신의 의지로 주시는 은사라는 것입니다.

따지고 보면, 시몬은 성령의 존재를 어떤 능력을 행사하는 수단으로 생각했습니다. 뿐만 아니라 그 성령이 어느 누구를 통해서 임하신다고 오해했습니다. 시몬은 성령께서 사람 안에 들어와 그를 거듭나게 하시며, 하나님의 말씀을 깨닫게 하시며, 하나님의 뜻을 알게 하셔서 그분의 말씀을 따라 살도록 격려하시며, 마침내 하나님께서 바라시는 인격의 모양과 수준에 도달하도록 도우신다는 사실을 전혀 몰랐습니다. 시몬은 스스로 생각과 의지를 지니신 채 움직이시는 인격으로서의 성령을 깨닫지 못했기 때문에 돈으로 그분을 얻으려고 했습니다. 우리도 마찬가지입니다. 성령을 생각할 때, 우리는 병을 고친다거나 하는 초자연적인 은사만을 떠올릴 수 있습니다. 그러나 그것 말고 또 다른 관점이 있습니다. 성령은 이런 일 말고도 다른 일을 하십니다.

성령께서는 신자 안에 계셔서 그 신자의 믿음을 자라게 하십니다. 사실 이 일이야말로 신자에게 가장 중요하다고 할 수 있습니다. 성령께서는 하나님의 능력으로써 이 세상을 유지하시는 일을 하십니다만, 이 일이 아무리 중요하다 하더라도 나와 연관이 없으면 무슨 소용이 있겠습니까? 성령께서는 신자 안에서 믿음을 자라게 하사 그로 하여금 하나님께서 원하시는 모양과 수준만큼 성숙하게 하십니다. 이 사실이 현재를 살아가는 인간에게 가장 중요한 위로와 힘이 되며, 의미를 갖습니다. 사도 베드로와 요한이 사마리아의 초신자를 위해 기도했듯이, 우리 역시 믿노라고 하면서 성령을 체험하지 못하고 살지는 않습니까? 아직도 믿음을 내가 어려울 때 도움받는 보험 같은 것이라고 생각합니까? 성령께서는 지금도 각 신자 속에서 능력으로 움직이사 모든 신자를 온전한 자로 만들기를 간절히 원하십니다.

여하간 저는 시몬의 문제는 우리 모두의 문제라고 생각합니다. 여러분은 혹 예수를 추상적으로, 생각으로만 믿거나 철학적 대상으로서만 생각하지는 않습니까? 과거의 방식과 사고에 묶여서, 내 방식대로만 하나님을 생각하지는 않습니까? 믿음을 가진 자라면 반드시 성령을 체험해야 하며, 그분을 통해서 변화의 능력을 경험해야만 합니다. 좋을 때만 친구가 되시며, 어려울 때만 나타나시는 분이라면 그 믿음에는 분명히 문제가 있습니다. 내가 나름대로 개발해서 편할 대로 믿는 하나님이라면, 그로부터 얻을 것은 아무것도 없습니다. 하나님을 제대로 깨달은 신자는 하나님에 관하여 지나치게 떠들지 않습니다. 인간의 지각을 뛰어넘는 하나님의 오묘하심에 경탄하면서 겸손히 그분의 뜻에 순종할 뿐입니다.

　이처럼 믿음은 실재하는 변화입니다. 또 믿음은 스스로의 뜻과 원리에 따라서만 움직이시는 성령의 능력 안에서 생겨나고 자라는 것입니다. 예수를 믿는 순간 내 마음과 몸이 그분께서 바라시는 방향과 모습으로 변화되고 움직이는 것, 이것이야말로 제대로 된 믿음의 모습입니다. 여러분 모두가 신앙의 대상으로서의 참되신 하나님을 만나기 원하며, 변화케 하시는 성령의 능력을 체험하시기를 축원합니다.

15 주를 알게 하소서!
행 8:25-39

빌립, 내시를 만나다

앞서서 우리는 빌립 집사의 사역과 사마리아 지역의 형편을 조금 살펴보았습니다. 베드로와 요한 사도가 사마리아 지역을 방문해서 이방인들이 거침없이 복음을 영접하는 모습을 확인했고, 또 이방인들이 복음을 받아들여 세례를 받았음에도 불구하고 성령 세례를 아직 받지 못했음을 알고서 이들에게 성령 세례를 베풀었습니다. 그 기간에 일어난 마술쟁이 시몬의 에피소드도 살펴보았습니다. 이 일이 끝난 후 베드로와 요한은 다시 예루살렘으로 돌아갔습니다. 빌립을 비롯한 예수교인들은 이후에도 여전히 사마리아 지역에 남아서 복음을 전했습니다. 본문은 그 가운데 일어난 아주 의미 깊은 사건을 소개하고 있습니다. 우선 본문 26절을 봅시다.

주의 사자가 빌립에게 말하여 이르되 일어나서 남쪽으로 향하여 예루살렘에서 가사로 내려가는 길까지 가라 하니… (26절)

"주의 사자"라는 표현은 누가가 여러 곳에서 '하나님의 나타나심'이나 '간섭'을 의미하는 뜻으로서 즐겨 사용했습니다(7:30, 35, 38; 10:7, 22; 11:13; 12:7, 11, 23; 27:23; 눅 1:11; 2:9). 하지만 여기서 우리가 눈여겨봐야하는 것은 누가가 이런 표현을 통해 앞으로 벌어질 사건이 전적으로 하나님의 계획 아래 진행되는 일임을 분명하게 밝히려고 했다는 사실입니다. 어쨌든, 주의 사자는 빌립에게 나타나 즉시 예루살렘 남쪽, 즉 '가사' 방향으로 떠나도록 명령하셨습니다. '가사'는 예루살렘에서 남서쪽으로 약 70km 정도 떨어진 곳입니다. 성경은 이곳으로 내려가는 길목을 광야 지역이라고 소개합니다.

빌립이 이때 사마리아 지역에서 복음을 전하고 있었으니까, 주로 걸어다니던 시절에 여기에서 가사 지역까지라면 가깝지 않은 거리였겠지요? 빌립은 주의 사자의 명령을 받자마자 달려서 명령하신 그 지역에 당도했습니다. 빌립은 거기에서 한 특별한 인물을 볼 수 있었습니다. 성경을 보면 그 인물은 이렇게 설명됩니다.

에디오피아 사람 곧 에디오피아 여왕 간다게의 모든 국고를 맡은 관리인 내시… (27절)

"에디오피아"는 현재의 이집트 바로 아래에 있는 바로 그 나라입니다. '에디오피아'라는 단어는 '검은 피부'라는 뜻이 있다고 하고, 나일강 유역을 중심으로 퍼져 사는 '구스 족속'이 중심을 이룹니다. 현재의 에티오피아 정부가 공식적으로 믿는 에티오피아 왕국의 기원은 다음과 같습니다. 기원전 1000년경, 이스라엘의 솔로몬 왕과 지혜 겨루기에서 진 시바의 여왕이 솔로몬 왕 사이에서 아들을 낳았는데, 그 아들이 북부 지역으로 이주하여 에티오피아 왕국의 첫 황제, 메넬리크 1세가 되었다는 것입니다. 그 이후 이 나라는 오랫동안 어머니의 핏줄을 중심으로 왕위를 이어 내려갔다고 합니다.

빌립이 가사의 광야에 내려와서 만나야 할 사람은 이 유서 깊은 왕국의 내시였습니다. 내시도 그냥 내시가 아니지요? 성경은 이 내시가 에디오피아의 여왕의 깊은 총애를 받는 신하였음을 알립니다. 그의 비중을 "에디오피아 여왕 간다게의 모든 국고를 맡은 큰 권세가 있는 내시"라고 표현했습니다. 왕이 나라 살림을 아무에게나 맡기겠습니까? 그는 내시임에도 불구하고 여왕의 사랑과 절대적인 신뢰를 받는 사람이었습니다. 그런데 그가 무슨 일로 유대 땅에 머물고 있었을까요? 그가 내시라 하더라도 에티오피아 왕국의 실권을 지닌 인물이라면 로마로서도 막 대할 수는 없는 인물이 아닐까요? 그러면, 그가 유대 지역을 국빈 자격으로 방문하는 중입니까? 아닙니다. 그의 유대 방문은 그의 정치적 비중과는 전혀 관계가 없었습니다. 그는 극히 개인적인 용무로 유대를 방문하고 있었습니다. 성경은 이렇게 설명합니다.

… 예배하러 예루살렘에 왔다가 (27절b)

에디오피아의 내시가 예루살렘에 예배하러 왔다가 돌아가는 중이었다는 뜻입니다. 그럼, 이 사람의 종교가 무엇이란 뜻이죠? '유대교'라고 대답해야 옳지요? 그렇습니다. 그는 유대교 신자, 다시 말해 여호와 하나님을 믿는 사람이었습니다. 다시 질문이 이어집니다. 이 사람이 어떻게 유대교인이 되어서 여호와 하나님, 즉 유대인만이 믿는 하나님을 믿게 되었을까요? 여기에 대해서는 성경이 자세히 말하고 있지 않습니다. 그래서 정확하지는 않습니다만, 우리가 거의 틀림이 없을 법한 대답을 가지고 있습니다. 이 사람은 솔로몬과 시바의 여왕 이래 대대로 이어져 내려오는 전통을 통해서 여호와라는 이름의 하나님을 알았음이 거의 틀림없습니다.

그는 경건한 유대교 신자였던 것 같습니다. 우선, 그는 병거를 타고 가는 길에 성경을 읽고 있었습니다. 빌립 집사가 그를 만난 곳은 광야였습니다. 그때 거기에 아스팔트 길이 깔린 것도 아니고, 거친 광야를 병거, 즉 무장한 마차가 지나갑니다. 이 길을 마차가 지나가니, 몹시 흔들렸을 것입니다. 더구나 이때가 대낮이었다면 햇빛이 아주 강하게 내리쬐고 있었을 것입니다. 몹시 더웠겠지요. 이 상황에서 성경을 읽는다? 어때요, 에어컨을 시원하게 틀어 놓고 떡볶이를 간식으로 준다 해도 한여름 대낮에 성경을 읽는 것이 쉽지 않을 거라고 예상해 보면, 이 내시의 열성이 보통이 넘는다고 봐도 무리는 아니겠지요?

내시의 고민

빌립 집사가 하나님의 지시를 따라서 가사 지역으로 가는 길목의 광야에 도착했습니다. 그때 그는 성경을 읽으며 마차를 타고 가는 한 내시를 발견했습니다. 이 지역의 넓이가 어느 정도인지는 모릅니다만, 에디오피아로 내려가는 한 인물을 거기 어느 길목에서 만난다는 것이 우연은 절대 아닐 것입니다. 하나님의 인도가 아니고서는 해석할 수가 없었을 것이라는 뜻입니다. 빌립이 마차를 타고서 성경을 읽고 있던 그 사내를 먼발치에서 쳐다보고 있을 때 성령께서 그에게 말씀하셨습니다. "그를 향해 다가가거라." 그가 그 명령을 따라 내시를 향해 다가갔고, 으레 나눌 만한 첫인사를 나누었습니다. 사정을 들어 보니, 내시는 지금 막 한 가지 고민에 빠져 있었습니다. 지금 성경을 읽고 있는데, 그 뜻을 몰라 힘들어하고 있었던 것입니다.

그가 읽고 있던 성경은 이사야서였습니다. 지금처럼 종이로 만든 성경은 아니었겠지요. 거기에다, 그 내시는 한 나라의 실권을 쥐고 있을 정도로 권세 있는 자였으므로 당시에 일반적으로 사용하던 파피루스는 아니었을 것입니다. 양피지로 된 성경이었을 것이 분명합니다. 그러니 그는 양피지로 된 두루마리 형태의 이사야서를 펴고 있었겠지요. 그는 지금 흔들리는 마차에서 신경을 곤두세우고 이사야서를 읽고 있었습니다. 이사야서를 한 번만 읽었을까요? 그러나 그는 아무리 생각을 해도 지금 읽고 있는 그 부분의 의미를 이해할 수가 없었습니다. 성경은 그가 이 부분을 읽고 있었다고 말합니다.

…그가 도살자에게로 가는 양과 같이 끌려갔고 털 깎는 자 앞에 있는 어린 양이 조용함과 같이 그의 입을 열지 아니하였도다 그가 굴욕을 당했을 때 공정한 재판도 받지 못하였으니 누가 그의 세대를 말하리요 그의 생명이 땅

에서 빼앗김이로다(32-33절, 사 53:7 이하 인용)

우리는 이 대목이 바로 그분, 즉 메시아요 그리스도이신 예수를 가리키고 있음을 알고 있습니다. 바로 그분 뒤에 우리가 살고 있기 때문이며, 신약 성경을 통해 이미 그 사실을 배워 알기 때문입니다. 그러나 예수 그리스도를 모르는 내시의 입장에서는 성경이 말하는 이가 그분인 것을 알 리가 없었습니다. 내시는 자기에게 다가온 빌립 집사에게 급히 해석해 주기를 부탁했습니다. 내시가 부탁한 내용을 보면, 내시도 이 부분의 내용에 관해서 상당한 지식이 있었음을 알 수 있습니다. 내시가 이렇게 질문합니다.

… 청컨대 내가 묻노니 선지자가 이 말한 것이 누구를 가리킴이냐 자기를 가리킴이냐 타인을 가리킴이냐 (34절)

그가 이사야서를 충분히 공부했고, 따라서 이사야서에 관한 여러 학자의 견해도 들은 바 있었다는 뜻이라고 해석해도 되지 않을까요? 그러나 그는 여전히 이 부분의 정확한 의미를 알 수 없었습니다. 그의 질문을 받은 빌립은 그 부분을 명확하게 해석해 주었으며, 이 글로부터 시작해서 성경에 기록된 모든 예언이 바로 그분, 즉 예수 그리스도를 말하고 있다는 사실을 내시에게 설명해 주었습니다. 이로써 내시는 자기가 그간에 읽었던 모든 성경 말씀이 온통 하나의 인물을 설명하고, 그를 기다리고 있었다는 사실을 깨달았습니다.

그런데 참 이상한 일이지요? 내시가 그렇게도 알고자 했던 결론이 특별히 어려운 내용이었나요? 우리는 이사야서만이 아니라 어디를 보더라도 예수 그리스도를 예언하며 언급하는 것이 무엇인지를 알고 있지 않습니까? 그런데 내시는 그렇게도 열심히 성경을 읽었음에도 불구하고 왜 그 쉬운 사실을 몰랐을까요? 더군다나, 내시의 간절함이나 경건함을 살펴볼 때 그가 성경을 읽으면서 예수 그리스도를 발견할 수 없었다는 것이 더욱 이해할 수가 없습니다. 최소한, 자신이 읽었던 구약의 말씀이 숱하게 메시아의 오심을 예언하고 있음을 알지 않았을까요? 내시가 유대교를 일찍이 알았으며 그가 얼마나 유대교에 깊이 빠졌는지를 앞서 보았잖아요. 참 의외입니다. 그러나 언제나 드리는 말씀입니다만, 성경이 이 부분을 자세히 설명하지 않으니 우리는 여기서 그냥 질문만 던지고서 진도를 나가야겠습니다.

성경은 예수를 말한다

여러분, 유대교와 내시의 관계를 이해하십니까? 지금 내시는 예루살렘을 참배하고 돌아가는 길입니다. 그러나 예를 들어, 신명기 23장 1절은 이렇게 말합니다.

고환이 상한 자나 음경이 잘린 자는 여호와의 총회에 들어오지 못하리라
(신 23:1)

일부러든 아니든 '고환이나 생식기가 잘린 사람은 여호와의 총회에 들어오지 못한다', 즉 하나님의 백성으로 인정되지 못한다는 뜻입니다. 이 말은 내시의 경우 제사나 의식에 참여할 수 없다는 뜻이기도 합니다. 즉, 내시가 제아무리 유대교를 진실하게 신봉한다고 하더라도, 그래서 유대인의 의식에 참여하고자 하더라도 절대 참석할 수 없다는 뜻입니다. 그런데 내시가 자신은 유대교 의식에 참여할 수도 없는 줄을 몰랐을까요? 알았겠지요. 그럼에도 불구하고 그는 유대인에게 부과되는 의식에 먼발치에서라도 참여하기 위해 이렇게 예루살렘을 순례하고 돌아가던 길이었다는 말씀입니다. 얼마나 안타까웠을까요? 얼마나 마음이 답답했겠습니까? 그런데 에티오피아로 돌아가는 길에 읽는 이사야서마저 뜻이 분명히 이해되지 않았으니, 이 얼마나 가슴이 터질 노릇입니까?

우리는 이럴 때 이렇게 질문하곤 합니다. 지성이면 감천이라고, 정성이 지극하면 하늘도 감동하신다는데 내시는 어째서 하나님의 은총을 받지 못했을까? 그가 왜 내시가 되었는지는 모르지만, 적어도 그가 유대교를 참된 종교로서 받아들였고 그 믿음으로 인해서 이렇게 먼 길을 마다하지 않고 예루살렘을 순례했다면, 더구나 참여하지도 못할 의식임에도 그 먼 길을 마다하지 않았다면, 하나님께서 그에게 은총을 베푸시는 것이 당연하지 않을까요? 내시의 안타까운 신앙심을 고려할 때 이렇게 질문하는 것은 매우 온당합니다. 그러나 이 상황은 그런 질문에 어울리지 않습니다. 하나님께서는 이 대목에서 우리에게 전혀 다른 메시지를 알리시려 하십니다.

여러분, 여러분은 지금 내시가 성경을 이해하지 못하는 장면을 보고 있습니다. 그리고 빌립 집사가 하나님의 지시를 따라서 내시를 만나 그에게 이사야서를 해석해 주는 장면을 보고 있습니다. 그러면 사도행전의 저자는 이 장면에서 도대체 무엇을 말하려는 것일까요? 네, 본문은 이렇게 말합니다. "제아무리 경건하고, 제아무리 학식이 뛰어나다고 하더라도, 예수 그리스도를 모르면 성경은 절대 열리지 않는다"라는 것입니다. 내시는 이사야서에 관하여 폭넓은 견해를 이미 알고 있었습니다. 그러나 그의 열심도, 그의 학식도, 성경이 말하는 내용을 열어 볼 수는 없었습니다. 이사야서든 어디든, 모든 성경의 열쇠라고 할 수 있는 결정적인 인물 예수를 모르는데 어떻게 성경의 의미를 단 한 줄이라도 해석할 수 있겠습니까?

성경은 '예수 그리스도'라고 하는 한 단어를 짜맞추기 위해 그려진 거대한 크로스워드(crossword)입니다. 이곳과 저곳이 서로 긴밀하게 맞춰져서, 특정한 시간과 특정한 장소에 오셔서 특정한 일을 행하신 예수 그리스도를 대망하고 있는 것이 바로 성경입니다. 성경은 오직 한 분 예수 그리스도를 설명하기 위해 온갖 장르와 문체로 작성된 하나의 대하소설과 같은 책입니다. 이러니, 예수 그리스도를 모르고서야 어찌 성경을 제대로 이해할 수 있겠습니까? 따라서 이 내시는 하나님의 은총을 얻지 못해서가 아니라, 예수 그리스도를 몰랐기 때문에 이사야서를 이해할 수 없었다는 것이지요.

빌립 집사가 예수 그리스도를 소개하는 순간, 내시의 마음은 마치 거대한 벼락을 맞은 것 같은 충격을 받았습니다. 그의 머리는 예수 그리스도를 축으로 해서 숨 가쁘게 돌아가는 거대한 구속사의 그림을 성경에서 발견할 수 있었습니다. 그분을 모를 때, 성경은 영원히 맞춰지지 못할 것 같은 퍼즐이었습니다. 그러나 이제 이 퍼즐이 완벽하게 맞춰져 인류를 향하신 하나님의 구원 역사가 그 머릿속에 치밀하게 펼쳐지고 완벽하게 이해되었습니다. 그 깨달음은 내시를 그냥 무릎을 치며 앉아 있게 하지 않았습니다. 빌립의 설명을 들으면서 마차를 타고 가던 내시는 이윽고 냇물을 발견합니다. 그는 냇물을 보자마자 마차에서 내렸습니다. 내시는 말합니다.

보라 물이 있으니, 내가 세례를 받음에 무슨 거리낌이 있느냐 (36절)

성경은 마음을 움직이고, 간절하게 사모하는 자에게 읽힌다

여러분, 본문에서 우리는 에티오피아의 내시 이야기를 보았습니다. 내시는 어떤 경로를 통해서 여호와 하나님을 알고 있었고, 그 정도의 지식만으로도 자기 삶에서 우선순위를 온통 하나님께 내어 맡기고 살았습니다. 그는 직접 드릴 수조차 없는 제사에 참여하기 위해 먼 길을 오갈 정도로 경건했습니다. 하나님께서는 이를 불쌍하게 여기시고, 새로운 빛을 그에게 허락하셨습니다. 그가 그렇게 사모하고 사랑하던 성경이 정말 무엇을 말하려고 했는지를 알려 주셨던 것입니다. '성경의 결론은 예수 그리스도이시다, 성경은 온통 그를 증언하고 있다!'라고 하는 사실을 깨달았을 때, 그가 얼마나 감격했을까요?

그러므로 저는 이 지점에서 이렇게 말씀드리고 싶습니다. "성경은 사모하는 자에게 열리는 것이다"라고 말입니다. 내시는 사실상 껍데기에 불과한 지식만으로도 경건한 유대인으로서 살 수 있었습니다. 그러나 그는 하나님의 특별한 섭리 가운데서 이제 성경의 총체적인 결론으로서의 예수 그리스도를 알게 되었습니다. 그리고 이제부터 성경의 마지막 결론을 잘 이해한 채로 읽을 수 있게 되었습니다. 얼마나 놀랍고 기쁜 일이었을까요?

저는 이렇게 여러분에게 물어보고 싶습니다. 여러분, 성경을 읽을 때 여러분은 그 속에서 예수 그리스도와 그분의 사랑을 발견하십니까? 그분과 그분의 사랑이 내 삶에 아주 깊이 얽혀 있다는 사실을 깨닫습니까? 그분께서 나를 사랑하신다는 사실이 나에게 어떤 의미와 변화를 주고 있습니까? 내시는 예수 그리스도를 모르는 상황에서도 능히 여호와 하나님을 알고 경건하게 살았습니다. 그에게 있어서 예수 그리스도를 앎은 마치 갑갑했던 머릿속이 맑게 깨이듯이, 무릎을 치며 탄복할 만한 대사건이었습니다. 이 감격 때문에 그는 즉시 일어나 빌립에게 세례를 요청했습니다.

사랑하는 여러분, 내시의 사건에서 드릴 말씀이 아직 많이 남았지만 이것으로 마무리하고자 합니다. 경건한 내시가 고민 가운데 예수 그리스도를 알게 된 기쁨이 여러분에게서도 느껴지십니까? 예수 그리스도가 성경이 말하던 바로 그분임을 알 때, 내시는 거리낌 없이 세례를 받음으로써 자신의 깨달음을 행동으로 나타냈습니다. 우리는 어떻습니까? 예수 그리스도가 성경과 내 지식 속에 갇혀 계셔서 나를 구원하지도, 나를 기쁘게 하지도, 나를 변화시키지도 못하지는 않습니까? 예수라는 그분의 이름은 그를 깨닫고 영접하는 사람에게 실재적인 기쁨과 변화된 인생을 가져다줍니다. 이 때문에 성경은 그분의 이름을 '능력'이라 일컫습니다.

더 길게 말씀드리지 않겠습니다. 2천 년 전에 마차 안에서 주님 예수 그리스도의 이름을 깨달았던 내시의 그 기쁨이, 지금 여러분의 마음에 고스란히 감동으로 전달되기를 축복합니다.

16 예수를 만난 사람
행 9:1-9

사울, 예수를 만나다

사울은 스데반 집사의 죽음을 가까이서 목격했습니다. 그때 스데반
을 무고한 죄로 고발했던 증인들이 옷을 벗어 사울 앞에다가 놓았습니
다. 이에 관한 기록이 사도행전 7장 58절에 나옵니다. 이로써 사울이 스
데반을 죽이는 일에 직접 가담하지는 않았다고 해석될 수도 있습니다.
그러나 사울은 사도행전 22장에서 이렇게 고백했습니다.

> 주께서 내게 말씀하시되 속히 예루살렘에서 나가라 그들은 네가 내게 대하
> 여 증언하는 말을 듣지 아니하리라 하시거늘 내가 말하기를 주님 내가 주를
> 믿는 사람들을 가두고 또 각 회당에서 때리고 또 주의 증인 스데반이 피를
> 흘릴 때에 내가 곁에 서서 찬성하고 그 죽이는 사람들의 옷을 지킨 줄 그들
> 도 아나이다 (행 22:18-20)

이 간증을 볼 때, 사울이 스데반을 죽이는 일에 적극적이었다는 생각
이 틀리지는 않은 것 같습니다. 그런데 본문에서 사울은 예수교에 대해

서 훨씬 더 적대적인 태도를 보입니다. 본문 9장 1절입니다.

사울이 주의 제자들에 대하여 여전히 위협과 살기가 등등하여 대제사장에게 가서 (1절)

"위협과 살기가 등등하여"라고 하는 부분을 굳이 사역(私譯)하면 "(그가) 위협과 살해의 기운을 뚜렷하게 발산했다"라고 할 수 있습니다. 사울이 그 무렵에 예수교인들에 대해서 공격성, 심지어는 살의(殺意)마저도 느낄 만큼 분명하게 적개심을 표명했다는 뜻입니다.

그의 적개심은 시키지 않은 일까지도 자원하게 만듭니다. 다시 말해서 사울은 대제사장을 찾아가 "유대 전역에 퍼져 있는 예수교도들을 체포하여 예루살렘으로 압송할 권한"을 달라고 요청했던 것입니다. 대제사장은 사울의 제안에 동의했습니다. 대제사장은 청년 사울에게 한 장의 문서를 작성해 주었는데요. 이 문서는 일종의 공문으로, 다메섹 일대의 여러 회당에 보내는 편지였습니다. 다시 말해 사울은 다메섹 일대의 예수교도들을 체포하여 예루살렘으로 압송할 권한을 갖게 된 것입니다.

혈기 왕성한 청년 사울은 이 공문서를 들고서 즉시 다메섹을 향해 달려갔습니다. 그러나 바로 그때, 사울에게 실로 엄청난 일이 벌어졌습니다. 성경은 이 사건을 이렇게 설명하기 시작합니다. 본문 3절입니다.

사울이 길을 가다가 다메섹에 가까이 이르더니 홀연히 하늘로부터 빛이 그

를 둘러 비추는지라 (3절)

사울이 다메섹을 향해 달려가는 어느 순간, 예기치 못한 어느 때에 한 '빛'이 그를 둘러쌌다고 합니다. 사도행전 22장 6절에서 바울 사도는 이 '빛'이 '큰 빛'이었다고 회고합니다. 또 26장 13절을 보면 이 빛을 '해보다 더 밝은 빛'이라고 표현합니다. 이 엄청난 밝은 빛은 사울뿐만 아니라 그와 동행하던 사람들까지도 둘러쌌습니다. 사울은 이 예상치도 않게 자신에게 비취는 밝고 강렬한 빛에 크게 당황하여, 즉시 그 자리에서 무릎을 꿇지 않을 수 없었습니다.

어느 누구라도 그랬겠지만, 사울이 이 놀라운 상황에서 무엇을 할 수 있었겠습니까? 사울은 그 자리에 거꾸러져서 묵묵히 있을 뿐이었습니다. 바로 그때, 하늘로부터 한 음성을 듣습니다. 이 완벽한 무기력의 순간에 어느 누가 사울에게 말을 걸 수 있었겠습니까? 사울은 이것이 하늘로부터 오는 음성인 것을 즉시 깨달았습니다. 그 음성은 이렇게 말합니다. "사울아, 사울아, 네가 어찌하여 나를 핍박하느냐?" 사울이 묻습니다. "주여, 뉘시오니이까?" 그 음성의 주인은 이렇게 대답합니다. "나는 네가 핍박하는 예수다."

바울의 철저한 반성과 묵상

자, 다음으로 넘어가기 전에 이 사건을 다시 정리해 봐야겠습니다. 사울이 일행과 함께 다메섹으로 가는 도중입니다. 사울 일행은 다메섹 지역에 사는 예수교인들을 잡으러 가고 있었습니다. 이때 사울 일행은 태양보다 밝은 빛을 보게 되지요. 이 빛은 모든 사람이 볼 수 있었습니다. 따라서 이 빛을 보자마자 사울 일행 모두가 그 자리에서 엎드리게 됩니다. 이어서 사울은 예수님의 음성을 듣습니다. 반면, 사울 일행은 이 음성을 듣지는 못한 것 같습니다. 다만, 사울이 "대체 누구이십니까?" 하고 묻는 소리만을 듣습니다. 이어서 사울은 예수님의 대답을 듣습니다. "나는 네가 핍박하는 예수다." 그러나 사울 이외의 일행은 이 소리 역시 듣지 못합니다. 잠시 후 예수께서 떠나가시고, 빛도 사라집니다. 사울은 그 자리에 계속 엎드려 있고, 나머지 일행은 일어납니다. 사울은 눈을 뜰 수 없었고, 일행은 오랫동안 말을 잃었습니다. 이윽고 일행은 앞을 보지 못하는 사울을 부축해서 다메섹 성으로 들어갑니다.

사울 이외의 동행자에게는 그저 놀라운 사건일 뿐이었으나, 사울에게는 그 이상이었습니다. 사울이 얼마나 이 사건에서 충격을 받았는지는, 다메섹으로 들어간 사울이 사흘 내내 먹을 것을 전혀 먹지 않았다는 기록에서 충분히 찾아볼 수 있습니다. 그럼, 사울이 사흘 동안 무엇을 했을까요? 이 질문에 대해서 우리는 어렵지 않게 대답할 수 있습니다. 다메섹으로 가는 길에 나타나신 예수, 이 예수라는 분에 대해 깊이 생각하지 않았을까요? 아니, 우리는 좀 더 자세히 생각해 봐야 합니다. 사울이 지금까지 죽어 마땅하다고 생각한 예수, 바로 그분이 아닙니까? 얼마나 죽어 마땅하다고 생각했는지, 심지어는 그를 믿는 사람들마저 죽어 마땅하다고 생각하지 않았습니까? 그런데 그분이 죽기는커녕 자기에게 나타났습니다. 진짜로 죽었느니, 아니라느니, 심지어는 제자들이

시체를 훔쳐다 숨겨 놓고서는 예수가 부활했다고 소문을 퍼뜨렸다느니, 이러저러한 소문이 있지 않았습니까? 그렇게 말도 많고 소문도 많았던 바로 그 인물이 자기에게 나타났습니다.

그냥 평범한 사람이라면, 그분이 어떻게 사울이 가는 길목에 그런 모습으로 나타날 수 있었겠습니까? 더구나 어떻게 평범한 인간이 영광스러운 광채 가운데 나타날 수 있겠습니까? 그런 등장은 하나님만이 하실 수 있는 일이 아닙니까? 인간이라고 생각했던 예수, 그것도 죽어 마땅한 죄인으로 생각했던 예수가 하나님과 같은 영광스러운 모습으로 나타나셨다면, 사울이 그분에 관한 자신의 견해를 바꾸어야 할 것입니다. '예수는 인간이 아니다', '예수는 하나님의 아들이라고 주장한다던 그 소문이 사실이다'라고 하는 것을 이제 사울이 인정해야 했다는 것입니다. 그러나 그것으로 끝입니까? "인간인 줄 알았더니, 아니네?"라고 하며 말 일입니까? "내가 잘못 생각했나? 그래서 사람을 죽이거나 죽이는 데 동의한 것이 잘못인가? 유감인데?"라고 하는 말과 함께 손을 털고는 그것으로 끝냈습니까? 아니지요?

사울은 사흘을 단식하며 고민했습니다. 그러나 그것으로 끝나지 않습니다. 사울에 관한 기록들은 그의 고민이 이 사흘에 그치지 않고 적어도 몇 년 동안 지속되었음을 시사합니다. 갈라디아서 1장 17절의 사울 자신의 증언에 따르면, 그는 회심 후 얼마 되지 않아서 아라비아 사막으로 갑니다. 거기서 무려 3년이나 기도하고 묵상하면서 세월을 보냈다는 것입니다. 거기서 무엇을 했겠습니까? 예수를 직접 만나기 전까지 그가 그렇게도 핍박하던 그분이 도대체 어떤 분인지를 묵상하려 한 것이 아니었겠습니까? 그가 이전에 믿고 배워 왔던 구약의 진리들이 예수의 영광스러운 광채 앞에 아무 힘도 써 보지 못하고 스러져 버렸습니다. 사람을 죽이고도 개의치 않았던 그의 믿음과 신념, 그때까지 자신의 삶과 믿음을 지탱해 왔던 율법의 가르침을 모조리 꺼내어 예수께서 섬광과 같이 비추어 주셨던 그 영광의 광채 앞에 하나하나 조명함으로써, 그가 무엇을 잘못 생각하고 무엇을 잘못 이해하고 있었는지, 그가 무엇을 잘못 믿어 왔는지를 철저하게 반성했음이 틀림없습니다.

변화된 바울

이 모든 정황을 사울 자신이 말하지는 않지만, 우리는 그의 몇 가지 증언을 통해서 그가 과연 얼마나 철저하고 진지하게 '예수'를 자신의 삶에 받아들였는지를 짐작할 수 있습니다. 무엇보다도, 바울은 예수를 만남으로써 이전까지의 삶과는 전혀 다른 삶의 방식을 갖게 되었습니다. 우리가 잘 아는 대로, 바울은 고린도후서 5장 17절에서 이렇게 말합니다.

> 그런즉 누구든지 그리스도 안에 있으면 새로운 피조물이라 이전 것은 지나갔으니 보라 새것이 되었도다 (고후 5:17)

이 말은 자기 자신의 경험을 말하는 것입니다. 그는 자신이 그리스도를 통해 이전과는 전혀 다른 의미를 지닌 존재로 태어났음을 고백합니다. 그는 자기 인생이 예수 이전의 존재와 예수 이후의 존재로 뚜렷하게 구별될 수 있다고 주장합니다. 이 고백 위에서 바울은 빌립보서 3장에서 자신의 변화된 가치관을 이렇게 말하고 있습니다.

> 그러나 무엇이든지 내게 유익하던 것을 내가 그리스도를 위하여 다 해로 여길뿐더러 또한 모든 것을 해로 여김은 내 주 그리스도 예수를 아는 지식이 가장 고상하기 때문이라 내가 그를 위하여 모든 것을 잃어버리고 배설물로 여김은 그리스도를 얻고 그 안에서 발견되려 함이니 (빌 3:7-9a)

그는 과연 이 고백에 충실한 삶을 살았습니다. 그는 예수를 만난 후 가장 고귀한 것으로 믿게 된 바로 그것을 얻기 위해 자신의 모든 것을 희생하고 헌신하며 살았습니다. 바울은 자신을 가리켜 싸움을 위해 부름받은 군사로 비유했습니다. 군인에게는 자유가 없습니다. 명령하는 자의 명령에 죽기까지 복종할 뿐입니다. 군인이기 때문에, 그에게는 사생활이 있을 수 없습니다. 빌립보서 3장에서 사울은 이렇게 자신의 삶을 설명합니다.

> 내가 그리스도와 그 부활의 권능과 그 고난에 참여함을 알고자 하여 그의 죽으심을 본받아 어떻게 해서든지 죽은 자 가운데서 부활에 이르려 하노니 내가 이미 얻었다 함도 아니요 온전히 이루었다 함도 아니라 오직 내가 그리스도 예수께 잡힌 바 된 그것을 잡으려고 달려가노라 (빌 3:10-12)

더 길게 이야기하지 않고 이것으로 줄이겠습니다만, 우리는 성경을 읽으면서 바울의 고백에 분명하게 동의합니다. 사울은 자신이 고백한 말에 대해서 문자 그대로 성실했으며, 자기의 결정과 선택에 충성을 다했습니다. 그리고 마침내 자기 인생의 주인으로 선택한 예수를 위해 생명을 바쳤습니다.

사랑하는 여러분, 이제 우리는 우리의 시선을 성경과 바울로부터 우리 자신에게 돌릴 시점에 도달했습니다. 사울은 다메섹으로 가는 길목에서 예수를 만났습니다. 아니, 정확하게 말하자면 예수께서 그를 찾아가셨습니다. 성경을 이해하지 못했기에, 하나님의 마음과 계획을 알지 못했기에, 사울은 예수를 주로 인정할 수 없었고, 그를 반대했으며, 심지어는 그를 믿는 사람들마저 서슴지 않고 죽이려 했습니다. 어떻게 보면 사울은 자신의 신념과 믿음에 정말 충실했던 사람이었습니다. 그러나 문제는 그 신념과 믿음이 잘못된 것이었다는 데 있지요.

그러나 사울은 예수를 영광스러운 광채 가운데서 만나면서 자기 잘못을 깨달았습니다. 그는 철저한 회개와 반성을 통해 이전과는 전혀 다른 사람으로 거듭났습니다. 그리고 그는 새로 주인 삼은 그분, 예수 그리스도를 위해 정말 후회 없는 삶을 치열하게 살다 갔습니다. 자신의 인생을 송두리째 주인 되신 예수께 바쳤습니다.

예수를 만난다는 것은

그러나 여러분, 제가 지금까지 사울의 생애를 길게 설명한 것은 오래 전에 일어난 역사적 사실들을 복습하고자 함이 아닙니다. 사실은 우리 모두의 인생과 관련한 실제를 말씀드리기 위함입니다. 지난 2007년, 튀르키예에서 한 가지 불행한 사건이 일어났습니다. 독일의 선교회가 파송한 선교사 한 사람과 그를 돕던 두 명의 현지인 동역자가 목이 잘려서 처형당한 사건입니다.

여러분도 아시다시피 튀르키예는 공식적으로 종교의 자유를 헌법으로 명시하고 있습니다. 법적으로 본다면 튀르키예에서 기독교를 전도하는 것은 불법이 아닐뿐더러, 튀르키예 국민은 누구나 자유로이 기독교로 개종할 수 있습니다. 그러나 현실은 그렇지 않음을 우리 모두 잘 알고 있습니다. 튀르키예에서 예수를 믿는다는 것은 현실적으로 죽음을 의미하는 것이라 말해도 과언이 아닙니다. 어떤 사람이 예수를 믿기로 결심하고 이를 공개하는 순간, 그는 자기가 속한 사회에서 완전하게 배척당할 것을 각오해야 합니다. 이 엄청난 현실은 마치 로마 시대에 예수를 선택한 초대 교회의 교인처럼 사회적으로 완전한 매장을 각오해야 한다는 뜻입니다. 그리고 그는 신체적인 위협도 감당해야 합니다. 목숨을 잃는 것도 그리 드문 일이 아닙니다.

이 사건을 보는 저를 부여잡는 질문이 있습니다. "도대체 예수가 뭐길래 이들에게 이런 위험을 감수하라는 것인가?" 직설적으로 다시 표현하면 이렇게 되겠지요. "그들에게 죽음을 각오하고서라도 예수를 믿으라 말할 만한 그 무엇이 있다는 말인가?" 사람은 대개 손해 보는 일은 하지 않으려고 합니다. 그것이 인간의 본성이기 때문입니다. 우리가 "주님을 위해 생명을 아끼지 않는다"라고 합니다만, 정직하게 말하자면 그만한 무언가가 있지 않고서야 어떻게 그럴 수 있겠습니까? 터키인에게 복음을 전하면서 "당신의 목숨이라도 내어놓으시오"라고 말해야 한다면, 복음을 전하는 사람은 목숨보다 귀한 것을 제시할 수 있어야 하지 않겠습니까? 전도자는 무엇을 내어놓을 수 있겠습니까? 우리는 무엇을 내놓을 수 있겠습니까?

사랑하는 여러분, 저는 이 지점에서 이 말씀을 언급하려 합니다. 바울은 말합니다. "하나님의 나라는 말에 있지 아니하고 오직 능력에 있음이라"(고전 4:20). 데살로니가전서 1장 5절에서 바울은 거듭 말합니다. "이는 우리 복음이 너희에게 말로만 이른 것이 아니라 또한 능력과 성령과 큰 확신으로 된 것임이라…." 바울이 강조하는 사실은 자신이 복음을 전할 때 그냥 말로만 한 것이 아니라는 것입니다. 전도를 말로 하지 뭐로 합니까? 바울은 말합니다. 자기는 그냥 복음이 아니라, 능력이 담긴 복음을 전했다는 것입니다. 네, 그렇습니다. 바울은 수사학과 논리학으로 짜인 명제를 전한 것이 아니라, 능력이 담긴 복음을 전했습니다.

바울 사도에게 있어서 예수와 복음은 그저 '과거의 역사적 사건'이 아니었습니다. 복음을 듣고서 예수를 만나는 사람을 죽음으로부터 생명으로 변화하는 능력이었습니다. 이것은 복음을 전하는 자신에게서부터 일어난 일이었습니다. 저 다메섹으로 가던 옛사람 사울이 예수를 만나 새사람 바울로 변하게 만들어 버린 능력이었다는 뜻입니다. 그렇다면, 우리의 믿음은 어떻게 평가해야 하겠습니까? 우리에게 있어서 '믿음'은 우리의 삶을 변하게 합니까? 우리의 믿음은 때때로 다가오는 완벽한 절망에서 벗어나게 합니까? 우리의 삶 가운데 경험하는 슬픔과 분노와 실패를 감사로 변하게 합니까? 우리의 눈앞에 펼쳐진 저 광대한 욕망의

늪에서, 그럼에도 불구하고 우리가 하늘에 속한 사람이라는 사실로 인해 오직 하늘에만 소망을 두게 합니까? 그렇다면 우리는 감히 누구에겐가 "나는 그리스도인이며, 이 믿음을 네게도 전하기 원한다"라고 말할 수 있을 것입니다.

복음의 능력을 회복하기

어쩌면 우리는, 신약에서 그려지는 저 바리새인들과 같이 살아가고 있는지도 모릅니다. 출애굽의 기쁨을 경험한 저들, 그들은 약속의 땅 가나안에 들어갔습니다. 저들에게는 이미 하늘나라의 헌법이 주어져 있었습니다. 기쁨과 감사로써 살아가야 할 저들은 모세가 전한 하나님의 명령을 율법이라는 이름으로 변질시켰습니다. 저들을 살려야 할 율법은 저들을 구속하기 시작했으며, 율법은 억지로 지켜야 할 성가신 규정집으로 바뀌고 말았습니다. 하나님께 문제가 있었습니까? 아닙니다. 그들이 구원의 기쁨을 잃었기 때문입니다. 그러므로 이 일은 전부 그들의 문제였습니다. 구원의 기쁨을 잃은 저들은 마침내 하나님의 모습을 변질시킵니다. 하나님은 언제나 자비와 사랑을 베풀기 원하셨습니다. 그러나 이 하나님은 이들의 삶을 통해서 인간이 잘못하기를 기다리셨다가 벌이나 주시는 심술쟁이로 전락하고 말았습니다.

이들의 실패와 잘못이 과연 그들에게만 있을까요? 복음에서 능력이 사라진다면, 우리의 믿음에서 도대체 무엇이 남겠습니까? 유대인들의 과거가 지금 우리에게서 완벽하게 반복되지 않습니까? 능력 떠나간 믿음이 고상한 교양 정도로 변질하지는 않았습니까? 누가 오래 믿었는가, 누가 많이 배웠는가, 누가 먼저 교회를 나왔는가, 이런 저질스러운 기준으로 믿음을 순위 매기고 있지는 않습니까? 하나님께 성의 없는 기도를 드린 후에 응답 없음에 대하여, '그래도 나는 하나님을 원망하지 않는다'라는 식으로 말함으로써 자신을 미화하고 있지는 않습니까? 이런 사람들은 사람의 심령과 골수를 쪼개기까지 하는 복음을 무기력한 율법으로 만드는 사람들입니다.

더 길게 말씀드리지 않겠습니다. 믿음은 능력이며, 예수와의 만남은 변화입니다. 나의 현존(現存)이 말씀 속에서 예수를 만나 내 가장 밑바닥에서부터 송두리째 변화하는 것이 진정한 신앙의 모습입니다. 성경이 말하는 신앙은 기적을 요구합니다. 눈에 보이는 초자연적 현상만을 말하지 않습니다. 내가 변하는 것이 바로 기적입니다. 어느 누구도 바꿀 수 없는 나, 그것을 완벽하게 하나님께서 바라시는 모습으로 변화시키는 것이 기적이며, 오직 복음만이 그 일을 해낼 수 있습니다. 언제나 거꾸로 가기만을 고집하던 나를 사로잡아 하나님께서 원하시는 바른길 가게 하는 것이 복음의 능력이며, 복음 안에서 제대로 예수를 만난 사람들이 모두 예외없이 그렇게 되었습니다.

복음은 신자가 세상과 하늘나라 사이에서 방황하는 모습을 원하지 않습니다. 믿음은 좋은데 인격에는 문제가 있다는 표현을 슬퍼합니다. 복음은 인간적인 여러 기준을 가지고 신앙에 등급 매기는 일을 허락하지 않습니다. 복음은 힘이 있습니다. 복음은 모든 사람의 마음 가장 깊은 곳에 쳐들어가서 그를 바닥으로부터 변화시키기를 원합니다. 복음은 사람의 가치관과 취향을 하늘로 정렬하도록 합니다. 나를 위해 살던 사람을 하나님을 위해 살도록 설득합니다. 복음은 이전과는 다른 목표를 갖고서 이 세상을 살아가게 만듭니다. 이것이 복음의 능력이며, 복음의 진정한 모습입니다. 이 복음에서 우리는 비로소 영광스러운 광채 속에 임재하시는 예수 그리스도의 모습을 보게 됩니다.

사랑하는 여러분, 저는 지금 여러분 모두가 이 복음의 진정한 능력을 맛보아 알게 되기를 원합니다. 이 좋은 복음 속에서 얼마든지 베풀어 주시는 하나님의 기쁨을 넉넉히 누리게 되길 바랍니다.

17

하나님께서 사람을 쓰시는 법
행 9:10-21

하나님의 계획에 관하여

우리가 지난번에 살펴본 본문은 청년 사울이 다메섹으로 가는 도중에 예수님을 만난 이야기였습니다. 사울은 그리스도인을 잡으러 다메섹으로 올라가다가, 영광의 빛 가운데 계신 예수 그리스도를 만났습니다. 그 전에 사울은 예수를 거절했죠. 심지어는 그를 믿는 사람들마저 죽어 마땅하다고 믿었습니다. 그의 생각은 생각에만 머물지 않았습니다. 그는 예수교인을 핍박하는 자리에 참여했으며, 스데반 집사를 돌로 쳐 죽이는 자리에서도 주도적인 역할을 했습니다. 이 모든 일들이 자신의 신념에 충실했기에 나온 행동이었습니다.

한번 생각해 봅시다. 도대체 얼마나 신념이 강하면 사람을 죽이는 일에도 괜찮다고 동조하고, 거기다가 자신이 증인을 서겠습니까? 대충 생각하는 사람은 반성도 대충 합니다. 그러나 진지한 사람은 자신이 잘못되었을 때 반성 역시 아주 진지하게 합니다. 사울의 경우가 바로 그랬습니다. 더구나 사울은 예수님을 만난 후 앞을 보지 못했습니다. 이 사실이 그가 그동안 잘못 믿었음을 뼈아프게 일깨워 주었습니다. 그러므로 그는 다메섹 도성으로 들어온 후에도 먹을 것을 전혀 먹지 않고 고민할 수밖에 없었습니다. 도대체 무엇이 잘못되었을까? 예수는 누구이며, 내가 그동안 믿고 살아온 그 신앙과는 무슨 연관이 있을까? 이제 나는 어떻게 해야 하는가? 적어도 그가 우리에게 보여 주는 자신의 성격은 무슨 깨달음과 지식에든 충실하다는 것 아닐까 싶습니다.

어쨌든, 그가 이렇게 고민하는 동안 하나님께서 일하셨습니다. 하나님께서 다메섹에 사는 아나니아에게 나타나셨습니다. 그리고 아나니아에게 이렇게 말씀하십니다. 본문 9장 11절의 말씀입니다.

> 일어나 직가라 하는 거리로 가서 유다의 집에서 다소 사람 사울이라 하는
> 사람을 찾으라 그가 기도하는 중이니라 (11절)

하나님께서는 아나니아에게 사울을 찾아가라고 지시하셨습니다. 이유가 바로 다음 절에 나오는데, 하나님께서는 아나니아를 통해서 바울의 눈을 다시 보게 해 주려고 하셨습니다. 그러나 아나니아는 하나님의 명령에 순종할 수 없었습니다. 그 이유를 이렇게 설명합니다.

> 아나니아가 대답하되 주여 이 사람에 대하여 내가 여러 사람에게 듣사온즉
> 그가 예루살렘에서 주의 성도에게 적지 않은 해를 끼쳤다 하더니 여기서도
> 주의 이름을 부르는 모든 사람을 결박할 권한을 대제사장들에게서 받았나
> 이다 (13-14절)

아나니아는 다메섹에 살면서 예수를 믿는 사람이었습니다. 그는 사울이 어떤 행동을 했는지를 알았으며, 그리스도교인들을 잡기 위해 다메섹을 향해 오고 있다는 소식도 들었습니다. 사울이 다메섹에 도착한다는 것은 예수 믿는 사람들에게 재앙이었습니다. 사울이 그만큼 그리스도인들에게 두려움의 대상이었던 것이지요. 그런데 하나님께서 그에게 찾아가서 안수하여 눈을 뜨게 하라시니, 아나니아가 이 말씀에 "예" 하고 무조건 순종할 수 있었겠습니까? 그러나 하나님께서는 그래도 이 일을 해야 한다고 말씀하셨습니다. 이 가운데 사울에 관한 말씀이 나오는데, 15-16절의 말씀을 다시 보겠습니다.

> 주께서 이르시되 가라 이 사람은 내 이름을 이방인과 임금들과 이스라엘 자손들에게 전하기 위하여 택한 나의 그릇이라 그가 내 이름을 위하여 얼마나 고난을 받아야 할 것을 내가 그에게 보이리라 (15-16절)

하나님께서는 예수를 반대하고 그의 제자들을 핍박하는 한 인간, 사울을 회심시키셨습니다. 그걸로 끝이 났습니까? 아닙니다. 이 사울을 통해 어떤 일을 하려고 하십니다. 사울을 복음의 전도자로 이용하시겠다는 것입니다.

왜 사울인가?

그런데 16절을 보면 사울의 장래에 관한 언급이 있습니다. 거기를 보면 사울이 앞으로 복음을 전하는 데 적지 않은 핍박을 받게 될 것이라고 했습니다. 사울 당시에 예수를 믿는다는 것은 곧 고난을 의미했습니다. 예수를 믿으면, 모든 사람에게 고난이 따를 수밖에 없었지요. 그런데 하나님께서는 그에게 닥칠 고난이 보통 이상으로 엄청날 것을 암시하신 것 같습니다. 하지만 여기서 더 중요한 물음이 있습니다. 하나님께서 지금 그냥 이 '사실'만을 알리려고 하신 것일까요?

말씀에 의하면, 사울은 하나님 나라의 복음을 전파하는 데 사용될 것이 분명하지만, 이에 관하여 묵상하기 전에 먼저 물어야 할 것이 있습니다. 첫째, 하나님께서 왜 아나니아를 통해 사울을 안수하시고 눈을 뜨게 하셨을까요? 둘째, 사울이 앞으로 하나님의 일을 할 때 적지 않은 방해와 고난이 따를 것인데, 사울에게 이런 일이 벌어져야만 하는 이유가 무엇일까요? 이 질문은 아주 중요합니다. 우리에게 적지 않은 교훈을 주고 있기 때문입니다. 이제 이 질문을 중심으로 말씀의 교훈을 향해 나아가겠습니다.

아나니아가 하나님의 지시를 받을 때, 하나님께서 그에게 무엇을 하라 하셨습니까? 사울이라는 사람을 찾아가서 그에게 안수하여 눈을 뜨게 하라는 것이었습니다. 아나니아가 사울에 관해서 나쁜 인상을 가지고 있다는 사실을 하나님께서 모르셨을까요? 아셨다면, 왜 하나님께서는 안 간다고 뻗대는 아나니아를 굳이 사울에게 보내려 하셨을까요? 우리는 이렇게 생각해야 합니다. 사울의 눈을 고치려는 것만이 아나니아를 굳이 보내시려는 목적이었다면, 하나님께서 그 일을 직접 하셔도 되지 않았겠습니까?

하나님께서 아나니아에게 사울에 관하여 말씀하신 것은, 사실 아나니아에게 들려주실 말씀이었습니다. 다시 말해, 아나니아가 들은 말씀은 아나니아의 입을 통해서 그 인근의 모든 기독교인이 들어야 할 내용이었다는 것입니다. 아나니아가 하나님의 지시를 듣고 사울에게 가서 안수한 뒤에 그냥 입을 다물고 있었겠습니까? 아닙니다. 아나니아는 자신의 경험을 주변의 그리스도인들에게 전할 것입니다. 이것이 입소문을 타고 사방으로 퍼질 것입니다. 이 과정을 통해서 각지에 퍼져 있는 그리스도인들은 사울에 관한 사건과 그 사건의 중심에 계시는 하나님의 계획을 알게 될 것입니다. 마지막으로, 사울이 앞으로 복음을 전하면서 그 엄청난 고난당함을 볼 때마다 그것이 이미 예고된 하나님의 계획 안에 있는 일임을 기억하게 될 것입니다.

따라서 사울은 앞으로 기독교인들 사이에 하나의 '상징적 존재'가 될 것입니다. 그가 복음을 위해서 고난당함을 볼 때마다 신자들은 사울을 통해 일하시는 하나님을 떠올릴 것입니다. 사울이 고난을 당하면 당할수록, 사울을 통해서 승리를 거두실 하나님을 믿게 될 것입니다. 이 일은 곧 자신을 향하신 하나님의 섭리를 신뢰함으로 이어질 것입니다. 장애를 가진 사람을 보면서 용기를 얻듯이, 십자가에 달리시고 부활하신 그리스도를 보면서 자신도 죽음을 이기고 부활의 영광을 얻을 것이라 믿어 용기를 얻듯이, 사울의 고난을 통해 자신의 고난을 보면서 거기에서 승리하실 하나님을 기억하고 용기를 얻을 것이라는 뜻입니다. 이렇게 하여, 사울은 마침내 고난당하는 모든 신자에게 용기를 전하는 역할을 하게 될 것입니다.

왜 또 사울인가?

더욱이, 사울이 이 역할을 위해 부르심을 받은 것은 그의 과거 때문입니다. 그는 고난받기 전에 박해하던 인물이었습니다. 예수를 모를 때 그는 예수 믿는 자들을 핍박하던 사람이었습니다. 그런 그가 예수를 만난 후 오히려 핍박받는 사람이 되었습니다. 이것이 얼마나 극적인 효과가 있겠습니까? 사울이 고난을 당하면 당할수록, 기독교인들은 그의 모습 속에서 인간을 변화시키시는 하나님의 크신 능력을 보게 될 것입니다. '이런 사람도 하나님께서 쓰신다!', '이런 사람도 변할 수 있다!' 사울의 변화야말로 하나님의 능력을 극적으로 보이는 사건이며, 하나님께서 변화시키지 못할 인간이 없음을 분명하게 보이는 사건입니다. 이거야말로 홍보 효과가 100점 만점 아닙니까? 사울은 나중에 고린도전서 15장에서 이렇게 말합니다.

나는 사도 중에 가장 작은 자라 나는 하나님의 교회를 박해하였으므로 사도라 칭함 받기를 감당하지 못할 자니라 그러나 내가 나 된 것은 하나님의 은혜로 된 것이니 내게 주신 그의 은혜가 헛되지 아니하여 내가 모든 사도보다 더 많이 수고하였으나 내가 한 것이 아니요 오직 나와 함께 하신 하나님의 은혜로라 (고전 15:9-10)

사울은 사도가 된 후에도 자신이 과거에 하나님의 교회를 핍박하던 자임을 잊지 않았습니다. 그에게서 이 과거는, 마치 원죄와 같이 그를 끊임없이 괴롭게 했습니다. 그러나 그 괴로움은 죄책감을 넘어서는 것입니다. 하나님은 인간을 용서하십니다. 자신의 죄를 뉘우치고 회개하는 자를 기쁨으로 받으십니다. 이사야서 55장 7절에서 선지자는 이렇게 말합니다.

> 악인은 그의 길을, 불의한 자는 그의 생각을 버리고 여호와께로 돌아오라
>
> 그리하면 그가 긍휼히 여기시리라 우리 하나님께로 돌아오라 그가 너그럽
>
> 게 용서하시리라 (사 55:7)

하나님은 죄를 깨닫고 돌아오는 자에게 얼마든지 긍휼과 자비를 베푸십니다. 그분에게 있어서 용서하지 못할 죄는 없고, 영원토록 기억하실 만한 죄도 없습니다. 그러므로 하나님께 한 번 죄 용서함을 받은 신자는 다시는 그것을 돌아봐서는 안 됩니다.

그럼에도 불구하고 사울은 사도가 된 후에도 끊임없이 자신의 과거를 돌아보았습니다. 과거를 비추어 볼 때, 자기는 마치 달 수도 채우지 못하고 태어난 사람같이 미욱하다고 평가했습니다. 그렇다면, 사울이 과거의 잘못을 덜 용서받은 것입니까? 하나님께서 다른 무엇은 용서하시고 기억조차 안 하시지만, 그것만은 결코 잊지 못하실 일이었을까요? 아닙니다. 사울이 이처럼 자신의 과거를 잊지 않는 것은 죄책감과는 다른 의미가 있습니다. 바울은 과거를 돌아볼 때 그것에 빠져서 헤어나오지 못한 것이 아닙니다. 과거의 사실을 돌아볼 때마다 자신이 얼마나 큰 긍휼을 경험했는지를 동시에 잊지 않으려 했던 것입니다. "나는

이만한 죄인이었다!", "내가 이런 죄를 용서받았다!" 이 사실을 돌이킬 때마다 그는 이렇게까지 자신을 사랑하시고 용서하신 그 하나님께 남은 인생을 충성할 것을 다짐했습니다.

이것이 하나님께서 사람을 쓰시는 방식입니다. 하나님께서는 허물이 없고 능력 있는 사람을 쓰기도 하시지만, 그리하지 않으실 때도 있습니다. 아니, 보다 큰일을 맡기실 때는 오히려 더 큰 문제와 허물이 있는 사람을 쓰십니다. 문제가 많기에, 허물이 많기에, 쓰기가 힘든 것은 사실입니다. 사람이라면 이런 사람을 쓰지 않는 것이 현명하지요. 더욱이 주변에 더 능력 많고 그래서 일 잘하는 사람이 옆에 있다면 그리할 것입니다. 그러나 하나님의 방식은 다릅니다. 그분에게서 가장 큰 고려의 대상은 그 사람을 사용함으로써 어떤 효과를 볼 수 있겠느냐 하는 것입니다. 그 효과라는 것은 구체적으로 이렇습니다. 즉, 어떻게 하면 하나님께서 홀로, 그리고 더 큰 영광을 받으실 수 있겠느냐는 말입니다.

하나님께서 필요로 하시는 사람에 관하여

여기서 얻어지는 결론은 우리에게 매우 중요한 도전이 됩니다. 무엇보다도, 하나님의 나라를 위해 일하는 자의 태도에 있어서 참으로 지대한 영향을 미칩니다. 우리는 하나님을 사랑하며, 어떻게든 하나님을 위해 일하고 싶어 합니다. 그러나 우리가 너무나 자주 범하는 실수는, 우리가 좀 더 갖춰져야만 그 일을 할 수 있다고 믿는 것입니다. 일리는 있습니다. 좀 더 있고, 좀 더 형편이 괜찮으면 좋겠지요. 그러나 하나님께서도 거기에 이렇게 동의하십니까? "나는 네가 나를 위해 일해 주었으면 좋겠다. 그러나 그럴 형편이나 능력이 갖춰지면 그때 하거라." 그러나, 그때가 언제입니까? 하나님에게서 '그때'라는 것은 '내 마음이 그 일을 하고 싶은 열망으로 넘칠 그때'이지 '그 일을 할 수 있는 능력이 갖춰진 그때'가 아닙니다. 우리와 하나님의 생각에서 결정적으로 차이가 나는 부분이 바로 여기입니다.

하나님에게서 가장 중요한 것은 인간의 능력이 아닙니다. 하나님을 사랑하며, 그 마음으로 무엇인가 그분을 위해 일을 해 보려는 열망인 것입니다. 인간의 언어로 하나님의 '그때'를 설명하면 그 차이가 훨씬 분명하게 드러날 것입니다. 하나님의 '그때'는 인간이 일을 하고 싶은 열망은 있으나 그 일을 하기에는 능력이 부족하다는 사실을 뼈저리게 느낄 바로 그때입니다. 자신에 대해 자신을 잃은 그때, 그러나 그분을 위해 무엇이라도 해서 그에게 기쁨을 드리고 싶다는 열망이 넘칠 그때가 바로 하나님을 위해 일할 그때입니다.

거두절미하고 말씀드립니다. 하나님께서 필요로 하시는 사람은 능력 많고 허물없는 사람이 아닙니다. 우리는 복음의 능력을 전하기 위해 부름받았습니다. 그러나 복음은 "믿으면 나처럼 된다"라고 성공을 말할 만한 사람에 의해서 전해지지 않습니다. "나 같은 사람도 믿어서 구원받았다"라고 외칠 사람을 요구합니다. 이것이 바로 복음의 비밀이며, 십자가의 비밀입니다. 그리고 이것이야말로 하나님께서 사람을 쓰시는 방법입니다. 그러므로 우리는 사울의 경험에서 어떤 교훈을 얻어야 하겠습니까? 하나님의 일을 하기 위해서, 내 삶을 통해 하나님의 은총을 전하는 사람이 되기 위해서 우리는 어떤 마음이 되어야 하겠습니까? "주님, 저 같은 사람도 사용하실 수 있겠습니까? 당신을 위해 일하고 싶지만 너무나 부족합니다." 이렇게 말하며 자신의 모든 것을 내려놓는 것이 가장 중요한 조건이 되지 않겠습니까?

내가 할 일이 무엇이냐?

사랑하는 여러분, 우리는 지금 사울이 하나님의 계획에 좀 더 가까이 다가가는 모습을 보았습니다. 다메섹으로 가던 사울이 예수를 만났고, 며칠 후 아나니아를 만나 그로부터 기도를 받았습니다. 이제 곧 바나바를 만나서 예루살렘 교회의 지도자들을 만나게 됩니다. 그의 인생은 이처럼 근본적인 변화를 향해 숨 가쁘게 달려가고 있습니다. 우리가 지금 놓치지 말고 봐야 할 사실은 그가 경험하고 만나며, 생각하고 고민하는 그 모든 과정에 하나님의 손길이 간섭하고 있다는 사실입니다. 하나님께서는 사울을 당신의 종으로 삼으시기 위해 천천히, 그러나 절대 실패하지 않는 방식으로 그 목표를 향해 다가가고 계십니다.

사울은 결코 뒤로 물러서지 않는 복음의 사자가 될 것입니다. 하나님은 이제 곧 정말 똑 부러지고 용맹스러운 일꾼, 바울을 얻게 될 것입니다. 사람을 기꺼이 말할 만한 신념을 가졌던 사람이 이제는 하나님을 위해서라면 자기 목숨이라도 기꺼이 내놓을 일꾼으로 변화될 것입니다. 이 일의 처음과 나중이, 그 주도권이 누구에게 주어졌습니까? 우리는 이렇게 대답해야 합니다. "사울의 운명, 그의 달려갈 길의 처음부터 마지막까지 그 모든 길은 오직 주님께서 계획하시고 진행하신 일의 결과일 뿐"이라고 말입니다. 바울은 사도행전 20장에서 이렇게 말합니다.

> 내가 달려갈 길과 주 예수께 받은 사명 곧 하나님의 은혜의 복음을 증언하는 일을 마치려 함에는 나의 생명조차 조금도 귀한 것으로 여기지 아니하노라 (행 20:24)

그는 자기 인생의 큰 두 지점, 즉 시작과 마침의 사이를 잇는 선의 방향을 잘 알았습니다. 그 마지막을 알았기에 그는 자기 인생의 행보를 놓고 "내가 달려갈 길", 즉 '마지막 길'이라고 말할 수 있었습니다. 그러므로 그는 오직 한 가지 할 일을 잘 알았습니다. 디모데후서 4장 7절에서 그는 이렇게 말합니다.

> 나는 선한 싸움을 싸우고 나의 달려갈 길을 마치고 믿음을 지켰으니 (딤후 4:7)

그는 자기 인생의 주인을 알고, 그 주인이 자기 인생을 어떻게 어디까지 이끄실지를 알고 있습니다. 그의 마지막은 로마에서 목이 잘려 순교하는 것이었습니다. 그러나 그것이 완전한 마지막은 아닙니다. 그가 바라보는 마지막은 하나님께서 자신을 당신 앞에 세우시고 생명의 면류관을 주시며, 그가 그렇게도 간절히 사모하던 영광스러운 하나님의 나라에서 영원토록 그리스도 예수를 찬미하는 것입니다. 그러니, 그가 할 일이 오직 하나만 남았을 뿐입니다. 자기가 달려갈 길을 다 달릴 때까지 믿음을 지키는 것입니다.

믿음을 지킨다는 말이 무엇일까요? 실패하지 않는 그 능력으로써 자신의 인생을 일관된 목표를 향해 운전하실 하나님을 끝까지 신뢰하는 것입니다. 사도 바울은 수많은 사람 앞에서 복음을 전하고, 병자를 낫게 하고, 교회를 개척하여 반석 위에 세우는 일을 할 것입니다. 이것이 바로 그의 사명이었기 때문입니다. 그러나 그 모든 일들보다 더욱 중요한 것이 있는데, 그 일들은 하나님께서 하실 것입니다. 그를 부르고 세우신 분이, 아니 그가 목숨을 걸고 섬길 교회와 하나님 나라의 주인이 바로 하나님이시기 때문입니다. 그럼, 사울이 해야 할 더욱 중요한 일은 무엇일까요? 네, 그 모든 일을 자기에게 맡기신 하나님, 그의 인생 처음부터 마지막까지 세밀하게 계획하시고 운행하시는 그 하나님을 온전하게 믿는 것입니다. 바로 이 일이, 사울이 예수를 만난 순간부터 목이 잘려 죽을 그 순간까지 놓치지 말아야 했던 본분이었습니다.

사랑하는 여러분, 우리는 지금 아나니아를 찾아가신 하나님의 의도에서부터 시작해 사울의 인생에 관하여 온전히 주관하시는 하나님의 능력에까지 잠깐 생각해 보았습니다. 여러분, 어제도 오늘도 내일도 여러분은 사람을 만나고 사건을 경험할 것입니다. 사울이 아나니아를 만난 것이 우연이었습니까? 사울이 예수를 만난 사건이 우연이었습니까? 아닙니다. 모든 일은 하나님께서 정하신 시기에 정확하게 일어났으며, 하나님께서 세우신 계획에 철저하게 부합했습니다. 그럴 수밖에 없는 것이, 이 모든 사건과 시기와 방향을 하나님께서 세우시고 진행하셨기 때문입니다. 여러분께 묻습니다. 사울의 인생과 방향을 결정하셨던 하나님께서 지금 살아 계십니까? 그 하나님께서 여러분의 마음과 인생에서도 어떤 의미를 지닌 채 살아 계십니까? 그렇다면 내 인생에 관한 주권을 누구에게 맡기는 것이 옳겠습니까?

하나님께서 한 인간에게 베푸시는 섭리의 손길은 본문을 통해 보았듯이 아주 작은 인간끼리의 만남에서도 세밀하게 진행됩니다. 내 인생 어느 한 자락에도 뜻 없이 벌어진 일은 없습니다. 사소한 일과 우연한 일처럼 보이는 것 가운데서도 나를 하나님께서 원하시는 나로 변하게 하시려는 하나님의 일은 진행되고 있습니다. 우리가 이 사실을 믿는다면, 우리의 하루하루는 달라질 수밖에 없습니다. 여러분은 숨을 들이마시는 순간마다 하나님의 손길을 발견합니까? 아니, 하루 순간순간마다 나를 만지시는 하나님을 신뢰합니까? 이제 내가 할 일은 무엇입니까? 사울처럼, 자신의 삶을 깊이 반성하고 기도해야 하지 않겠습니까? 기도는 내 삶을 주관하시는 하나님께 대한 기본적인 예의입니다. 말씀과 묵상 가운데 하나님의 세밀한 계획과 손길을 예민하게 느끼길 바랍니다.

18 교회는 더 열려야 한다
행 9:23-43

사울, 위협을 피해 다소로 내려가다

우리는 청년 사울이 다메섹으로 기독교인을 체포하러 가다가 예수를 만나서 극적으로 회심을 했다는 기록을 살펴본 바 있습니다. 이번 본문은 이 사울이 오히려 예수를 전하는 모습으로부터 시작되고 있습니다. 사울이 예수 믿는 사람들을 잡으러 기세등등하게 다메섹으로 간 사실을 적지 않은 사람들이 알았습니다. 오죽하면 다메섹에 살던 아나니아까지도 이 소식을 듣고 불안해했겠습니까? 그러나 하나님께서 하시는 일은 참으로 놀랍습니다. 절대로 타협 불가능해 보였던 이 사울이 불과 며칠 사이에 오히려 예수를 전하는 사람이 되어 버렸습니다. 원래 사람은 천천히 변합니다. 불의하게 살던 사람이 착하게 살자고 마음먹어도, 생활의 모습이 마음처럼 쉽게 바뀌지 않습니다. 설령 마음처럼 생활이 금방 변하더라도 이번에는 주위의 사람들이 그를 그냥 놔두지 않습니다. 예전에 살던 모습이 너무 분명하게 기억되어서 그의 변화를 인정하기가 쉽지 않기 때문입니다.

대학 다니던 시절, 저도 담배를 꽤 피웠습니다. 몇 년이 안 되어서 담배를 끊었습니다만, 한번은 제가 담배 피던 모습을 기억하는 한 친한 친구가 참 오랜만에 제 집에 왔더랬습니다. 그때 저는 신대원을 다니고 있었는데, 그 친구가 담배를 피워 물더군요. 당연히 재떨이를 내놓아야 하는데, 집에 재떨이가 있을 리가 있겠습니까? 그래서 급히 간장 종지를 내놓았습니다. 맛있게 몇 모금 빨던 친구가 갑자기 정색을 하고서는 저에게 이렇게 물어보았습니다. "야, 근데 너 정말 담배 끊었냐? 너도 한 대 주랴?" 제가 그랬습니다. "야, 임마! 너나 피워! 담배 끊은 지가 언젠데…." 친구가 약간은 못 미더운 표정으로 "아, 그러냐?" 하고 말았습니다. 그때 이런 생각이 들었습니다. 사람의 습관을 바꾸는 것도 힘들지만, 주위 사람들의 나에 대한 이미지를 바꾸는 것은 더욱 어려운 일이라고 말입니다.

사울의 경우는 더 심각하지 않았겠습니까? 불과 사흘 전만 해도 공공연하게 기독교인을 잡으러 다니던 사람이 이제는 바로 그 예수를 전하러 다니게 되었으니, 이 변화를 사람들이 받아들이기가 정말 쉽지 않았을 것입니다. 사울의 변화는 놀라움 그 자체였습니다. 아니죠, 사울의 변화는 놀라움을 넘어섰습니다. 특히 사울이 기독교인을 박해하는 행동에 찬사를 보내던 사람에게는, 사울의 극적인 변화가 놀라움을 넘어 격렬한 분노를 불러일으켰습니다. 사실 그럴 만도 했겠지요. 그들에게 있어서 사울은 믿음직한 동지였습니다. 그 동지가 어느 날 갑자기 자기의 반대편으로 돌아서 버리고, 게다가 반대편의 믿음을 전파하기 위해 공공연히 돌아다니고 있으니, 그들에게 있어서 사울은 이제 동지가 아니라 대적자요, 배신자였던 것이지요.

드디어 이들은 사울을 죽일 계획을 짜기에 이릅니다. 그런데 이들의 분노와 살의(殺意)가 얼마나 노골적이었는지, 이 움직임이 사울의 귀에까지 들리게 되었습니다. 이들은 사울을 잡아 죽이려고 그가 다니는 성문 앞에 매복을 하고 밤낮 기다리는 형편이었습니다. 이 상황을 알게 된 기독교인들은 사울을 살리기 위해 한가지 계략을 꾸몄습니다. 그들은 밤중에 몰래 사울을 성 밖으로 탈출시킵니다. 사울은 그 후 예루살렘에 도착해서 교회 사람들을 접촉했습니다만, 반응이 너무 싸늘했습니다. 그도 그럴 것이, 바로 며칠 전에 기독교인을 잡으러 떠난 사람이 이제는 예수교인이 되었다고 하니, 이 사울의 변화를 믿을 만한 사람이 극히 드물지 않았겠습니까?

다행히 바나바라는 사람이 그를 변호해 준 덕분에 약간의 의혹은 씻을 수 있었지만, 사울의 어려움은 여기서 그치지 않았습니다. 기독교인들의 반대는 줄었지만, 이곳에서도 사울의 개종과 전도 행위에 극력 반대하고 그를 미워해서, 마침내 그를 죽이려는 사람이 점차 늘어났기 때문입니다. 사울은 그 상황에서도 움츠러들지 않고 더욱 적극적으로 그리스도를 변론하고 전했습니다. 이 갈등이 어느 한계에 도달하자, 교회는 마침내 한 가지 중요한 결정을 내렸습니다. 사울을 다소라고 하는 지역으로 피신시키자는 것이었습니다. 이로써 사울은 잠시 역사의 흐름에서 비켜서서 주변 사람들의 위협을 피할 수 있게 되었습니다. 뿐만 아니라 지난번에 말씀드린 대로 이 시간을 이용해서 그가 이렇게 믿게 된 예수 그리스도에 관해 깊이 묵상할 수 있게 되었습니다. 더욱이 교회 역시 사울의 회심으로 인해 일어난 극도의 갈등에서 잠시나마 숨을 쉴 수 있는 기회가 생겼고, 이 기회로 인해 교회는 더욱 활발하게 성장을 도모할 수 있게 되었습니다.

베드로의 사역

사울 주변의 상황이 이렇게 급하게 돌아가고 있는 사이에, 한편에서는 베드로를 중심으로 또 다른 일들이 진행되고 있었습니다. 본문을 보면, 베드로가 룻다라는 곳에서 애니아를 낫게 한 일과 욥바에서 죽은 다비다를 다시 살려 낸 사건이 기록되어 있습니다. 룻다에 사는 애니아는 8년 동안이나 중풍을 앓았다고 하는데, 중풍으로 8년을 누워서 살았다면 당시 의료 수준으로 보아 낫기가 불가능한 병이라고 봐도 되겠습니다. 그런 사람을 낫게 했다… 흔한 말로 이적이라고 불러야 하지 않겠습니까? 그런데 이 병을 고칠 때 베드로가 한 말을 주목해서 보셔야 합니다. 베드로는 사도행전 9장 34절에서 이렇게 말합니다.

애니아야 예수 그리스도께서 너를 낫게 하시니 일어나 네 자리를 정돈하라… (34절)

베드로는 이 병자에게 마치 어제저녁 잠자리에 들었던 사람에게 말하듯 명령했습니다. "일어나라, 그리고 네 자리를 정돈하라!" 무려 8년이나 무기력하게 지내야만 했던 그에게 일어날 뿐만 아니라 그동안에 마치 신체의 일부인 것처럼 짊어지고 살았던 그 침상을 정돈하라고 명합니다. 베드로가 그처럼 대담하게 명령할 수 있었던 근거가 무엇입니까? 베드로는 예수 그리스도께서 그 일을 하시므로 그것이 가능하다고 믿었습니다. 그래서 그는 이렇게 말할 수 있었습니다. "예수 그리스도께서 너를 낫게 하시니…" 8년이나 병상에 누워서 살아야만 했던 이 애니아를 고치시는 분은 베드로가 아닙니다. 예수 그리스도이십니다. 이것이 무엇을 의미하겠습니까? 중풍 병자의 병을 낫게 하는 사건에는 어떤 분명한 의도가 숨어 있다는 뜻입니다. 그 의도가 무엇이죠? 예, 예수 그리스도를 증거하기 위해 이 이적적인 사건이 일어났다는 것이지요. 그러므로 우리는 이렇게 말해야 합니다. 이 사건의 진정한 주인공은 예수 그리스도라고 말입니다. 과연, 이 사건의 주인공이 예수 그리스도시라는 사실이 그 결과로 드러납니다. 이 사건을 본 많은 사람이 예수 그리스도를 믿게 되었다는 것입니다.

이 일 후에 베드로는 욥바로 이동했습니다. 욥바에 살던 한 인물이 죽었는데 그의 죽음을 알리기 위해서 급히 두 사람이 찾아왔기 때문이었습니다. 거기에 어떤 경로로 믿게 되었는지는 모르지만 '다비다', 혹은 '도르가'라고 불리는 한 기독교인이 살았습니다. 이 사람은 여성으로, 그 주변 사람들로부터 선행과 구제로 인해서 큰 칭찬을 받았습니다. 그러나 불행히도 이 여인이 병으로 죽게 되었습니다. 당연히 사람들이 그녀의 죽음을 슬퍼했겠지요? 사람들은 베드로가 룻다에 와 있다는 소식을 듣고 사람을 보내어 베드로를 욥바로 초청했습니다. 베드로가 다비다의 집에 도착했을 때, 사람들은 이미 다비다의 시신을 수습해서 깨끗하게 단장해 놓았습니다. 많은 과부가 그녀를 둘러앉아서 슬피울고 있었습니다. 그러나 베드로는 이번에도 이적을 선보였습니다. 다비다를 마치 잠에서 깨우듯이 일으켜 세웠습니다.

신학자들은 베드로가 룻다와 욥바에서 행한 이적이 예수님이나 엘리사 같은 선지자의 행적과 아주 닮았다고 말합니다. 사실 닮은 점이 많긴 합니다. 하지만 우리가 베드로의 행적을 통해서 분명하게 봐야 하는 것은, 이 이적들이 과연 무엇 때문에 일어나게 되었는가 하는 것입니다. 물론 이에 관하여 베드로가 자기 입으로 말한 것이 있습니다. 베드로는 룻다에서 중풍 병자에게 이렇게 말했습니다. "예수 그리스도께서너를 낫게 하신다." 그가 욥바에서 다비다를 살릴 때 무슨 말을 했는지는 모릅니다. 그러나 그가 욥바에서도 룻다에 있을 때의 심정으로 일했을 것이라는 사실은 누구라도 인정할 것입니다. 즉, 베드로는 예수 그리스도의 이름으로, 그리고 예수 그리스도의 심정으로 이 같은 일을 했을 것이라는 말씀입니다. 따라서 베드로가 보여 준 이적은 이렇게 정리될 수 있겠지요. "예수 그리스도의 이름으로, 그리고 예수 그리스도의마음으로!"

낮은 곳으로 내려간 베드로

제가 본문을 통해서 주목하고자 하는 것은 베드로가 행한 이적이 아닙니다. 제가 지금 막, "베드로가 이런 일들을 예수 그리스도의 이름으로, 예수 그리스도의 마음으로 행했다"라고 말씀드렸는데, 바로 이 점을 주목하고자 하는 것입니다. 베드로가 룻다와 욥바에서 어떤 일을 했는가에 주목하지 마시고, 그가 누구와 함께 있었는가를 보십시오. 그리고 본문 마지막에 누구의 집에 있었는지를 보시기 바랍니다. 본문 43절은 이렇게 기록합니다.

베드로가 욥바에 여러 날 있어 시몬이라 하는 무두장이의 집에서 머무니라
(43절)

'무두장이'가 무슨 뜻인지 아십니까? 요즘 말로 하면 '가죽을 다루는 사람'입니다. 다시 말해 무두장이란, 죽은 짐승의 가죽을 벗겨서 여러 가지 용도의 쓸 만한 가죽으로 가공하는 사람을 말합니다. 여기에는 짐승과 도살, 가죽을 벗겨 내는 일, 그리고 특수한 화공 약품들을 사용하여 가죽을 만들어 내는 험한 과정이 딸려 있습니다. 이 일은 당시나 지금이나 쉬이 자발적으로 할 만한 일은 아닙니다. 따라서 이 '무두장이'라는 이름의 직업은 요즘 용어로 3D 직업, 즉 사람들이 택하기를 꺼리는 직업인 셈입니다.

베드로는 이 피장(皮匠)의 집에 머물렀습니다. 그 사람의 수준을 보려면 그 사람의 친구를 보라는 말이 있지요? 예루살렘 교회의 교인 입장에서 보면 베드로는 교회의 지도자이고, 더군다나 예수 그리스도의 직접적인 제자라는 점 때문에 매우 존경받는 사람이었습니다. 한번 생각해 볼까요? 예루살렘 교회가 오늘날 있다고 합시다. 이 교회가 짧은 기간에 엄청난 교세(敎勢)를 가지게 되었습니다. 베드로가 한 번의 설교를

하니까 삼천 명, 혹은 오천 명의 결신자를 얻게 됩니다. 죽은 사람이 살아나기도 하고, 병든 사람이 낫기도 합니다. 교인들의 열심은 정말 놀랄 만해서, 서로 경쟁하듯이 자기 집까지 팔아서 헌금으로 바치기도 합니다. 이런 놀라운 성장의 중심에 베드로가 서 있었다는 것이지요.

베드로는 그럼, 그런 교회의 지도자로서 어떤 대접을 받아야 하겠습니까? 비록 많은 사람이 밖에서 예루살렘 교회를 비난하고 핍박하긴 했지만, 그래도 이 어마어마한 교세는 엄연한 현실이 아니겠습니까? 그가 그 현실의 실질적인 중심에 서 있는, 이른바 실세라고 할 때 그를 오늘날의 방식으로 대우한다면 벤츠를 사서 태우고, 기사를 붙여 주고, 멋진 호텔에서 재워야 하지 않겠습니까? 가는 곳마다 비서들이 그의 일정을 체크하고, 면담할 사람을 조정하고, 사방에 연락해서 매스컴과 인터뷰하고…. 이런 일들을 나쁘게 볼 수도 있겠지만, 그럼에도 불구하고 소위 '하나님의 일'이라는 이름으로 정당화되기도 할 것입니다. 요즘에 소위 뜬다는 몇몇 교회의 지도자들을 보면, 그들의 위세나 명성은 하늘을 찌를 듯하거든요. 아무려면 베드로가 그들이 받고 있는 대접보다 못 받겠습니까? 그러나 베드로는 룻다에서, 그리고 욥바에서 요즘의 뜨는 지도자들마저 절대로 할 수 없는 놀라운 이적을 행하고서도 조용하게 시몬의 집을 방문해서는 거기서 며칠을 지냅니다.

베드로는 수행원도 없었고, 요란스러운 매스컴의 추적도 없었습니다. 물론 그 시대 분위기가 교회에 대해서 매우 적대적인 상황이었기 때문에 베드로가 요란스럽게 일할 수는 없었을 겁니다. 그러나 베드로뿐만 아니라 그의 동료 사도들 역시 한 가지 뚜렷한 특징을 가지고 일한 사실만은 누가 뭐래도 부정할 수 없습니다. 그것은 그들이 가능한 한 가난하고 힘들게 사는 사람들 곁에 머물렀다는 사실입니다. 한창 뜨는 교회의 지도자가 여러 해 동안 움직이지도 못하는 환자에게 일부러 찾아갑니다. 룻다에도 신자가 꽤 있었을 것이고, 거기에는 부자도 있었겠지요. 그러나 베드로는 신자 가운데 병으로 고생하던 애니아를 찾아가 그를 일어나게 했습니다. 그 근처에서 한 신실한 신자가 죽었다는 소식을 듣고 급히 욥바로 내려가 그를 살려 냅니다. 그 일이 끝난 후에는, 시몬이라는 천한 직업을 가진 사람 집에 가서 머뭅니다.

그의 행동에서 우리는 무엇을 주목해야 합니까? 베드로 사도의 행적 속에서 우리는 무엇을 배워야 할까요? 더 길어지지 않기 위해, 이렇게 짤막하게 스스로 답해야겠습니다. 교회는 가난한 자와 어려운 자의 친구가 되어야 합니다. 여기에서 말씀드리는 '교회'에는 교회의 지도자뿐만 아니라 교인들 모두가 해당됩니다. 우리는 하나님의 자녀로서, 또 예수 그리스도의 제자로서 바로 그분의 이름으로, 그분의 심정으로 살아야 한다는 말씀입니다. 하나님은 과부의 재판장이시며, 고아의 아버지이십니다. 예수님께서는 병자의 의사였으며, 가난한 자와 억눌린 자의 친구셨습니다. 누구도 가까이하고 싶어 하지 않는 세리나 창녀들과 즐겨 식사하셨습니다. 우리가 믿고 사랑하는 분께서 그런 모습으로 사셨다면, 우리 역시 그의 제자로서 그렇게 살아야 하지 않겠습니까?

유대인의 전통적인 종교, 유대교에서 이런 모습을 현실적으로 찾아보기란 어렵습니다. 그러나 따지고 보면 제사장 역시 예수님과 사도들처럼 가난한 자의 친구가 되어야 했습니다. 그것이 원칙입니다. 제사장이란 어떤 사람입니까? 구약의 역사를 돌이켜 보면 그들에게는 원래 땅이 주어지지 않습니다. 농사를 지을 수 없었다는 뜻입니다. 농경 사회가 시작된 가나안 땅에서의 이스라엘에게 농사의 기회가 주어지지 않는다는 것은 살 수 없음을 의미합니다. 왜요? 그들은 농사를 짓는 대신 오직 하나의 일에만 전념해야 했기 때문입니다. 그것은 하나님의 성전에서 제사를 드리는 일에만 집중해야 했다는 말씀입니다. 하나님께서는 그들에게 농사를 짓지 않고서도 살길을 주셨습니다. 백성들이 제사를 드리러 올 때, 그 제사를 대신 드려 주고 일정한 비율의 수입을 거기서 얻도록 보장해 주셨던 것이지요. 이로써 그들은 기본적인 생존을 위한 수입이 보장되었습니다. 어쨌든 레위 사람의 삶은 하나님과의 사이에서 문제를 안고 사는 사람들 곁에서 함께 사는 것이었습니다.

그러나 그 일을 통해서 자기가 원하는 만큼 돈을 벌 수 있었겠습니까? 그들이 사고 싶은 만큼 사고, 쓰고 싶은 만큼 쓸 수는 없었을 것입니다. 단적으로 말해서, 그들은 사람으로서 최소한의 자존심을 유지하며 살도록 허락되었지만, 결코 풍족할 수는 없는 삶을 허락받은 사람들이었다는 뜻입니다. 목사가 구약의 제사장이냐 아니냐의 논란은 있습니다만, 저는 지금 이 논란에 얽히고 싶지 않습니다. 그러나 요즘 들어점점 보편화되어 가는 한 가지 주제에 대해서만은 아주 조심스럽게 제의견을 보태고 싶습니다. 한편에서 목사라고 못살아야 한다는 법이 어디 있느냐고 묻는 사람들이 있습니다. 그렇습니다. 목사라고 일부러 가난할 필요는 없겠지요. 목사이기 때문에 눈에 보이는 돈을 일부러 피할 필요는 없습니다. 그러나 그렇게 살아도 예수의 정신에 충실할 수 있다면, 그렇게 부자가 되는 거지요. 연봉을 1억 넘게 받으면서도 가난한 사람이 눈에 짚이고, 안타까워서 밤잠을 못 자며 기도할 영성이 있다면 그래도 되겠습니다. 그러나 과연 예수님께서 목사도 부자로 살 권리가 있다고 주장하는 분들만큼의 그럴 만한 영성이 없으셔서 밤낮을 그렇게 한심한 인간들 옆에 계시면서 가난한 삶을 사셨겠습니까?

이 생각은 오늘날의 모든 교인에게도 적용되어야 할 원리입니다. 사실은, 유대교와 함께 살았던 이스라엘도 이렇게 살아야 했습니다. 그들은 자기 곁에 언제든지 존재할 가난한 사람과 억울한 사람들을 도와야 했습니다. 교회의 형편이 풍족하다면 교회가 그것으로 나름대로 일을 하면 될 것이고, 교인 개인이 풍족하다면 그 역시 하나님께서 주신 삶의 방편을 가지고서 나름대로 이웃에게 도움이 되는 생활을 하면 됩니다. 그러나 그 어떤 경우에라도 부와 풍성함 자체가 교회와 신자 개인의 목표가 되어서는 안 됩니다. 교회는 돈을 벌거나 화려함을 추구할 권리가 없고, 신자 역시 그럴 권리는 없습니다. 교회든 신자든, 예수께서 사신 모습과 원리를 추구하며 그분의 가르침에 충실해야 할 의무가 있는 것입니다. 교회든 신자든, 가난한 사람과 억울한 사람, 힘들고 지친 사람을 먼저 돌보아야 합니다. 드릴 말씀이 더 있기 때문에 저는 간단하게 이 부분을 이렇게 정리해서 말씀드리고자 합니다. 교회든 신자든 가난하고 힘든 이웃을 돌보아야 하는 것은 그들에게 선행을 베풀기 위해서라기보다는, 교회와 신자 자신의 영성과 존재의 의미를 유지하기 위해 반드시 필요한 일이라는 것입니다.

성공한 사람이 가난과 질병의 사슬에 매여 고통하는 사람을 가까이

하기란 편치 않습니다. 사실 이런 태도는 간단하지 않습니다. 성공한 사람에게 끌리고 그러지 못한 사람을 꺼리는 것은, 속을 들여다보면 결국 어느 누군가의 힘든 모습 혹은 상황을 가까이할 때 저도 모르게 나도 긴장되어 버리는 그 상황이 싫기 때문입니다. 풍족한 사람이 매사에 쪼들리는 사람을 바라본다는 것은 차라리 고역입니다. 매사에 잘 나가는 사람이 실패의 연속에서 힘들어하는 사람을 대하는 것은 죽기보다 불편한 일입니다. 그러나 생각해 봅시다. 예수님께서 하나님의 아들로서의 영광을 버리고 이 땅에 오셔서, 죄와 병과 잘못된 습관에 매여서 영원히 벗어나지 못할 듯이 보이는 한심한 피조물과 함께 보내시는 것이 쉬운 일이었겠습니까? 예수님께서 좀 더 높고, 좀 더 많고, 좀 더 많이 배운 사람, 그래서 옆에서 보기만 해도 마음이 개운한 사람들과 어울리는 것은 어땠을까요? 그분의 생활이 좀 더 여유로웠을까요? 그러나 그랬다면 도대체 예수께서 이 땅에 오실 필요가 어디에 있었겠습니까? 차라리 천사들의 찬송 가운데 하늘 보좌에 앉아 계시는 것이 더 나았겠지요.

우리는 지금 교회와 신자 개인이 지녀야 할 영성에 관해서 생각해 보았습니다. 교회는 예수님께서 이 땅에서 보여 주신 존재의 방식을 따라야 합니다. 예수님께서 그러셨던 것처럼, 가난하고 억눌린 사람에 대해 끊임없이 관심을 기울여야 합니다. 그들 옆에 있어야 합니다. 그것은 그들을 위해 얼마만큼의 예산과 사업을 사용하느냐의 문제가 아닙니다. 교회가 자신의 존재를 걸고서 그들에 관한 관심과 우선권을 부여해야 한다는 뜻입니다. 신자의 삶 역시 그러합니다. 화려하고 풍성한 삶을 기대하는 것이 다만 내 자신의 성공만을 위한 것이라면, 그 사람은 예수님의 제자로서 아직 멀리 있는 것입니다. 예수님를 믿고 사랑하는 사람이라면, 예수님의 삶의 모습과 태도를 따라야 합니다.

예루살렘 교회와 베드로는 본문에서 여전히 건강한 영성을 보여 줍니다. 그들은 가난한 자와 병든 자에 대한 우선적인 관심을 보였으며, 청빈한 삶을 추구했습니다. 그러나 그것으로 완성되었습니까? 제가 보기에는 놀랍게도 아직 멀었습니다. 우리는 예루살렘 교회와 신자들이 또 한 번 하나님의 놀라운 도전을 받는 모습을 사도행전 10장에서 보게 될 것입니다. 그것은 유대인 중심의 사고와 세계관을 깨는 일깨움이었습니다. 우리는 이 과정을 통해서 끊임없이 자신의 한계와 울타리를 깨야 하는 교회의 걸음을 보게 될 것입니다. 기대하며 기다려 주시기를 바랍니다.

19

네 터를 더 넓혀라!
행 10:34-48

고넬료의 딜레마

본문은 베드로가 욥바에 머물 때 일어난 사건을 기록하고 있습니다. 빌립 같은 무명의 개척자들에 의해서 사마리아 지역에 하나님의 역사가 크게 일어났습니다. 이 때문에 많은 사람들이 예수를 영접했습니다. 이 소식이 예루살렘 교회에 전해지자, 이 소문을 확인하기 위해서 베드로와 요한을 파견합니다. 베드로는 이 일이 끝난 후에 룻다를 거쳐 욥바에 도착했습니다. 그는 이곳에서 시몬의 집에 며칠간 머물게 되었습니다. 이 시기에 한 사람이 베드로를 찾아왔는데, 이 사람은 가이사랴에서 온 백부장 고넬료의 하인으로서, 고넬료의 명령을 받아 베드로를 초청하러 왔습니다.

사도행전 10장 1절에 "이달리야 부대"라는 말이 나오는데, 이 '부대(σπεῖρα)'는 보통 500명에서 1,000명 정도의 이루어진 로마 군인 집단을 말합니다. 우리나라의 군대 편제로 치면 대대(大隊) 정도가 되겠지요? 그러니까 고넬료는 '이달리야 부대', 즉 이탈리아 사람들로 구성된 대대에서 백부장이었습니다. 백부장은 로마의 군대 계급 가운데 하나입니다. 백부장은 보통 100명 정도의 부하를 거느리게 되는데, 요즘 한국의 군대를 기준으로 하면 중대장 정도가 될 것입니다. 말하자면, 고넬료는 이방인으로서 유대 지역에 거주하는 사람이었으며, 직업 군인이었다는 거지요. 그런데 성경은 고넬료를 이렇게 설명했습니다.

> 그가 경건하여 온 집안과 더불어 하나님을 경외하며 백성을 많이 구제하고
> 하나님께 항상 기도하더니 (2절)

그가 어떤 경로로 하나님을 믿게 되었는지에 관해서는 설명이 없습니다. 하지만 고넬료의 신앙적 특징이 아주 길게 설명되고 있습니다. 우선, 그는 '경건한' 사람이었습니다. 단순히 말하자면 그는 유대교 신자였지요. 그런데 고넬료의 신앙은 형식적이지 않았습니다. 그는 신실하게 하나님을 믿었을 뿐 아니라 그의 가족까지도 자신과 같은 수준의 신앙으로 인도했습니다. 그는 주변의 어려운 사람을 도왔고, 개인적으로는 기도 생활에도 성실했습니다. 그에 관한 이런 목록들은 적어도 그 시대에 그가 더없이 진실한 신자였음을 증명하는 표시였습니다.

그런데 사도행전 11장 3절은 신자로서 그의 외적 특징을 이렇게 설명해 놓았습니다. "무할례자." 고넬료는 혈통상 이방인입니다. 그러나 그는 유대인이 믿는 여호와 하나님을 믿었습니다. 그러면, 고넬료가 '하나님의 백성'이라 말할 수 있습니까? 오늘날의 우리라면 "그럼요!" 하고 대답하겠지만, 당시의 사람들은 그럴 수 없었습니다. 이방인 누구라 하

더라도 유대 민족의 여호와 하나님을 믿을 수는 있었지만, 그가 유대교 인이 된 즉시 하나님 백성 공동체의 일원이 될 수는 없었습니다. 또 하나의 필수 과정, 즉 그가 개종(改宗)의 표시로서 할례를 받는 형식을 거쳐야만 비로소 하나님 백성의 공동체에 받아들여질 수 있었습니다.

요컨대 고넬료는 실질적으로는 하나님의 백성임에도 불구하고 외적인 면에서는 하나님의 백성이 아닌, 큰 딜레마에 빠져 있었습니다. 이것은 고넬료 개인에게 있어서는 정체성의 문제이며, 유대교의 입장에서는 현실과 법, 혹은 원칙의 문제에서 오는 모순이기도 했습니다. 누구든지 여호와 하나님을 믿는 자는 그의 백성이 됩니다. 그러나 할례를 받지 않으면, 하나님 나라의 백성이 될 수 없습니다. 여러분은 이 어려움을 이해하시겠습니까?

하나님의 성품 – 하나님은 외모를 취하지 않으신다!

여기서 우리는 잠시 성경의 사건으로 눈길을 돌려야 합니다. 성경에는 고넬료와 베드로가 경험한 하나님의 신비스러운 움직임들이 기록되어 있습니다. 첫 번째 움직임은 고넬료에게서 일어납니다. 고넬료가 어느 날 기도하는 중에 환상을 보는데, 이 환상에서 하나님께서는 고넬료에게 욥바로 사람을 보내어 베드로를 초청하라고 지시하셨습니다. 하나님의 지시는 너무나 구체적이었습니다. 지금 베드로라는 인물이 어디 누구의 집에 있다고까지 정확하게 알려 주셨습니다. 하나님을 진심으로 공경하는 고넬료로서는 이 지시를 거절할 이유가 전혀 없었습니다. 그는 즉시 하인을 욥바로 보내어 베드로를 만나게 했습니다.

두 번째의 움직임은 베드로에게서 일어납니다. 베드로는 기도하는 중에 신비스러운 환상을 보았습니다. 하나님은 그 가운데서 온갖 부정한 것을 베드로에게 보이시고, 그것을 먹으라고 명령하셨습니다. 그러나 베드로는 그 명령을 거절했습니다. 유대인의 규례에 따르면 그것들은 절대 먹을 수 없는 부정한 식물이었기 때문입니다. 하나님께서 말씀하셨습니다. "하나님께서 깨끗게 하신 것을 부정하다고 하지 말라." 하나님께서는 베드로에게 이렇게 세 번이나 말씀하신 후에야 물러가셨습니다. 우리는 베드로가 본 환상이 어떤 의미인지를 잘 압니다. 베드로는 이렇게 고백합니다.

… 내가 참으로 하나님은 사람의 외모를 보지 아니하시고 각 나라 중 하나님을 경외하며 의를 행하는 사람은 다 받으시는 줄 깨달았도다 (34-35절)

본문은 베드로와 고넬료, 그리고 그 주변 인물들의 경험을 길게 이야기합니다마는, 실상 그 모든 사건의 중심에는 하나님께서 서 계십니다. 그리고 하나님께서는 베드로의 고백을 통해서 이렇게 당신의 메시지를 선포하십니다. "나는 사람의 외모를 취하지 않는다!" 바로 이것이 본 사건의 중심 주제입니다. 베드로의 고백에는 한 가지 하나님의 성품이 빛을 발하고 있습니다. 외모를 보고 판단하지 않으시는 하나님! 따라서 우리는 본 사건에서 왜 이 성품이 굳이 언급되고 있는가에 관해서 깊이 생각해 보아야 합니다.

사도행전 10장에 따르면, 고넬료가 베드로의 소개로 하나님의 아들이신 예수 그리스도를 알게 됩니다. 고넬료는 그 자리에서 예수님을 믿기로 결정했습니다. 베드로는 고넬료가 예수님을 영접하는 순간에 일어난 성령의 움직임을 보고 세례를 베풀게 됩니다. 이로써 고넬료는 유대교 신자로부터 예수교 신자로 개종했습니다. 그런데 고넬료에게 한 가지 문제가 있었지요? 즉, 이 사람이 하나님의 백성이냐 아니냐 하는 것입니다. 그 문제는 고넬료가 예수님을 믿은 후에도 고스란히 이어졌습니다. 즉, 이 사람은 유대인이 아닌데 예수교 신자가 되었고, 베드로뿐만 아니라 당시의 예루살렘 교회 교인들로서는 이 상황을 절대 받아들일 수 없었다는 것입니다.

"어떻게 이방인이 구원을 받을 수 있는가?" "어떻게 이방인이 예수교인이 될 수 있는가?" 그들의 고민은 바로 이것이었습니다. 베드로는 10장 28절에서 이렇게 말합니다.

> 유대인으로서 이방인과 교제하며 가까이하는 것이 위법인 줄은 너희도 알거니와… (28절)

베드로는 유대인이며, 유대인이 이방인과 교제하는 일은 금지되어 있습니다. 이 말은 이방인이 예수를 믿는다 하더라도 그와 한 믿음을 가진 형제자매로서 인정하고 교제한다는 것이 불가능하다는 뜻입니다. 다시 말해, 한 믿음을 가졌다 하더라도 한 형제와 자매로서 한집 살림을 하기가 어렵다는 뜻이 되겠는데, 도대체 어떻게 해서 이런 기괴한 결론이 나올 수 있었을까요?

여기서 우리는 처음에 잠시 유보해 놓은 고넬료의 딜레마를 다시 만나게 됩니다. 고넬료는 유대교인이었을 때도 결코 하나님 백성의 공동체에서 주류가 될 수 없었습니다. 또 초기 기독교회 공동체에서도 주류가 될 수 없었습니다. 그러나 그가 유대교도였을 때, 그의 믿음이 유대인만 못했습니까? 그가 기독교를 받아들였을 때, 그의 신앙 어디에 예루살렘 교회의 교인보다 못하다는 증거가 있습니까? 그럼에도 고넬료는 유대인에게서도, 기독교도에게서도 결코 환영받지 못했습니다. 이모든 상황의 결정적인 원인은 그가 이방인, 즉 혈통이 유대인이 아니라는 사실에 있었습니다. 다시 말해서 이 딜레마의 중심에는 유대인 중심의 세계관이 서 있었던 것입니다. 즉 '유대인이 아니면 사람도 아니다', 이런 지독스러운 선입관에 의해서 사람이 평가되고 판단되는 현실이 문제의 본질적 원인이었다는 것이지요.

차별의 문제에 관하여

예전에 이런 농담이 있었습니다. 어떤 사람이 극장에서 표를 주문합니다. "여기, 성인 표 두 장하고 군인 표 한 장 주세요." 예전에 군인은 입장료를 할인받았는데, 오직 그 이유 때문에만 이렇게 말한 것이 아닙니다. 쉽게 말해, 군인은 사람도 아니라는 말을 이런 식으로 빗대어 표현한 것입니다. 제가 섬기던, 유난히 음악 전공자가 많았던 교회에서 이런 말이 있다고 들었습니다. "태초에 하나님께서 남자와 여자, 그리고 테너를 만드셨다." 어쨌든, 인간은 어떤 식으로든지 사람이나 사물을 구별하려는 본성을 갖고 있다는 데 대부분 동의하실 거라고 생각합니다. 여러 개의 대상이 있을 때, 인간은 본성적으로 그것을 나름의 기준으로 그룹화하고 배열합니다. 이렇게 함으로써 그는 그 나름의 질서 속에서 그 대상을 인식하고 분별할 수 있기 때문입니다. 그러나 이 구별이 편파적이고 배타적일 때 문제가 되겠지요? 우리는 이것을 '편견', 혹은 '잘못된 선입관'이라 부릅니다. 이것에 따라 어떤 대상이 구별되는 것을 가리켜, '차별'이라 부릅니다.

차별의 문제는 인류의 역사만큼이나 길고 끈질깁니다. 내 편과 네 편, 이쪽과 저쪽, 좋은 사람과 나쁜 사람, 여기 사람과 저기 사람, 가진 사람과 안 가진 사람 등등, 온갖 기준을 동원하여 인간이 인간을 비교하고 차별하는 역사가 오랫동안 이어져 왔던 것입니다. 이것이 그냥 인식을 더 잘하기 위해서라면 얼마나 다행이겠습니까마는, 인간의 경험은 이런 차별로 인해서 필연적으로 손해 보는 편과 이득을 보는 편이 있어 왔다는 역사적 사실을 부정할 수 없습니다. 이 차별은 마침내 갈등과 투쟁으로 이어져, 서로를 죽이기 위해 기를 쓰는 불행한 결과를 불러왔던 것입니다.

정직하게 말씀드리자면, 이 차별의 문제는 종교에서 가장 극렬하게 일어납니다. 세상에서 아무도 못 말리는 싸움 중에 종교 전쟁이 있다고까지 말하지 않습니까? 차별 의식을 지닌 사람, 혹은 어딘가에 대해 배타적인 감정을 가진 사람에게 가장 불행한 일은, 종교가 주어지는 것입니다. 그에게 있어서 종교는 자신의 신념을 북돋우고 강력하게 만드는 도구가 되기 때문이지요. 이 불행한 경험이 예전에도 있었고, 이제도 있으며, 앞으로도 있을 것입니다. 불과 200년쯤 전 미국 교회는 물론 일부입니다만, 흑인은 사람이 아니다, 그래서 흑인의 피는 빨갛지 않다고 주장하기도 했습니다. 이 어이없는 주장이 미국의 많은 교회에서 '아멘'으로 받아들여지던 시절이 있었지요. 너무 기가 막히지 않습니까? 막말로 그냥 한 사람 잡아서 찔러 보면 알 일인데, 이렇게 허무맹랑한 설교를 하는 목사에 대해 아무도 이의를 제기하지 않았다는 사실은 무엇을 말하는 것일까요?

불과 80여 년 전의 독일 교회 역시 불행한 과거를 갖고 있습니다. 히틀러가 통치하던 시절, 대부분의 독일 크리스천들은 유대인을 청소하는 것이 하나님께서 부여하신 신성한 소명이라는 데 동의했습니다. 자신과 똑같은 붉은 피가 흐르는 유대인을, 단지 혈통이 나쁘다는 이유만으로 모조리 죽이는 데 기꺼이 동의했던 것이지요. 우리는 이런 현상을 가리켜 '집단의 광기'라고 부릅니다. 이 무서운 현상의 배후에는 인간의 선입관이 자리 잡고 있고, 거기에 종교의 열정이 부어지면, 죽음도 두려워하지 않는 전사(戰士)들이 탄생하는 것입니다. 공산주의자들이 종교를 인민에 대한 아편이라며 두려워한 이유를, 우리는 깊이 생각해 보아야 할 것입니다.

무엇이 진짜 문제인가?

다시 본문으로 돌아갑니다. 본문의 고넬료를 통해서 드러나는 문제는 하나님의 영역과 인간의 영역이 부딪치는 임계 선상의 문제라고 할수 있습니다. 하나님께서 당신의 백성을 인식하는 방법은 하나입니다. 누구든지 하나님의 존재와 창조주로서의 여호와 하나님을 마음으로 영접하면, 그는 하나님의 백성입니다. 그러나 사람이 하나님의 백성을 알아보는 방법은 다릅니다. 인간의 마음은 볼 수 없습니다. 따라서 사람은 언제나 그 눈에 보이는 모습만으로 그것을 판단할 수밖에 없는 것입니다. 진심으로 하나님의 존재를 믿는다는 말은 참고만 될 뿐 전부가 아닙니다. 그렇게 고백하는 사람이라 하더라도 할례를 받아야만 비로소 하나님의 회중에 들어올 수 있습니다. 할례를 받아야만 비로소 하나님의 백성이라고 인정받을 수 있다는 뜻입니다. 이런 딜레마를 우리는 어떻게 받아들여야 하겠습니까?

오늘날에도 이와 비슷한 곤란한 문제가 존재합니다. 누구든지 예수를 인격적인 구주로서 영접하면 하나님의 백성이 됩니다. 이 백성들이 모여서 '교회'를 이룹니다. 그러나 이때 '교회'라고 불리는 그 '교회'는 정확하게 '우주적 교회', 혹은 '보편 교회'입니다. 다시 말해, 우리 눈에 보이는 하나의 교회와 또 하나의 교회가 모인 총체적 합(合)이 우주적 교회 혹은 보편 교회인 것이지요. 이때 우리 눈에 보이는 교회는 구체적으로 '지역 교회'라고 불리거나 '지상(地上) 교회'라고도 불립니다. 자, 그럼 보편 교회와 지역 교회는 어떤 관계라고 설명해야 할까요?

예수를 믿는 신자가 우주적 교회의 구성원이 된다고 해서 그가 지역 교회, 즉 눈에 보이는 교회의 구성원이 될 수 있겠습니까? 예수를 스스로 믿은 사람이 어느 교회에 찾아가서 이렇게 말합니다. "제가 방금 예수님을 구주로 영접했습니다. 그러므로 제가 귀 교회의 등록 교인이 되도록 해 주십시오." 이 말이 가능합니까? 예수 믿는다는 사람을 교인으로 받아들이는 것은 당연합니다만, 그의 고백에만 근거해서 그를 지역 교회의 구성원으로서 인정할 수는 없는 노릇이지요. 눈에 보이는 교회는 보통, '세례'라는 형식을 통해서 교인으로 인정합니다. 세례받지 않은 사람은 진정으로 예수를 고백했다 하더라도 이 고백만으로 교인 됨을 인정받을 수 없다는 것입니다. 좀 어지럽죠?

아주 중요한 신학적 주제입니다만, 그러나 본문은 이런 논란에 관심이 없습니다. 오히려, '하나님은 외모를 보지 않으신다', 이 투박하고 거친 선언을 통해서 모든 논란들을 잠재우십니다. 이 선언은 사도행전 11장에서 예루살렘의 기독교인들에게 엄청난 도전으로 다가갑니다. "어떻게 이방인이 구원을 받을 수 있지?" 이 곤혹스러운 질문은 창조주와 교회의 주인으로서의 권한을 가진 하나님께서 고넬료라고 하는 이방인을 당신의 백성과 교회의 구성원으로 받아들이심으로써 일어났습니다. 그런데, 하나님께서 고넬료를 구원하시기로 작정하셨다면 어째서 일을 이토록 번거롭게 진행하셨습니까? 빌립을 통해서 에티오피아의 내시를 구원하셨던 것처럼, 고넬료도 그냥 조용히 전도하시고 세례도 주셔서 구원하시면 되지 않습니까? 그런데 하나님은 베드로를 동원하시고, 그에게 이상한 환상을 보이셨습니다. 또 베드로는 다른 사람을 시켜서 고넬료 집안을 세례합니다. 도대체 무엇 때문입니까?

여기서 우리가 놓치지 말아야 할 사실이 있습니다. 하나님께서 이 사건의 회오리를 통해서 한 가지 큰 도전장을 예루살렘 교인에게 내미셨습니다. '이방인은 사람이 아니다, 따라서 구원도 받을 수 없다' 이것이 유대인들이 가진 편견이었습니다. 하나님께서는 고넬료 집안을 통해서 이들의 편견을 일깨우셨습니다. 하나님은 외모를 보고 판단하지 않으십니다. 이것이 그분의 성품입니다. 이 성품에 근거하여, 고넬료는 이방인임에도 불구하고 구원을 받았습니다. 하나님께서는 이 모든 과정을 베드로 일행이 목격하게 하셨습니다. 그럼으로써, 이들의 편견과 선입견을 깨뜨리기 원하셨습니다. 하나님께서 받아들이신 사람을 어떻게 인간이 거절할 수 있겠습니까? 이 치명적인 질문을 통해서 변해야 할 것이 있었습니다. 그것은 당시를 살았던 초기 기독교회의 세계관이 하나님의 이 성품으로 말미암아 근본적으로 개혁되어야 했다는 것입니다.

네 터를 넓혀라!

'하나님께서는 외모로, 즉 혈통으로 인간을 판단하지 않으신다.' 이 선언은 그 시대를 살던 기독교인의 세계관을 거세게 후려치는 망치가 되었습니다. 하나님은 말씀하십니다. "나는 외모로 인간을 판단하지 않는다. 너희들은 이방인이지만 같은 예수를 구주로 영접한 고넬료를 어떻게 받아들일 것이냐? 유대인이 아니기 때문에 한 식구로 받아들여질 수 없다고 하겠느냐? 아니면 유대인이 아니더라도 그를 한 식구로 받아들이겠느냐?"

사도행전 11장 이후의 기록에서 보듯이, 예루살렘 교회는 하나님의 놀라운 사역을 현실로 받아들이겠노라 결정합니다. 그들은 교회의 주인이신 하나님께서 일하시는 이 엄연한 현실들을 인정해야만 했습니다. 마침내 바울은 에베소서에서 이렇게 선언합니다.

> 그때에 너희는 그리스도 밖에 있었고 이스라엘 나라 밖의 사람이라 약속의 언약들에 대하여는 외인이요 세상에서 소망이 없고 하나님도 없는 자이더니 이제는 전에 멀리 있던 너희가 그리스도 예수 안에서 그리스도의 피로 가까워졌느니라 그는 우리의 화평이신지라 둘로 하나를 만드사 원수 된 것 곧 중간에 막힌 담을 자기 육체로 허시고 (엡 2:12-14)

결론을 말씀드립니다. 본문의 사건에서 보듯이, 교회의 고백과 믿음은 '사색의 결론'이 아닙니다. 하나님께서 거침없이 일하심을 목격하면서 내어놓는 '감탄의 고백'입니다. 하나님은 인간의 세계관을 뛰어넘어 일하시며, 신자들은 하나님의 사역을 보고서 고민하는 가운데 깨달음을 얻습니다. 그리고 그 깨달음은 언제나 신자들의 세계관을 더욱 넓게 여시는 하나님의 음성입니다. 하나님은 언제나 이렇게, 인간의 좁은 세계관을 일깨우시면서 교회를 이끄셨습니다. 교회는 앞서가면서 일하시는 하나님의 도전에 고민하는 가운데 자신의 세계관을 확장해 갔습니다. 아니, 확장할 수밖에 없었습니다.

이 사실은 지금의 우리에게도 중대한 도전을 가져다줍니다. 교회는 하나님 백성의 모임입니다. 이 모임의 주인은 하나님이십니다. 우리가 하나님의 공동체에 속했다면, 우리의 세계관과 사고의 중심에 누가 있어야 하겠습니까? 우리의 인생관과 세계관은 누구에 의해 세워져야 하겠습니까? 우리 교회가 하나님의 교회라면, 이 교회의 존재 원리를 어디에 근거해서 세워야 하겠습니까? 교회는 자신의 가치관을 항상 개혁함으로써 사고의 틀을 넓혀야 합니다. 그 최종적인 목표는 하나, 즉 성경이 가르치는 바로 그것입니다. 예수 믿기 전의 삶의 방식과 가치관은 믿음이라는 단어 안에서 철저히 반성하고 개혁되어야 합니다. 나의 장래와 삶을 지탱하는 근거가 하나님께 있습니까, 아니면 이전까지 살아오던 습관에 있습니까?

하나님은 이 세계를 다스리시는 분이시며, 우리는 그분의 자녀입니다. 우리는 그분께서 맡기신 이 세계를 마음에 품고 다스려야 할 사람들입니다. 따라서 우리는 지금까지 익숙한 사고의 틀에 갇혀서 살 수 없습니다. 우리의 한계가 하나님의 한계가 되어서는 안 되며, 하나님의 한계가 우리의 한계가 되어야 합니다. 그러므로 우리는 말씀의 교훈을 이렇게 정리할 수 있겠습니다. 우리가, 혹은 교회가 날마다 자신의 틀을 깨어야 하는 이유는 그만큼의 넓이와 도량으로써 이 세상을 더 크게 껴안기 위함입니다. 그리하여, 마침내 하나님의 능력의 한계에 우리의 생각과 삶의 한계를 맞추려는 것입니다.

그러므로 사랑하는 여러분, 우리가 각자의 영역에서 지도자가 되는 방식이 여기 있습니다. 자신의 틀과 한계에 도전하십시오. 여러분이 안주한 가치관과 세계관을 깨뜨리시고, 하나님께서 보여 주시는 만큼의 넓이와 깊이를 가진 도량을 만드십시오. 예루살렘 교회는 유대인 중심의 세계관을 깨고서야 비로소 세계를 자신의 교회로 품을 수 있었습니다. 우리도 여태까지 안주해 온 생각과 생활의 틀을 깨고서야 하나님께서 우리에게 허락하신 그 풍성함을 누릴 수 있게 될 것입니다.

20

교회, 통 큰 사람을 만드는 학교

행 11:1-18

개종한 유대인의 세계관

베드로는 욥바에 얼마간 머물면서 아주 인상적인 사건을 경험했습니다. 가이사랴에 살던 경건한 백부장, 고넬료의 가정에 세례를 베풀었습니다. 고넬료를 방문했을 때 베드로는 이 가정에 성령께서 강력하게 활동하시는 것을 목격했습니다. 이 장면을 본 베드로는 이렇게 말합니다. "이 사람들이 우리와 같이 성령을 받았으니 누가 능히 물로 세례 베풂을 금하리요"(행 10:47). 이방인은 유대인, 곧 하나님의 백성과 엄연히 다르다는 사실이 베드로의 마음속에 철통같은 신념으로 자리 잡고 있었습니다. 거룩하신 하나님께서 선택하신 혈통이 유대인인데, 아무려면 그 나머지 백성과 같을 수가 있겠습니까?

그러나 베드로는 고넬료를 만나면서 자신의 신념을 접어야 했습니다. 첫째로 그는, 이방인이면서도 경건한 고넬료를 처음 만났을 때 이방인도 하나님을 유대인 못지않게 믿을 수 있다는 점에 놀랐습니다. 둘째로, 이들이 예수를 영접하는 순간에 성령께서 임재하시는 광경을 보고서 놀랐습니다. 베드로는 이 장면들을 거듭 접하면서 자신이 날 때부터 배워 왔던 유대인 중심의 세계관을 깨끗하게 포기해야 했습니다. 아주 단순하게 말하는 것입니다만, 그가 자신의 강고한 세계관을 포기할 수 있었던 이유의 가장 중심에는 성령께서 이방인인 고넬료 가정에 쏟아부어진 사건이 있었습니다. 물론 이 이유 말고 고넬료를 만나기 전에 하나님께서 보여 주신 환상도 큰 비중을 차지할 것입니다.

베드로는 이 사건 이후로 얼마 동안을 고넬료 가정에 머물다가 떠났습니다. 베드로가 예루살렘에 도착했을 때, 그는 자기가 예루살렘 교회의 화젯거리가 되었음을 알게 되었습니다. 고넬료 집안의 사건은 성격상 아주 개인적인 일입니다. 그럼에도 불구하고 그 소식은 베드로보다 먼저 예루살렘에 도착해 있었습니다. 이것은 이방인이 세례를 받는다는 것 자체가 유대인에게 얼마나 충격적인 사건인지를 잘 보여 줍니다. 베드로가 요한과 함께 룻다와 욥바 지방으로 내려간 이유는 무엇입니까? 이방인이 예수를 영접하고 세례를 받는다는 소문을 확인하려고 간 것 아닙니까? 이방인이 세례를 받았다는 소식 때문에, 이렇게나 빠르게 예루살렘 교회로 달려갈 수 있었던 것입니다.

예루살렘 교회의 주도적인 그룹은 예수교로 개종한 유대인들이었습니다. 이 사실은 교회가 예루살렘에서 시작된 이상 필연적인 것이었습니다. 이들은 과거에 유대교인이었을 때 하나님을 독점했던 사람들입니다. 이들은 예수를 믿은 후에도 예수 그리스도를 자기들만의 것으로 생각했습니다. 이때 예루살렘 교회의 형편이 어떠했습니까? 이때만 하더라도 헬라 사람들이 이미 저들과 함께 교회를 이루고 있었습니다. 그럼에도 불구하고 저들은 오직 유대인에 의한, 오직 유대인을 위한 세계관으로 철통같이 무장하고서, 마치 기독교회가 자기들만의 것으로 생각했던 것입니다. 한마디로, 유대인 혈통의 예수교인들은 온 우주를 대상으로 하여 펼쳐지는 하나님의 큰일을 아직도 몰랐고, 짐작조차 못 했습니다.

저들은 자신이 왜 하나님의 백성이 되었는지를 깨닫지 못했습니다. 저들은 하나님을 찬송하기 위해 뽑힌 백성입니다. 저들은 하나님의 백성으로 선택되어 이 세상 모든 민족에게 구속의 크신 은혜를 베푸신 하나님의 은총을 찬송하기 위해 부름받은 백성입니다. 그러나 그들이 잊어버린 것이 있었지요. 세상의 많은 민족 가운데 하필이면 그들을 부르신 이유가 무엇인지를 몰랐습니다. 그들이 하나님의 민족이 된 이유가 무엇입니까? 혈통입니까? 학벌입니까? 아니면 어떤 능력 때문입니까? 혈통으로 보자면 저들의 조상인 아브라함은 저 갈대아와 하란 땅의 한 평범한 인간이었습니다. 아브라함으로부터 이어져 내려가는 저들의 혈통은 아무리 보아도 남보다 뛰어난 점이 없었습니다. 능력으로 보자면, 그들의 역사는 기록하기조차 부끄러운 역사로 가득 차 있습니다. 저들의 역사 가운데 위대한 점이 있었다면, 그것은 저들의 능력이 아니라 하나님의 능력 때문에 가능했습니다.

저들은 하나님께서 영광을 받으시는 원리를 알지 못했습니다. 하나님께서 영광을 받으시는 원리는 언제나 동일합니다. 도무지 구제받을 수 없는 사람을 뽑아서 그를 백성 삼으시고, 그를 세상 앞에 세움으로써 하나님이 얼마나 자비하신지, 능력이 많으신지를 알게 하십니다. 이것이 그의 능력을 선포하시는 방식이며, 이로써 영광을 받으십니다. 저들이 이 사실을 깨달았다면 자신이 어찌하여 하나님의 백성이 되었는지를 알았을 것이고, 따라서 그처럼 교만하지도 않았을 것입니다. 유대인들은 하나님의 영광과 거룩을 자신의 것으로 착각했습니다.

백성은 낮아지고 이로써 하나님께서 높아지는 방식으로 하나님을 찬송하는 것이 하나님의 뜻이었건만, 유대인들은 자신이 잘났기 때문에 하나님의 백성이 되었다고 주장함으로써 하나님께서 받으셔야 할 그 영광을 탈취해 버렸습니다. 질투하시는 하나님(수 24:19)께서 이를 크게 싫어하실 것이 분명하지요? 유대인이 왕조의 각축장에서 사라져 버린 이유는 그들의 존재를 가능하게 하시는 하나님을 배신했기 때문입니다. 그런데 이들의 비극은 바로 이 사실을 잊은 채 살아가는 데 있었습니다. 이 슬픈 경험은 예수 그리스도를 모퉁잇돌로 하여 세워진 기독교회에서도 반복됩니다. 유대인들은 의식의 세계에서는 예수 그리스도를 구주로 영접했습니다. 하지만 예수를 믿기 전의 세계관, 즉 유대인 중심의 세계관을 고스란히 갖고서 기독교회로 들어온 것입니다.

베드로의 해명

예루살렘의 교인들은 베드로의 행적을 소문으로 들었습니다. 베드로가 욥바로 가서 머문 일, 그가 고넬료의 초대를 받아서 가이사랴로 간 일, 고넬료의 집에서 예수를 전하고 그들에게 세례를 베푼 일 등을 들었습니다. 그 소식을 들은 유대파 교인들은 분노했습니다. "어떻게 이방인에게 세례를 베풀 수 있는가?" 이들의 분노는 예루살렘에 돌아온 베드로에게 고스란히 전달되었습니다. 사도행전 11장 2절을 보면 할례자, 즉 유대파 교인들이 베드로를 힐난했다고 기록되어 있습니다. '비난하다(διακρίνω)'라는 말은 적대적인 마음을 품고서 어떤 대상을 따돌린다는 의미입니다. 유대파 교인들은 이방인인 고넬료에게 세례를 베풀고 돌아온 것으로 알려진 베드로를 배척하고 따돌려서, 그들 마음속에 가득 찬 적개심을 공공연히 알리려고 했다는 것입니다. 마침내 베드로는 자신에 대한 이런 태도에 대해 해명할 필요를 느끼게 되었습니다. 베드로는 이제 사도행전 11장 4절로부터 자신의 경험을 먼저 이야기함으로써 자기 입장을 해명하기 시작합니다.

베드로는 세 가지의 경험을 여기에 나열했습니다. 첫 번째 경험은, 하나님께서 기도 중에 보여 주신 환상입니다. 하나님께서 환상 중에 베드로에게 부정한 것들을 먹으라 명령하셨던 일을 우리는 이미 알고 있습니다. 이 이야기에서 베드로가 말하려는 의도가 분명하지요? 이 환상은 앞으로 일어날 고넬료 가정에 관한 사건과 연결되어 있음이 분명한데, 하나님께서 고넬료 가정에 복음을 전하려는 계획이 확실하게 있었음을 말하려는 것입니다. 다시 말해, 베드로가 고넬료 가정에 복음을 전하고 세례를 베풀 뿐만 아니라 함께 식사까지 한 것은, 베드로 자신만의 결정이 아니라 하나님의 의도에 따른 것이었다는 뜻입니다.

두 번째 경험은, 이 환상을 경험한 후에 자신을 찾아온 고넬료의 하인들에 관한 일입니다. 새롭게 밝혀지는 사실이 있는데, 고넬료가 베드로를 초청하기 위해 보낸 하인은 모두 세 명이었습니다. 그러나 이 사건에서 가장 중요한 사실은 고넬료의 하인이 베드로를 찾아왔을 때 성령께서 이들을 따라가도록 명령하셨다는 것입니다. 성령께서 가라 하시는데 어찌 거역할 수 있겠습니까? 따라서 베드로가 고넬료 가정에 가서 식사한 사실은 베드로의 책임이 아닙니다. 더구나, 고넬료가 베드로를 영접할 때 말한 것을 보면 고넬료 역시 베드로가 들은 성령의 명령과 딱 들어맞는 말을 하지 않았습니까?

마지막 경험은, 베드로가 복음을 전할 때 고넬료 가정에서 일어난 성령의 활동입니다. 베드로는 고넬료 가정에 성령께서 역사하셨다고 말하면서 이 성령의 활동이 우리에게 일어난 것과 똑같았다고 증언했습니다. 거기에다가 베드로는 고넬료 가정에 일어난 성령의 활동에 관해서 자신만의 해석을 이렇게 덧붙이고 있습니다. 본문 16절의 말씀입니다.

내가 주의 말씀에 요한은 물로 세례를 베풀었으나 너희는 성령으로 세례를 받으리라 하신 것이 생각났노라 (16절)

무슨 의미일까요? 베드로는 고넬료 집안을 세례 한 시기를 전후하여 자신이 경험한 일련의 사건들을 보면서 '아하, 이것이 성령의 역사구나! 그러니까 예수께서 예전에 하셨던 말씀이 이뤄지려는 것이구나!' 하는 생각을 했다는 것입니다. 즉, 베드로는 고넬료의 가정에 강림하시는 성령을 보면서 이것이 예수께서 예언하신 말씀이 이루어지는 것이라고 믿었습니다.

자, 이렇게 여러 가지 일련의 연관된 증거가 있는데, 베드로가 내려야 할 판단은 무엇이겠습니까? 자신이 평생 간직해 온 세계관이 아무리 확실하다 하더라도 이렇게 분명하게 드러나는 증거를 무시할 수 있겠습니까? 이방인이라 할지라도 하나님께서 성령을 부어 주신다면 그를 공동체로 받아들여야 하지 않겠습니까? 베드로는 마침내 본문 17절에서 이렇게 결론을 내립니다.

> 그런즉 하나님이 우리가 주 예수 그리스도를 믿을 때에 주신 것과 같은 선물을 그들에게도 주셨으니 내가 누구이기에 하나님을 능히 막겠느냐 (17절)

"우리의 신념이 제아무리 강해도, 하나님께서 하시는 일을 막거나 부정할 수 없다!" 이것이 베드로의 주장이자 결론이었습니다. 다시 말해, 하나님께서 유대인과 이방인에게 같은 선물을 주신다면 유대인과 이방인은 이제 같은 형제자매가 될 수밖에 없다는 것입니다. 이 결론을 들은 유대파 교인들은 베드로의 결론에 전적으로 동감했습니다. 드디어 그들은 이렇게 말합니다.

> 그러면 하나님께서 이방인에게도 생명 얻는 회개를 주셨도다 (18절)

이렇게 하여 예루살렘 교회는 아주 중요한 합의를 이루게 되었습니다. 이렇게 합의하고 고백한 것입니다. "하나님께서 성령을 부으시고 세례를 베푸신 사람은 모두 다 한 형제요 자매이다."

같은 복음을 받습니다. 같은 믿음을 갖습니다. 같은 성령을 받습니다. 같은 세례를 받습니다. 이 조건이 충족될 때 누구든지 하나가 됩니다. 혈통이 달라도, 배경이 달라도, 언어와 문화가 달라도 한 세례와 한 성령으로 인하여 그들은 한 가족이 되는 것입니다. 같은 이름으로 세례를 받으며 같은 성령으로 선물을 받을 때, 이 세상의 어떤 인종과 민족이라 하더라도 예수 그리스도가 임금이 되시는 하나님 나라의 한 백성이 됩니다. 이로써 그들은 한 가족을 이룹니다. 이들은 피부의 색깔과 사상의 차이에도 불구하고, 가진 것의 차이에도 불구하고, 서로를 형제와 자매로 부를 것입니다. 복음이 전파되는 곳마다 성령께서 이들을 한 믿음으로 묶으실 것이며, 예수 그리스도의 이름으로 세례가 베풀어지는 곳마다 그분의 영토가 될 것입니다. 이로써 하나님의 나라는 점점 확장되어, 마침내 온 우주가 하나님의 아들 예수 그리스도의 왕국이 될 것입니다.

한 형제와 자매 됨에 관하여

자, 이제까지 우리는 예루살렘 교회가 자신의 정체성을 매겨 가는 과정을 살펴보았습니다. 교회란 무엇입니까? 기독교인의 세계관은 어떤 것입니까? 우리가 예수를 믿는다는 것은 어떤 의미가 있습니까? 성령께서 강력하게 역사하심으로써 예수 그리스도를 주라 시인하게 된 사람들, 이들이 바로 그리스도인들입니다. 이들은 유대교의 경우와는 달리 단일한 혈통 가운데서 부름받은 것이 아닙니다. 단일한 문화 속에서 살다가 하나님의 부르심을 받은 것도 아닙니다. 이들은 한 이름과 한 성령으로 인해 부름을 받고 성령을 받으며, 세례를 받음으로써 예수 그리스도를 주로 섬기는 한 교회의 구성원이 되었습니다. 전에는 사상도, 문화도, 가치관도, 혈통도, 문화도, 모든 배경이 각각이었지만 이제는 한 성경과 한 구주와 한 성령, 한 세례로 묶인 한 가족이 된 것입니다. 이 사실이 말로는 그럴듯하지만 현실에서 그 의미를 실천하기란 결코 쉽지 않습니다.

나와 가진 학력이 다른 사람이 한 형제와 자매 된다는 것이 무엇을 의미합니까? 나와 가치관이 다른 사람을 한 식구로 여긴다는 것은 어떤 태도를 의미하는 것입니까? 나와 피부 색깔이 다른 사람을 한 식구로 부른다는 것은 내 삶에서 어떤 변화를 요구하는 것입니까? 나와 생각이 다른 사람을 한 교회에서 형제로 대한다는 것은 내 삶에 어떤 의미가 있습니까? 나와 주장이 다른 사람이 내 형제이며 자매라면, 나는 그 사람을 어떤 태도로 대해야 하는 것입니까? 지금 우리는 우리 교회에 피부색이 다른 사람을 거리낌 없이 불러들일 수 있습니까? 언어가 다른 사람과 함께 앉아서 한 구주를 예배할 수 있겠습니까?

예수를 믿고서 그분을 따르기로 한 이후, 자신을 생각할 때 나는 예수 믿은 후에 참 많이 변했다고 생각합니다. 사실입니다. 나 같은 사람이 예수를 믿다니, 내가 예수를 만난 후에 얼마나 많은 것이 변해 버렸는가? 하지만, 엄밀히 말한다면 그 변화는 내가 가진 문화와 습관 안에서만 변한 것입니다. 하나님, 그리고 세상의 그 엄청난 다양성을 감안한다면 나의 변화는 지극히 작은 것이라는 말씀입니다. 욥이 친구들과 함께 고난에 관하여 논쟁을 벌일 때에, 하나님께서 친히 나타나셔서 이렇게 질문을 던지셨습니다.

> 무지한 말로 생각을 어둡게 하는 자가 누구냐 너는 대장부처럼 허리를 묶고 내가 네게 묻는 것을 대답할지니라 내가 땅의 기초를 놓을 때에 네가 어디 있었느냐 네가 깨달아 알았거든 말할지니라 누가 그것의 도량법을 정하였는지, 누가 그 줄을 그것의 위에 띄웠는지 네가 아느냐 그것의 주추는 무엇 위에 세웠으며 그 모퉁잇돌을 누가 놓았느냐 (욥 38:2-6)

우리는 하나님에 관해서 얼마나 알고 있습니까? 그분이 하시는 일을 얼마나 이해할 수 있습니까? 교회는 무엇이며, 믿음은 무엇입니까? 우리가 날마다 실수하는 것은 '교회가 어떤 것이다, 믿음은 이런 것이다' 하는 나의 신념을 가지고서 오히려 교회와 믿음을 판단하려 한다는 것입니다. 교회는 하나님의 것입니다. 이 말은 우리가 교회를 규정하는 것이 아니라 하나님께서 교회를 규정한다는 뜻입니다. "교회라면 이래야 하는 것 아닐까요?" 이렇게 질문하는 사람이 적지 않습니다. 그런데 우리는 그렇게 주장할 때 어디에 근거를 두고 있습니까? 하나님의 말씀에서 교회의 정체성을 찾습니까? 아니면 우리의 경험과 상식에 근거한 것입니까?

교회는 성령께서 지배하십니다. 이 말은 교회가 무엇인지, 따라서 우리가 교회에서 무엇을 배워야 하는지를 오직 성령께서만 주도하신다는 뜻입니다. 성령께서 이렇게 움직이십니다. 우리는 그분의 역사를 보고서 '아하, 우리가 이렇게 살아야 하는 거구나' 하고 깨닫습니다. 그리고 그분의 가르침에 순종합니다. 이것이 교회의 바른 모습입니다. 그러나 우리는 우리의 상식과 경험에 기초해서 교회가 무엇인지를 판단하려 합니다. 이것은 명백한 잘못입니다.

교회, 통 큰 사람을 만드는 학교

지난주에 출석하신 분들은 친교실에서 또 다른 그룹이 예배하는 모습을 보셨을 것입니다. 우리보다 일찍 와서, 오직 타악기만을 가지고 끝도 없이 춤을 추며 찬송하는 모습을 보셨습니까? 아마 우리가 그들과 함께 예배를 드린다면, 찬송을 하다가 허리가 아파서 그냥 주저앉았을 지도 모릅니다. 솔직히 말씀드리자면, 저 역시 그들의 예배 속에서 제가 믿는 하나님을 발견하기 어려웠습니다. 그럼, 이렇게 물어봅시다. 그들의 교회도 교회일까요? 그들의 믿음은 우리의 믿음과 다들까요? 이런 질문에 대답하려고 할 때, 우리가 지닌 기준은 무엇입니까?

"저 사람들의 예배드리는 모습이 너무 시끄럽다, 그러므로 저들은 아무래도 사이비 같다." 이렇게 주장할 수는 없는 것이지요? "저 사람들은 정관이 없다, 그러므로 독일 정부는 저들을 교회로 인정할 수 없다." 이 말도 웃기는 소리지요? 우리가 진정으로 집중해야 할 관심은 저들의 마음과 영혼 깊은 곳에, 우리를 불러 구원하신 동일한 예수 그리스도의 영이 살아 움직이고 있는가 하는 것입니다. 그들을 부른 분이 우리가 믿는 동일한 예수시라면, 그들을 살아서 뛰게 만드는 분이 우리가 받은 동일한 성령이시라면, 그들이 목적하는 것이 우리가 소망하는 동일한 하늘 나라라면, 이들이 우리와 같은 형제와 자매라고 불리는 데 무슨 거리낌이 있을 수 있겠습니까?

교회는 나와 같은 취향을 지닌 사람들의 모임이 아닙니다. 교회는 나와 다른 취향을 가진 사람들이 모인 곳입니다. 그러나 같은 고향과 같은 학교, 같은 성(姓)과 같은 취미, 같은 이익을 추구하는 사람들이 모인 곳이 현실적으로는 훨씬 더 강력한 결속력과 힘을 발휘한다는 사실을 저도 잘 알고 있습니다. 그러나 이것은 바르지 않습니다. 다른 생각과 다른 가치관을 가진 사람이 공존할 수 있는 교회가 하나님의 교회의 모습에 훨씬 더 가까울 것이라고 저는 믿습니다. 단일한 취향을 가진 만 명의 교회보다 각인각색(各人各色)의 의견을 가진 사람이 100명 모여서 서로를 존중하고 인정하는 교회가 실은 더 큰 교회라고 저는 믿습니다. "하자!" 하면 "아멘!" 하고 일사불란하게 움직이는 교회가 멋은 있어 보이고 일도 많이 하는 교회 같아 보이겠지요. 그러나 서로 다른 의견을 존중하면서 길게 의논하고 기도하며 고민하는 교회 역시 건강하다는 점에서 가치를 인정받아야 합니다.

어쨌든 저는 본문의 말씀을 통해서 이런 교훈을 전해 드리고 싶습니다. 교회는 내 신념을 펼치는 곳이 아니라 하나님의 가치관을 배우는 곳입니다. 성령님께서 보여 주시는 움직임을 주목하여 그분께서 이루어 가시는 교회의 모습을 배우는 곳입니다. 나의 가치관과 세계관을 그분의 것에 맞추기 위해서 그분의 움직임에 예민하십시오. 그분께서 온갖 배경을 가진 사람들을 부르시고 받아들이시는 방법을 배우십시오. 여러분은 그분만큼이나 통이 큰 세계관을 가진 세계인이 될 수 있을 것입니다. 하나님께서 모든 민족을 불러 한 백성으로 만드신 사실을 믿으십니까? 그분께서 여러분의 아버지가 되셨다면, 여러분이 마음에 품고 살아 내야 할 이 세계는 얼마나 넓습니까? '나는 내가 태어나서 살다가 익숙해진 그 바닥에서만 살란다!' 이렇게 좁은 마음으로 살지 마십시오. 우리의 삶의 무대는 넓고 할 일은 많습니다. 온갖 다양한 민족을 불러 한 백성을 삼으시는 성령님의 역사와 교회의 원리에 주목하는 사람만이 이렇게 통이 큰 인물이 될 수 있는 것입니다.

사랑하는 여러분, 우리는 한 주와 한 교회를 믿습니다. 바로 방금 전만 하더라도 신앙고백 시간에 "거룩한 공(교)회"를 믿는다고 고백하지 않았습니까? 그러므로 금주 예배를 드린 후에는 평소에 잘 만나고 생각도 잘 맞는 몇 사람하고만 이야기하다가 가지 마시고 평소에 잘 모르던 사람과도 이야기하십시오. 쩨쩨하게 같은 아파트에 사는 몇 사람하고만 둘러앉아서 속닥거리면서 밥 먹지 마십시오. 나와 다른 사람의 생각도 들으시고, 나와 취향이 다른 사람과도 이야기 하시면서 세계가 얼마나 넓은지 보십시오. 교회는 더 넓고 다양한 세계관을 만들어 가는 학교입니다. 이 성령의 학교를 통해서 세계를 무대로 뻗어 나가는 일꾼들이 길러져야 합니다.

하나님의 광대하심을 교회의 원리에서 배우는 사람의 삶은 세상을 마음에 품고서 끝없이 뻗어 나갈 것입니다. 그러나 교회에 나와서 기왕에 아는 친구와 부담 없는 시간만을 즐기기 원하는 사람은 여전히 자신의 세계에 갇혀서 답답하게 살아야 할 것입니다. 여러분은 어떤 삶을 살기 원하십니까? 저는 지금 여러분 모두가 '그 학교'에서 보다 큰 뜻을 품고, 더 넓은 무대 위에서 움직이는 하나님의 백성들이 되기를 간절히 바랍니다.

21

큰 인물로 사는 법
행 11:19-30

안디옥 지역에 바나바가 파견되다

베드로가 가이사랴의 고넬료 가정에 세례를 베풀어서 예루살렘 교회
에 한바탕 파문이 일었다는 사실은 앞서 말씀드렸습니다. 그런데 이 사
건 후에 또다시 비슷한 사건이 일어났습니다. 사도행전 11장 19절을 보
면, 스데반 집사의 순교 사건 후에 대박해를 피해서 멀리 피신한 기독
교인들이 "베니게와 구브로와 안디옥까지" 이르렀다고 기록되어 있습
니다. 베니게나 구브로, 안디옥이라고 말하면, 우리에게 아무런 감흥
도 일지 않습니다. 그러나 안디옥만 하더라도 예루살렘에서 적어도 약
490km 떨어진 곳입니다. 그러니까 본문이 '안디옥'이라는 지명(地名)을
통해서 알리려는 것은 스데반 집사의 죽음으로 시작된 대대적인 기독
교 박해로 인해서 집과 고향을 떠난 기독교인들이 서울에서 부산만큼
의 먼 거리까지 쫓겨났다는 것입니다.

그런데 여기에서도 우리는 기독교인의 한 가지 뚜렷한 특징을 봅니
다. 이들은 어디에 가서도 조용히 살지 못합니다. 이들의 마음에 계신

예수라는 분이 기독교인의 마음속에 갇혀서 조용히 사시지를 못하고, 어떻게든지 그들의 입에서 그 이름이 튀어나오게 된다는 것이지요. 그들은 죽음과 위협을 피해서 그 멀리까지 도망갔지만, 예수의 강력한 힘은 그들로 하여금 예수를 말하게 했고, 전하게 했습니다. 그들은 어디로 가든지 예수를 전함으로써, 거기에서도 예수의 이름이 살아 움직이도록 했던 것입니다. 본문은 이 과정에 관하여 비교적 소상하게 기록해 놓았습니다. 본문 19-21절은 이렇게 말합니다.

> 그때에 스데반의 일로 일어난 환난으로 말미암아 흩어진 자들이 베니게와 구브로와 안디옥까지 이르러 유대인에게만 말씀을 전하는데 그중에 구브로와 구레네 몇 사람이 안디옥에 이르러 헬라인에게도 말하여 주 예수를 전파하니 주의 손이 그들과 함께하시매 수많은 사람들이 믿고 주께 돌아오더라 (19-21절)

이들은 원래 동족(同族)인 유대인에게만 조심스럽게 복음을 전하려 했던 것 같습니다. 그러나 이 중에 몇몇이 헬라인에게도 복음을 전한 모양인데, 이것이 폭발적 반응을 일으켰습니다. 이 늘어나는 숫자가 얼마나 놀라웠는지, 예루살렘 교회가 또다시 이 사실을 확인하기 위해 사도를 파견했습니다.

지난번, 사마리아 지역의 상황을 조사하기 위해서 파견된 사도가 요한과 베드로였고, 이번에 파견된 사도는 바나바입니다. 바나바가 파견된 이유에 대해서는 여러 가지 해석이 있습니다만, 우리는 바나바가 구브로 사람인 것을 압니다. 구브로는 오늘날 튀르키예와 그리스 사이에 있는 섬으로 사이프러스 섬이라 불립니다. 바나바가 여기에 파견된 것은 무엇보다도 그가 이 지역 출신이기 때문에 현지 사정에 밝은 점을 감안하지 않았을까 생각됩니다. 그러나 나중에 우리가 생각하게 되겠지만, 바나바가 여기로 보냄받은 가장 큰 이유는 오직 하나님만 아셨습니다.

바나바의 사역

바나바는 안디옥에 와서 그동안 하나님께서 행하신 일을 살펴보았습니다. 그가 할 일이라고는 그저 기뻐하고 감사하는 것이었습니다. 죽음을 피해 도망간 무명의 기독교인들의 입을 통해서 예수 그리스도의 이름이 이미 전해졌으며, 이 이름이 그 지역 많은 사람의 마음 깊이 새겨져 있음을 보았기 때문입니다. 그가 거기에 굳이 보탤 일이 있다면, 그 믿음이 더욱 뿌리 깊이 각 사람의 영혼에 자리를 잡도록 권면하는 일밖에 없었습니다. 여기에서 성경은 바나바가 지닌 장점을 이렇게 설명했습니다. 본문 24절의 말씀입니다.

바나바는 착한 사람이요 성령과 믿음이 충만한 사람이라 (24절)

'착하다'라는 말은 기본적으로 너그럽고 친절하다는 뜻이며, '성령과 믿음이 충만하다'라는 말은 마음의 중심이 하나님께 확고하게 자리잡혀 있어서 하나님께서 보시기에 믿음직하다는 뜻입니다.

여기서 우리는 잠깐 바나바의 인간됨을 살펴볼 필요가 있습니다. 앞에서 말씀드린 대로 바나바는 구브로에서 태어났습니다. 그의 원래 이름은 요셉이었으며, 예수를 영접한 후 자신의 생애를 송두리째 주님께 드렸습니다. 그는 설교를 아주 잘했습니다. 이 때문에 그는 '바나바', 즉 편안하게 하는 사람이라 불리게 되었습니다. 그가 '편안하게 하는 사람'이라 불린 것은 비단 그의 탁월한 언변과 설교 때문만은 아닐 것입니다. 그가 착한 사람이라고 설명된 것을 보면, 그가 말하고 행동하는 것이 주변 사람들에게 너그럽고 편안하게 느껴졌기 때문이 아닐까 생각됩니다. 즉, 그는 인간적으로 너그럽고 친절한 성품을 가졌다는 것이지요. 거기다가 마음의 중심이 하나님께 굳게 매여 있어서 좀처럼 흔들리지 않는 믿음의 소유자, 즉 하나님께서 보시기에 믿을 만한 사람이었습니다.

이것은 그의 생애를 보아도 쉽게 알 수 있습니다. 그는 예수를 구주로 영접한 후 자신의 생애를 송두리째 주님께 바쳤습니다. 또 자신의 재산을 팔아서 그 전부를 교회에 내놓았습니다. 이로 보건대 그가 비록 겉으로는 친절하고 온유하게 보인다 하더라도 속마음만큼은 누구에게 뒤지지 않을 만한 확신과 결단의 힘을 품었다 할 수 있겠습니다. 한마디로, 그의 겉모습은 온유하고 내면은 믿음으로 굳건했습니다. 흔한 말로 외유내강(外柔內剛)이라 할 수 있겠는데, 바나바의 이런 성품은 그가 안디옥에 온 후 이 지역에 더욱 많은 사람들이 하나님께로 돌아오는 결정적인 이유가 되었습니다.

누구에게나 친절한 태도는 그에게 다가오는 모든 사람의 마음을 열어 놓습니다. 친절하게 대하는 사람 앞에서 긴장하는 사람이란 없는 법이고, 또 그런 사람에게 화를 내는 일도 드뭅니다. 그러나 그가 친절하다고 해서 이것도 옳고 저것도 괜찮다는 식으로 줏대 없이 행동하는 것도 아니지요. 속은 분명히 있어서 어느 일에든지 확실한 의견이 있는 사람입니다. 이런 사람은 모든 사람에게 호감과 동시에 믿음을 줍니다. 이런 성품을 가진 사람은 예수를 전하는 데에서도 탁월한 장점을 발휘합니다. 하긴, 이런 성품이 어디에는 쓸모가 없겠습니까? 어디에나 필요한 성격이 아닐까요?

어쨌든 바나바의 이러한 성품이 또 하나의 사건에 긍정적으로 작용하게 되는데, 이 사건이 본문 25절에 이렇게 기록되어 있습니다.

바나바가 사울을 찾으러 다소에 가서 만나매… (25-26절a)

바나바가 어떻게 사울을 찾게 되었는지는 알려지지 않았습니다. 하지만 바나바는 사울이라는 한 청년을 기억해 냈습니다. 그러고는 사울이 조용하게 숨어 지내던 다소를 찾아갔습니다. 다소는 안디옥으로부터 약 13km 떨어진 곳입니다. 성경 학자들은 이때가 사울이 다소로 돌아간 지 적어도 10년 정도는 되었을 거라고 짐작합니다. 여기에는 설명이 조금 필요합니다.

사울은 아시다시피 다메섹으로 가는 길에서 예수님을 만나 회심했습니다. 그는 이 일 후에 활발하게 예수를 전했습니다. 그의 행동은 당연히 유대인들의 격렬한 반대를 불러왔습니다. 뿐만 아니라 교회 내부에서도 이를 못마땅하게 생각하는 분위기가 적지 않았습니다. 결국 교회는 사울이 일단 다소로 내려가서 조용히 지내는 것이 좋겠다고 결정했습니다. 이렇게 해서 사울은 고향인 다소로 내려갔습니다. 이 일이 있고 약 10년이 흘러서 바나바가 사울을 찾아갔다는 것이지요.

사울의 회심이 너무나도 극적(劇的)이긴 합니다만, 이 일이 있은 지도 벌써 10년이 지났습니다. 그리스도를 믿는 자들에 대한 박해가 점점 심해지고 있습니다. 동시에 사방에서 입이 벌어질 만한 하나님의 일들이 끊임없이 발생하고 있습니다. 이 상황에서 누가 사울을 기억하겠습니까? 그러나 바나바는 이 잊혀 가는 인물 사울에 주목했습니다. 그리고 그를 찾아가 만났습니다. 뿐만 아니라 바나바는 사울을 안디옥으로 데려가 그와 함께 안디옥 교회를 가르쳤습니다. 이 대목은 바나바가 얼마나 관대한 사람인지를 분명하게 보여 줍니다.

바나바의 사역

성경은 바나바와 사울의 일을 그냥 '가르쳤다'라는 말로 기록하지만, 그들의 사역은 그냥 쉽게 넘길 일이 아닙니다. 본문 26절을 보면 "제자들이 안디옥에서 비로소 그리스도인이라 일컬음을 받게 되었더라"라는 말이 나오는데, 여기서 우리의 눈길을 끄는 두 단어가 등장합니다. 바로, '제자'와 '그리스도인'이라는 단어입니다. "제자(μαθητής)"라는 말은 '배우는 사람'이라는 뜻입니다. 굳이 어렵게 설명하지 않더라도, 우리는 이 단어가 '예수의 가르침과 삶을 배우는 사람들'이라는 뜻임을 짐작할 수 있습니다. 다음으로 "그리스도인(χριστιανός)"이라는 단어입니다. 쉽게 풀면, '그리스도를 따르는 사람들'이라는 뜻입니다.

로마의 역사가 타키투스(Tacitus)가 '수치스럽고 간교한 것을 따르는 사람들'을 가리켜 '그리스도인'이라는 단어를 쓴 적이 있다고 합니다. 그 이후로, '그리스도인'이라는 단어에 얕잡아보거나 낮추어 부르는 듯한 어감이 담겨 있는 것이 사실입니다. 실제로 그랬을 가능성도 있습니다. 우리말에도 '예수쟁이'라는 말이 있지요. 우리나라의 역사에서 이 단어는 '무엇에든지 예수, 예수 하는', 즉 예수에 미친 사람들을 가리키는 말이었습니다. 사실 교회 밖에서 볼 때, 무슨 일에든지 예수 혹은 믿음을 갖다 붙이는 습성이 있는 우리를 정상으로 볼 리가 없을 것입니다. 그들의 눈에는 예수에 미친 사람, 혹은 예수에 편집증을 가진 사람들처럼 보이는 것도 무리는 아닐 것입니다. 뭐, 그런 비슷한 느낌으로 부르기 시작한 별명이 '그리스도인'이 아니었을까 짐작하는 것이지요.

어쨌든 이 무렵 안디옥에서 불리기 시작한 이 그리스도인이라는 호칭은 언젠가부터 예수를 따르는 사람들을 지칭하는 고유 명사가 되고 말았습니다. 역사가들의 연구에 따르면 이때 안디옥의 인구가 약 50만 정도였다고 하는데, 그 가운데 약 7분의 1이 그리스도인이었다는 것입니다. 본문 26절을 보면, 바나바와 사울이 안디옥에서 함께 일하면서 약 1년을 지냈다고 말합니다. 그러면, 이 1년 사이에 안디옥 인구 가운데 약 7만 명 정도가 예수를 믿게 되었다는 뜻으로 해석할 수 있겠습니까? 저는 아니라고 생각합니다. 이 통계가 맞다면 그것은 이 시기보다 훨씬 뒤의 자료일 거라고 저는 생각합니다. 그럼에도 불구하고 저는 이렇게 말씀드리고자 합니다. 적어도 이런 상황들이 뜻하는 것은 이때의 안디옥 교인들이 주변 사람들에게 결코 무시할 수 없는 비중을 지닌 그룹으로 받아들여졌다, 즉 그들이 불신자들에게 자신이 누구인가를 분명하게 인정받고 살아갔다는 것입니다.

그런데 우리는 여기서 그것보다 더욱 중요한 사실을 생각해야 합니다. 불과 1년에 불과한 바나바의 사역이 어떻게 이렇게 큰 열매를 맺어 가고 있는가 하는 것입니다. 물론 우리는 '성령께서 강력하게 일하셨기 때문'이라고 대답할 수 있습니다. 거기에다 사울이라고 하는, 예수에 자신의 생명을 내어 건 인물이 그를 도왔기 때문이라고 덧붙일 수 있습니다. 그럼에도 불구하고 저는 이 일에 바나바의 탁월한 성품이 적잖이 작용했을 거라고 말하고 싶습니다. 저는 앞서 바나바가 친절한 성품을 가졌다고 말했습니다. 그의 개방적인 성품은 안디옥 사람들을 이방인이라고 해서 차별하지 않았을 것이고, 그들에게 유대인의 전통을 강요하지도 않았을 것이라 짐작됩니다.

이 일은 결코 작지 않습니다. 지금 그는 예루살렘 교회의 대표로 내려와 있습니다. 그의 임무가 있지요? 어떻게 해서 이 지역의 이방인들이 예수를 믿고 세례도 받는지, 이 상황을 살피기 위해서 안디옥에 파견되지 않았습니까? 바나바가 만일 유대인의 전통에 사로잡힌 속 좁은 사람이었다면, 그 역시 여기에서 베드로처럼 이방인에 대해서 어느 정도 차별하는 태도를 보여 줬어야 하지 않았겠습니까? 그러나 바나바는 안디옥에 도착하자마자 이들이 예수를 믿게 된 사실에 기뻐했습니다. 그리고 그들이 더욱 굳건한 믿음을 가지도록 격려했습니다. 다시 말하지만, 예루살렘 교회가 바나바를 지목하여 안디옥으로 보낸 것은 참으로 절묘한 결정이었다는 것입니다.

함께 일하는 바나바

그의 성품이 더욱 빛나는 건, 그가 일할 때 누군가와 함께 일했다는 점입니다. 그것도 예전에 그렇게도 격렬하게 예수를 핍박했던 사람과 함께 말입니다. 잊혀 가는 인물, 청년 사울을 기억하고 그를 찾아가서 안디옥으로 데려옵니다. 뿐만 아니라 그에게 안디옥 교인들을 훈련하는 일을 맡겼습니다. 바나바가 예루살렘 교회에 허락이나 동의를 받고 이렇게 했을까요? 아니요, 사울을 불러 동역하는 일에 대해서 바나바는 나름의 확신과 계획이 있었던 것 같고, 따라서 그는 자신의 권한으로 이렇게 했을 것입니다.

이 사실은 바나바가 탁월한 개방성과 함께 분명한 사역의 원리를 갖고 있었음을 보여 줍니다. 그는 사울의 역할에 나름대로의 판단이 있었으며, 그 판단을 믿고 큰 결단을 내렸습니다. 그의 판단은 옳았습니다. 사울은 바나바를 도와 안디옥 교회를 성장시켰습니다. 여기서 더욱 중요한 사실이 있습니다. 사울이 이 일을 기점으로 교회의 역사에서 주목받는 인물로 등장하게 되었다는 것입니다. 사도행전 13장을 보면, 안디옥에서 1년 동안 사울과 함께 일한 바나바는 이 사울을 예루살렘 교회에 소개합니다. 이 일 후에 바나바는 사울을 자신의 동역자로 삼아 전도 여행에 나섭니다.

그렇게 전도 여행이 계속되면서 사울이 오히려 바나바의 비중보다 커지게 됩니다만, 어쨌든 기독교 역사 가운데 가장 주목받는 사람이라고 할 수 있는 사울을 세우는 데 있어서, 바나바가 이렇게까지 엄청난 공헌을 했다는 사실만큼은 부인할 수 없을 것입니다. 우리는 이런 일을 통해서 바나바의 사역 원리를 발견합니다. 바나바는 일할 때 결코 혼자서 하지 않았습니다. 그는 서슴없이 사울을 찾아가 동역을 요청했습니다. 그는 자기와 배경이나 성격이 전혀 달랐던 사울을 받아들였습니다. 그의 성품이 누구에게나 열려 있었기 때문에 가능했던 일입니다.

일을 잘하는 사람 가운데 혼자서만 일해야 하는 사람을 많이 봅니다. 일을 잘하는 사람은 능력이 있고, 능력이 있다 보면 남과 함께 일하는 것이 거추장스럽습니다. 자기만 해도 할 수 있는 일을 뭐 때문에 성격도 다르고 일하는 방식도 다른 사람과 갈등을 일으키면서까지 함께 하겠습니까? 차라리 혼자 일하고, 혼자 고민하고, 혼자 진행해야 마음이 편하지 않겠습니까? 그래야 일의 주체도 분명하고, 그래서 리더가 누구인지도 분명해서 명령 계통도 투명하게 보일 것 아니겠습니까? 그러나 보십시오. 하나님께서 한 시대의 일을 온통 한 사람에게만 맡기실 수 있겠습니까? 베드로가 능력이 뛰어나서 초대 교회의 일을 혼자 도맡았다고 한다면, 교회는 어떤 식으로 성장했겠습니까? 물론 잘할 수도 있었겠지요. 하지만 예루살렘 교회는 잘했을 것이라 하더라도, 다른 교회는 어떻게 되었을까요?

더 길어지지 않기 위해 여기서 더 나아가지는 않겠습니다. 하나님께서 예루살렘에서 시작해 땅끝까지 당신의 교회를 넓혀 가시는 원리는 마치 핵폭발 같은 것이었습니다. 한 사람을 변화시키시고, 그 사람을 통해서 그 옆 사람을 변화시키시고… 이렇게 해서 마침내 걷잡을 수 없는 핵분열과 같은 엄청난 에너지로 교회를 넓혀 가셨습니다. 여기에 위대한 사람들이 있어서 결정적인 역할을 해내긴 했습니다만, 전체적으로 보면, 교회의 역사는 모든 신자의 합이 시너지 효과를 일으킴으로써 그리된 것이라고 봐야 합니다. 실은 이 방법이야말로 하나님께서 선택하신 가장 좋은 방법입니다. 하나님의 목표는 한 교회와 한 지역이 아닙니다. 세상에 퍼져 살아가는 다양한 인종과 언어를 향해 복음을 선포하려면 한 교회, 한 인물에만 의존할 수 없다는 것이 너무나도 분명하기 때문입니다. 여기에서 주목해야 할 것은 바나바가 보여 준 것과 같은 '개방성'입니다. 타인과 함께 일하려는 자세, 다시 말해 자기와 다른 기질과 방식을 가진 사람을 넉넉하게 받아들이는 성품이 중요합니다. 이런 태도야말로 각자가 가진 개성들이 모여서 한 하나님의 일을 이룰 수 있도록 합니다.

안디옥 교회의 태도에서 우리가 배운다

본문 마지막에 기록된 짧은 역사에서도 우리는 같은 원리를 발견합니다. 안디옥 교회가 한창 성장할 무렵에 예루살렘 지역에 큰 흉년이 들었습니다. 이 소식을 들은 안디옥 교인들은 정성껏 헌금을 해서 이 헌금을 바나바와 사울 편에 전달했습니다. 이 시절을 살아가는 그리스도인들이 무슨 신앙의 자유를 허락받은 것도 아닙니다. 사실은 이 시절에 예수를 믿는다는 것은 곧 생존의 위협을 의미할 정도의 손해를 감수해야 했습니다. 이 시절에 그리스도인이 서울에서 부산만큼이나 먼 지역, 더군다나 혼자 잘난 척하고 뻐기는 유대인이 주축을 이루는 교회에 정성껏 구제 헌금을 보낸다는 것은 절대 쉬운 일이 아니었을 것입니다. 그러나 안디옥의 교인들은 예루살렘 교인들을 돕기 위해 정성을 다했습니다.

그들이 같은 민족이어서요? 아니지요? 오직 한 가지 이유가 있었습니다. 그것은 그들이 같은 하나님과 같은 구주를 믿고 있었기 때문입니다. 문화도 다르고, 지역도 다르고, 무엇이라도 같은 점은 별로 없었습니다. 그러나 오직 하나, 그들이 같은 신앙을 갖고 있다는 바로 그 사실 하나 때문에, 안디옥 교회 교인은 예루살렘 교회 교인을 기꺼이 도왔던 것입니다. 이방인이라 해서 차별받던 교인은 그 차별을 차별로 갚지 않았습니다. 안디옥 교인들은 오히려 사랑으로 그 차별을 갚았습니다. 예루살렘 교회 교인들이 안디옥 교회 교인의 구제 헌금을 받아 줄 때 어떤 마음을 가졌겠습니까? 어려움을 당할 때 받는 사랑처럼 감사한 것은 없습니다. 그 사랑처럼 사람의 마음을 여는 것도 없습니다. 따라서 예루살렘 교인들은 이 헌금을 받으면서 비로소 '우리가 믿음으로 하나가 되었다'라는 사실을 현실로 깨달았을 것입니다.

사울이 10여 년의 세월 속에 잊히는 사람이 되었을 때, 바나바는 그를 기억하여 손을 내밀었습니다. 그 손길을 통해서 사울이라는 걸출한 인물이 거듭날 수 있었습니다. 흉년으로 고통받는 예루살렘 교회 교인에게, 안디옥 교회 교인들은 정성 어린 도움으로 손을 내밀었습니다. 이로써 유대인과 이방인은 한 구주를 믿는 한 교회로 성장할 수 있었습니다. 한 인간의 크기에는 어쩔 수 없이 한계가 있는 법입니다. 그가 자신만의 능력으로 무엇을 하려 한다면, 그는 자신의 한계에 갇혀서 더 이상 뻗어 나갈 수 없을 것입니다. 그러나 그가 다른 사람과 함께 일한다면 그는 더 큰일을 할 수 있을 것입니다. 바나바가 그랬고, 안디옥 교회가 그러했습니다.

관용함으로써 남과 함께하고, 이로써 자신이 할 수 있는 일의 크기를 키우는 것, 이것이야말로 자신의 역량을 무한대로 키우는 비결입니다. 저는 여러분 가운데 오늘의 시대를 살아가는 바나바가 많았으면 좋겠습니다. 또, 여러분 각자의 교회가 안디옥 교회같이 '돕는 교회', '사랑을 베푸는 교회', '열린 교회', 그래서 다른 교회와 함께 더욱 큰일을 이루어 가는 교회가 되면 좋겠습니다. 하나님께서 우리를 그렇게 사용해 주시기를 간절히 바랍니다.

22 감옥을 여신 하나님
행 12:1-19

이 사건의 특징과 의미에 관하여

성경을 읽다 보면, 물론 다른 책도 마찬가지지만, 어떤 사건이 특별히 아주 길게 기록된 경우를 보게 됩니다. 이런 경우에 우리는 '이 부분이 지금 중요한 뭔가를 말하는구나!' 하고 생각합니다. 이런 판단은 대부분 옳습니다. 사도행전 12장 본문의 사건 같은 경우만 하더라도 그렇습니다. 본문의 내용은 베드로가 감옥에 갇혔다가 하나님의 도우심으로 풀려났다는 내용입니다. 사실 아주 간단한 내용인데도 불구하고 이 부분이 비정상적일 만큼 자세하고 길게 기록되어 있습니다. 그러니까, 이번 본문은 '베드로가 기적같이 감옥에서 풀려나왔다'라는 사실만을 말하려는 게 아니라는 뜻입니다. 베드로가 감옥에서 풀려나온 이 사건을 통해서 도대체 하나님은 무엇을 말씀하시려는 걸까요?

이 점을 잘 이해하려면, 먼저 본문의 구조와 그 특징을 살펴봐야 합니다. 본문은 여기에 등장하는 인물들이 이 사건에 대해서 전혀 아는 것이 없었다는 점을 강조합니다. 먼저 12장 7절을 보면, 베드로는 감옥에 갇혀서 잠을 자고 있었습니다. 천사가 감옥으로 들어와 베드로를 깨우는데 그가 얼마나 깊이 자고 있었던지, 그의 옆구리를 세게 쳐서 깨웠다고 말합니다. 이어지는 구절들은 베드로가 잠을 자다가 얼떨결에 일어나 허둥대는 모습을 있는 그대로 보여 줍니다. 천사가 신을 신으라 하면 신고, 겉옷을 들고나오라 하면 또 그대로 합니다. 이런 광경들은 베드로가 자신이 풀려날 것이라는 사실을 전혀 몰랐다는 것이겠지요. 그는 감옥을 지키는 관문을 두 번이나 지나치고, 길로 난 쇠 대문마저 열쇠도 없이 통과하고서, 마침내 거리를 나섰습니다. 그러고 나서 한 블록을 더 걸어간 후에야 비로소 자기가 꿈을 꾸는 것이 아니라는 사실을 깨달았습니다.

마가의 다락방이라 알려진 집에서도 같은 상황이 벌어집니다. 집에서 일하던 하녀는 베드로의 음성을 듣고서 그인 줄 알았음에도 문을 열어 주지 않고, 그대로 사람들에게 돌아갑니다. 아마, 베드로가 진짜로 온 게 아니라 이미 죽어서 그 귀신이 왔다고 생각한 게 아닌가 싶습니다. 하녀의 전갈을 들은 사람들도 처음에는 하녀가 미친 게 아닌가 하고 생각했습니다. 거듭해서 사실이 그렇다고 주장하자 그들은 "그러면 그의 영이 온 것 같다"라고 했습니다. 그들은 베드로가 갇힌 후 그를 위해서 기도하던 사람들이었습니다. 무슨 기도를 했겠습니까? 베드로를 지켜 달라고, 어쩌면 베드로가 풀려나게 해 달라고 기도했을 것입니다. 그럼에도 불구하고 그들은 풀려난 베드로를 집 문밖에 그대로 세워 놓고서 이 사실을 믿을 수 없었던 것입니다.

이런 사실들은 이 사건의 등장인물들이 베드로가 풀려나는 사건에서 능동적인 역할을 하지 않았음을 보여 줍니다. 다시 말해서, 이 사건은 인간이 미리 계획했거나 진행한 것이 전혀 아니라는 점을 강조하는 것이지요. 그렇다면 본문은 무엇을 말하려는 것일까요? 본문의 주인공은 하나님이십니다. 즉 하나님께서 계획하시고, 하나님께서 실행하신 한 편의 드라마를 우리가 보고 있다는 것입니다.

세상의 핍박에 대한 하나님의 선언

본문 1절을 보면 이런 기록이 있습니다.

그때에 헤롯 왕이 손을 들어 교회 중에서 몇 사람을 해하려 하여 (1절)

당시 유대 지역의 통치자는 헤롯 왕이었습니다. 그는 역사책에서 아그립바 1세(Agrippa I, A.D. 37-44)로 알려진 인물입니다. 그는 헤롯 대왕의 손자로서, 로마 황실과 친한 사이였습니다. 주후 41년경 갈리굴라 황제가 암살된 후, 글라우디오가 황제가 되는 데 공헌한 대가로 유대와 사마리아 지역의 통치권을 분양받게 되었습니다. 이렇듯이, 그의 권력 배경은 로마 본토에 있었습니다. 이 말인즉슨, 유대와 사마리아 지역에서 그의 지지 기반이 그만큼 허술했다는 뜻입니다. 따라서 그는 유대인들의 인기를 얻는 데 신경을 쓰지 않을 수 없었습니다. 이를 통해서 우리가 짐작할 수 있는 것은 요한의 형제인 야고보를 죽인 것이 기독교라는 신흥 종교에 대해 어떤 신념이 있어서가 아니었다는 것입니다. 단지 유대인들이 기독교인들을 싫어한다는 이유만으로 탄압하려 했다는 것입니다. 야고보가 순교한 후, 헤롯 왕은 유대인의 반응을 살펴보았습니다. 유대인들은 야고보가 죽은 것에 대해 매우 기뻐했습니다. 헤롯 왕은 그들의 환심을 사기 위해 이제는 베드로마저 잡아 죽이려 했습니다.

자, 이것이 본문의 역사적 배경입니다. 그러니까 이번 본문은 두 개 그룹의 갈등이 기본적인 구조를 이룹니다. 헤롯과 유대인이 갈등의 한쪽에 있고, 그 반대편에 하나님이 계십니다. 그리고 헤롯과 유대인들은 야고보를 죽이고, 이어서 베드로를 죽이려 합니다. 이는 야고보와 베드로가 죽을죄를 지었기 때문이 아닙니다. 예수와 예수교인, 그리고 신흥 종교 세력이 되어 날로 걷잡을 수 없이 퍼져 가는 기독교회가 미웠기 때문입니다. 그러나 하나님께서 보시기에 이것은 명백히 당신에 대한 도전이었습니다. 하나님께서 이에 대해서 가만히 있을 수 없지요? 하나님께서는 헤롯과 유대인들의 탄압에 대해 분명한 메시지를 전달하셨습니다. 하나님께서는 그 엄중한 감시를 뚫고서 베드로를 아주 손쉽게 빼내 주셨습니다. 이것은 명백한 하나님의 승리입니다.

사도행전의 앞부분에서 우리는 세상이 어떻게 반대하고, 방해하려 한다고 하더라도 하나님의 계획표를 막을 수는 없다는 사실을 배웠습니다. 그리고 본문은 한층 더 큰 방해의 세력을 소개합니다. 헤롯 왕이 교회를 핍박합니다. 여태까지의 방해 세력이 주로 유대인들이었다면, 이제부터는 당시의 세계를 지배하던 로마의 정권이 교회를 핍박하게 될 것입니다. 이 박해는 마침내 로마 황제 자신이 직접 주도하게 될 것입니다. 이것이 교회를 방해하는 세력의 라인업(line-up)인 셈이지요. 여기서 우리가 볼 수 있는 것은 교회를 탄압하는 세력이 점점 더 강해진다는 사실입니다. 그리고 이들의 작전 역시 점점 치밀해져서, 신자들이 도무지 숨을 쉴 수 없을 상황이 되어 갈 것입니다.

이번 본문이 역사적인 순서를 따라서 기록되었다면, 앞 장에서 생각한 사울 이야기는 대략 주후 44년경의 일입니다. 초대 교회의 신자들은 앞으로 약 20년 후에 네로 황제의 대박해를 경험하게 될 것입니다. 이것이 그들의 운명이었습니다. 그러나 교회를 성장시키려는 하나님의 계획은 세상이 도저히 막을 수 없습니다. 그 계획은 이미 오순절 이후 이들의 방해에도 불구하고 착착 이루어져 가고 있었고, 예루살렘, 사마리아, 안디옥, 그리고 소아시아 지방에 이르기까지 교회는 확장되어 가고 있었습니다. 세상은 그들을 미워하고 반대하며 핍박하지만, 하나님의 계획은 절대 실패하지 않습니다. 세상이 교회를 핍박하면 예수의 제자들은 일시적으로 흩어집니다. 이로써 세상은 일시적으로 승리한 것 같지만, 사실은 아닙니다. 핍박을 피해 멀리 도망간 신자들은 거기에서도 예수를 전합니다. 그리고 거기에서도 하나님께서 활동하심으로써 오히려 예수를 믿는 자들이 더욱 늘어납니다.

그러므로 베드로의 탈옥 사건은 하나님의 이러한 선언을 공표한 것입니다. "너희들이 아무리 반대하고 핍박하고 죽여도 어쩔 수 없다. 나는 나의 시간표를 따라 이 세상에 나의 교회를 세울 것이다!"

하나님의 파트너로서의 신자들에 관하여

그런데 본문에서 우리가 유심히 살펴야 할 것이 있습니다. 이런 하나님의 계획에 비할 때, 신자들의 상황은 어떠했는가 하는 것입니다. 정직하게 말하면, 이들은 하나님의 원대한 계획에 대한 파트너로서는 부족했다고 보입니다. 야고보가 순교하고 베드로가 잡혀갔을 때, 이들은 염려도 하고 기도도 했습니다. 그들은 이미 몇 년 전부터 하나님께서 교회를 부흥시키시는 모습을 봐 왔습니다. 그들 가운데 어떤 사람들은 이 역사적 현장에 있었을 것이고, 어떤 사람들은 이 사실에 관해 전해 들었을 것입니다. 그러나 인간은 과거를 잘 잊습니다. 이들은 하나님의 크신 역사를 몇 번이나 경험하고서도 무기력했습니다.

베드로를 위해서 기도하던 이들은 베드로가 집으로 찾아왔는데도 그 사실을 인정할 수 없었습니다. 베드로가 찾아온 것 같다는 하인의 말을 듣고서, 이들은 이렇게 말합니다. "너, 미친 거 아냐?" "베드로의 수호천사이겠지." 사람들이 이렇게 허둥대는 와중에 베드로는 계속해서 문을 두드렸습니다. 그제야 이들은 문을 열고 밖에 서 있는 베드로를 맞아들였습니다. 이런 모습은 이들의 믿음을 있는 그대로 보여 줍니다. 하나님의 계획에 비한다면, 이들의 믿음은 얼마나 형편이 없습니까? 이들의 믿음은 하나님께서 이적을 베푸실 때 열광적이었다가 조그마한 어려움이 닥치면 언제 그런 일이 있었냐는 듯이 금세 쪼그라듭니다.

제가 이들의 믿음을 너무 과소평가하는 것일까요? "목사님도 그런 상황을 직접 겪어 보세요. 그런 말이 나올 수 있나…." 사실, 제 믿음도 이들 정도밖에 안 된다는 것이 솔직한 제 고백입니다. 어쩌면 제 믿음은 본문에 나온 사람들만 못할지도 모릅니다. 제가 예수를 믿는다고 감옥에 가고 두들겨 맞는다면, 그래도 예수 믿는 일을 포기할 수 없다고 말할 수 있을지, 솔직히 자신이 없습니다. 예수님을 통해서 여러 가지 은택과 사랑을 경험한 저이지만, 핍박과 고통에도 불구하고 예수 믿겠다고 말할 용기가 없다는 말씀입니다. 성경은 인간이 얼마나 나약한지를 정직하게 보여 줍니다. 우리 믿음의 조상들이 그랬고, 그들의 자손인 유대인들도 그랬습니다. 예수님의 제자들이 그랬고, 예루살렘 교회의 교인들이 그랬습니다. 역사 가운데 여러 명의 위대한 선배들이 있었지만, 그들 모두가 온전하지는 못했습니다. 이것이 하나님의 원대한 계획을 이룰 하나님의 파트너로서 우리의 모습입니다.

그러면, 이 사실이 우리에게 말하려는 것은 무엇입니까? 우리의 형편 없음? 그래서 하나님의 계획이 이루어지기 어렵겠다는 것일까요? 아니지요. 오히려 그 반대입니다. 예수 그리스도를 머리로 하는 교회를 일으켜, 마침내 온 민족과 백성이 하나의 이름으로 하나님을 찬양하는 세계로 회복하시겠다는 하나님의 계획은 확고합니다. 하나님의 계획은 그 일을 이루어야 할 파트너, 인간들의 부족함에도 불구하고 기어이 진행됩니다. 이것이 바로 본문이, 아니 성경이 일관되게 증거하는 메시지입니다. 따라서 우리는 이렇게 역설적으로 말해야 합니다. "하나님의 일은 기어이 이루어질 것이다." "이 일은 인간의 부족함과는 상관없이 이루어질 것이다." 신자의 믿음 없음과 부족함은 하나님의 일을 이루는 데 방해되는 문제가 아닙니다. 오히려, 하나님의 전능하심을 더욱 명백하게 보여 주는 배경입니다.

우리의 현실에서 놓치지 않아야 할 일에 관하여

이런 가르침을 받고서 다시 본문을 바라보는 순간부터 여러분은 이 본문이 바로 우리를 이야기하고 있음을 깨닫게 될 것입니다.

우리는 예수를 믿는 사람들이며, 오늘도 어제도 앞으로도 하나님께 우리의 필요나 소원을 위해 기도할 것입니다. 그러나 그것을 이루어 달라고 하나님께 아뢰면서도 우리는 그 기도가 과연 이루어질 것인지에 관하여 진지하게 생각하지 않습니다. 그리고 우리는 우리를 통해서 하나님의 이 원대한 구속 사역이 이루어질 것인지에 관해 도무지 자신할 수 없음을 고백하게 될 것입니다. 아주 정직하게 말해, 우리를 통해서 하나님의 나라가 이루어질 것이냐보다도 내 문제를 하나님께서 내가 바라는 대로 이루어 주실 것이냐에 더 관심이 있는 것입니다. 이것이 솔직한 우리의 상황입니다.

하나님의 일은 아직 끝나지 않았습니다. 그의 나라가 이루어지려면 얼마나 더 있어야 할지 모릅니다. 우리는 연약합니다. 이렇게 도저히 수습 불가능한 상황에 대해 하나님께서는 당신의 계획을 포기하실까요? 저는 아니라고 믿습니다. 하나님의 나라를 이루기 위한 열차는 여태 달려왔고, 앞으로도 달릴 것입니다. 이 열차는 마침내 정확하게 목표 지점에 도달할 것입니다. 이것이 사도행전의 본문이 선언하는 배짱 있는 선언입니다. "상황이 어떠하더라도 나는 기어이 이룰 것이다!" 이것이 하나님의 선언이라면, 우리가 할 일은 무엇이겠습니까?

　지금 우리는 베드로의 문제를 놓고 기도하고 있는 마가의 집으로 찾아가야겠습니다. 이들 가운데는 아마 병자를 낫게 했던 사도도 있을 것이고, 심지어는 예수께서 이적을 베푸실 때 그 현장에 있었던 사람도 있을 것입니다. 그러나 이들은 헤롯 왕이 서슬 시퍼렇게 박해하자 무기력하게 숨어서 기도하고 있었습니다. 이들은 베드로가 풀려나왔을 때도 그 사실을 현실로 받아들일 수가 없었습니다. 얼마나 겁에 질렸으면 그랬겠습니까? 이들의 모습이 바로 우리의 모습 아니겠습니까? 그러나 그들이 그럼에도 불구하고 희망을 완전히 놓지는 않았습니다. 그들의 희망은 그들이 기도하는 모습에서 찾아볼 수 있습니다. 사실은 기도야말로 그들이 할 수 있는 유일한 실마리였던 것입니다.

　제가 간증하고 싶은 것이 하나 있습니다. 지난 주간에 제게는 크다면 큰 결심을 해야 할 일이 있었습니다. 우리 교회는 10월에 아주 큰 음악회를 계획하고 있는데, 그 규모에 있어서 이전의 음악회와는 많이 다르게 계획되고 있습니다. 간단히 말씀드리자면 이번 음악회는 약 600석 규모의 극장을 빌려서 치러질 것입니다. 그런데 지난 주간에 이 극장을 대여하려고 하면서 차마 쉽게 결정하기 어려운 사건이 벌어졌습니다. 저는 우리가 이번에도 자선 음악회를 치르기 때문에 대여료의 3분의 1 정도를 할인받을 수 있지 않을까 기대했습니다. 그런데 구두로 알아본 바에 따르면, 이번 음악회 때는 할인을 전혀 받을 수 없다는 소식을 들었습니다. 뿐만 아니라 이 일과 관련된 시설 관리비 등을 포함하면, 우리는 이번 음악회를 위해 극장에만 약 1,700유로를 지불해야 할 상황이 된 것입니다.

사실, 이런 상황을 들으면서 저는 한숨 쉴 수밖에 없었습니다. 솔직히 모든 것을 낙관적으로 생각하고 여기까지 이른 제가 화가 나기도 했습니다. 그래서 '아이고, 어쩌면 좋단 말이냐!' 하는데, 옆에서 이 소리를 듣던 아내가 이렇게 물어보더군요. "여보, 당신 이래도 꼭 해야 해?" 물론 저는 "응, 그래도 할 거야"라고 대답했습니다만, 그 순간 제가 붙들려고 했던 생각은 오직 하나였습니다. 아니, 오직 하나이기를 바랐습니다. 그것은 '이 일이 하나님께서 원하시는 걸까?' 하는 생각이었지요. '하나님께서 원하신다면 한다, 아니 하나님께서 원하신다면 어떤 일이든 반드시 되어 갈 것이다.' 이 사실에 대한 확신만 있다면 돈이 문제이겠습니까, 아니면 사람이 문제이겠습니까? 물론 앞으로도 문제들이 많이 발생할 것이지만, 저는 이 문제를 놓고 오직 이 하나만 부여잡고 판단할 것입니다. '하나님께서는 어떻게 생각하실까?' 그분이 허락하신다면, 반드시 될 것입니다. 그분께서 계획하셨다면, 이루어지지 않을 것이 어디에 있겠습니까?

그래도 기도해야 한다

또 한 가지. 어제 저는 '볼레로'라는 카페에 갔습니다. 한국에서 온 처제와 마지막 저녁 식사를 하러 나갔는데요. 경치는 여전히 좋았습니다만, 어제 내내 오락가락 하면서 만만찮은 비가 내렸습니다. 저는 그 빗속에서 저녁을 먹었는데, 문득 이런 생각이 들더군요. '내일 비 오면 어뗗게 하지?' 사실 우리 교회 찬양대가 독일 교회와 함께 예배도 드리고, 예배 후에는 바비큐도 먹게 되어 있었거든요. 독일 교회 예배는 모처럼 교회 마당에서 치러질 것이고, 바비큐 역시 그러합니다. 여기에 비가 온다는 것은 참으로 난감한 일 아니겠습니까? 그러나 이런저런 염려가 일어날 때마다 저는 태연스럽게 이렇게 스스로 대답하곤 했습니다. "비 와도 된다. 처마도 있는데 뭘…."

워낙 우리 교회의 그릴은 때마다 비와 연결되어 있었기 때문에 이제는 간담이 커져서 이렇게 된 것 같습니다. 그러나 더욱 중요한 사실은 제가 걱정할 때마다 놓치지 않으려 했던 어떤 끈이 있었다는 것입니다. 그것은 '하나님께서 하기를 원하시면 할 수 있다. 비가 무슨 상관이냐, 우리가 즐거운 마음으로 이 일을 하면 되는 거지'라는 생각이었습니다. 제가 이런저런 일을 이렇게 말하는 것은 제가 무슨 배짱이 크다거나 통이 크다는 점을 보여 주려는 것이 아닙니다. 오히려 우리의 믿음이 이처럼 자잘한 일에도 엎어지거나 고민할 수밖에 없을 만큼 시원찮다는 것, 그리고 우리 믿음의 스케일이 이런 문제들에 파묻혀서 어디에서도 하나님의 나라를 발견하기 어렵다는 것을 말하려는 것입니다.

우리는 하나님의 자녀이며, 따라서 우리는 우리를 통해 하나님의 영광이 드러나기를 바랍니다. 이것이 우리의 기도 제목이기도 합니다. 그러나 우리가 기도하고 바라는 하나님의 영광은 기껏해야 나의 졸업 연주나 취직하는 것이고, 잘해 봐야 오늘 비 안 오는 것, 또는 이번 음악회에 1,700유로를 어떻게든 해결하는 것입니다. 이 한심하고 하품 나는 믿음, 그리고 이런 '나'를 통해서 도대체 하나님께서는 어떻게 저 '하나님의 나라'를 이루실까요? 정말 모를 일 아닙니까? 사도행전이 보여 주는 멋진 장면을 기억합니까? 성도들이 기도하면 하나님의 보좌가 진동하면서 이적이 일어납니다. 이런 멋진 장면은 도대체 언제쯤이나 벌어질 것이며, 이런 장면에 비한다면 우리의 현실은 얼마나 하찮고 개인적인 일에 묶여 있는 것일까요?

그러나 우리는 다시 이 지점에서 다짐해야 합니다. 그래도 우리는 기도해야 합니다. 그 기도가 비록 조잡스럽게 나의 장래만을 위한 것이라도 말입니다. 우리를 통해 하나님의 나라를 이루는 일은 오직 하나님만이 하실 일입니다. 기도하면서도 베드로가 풀려나올 것이라고까지는 믿지 못한 그들의 모습이 바로 우리의 모습 아닐까요? 우리는 반드시 그 일을 목격하게 될 것입니다. 그분께서 작정하시고 시작하셨으니, 반드시 이루어질 것입니다. 그때가 될 때까지, 우리는 기도하며 기다려야 합니다. 기도하면서 인내하며, 그 가운데 소망의 끈을 놓지 마십시오. 이 별 볼 일 없는 나를 통해서 이적을 이루시는 하나님의 능력을 마침내 경험하실 것입니다. 하나님의 능력을 '신비'라고 일컫는 이유가 바로 여기에 있습니다. 우리 모두가 그 신비로운 기쁨을 누리게 되기를 축복합니다.

23
하나님께서 움직이신다
행 12:20-13:3

헤롯의 전성기

본문은 두 개의 이야기를 말합니다. 하나는 헤롯에 관한 이야기이며, 또 하나는 사울과 바나바가 처음으로 전도 여행을 떠난 이야기입니다. 먼저 첫 번째 이야기, 헤롯에 관한 이야기를 보겠습니다. 헤롯은 유대 지역에 지지 기반이 약했기 때문에 유대인들의 인기에 신경을 써야 할 처지였습니다. 그래서 그는 타겟을 하나 잡았습니다. 이들을 희생시킴으로써 인기를 얻으려고 했습니다. 그가 지목한 희생양은 당시 사회를 떠들썩하게 만드는 한 그룹, 즉 '교회'였습니다. 헤롯은 야고보 사도를 죽였습니다. 예수의 죽음과 부활 이후 기독교회는 가는 곳마다 유대교와 충돌을 일으켰기 때문에, 유대인들은 이것을 크게 기뻐했습니다. 반응이 괜찮아 보이자, 헤롯은 다시 베드로와 같은 교회 지도자들을 잡아들입니다. 그러나 그는 실패합니다. 베드로가 제 발로 감옥을 걸어나가 버렸기 때문입니다.

헤롯의 기분이 아주 꿀꿀했겠지요? 그러나 헤롯에게 금방 기분 좋은 일이 생겼습니다. 두로와 시돈의 사절들이 찾아왔기 때문입니다. 이유는 잘 모르지만, 성경은 헤롯이 이들을 아주 싫어했다고 말합니다. 그럼에도 불구하고 이들이 헤롯을 찾아올 수밖에 없는 이유가 있었습니다. 헤롯은 두로와 시돈 지역에 식물을 보내지 않았습니다. 말하자면 헤롯은 두로 및 시돈 지역과의 곡물 교역(交易)을 금지했다는 것입니다. 그들도 헤롯이 자신을 미워하기 때문임을 알았을 것입니다. 하지만 그냥 앉아 있을 수는 없었습니다. 유대에서 나는 곡식이 꼭 필요했기 때문입니다.

두로와 시돈의 사절들은 예루살렘의 '블라스도'라는 인물을 찾아와 붙잡고 늘어집니다. 블라스도는 헤롯의 침실을 책임질 정도로 왕의 신임을 받는 인물이었습니다. 사절들은 블라스도를 자기편으로 만들었습니다. 그리고 그를 통해서 다시 교역할 수 있게 해 달라고 헤롯에게 간청했습니다. 예나 지금이나, 아첨을 싫어하는 사람은 없습니다. 결국 헤롯은 시돈과 두로 사람들의 간곡한 청을 받아들입니다. 그리고 그들이 보는 앞에서 '날'을 잡아 이벤트를 엽니다. 이들이 보는 앞에서 백성을 불러 모으고 일장 연설을 했습니다.

이 '날'에 관해서는 두어 가지 의견이 있습니다. 하나는, 유대가 두로 및 시돈과 평화 협정 맺은 것을 기념하는 날이었다는 의견입니다. 또 하나는 글라우디오 황제가 이 무렵 영국으로 원정을 갔다가 승리하고 돌아온 것을 기념하는 날이었다는 의견입니다. 어느 것과 연결되어 있는지는 잘 모르겠습니다. 어쨌든 요세푸스라는 역사가의 기록을 보면, 이 날 헤롯은 은으로 된 화려한 옷을 입고 연설을 했다고 합니다. 그런데 그가 연설할 때 해가 비치면서 은으로 된 옷이 번쩍거리자, 아첨꾼들이 왁자지껄하면서 헤롯을 신처럼 떠받들었다는 것입니다. 본문은 이렇게 말합니다.

이것은 신의 소리요 사람의 소리가 아니라 (22절)

헤롯의 기분이 어떠했을까요? 아주 좋았겠지요? 정말 아첨꾼들의 말처럼 마치 자기가 신이나 된 듯이 들뜨지 않았겠습니까? 그러나 유대인이 공공연히 이방인 통치자인 헤롯을 신이라고 추켜세우지는 않았겠지요. 어쩌면 이날의 연설 행사에 참석한 두로와 시돈 사람들이 그렇게 말했을 가능성이 더 큽니다. 하지만 본문은 헤롯의 반응을 이렇게 적어 놓았습니다.

헤롯이 영광을 하나님께로 돌리지 아니하므로 (23절)

헤롯이 어떤 방법으로 하나님께 영광을 돌리지 않았는지는 기록되어 있지 않습니다. 하지만 짐작할 수 있는 장면은 있습니다. 번쩍이는 옷을 입고서 연설하는 헤롯을 신처럼 보인다고 청중들이 요란스럽게 아첨할 때 그는 이 말들을 당연하게 받아들였을 것입니다. 이때 헤롯은 거들먹거리면서 자기의 권력을 과시했을 게 틀림없습니다.

헤롯의 비참한 종말

헤롯의 태도는 하나님을 분노하게 했습니다. 우리는 사도행전 14장에서 이와는 반대되는 장면을 봅니다. 바울과 바나바가 루스드라에서 전도할 때 사람들에게 '신'이라는 칭호를 들었습니다. 그때 두 사람은 자신들의 옷을 찢으면서 절대 그렇지 않다고 말했습니다. 그에 비하면 헤롯의 태도는 얼마나 오만합니까? 자신만의 힘으로 올라간 권력의 자리도 아니지요? 속으로는 유대인의 눈치를 보는 불안한 자리에서 유대를 다스리지 않습니까? 그런데 아주 잠깐의, 그것도 진심이 아닌 아첨 소리에 우쭐해서는 조그만큼의 겸손도 보이지 않았습니다. 야고보서 4장 6절은 이렇게 말합니다.

… 그러므로 일렀으되 하나님이 교만한 자를 물리치시고 겸손한 자에게 은혜를 주신다 하였느니라 (약 4:6)

또 베드로전서 5장 5절은 이렇게 말합니다.

… 하나님은 교만한 자를 대적하시되 겸손한 자들에게는 은혜를 주시느니라 (벧전 5:5)

그리고 본문은 이 헤롯의 운명을 이렇게 기록했습니다.

··· 주의 사자가 곧 치니 벌레에게 먹혀 죽으니라 (23절)

역사가 요세푸스에 따르면, 헤롯은 이날 갑자기 복통이 나서 앓다가 닷새 후에 죽었다고 말합니다. 성경이 말하는 이 벌레가 무엇인지는 잘 모르겠지만, 유대 지방을 다스리던 헤롯 왕이 그 작은 벌레에 먹혀 죽었다는 기록은 충분히 우리의 관심을 끕니다. 이 말씀은 인간의 권력이 하나님의 능력 앞에서 얼마나 무력한지를 잘 보여 주는 표현일 것입니다.

인간이 인간 앞에 설 때는 서로 비교하면서 높낮이를 잴 수 있을 것입니다. 많이 가진 자와 높은 자리에 앉은 사람이 그보다 못한 사람을 볼 때 기분은 좋겠지요. 하지만 그것은 거짓입니다. 인간의 높고 낮음은 어디까지나 인간끼리의 문제일 뿐입니다. 인간은 하나님의 피조물입니다. 따라서 인간의 진정한 가치와 존엄은 하나님이라는 절대적인 기준 위에서 평가될 수밖에 없습니다. 이 진리를 깨닫지 못하는 사람의 운명은 하나님의 손에 넘겨질 것입니다. 간단하게 말하자면, 누구든지 자기 주제를 잊고서 까불면 좋지 않다는 것입니다. 헤롯은 사람의 아첨에 넘어가서 자기의 위상이 정말 하나님의 수준에 도달한 것으로 착각했습니다. 그의 운명은 하찮은 벌레에 의해 죽는 것으로 끝났습니다.

그리고 헤롯의 죽음이 보여 주는 또 하나의 메시지가 있습니다. 헤롯은 교회를 박해했습니다. 교회를 박해함으로써 자신의 권력을 확고하게 하려 했습니다. 그러나 그의 시도는 어느 쪽으로도 성공하지 못합니다. 그는 자신의 권력을 지키지도 못했고, 교회를 없애지도 못했습니다. 그가 잊은 것이 있지요. 권력도, 교회도, 자기가 어찌할 수 있는 것이 아니라는 것입니다. 권력이든 교회든, 하나님의 관할 아래 있습니다. 하나님의 허락이 아니면 권력을 누릴 수 없으며, 하나님의 계획이 아니면 누구도 교회를 움직일 수 없습니다. 헤롯은 베드로가 감옥에서 걸어 나올 때 이 사실을 깨달아야 했습니다. 또 두로와 시돈 사람들이 자기를 신으로 추켜세울 때 자신의 한계를 인정해야 했습니다. 헤롯의 비참한 죽음은 이 모든 사실을 깨닫지 못한 결과였던 것입니다. 사도행전 13장 마지막의 간략한 역사는 이 모든 것을 움직이는 최종적인 권능이 오직 하나님께 있음을 선언합니다.

복음의 확장이 본격적으로 시작되다

자, 이제 우리는 본문의 두 번째 이야기에 접어들게 됩니다. 사도행전 14장 1절을 보면, 안디옥 교회는 이 무렵 상당히 안정되었음을 알게 됩니다. 안디옥 교회는 1년여에 걸친 사울과 바나바의 사역을 통해서 아주 빠르게 성장했다고 이미 말씀드린 적이 있었는데, 이 무렵 안디옥 교회에는 여러 명의 교사와 선지자가 있었습니다. 뿐만 아니라 이들 가운데에는 상당히 높은 지위를 가진 사람들도 있었습니다. 이것은 안디옥 교회가 이미 여러 직분으로 나뉜 조직에 의해서 운영되었음을 말하며, 이 교회가 이미 안디옥 지역에서 상당한 영향력을 갖고 있었다는 뜻입니다.

안디옥 교회는 이때 금식 기도를 하고 있었습니다. 그런데 하나님께서 금식하는 이들에게 이렇게 말씀하셨습니다.

… 성령이 이르시되 내가 불러 시키는 일을 위하여 바나바와 사울을 따로

세우라 (행 13:2)

성령께서는 바나바와 사울이 복음 전하기를 원하셨습니다. 안디옥 교회는 성령께서 말씀하신 대로 순종했습니다. 안디옥 교회는 바나바와 사울을 통해서 이처럼 성장했습니다. 바나바와 사울은 안디옥 교회의 처음부터 그때까지 그 교회를 섬겼습니다. 교인들의 입장에서나 바나바와 사울의 입장에서나, 모두가 서로에게 필요한 존재였습니다. 지금까지 잘 인도해 온 지도자를 교회가 훌쩍 떠나보내기 쉬웠겠습니까? 눈물과 땀을 흘려 섬기던 익숙한 교회를 사울과 바나바가 쉬이 떠나고 싶었겠습니까? 사역자든 교회든 현재 상황에서 안디옥 교회가 더 안정되고 더 성장하기를 원했겠지만, 성령께서는 복음이 세계를 향해 더 뻗어 가기를 원하셨고 이 일을 위해서 사울과 바나바를 선택하셨습니다.

이 일의 결과에 관해서 우리는 앞으로 계속 배우게 될 것입니다. 따라서 저는 이 본문이 말하려는 메시지에 관해서만 언급하겠습니다. 우리는 지금까지 교회가 어떻게 세워져서, 어떻게 뻗어 가는지를 생각해 왔습니다. 이 지점에서라도 분명히 말할 수 있는 것은, 이 모든 역사의 배경에 하나님의 구체적인 계획과 세밀한 간섭이 있었다는 점입니다. 다시 말해, 교회는 오로지 하나님의 설계도와 실행 계획에 의해 움직여 가고 있다는 것입니다. 이 점에 있어서는 세상의 역사도 마찬가지입니다. 교회 밖에서는 유대인이 사회를, 헤롯이 정치를 움직여 가는 것처럼 보입니다. 그러나 그것은 사실이 아닙니다. 사회도, 역사도, 정치도,

권력도, 모든 것이 하나님의 지혜와 권능을 따라 오직 그분의 계획을 이루기 위해 전진해 가고 있습니다. 헤롯이든 유대인이든 이 흐름을 거스르는 것은 파멸할 수밖에 없습니다. 하나님의 뜻을 거스르는 것은 하나님의 대적이며, 따라서 하나님의 심판을 받게 될 것이기 때문입니다.

이로써 우리는 이제 결론을 향해 가기 위한 전환점에 도달하게 되었습니다. 본문에서 우리가 깨달아야 할 진리는 이 세상의 역사와 권력, 그리고 그 안에 존재하는 교회, 이 모든 것들이 오직 하나님의 능력에 의존하고 있다는 사실입니다. 12장의 마지막에서는 헤롯을 둘러싼 정치와 역사의 무대에서 이 진리가 진리인 것으로 증명됩니다. 그리고 13장 처음에서는 교회의 역사와 복음의 확장이 역시 하나님의 주도 아래 진행될 것을 말합니다. 본문 24절의 말씀은 이렇게 말합니다.

하나님의 말씀은 흥왕하여 더하더라 (24절)

하나님의 권능이 담긴 말씀은 이제 세계를 향해 폭발을 앞두고 있습니다. 이 강력한 힘은 헤롯의 권력도 막을 수 없었습니다. 헤롯은 그 움직임을 막아 보려다가 오히려 죽고 말았습니다. 이 힘은 마침내 이방 세계를 향해 강력하게 뻗어 나갈 것입니다. 그 시작이 바로 13장의 안디옥 교회였습니다.

교회는 하나님의 것이다!

그러면 이 사실이 우리에게 도대체 어떤 의미와 교훈을 주는 것일까요? 저는 이 말씀의 교훈을 설명하기 위해서 먼저 저 자신에 관한 이야기를 말씀드리고자 합니다.

요즘 들어(2007년) 저는 부쩍 지난 시간을 돌아보고 있습니다. 제가 카셀에 처음 와서 설교한 것이 2002년 8월 25일이었습니다. 그때 저는 "광야로 나간 사람들"이라는 제목으로 설교했었습니다. 이 설교를 통해서 저는 '교회로 나오는 사람들의 기대는 무엇인가?'라는 질문을 던졌습니다. 이때 저는 교회가 인간의 영적 필요를 채우는 곳으로서 존재해야 한다는 점을 말하고 싶었습니다. 그리고 당시 개인적으로 한 가지 큰 고민에 빠져 있었습니다. 계속되는 요청, 다시 말해서 카셀에 와서 교회를 섬겨 달라는 전임 교역자의 요청을 받아들여야 할지, 말아야 할지를 놓고 몇 개월째 고민하고 있었다는 말씀입니다. 그러나 그 상황과는 상관없이 제가 전하고 싶었던 그 메시지는 하나의 도전이었습니다.

교회는 오직 하나의 목적에 충실해야 합니다. 교회는 고통과 좌절에 빠진 사람에게 소망과 기쁨을 주어야 하며, 이것이 하나의 복음이 되어 모든 이들에게 선포되어야 합니다. 저는 이 교회의 존재 이유가 카셀아름다운교회에도 적용되어야 할 것이라 믿었습니다. 그러나 눈에 보이는 카셀아름다운교회의 상황은 이런 일을 강조하기가 어려워 보였습니다. 무엇보다도, 카셀과 그 주변의 조건은 너무나 열악했습니다. 한인교회는 한국인이 주로 모이는 교회입니다. 또, 교회는 어디서든지 존재해야 합니다. 그러나 대부분의 한인 교회는 이 두 개의 명제를 동시에 충족할 수 없습니다. 이 두 개의 명제를 충족할 수 있으려면 교회를 섬기는 사역자와 교회를 유지할 재정이 갖춰져야 합니다. 그러나 카셀아름다운교회는 이 두 가지 조건을 갖출 만한 형편이 되지 못했습니다.

원칙적으로, 교회를 이루는 구성원들이 자율적으로 하나님을 만날 수 있고 또 스스로 예배하고 봉사할 수만 있다면 그보다 좋은 일은 없을 것입니다. 저 역시, 형편이 어렵다면 굳이 목사가 있어야 하며 거기다가 유급(有給)으로 봉사해야 한다고 주장할 마음은 없습니다. 형편만 된다면 평신도들이 가정에서라도 예배하고 기도하며 봉사도 함으로써 교회를 이룰 수 있다고 생각하기 때문입니다. 그러나 현실이 그렇지 못하기 때문에 문제이지요. 한 통계는 이런 고민을 여지없이 보여 줍니다. 올해 4월에 제가 얻은 통계에 의하면, 현재 독일에는 한인 교회가 약 300개 정도 된다고 합니다. 그 가운데 약 90%가 미자립 교회입니다. 자체적인 능력으로 교회를 꾸려 갈 형편이 안 되는 한인 교회가 300개 교회 가운데 270개에 이른다는 것입니다.

정직하게 말하면, 목회자에게는 한 가지 더 어려움이 있습니다. 목사 역시 사람인지라 나름의 성취가 이루어지지 않을 때 더 이상 일할 마음이 생기지 않는다는 것입니다. 목사에게도 나름의 야망이 있다는 말씀입니다. 교회에서 일하면서 '이런 일을 하고 싶다', '이런 사역은 꼭 해 보고 싶다' 등등의 포부와 욕심이 있지요. 그런 일에서 약간의 성취가 있을 수 있다면, 사역자는 약간의 어려움이 있다 하더라도 그곳에서 오랫동안 일을 하겠다는 마음을 가질 수 있습니다. 그러나 그마저도 어렵다면, 그는 당장에 지치고 말 것입니다. 일할 만한 보람은 없는데, 거기다가 형편까지 어렵다면 그가 무엇 때문에 거기에 미련을 가지겠습니까? 이런 상황은 교인에게도 마찬가지입니다. 열악한 재정과 인적 자원은 교인의 필요를 충족할 수 없게 합니다. 이로 인해서 교회는 불만족한 교인을 만듭니다. 이런 악순환이 끝없이 이어지는 것이지요. 이런 말씀을 당연한 듯이 말할 수는 없겠습니다만, 그럼에도 불구하고 이런 이야기는 우리가 솔직하게 논의할 수밖에 없는 고충입니다.

어쨌든, 저는 몇 달에 걸친 간청에 결국 직접 교회를 봐야겠다는 생각을 갖고서 카셀을 찾았습니다. 저의 결론은 역시 '어렵다'였습니다. 하지만 저는 그때 차라리 보지 않았어야 할 것을 보았습니다. 그때 예배에는 서른 명 남짓의 교인이 앉아 있었습니다. 저는 지금도 그들의 눈초리를 잊을 수 없습니다. 그들을 보면서 저는 '목사라는 사람이 어떻게 저들을 얼마 안 된다. 그래서 이곳에서는 내 뜻을 펴기 어렵다는 이유만으로 거절할 수 있겠는가' 하고 자책했습니다. 그날 이후 몇 달의 세월이 흘러서, 저는 그해 10월 27일 취임 예배를 드리게 되었습니다. 그렇게 흘러온 세월에 일어난 일을 기록하자면 책으로 몇 권을 써도 부족할 것입니다.

그런데 여러분, 제가 지금 왜 이런 말씀을 드리는지 아십니까? 제가 이 시간 동안 한 일이 많다고 얘기하기 위해서요? 아닙니다. 진정으로 저는 여러분께 고백할 수 있습니다. 지난 시간 동안 참으로 하나님께서 우리 교회를 통해 많은 일을 이루셨다고 말입니다. 하지만 여러분, 제가 여기까지만 말한다면 저는 참 황당한 사람이 될 것이 틀림없습니다.

교회는 하나님의 것이며, 하나님께서 일하시는 곳입니다. 카셀아름다운교회는 제가 오기 이전에도 하나님의 이름을 부르는 백성들이 그를 만난 곳입니다. 제게는 지난 시간이 참으로 길고 곡절 많은 시간이었지만, 하나님께서는 벌써 오래 전부터 이곳에서 일하셨습니다. 뿐만 아니라, 외국 생활과 유학 생활의 고단함 속에서도 가슴으로 하나님을 사랑했던 수많은 사람의 눈물 어린 봉사와 헌신이 있었기에 지금까지 그 이름을 보전할 수 있었습니다.

이 점은 우리가 살아가는 어떤 귀퉁이에서라도 적용되어야 할 진리입니다. 그러므로 저는 이렇게 말씀드리고 싶습니다. 교회와 역사는 어느 한 사람의 관점에서만 설명될 수 없습니다. 우리가 교회와 역사를 바라볼 때, 거기에 등장하는 수많은 사람이 어떤 일을 하더라도 놓치지 말아야 할 관점이 있습니다. 사도행전에서 하나님을 빼면 그게 무슨 의미가 있겠습니까? 역사의 주인은 하나님이신데 말입니다. 처음에는 유대인, 나중에는 헤롯, 마침내 로마라는 거대한 국가가 막을 것입니다. 그러나 하나님의 '말씀'은 그 모든 것을 거침없이 격파하고 거대한 흐름을 만들어 낼 것입니다. 하나님께서는 그 일을 계획하시고 진행하실 것입니다. '하나님께서 원하시면, 반드시 된다!' 이것이 사도행전을 기록해 나가는 사람들의 고백이었고, 실제로 그렇게 되었습니다. 이 일은 아직도 진행 중입니다. 우리는 마침내 하나님의 말씀이 세계를 품에 안는 순간을 목격하게 될 것입니다.

사랑하는 여러분, 지금 나는 어디에 서 있으며 어디를 향해 가는 것입니까? 베드로, 요한, 바울… 참으로 별과 같은 인물들이 위대한 교회의 역사를 만들어 냈습니다. 그러나 이들이 그 역사의 주인공은 아니었습니다. 홀로 일하신 분, 그래서 홀로 영광을 받으실 분은 바로 하나님이셨습니다. 사도행전의 주인공은 세계와 역사의 주인공이시며, 오늘 그를 믿는 사람들의 주인공이 되십니다. 내가 향하는 그 발걸음에 하나님의 계획과 능력이 실려 있음을 느끼십니까? 무의미하고 무기력한 삶은 있을 수 없습니다. 기억하십시오. 우리는 하나님 아버지, 그분의 뜻을 이루기 위해 살아가는 사람들입니다. 그러므로 살아갈 때 가장 중요한 것은 우리 인간이 세운 야망이 아니라 내가 걸어가는 이 삶이 하나님의 계획 아래 있다는 사실을 기억하는 것입니다. 우리가 이 사실을 확신할 수만 있다면, 그 누구도 막을 수 없었던 사도행전의 흐름처럼 우리의 걸음 역시 누구도 막을 수 없을 것입니다. 성공은 우리에게 달린 것이 아니라 하나님께 달려 있습니다. 그가 정하셨다면 반드시 그리될 것입니다. 우리의 인생을 향하신 하나님의 계획이 있습니다. 그 일이 이루어지는 것을 어느 누가 막겠습니까?

24 짝퉁 몰아내기
행 13:4-12

무당 엘루마의 정체

본문은 이제 '바울'로 불리는 사울과 바나바의 첫 번째 전도 여행 중에 일어난 에피소드입니다. 사도행전 13장 5절에 '살라미'라는 지명이 언급되는데, 그 지역은 오늘날의 사이프러스 섬에 있습니다. 본문에 등장하는 '바보' 역시 사이프러스 섬에 있는 지명인데, 이곳은 사이프러스 섬에서 살라미와는 정반대 쪽에 있습니다. 살라미와 바보는 약 120km 떨어져 있다고 말합니다. 바울과 바나바는 사이프러스 섬을 여행하면서 전도했는데, 살라미에서 배를 내린 이들은 섬을 통과하여 섬의 반대편에 있는 바보에 도착하게 되었습니다. 그런데 이들은 바보에서 두 명의 중요한 인물을 만납니다. 하나는 '바예수'라고 불리는 사람이었고, 또 하나는 '서기오 바울'이라는 사람이었습니다.

'바예수'라는 이름은 '예수의 아들', 혹은 '여호수아의 아들'이라는 뜻입니다. 성경에 이른 대로 그는 유대인이었습니다. 이 사람은 또 하나의 이름을 갖고 있었는데, '엘루마'가 바로 그의 또 다른 이름이었습니다. 사도행전 13장 6절에서 이 사람은 거짓 선지자요 박수(博受), 즉 박수무당이었습니다. 제가 이해하는 대로 해석하자면, 박수무당은 세습무당과 다릅니다. 이른바 '신기(神氣)'가 있는 사람이 내림굿을 통해서 귀신을 모신, 그런 무당을 얘기하는 것이지요. 따라서 박수무당은 세습무당보다는 좀 더 영험하다고 봐야 합니다. 어쩌면 그는 귀신의 힘을 빌려서 이적 같은 현상을 일으키기도 했을 것이라는 뜻입니다. 따라서 그의 사회적 영향력은 적지 않았겠지요. 그 지역의 총독이었던 서기오 바울에게도 영향력을 행사하려고 했던 것이 그 예가 될 것입니다.

그러나 귀신을 받아서 굿을 하는 게 직업이라면 엘루마, 혹은 바예수가 할 수 있는 일은 하나밖에 없습니다. 우리가 아는 대로, 귀신은 거짓의 영입니다. 즉 귀신이나 사탄이나 그 근본이 거짓에서 시작되었기 때문에 그가 입을 열어 말할 때마다 거짓말이 나올 수밖에 없는 것이지요. 따라서 엘루마, 혹은 바예수는 귀신이 들려서 점을 보기도 하고 굿을 하면서 신기한 현상을 나타내기도 했겠지만, 그가 사람들에게 들려준 모든 이야기는 거짓말이었습니다. 귀신이 어떻게 장래의 일을 알겠습니까? 과거에 관한 일은 귀신도 본 일이기 때문에 나름대로 그럴듯하게 둘러댈 수 있겠지요. 하지만 미래의 일은 다릅니다. 시간과 역사의 주관자는 하나님이시기 때문에 장래에 관한 일은 오직 하나님만이 말씀하실 수 있습니다. 따라서 귀신이 알려 주는 미래는 거짓이며, 믿을 수 없습니다. 어쨌든 엘루마는 귀신이 주는 능력 때문에 구브로 섬에서 아주 탁월한 지위를 누릴 수 있었습니다.

그러나 그의 좋은 시절도 끝났습니다. 바울과 바나바가 바보에 도착한다는 소식을 들은 엘루마는 두려웠습니다. 성경이 말한 대로 엘루마의 정체가 "모든 궤계와 악행이 가득한 자요 마귀의 자식이요 모든 의의 원수"로 드러날 순간이 다가온 것입니다. 어떻게 해서 바울과 바나바가 그의 정체를 알아볼 수 있었을까요? 바울과 바나바가 성령에 충만한 사람이었기 때문입니다. 성령은 진리이며, 따라서 순결합니다. 어둠에 속한 영은 성령을 두려워합니다. 비록 성령께서 거짓의 영에 대해 어떠한 행동도 하려고 하지 않을지라도, 깨끗한 영이 자기 옆에 설 때 자신이 얼마나 더러운지를 알 수 있기 때문입니다.

엘루마는 바보의 총독인 서기오 바울이 기독교에 관심을 갖고 있다는 사실이 두려웠습니다. 그는 온갖 방법을 동원해서 그가 예수를 믿지 못하도록 방해합니다. 겉으로는 자신의 영향력이 사라질 것을 무서워한 것입니다. 무당이 점을 쳐서 돈을 벌었을 터이니, 어쩌면 엘루마는 예수교 때문에 자신의 밥줄이 사라질 것을 염려했는지도 모릅니다. 그러나 엘루마의 방해 공작에도 불구하고 예수교에 관심을 가진 총독 서기오 바울은 드디어 바울과 바나바를 만나게 됩니다. 이 자리에 엘루마도 참석했습니다. 그런데 바울이 엘루마를 보더니 이렇게 말하는 겁니다. 표준새번역 성경에서는 이렇게 서술합니다.

"너 속임수와 악행으로 가득 찬 악마의 자식아, 모든 정의의 원수야, 너는 주님의 바른길을 굽게 하는 짓을 그치지 못하겠느냐?" (10절, 표준새번역)

성령께서 바울의 입을 통해 내어놓으신 말씀은 귀신에 사로잡힌 엘루마의 정체를 무섭도록 정직하게 폭로합니다. 엘루마는 속임수와 악한 행위를 일삼는 사람이었습니다. 따라서 그는 마귀의 자식이라고 불려야 합니다. 마귀가 좋아하는 일을 따라 했기 때문입니다. 바울의 논리에 따르면, 마귀는 거짓에 속한 자요, 하는 말과 행동이 모두 거짓입니다. "나는 마귀에 속했다, 혹은 마귀의 자식이다" 하고 말은 안 하더라도, 거짓말하고 속이면 그는 마귀의 자식입니다. 마귀의 성격을 닮았기 때문입니다. 그런 사람은 '정의의 원수'가 됩니다. 정의는 바른길이며, 하나님께서 옳다고 보시는 기준입니다. 마귀가 항상 사용하는 거짓과 속임수는 하나님의 속성을 거스릅니다. 하나님은 언제나 진실하시기 때문입니다. 따라서 마귀의 행동은 언제나 하나님께서 하시려는 일과 부딪힐 수밖에 없는 것이지요. 성격이 전혀 반대인 사람 둘이 있으면, 서로 싸우지 않더라도 불편합니다. 그냥 같은 자리에 있는 것만으로도 부담스럽기 때문입니다. 하나님과 마귀 역시 한자리에 공존할 수 없습니다.

더욱이 엘루마는 더욱 큰 잘못을 저질렀습니다. 그는 총독이 예수 믿는 일을 방해했습니다. 총독이 예수에 관심을 가지고 그를 더욱 알려고 하는 것은 하나님께서 기뻐하실 일이었습니다. 물론 총독 자신이 복 받을 만한 마음을 가진 것이기도 하려니와, 그로 인해서 그 지방에 예수교가 전파되는 일이 더욱 순조로울 수도 있을 것이었습니다. 아주 간단하게 말씀드리자면, 엘루마는 마귀가 시키는 일을 했습니다. 마귀는 이 지역에서 예수교가 전파되는 것을 싫어했습니다. 엘루마를 통해서 거짓말과 마술로 영향력을 행사하던 지역에, 아니 마귀 자신이 지배하던 영역에 예수교가 들어온다는 것은 상상할 수 없을 만큼 끔찍한 일이기 때문입니다. 엘루마는 물론 자신의 영향력이 줄어들고, 사업에 방해가 되고, 따라서 돈벌이에 위협이 될까 봐 염려해서 그리했겠지요. 하지만 그것은 하나님을 방해하는 행위임이 틀림없었습니다. 엘루마는 결과적으로 마귀의 자식이었던 것입니다.

영적인 전쟁

바울의 지적은 우리에게 아주 심각한 관점을 전달합니다. 바울은 엘루마를 통해서 하나님의 사역을 방해하는 마귀를 발견합니다. 마귀는 세상을 지배하기 원하며, 거짓에 속한 영입니다. 따라서 마귀가 지배하는 영역은 거짓이 지배하는 세상이 될 수밖에 없습니다. 마귀는 성령의 세상을 싫어합니다. 성령은 빛이며 진리이므로 거짓이 없습니다. 어둠에 익숙한 눈이 빛을 싫어하듯이, 마귀에게 속한 영역들은 진리의 밝은 영이 내리쬐는 것을 두려워합니다. 그 밝은 빛에 의해 자신의 더러움이 드러나기 때문입니다. 결국 우리는 이 본문에서 엘루마의 반대와 징벌, 그리고 총독 서기오 바울의 회심이라는 외적인 사건에 머물러서는 안 됩니다. 어둠과 빛의 전쟁, 거짓과 진리의 전쟁, 마귀와 하나님의 전쟁을 동시에 볼 수 있어야 합니다.

전도는 거짓 영과의 전쟁입니다. 복음을 전한다는 것은 그 복음이 전파되는 곳에 진리가 통용되게 하려는 전투입니다. 전도 혹은 선교는 사람과 사람이 기독교라는 종교를 전달하는 행위를 통해서 행해집니다.

그러나 전도 행위의 밑바탕에는 하나님의 진리와 빛이 마귀와 어두움, 거짓의 영향력을 몰아내려는 처절한 전투가 깔려 있습니다. 이로써 우리는 전도 행위가 아직도 예수를 모르는 사람들에 대해서만 행해지는 것이 아님을 알게 됩니다. 우리의 선교지는 저 땅끝만이 아닙니다. 거짓과 속임수가 있는 곳이라면, 거기가 어디든지 우리가 행해야 할 영적 전투의 현장이요, 선교의 현장입니다.

오늘 우리가 사는 한국 사회를 보십시오. 여러분의 눈에, 거짓으로 학력을 둘러대고, 거짓으로 국민을 속이고, 거짓으로 이웃을 속이며 살아가는 우리 사회가 보이십니까? 정직한 사람을 오히려 어리석다고, 미련하다고 비웃는 이 어이없는 현실이 보이십니까? 한국 사회는 하나님이 지배하시는 영역입니까? 술집만큼이나 많은 십자가와 종탑이 즐비한 한국은 진실과 빛이 지배하는 곳입니까? 한국 사회가 아무리 거짓과 어둠이 지배한다고 하더라도, 최소한 크리스천만은 정의롭게 정직하게 산다고 자신 있게 말할 수 있습니까?

이런 문제들을 모두 거론하는 데는 한계가 있으니, 아주 짧은 질문으로 오늘의 과제를 생각해 보겠습니다. 여러분, 만약 어떤 사람이 거짓으로 쌓아 올린 경력을 가지고서 돈을 벌어, 선교비와 구제비를 많이 낸다면, 하나님께서 기뻐하실까요? 한 가지 예에 불과합니다만, 하나님께서 진실로 기뻐하시는 것은 사람의 열정과 행위가 아닙니다. 행위의 주체인 사람, 그 자신입니다. 그가 얼마나 열심히 구제하고 전도하고 봉사하느냐가 아니라, 바로 그 사람 자신이 얼마나 빛과 진실에 속했느냐가 더 중요하다는 말씀입니다. 거짓으로 번 돈은 그것으로 어떤 일을 하더라도 하나님을 감동시킬 수 없습니다. 진리 위에 서지 않은 행위는 하나님을 기쁘시게 할 수 없습니다. 그것들은 원래부터 하나님께 속한 것이 아니었기 때문입니다.

대충 건너뛰다시피 말씀드렸습니다만, 이런 관점으로 볼 때 거짓과 탐욕으로 가득한 이 세상에서 우리가 일하며 살아간다는 것이 무슨 의미인지가 분명해 보입니다. 우리는 거짓을 행하고도 정당하다고 주장하며, 그럴 수밖에 없다고 항변하는 어둠과 거짓에 충만한 사회에서 살아왔습니다. 우리는 앞으로도 거기서 살 것입니다. 거짓과 어둠은 비단 한국 사회만 지배하지 않습니다. 사실은 어둠과 거짓은 세계 어느 곳이라도 영향력을 갖고 있습니다. 이 엄청난 현실을 우리가 도무지 어떻게 할 수 있을 것 같지 않습니다. 하지만 분명한 것은 우리가 하나님의 자녀이며, 따라서 우리는 그분의 진리와 빛에 속한 사람으로서 살아가야 한다는 사실입니다.

바울은 엘루마를 보면서 진실을 이야기했습니다. 그는 자칭 예수의 아들, 혹은 여호수아의 아들이라는 이름을 가지고서 귀신의 종노릇을 하는 엘루마를 바라보았습니다. 바울은 진리의 영에 사로잡혀 있었기에 엘루마의 정체를 볼 수 있었습니다. 그리고 성령의 역사가 이어졌습니다. 오늘 우리의 마음을 짓누르는 이 무거운 우리나라 사회의 과제 역시 이렇게 풀기 시작해야 할 것입니다. 지금 우리는 할 일이 있습니다. 우리 사회의 현실에서 벌어지는 일이 분명히 잘못이며, 그렇게 살아서는 안 된다고 말하기 시작해야 합니다. 우리가 하나님의 자녀라고 하는 것은 우리 삶이 진리에 속해야 함을 말합니다. 우리는 진리를 따라 살아야 합니다. 이 진리는 예수가 하나님의 아들이시라는 진술만을 의미하지 않습니다. 우리가 거짓 없이 살아야 함을 말하며, 우리가 깨끗하게 살아야 함을 의미합니다. 우리는 옳지 않은 것을 틀렸다고 말해야 하며, 틀린 것을 따라서 살 수는 없습니다.

여러분은 거짓으로 가득한 사회로 나아가기 위해서 지금을 살고 있습니다. 그리고 장차 하나님께 영광 돌리겠다며 기도하고 있습니다. 대체 여러분이 하나님께 돌리겠다고 다짐하는 그 영광은 무엇입니까? 거짓이 아닌 진실, 속임수가 아닌 진정한 실력으로 살아가는 것이 아니겠습니까? 그래서 여러분의 삶을 통해서 이 사회가 살아가는 것이 원칙이 아님을 보여 주는 것이 아니겠습니까? 아닌 것을 아니라고 말하며, 맞는 것을 맞다고 말하며 살아가는 것 아니겠습니까? 이렇게 살아감으로써 여러분은 어둠을 빛 가운데 드러나게 하며, 거짓을 진리 앞에 불의하다고 판결받게 해야 합니다. 저는 이것이야말로 지금 우리가 주목해야 할 전도의 행위라고 말씀드리고 싶습니다. 여러분은 이렇게 살아 냄으로써 사회를 진실과 빛으로 인도하는 삶의 전도자가 될 수 있습니다. 선교? 우리도 할 수 있습니다. 전도는 결국, 진리 가운데 살아 내야 할 우리가 자기 삶에서 치러 내는 영적 전투이기 때문입니다.

거짓이 통하는 사회, 짝퉁이 행세하는 세상을 진정한 실력으로 바로잡는 일은 오늘을 살아가는 우리에게 주어진 선교의 사명이며, 영적 전쟁입니다. 무엇이 잘못이며, 왜 틀렸는지를 인정하는 일에서부터 이 사명은 시작됩니다. 그러니 정신 똑바로 차리십시오. 진리의 빛에 더욱 가까이하여 우리가 살아 낼 사회가 어떤 모습인지를 분명하게 볼 수 있어야 합니다.

진리의 자녀여!

이제 우리는 본문의 말씀을 마무리할 시간에 도달했습니다. 저는 무엇보다 하나님께서 진리요, 거짓이 없으신 진실하신 존재라는 성경의 가르침에서부터 이 말씀을 정리하고 싶습니다. 맞습니다. 우리가 성경을 통해서 믿는 하나님은 바로 그런 분이십니다. 바로 그분을 우리는 '아버지'라고 부릅니다. 이 사실이 우리에게 아무런 의미도, 가르침도 주지 않는다면, 그것은 큰 잘못입니다. 어쨌든, 하나님이 진리의 근원이라는 사실, 우리가 그의 자녀라는 사실은 이 거짓된 세상에서 사는 우리에게 실로 엄청난 과제를 쥐어 줍니다.

우리는 자주 예수님의 이 말씀을 떠올립니다. 마태복음 10장 16절에서 주님은 이렇게 말씀하십니다.

보라 내가 너희를 보냄이 양을 이리 가운데로 보냄과 같도다 그러므로 너희
는 뱀같이 지혜롭고 비둘기같이 순결하라 (마 10:16)

주님께서 제자들을 세상에 보내시는 심정을 표현하시면서, 양을 이리 가운데 보내는 일로 비유하셨습니다. 그 이미지가 그려지나요? 이 세상은 주님께서 적절하게 비유하신 것처럼 '이리들이 들끓는' 세상입니다. 그들의 사나움과 난폭함에 비한다면, 주님께서 풀어 보내시려는

제자들은 순한 양과 같습니다. 그러면 양과 같은 제자들이 이리들에게 잡아먹히길 바라셨을까요? 그렇게 애달프고 안쓰러울 만한 일을 왜 강행하시려는 겁니까? 그렇게 애타는 일을 꼭 하셨어야 할까요? 예, 저는 그래야 했다고 믿습니다. 하지만 우리는 이 상황을 잘 이해해야 합니다.

우리는 이 세상의 난폭함과 사나움에만 주목합니다. 그래서 주님께서 제자로서의 우리가 세상에 속하여 사는 일을 마치 순교하는 일처럼 생각합니다. 그러나 보십시오. 진리와 불의의 싸움, 하나님과 마귀의 싸움은 그리스도의 십자가 위에서 이미 결정되었습니다. 예수님께서는 마귀와의 싸움에서 승리하셨습니다. 그러므로 주님께서 우리를 내보내려고 하시는 이 세상에서 우리는 이미 이긴 것입니다. 우리는 새삼스럽게 마귀와의 전쟁을 시작하는 것이 아닙니다. 주님께서 이기신 전쟁에서 전리품을 챙기기 위해 세상으로 나아가는 것입니다. 그러므로 문제는 전쟁도 아니고, 세상의 험악함도 아닙니다. 세상에 보냄받는 우리가 뱀처럼 지혜로워지기 위해 세상을 향해 나아가는 것이고, 비둘기처럼 순결하기 위해 세상에 속해 살아가는 것입니다. 이 사실을 날마다 때마다 우리 마음에 새겨야 합니다.

그러므로 우리는 우리가 진리의 자녀로서 어떻게 살아가야 하는가 하는 질문에 대답할 때 먼저 이 사실을 전제해야 합니다. 우리의 싸움은 이미 끝이 난 싸움입니다. 그러므로 이제 우리의 관심은 내 눈과 내 상황에서 보이는 결과와 관계없이 우리가 얼마나 진실하며, 얼마나 순결하며, 얼마나 지혜로워야 하는지에 집중되어야 합니다. 이것이 진리의 자녀로서 우리가 이 세상을 살아가는 법입니다. 그럼에도 불구하고 우리는 사납게 일렁이는 이 세태 가운데 살면서 때로는 두려움에 휩싸입니다. 이것은 우리가 아직도 육신에 갇혀 살기 때문에 어쩔 수 없이 겪어야 할 현실입니다. 이때 우리는 기억해야 합니다. 주께서 우리에게 주신 평안은 '아무 일도 없는 평안'이 아니라 '능히 그 사나운 풍랑을 견디는 평안'이라는 사실을 말입니다.

그러므로 사랑하는 여러분, 용감합시다. 용기를 냅시다. 오직 진실을 말하며, 오직 참의 편에 서며, 오직 비둘기같이 순결한 삶을 살아가기 위해 죽을힘을 다합시다. 주님께서 이미 승리하셨습니다. 그분이 우리 앞에 서서 가십니다. 그분의 뒤를 따라갈 때, 마침내 우리도 그분과 함께 승리할 것입니다. 이것이 세상을 바꾸는 방법이기도 합니다. 주님께서 주시는 평안으로 말미암아 우리 모두가 주님의 뒤를 따라갈 수 있기를 소망합니다.

25 하나님의 사람이 기뻐하는 이유
행 13:13-52

바울과 바나바, 비시디아 안디옥에 도착하다

앞에서 생각해 본 바와 같이, 바울과 바나바는 바보에 가서 마술사 엘루마, 혹은 바예수라는 인물을 굴복시켰습니다. 이 일 후에 그들은 이 지역의 총독 서기오 바울을 회심시켰습니다. 그리고 나서 바울과 바나바는 배를 타고 밤빌리아 버가로 이동합니다. 이때 시중을 들던 요한이 따로 예루살렘으로 갔으며, 나머지 일행은 다시 버가를 떠나 비시디아 안디옥에 도착합니다. 여기서 우리는 잠시 역사 공부를 해야 할 필요가 있습니다. 우리가 잘 아는 알렉산더 대왕이 죽은 후, 후계자의 자리를 놓고 권력 다툼이 일어났는데, 이 틈을 타서 강력한 제국이 하나 태어나게 됐습니다. 그 나라가 바로 로마 제국입니다.

로마는 마케도니아 제국의 힘이 약해진 소아시아 지역을 정복했습니다. 그러나 이 시기의 소아시아 곳곳에 해적 왕국들도 함께 나타났는데, 특히 길리기아와 비시디아 지방이 심했다고 합니다. 소아시아 지역을 제패한 로마 제국은 길리기아와 밤빌리아, 브루기아와 비시디아 지역을 토벌하기 시작합니다. 이 군사 작전은 기원전 102년경에 끝났습니다. 그러나 밤빌리아에서 비시디아로 가는 길목에 토루스라는 높은 산이 있는데, 이 산을 중심으로 '호모나데스 사람들(Homonadesians)'로 알려진 부족이 여전히 도적질을 했기 때문에 바울 당시에 이 지역을 거쳐 가는 것은 매우 위험한 일이었다고 합니다. 이러고 보면 바울과 바나바가 지금 얼마나 험한 길을 거쳐 가고 있는지 짐작할 수 있을 겁니다.

어쨌든, 바울과 바나바는 이 위협적인 여정을 거쳐서 마침내 비시디아 안디옥에 이르렀습니다. 안식일이 되자 이들은 유대인의 공회당에 갔습니다. 성전에서 제사를 지낼 수 없는 흩어진 유대인, 즉 '디아스포라'들이 안식일 규례를 지키기 위해 만든 것이 공회당입니다. 이 지역도 이미 오래전부터 적지 않은 유대인이 살던 곳이었습니다. 그러므로 당연히 공회당이 있었습니다. 바울과 바나바는 예수를 믿기 때문에 유대인의 공회당에 참석하지 않아도 됩니다. 그러나 초대 교회의 신자들, 특히 유대교에서 예수교로 개종한 유대인들은 여전히 유대인 회당에 참여하여 하나님의 말씀을 듣고 기도했습니다. 유대인 출신의 기독교인들은 안식일에는 회당에 참석해서 유대교인과 함께 기도하고, 그다음 날인 주일, 즉 주님의 날에는 따로 모여서 함께 예배하며 교제를 나누었던 것입니다.

반대를 불러온 전도 활동

결론적으로 보면, 비시디아 안디옥에서의 전도 활동은 성공적이었습니다. 안식일에 회당을 찾아간 바울과 바나바는 여기에서 설교를 했는데, 이 설교를 들은 유대인의 반응은 놀랍게도 호의적이었습니다. 설교를 들은 이들 중 많은 사람이 다음 안식일에도 설교해 달라고 부탁했습니다. 이들 가운데 많은 사람은 모임이 끝난 후에 돌아가지 않고 바나바와 바울 옆에 남아서 교제하기를 원했습니다. 마침내 한 주가 흘러 다음 안식일이 돌아왔습니다. 사도행전은 이날 '온 성의 거의 다'가 회당에 모여들었다고 말합니다. 이 많은 사람이 모일 만한 장소가 어디 있었겠습니까? 그러므로 이 표현은 상당한 과장이었을 거라고 생각됩니다만, 그럼에도 불구하고 이 표현은 바울의 설교가 얼마나 성공적이었는지를 암시합니다.

그런데 바울의 두 번째 설교 때는 처음 설교 때에 비해 분위기가 달랐습니다. 본문 44-45절을 다시 읽어 봅시다.

그다음 안식일에는 온 시민이 거의 다 하나님의 말씀을 듣고자 하여 모이니 유대인들이 그 무리를 보고 시기가 가득하여 바울이 말한 것을 반박하고 비방하거늘 (44-45절)

말하자면 저번에 비해서 이번 설교에는 더욱 뚜렷하게, 청중이 더 열광적인 무리와 더 적대적인 무리로 나뉘어졌다는 것입니다. 바울이 설교하기로 한 이 안식일에 어마어마한 무리가 모여들어 바울의 설교를 기다리는가 하면, 한편 이 광경을 보고서 시기심이 가득 차서 모인 무리도 있었습니다. 바울의 인기를 시샘하는 그들은 유대인이었습니다. 그럼, 이들은 왜 그처럼 바울의 인기를 못마땅해하는 것일까요? 이 질문에 대해서 우리는 이미 어느 정도 답을 짐작할 수 있습니다.

유대인들은 오래전에 이 지역에 와서 회당을 짓고 고유의 문화와 종교를 지켰습니다. 그러나 그들은 기껏해야 자신만의 문화와 종교를 지켰을 뿐입니다. 말하자면 이방인의 지역에 와서 겨우 민족과 종교의 정체성을 유지하며 살아왔던 것입니다. 그런데 바울이 와서 단기간에 이만큼의 큰 호응과 관심을 끌었습니다. 대단한 일이지요? 유대인이라면 자부심을 느낄 만한 사건 아닙니까? 그러나 이들은 이것이 전혀 기쁘지 않았습니다. 왜죠? 바울이라는 이 인물, 그가 전하는 설교는 절대로 유대인을 무조건 칭찬하는 내용이 아니었기 때문입니다. 바울의 설교는 사실, 유대인을 비난하는 내용이었습니다. "하나님께서 유대인을 선택하셨다." 좋은 말입니다. 그러나 "그들이 하나님을 불순종했다." 부끄럽고, 동의할 수 없는 내용입니다. 그들이 (나름대로는) 얼마나 하나님을 사랑하고 따랐는데요. 어쨌든 "하나님께서 저들에게 당신의 아들을 구세주로 보내셨지만, 저들은 이 예수를 십자가에 달아 죽였다"라는 말은 그들이 절대, 결코 받아들일 수가 없었습니다. 저들은 예수를 단 한 번도 하나님의 아들이나 구세주로 인정한 적이 없기 때문입니다.

정리합시다. 유대인이 전통적으로 믿는 하나님을 전한다는 점에서, 저들은 바울의 설교를 호의적으로 받아들일 수 있었습니다. 그러나 하나님의 메시지를 불순종하고 그 아들 예수 그리스도를 잡아 죽였다는 말은 절대 받아들일 수 없었습니다. 유대인이야말로 이 세상에서 가장 미련하고 악한 백성임을 말하는데 이 말을 어떻게 받아들이겠습니까?

더욱이 이들은 바울의 설교를 들으려고 물밀듯 몰려드는 인파를 보고 시기했습니다. 이들이 바울에 대해 샘을 낸 것은 오직 하나입니다. 바울의 설교에 대한 관중의 뜨거운 관심이었습니다.

제가 보기에 그들이 화를 내고 샘을 내는 것은 결국 바울이 보여 주는 대중적 인기 때문입니다. 다시 말해서 유대인들은 바울이 청중에게 정치적인 영향력을 행사하는 것으로 보았습니다. 바울이 나타나서 단기간의 전도 활동으로 폭발적인 관심을 끌자, 바울의 영향력은 과거 유대인들이 오랫동안 이곳에서 살면서 쌓아 온 영향력을 단숨에 뛰어넘는 듯이 보였습니다. 바울은 그냥 설교하며 전도한다고 주장했지만, 저들의 눈에는 절대 그렇게만 보이지 않았다는 것이지요. 이 현상은 회당을 중심으로 한 유대인 그룹의 존재 의미와 정체성의 위기를 가져올 것입니다. 유대교와 유대 혈통으로 유지되어 온 단일한 정체성은 바울이 몰고 온 예수교의 열풍으로 인해 조각이 날 것입니다. 유대인 사회는 유대교인과 기독교인으로 갈릴 것이고, 따라서 지금까지 오랜 시일에 걸쳐서 형성되어 온 유대인 사회의 구도는 다시 편성되어야 할 것입니다. 그리고 유대인들이 볼 적에 이 지역의 주도권은 기독교인에게 돌아갈 확률이 아주 커 보였을 것입니다. 대중들이 저렇게 열광적으로 바울을 따르니 말입니다. 다시 말해 유대인 그룹의 지도자들은 자신들의 영향력이 줄어들 것을 두려워했다는 뜻입니다.

이것은 아주 중요한 일입니다. 바울은 지금 복음을 전하려 합니다. 대중은 그에게 관심이 있고, 그의 설교 내용에 큰 관심이 있습니다. 실제로 이미 많은 사람이 예수를 영접했습니다. 그러나 유대인 지도자들은 바울이 가진 대중적 영향력에 주목했습니다. 따라서 그들의 가장 큰 관심은 바울이 가진 정치적 힘이었습니다. 그들은 한 가지 계략을 씁니다. 이들은 성안에 있는 "경건한 귀부인들과 그 시내 유력자들"(행 13:50)을 움직여 바울 일행을 쫓아내려 했습니다. 그리고 이를 성공했습니다. 그러나 성경은 바울과 바나바 일행이 이 성에서 떠난 일을 두고서 이렇게 말합니다. 첫째 본문 49절, "주의 말씀이 그 지방에 두루 퍼지니라." 둘째 본문 52절, "제자들은 기쁨과 성령이 충만하니라." 유대인들의 계획은 성공했습니다. 그러나 겉으로만 그렇게 보일 뿐이었습니다. 실제로 복음은 그들의 방해와는 전혀 상관없이 하나님의 계획대로 그 지역에 널리 전파되었습니다. 그리고 제자들은 그 사실을 바라보며 웃을 수 있었습니다.

진리를 판단하는 기준이 무엇일까?

자, 이제 본문으로부터 우리가 얻어야 할 교훈을 생각할 지점에 도달했습니다. 저는 본문에서 우리가 소중하게 받아들여야 할 두 가지 교훈을 요약하고자 합니다.

첫째, 복음을 듣는 자의 자세에 관한 교훈입니다. 비시디아 안디옥에서 바울이 설교할 때, 수많은 청중이 그의 말에 귀를 기울였습니다. 청중들 가운데는 유대인도 있었을 것이고 이방인, 즉 소아시아 지방의 사람도 있었을 것입니다. 그들은 인종과 종교, 문화적 배경에 있어서 차이가 있었습니다. 그러나 그들은 그런 것에는 상관없이 바울의 설교에 관심을 가졌습니다. 그들은 자신의 마음속에서 역사하시는 하나님의 음성을 들었으며, 성령께서 초청하시는 메시지에 응답했습니다. 그들은 예수 그리스도를 구세주로 영접했습니다. 유대인들이 예수께서 유대인이라는 것 때문에 그렇게 했습니까? 아니지요? 만약에 그렇다면 이방인들은 왜 유대인인 예수를 구주로 영접했겠습니까?

저들이 예수를 믿은 것은 국적과 혈통에 상관없습니다. 저들은 오직 자신을 구원할 예수에 관한 소식을 들었기 때문에 예수를 영접한 것입니다. 그 설교가 과연 자신을 살릴 만한 진리인가가 중요했다는 것이지요. 그러나 바울과 바나바를 쫓아내려 했던 유대인은 달랐습니다. 저들에게 가장 중요한 것은 그 말이 진리이냐 아니냐가 아닙니다. 그 말이 자기에게 어떠한 유익을 가져다줄 것인가가 중요했습니다. 다시 말해, 그 말이 자신의 정치적 영향력에 어떤 결과를 가져다줄 것인가가 저들에게 가장 중요한 관점이었다는 것입니다.

'하나 더하기 하나는 둘이다'라는 진술은 새삼 평가할 필요도 없는 진리, 즉 '공리'라고 불립니다. 더 따질 필요도 없는 진리라는 뜻이지요. 그런데 A라는 어떤 사람이 '하나 더하기 하나는 둘이다'라고 말했을 때, 이 말을 B가 듣고서는 이렇게 생각하는 겁니다. '음, A가 하나 더하기 하나는 둘이라고 말하는데, A는 평소에 거짓말을 많이 했어. 그러니까 그 말은 거짓일 거야.' 이런 식의 판단을 가리켜 논리학에서는 '잘못된 근거로 인한 판단의 오류'라고 부르는데, 간단히 말하자면 말하는 사람이 어떻다는 것을 가지고서 그 사람이 말하는 진술의 참과 거짓을 판단해서는 안 된다는 뜻입니다. 이것은 제대로 공부한 사람이라면 누구나 아는 진리이지요. 그런데 참으로 놀라운 것은 이 당연한 사실이 현실에서는 결코 당연하지 않다는 것입니다.

오늘날의 한국 사회는 이런 오류가 너무나 심각하게 만연되어 있습니다. 정치에서든 경제에서든, 사회에서든, 아니면 개인 간에서든, 진리인지 아닌지가 그 말 자체만을 가지고서는 판단할 수 없습니다. 오히려 그 말을 누가 하느냐에 따라 판단하는 것이 너무나 당연한 현실이 되었습니다. "요즘 우리 사회가 어떻다"라고 누가 말하면, 금세 우리 사회는 산산조각으로 부서집니다. 그 말이 옳으냐 그르냐를, 그 말을 하는 사람이 나와 어떤 관계인지에 따라 판단하기 때문입니다. 호남 사람이 말하면 영남 사람이, 영남 사람이 말하면 호남 사람이, 기독교인이 말하면 불교 신자가, 불교 신자가 말하면 기독교인이, 부자가 말하면 가난한 사람이, 덜 가진 사람이 말하면 더 가진 사람이, 한 정당이 말하면 다른 정당이…. 이런 식으로 우리 사회는 그 어느 때보다 날카로운 그룹 간의 알력으로 인해 신음하고 있습니다.

복음을 듣는 자의 자세에 관하여

이런 일이 어찌 사회에서만 일어나겠습니까? 사실은 교회 안에서도 마찬가지입니다. 어떤 사람은 자기가 싫어하는 사람의 문제를 지적하는 설교에 귀가 번쩍합니다. 그러나 자신의 문제를 지적하는 소리는 애써 귀를 막으려 합니다. 오늘날의 교회는 사회의 그 어느 곳보다 더 날카롭고 폭력적으로 대립하는 모습을 보여 줍니다. 하나님의 진리가 어디 있습니까? 하나님을 부르는 사람은 많지만, 정작 하나님 자신의 말씀은 실종되어 인간의 말들만 쏟아집니다. 모든 언어는 오직 자신의 유익에 따라서만 판단되고 받아들여질 뿐입니다. 오늘날 우리 시대의 교회도 교회 밖의 정신에 물들어 버렸다는 것이 솔직한 제 판단입니다.

어쨌든, 진리가 이렇듯 왜곡된 기준에 의해서 판단되는 현상은 이미 그 자체로써 그곳이 건강하지 않음을 분명히 보여 주는 일입니다. 왜곡된 기준은 사람을 망가지게 합니다. 한번 일그러진 가치관은 그만큼 더 왜곡된 진리를 받아들이고, 그렇게 더 왜곡된 진리는 더 비뚤어진 가치관을 만들어 냅니다. 이 악순환의 마지막에는 마침내 극단적인 분열과 파멸이 기다리고 있습니다. 보십시오, 바울과 바나바의 설교를 반대하고, 그들을 자신의 동네에서 쫓아낸 유대인은 잠깐의 승리를 즐겼을 것입니다. 그러나 그들은 하나님께서 베푸신 구원의 기회를 누릴 수 없었습니다. 성경은 그들의 결말을 이렇게 말합니다.

… 영생을 주시기로 작정된 자는 다 믿더라 (48절)

바울의 설교에 시샘하고 쫓아낸 것이, 하나님께서 그들을 택하지 않았기 때문이라는 뜻입니다.

그러나 우리는 이 표현에 대해 극히 조심해야 합니다. 우리는 이 말씀을 이렇게 해석해서는 안 됩니다. "저 유대인들은 하나님의 메시지를 반대했다. 그것은 하나님께서 그리 정하셨기 때문이다." 제가 하나님의 예정을 믿지 않기 때문이 아닙니다. 이 말씀은 하나님의 예정과 함께 인간의 행위에 대한 무거운 책임을 아울러 기록합니다. 저들이 구원의 길에서 멀어져 간 것은 논리적으로는 하나님의 결정 때문이지만, 궁극적인 책임은 그렇게 행동한 인간 자신에게 있다는 뜻입니다. 다시 말해, 유대인이 구주를 영접하지 않은 것은 저들 스스로가 잘못된 행동, 즉 하나님의 말씀을 자신의 이득이라는 왜곡된 기준에 올려놓고 판단했기 때문이라는 것입니다.

이 말씀의 경고가 전혀 가볍지 않습니다. 우리가 하나님의 말씀을 어떻게 판단하든지, 그와는 전혀 상관없이 진리가 우리에게 들려집니다. 그리고 우리의 결정에 따라 그 진리가 우리를 심판합니다. 우리가 오늘 하나님의 말씀을 농담으로 알아듣든지, 아니면 흘려듣든지, 아니면 거짓으로 알아듣든지, 우리 자신이 그것을 결정할 것이며, 하나님의 말씀은 그 판단에 따라 구원받을 자와 그렇지 못할 자를 가려낼 것입니다. 복음의 선포는 이처럼 구원을 향한 하나님의 초청이면서 동시에 복음 듣는 자를 심판대 앞에 세우는 무서운 행위입니다. 성경의 말씀은 우리에게 진리이냐 아니냐 하는 판단을 구걸하지 않습니다. 나의 전부를 건 진지함과 그 말씀을 조건 없이 받아들임을 요구할 뿐입니다. 따라서 우리는 하나님의 말씀을 참으로 진지하고 겸손하게 받아야 합니다.

하나님의 섭리를 보며 오히려 기뻐하다

두 번째 교훈이 여기 있습니다. 바울과 바나바뿐만 아니라 그 주변의 그리스도인들은 유대인들에 의해 쫓겨나는 상황을 오히려 기뻐했습니다. 쫓겨난 것이 어떻게 기쁠 수 있겠습니까? 결론부터 말씀드리자면, 이들은 자신이 복음을 전하다가 쫓겨난 것과는 상관없이 하나님의 말씀이 전파되고, 구원받을 자와 심판받을 자가 분명하게 가려지는 것을 보고 기뻐했던 것입니다. 이것은 아주 중요한 일입니다. 사역자들뿐만 아니라 하나님을 믿는 백성들은 자신이 하나님의 일을 하는 데 있어서 바로 이런 관점을 가져야 합니다. 하나님께서 원하시는 일을 할 때, 우리는 그 일에 대해 아주 좋은 반응이 있기를 기대합니다. 그러나 현실은 그 반대일 수 있지요. 우리가 선한 일을 하려 할 때, 사실은 반대에 부딪힐 경우가 더 많을 수 있다는 것입니다.

이럴 때 우리는 실망하기 쉽습니다. 신나게, 혹은 진지하게 어떤 일을 하려는데 사람들이 반대하거나 반응이 시원찮을 때 실망하게 되지요? 그럴 필요 없습니다. 오히려 기뻐해야 합니다. 일의 결과는 하나님의 일이며, 우리는 다만 그가 원하시는 것을 행하면 됩니다. 하나님께서는 겉으로 드러나는 현상이 어떠하든지 우리 편에서 우리와 함께 당신의 일을 하십니다. 우리는 바로 그 모습을 볼 수 있어야 합니다.

예를 들어 볼까요? 여러분이 한국에 가서 학교에서나 학원에서 누구를 가르친다고 할 때, 여러분은 그로써 한국 사회에서 가장 비리가 많다는 음악가의 집단에 속하게 됩니다. 여러분이 정직하게 일한 대가만을 원할 때, 오직 실력만으로 평가받고자 할 때, 여러분 주변 사람들이 정직하다 혹은 겸손하다 칭찬할 것 같습니까? 자기만 깨끗한 척한다는 말이나 듣기 십상일 것입니다. 여러분은 오히려 매장당할 확률이 높습니다. 이런 결과가 두렵습니까? '나는 깨끗하고 말씀대로 살려고 하는데,

왜 이렇게 나쁜 평판을 들을까?' 하고 실망하지 않겠습니까? 기억하십시오. 나에 대한 다른 사람의 평판은 중요하지 않습니다. 하나님께서 나의 행동을 어떻게 평가하시는가가 중요하기 때문입니다.

우리가 정직하고 깨끗하게 살기를 원하는 것은 하나님이 순결한 진리이시기 때문입니다. 그분의 자녀로서 당연히 그렇게 살아야 할 것을 알기 때문이지요. '하나님께서 원하신다', 바로 이 사실 때문에 우리는 그렇게 정의롭게 살아야만 합니다. 그러나 이 세상은, 세상의 대부분은 그 사실에 동의하지 않습니다. '내가 잘살고, 나만 잘살기 위해서라면 그 어떤 행동을 하더라도 상관없다', 이것이 이 세상에 만연한 사고방식입니다. 그러므로 누군가가 나의 깨끗함과 정직함을 보고 비난하는 것은 그 사람 자신이 그렇지 않음을 보여 주는 것입니다. 그로써 그는 이미 하나님의 심판을 받고 있습니다. 여러분의 일은 지금과 나중까지 철저하게 하나님의 의의 편에 서는 것입니다. 그것으로써 여러분은 하나님의 공의를 세상에 널리 보여 주게 됩니다.

사랑하는 여러분, 이제 말씀을 마치려 합니다. 의에 속한 사람의 진정한 기쁨은 그 일에 대한 세상의 반응에서 오지 않습니다. 내가 하나님의 편에 서서 살아가고 있다는 사실에 있습니다. 2천 년 전의 우리 선배들은 이런 길을 걸었습니다. 여러분이 걸어야 할 길은 절대로 편안하지만은 않을 것입니다. 그러나 여러분은 이미 세상이 주지 못하는 하늘의 기쁨으로 충만한 삶을 살아가고 있습니다. 그래서 여러분의 발길이 복됩니다. 그 길 속에서 하루하루 힘차게 살아가시기를 축복합니다.

26 나는 무엇을 위해 사는가?
행 14:1-18

전도의 발걸음

지금 우리가 보고 있는 본문의 주된 배경은 '루스드라'라는 곳입니다. 사도행전 14장 1-3절을 보면 바울 일행은 비시디아 안디옥을 떠나서 '이고니온'이라는 곳을 거쳤습니다. 비시디아 안디옥에서 바울 일행이 머문 기간은 불과 두 주간 정도였던 것 같습니다. 바울 일행은 바보에서 총독 서기오 바울을 회심시킨 후 금방 비시디아 안디옥으로 이동했습니다. 아시다시피 비시디아의 안디옥은 내륙입니다. 구브로가 섬이므로 섬에서 내륙으로 이동하는 것이 쉬운 일이 아니었을 터인데, 어째서 바울 일행은 비시디아의 안디옥으로 그렇게 빨리 이동해 갔을까요? 더구나 총독을 회심시켰으니까 그 기회를 이용해서 구브로에 더 널리, 그리고 더 효과적으로 전도 활동을 할 수 있었을 터인데 말입니다.

그러나 고고학자들은 비시디아 안디옥 지역에서 한 가지 흥미로운 유적을 발견했습니다. 안디옥 지역에서 서기오 바울의 이름이 새겨진 비석을 발견했는데, 학자들은 서기오 바울의 친척들이 안디옥에 살았을 거라고 짐작합니다. 따라서 우리는 이렇게 유추해 봅니다. 바울 일행은 바보에서 서기오 바울을 회심시켰습니다. 좀 더 빨리 복음을 전하기 원했던 이들은 서기오와의 교제를 서둘러 마무리하고 곧장 버가를 거쳐서 비시디아 안디옥으로 이동했습니다. 거기에 서기오 바울의 친척들이 살았으므로 이들을 근거로 해서 안디옥 지역에 복음을 전해 보려는 생각이 있었던 것 같습니다.

비시디아 안디옥은 아우구스투스 황제 당시에 군사 기지가 설치되어 이탈리아로부터 약 3천 명의 정예 부대가 이주하여 갖가지 건축물을 세웠다는 기록이 있습니다. 이후 비시디아의 안디옥은 가이사랴의 식민지(Colonia Caesarea)라고 불리면서 아시아 통치를 위한 제2의 수도가 되었습니다. 주민들은 그리스어를 썼지만, 이 도시의 공식 언어는 라틴어였습니다. 그만큼 이 도시가 화려하고, 번성하며, 동시에 중요한 지역이었다는 뜻입니다. 군사적으로나 문화적으로 중요한 도시라는 뜻은 선교에서도 중요하다는 뜻이나 다름없습니다. 바울 일행에게는 이 도시를 선교의 발판으로 삼겠다는 계획이 있었을 것이 분명합니다.

이고니온에서도 반대에 부딪히다

하지만 기대를 품고 도착한 바울 일행은 불과 두 주간만 이곳에 머물고서 이고니온으로 이동했습니다. 안디옥에서의 반대가 너무 심각했기 때문입니다. 이고니온은 비시디아 안디옥에서 약 140km 정도 떨어진 곳입니다. 이 도시는 노아 홍수 이전부터 있었다고 전설이 말할 만큼 오랜 곳이며, 리카오니아(Lycaonia) 주의 수도였습니다. 그리스와 로마의 지배 아래 있게 된 후에 이고니온은 그들의 문화까지 받아들여, 당시로서는 상당히 발달한 지역이었습니다. 이곳에서의 전도 활동은 성공적이었던 것 같습니다. 먼저 본문 1절을 봅니다.

> 이에 이고니온에서 두 사도가 함께 유대인의 회당에 들어가 말하니 유대와 헬라의 허다한 무리가 믿더라 (1절)

그러나 2절을 보면 이런 말씀이 나옵니다.

> 그러나 순종치 아니하는 유대인들이 이방인들의 마음을 선동하여 형제들에게 악감을 품게 하거늘 (2절)

바울 일행은 이고니온에서 적지 않은 신자를 얻었습니다. 그러나 그만큼이나 반대하는 무리도 나타나서 바울의 전도를 방해했습니다. 주도적인 그룹은 역시 유대인이었습니다.

유대인의 입장에서 볼 때 바울의 가르침은 겉으로는 유대인의 하나님을 말하면서도 실제로는 예수를 하나님의 위치에 올려놓는 것이었습니다. 우리가 사는 세계는 참 공통점이 많은 것 같습니다. 어떤 사람을 처음 볼 때 '나하고 참 많은 부분이 비슷하구나' 하는 생각이 들면, 그들은 아주 빠르게 친해집니다. 그런데 시간이 지나면 그들은 이내 나쁜 사이가 되어 버리는 경우를 자주 봅니다. 가깝다고 생각할 때 이런 얘기저런 얘기, 할 말 안 할 말 다 나누었는데, 어느 순간 이 사람이 나와 다르다는 사실을 깨닫고 보니 예전에 한 말들이 전부 다 자기의 약점 거리가 되어 버렸기 때문입니다. 그다음부터 그 사람은 나의 가장 깊은 비밀, 남에게 절대 알리고 싶지 않은 약점을 쥐고 있는 거북한 존재가 되지요. 차라리 처음부터 그 사람이 나와는 다른 사람이라고 알았더라면 나았겠지요. 나와 다른 사람이니 최소한 그 사람에게 큰 기대나 바람도 없었을 터이고, 그래서 그 사람과 원수 사이가 되지도 않았겠지요?

유대인과 기독교인의 관계도 그런 면이 있습니다. '여호와 하나님'을 섬긴다는 점에서는 같은 편인 것 같은데, 예수라는 인물을 놓고서 결정적으로 둘 사이가 갈려 버린 것입니다. 사실 외국인 지역에서 유대인끼리 종교 갈등을 벌이고, 그래서 서로가 상대방을 욕한다는 것은 아주 부끄러운 일입니다. 그러나 유대인들에게 있어서는 그 정도의 애국심으로도 자제할 수 없을 만큼 너무 미운 것이 기독교도들이었습니다. 그래서 유대인들은 자기의 종교 분쟁에 외국인까지 개입시킵니다. 이들은 이방인들에게 기독교인들에 관한 나쁜 소문을 퍼뜨렸습니다. 그 결과로 이방인들은 바울과 바나바, 심지어는 이들의 설교를 듣고 그리스도를 영접한 사람들까지 나쁜 인상을 받게 했습니다. 사도행전 14장 3절은 바울 일행이 이 지역에 '오래' 머물렀다고 말합니다. 바울 일행이 유대인의 방해에 얼마나 고심했는지를 짐작할 수 있습니다.

바울 일행이 열심히 전도하면 한편에서는 유대인이 격렬하게 방해합니다. 이 갈등으로 인해 이고니온은 두 파로 갈리게 되었습니다. 유대인파와 사도파. 이고니온은 이 때문에 발칵 뒤집히고 말았습니다. 기독교에 좋은 감정을 가진 사람들 외에는 거의 모두가 이들을 반대하는 데 하나가 되었습니다. 사실은 여기에 속한 사람이 대부분이었는데, 이들 가운데는 관원들도 포함되어 있었습니다. 이들은 바울 일행을 욕하고 괴롭히며, 심지어는 그들을 돌로 쳐서 죽이려는 단계에까지 도달했습니다. 그러자 바울 일행은 마침내 이고니온을 떠나기로 결정했습니다.

루스드라 지역에서 일하는 바울 일행

이고니온을 떠난 바울 일행이 도착한 곳은 '루스드라'와 '더베'였습니다. '루스드라'는 이고니온에서 남쪽으로 약 38km 떨어진 곳입니다. 인근에 바다가 없어 무역이 발달하지 않았고, 대신 목축업이 발달한 소도시였습니다. 그러나 이곳에는 소수의 로마군이 주둔해 있었으며, 전원도시로 알려져 있습니다. 약간의 유대인도 살고 있었지만, 회당이 있을 만한 규모는 아니었다고 합니다. 이 도시와 관련해서 유명한 인물이 있지요? 디모데와 그의 어머니 유니게가 이곳에서 살았습니다(딤후 1:3; 행 16:2-3). 바울은 루스드라에서 디모데 가정의 도움을 받았던 것 같습니다. 바울 일행은 '더베'에도 갔습니다. 더베는 루스드라의 동남쪽으로 약 30km 떨어진 도시입니다. 바울을 따라서 아시아 지역까지 동행했던 가이오가 이곳에서 태어났습니다(행 20:4).

루스드라는 바울의 전도 여행에서 잊히지 않는 도시입니다. 루스드라에서 한 가지 이적이 일어났기 때문입니다. 본문을 보면 루스드라에 '발을 쓰지 못하는 사람'이 하나 살고 있었습니다. 병명(病名)은 모르지만, 이 사람은 나면서부터 앉은뱅이였습니다. 요즘 말로 하면 지체 장애인인데, 성경이 이 사람을 '나면서부터 앉은뱅이'라고 말한 것은 이 사람의 병이 고칠 수 없는 것임을 알려 주는 표현입니다. 사도행전 3장에서도 우리는 나면서부터 앉은뱅이였던 한 병자를 발견할 수 있지요? 그때는 예루살렘이 무대였으며, 그 사람을 낫게 해 준 사람은 베드로였습니다. 성경은 이로써 한 가지 중요한 암시를 독자에게 알려 줍니다. 그것은 이 동일한 증세를 가진 두 인물이 각각 베드로와 바울에 의해 치유되었다는 사실을 보여 줌으로써 베드로와 바울을 동등한 위치에 두려는 것입니다.

베드로는 예수님께서 직접 불러 세우신 사도입니다. 개신교회 안에서 그의 비중은 비록 그가 로마 교회의 첫 번째 교황이라고 부르지는 않더라도, 결코 무시할 수 없는 존재입니다. 요즘 인터넷 세대의 말로 하자면, 베드로는 기독교회의 역사 가운데 첫째로 꼽힐 만한 순위권의 인물입니다. 다른 말로 표현하자면, 교회의 역사 가운데서 베드로는 성골(聖骨), 즉 타고난 왕족과 같은 인물이었습니다. 어디 가서 무엇을 하든지 그를 빼놓고서는 도무지 일이 되지 않을 만큼 중요한 인물이었다는 것이지요. 거기에 비하면 바울 사도는 소위 '굴러온 돌'이었습니다. 거기다가 출신 성분도 나빠서 예수님을 믿기 전에는 교인들을 죽이기까지 한 배경을 지니고 있었습니다. 그런 인물이 이제는 베드로와 맞먹을 만한 비중을 가지고서 사도행전에 기록되고 있으니 얼마나 놀라운 일입니까?

어쨌든, 루스드라 성에서 전도하던 바울 일행은 말씀에 귀를 기울이면서 열심히 듣고 있는 이 인물을 주목했습니다. 성경은 그를 '구원받을 만한 믿음이 있는 자'라고 표현했습니다. '구원받을 만한 자'라는 말의 그리스어 단어($\tau o\hat{\upsilon}\ \sigma\omega\theta\hat{\eta}\nu\alpha\iota,\ \sigma\dot{\omega}\zeta\omega$)는, '온전하게 되다', '건강하게 되다'라는 뜻도 있습니다. 그러니까, 열심히 귀를 기울여서 하나님의 말씀을 듣는 모습을 보니까 그가 나을 만했다는 뜻이 되겠습니다. 그만큼이나 그가 열심히 듣는 내용이 무엇이었을까 궁금하지만, 성경은 바울이 무어라 설교하고 있었는지 말하지 않습니다. 그러므로 우리가 알아야 할 것은 앉은뱅이가 "우와, 정말 나을 만도 해!" 하고 동의할 만큼 열심히 복음에 관심을 기울였다는 사실입니다.

그런데 바울이 "네 발로 일어나 걸으라!"라고 말할 때, 이 사람은 순식간에 일어났습니다. 머뭇거리거나, 절룩이다가 차츰 걸은 것이 아니라, 즉시 벌떡 일어나서 걷더니 금방 뛰어다니게 되었다는 뜻입니다. 우리가 몇 시간이나 앉아 있다가 걸어도 힘이 드는데, 나면서부터 앉아서만 살았던 이 사람이 순식간에 뛰어다니게 되었다는 것은 참으로 있을 수 없는 일이 아니겠습니까? 이 광경을 보던 모든 사람이 외쳤습니다. "신들이 사람의 형상으로 우리 가운데 내려오셨다!" 이 말은 사람의 능력으로는 절대 이런 일이 일어날 수 없다는 고백이었습니다. 사람들은 즉시 그들의 고백에 걸맞은 행동을 진행했습니다. 그들은 바나바와 바울을 각각 '제우스(Zeus)'와 '헤르메스(Hermes)'라고 불렀습니다(12절).

하나님의 영광이라는 말은?

제우스는 그리스의 신화에서 주신(主神), 즉 신들 가운데서 으뜸이 되는 신입니다. 그리고 헤르메스는 제우스의 대변자 역할을 하는 신입니다. 사람들은 바울과 바나바를 따로 세우고 대대적인 환영 행사를 준비하느라 바빴습니다. 성 밖의 신전에서 이들을 영접하고 예배할 제사장이 도착했고, 이들에게 바칠 소와 꽃도 준비되었습니다. 이렇게 부산스러운 광경을 보던 바울과 바나바가 어떤 반응을 보였습니까? 사도행전 14장 14절은 이렇게 말합니다.

> 두 사도 바나바와 바울이 듣고 옷을 찢고 무리 가운데 뛰어 들어가서 소리 질러 (14절)

앉은뱅이를 고치는 광경을 본 사람들은 놀라서 떠들었는데, 모두가 그 지역의 방언으로 말했습니다(11절). 따라서 바울과 바나바는 이들이 도대체 무슨 말을 하는지 알아듣지 못했습니다. 그러나 바울과 바나바는 곧 그들이 무슨 일을 벌이는지 알아챘습니다. 바울과 바나바는 즉시 옷을 찢으면서 사람들 사이로 뛰어들었습니다.

참을 수 없는 분노, 비통한 심정, 절망이나 증오의 감정이 일어날 때 유대인은 자기의 옷을 찢곤 했습니다. 옷이 찢어지는 그 모습처럼 자기 마음이 찢어진다는 표현이 아닌가 싶습니다. 바나바와 바울은 옷을 찢으면서 자기 마음이 이처럼 황당하고 어이가 없음을 표현했던 것 같습니다. 그들은 부르짖습니다. "여러분, 이게 무슨 짓입니까? 우리도 여러분과 똑같은 사람입니다"(15절, 공동번역). 바나바와 바울은 자신이 신과 같이 높임받는 것을 용납할 수 없었습니다. 무엇보다도 그들은 사람이었습니다. 사람은 하나님처럼 높임받을 수 없습니다. 그러나 바울과 바나바의 말을 계속 듣다 보면 이보다 더 중요한 이유가 있었는데, 앉은뱅이가 나은 것은 바나바와 바울이 한 일이 아니라 하나님께서 하신 일이었기 때문입니다. 요컨대, 하나님께서 받으셔야 할 영광을 인간 바울과 바나바가 받는 것은 주제를 모르는 일일 뿐만 아니라 도둑질이라는 것입니다.

"하나님께서 일하셨다면 하나님께서 높임을 받는 것이 옳다." 이것이 바로 바울과 바나바가 그들의 환대를 그처럼 완강하게 거절했던 이유였습니다. 이것이야말로 우리가 주목해야 할 중요한 주제입니다. 이 주제는 스스로를 하나님의 사람이라고 고백하는 사람이 영원히 잊지 말아야 할 교훈이기 때문입니다. 이 문제를 보다 깊이 생각하기 위해 우리는 이렇게 질문해 봐야 합니다. "내가 하나님의 이름으로 무엇을 했다 하자. 하나님의 이름으로 했다는 사실을 증명하는 방법은 무엇인가?" 우리는 하나님의 자녀입니다. 우리는 그분의 힘을 공급받아 살아갑니다. 우리의 가장 간절한 소원은 그분에게 영광을 돌리는 일입니다. 그러면, 도대체 그 '하나님께 영광'이라는 것은 어떻게 해야 하는 것일까요? 사실 이 질문은 오늘날뿐만 아니라 모든 세대에 걸쳐서 제기되어 온 질문이기도 합니다.

오랫동안 질문이 되어 왔다는 것은 다시 말해 해답이 모호했다는 뜻이기도 하지만, 한편으로 이것이 아주 중요한 질문이라는 뜻이기도 합니다. 이 질문은 아주 엉뚱하게도, 질문하는 사람들이 사실상 질문의 의미조차 몰랐다는 데서 해답의 실마리를 찾을 수 있습니다. 이상한 말 같지요? 그러나 한번 생각해 봅시다. '영광'이라는 말이 무슨 뜻입니까? 히브리어 성경에서 '영광'이라는 말로 자주 번역되는 단어(כבוד)는 직역하면 '무겁다'라는 뜻입니다. 이 단어로부터 우리는 '영화롭게 하다'라는 의미를 유추해 냅니다. 다시 말해, 하나님께 영광을 돌린다, 혹은 하나님을 영화롭게 하는 것은 결국 그분을 무겁게 생각한다는 뜻이지요. 신약 성경은 그리스어로 기록되었는데, 우리가 보통 '영광'이라고 번역하는 단어(δόξα)는 원래 '…처럼 보이다, 좋게 생각하다'라는 뜻에서 나왔습니다. 이 개념으로부터 우리는 소위 '영광'이라는 것이 '옳게 여기다', 혹은 '존중하다'라는 개념을 담고 있다고 정리할 수 있겠습니다. 그러므로 '하나님을 영화롭게 한다', '하나님께 영광을 돌린다'라는 말은 그분을 그분으로서 인정하고 기뻐하는 것이라 풀이할 수 있겠습니다.

하나님과 공존할 수 없다!

그러나 하나님께 영광을 돌린다는 말은 슬프게도 이런 뜻에서 사용되지 않았습니다. '하나님의 영광'은 우리의 삶 속에서 '우리의 성공'과 너무나도 자주 혼동되어 왔다는 말씀입니다. 여러분이 어젯밤 잠자리에 들면서 "하나님께 영광 돌리게 해 주세요"라고 기도했다면, 혹시 그 영광이 나의 성공과 겹쳐 있지는 않습니까? 무대 위에서, 혹은 내 인생의 어느 지점에 절정의 순간이 왔을 때, 바로 그때의 내가 떳떳하고 환희에 넘쳐서 '하나님의 영광을 외치리라' 기대하지는 않았습니까? 이런 슬픈 상황을 가리켜 우리는 '성공 신학', '번영 신학'이라 말합니다. 나의 영광과 하나님의 영광을 교묘하게 겹쳐 놓는 것을 말하는 것입니다. 내가 성공해서 남보다 높고 풍요로운 자리에 서서야 비로소 '하나님의 영광을 나타내리라', 혹은 '하나님께 영광을 돌릴 수 있으리라' 하는 생각은 결단코 하나님이 바라시는 바가 아닙니다.

다시 생각해 봅시다. 내가 세계에서 가장 잘사는 사람이 되어서 '하나님께 영광을 돌립니다'라고 말해야 하나님께 영광이 돌아가겠습니까? 아니면, 가장 힘들고 어려운 절망의 구렁텅이에서 '그럴지라도 나는 하나님을 사랑합니다'라고 고백하는 것이 하나님께 영광이 되겠습니까? 참으로 어렵기도 하고, 또 어떻게 보면 질문 자체가 안 된다고 말할 수도 있긴 합니다. 그러나 저는 이 질문에 대한 해답을 다음과 같은 질문으로 대신하고자 합니다. "하나님께서 세상에 당신을 드러내시거나 어떤 일을 하실 때, 그분께서는 왜 그렇게 자주 세상에서 약한 사람과 가난한 사람, 병든 사람과 억눌린 사람에게 나타나셨습니까?" 높고 풍요로운 것 자체가 나쁜 일은 아닙니다만, 우리는 희망이 없어 보이는 사람들을 통해 일하시는 하나님의 움직임을 너무나도 자주 찾아볼 수 있습니다. 이것이 대체 무슨 의미인지 깊이 생각해 보신 적 있으십니까?

바울과 바나바는 첫 번째 전도 여행에서만 약 1년 반 사이에 4,800km를 여행했습니다. 그 사이에 그들이 겪은 그 무서운 위험들을 생각하면, 우리는 이렇게 생각할 수 있겠습니다. "그 어려운 사역 중에 장애인을 낮게 해 준 대가로 환대를 받는다면, 그 시간을 잠깐이나마 누려도 되지 않을까?" 아닙니다. 바울과 바나바는 절대 그럴 수 없었습니다. 그들은 그 환호가 넘치는 순간에도 자신이 누구인지를 잊지 않았습니다. "나는 그분의 종이며, 이 영광을 받을 만한 분은 오직 하나님 한 분밖에 없다!" 이 신념을 깰 만한 유혹이라면 그들은 무엇이라도 버리고 거절할 준비가 되어 있었습니다. 그들은 하나님이 서야 할 자리에 스스로를 세우려 하지 않았습니다. 하나님께서 일하셨으므로 하나님이 찬송을 받으시는 것이 당연했습니다. 그 자리에 내가 서서 찬송을 받는다면, 나는 하나님의 영광을 가로채는 도적이 되는 것이기 때문입니다.

"하나님께 영광!"이라는 떠들썩한 찬송보다 더한 웅변이 여기 있습니다. 그들은 하나님이 서야 할 자리에 하나님을 세우고, 자신들이 물러날 자리에서 물러남으로써 하나님께 영광을 돌렸습니다. 이것이 참으로 하나님의 자녀 된 자가 보여 주어야 할 자세입니다. 우리는 누구입니까? 하나님의 자녀입니다. 우리는 하나님의 아버지 되심과 한없는 자비와 사랑을 세상에 널리 전해야 할 사람들입니다. 혹시 우리는 그분이 서야 할 자리에 우리를 대신 세우고 살지는 않습니까? 그분이 받으셔야 할 찬송을 가로채지는 않습니까? 세례 요한이 말한 것처럼, '나는 낮아지고 그분은 높아져야 하겠다!'라는 고백이 바로 내 삶의 모토가 되어야 하지 않겠습니까?

지금 내가 이 자리에 선 것은 무엇 때문입니까? 실력 때문에? 집안 배경 때문에? 인간관계가 좋아서? '하나님의 자리'에 그런 것들이 자리 잡고 있다면, 빨리 그것들을 원위치로 돌려놓아야 합니다. 하나님께서 주신 것들을 하나님께서 앉으셔야 할 자리에 놓는 것처럼, 하나님을 진노하게 할 행동은 없기 때문입니다. 동시에 명심해야 할 사실이 있습니다. 우리가 인생의 가장 낮은 곳에 있을 때도 마찬가지의 자세가 필요합니다. 지금 내가 더 이상 낮아질 수 없는 상황입니까? 그게 무엇 때문입니까? 돈이 없기 때문에? 실력이 없어서? 인간관계가 나빠서? 하나님께서 허락하신 그 시간을 '나'라고 하는 존재로부터 원인을 찾는 사람은 마찬가지로 교만한 사람입니다.

우리가 인생의 정점에 서 있든, 가장 낮은 곳에 서 있든, 그때 내 삶의 중심에서 가장 찬양 받으셔야 할 분은 언제나 하나님이셔야 합니다. 이로써 우리는 그분을 향한 내 사랑의 고백이 진심인 것을 웅변할 것입니다. 나의 삶에서, 나의 교회 생활에서, 나의 사회생활에서, 내가 그처럼 사랑한다고 고백하는 그 하나님 우리 아버지를 제자리에 세워 드려야 합니다. 하나님의 자리에 동시에 설 수 있는 것은 아무것도 없습니다. 사나 죽으나, 즐거우나 괴로우나, 내 인생의 중심에 하나님을 앉게 하심으로써 하나님께 영광을 돌려드리는 여러분의 삶이 되기를 축복합니다.

27 크리스천으로 산다는 것

행 14:19-28

예수 믿기, 쉽지 않다!

근래에 한국 교회의 가장 큰 이슈는, 아프가니스탄에서의 인질 사건이라 할 수 있겠습니다. 한국의 한 교회에서 단기 선교팀으로 파송되어 간 21명의 한국인들이 아프가니스탄 현지에서 탈레반이라는 무장 집단에게 사로잡혔다가 지난주에 풀려난 사건은, 이미 전 사회적 문제로 부상되어 떠들썩하게 알려졌습니다. 한국 교회는 물론이고, 세계에 흩어진 한인 교회들은 이 문제를 공식 기도 제목으로 걸고서 열심히 기도했던 것으로 저는 압니다. 그러하기에 우리 교회 역시, 몇 주 동안 아프간에 사로잡힌 형제와 자매들이 조속히 석방되기를 기도했습니다. 그러나 이 문제는 더 이상 예수 믿는 형제와 자매들의 아픔쯤으로 해석될 수 없을 만큼 심각한 주제가 되었습니다. 그동안에 한국의 언론에 공개된 반응들은 이들의 생명에 대한 염려보다는 기독교에 대한 대중의 인상이 얼마나 심각하게 부정적인가를 보여 주는 척도가 되어 버렸기 때문입니다.

"죽으러 갔으니 죽으라고 그래라", "거기가 어디라고 갔냐?", "우리는 그들을 살려 내기 위해 세금 내지 않았다" 등등의 반응은 상대적으로 점 잖은 것에 속합니다. 사실은 온갖 입에 담기 어려운 욕설이 더 많이 올라왔습니다. 마침내 어제, 이 사건의 당사자라고 할 수 있는 교회의 담임 목사님은 이번 사태에 대한 책임을 지고서 사표를 냈고, 앞으로 두 달간 기도 시간을 갖는다는 소식이 전해졌습니다. 이 기사에 달린 2500개 정도의 댓글 중 하나를 소개합니다. 이 글을 보면 오늘날 우리 사회에서 기독교인이라는 존재가 어떤 이미지인지를 잘 볼 수 있지 않을까 생각합니다.

> 박 목사는 사람이 나쁜 게 아니라 생각이 부족한 사람입니다. 선민의식에 겸손과 자기 성찰을 못한 것이지요. … 한국 기독교 신자 대부분이 그렇습니다. 일상생활에서는 신도나 비신도나 재물을 탐하고 원수를 미워하는 것은 똑같더니 종교 이야기만 나오면 성경을 만고의 진리로 떠벌리고… 그들의 위선에 욕 나오죠. 심판의 날 미친 기독교인 불타오리다…

그런데 이 글에 댓글이 하나 또 달려 있었는데요. 그걸 소개하겠습니다.

> 예수쟁이들… 성경책 잘 안 읽어요. 그저 믿음은 말씀에서 나온다며 목사 말만 듣지요.

이 글에서 그려지는 기독교인은 위선자입니다. 평소에 살 때는 세상 사람과 마찬가지로 재물을 탐하며 원수를 미워합니다. 그러다가 '믿음' 이야기만 나오면 성경이야말로 절대적인 진리라고 주장한다는 것이지요. 다른 종교는 완전히 무시합니다. 그런데 놀라운 것은 그들이 성경이야말로 진리라고 떠받들면서도 정작 그것을 읽지는 않는다는 것입니다.

오래전, 경상북도 어느 산골에 아주 작은 예배당이 있었습니다. 아주 어려운 시절이었기에 이런 규모의 교회에는 신학을 제대로 전공한 교역자가 없었습니다. 그 시절 이런 교회에는 '조사(助師)', 즉 교회를 돕는 분이 계셨습니다. 이분은 한글을 겨우 깨치신 분이었습니다. 어두운 어느 날, 예배를 드리는데 한글을 겨우 깨치신 데다가 불까지 어두우니 조사님께서 그날의 본문을 읽는데 쉬울 리가 없었습니다. 그날의 본문은 시편 23편이었습니다. 아주 옛날의 한글 성경은 한문 문장을 직역하다시피 했고, 거기다가 띄어쓰기도 전혀 되어 있지 않았습니다. "여호와는 나의 목자시니 내가 부족함이 없으리로다." 이 구절을 읽으셔야 하는데 조사님은 이것을 이렇게 읽고 말았습니다.

"여호… 와는 나의… '목… 자르시니', 내가… 부족… 함이 없으리로다."

자, 이제 이 구절을 갖고 설교를 해야 하는데, 이렇게 띄어쓰기를 해서 읽고 보니 이 구절이 너무 심각하고 비장한 내용이 되고 말았습니다. 성경책을 내려놓으신 조사님은 엄숙하게 이렇게 말씀하셨습니다. "여호와가 내 목을 자르셔도 내가 부족함이 없습니다!" 그러자 온 교우들도 두 손을 들고 이렇게 외쳤습니다. "내도!" "내도!"

과거의 시절이라면, 이런 광경은 우습기보다 차라리 비장하고 은혜로운 것이겠지요. 그러나 오늘을 살아가는 신자들에게 이런 일은 결코 은혜롭게만 볼 수 없습니다. 그만큼이나 오늘의 세계는 그리스도인들에게 너무 복잡하기 때문입니다. 그만큼 오늘날 우리가 기독교인, 혹은 신앙인으로서 살기가 전혀 쉽지 않다는 것입니다.

바로 앞에 말씀드린 일만 하더라도, 그 일은 지난 몇 주간 저에게 참으로 많은 고민거리를 갖다주었습니다. 예수 믿는 사람으로서 인질로 사로잡힌 형제와 자매를 위해서 기도하는 것은 말할 필요조차 없는 의무로 여겨졌습니다. 저는 아프간의 형제와 자매를 위해 기도하자는 얘기를 교우들에게서 들을 때 "그러게 말이야" 하고 대꾸하곤 했습니다. 그러나 기도하면서, 심지어는 그 일을 위해서 함께 기도하자고 주보에까지 실어 놓았으면서도, 제 마음은 전혀 가볍지 않았습니다. 인질로 잡힌 그들 때문만은 아니었습니다. 제 마음에 깃들여진 한 가지 질문 때문이었습니다. "너는 이들을 위해서 기도하며, 또 함께 기도하자고 권하기까지 한다. 그런데 네가 유독 그들을 위해서 기도하는 이유가 무엇인가? 이 세상에는 그들 말고도 더 많은 사람이 고난받고 고통당하지 않는가? 그들의 값어치는 아프간의 네 형제와 자매라는 사람보다 덜한가?"

사로잡힌 자들을 위해 걱정하고 기도하는 한편에서 삐져나오는 이 질문은 오늘날을 살아가는 기독교인이 기도하고 염려하는 것마저도 쉽지 않다는 한탄을 자아냈습니다. 아닌 게 아니라, 우리는 주변에서 고통받는 사람들을 너무나도 많이 봅니다. 지금 이 순간 어디에선가 영문도 모른 채 죽어 가는 어린이가 있으며, 돈 몇 푼 때문에 팔려 가는 이들이 있음을 잘 압니다. 억울하고 눌린 자들이 헤아릴 수 없이 많음도 압니다. 뿐만 아니라 탐욕과 정치의 갈등 속에서 빗발치는 총탄으로 인해 쓰러져 가는 슬픈 영혼들도 봅니다. 이들의 아픔과 생명은 아프간의 그들보다 가치가 없습니까? 그렇지 않다면, 내가 아프간의 인질들을 위해서 특별히 지목하여 기도하는 것은 무슨 까닭이며, 어디에 정당성이 있는 것입니까? 이 몇 주간 제가 아프간의 인질들을 위해서 기도를 하면 할수록, 이들을 위해 기도하기 이전의 내 모습이 싫어지기까지 했습니다.

예수교의 신자가 된다는 것은…

단적으로 말해서, 저는 교회를 손가락질하는 저들의 주장이 타당하다고 생각합니다. 우리는 그만큼이나 자기중심적이었습니다. 우리는 매주 예배 시간마다 "너는 복의 통로"라고 축복합니다. 나는 하나님의 자녀이며, 세상에 그분의 복을 전달하는 복의 통로입니다. '복의 통로'라는 말은 하나님의 자녀 된 우리가 그분의 복을 '머금기만 하는 존재'가 아니라 '전달하는 존재'라는 의미입니다. 우리는 복을 누리는 사람이기도 해야 하지만, 동시에 그 복을 세상에 전달해 주는 사람이기도 해야합니다. 이 임무에 충실하지 않았기 때문에 우리 사회는 기독교인을 향해서 이기적이고 자기중심적이라고 비난하는 것이 아닐까요? 물론 저들의 비난이 감정적이고 비논리적인 면도 있습니다만, 우리는 잊지 말아야 합니다. 우리를 향한 비난이 지나침을 입증한다고 해서 우리에게 책임이 없을 수는 없습니다. 우리의 도덕성은 저들보다 우월해야 한다는 뜻입니다.

이런 수준에서 우리 자신을 돌아볼 때, 우리는 예수께서 주신 복을 누리기는 했을지언정 복음에 빚진 자로서 살아가는 데는 무관심한 점도 있었다는 사실을 부정할 도리가 없습니다. 나는 예수께서 주신 그 기쁨과 평안을 이웃에게 전하기 위해서 얼마나 힘을 들였습니까? 내게 주신 복을 세기는 했어도 이웃에게 전할 복을 추려 보기는 했던가요? 오늘 나에게 주신 은혜에 감사하며 잠자리에 들었어도, 오늘 전해야 할 예수의 은혜와 샬롬에 대해서는 계산을 끝낸 후에 잠자리에 들었던가요? 이런 질문에 대해 "그렇습니다!"라고 말할 수 없다면, 우리는 자기중심적인 은혜에만 즐거워하며 사는 기독교인이라는 비난에서 결코 자유롭지 못할 것입니다. 세상으로 내려가서 복음을 전해야 할 자신의 임무를 잊고서 "여기저기에 초막을 짓고서 눌러앉아 살자"라고 말했던 베드로처럼, 우리는 그동안 예수 그리스도를 믿음이 무슨 기대를 담고 있는지를 모른 채 살아왔던 것입니다.

여러분, 여러분은 기독교인이십니까? 여러분은 예수 믿는 사람입니까? 이 질문에 "예"라고 대답하신다면, 여러분에게 있어서 예수 믿는다는 것, 예수교인이라는 것은 무슨 의미입니까? 나는 나의 신자 됨을 어떻게 설명합니까? 나는 내가 기독교인인 것을 어떻게 설명할 수 있습니까? 참으로 어려운 질문이기도 합니다만, 실은 자신을 기독교인이라고 고백하는 모든 사람이 결코 피할 수 없는 질문이기도 합니다. '믿어짐'은 '안 믿어짐'을 전제한 것입니다. 우리가 믿음을 믿음이라고 말하는 것은 그것이 믿음이 아니고서는 믿어지지 않기 때문입니다. 그러므로 믿음을 고백하는 사람은 안 믿어지는 이유를 극복하거나 설득할 만한 이유를 제시할 수 있어야만 합니다.

지금 우리가 읽은 본문에서 중요한 인물로 등장하는 바울은 이런 점에서 아주 독특한 사람입니다. 바울은 직접 예수를 만난 후, 자신이 쓴 성경들을 통해서 기독교인의 '믿음'을 아주 다양하게 설명한 독보적 인물이기 때문입니다. 그 특징 가운데 하나가 그만의 독특한 어법에 있습니다. 그는 예수교 신자를 예수라는 인물과 연결해 놓았습니다. 그 관계는 그리스도와 함께 몇 가지의 전치사가 결합됨으로써 설명됩니다. '그리스도 안에(in Christ)', '그리스도와 함께(with Christ)', '그리스도를 위하여(for Christ)'.

바울, 혹은 신약 성경은 이런 표현을 통해서 한 가지 사실을 강조하려 합니다. 그리스도인의 그리스도인 됨은 오직 신자와 그리스도와의 관계 속에서만 규정된다는 것입니다. 다시 말해, 그리스도인이 그리스도인으로서 정체성을 갖기 위해서는 신자와 그리스도가 어떤 '관계'를 가져야만 한다는 것입니다. 그리스도와 상관없는 그리스도인이 있을 수 있습니까? 질문 같지도 않지만, 심각한 질문입니다. "나는 그리스도인이다"라고 주장한다면, 그 사람은 반드시 그리스도와 분명한 관계를 맺어야 합니다. 좀 더 강조해서 말하자면, 그리스도인은 그리스도라는 그분을 떠나서는 아무런 의미도 없다는 것입니다.

성경은 예수 믿는 사람들을 또 이렇게 표현하기도 합니다. '그리스도의 종', '그리스도의 군사', '그리스도의 대사', '그리스도의 향기', '그리스도의 편지'. 앞의 표현이나 지금의 표현이나 전달하려는 메시지는 동일하고 분명합니다. 그리스도인의 정체성은 그리스도의 인격을 떠나서는 도무지 규정될 수 없다는 것입니다. 그리스도께서 사신 방식, 그분이 살아가신 모습, 그분께서 보여 주신 삶의 모범을 깊이 묵상하고 그분의 가르침을 거기서 찾아내는 사람이 아니고서는 도무지 그리스도인이라 불릴 수 없다는 말씀입니다. 저는 이 사실을 이렇게 표현하고자 합니다. "그리스도와의 교제가 없는 사람은 그리스도인이라 할 수 없다." 다시 말해, 그리스도를 경험하지 않은 사람은 그리스도인이라 할 수 없습니다.

바울에게 있어서 예수를 믿는다는 것

그런데 그리스도를 경험한다는 말이 어떤 의미일까요? 그냥 '그분이 어떤 분이구나' 하고 안다는 뜻일까요? 본문은 바울에 관한 한 가지 사건을 보여 줍니다. 우리는 그 모습 속에서 예수를 믿는다는 것이 어떤 의미인지를 볼 수 있어야 합니다. 먼저, 본문의 상황을 봅시다. 지난번에 살펴본 것은 바울 일행이 루스드라에서 거의 하나님과 맞먹는 대접을 받게 되었다는 이야기입니다. 왜였습니까? 나면서부터 앉은뱅이였던 사람을 낫게 해 주었기 때문입니다. 바울 일행이 이들의 열광적인 대접을 만류하긴 했습니다만, 그렇다 하더라도 바울 일행을 그냥 내버려 두었을 리가 없었을 것입니다. 이들의 인기가 보통이 아니었겠지요? 그러나 이 소식이 사방으로 퍼져 나가자, 루스드라 지역으로 몰려드는 무리가 있었습니다. 거기에는 유대인들도 있었습니다. 이들은 바울 일행이 회당을 중심으로 예수 전하는 것을 못마땅하게 생각했습니다. 이들은 바울 일행을 결사적으로 반대했으며, 가는 곳마다 따라다니면서 복음 전하는 일을 방해했습니다.

유대인들은 루스드라에서 병자를 고침으로써 바울 일행의 인기가 절정에 이르렀다는 소식을 들었으며, 이들은 이 소식을 듣고 더욱 분노했습니다. 이들은 루스드라 지역으로 찾아가서 바울 일행의 전도 사역을 방해하기로 결심했습니다. 이들은 이미 이고니온에서 바울 일행을 돌로 쳐서 죽이려고 결심했습니다. 이들은 이 계획을 루스드라에서 실행하기로 작정했습니다. 사도행전 14장 19절을 보면 안디옥과 이고니온에서 온 이 유대인들이 바울을 유인하는데, 이들은 루스드라 사람들을 선동하는 방법으로 바울을 자신들이 원하는 장소로 끌어냈습니다. 그러고는 바울을 돌로 쳐서 죽였습니다. 아니, 이들이 바울을 돌로 쳤기에 바울이 죽은 줄 알았습니다. 바울이 죽은 줄 알았다는 것은 그만큼이나 바울이 심각한 부상을 입었다는 뜻이겠지요. 유대인 무리는 죽은 것처럼 보이는 이 바울을 끌어다가 성밖에 내버리고 맙니다.

생각해 봅시다. 그가 죽은 줄로 알 정도로 돌에 맞았다면, 그 상처가 얼마나 심했겠습니까? 그러나 바울은 죽지 않고 내버려진 장소에서 일어났습니다. 그리고 놀라운 일이 성경에 기록되어 있습니다. 그것은 이렇게 다시 일어난 바울이 그다음 날 다시 루스드라에서 동남쪽으로 약 30km 떨어진 더베로 가서 다시 복음을 전했다는 것입니다. 이 사실을 우리가 그냥 지나칠 수 있을까요? 얼마나 심하게 돌에 맞았는지, 바울을 죽이려던 사람들이 그가 죽은 줄 알았습니다. 그들은 바울을 성 밖에다가 내버렸습니다. 바울의 형편이 이러했다면 그가 얼마나 심각하게 다쳤을지 짐작할 수 있지 않습니까? 바울은 내다 버린 그 자리에서 일어나서는 어떠한 치료 방법도 찾지 않았던 것 같습니다. 바울은 그길로 다시 30여 km나 떨어진 곳으로 걸어가서 그다음 날 다시 복음을 전했습니다.

이런 사실을 볼 때, 도대체 우리는 바울에 관해서 무어라 평가해야 옳겠습니까? 바울이 초인적인 사람이라 해야 하겠습니까? 그가 사도이기 때문에, 복음을 전해야 할 사람이었기 때문에 성령께서 그에게 엄청난 힘을 주신 걸까요? 저는 바울이 미치지 않고서는 절대 이렇게 할 수 없을 것이라고 단언합니다. 그에게 그럴 만큼의 신념이 있지 않고서야 어떻게 사람의 몸으로 이렇게 할 수 있겠습니까? 바울이 기록한 서신 가운데 간간이 그의 경험과 심정이 단편적으로 보입니다만, 그 가운데 우리는 이와 같은 문장을 보게 됩니다. 고린도후서 11장의 말씀입니다.

그들이 그리스도의 일꾼이냐 정신없는 말을 하거니와 나는 더욱 그러하도다 내가 수고를 넘치도록 하고 옥에 갇히기도 더 많이 하고 매도 수없이 맞고 여러 번 죽을 뻔하였으니 유대인들에게 사십에서 하나 감한 매를 다섯 번 맞았으며 세 번 태장으로 맞고 한 번 돌로 맞고 세 번 파선하고 일 주야를 깊은 바다에서 지냈으며 여러 번 여행하면서 강의 위험과 강도의 위험과 동족의 위험과 이방인의 위험과 시내의 위험과 광야의 위험과 바다의 위험과 거짓 형제 중의 위험을 당하고 또 수고하며 애쓰고 여러 번 자지 못하고 주

리며 목마르고 여러 번 굶고 춥고 헐벗었노라 (고후 11:23-27)

그가 이렇게 험난한 길을 마다하지 않았던 이유가 무엇입니까? 본문 22절에서 바울은 이렇게 말하고 있습니다.

제자들의 마음을 굳게 하여 이 믿음에 머물러 있으라 권하고 또 우리가 하나님의 나라에 들어가려면 많은 환난을 겪어야 할 것이라 하고 (22절)

바울의 생각이 여기 있습니다. 하나님의 나라에 들어가려면 환난을 겪는 것이 당연하다는 것이지요. 왜 그렇습니까? 믿음의 속성이 그러하기 때문입니다. 잘살기 위해서 믿는 것이 세상 모든 종교의 공통적인 존재 이유일 것입니다. 그러나 바울은 이렇게 주장합니다. "우리가 예수를 믿는 믿음을 가졌다면, 고난도 기꺼이 받아야 한다." 따라서 고난은 그리스도인에게 선택적이지 않습니다. 그리스도인이라는 이름에는 '은혜'라는 단어와 함께 '고난'이라는 단어도 늘 동반됩니다. 빌립보서 1장에서 바울은 이렇게 말합니다.

그리스도를 위하여 너희에게 은혜를 주신 것은 다만 그를 믿을 뿐 아니라 또한 그를 위하여 고난도 받게 하려 하심이라 너희에게도 그와 같은 싸움이 있으니 너희가 내 안에서 본 바요 이제도 내 안에서 듣는 바니라 (빌 1:29-30)

마침내 바울은 고난의 의미에 관해서 골로새서에서 이렇게 말하지요.

나는 이제 너희를 위하여 받는 괴로움을 기뻐하고 그리스도의 남은 고난을
그의 몸 된 교회를 위하여 내 육체에 채우노라 (골 1:24)

그리스도와 기독교인

고난에 관한 성경의 증언을 종합해서 볼 때, 기독교가 고난을 이렇
게 독특하게 해석하는 이유가 있습니다. 단도직입적으로 말하면, 그리
스도 예수께서 그런 식으로 고난을 받으셨기 때문입니다. 말하자면, 그
리스도 예수께서도 그러한 의미로 고난을 당하셨다는 것이지요. 그분
께서 그렇게 사셨기 때문에 그를 따르는 자들도 고난을 그분과 마찬가
지로 받아들인다는 것입니다. 신학적인 문장으로 이것을 정리하면 이
렇게 될 것입니다. "고난이 없이는 면류관도 없다." 성경은 영광 이전에
고난을 이야기합니다. 우리의 구주 예수께서도 하나님의 오른편에 앉
으시기 위해 십자가에서의 혹독한 고난을 경험하셨습니다. 그분께서
우리의 구주시라면, 부활의 첫 열매로서 우리 구원의 모범이 되신다면,
우리 역시 그분의 길을 따르는 것이 너무나도 당연합니다. 바울은 데살
로니가전서 2장에서 이렇게 말합니다.

형제들아 너희가 그리스도 예수 안에서 유대에 있는 하나님의 교회들을 본
받은 자 되었으니 그들이 유대인들에게 고난을 받음과 같이 너희도 너희 동
족에게서 동일한 고난을 받았느니라 (살전 2:14)

그리스도의 은혜는 이처럼 고난을 통해서 전달됩니다. 영광의 순간은 고난이 배경이 될 때 더욱 빛을 발합니다. 따라서 고난은 그리스도께서 신자에게 주실 은혜를 담아 놓으신 그릇입니다.

더 이상 길게 말씀드리지 않겠습니다. 본문에서 볼 수 있는 바울의 행동은 그가 그리스도 예수의 삶을 깊이 묵상하지 않았더라면 결코 나타날 수 없었을 것입니다. 이제 그가 보여 주는 삶의 방식이 우리에게 무거운 질문으로 던져집니다. 예수를 만나셨습니까? 그리스도의 삶을 묵상하십니까? 그 묵상이 나의 생활 구석구석에서 어떤 모양으로 실천되고 있습니까? 나는 어떤 냄새를 풍기면서 살아갑니까? 예수의 향기입니까, 아니면 썩어질 인간의 냄새입니까? 분명히 우리는 기억해야 합니다. 그리스도인으로서 참되게 살아가기 위해, 우리는 반드시 그분을 만나야 합니다. 그리고 그분의 삶으로부터 얻은 묵상들이 우리의 삶에서 행동으로 실천되어야 합니다. 말씀을 묵상하지 않는 사람은 그리스도인으로서 살 수 없습니다. 자기 행동 하나하나가 '예수' 그분의 이름과 연관 지어 설명되지 않는다면, 우리의 삶에서 예수는 주인이 아니라 손님에 불과합니다.

바울의 삶을 설득하고 움직였던 예수의 삶이 우리의 삶에서도 그렇게 역사하기를 간절히 소원합니다. 주여, 우리도 그처럼 살도록 우리를 사로잡아 주옵소서!

28
참된 자유인
행 15:1-35

할례를 둘러싼 논쟁이 벌어지다

바울과 바나바 일행이 이고니온과 루스드라에서 성공적인 선교 활동을 하던 무렵에 한 가지 커다란 문제가 일어났습니다. 사도행전 15장 1절을 보면 이 문제를 다음과 같이 설명하고 있습니다.

어떤 사람들이 유대로부터 내려와서 형제들을 가르치되 너희가 모세의 법대로 할례를 받지 아니하면 능히 구원을 받지 못하리라 하니 (1절)

예수님에 관한 복음이 점차 힘을 얻을 무렵에, 유대 지방에서 온 사람들이 기독교로 개종한 신자들에게 할례를 받아야만 구원을 받는다고 주장했습니다. 이들은 유대인이었지만 유대교 신자가 아니었습니다. 예수를 믿는 사람들이었습니다. 그러나 그들은 소아시아 지역의 새 신자, 즉 유대인이 아닌 그리스도인들에게 반드시 할례를 받아야 한다고 강요했습니다. 그들에게 그렇게 말할 권리가 있었을까요? 제가 보기에는 없습니다. 그러나 그들의 말에는 설득력이 있었습니다. 아니, 그들 자신에게 설득력이 있었다기보다 '예수교'라는 종교 자체가 그런 말을 설득력 있게 들리게 했습니다. 예수교는 예수를 구주로 섬기는 종교입니다. 그런데 그 예수께서 유대의 혈통을 가진 바로 그 사실 때문에, 유대인 기독교인들의 주장이 그럴듯하게 들렸다는 것이지요.

제가 네덜란드에 살 때, 암스테르담에서 비를 만난 적이 있습니다. 그때 저는 어느 건물의 처마 밑에 서서 비가 그치기를 기다리고 있는데, 네덜란드 사람 둘도 제 바로 옆에 서서 비가 그치기를 기다렸습니다. 얼마 후 그 사람들 하고 이야기가 시작되었는데, 제가 한국 사람이라는 말을 듣자마자 이 사람들의 표정이 달라졌습니다. 그들은 이렇게 말했습니다. "야, 한국 사람이니 한국말을 할 수 있어서 얼마나 좋을까?" 저는 이게 무슨 말인가 하고 생각했는데, 이들이 저를 부러워하는 이유가 참 놀라웠습니다. 이 사람들은 통일교 신자였는데, 제가 저들의 교주와 같은 나라 사람이라는 점이 너무 부러웠던 것입니다. 그들의 첫 번째 소원은 문선명 교주의 모국인 한국에 가서 그분과 한국말로 대화를 나누는 것이었습니다.

그러니까 이들이 한국을 동경하는 이유가 무엇이겠습니까? 그들의 교주가 한국 사람이라는 것 외에 달리 이유가 있지는 않을 것입니다. 우리도 마찬가지입니다. 우리는 이스라엘을 잘 알지 못합니다. 그러나 예수 믿고 성경을 보면서 왠지 모르게 이스라엘과 가까운 느낌이 드는 것은 어쩔 수 없는 일입니다. 성경에 설명된 종교적 진리들이 유대 문화 속에 녹아들어 있기 때문에, 성경 속에서 진리를 배우는 가운데 자기도 모르게 이스라엘에 대해 긍정적인 태도를 갖게 되는 것이지요. 소아시아 지방에서 살던 이방인에게 유대인이나 유대 문화가 별다른 의미는 없었을 것입니다. 그러나 예수를 구주로 영접하면서 상황이 달라졌지요. 예수라는 인물이 유대인이라는 사실, 이론적으로는 예수님께서 하나님으로서 인간의 육체를 입고 세상에 나오신 것이지만, 그분이 유대인이라는 사실이 유대인을 바라보는 마음에 엄청난 동경심을 가져다주었을 것입니다.

쉽게 말해, 소아시아 지방의 새 신자들에게 있어서 유대인 크리스천들은 '원조 크리스천'이라는 느낌을 주었을 것이고, 따라서 이들의 주장은 무시할 수 없었을 것이 분명합니다. 이들은 주장합니다. "예수 믿는 거, 잘했어! 그러나 그것으로 충분하지 않아. 할례를 받아야만 비로소 온전한 기독교인이 된다고!" 유대인들의 주장은 새 신자들에게 결코 무시할 수 없는 비중으로 다가왔습니다. 본문 15장 2절을 보면 유대인들의 주장으로 인해서 바울과 바나바가 사역하는 지역에서 커다란 논쟁이 일어났습니다. 심지어 다툼까지 일어난 것으로 보입니다. 바울과 바나바는 마침내 이 문제에 대해 이렇게 대안을 마련했습니다. "교회의 대표를 뽑아서 그들을 예루살렘으로 보낸다." 그 결과 바울과 바나바가 대표로 선발되었습니다.

예루살렘 회의가 열리다

바울과 바나바가 예루살렘에 도착하자마자 처음으로 한 일은, 그동안 소아시아 지방에서 일어난 일을 알리는 것이었습니다. 사역 중에 많은 이적과 함께 적지 않은 주님의 제자들이 생겼습니다. 그러나 바울과 바나바가 가장 강조하고자 한 것은 그런 외형적 결과가 아닙니다. 그 일들에 하나님께서 함께하셨다는 사실 자체였습니다. 이 점은 매우 중요합니다. 이방인을 전도하는 과정에 하나님께서 전적으로 함께하셨다는 말이 무슨 의미일까요? 하나님께서 함께하셨다는 말은 그 모든 일에 대해서 하나님께서 옳다고 인정하셨다는 의미입니다. 다시 말해, 이방인에게 하나님의 말씀이 전파되고 또 그들이 예수를 믿는 교회의 무리에 들어오는 일에 대해 하나님께서 인정하셨다는 말입니다.

하나님께서 그 일을 도우셨다면 그 일의 정당성에 관한 질문은 더 이상 의미가 없는 것입니다. 하나님께서 그 일에 함께하셨다면 인간은 그 일에 관한 모든 논의를 멈추어야 합니다. 바울 일행의 선교 보고는 이렇게 함으로써 일석이조의 효과를 본 셈입니다. 첫째, 이방인에게도 하나님의 은혜가 허락되었음을 확고히 증거하게 된다. 둘째, 따라서 이 선교 사역에 참여한 자들에게 공식적인 정당성이 보장된다. 그러나 여기에 여전히 토를 다는 사람들이 있었습니다. 그들은 이방인도 할례를 받아야 한다고 주장했습니다.

이들은 바리새파에 속한 사람이었습니다. '바리새파'가 얼마나 철저하게 하나님의 말씀을 지키려 했는지에 관해서는 우리가 이미 잘 아니까 더 이상 설명하지 않겠습니다. 이들이 예수를 믿게 되었다는 사실, 더욱이 교회 안에 바리새파 출신의 기독교인이 이처럼 영향력을 행사할 수 있을 만큼 숫자가 많아졌다는 사실은 크게 기뻐할 일입니다. 그만큼 골수 유대인들마저도 복음의 영향권에 들어왔다는 사실은 예루살렘과 유대 지역에서 기독교가 얼마나 왕성하게 세력을 키웠는지를 간접적으로 보여 주기 때문입니다. 그러나 이들은 예전의 생각을 완전하게 버리지는 못했습니다. '예수를 믿어 기독교 신자가 되었음에도 반드시 할례는 받아야 한다'라고 굳게 믿었기 때문입니다.

자, 이렇게 해서 교회 역사상 처음으로 총회가 모이게 되었는데, 바리새파 기독교인들의 주장은 무엇입니까? 본문 1절에서 '유대에서 내려온 이들'의 주장은 "할례를 받지 않으면 구원받지 못한다"입니다. 바리새파 기독교인들 역시 이렇게 주장합니다. 이들이 그리스도인들이므로 예수 믿지 않으면 구원받지 못한다고 하는 사실을 믿었을 것입니다. 그러나 그들은 역시 동일한 무게로 "할례를 받지 않으면 구원을 얻을 수 없다"라고 주장하는 것입니다. 정리해 봅시다. 이들은 예수가 그리스도와 하나님의 아들이라는 사실을 진리로서 고백했습니다만, 그들이 예수 믿기 전까지 철석같이 믿었던 진리, 즉 율법도 여전히 진리로 받아들였습니다. 이 사실을 좀 복잡하게 말씀드리면, 이들은 아직도 율법과 예수와의 관계를 명확하게 정리하지 못했다는 것입니다.

구약과 신약의 관계는 참으로 길고도 복잡한 주제입니다. 그리스도인에게 있어서 율법은 어떤 의미인가? 이 질문은 유대인뿐만 아니라 이방인에게도 절대 만만하지 않은 길이의 대답을 요구하는 질문입니다. 복잡하고 긴 신학적인 논의를 하지 않고 몇 가지 질문만 던지더라도 우리는 이 주제가 쉽지 않음을 알게 됩니다. 우리는 안식일을 지켜야 합니까, 아니면 주일을 지켜야 합니까? 우리는 돼지고기를 먹어도 됩니까? 우리는 제사를 드려야 합니까? 우리는 십일조를 내야 합니까? 이런 질문들은 오늘날을 살아가는 기독교인들에게조차 실로 간단치 않은 주제라는 것입니다. 사도행전의 시절을 사는 기독교인들에게 있어서 이런 질문, 즉 율법과 복음의 관계에 관한 문제는 더더욱 간단치 않은 문제였을 것입니다. 무엇보다도 그들은 오늘날 우리가 아는 신약 성경을 갖고 있지 않았습니다. 다시 말해, 이들은 복음과 율법의 관계에 대한 최종적이고도 권위 있는 결정을 알지 못했던 것입니다.

사도들의 결정

성경을 보면 이 예루살렘 회의의 자세한 과정은 생략되어 있습니다. 대신, 몇몇 사도들의 권유와 결정 사항만이 기록되어 있습니다. 그중에서도 먼저, 베드로의 발언이 소개되어 있는데, 본문 7-11절에 기록되어 있지요? 베드로는 여기서 한 가지 주목할 만한 주장을 내놓고 있습니다. '할례가 구원받는 데 필수 요소인가?' 베드로는 이 질문에 대해 직접적으로 대답하지는 않습니다. 그는 다만 이런 논리로 이 질문에 대답할 뿐입니다. "하나님께서는 혈통과 상관없이 모든 이에게 공평하게 은혜를 주신다. 하나님께서는 모든 이들에게 믿음만을 요구하실 뿐이다."

이 주장에는 자신의 체험이 강력하게 배어 있습니다. 베드로의 세계관 역시 그 이전에는 유대인 중심의 세계관이었습니다. 그러나 그는 고넬료 가정에서 일어난 성령의 사역을 보면서 자신의 세계관을 뜯어고쳤습니다. 아니, 뜯어고쳐야 했습니다. 성령께서 그렇게 행하시는데 베드로가 무슨 권위로 이럴 수는 없다고 주장하겠습니까? "하나님께서는 이방인이나 유대인이나 차별 없이 은혜를 베푸시며 구원을 베푸신다." 이 변화된 신념이 바로 지금 예루살렘 회의에서 드러나는 것입니다. 이 신념 위에서 볼 때, 할례로 대표되는 율법은 '가장 중요한 것'이 아닙니다. 하나님께서 구원의 은혜를 베푸신 마당에, 할례를 받지 않는다면 구원을 얻지 못한다고요? 그건 말이 안 되는 거죠? 다시 말해서 베드로는 가장 중요한 구원의 기준을 하나님께 둔 다음 그것을 가지고서 '할례'를 평가했던 것입니다.

베드로는 이 기준 위에서 결정타를 날립니다. "그런데 어찌해서 우리도 능히 메지 못했던 그 율법을 다시 저 이방인에게 메어 주려 하는가?" 바리새인이라 하더라도 '나는 율법을 완전하게 지켰다'라고 주장한다면 그는 거짓말하는 사람입니다. 하나님 앞에 온전한 사람은 없기 때문입니다. 누구도 지키지 못했던 그 무거운 짐을, 역사적으로 혈통적으로 전혀 상관도 없는 이방인 기독교인에게 지우려 한다면 이것이야말로 웃기는 일이 아니겠습니까? 그러므로 베드로는 이렇게 결론짓습니다. "우리가 저희와 동일하게 주 예수의 은혜로 구원받는 줄을 믿노라."

이어서 야고보가 발언합니다. 야고보가 말한 내용이 사도행전 15장 14절부터 기록되어 있습니다. 여기서 야고보는 시므온, 즉 베드로의 말이 옳다고 주장합니다. 베드로가 고넬료 가정에서의 체험을 말했는데, 이 일이 사실은 선지자들이 이미 예언한 내용과 일치한다는 것입니다. 야고보에 따르면, 이방인에게 복음이 전해진 것은 유대교와의 갈등을 일으키려는 것이 아닙니다. 이 일은 오히려 유대교를 완성하는 것입니다. 나아가 야고보는 바리새파 기독교인들에게 하나의 타협점을 제안했습니다. 야고보는 이방인 출신의 기독교인에게 다음 세 가지를 요구하자고 제안했습니다. "첫째, 우상의 더러운 것을 금하라고 요구하자. 둘째, 음행을 피하라고 요구하자. 셋째, 목매어 죽인 것과 피를 멀리하라고 요구하자."

이 요구 사항은 무엇보다도 강제적인 조항이 아닙니다. 권유하고 부탁하는 성격입니다. 다시 말해서 이런 요구 사항을 안 지키면 절대 안 된다는 것이 아니라, '이런 것 정도는 지켜야 하지 않을까요?' 하는 의도에서 제시된 내용입니다. 그렇다면 여기에 심각한 신학적 의도가 담겨 있지는 않다고 말해도 되겠습니다. 그럼, 무엇 때문에 야고보가 이렇게 말했을까요? 본문 29절에 소아시아 지방의 기독교인에게 보내는 편지의 일부가 보이는데, 여기에 이렇게 기록되어 있습니다.

우상의 제물과 피와 목매어 죽인 것과 음행을 멀리할지니라 이에 스스로 삼가면 잘되리라 평안함을 원하노라 (29절)

주목할 것은 "스스로, 즉 자발적으로 실천하면…"이라고 하는 표현입니다. "강제로 하라고는 안 하겠지만 스스로 알아서 이런 정도만 주의하면 잘될 것이다." 이런 말이 되겠습니다.

참자유에 관하여

시간이 충분하지 않으므로 우리는 결론으로 나아가야 하겠습니다.

예루살렘에서의 회의가 우리에게 주는 신학적인 교훈은 실로 다양합니다. 그러나 이런 문제들을 다루려는 것이 우리의 목적이 아니므로, 저는 우리의 실제 생활에 관련되는 두 가지 교훈만을 간략하게 전달하려고 합니다.

첫 번째 교훈은 소위 양심의 자유에 관한 것입니다. 예루살렘 회의의 결론에서 우리는 '율법 아래 있는 사람'과 '은혜 아래 있는 사람'의 차이를 발견하게 됩니다. '율법 아래 있는 사람'에게 율법은 반드시 해야 하는 일입니다. 그러나 '은혜 아래 사는 사람'에게 있어서는 모든 행위의 기준이 무조건적인 법조문에 있지 않습니다. 그는 어떤 행위에든지 그 의미와 기준을 스스로 세워서 행동합니다. 다시 말해, '은혜 아래 사는 사람은 이것을 하면 구원을 받고 이것을 하지 않으면 구원을 못 받는다', 이런 식의 기준을 갖고서 살아가지 않는다는 것입니다.

주일 예배에 참석하면 구원받고, 십일조 안 하면 가난하게 삽니까? 율법 아래 사는 사람은 이런 질문의 답을 법조문에서 찾습니다. "그러니까 거기 해당하는 조항이 여기 있지? 여기 보니까 율법이 이렇게 말하네? 그러면 그 질문에 대한 답은 이게 되겠군." 이런 식의 삶은 예수께서 복음을 선포하시기 전의 유대인, 즉 과거 율법 아래 사는 사람들에게 모범적인 모습이었습니다. 그러나 은혜 아래 사는 사람은 이런 문제에 대해서 이렇게 먼저 물어봅니다. "무엇이 더욱 우선되는 기준이며 원칙인가?" 그들은 법 조문보다는 하나님의 뜻과 마음에 강조점을 두려 합니다. "이 일에 대해서 하나님께서는 어떻게 생각하실까?" 이 질문이, 어떤 행위의 정당성을 판단하는 데 있어서 가장 결정적인 기준이 되는 것입니다.

하나님께서는 그리스도 예수의 십자가를 통해서 인간을 자유롭게 하셨습니다. 이 자유는 죄로부터의 자유를 의미하며, 죽음으로부터의 자유를 의미합니다. 그러나 이 자유는 동시에 인간의 행동과 양심을 억압하는 모든 것으로부터의 자유를 의미하기도 합니다. 내가 이것을 꼭 해야 하는가? 내가 이것을 안 해도 되는가? 이렇게 질문할 때, 나의 행동과 나의 양심을 움직이거나 압박하는 가장 중요한 것은 무엇입니까? 내가 어떤 일을 하려 한다면, 그렇게 결정하는 결정적인 원인이 무엇입니까? "내가 하고 싶으니까!" 이렇게 대답하는 사람이 있다면 그 사람 인생의 주인은 '나'입니다. "돈 때문에!"라고 말한다면 그의 주인은 '돈'입니다. 그러나 "하나님께서 원하시니까!"라고 말한다면 그 사람의 주인은 '하나님'이시지요. 요약하자면, 우리가 행동할 때 이유와 동기가 수없이 많은데 은혜 아래 사는 사람은 '하나님' 이외의 것에 대해서 자유롭게 살아간다는 것입니다. 하나님의 은혜를 체험하고 그 아래 살아가는 사람은 '하나님' 이외의 것에 대해 의무를 느낄 이유도 없고, 강제를 당할 까닭도 없습니다. 다시 말해서 '하나님의 은혜'를 체험한 사람이야말로 가장 완벽한 '자유인'으로서 살아간다는 뜻입니다.

그런데 바로 여기에서 다시 두 번째 교훈을 발견하게 됩니다. 두 번째 교훈은 이것입니다. 자유는 방종을 의미하지 않는다는 것이지요. 베드로와 야고보로 대표되는 예루살렘 모임은 이방인에게 유대인의 율법을 부과할 수 없다는 결정을 내렸습니다. 하나님께서 유대인의 혈통이라는 울타리를 깨고 이방인에게 은혜를 베푸시는데, 유대인이 할례라는 것을 내세워서 할례 없이는 구원도 없다고 조건을 달 수는 없다는 것입니다. 이로써 이방인들은 예수를 믿는 데 있어서 은혜 이외의 다른 조건을 요구받지 않게 되었습니다. 그러나 그들이 은혜 이외의 모든 것에 대해 전적으로 무관하게 된 것은 아닙니다. 그들은 유대인이 절대적으로 싫어하는 몇 가지만은 자발적으로 지키도록 요청받았습니다.

이 요청은 자유인으로서 살아가는 우리에게 이 자유가 무조건적인 자유는 아님을 분명하게 보여 줍니다. 자유는 억제를 전제한 개념입니다. 이 때문에 '자유'는 오랫동안 다음과 같이 정의 되었습니다. 첫째 '무엇으로부터의 자유', 둘째 '무엇을 위한 자유'. 우리는 '나는 다른 무엇으로부터도 자유롭다', 혹은 '나는 무엇에 의해서도 구속되지 않는다'라는 개념을 가리켜 소극적 자유 개념이라고 말합니다. 반면에 '나는 무엇이든지 할 수 있다'라는 생각을 가리켜 적극적 자유 개념이라 부릅니다. 이 두 개념은 인간, 특히 근대화 이후 인간의 자유를 지탱하는 두 개의 기둥이 되었습니다. 그러나 이것은 사실 말장난일 뿐입니다. 이런 자유를 말할 때 인간은 자유를 이상 속에서 말하지만 정작 그렇게 말하는 인간이 과연 그만한 무조건적 자유를 누릴 자격이 되는가에 대해서는 생각하지 않기 때문입니다.

"나는 자유롭다, 그러므로 누구든지 나를 구속하려 하지 말라!" 이렇게 말하는 사람은 아직 철들지 않은 자유인입니다. "주일 예배를 드리지 않아도 돼. 왜냐하면 나는 율법주의자가 아니니까." "기도하지 않아도 돼. 왜냐하면 어디서나 하나님을 만날 수 있으니까." "나는 무엇을 하더라도 괜찮아. 누군가 나로 인해서 시험받는 건 그 사람의 문제일 뿐이야." 이런 주장이 과연 하나님께서 우리를 자유롭게 하실 때 원하셨던 모습일까요? 나는 과연 그런 식의 자유를 주장할 만큼 성숙한 사람입니까?

길게 말씀드리지 않겠습니다. 자유는 무조건적인 것이 아닙니다. 자유는 인간에게 자유를 주신 하나님을 위해 일정 부분 유보되어야 합니다. 자유는 자유롭게 하는 자를 위해 그 자유를 자발적으로 유보함으로써 비로소 그 가치를 더하는 것입니다. 바울은 이렇게 말합니다.

> 형제들아 너희가 자유를 위하여 부르심을 입었으나 그러나 그 자유로 육체의 기회를 삼지 말고 오직 사랑으로 서로 종노릇하라(갈 5:13)

하나님의 은혜로 인해 자유롭게 된 사람이 있습니다. 이 사람은 자기를 모든 것으로부터 자유롭게 하신 하나님을 위해 기꺼이 자신의 자유를 제한합니다. 이 사람이야말로 하나님께서 믿음을 통해서 허락하신 자유를 가장 잘 사용하는 사람입니다.

사랑하는 여러분, 우리는 실로 중요한 교훈을 배웠습니다. 예루살렘 교인들은 자기 조상 때부터 누려 온 유대인으로서의 기득권을 과감하게 포기했습니다. 그들은 이방인 혈통의 형제와 자매에게 "오직 하나님의 은혜로써만" 자유롭게 되기를 요청했습니다. 그들은 무엇보다도 하나님의 마음을 깊이 헤아림으로써 이렇게 성숙한 자유인이 될 수 있었던 것입니다. 이로써 기독교는 유대의 문화에 얽매이지 아니하고 세계적인 종교로 발돋움할 수 있었습니다. 이제, 이들의 고민과 결단이 마찬가지로 우리 앞에 놓여 있습니다. 하나님께서는 우리를 자유롭게 하셨습니다. 따라서 우리는 어떠한 것에 대해서도 "꼭 해야 합니까?" 하고 묻지 않습니다. 다만, 자유롭게 된 사람은 어떤 목적을 위해서 스스로를 구속합니다.

자유인은 누구에게도, 무엇에게도 얽매이지 않습니다. 그는 오직 자신이 깨달은 삶의 목적에 대해서만 얽매입니다. 이것이 참된 자유인의 모습입니다. 자유와 속박 사이에서 자신의 위치를 조절할 줄 아는 사람, 이 사람이야말로 하나님의 은혜로 얻어진 자유를 가치 있게 쓰는 사람입니다. 여러분 모두가 이렇게 자유의 의미를 깨달아 자신을 움직여가는 성숙한 자유인이 되기를 축복합니다.

29 '완전' 대신 '하나 됨'을 얻는 원리

행 15:36-41

마가의 등장과 갈등

사도행전 12장 25절을 보면, 이런 기록이 나옵니다.

바나바와 사울이 부조(扶助)하는 일을 마치고 마가라 하는 요한을 데리고
예루살렘에서 돌아오니라 (행 12:25)

역사적 기록에 의하면, 주후 44년에서 47년 사이 로마 글라우디오 황
제 때, 팔레스타인에 큰 흉년이 들었다고 합니다. 성경에 나오는 예루
살렘 지방의 흉년이 바로 이때를 언급하는 것 같습니다만, 이때 안디옥
교회에서 공동 목회를 하던 바나바와 바울은 흉년으로 고생하는 성도
들을 돕기 위해 구제 헌금을 가지고서 예루살렘을 방문했습니다. 그리
고, 바울과 바나바는 안디옥으로 돌아가는 길에 마가를 데리고 갑니다.

성경은 이 마가가 사도 바울의 동역자인 바나바의 생질, 즉 조카라
고 말합니다. 바나바는 구브로에서 성공한 유대인으로서 자신의 땅
을 팔아 예루살렘 교회의 가난한 자들을 위해 내놓았던 사람입니다(행

5:36-37). 바나바에게는 마리아라는 누이가 있었는데, 골로새서 4장 10절은 이 마리아가 바로 마가의 어머니라고 밝히고 있습니다. 성경 학자에 따르면 예수님의 최후의 만찬 장소가 마리아의 집의 다락방이었고(막 14:12), 부활하신 주님이 제자들 앞에 나타나신 방이 거기였으며(눅 24:33), 120명의 성도가 함께 기도하던 중 오순절 성령 강림을 경험한 집이 그 마리아의 집이라고 말합니다(행 1:13; 2:2). 따라서 마가는 자기 집을 자주 드나드는 예수의 모습을 익히 보았을 것이며, 베드로나 야고보 등등의 제자들도 보았을 것으로 짐작됩니다. 또 그는 오순절의 성령 강림 사건에도 참여하여 성령 체험을 했을 것입니다. 이렇게 본다면, 마가가 바나바 및 바울의 동역자로 지명된 것은 지극히 당연합니다.

마가가 바울과 바나바를 따라나서서 처음으로 전도 여행을 한 곳은 구브로 섬이었습니다. 오늘날의 사이프러스 섬을 말하는데, 여기에서 이들 일행은 성령의 도우심으로 유대인의 회당에서 하나님의 말씀을 전하는 한편 박수무당인 엘루마를 굴복시키고 총독을 전도하여 회심시킵니다(행 13:4-12). 그런데 여기서 이상한 일이 일어납니다. 구브로에서의 사역을 정리한 바울 일행이 다시 배를 타고 밤빌리아에 있는 버가에 이를 때, 갑작스럽게 마가가 이들과 헤어져 예루살렘으로 돌아가는 사건이 일어났습니다.

이들의 선교 여행은 물론 여기에서 끝나지 않았습니다. 얼마 후, 바울 일행은 선교 여행을 마치고 예루살렘으로 돌아옵니다. 이 일이 있은 지 다시 1년쯤 후에 바울과 바나바는 두 번째로 선교 여행을 떠나게 되는데, 이때 마가를 데려가는 문제로 두 사람은 크게 다투고 서로 각자의 길을 가게 됩니다. 바울은 또 다른 동역자 실라를 동행하여 두 번째 선교 여행을 떠나고, 바나바는 자신의 조카이기도 한 마가를 데리고 또 다른 길로 선교 여행을 떠나게 됩니다.

갈등의 원인

여기서 우리는 의문이 생깁니다. 무엇 때문에 마가는 선교 여행의 여정에서 이탈했을까요? 본문 38절을 보면 이렇게 기록되어 있습니다.

바울은 밤빌리아에서 자기들을 떠나 함께 일하러 가지 아니한 자를 데리고 가는 것이 옳지 않다 하여 (38절)

사람이 한 번 실수할 수도 있지 않습니까? 하나님의 말씀을 전하는 일이 중요하지만, 그렇다고 어려워서 중도에 포기한 사람을 다시 사용하지 않는 것은 지나친 일입니다. 그를 한 번 더 믿어 볼 수 없었을까요? 더구나, 바울 자신도 불과 얼마 전에는 그리스도인들을 박해하던 입장이었습니다. 그러므로 우리는 바울의 태도에 대해서 이렇게 비판할 수도 있을 것입니다.

"자기도 얼마 전에는 그리스도인들을 박해하던 사람 아닌가? 그런 사람이 어렵다고 중간에 포기한 사람을 감싸 주지는 못할망정 냉정하게 선교 여행에 참여하지 못하게 할 수 있을까? 더군다나, 바나바가 누구인가? 자기를 처음부터 이해하고 감싸 주어서 결국에는 예루살렘 교회의 지도자 대열에 서게 해 주지 않았는가? 그런 사람이 자기 조카를 용납하고 다시 데려가자 했는데, 그 사람의 말을 들어주기는커녕 오히려 그와 결별까지 하고 말 수 있을까? 약하더라도 마가를 함께 데려가서 기도와 격려를 해 주면서 키우면 사람도 하나 만들고 얼마나 좋았을까?" 여기에 대해, 저 역시 바울의 태도가 지나치지 않았나 하는 생각이 들기도 합니다.

그리스어 성경 본문을 보면, 바울은 3년 전에 벌어진 마가의 행동, 즉 '한 가지로 일하러 가지 않았다'라는 표현을 자신의 눈앞에서 방금 벌어지는 일처럼 생생하게 표현하고 있습니다. 다시 말해, 마가가 자기를 떠난 사실을 그만큼이나 충격적으로 기억하고 있었다는 것입니다. 성경학자들의 표현을 빌리자면, 바울은 3년 전 마가의 행위를 배교나 다름없는 것으로 인식하고 있었으며, 곧 실행될 자신의 두 번째 전도 여행에 다시 그를 데려갔을 때 같은 상황이 벌어지는 것을 원치 않았습니다.

바울은 마가가 버가에서 어려운 일을 당했을 때, 두려워서 일행에게서 이탈하여 돌아간 일을 아주 생생하게 기억하고 있었습니다. 반면, 바나바는 버가에서의 마가의 행동을 바울처럼 생생하게 기억하진 않았고, 그런 일이 다시는 일어나지 않을 거라고 생각했던 것 같습니다. 바울보다는 그 상황을 부정적으로 생각하지 않았다는 것입니다. 결론적으로 저는 바울과 바나바의 갈등이 각자의 성격 차이에서 비롯되었다고 말씀드리고 싶습니다. 그러나 우리는 이 문제를 여기에서 이처럼 결론짓고 멈출 수는 없습니다. 우리는 좀 더 이들의 삶의 궤적을 그려 보아야 합니다.

마가의 인생에 관하여

먼저, 마가에 관하여…. 앞에 말씀드린 바와 같이 마가의 어머니는 예루살렘에 사는 사람입니다. 성경에는 그녀의 남편에 관해서 아무런 말도 없는데, 아마도 마가의 어머니는 과부였던 것 같습니다. 그의 오라비 바나바는 구브로에 살던 부유한 디아스포라, 즉 소아시아 지방에 살던 유대인이었지요. 이로 미루어 우리는 이렇게 짐작할 수 있겠습니다. 마리아는 구브로 지방에서 오라비와 같은 지역에서 유복하게 살다가 남편이 죽자, 여생을 보내기 위해 예루살렘으로 이주해 왔다고 말입니다(행 12:12). 그녀의 집에서 여러 가지 모임이 이루어진 것을 보면, 그의 집은 상당히 부유했던 것 같습니다. 그녀의 집 다락방에 100명이 넘는 인원이 모일 수 있었다는 사실을 보더라도 이는 충분히 가능한 생각입니다.

지금 우리는 마가를 생각하고 있는데, 이런 환경의 자녀들은 성격이 약하기 쉽습니다. 마가 역시 그랬을 것으로 짐작됩니다. 마가복음에 기록된 하나의 신비로운 삽화, 즉 마가복음을 보면 한 가지 흥미로운 삽화가 기록되어 있습니다. 예수께서 잡혀가실 때 베 홑이불을 두르고 따라가다가 악당에게 잡히자, 홑이불을 벗어 버리고 나체로 도망했던 사건이 바로 그것입니다(막 14:51-52). 학자들의 견해에 따르면, 그 청년은 마가였습니다. 그렇다면 이 사건은 마가가 얼마나 유약하고 용기 없는 사람인지를 보여 주는 단적인 예라고 볼 수 있겠습니다.

그런데 놀랍게도, 마가는 바나바와 바울이 헤어진 이후에도 바나바를 따라 충실히 복음을 전하였고, 베드로의 성실한 동행자였던 것으로 나타납니다. 베드로전서 5장 13절을 보면, 베드로는 마가를 "내 아들 마가"라고 말합니다. 그리고 마가의 이름이 바울이 골로새 교회에 보낸 서신 속에서도 다시 나타납니다.

> 나와 함께 갇힌 아리스다고와 바나바의 생질 마가와 (이 마가에 대하여 너희가 명을 받았으매 그가 이르거든 영접하라) 유스도라 하는 예수도 너희에게 문안하느니라 그들은 할례파이나 이들만은 하나님의 나라를 위하여 함께 역사하는 자들이니 이런 사람들이 나의 위로가 되었느니라 (골 4:10-11)

골로새서는 A.D. 60년 바울이 로마 1차 연금 때 쓴 서신입니다. 거기서 바울은 골로새 교회에 예의 그 마가를 천거하고 있습니다! 뿐만 아니라, 바울은 빌레몬서 1장 24절에서 "나의 동역자 마가"라고까지 말했습니다. 그리고 바울이 로마에서 감금되어 있을 때 기록한 것으로 알려진 디모데서에서는 마가에 대한 바울의 애틋한 애정이 느껴지기까지 합니다. 디모데후서 4장 11절에서 바울은 이렇게 말합니다.

> 네가 올 때에 마가를 데리고 오라 그가 나의 일에 유익하니라 (딤후 4:11)

그 이후의 마가의 행적은 알 수 없습니다. 하지만 전해 오는 이야기에 의하면, 그는 애굽으로 내려가 알렉산드리아에 교회를 세웠고, 말년에 순교했다고 합니다. 이상과 같은 상황을 볼 때, 마가와 바울의 관계는 회복되었고, 나아가 마가가 끝까지 바울을 돕는 소수 안에 들어가 있다는 사실을 알 수 있습니다.

그런데 더욱 흥미로운 사실이 있습니다. 이 마가가 마가복음의 저자라는 사실입니다. 마가복음을 읽다 보면 우리는 흥미 있는 사실을 발견하게 됩니다. 마가복음의 전체 분량 가운데 약 3분의 1이 예수님의 수난에 초점을 맞추고 있다는 것입니다. 마가복음이 자신의 3분의 1을 예수님의 마지막 한 주간을 설명하는 데 사용한다는 사실, 이 얼마나 의미심장한 일입니까? 아까도 말씀드렸습니다만, 마가는 자신이 쓴 복음서에서 예수에게는 관심이 있었으나 악당들의 손에는 잡히기 싫어서 벌거벗은 채로 도망가는 자신의 연약한 모습을 마치 삽화의 한 장면처럼 담담하지만 격렬한 자신의 심정을 담아 예수의 수난 기사 사이에 집어넣었습니다. 이때 그의 심정이 어떠했을까요?

마가는 예수님께서 부활하신 후 성령을 오순절 날 체험하고도 사소한 일로 선교 여행 도중에 돌아왔습니다. 뿐만 아니라 이 일로 인해 바울로부터 복음을 위해 고난을 함께하기에는 적합하지 않다는 비판을 들었습니다. 거기다가 초기 교회에서 가장 중요한 비중을 차지하는 두 인물인 바나바와 바울이 자신으로 인해 다투고 갈라서기까지 했으니, 마가의 심정은 어떠했겠습니까? 그러나 더욱 중요한 것은 그다음입니다. 한 번은 바울을 버리고 돌아갔지만, 그는 나중에 로마에 감금된 바울과 함께 있었으며(골 4:11; 몬 1:24), 바벨론에 있던 베드로와 함께 있었습니다(벧전 5:13). 디모데후서 4장 11절을 보면, 마가는 바울이 설립했던 에베소 교회에 디모데와 함께 있으면서 복음을 전한 것으로 짐작됩니다.

그런 그는 바울에게 있어서 더 이상 함께하지 못할 약한 사람도 아니었습니다. 그는 베드로의 아들 같은 사람이자 바울에게 동역자였습니다. 벌거벗은 채로 예수를 부인하고 도망해야만 했던 마가, 사소한 어려움도 견디지 못하고 선교 여행의 중간에서 돌아서야만 했던 마가가, 이제는 베드로와 바울의 마음에 생각만 해도 든든하고 믿음직한 다음 세대의 일꾼으로 변모했습니다! 그런 인생 역정을 걸었기에, 마가는 예수의 고난에 더욱더 깊은 관심을 가지게 된 것 아닌가 생각합니다. 결국, 마가는 하나님이 예정하신 길을 따라 하나님께서 만들고자 하시는 모습을 갖추어 가면서 하나님께서 맡기신 일을 모두 감당했습니다.

바울과 바나바에 관하여

다음으로 바울과 바나바를 생각해 봅시다. 바울은 마가의 중도 이탈을 심각하게 생각했습니다. 한 번쯤은 그럴 수도 있는 인간의 연약함 혹은 불완전함으로 생각하지 않고 배교로 생각했지요. 그는 첫 번째 선교 여행에서 성공적으로 돌아왔다가 다시 길을 떠나는 3년 후까지도 이 일을 생생하게 기억하고 있었습니다. 이 때문에 바나바와 다투고, 헤어지기까지 합니다. 이렇게 지나친 듯 보이는 그의 판단과 인생 역정을 보면서 우리는 이해해야 할 부분이 있습니다.

바울은 복음을 순순히 받아들이지 않았습니다. 믿음을 받아들인 과정이 드라마틱한 사람은 믿는 방법도 그런 법입니다. 매사에 이유가 분명해야 하고, 명분이 있어야 합니다. 그런 사람은 짧고 굵게 믿는 방식을 선택합니다. 그는 그렇게 살다가 갔습니다. 그의 서신들을 읽어 보면, 그는 언제나 교회와 신자의 삶을 오늘에라도 당장 오실 주님의 재림에 부끄럼 없이 사는 자세로 살기를 원했고, 신자들에게도 그것을 요구했습니다. 때로는 우리 주님의 제자인 베드로, 자기의 고참이자 연장자를 준엄하게 꾸짖기도 했습니다. 이런 종류의 사람에게는 매사가 참과 거짓으로 구분되어야 직성이 풀립니다. 또 그래야만 자기 삶이 일사불란하게, 그리고 명분 있게 설명이 되는 사람입니다. 그래서 열성은 있으나 너그러움을 찾기가 어려운 단점이 있지요.

다른 한편으로, 바나바는 매사에 화합을 중요시하는 사람이었습니다. 그의 별명이 '중보자', 혹은 '위로의 아들'이라고 불리는 것(행 4:13)은 우연이 아니었을 겁니다. 그는 한 번의 실수는 이해해야 하지 않는가 하는 입장이었습니다. 마가의 문제 역시, 그가 비단 자기 조카였기 때문만이 아니라, 모든 것을 관용하는 자신의 성격답게 그를 용납하고 이해하고자 했던 것이라고 저는 생각합니다. 바울과의 다툼 이후에 바나바에 관한 기록은 사도행전에서 사라집니다. 그러나 이것이 바나바의 의견이 잘못되었음을 말하는 증거는 분명 아닙니다.

분열이 아닌 다양함을 위하여

지금 우리는 각자의 길을 가고 있는 세 사람의 모습을 구경하고 있습니다. 바울은 바울의 방식대로, 바나바는 바나바대로, 마가는 마가대로 자신의 길을 갑니다. 각자의 길은 인간적으로는 헤어지는 길이었습니다. 그럼에도 그들의 길은 하나님 안에서 하나였습니다. 자기가 가진 성격대로, 자신의 인생 경험이 만들어 준 성격대로, 같은 하나님을 섬겼습니다. 이런 의미에서, 각자의 길로 가되 그 길을 가는 동안 진정으로 주인공이 된 인물은 그들 하나하나가 아니라, 바로 하나님이셨습니다. 그들이 비록 다른 취향과 우선순위를 가지고 각자의 길을 갔을지언정 한 가지로 섬기는 분은 하나님이셨기 때문입니다. 그들 간의 갈등을 정당화하자는 게 아닙니다. 이것이 하나님께서 인간을 사용하시는 섭리라는 점을 말씀드리려는 것입니다. 그들은 결국 정해진 시간 후에 다시 하나가 되었습니다.

각인각색이라는 말이 있듯이, 한 하나님을 섬기는 사람들에게도 나름의 우선순위가 다를 수 있습니다. 기호도 다를 수 있습니다. 어떤 문제에 대한 반응이나 해답도 달리 생각할 수 있습니다. '한 믿음'이라는 말은 반드시 하나의 생각을 의미하는 것은 아닙니다. 우리가 각자 다른 의견을 가질 수 있되, 같은 길을 가는 한 믿음의 동지라는 사실만큼은 부정할 수 없다는 것이지요. 즉, 우리는 다른 의견을 가진 상대방을 그를 인도하시는 하나님의 높으신 섭리의 차원에서 바라보며 서로를 용납하고 공존해야 한다는 것입니다.

우리가 세상에 자랑할 수 있는 것은 한 치의 이견도 없는 완벽한 합의의 모습이 아닙니다. 이견을 가지고 때로는 갈등할지라도, 서로가 지켜야 할 선만은 지키며, 나아가 서로를 용납하고 사랑하는 모습이 바로 우리가 세상에 자랑할 덕목입니다. 아직 불완전한 우리는 때때로 이견을 가지고서 갈등하며 다툴 수도 있습니다. 하지만 서로를 사랑하고 관용함으로써 하나님과 사람 앞에 우리의 높은 신앙과 도덕성을 보일 수 있는 기회를 가집니다. 어느 쪽을 선택하느냐 하는 것은 우리의 몫입니다.

자, 이제 마무리를 해 봅시다. 바울이든, 바나바든, 심지어 마가든, 모든 사람이 하나님께서 정해 놓으신 분량에 맞추어 나름대로 충성했습니다. 그 사이에 의견이 일치한 점도 있었지만, 의견이 맞지 않아서 갈등을 빚고 싸우기도 했습니다. 이 갈등은 진리의 문제가 아니라 성격의 문제였고, 관점의 문제였습니다. 우리가 교회 안에서 갈등을 만날 때 반드시 기억해야 할 관점이 바로 여기 있습니다. 그 문제가 나와 저 사람의 성격 때문에 빚어진 것인지, 아니면 진리의 문제 때문에 빚어진 것인지 진지하게 반성해야 한다는 것입니다. 뿐만 아니라 상대방을 그처럼 비판하는 나에게는 잘못이 정말 하나도 없는지 자신을 살펴봐야 합니다. 마가를 비판하는 바울에게도 약점이 있었습니다. 그와 마찬가지로 우리 모두가 '너'의 티끌을 지적하는 '나'에게 혹여 들보가 있지는 않은지, 두려워하는 마음이 있어야 할 것입니다.

바울도, 바나바도 본문이 기록된 시점에는 마치 죽을 듯이 자신의 의견을 내세웠습니다. 그러나 하나님께서 예정하신 길을 오랫동안 걸은 후, 그들은 그것이 그리 중요한 문제가 아니었음을 깨달았습니다. 우리 역시 그러하지 않을까요? 지금 내가 주장하는 의견이 완벽하지 않다면, 타인의 의견에 대해 관용적이어야 함은 당연합니다. 지금 나의 의견만이 옳다고 주장했을 때 얻을 수 있는 결과는 하나입니다. '분열'이지요. 그러나 나의 완전하지 못함을 인정하고 너의 입장 역시 그러할 것이라 받아들일 때, 우리는 '하나 됨'을 얻을 수 있습니다. 우리는 무엇을 선택해야겠습니까? 완전하지 못할 게 분명한 '나만의 완전'을 고집하겠습니까? 아니면 사랑과 관용 위에 서 있는 하나 됨을 택하겠습니까? '나'는 결코 완전하지 않습니다. 그러나 나와 너의 부족함을 감싸 안는 사랑은 '우리'를 하나 되게 하여 마침내 '거룩한 하나님의 교회'를 이루게 합니다. 이 점을 꼭 유념하시길 바랍니다.

30 영광스러운 삶을 향한 초대
행 16:1-5

사도행전과 나?

사도행전을 처음부터 읽어 나가면서 이 말씀을 나누어 보겠노라고 말씀드린 지가 이미 한참이 되었습니다. 사도행전을 시작하면서 저는 이렇게 말했습니다.

이런 상황에서 저는 오늘부터 사도행전을 가지고 여러분과 함께 여행을 떠나고자 합니다. 다시 말씀드리자면 사도행전을 가지고 여러분 앞에 선 이유 중 하나는, 제 마음속에 품어진 이웃 전도의 꿈을 절대 잊지 않겠다는 다짐을 이런 방식으로써 되새기려는 것입니다. 저는 예수 그리스도의 부활과 승천, 그리고 오순절 성령 강림 사건의 결과로서 시작되어 세계를 향해 뻗어 가는 교회의 초창기 역사를 돌아보면서, 우리 교회가 그 같은 영적인 목적성과 활력을 받아 가길 원합니다. 또 저는 사도행전을 연구하면서 우리 교회가 이 (독일) 땅에 존재하면서 어떤 모습으로 성장해 가야 하는지를 하나님께 묻고 싶습니다.

그때 저는 이 땅을 나그네처럼 살아가는 우리가 도대체 어떤 관점을 갖고서 우리의 삶을 바라봐야 하는지 사도행전을 통해서 배우고 싶다는 바람이 있었습니다. 어떤 사람은 이렇게 생각할 것입니다. "아참, 목사님의 말씀을 들으니까 결국 우리가 사도행전을 그렇게 길게 생각해야 할 이유라는 게 교회의 나아갈 길을 배우자는 것 아닙니까? 솔직히 저는 동의하기 싫습니다. 저는 지금 제 개인의 생활에서 일어나는 질문들만 해도 감당하기 힘들거든요. 이럴 때는 어떻게 해야 하고 저럴 경우에는 하나님의 뜻이 무엇인지 알고 싶은데, 사실 이런 일에나 관심이 있지 우리 교회가 어떤 방향으로 나아가야 하는지에 대해서는 아직 좀 그렇네요." 네, 맞습니다. 우리는 지금 우리에게 벌어지고 있는 개인 문제에 대한 해답, 혹은 위로를 받고 싶어 합니다. 사실 이것이야말로 우리가 마주한 가장 시급한 과제라 할 수 있겠습니다.

　　대학교 1학년 때, 교양 필수 과목으로 국사를 배웠습니다. 그때 국사 과목을 강의하신 분은 관동대학교 국사학 교수이자 박물관 관장이셨습니다. 학기가 시작되어 우리는 국사 과목 교재를 소개받았는데, 그때 교재의 제목은 "국사 개론"도 아니고 "교양 국사"도 아니었습니다. 자세한 제목은 기억나지 않습니다만, 그분이 직접 쓰신 논문집으로, 어렴풋한 기억에 "15-16세기 조선 중부 지역에서의 말갈족"에 관한 논문이었습니다. 그분이 관동대학의 박물관장이셨으니까, 강릉 지역에서 출토되는 말갈족의 유적에 관한 논문이 그분에게는 우리말로 '딱'이었겠습니다. 학기 내내 누르하치니 뭐니 하면서 말갈족의 족보와 역사를 배워 가는데, 물론 흥미로운 것도 있었지요. 하지만 시간이 갈수록 우리는 황당하기가 그지없었습니다. 전자공학을 배우는 공돌이에게는 국사를 배우는 것이 짜증 나는 일이었습니다. 국사는 이미 고등학교 때 뗀 거거든요. 그걸 필수 과목이라고 해서 잠자코 듣고 있는데, 말갈족이라니….

마침내 우리 학과의 홍일점 아주머니께서 중간고사를 치를 무렵에 용감하게 일어나 질문을 했습니다. "교수님, 강의는 감사한데요, 질문이 있습니다. 국사가 교양 필수라서 다들 듣고 있고, 또 솔직히 이 과목이 현실적으로 필요하다면 저희가 나중에 국가고시를 치를 때 도움이 되지나 않을까 해서 듣고 있습니다. 그런데 저희가 말갈족의 역사만 들어야 한다면, 이 과목을 들을 필요가 전혀 없다고 생각합니다." 그러고 나서 여러 사람이 나서서 왁자지껄했고, 그때 결말이 어떻게 났는지는 기억이 안 납니다. 그래도 저는 이 강의가 지금까지도 도움이 되고 있다고 생각합니다. 특히 드라마 「대조영」을 볼 때, 말갈족 이야기만 나오면 제가 그 부족 출신은 아니지만, 그래도 배웠다고 귀가 번쩍 띄는걸요!

사도행전이 나의 삶에 주는 관점에 관하여

혹시, 여러분이 지금까지 사도행전에 관하여 묵상하는 심정이 그런 것이었을까요? '나는 지금 내 문제에 관한 하나님의 해답을 듣고 싶은데, 어째서 2천 년 전의 그 역사를 들어야 하는 거지?' 하고 생각하셨다면, 여러분은 일면 타당한 의문을 가지고 계신 것이면서 동시에 일면 틀린 생각을 하고 계신 것입니다. 한마디로 말씀을 드립니다. 사도행전을 상고(詳考)하는 것은 우리 모두에게 반드시 필요합니다. 우리가 지금 마주한 문제와 동떨어진 일을 사도행전이 말하는 것 같아도, 사도행전의 이야기들은 사실 우리 개개인과 아주 깊이 연관되어 있기 때문입니다.

사도행전에 등장하는 사람들이 참 많습니다. 그들은 우리와 같은 한 개인이며, 각자의 시대와 상황 속에 살아가는 사람들이었습니다. 그러나 그들은 성령의 폭풍에 휘말려 듭니다. 이들은 때론 예측하지 못한 사람을 통해서, 때로는 사건을 통해 성령을 체험함으로써 이전과는 전혀 다른 종류의 삶을 경험하게 되었습니다. 이들은 성령께서 말씀 가운데서 증거하시는 대로 자신에 대한 하나님의 계획을 확신했습니다. 그러고 나서 이들은 때론 자신이 이전에 전혀 계획하지 않았던 나그네의 길을 떠나기도 했습니다. 이들의 다양한 경험을 모두 열거할 수는 없습니다만, 사도행전에 등장하는 이들은 한결같이 공통된 경험을 했습니다. 즉, 그들이 모두 이전까지 살아온 것과는 전혀 다르고 높은 차원의 삶을 경험했다는 것입니다.

예수 그리스도의 복음과 성령을 체험하기 전까지 그들의 삶은 주로 개인적인 것이었습니다. 그들의 인생은 그들이 각자 태어난 지역과 환경에 의해서 제한되었습니다. 종으로 태어났으면 종으로 평생 사는 것이며, 소아시아 지역의 어디에서 태어났으면 거기에서 평생토록 사는 것이 일반적인 경험입니다. 우리는 이것을 가리켜 '안정되고 예측되는 삶'이라 말하곤 합니다. 태어나서 죽을 때까지 어떤 사람의 삶이 어떠할지, 누가 보더라도 뻔하게 보이기 때문입니다. 동시에 이런 삶은 '제한된 삶'이라고도 불립니다. 아무리 발버둥을 쳐 보아도 그에게 주어진 환경과 조건들이 그의 생각과 노력을 그냥 그 자리에 붙들어 매기 때문입니다.

사도행전에 기록된 수많은 그리스도인은 이런 자리에서 예수를 만남으로 인해 극적인 변화를 경험했습니다. 오순절의 다락방에서 성령을 체험한 사도들이 그랬고, 다메섹으로 가던 사도 바울이 그랬으며, 박해를 피해서 땅끝까지 도망쳐야 했던 이름 없는 그리스도인들이 그랬습니다. 예수님의 제자들이 만일 예수를 만나지 않았더라면 어떠했겠습니까? 그들의 인생이 너무 뻔하지 않았겠습니까? 그들은 아마 평생을 고기 잡으며 살았을 것입니다. 바울은 어떠했겠습니까? 젊은 나이에 꽤 알려진 율법 학자로서 평생을 살지 않았겠습니까? 박해를 피해서 소아시아 지방까지 도망간 수많은 그리스도인은 어떠했을까요? 그냥 그러저러한 환경 속에서 아기자기하게 소박한 미래를 소망하면서 평범하게 살아가지 않았을까요?

그러나 하나님께서는 이들을 그냥 그 자리에 두지 않으셨습니다. 이들의 마음에 예수라는 이름이 성령의 능력으로 뚜렷이 박힌 이후, 이들은 이곳저곳으로 나그네처럼 뿔뿔이 흩어졌습니다. 그리고 그들은 가는 곳마다 '예수'의 복음과 그분의 능력을 증거했습니다. 이들이 이처럼 이전과는 전혀 다르게 살아야만 했던 이유를 한마디로 설명할 수 있겠습니까? 네, 그렇습니다. 그들은 이전과 다른 차원의 삶의 목적을 얻었기 때문입니다. 다시 말해서 예수를 만난 후에 내가 왜, 그리고 무엇을 위해 살아야 하는지를 깨달았다는 것입니다. 그들은 예수라는 분을 통해서 자기가 더 이상 자신만을 위해서 살 수 없음과 하나님께서 전혀 다른 관점과 모습으로 살기를 원하신다는 사실을 깨달았습니다. 그리고 그들은 그 자리에서 일어나 하나님께서 바라시는 삶의 의미를 살아 내기 위해 머나먼 순례자의 길을 떠났습니다. 이렇게 함으로써 그들은 세계를 경영하시는 하나님의 파트너가 되어 영광스러운 삶을 살 수 있었습니다.

영광스러운 삶을 향한 부르심

사도행전이 보여 주는 수많은 그리스도인의 삶의 궤적들은 이런 의미에서 우리에게 '의미가 있는' 것입니다. 그들과 마찬가지로 우리의 삶 역시 예수를 만나기 이전에는 평범합니다. 한 가정에서 태어나 건강하게 자라 여러 가지 재능을 받았습니다. 우리는 이 재능을 가지고 무엇을 해 볼까 궁리하며 살았습니다. 우리가 지금 상황에서 꿈꾸는 장래들을 보면, 솔직히 뻔하거나 누구라고 해서 별반 다르지 않습니다. 이 사람 저 사람 각자가 다 다른 것 같지만, 결국 음악 공부한 사람은 음악 공부했던 다른 선배들과 별반 다르지 않은 길을 갈 것이며, 미술 공부한 사람도 그럴 것입니다. 인문학이나 사회학을 공부한 사람도 마찬가지이지요. 결국 우리는 드라마틱하고 개성 있는 삶을 나름 꾸며 갈 것 같아도, 크게 보아서는 그 사람이 그 사람인, 장래가 뻔하게 보이는 스토리를 나름대로 써내려 가고 있는 것입니다.

그러나 사도행전의 역사를 돌아볼 때, 우리는 예수를 만난 사람에게 공통적으로 경험되는 질풍노도와 같은 변화를 우리에게서도 예측할 수밖에 없습니다. 사도행전의 역사 가운데 살았던 사람들은 모두 자기중심의 관점에서 인생을 살다가 하나님 중심의 관점으로 인생을 살게 되었기 때문입니다. 그들 역시 우리와 마찬가지로 "아, 나는 이러저러한 환경에서 산다. 그러므로 나는 이 정도로 살아서 이런 장래를 실현해야겠다"라고 생각했습니다. 그러나 복음을 전해 들은 그들의 생각이 극적으로 바뀝니다. "지금까지 이렇게 살아온 것이 하나님의 뜻이었구나. 그분이 이렇게 살기를 원하시는구나." 지금까지 인생의 주인이 바로 '나'요, 그것을 지배한 것이 내 주변 환경이었습니다. 그러나 예수를 만나서는 이러한 시각이 통째로 바뀝니다. "이제부터 내 인생의 주인은 하나님이며, 이제부터 나는 하나님이 내게 바라시는 그것을 이루어 내기 위해 살아야 한다." 이 사실을 깨달은 그들은 각자 보내져야 할 곳으로 달려가 이루어야 할 일을 이루기 위해 열심히 살아갔습니다.

그러므로 여러분, 정리해 봅시다. 우리가 사도행전을 탐구하는 이유가 무엇입니까? '나' 중심의 문맥에 매여 있는 내 인생을 '하나님' 중심의 문맥으로 바꾸기 위한 학습이 아니겠습니까? 다시 말씀드립니다. 지금까지 내 인생은 오로지 '나'라는 차원에서만 해석되고 사용되었습니다. 그러나 사도행전에 등장하는 수많은 그리스도인의 경험을 통해서, 우리는 우리 인생의 차원과 용도를 하나님과 세계라고 하는 거대한 틀에 맞추는 훈련을 하고 있는 것입니다. 이것은 우리가 이전에 창세기를 생각했을 때와 거의 비슷한 것이라 할 수 있습니다.

우리는 창세기를 통해 자신의 환경에서 자신을 위해서만 살았던 수많은 믿음의 선배들이 하나님의 부르심을 듣는 순간 당신의 나라를 이루시려는 하나님의 계획 속의 일부가 되어 살아간 모습을 보았었습니다. 이런 의미에서 사도행전은 신약 성경의 창세기라 할 수 있습니다. 나에게만 연결된 내 인생을 하나님께 연결시켜 가는 것. 이 연결의 고리가 바로 '하나님의 아들 예수 그리스도'라는 인물이며, 이 연결의 끈을 이어 가는 힘이 성령입니다. 다시 말해 사도행전은 우리 인생의 차원을 보다 높고 넓은 곳으로 인도하는 학습서인 셈입니다. 사도행전은 그러므로 '나'라는 좁은 틀에 매인 나의 인생을 질적으로 향상시키는 지침서이며, 내 인생이 세계를 무대로 펼쳐 가도록 하는 지도책입니다. 이 책을 따라서 읽어 가다 보면, 더 이상 좁은 관점에서 살아가기에는 너무도 아까운, 내 인생의 새로운 가치를 발견하게 될 것입니다. 이런 의미에서 사도행전은 내 인생을 보다 가치 있게 만들어 주는 보물 지도라 할 수 있습니다.

바울의 지혜와 삶의 변하지 않는 원칙

이제야 저는 본문의 메시지로 돌아가려 합니다. 본문은 디모데에 관한 스토리를 전합니다. 바울은 두 번째 전도 여행에서 '디모데'라는 한 청년을 자신의 동역자로 세웠습니다. 디모데의 집안은 바울이 첫 번째 전도 여행 때 기독교로 개종했습니다. 바울이 그리고 1년 정도 뒤에 두 번째 전도 여행을 하고 있는 것인데, 디모데가 불과 1년 사이에 이렇게 바울의 든든한 동역자로 발탁된 것이 얼마나 놀라운지 모르겠습니다. 더욱이 그때 디모데의 나이가 겨우 스물을 넘었던 것 같은데, 이 사람이 바울에 의해 '제자'라고 불렸다는 사실(행 16:1)은 이 사람의 가정이 얼마나 신실하게 그리스도인으로서 충실하고 빠르게 성장했는지를 짐작할 수 있게 합니다.

디모데는 고린도전서 4장 17절에서 "내 사랑하고 신실한 아들"이라고까지 불립니다. 그럴 만큼이나 디모데와 그의 가족들은 모범적인 그리스도인으로서 주변 사람들에게 칭찬을 받았습니다. 그러나 그에게는 치명적인 약점이 있었습니다. 본문 1절을 보면 디모데의 어머니는 유대인입니다. 그러나 아버지는 헬라인이었지요. 이것이 무엇을 의미하겠습니까? 이방인과의 결혼을 금하는 것이 유대인의 전통인데 이 전통이 지켜지지 않았다는 뜻이거나, 국제 결혼이 중요한 문제가 아니라고 생각할 만큼 디모데 가정의 유대교 신앙이 강하지 않았다는 뜻이 아닐까요? 더구나, 디모데는 본문이 기록될 무렵까지 할례를 받지 않았습니다. 유대교의 전통은 자녀의 신앙을 어머니의 종교에 따르도록 규정했습니다. 본문 3절은 디모데의 아버지가 일찍 죽었을지도 모른다는 생각을 하게 합니다. 이런 정황들은 디모데의 가정이 유대교의 전통에 대해 철저하지 않았을 가능성을 보여 주고 있습니다. 어쩌면 이들이 지금 이렇게 그리스도교를 받아들여서 빠르게 성장할 수 있었던 것도 그만큼이나 유대교의 뿌리가 약했기 때문이 아니었나 짐작됩니다.

어쨌든 이런 상황은 바울의 동역자로 세워질 디모데의 입장을 난처하게 만들 수 있는 것이었습니다. 유대교의 전통에 집착하는 유대인들에게 있어서 상대적으로 유대교에 뿌리가 약한 디모데가 지도자로서 인정되기가 어려웠기 때문입니다. 바울은 이 상황을 아주 재빠르게 읽어 냈습니다. 그리고 한 가지 대안을 생각했습니다. 그것은 디모데에게 할례를 베푸는 것이었습니다. 디모데는 이 때문에 늦은 나이에 할례를 받습니다. 그러나 한번 생각해 보세요. 바울이 누구입니까? 아주 직선적이고 원칙에 충실한 사람 아닙니까? 이 사건 바로 전에 바울은 한 번 배신한 마가를 다시 데려갈 수 없다고 격렬하게 반대했던 사람입니다. 바울은 때론 찬바람 날 정도의 엄격함을 가지고서 교회의 문제를 대하곤 했습니다. 그런 사람이라면 그리스도인이 된 사람에게 할례는 더 이상 필요 없다고 주장할 수도 있지 않았을까요? 사실 그리스도인에게 있어서 할례는 아무런 의미가 없다고 보아도 되기 때문입니다.

그러나 바울은 디모데의 문제에 있어서 그처럼 강하게 자신의 원칙을 주장하지 않았습니다. 그는 아직도 유대교의 뿌리가 강력한 지역에서 그들의 신뢰를 받으면서 일해야 할 디모데가 이런 지엽적인 문제로 인해 시빗거리가 되는 것을 원치 않았기 때문인 것 같습니다. 그렇지만 우리가 분명히 구별해야 할 사실이 있습니다. 저의 추측이긴 합니다만, 이 문제가 바울 자신의 문제였다면 그가 이런 태도로 문제를 해결하지는 않았을 것이라는 점입니다. 그 자신이 이 문제에 부딪혔다면, 그는 아마 할례가 필요 없다고 끝까지 버텼을 거라고 저는 짐작합니다. 그러나 디모데는 바울같이 강인한 성격이 아니었습니다. 그는 마음이 온유하달까, 사실은 아주 유약한 사람이었습니다. 바울이 디모데의 곁에 늘 있을 수 있다면 바울이 그의 방패막이가 되어 주겠지만, 디모데는 장차 바울을 떠나 홀로 목회를 해야 할 사람이었습니다. 그러니 바울이 디모데에게 할례를 베푼 것은 이 같은 상황을 고려한 대책이 아니었을까 생각되는 대목입니다.

　이런 점에서 디모데의 문제에 관한 바울의 태도는 복음의 원칙을 살짝 양보한 대응책이라 할 수 있겠습니다. 이것을 굳이 복음의 원칙에 관한 융통성이라 말할 수도 있겠지요. 그러나 바울이 복음의 원칙을 언제나 제멋대로 해석해서 적용했다고 보기 어려운 기록이 곧 이어집니다. 본문 4절에서 우리는 바울이 가는 곳마다 제멋대로 해석한 복음이 아니라 '사도와 장로들의 작정한 규례'를 전하고 이것을 지키라고 당부하는 모습을 봅니다. 결국 디모데의 할례 문제는 '사도와 장로들의 작정한 규례'에 어긋나지 않는 한도 내에서 바울 자신의 재량권으로 결정한 것이라 결론 내릴 수 있겠습니다. 바울은 복음의 원칙을 양보하지 않았으며 동시에 어떻게 하면 복음의 영향력이 효과적으로 전해질 수 있겠느냐는 관점에서 자기 행동을 결정했던 것입니다.

　이러한 자세는 사실 그리스도의 제자들에게 매우 중요한 원칙이 됩니다. 저는 이 문제를 다음 장에서 다시 언급하겠습니다. 다시 말씀드립니다. 사도행전은 우리와 관련이 적은 옛날이야기가 아니라 오늘을 사는 사람들의 인생을 보다 가치 있고 영광스러운 자리로 초대하는 책이라는 사실을 기억하시기 바랍니다.

31

관점이 분명한 신자와 교회
행 16:1-10

디모데, 할례를 받다

우리는 사도행전 6장의 초반에서 바울이 디모데에게 할례를 베푸는 장면을 보았습니다. 이때 제가 말씀드린 것을 기억하십니까? 이는 디모데가 소아시아 지방의 유대인 공동체에서 보다 효과적으로 일할 수 있도록 배려한 것이 아닌가 생각한다고 말씀드렸습니다. 그러나 바울이 제멋대로 행동한 것은 결코 아닙니다. 사도와 장로들이 세운 원칙에 어긋나게 행한 것은 아니라는 뜻입니다. 요컨대, 바울은 교회가 세운 원칙을 지키면서도 복음의 영향력이 곳곳에서 최대한으로 발휘되도록 했습니다. 이에 관해 좀 더 생각해 보려고 합니다.

먼저, 할례에 관해서 생각해 봅시다. 할례는 하나님께서 율법을 통해 모든 유대인에게 주신 규정입니다. 할례는 남자의 생식기 끝 표피를 칼로 베어 내는 일을 말하는데, 이로써 할례를 받은 사람이 하나님의 언약의 자손임을 표시했습니다. 이 규정이 얼마나 철저하게 지켜졌는지를 알 수 있는 예가 출애굽기 4장에 나옵니다. 한번은 모세가 하나님에게서 죽을 뻔한 적이 있었습니다. 모세가 아들에게 할례를 행하지 않았기 때문입니다. 그만큼이나 할례가 유대인에게 있어서 중요한 것이었다는 뜻이겠지요?

그런데 디모데는 외할머니와 어머니가 유대인임에도 불구하고 할례를 받지 않았습니다. 아버지는 그리스 사람이었고요. 이런 경우에 우리가 흔히 쓰는 말로 디모데 가정은 날라리 신앙을 가진 집이라 할 만하지 않았겠습니까? 이방인과 결혼한 데다가 아들에게 할례도 하지 않은 집안. 이방인의 관점에서 본다면 디모데의 집은 유대인임에도 불구하고 유대인만의 종교를 고집하지 않는 개방적인 가정이었습니다. 유대인으로서 소아시아 지방에서 살아가기에는 이만큼 좋은 태도도 없었을 것입니다.

그러나 디모데가 바울의 동역자가 되면서 이것이 나쁜 조건으로 변해 버렸습니다. 예루살렘에서 시작된 기독교는 사방에 퍼져 있는 유대인을 일차적인 근거지로 해서 전도했습니다. 유대인은 가는 곳마다 유일신이신 하나님 여호와를 경외했습니다. 이들의 여호와 종교는 어디서든지 종교 갈등을 일으켰으며, 또 이들의 억척스러운 생활력은 미움의 대상이 되었습니다. 하지만 이로 인해 유대인이 가는 곳마다 '여호와'라는 이름의 신(神)을 모르는 사람이 없었습니다. 전혀 없는 데서 일하는 것보다는 조금이라도 있는 데서 일하는 것이 쉬운 법입니다. 전도할 때도 마찬가지입니다. '여호와'라는 신에 관해서 이름조차 들어 보지 못한 사람에게 여호와로부터 시작해서 그의 아들 예수 그리스도를 설명하는 게 쉽겠습니까, 아니면 여호와라는 신에 관하여 아는 사람에게 그분의 아들을 소개하는 게 쉽겠습니까? 전도자들은 가는 곳마다 공회당이 있는지를 확인했고, 안식일에는 그 공회당에 가서 예배에 참석하는 한편 그들에게 예수 그리스도를 전했으며, 마찬가지로 그 지역의 이방인에게도 그리스도의 복음을 전했습니다.

어쨌든 디모데가 약관(弱冠)의 나이에 바울의 동역자가 되었는데, 이 무렵에 디모데와 그의 집안은 이미 그 인근의 모든 그리스도인에게 모범적인 가정으로 칭찬을 받고 있었습니다. 평판이 좋다는 것은 지도자에게 있어서 아주 좋은 덕목입니다. 그러나 교회의 지도자는 이 교인들을 돌보는 데에만 머물 수 없습니다. 디모데를 비롯한 모든 교회의 지도자들은 동시에 전도자이기도 해야 했습니다. 그들은 복음을 전하기 위해 선택된 자였기 때문입니다. 이 점에 있어서 디모데 집안의 개방적인 종교 배경은 유대인 공동체를 전도의 발판으로 삼는 데 전혀 도움이 되지 않았습니다. 이 때문에 바울은 디모데에게 할례를 받도록 합니다. 이로써 반은 헬라인이나 다름없었던 디모데는 자신의 유대적 배경을 아주 확실하게 보여 줄 수 있었습니다. 적어도 그가 유대인의 전통을 무시하지 않음을 보여 줄 수 있게 된 것이지요.

디도는 할례를 받지 않았다

그러면, 우리의 생각이 이제 여기서 멈춰도 되겠습니까? 아닙니다. 우리는 이와 비슷한 경우를 성경에서 또 하나 찾아봐야 합니다. 갈라디아서 2장을 보면 디도에 관한 기록이 나옵니다. 바울은 3절에서 이렇게 말합니다.

> 그러나 나와 함께 있는 헬라인 디도라도 억지로 할례를 받게 아니하였으니
> (갈 2:3)

바울은 디도에게 억지로 할례받게 하지 않았다고 말합니다. 이건 또 무슨 말입니까? 디모데의 경우는 바울 자신이 할례를 받으라고 말했는데, 어째서 디도의 경우는 할례를 받게 하지 않았다고 말할까요? 겉모양을 본다면 할례에 관한 바울의 태도는 모순이 있는 것 같습니다. 그러나 여기에는 분명한 이유가 있습니다.

첫째로, 갈라디아서 2장 1-10절에서 바울은 자신이 바나바와 디도를 데리고서 예루살렘에 갔을 때의 일을 이야기합니다. 이때 바울은 14년 만에 예루살렘을 다시 방문했습니다. 바울은 예루살렘에서 유명한 자들, 즉 예루살렘 교회의 지도자인 사도들을 가장 먼저 만났습니다. 바울에게 아주 시급한 문제가 있었기 때문입니다. 아시다시피 바울은 예루살렘 교회에서 정통성을 인정받는 사도가 아니었습니다. 예수님께서 직접 선택하신 제자가 아니기 때문입니다. 바울은 이방인 지역에서 권위를 인정받았습니다만, 유대 지역에서는 아니었습니다. 바울은 그때까지 이미 오랫동안 전도자로 사역했습니다만, 그가 전하는 복음이 과연 예수님의 제자들, 즉 예루살렘 교회의 지도자들과 일치하는지를 확인하지 않았습니다. 갈라디아서 2장 9절을 보면 바울은 예루살렘 방문에서 사도들, 특히 베드로와 야고보, 그리고 요한을 만나 자신이 전

하는 복음을 그들에게 들려주면서 이것이 사도들의 그것과 일치하는지를 증명하려 했습니다.

이 일이 중요한 일이었을까요? 네, 갈라디아서 2장 2절은 이 방문이 하나님의 지시에 의한 것이라 말합니다. 사도행전 15장의 문맥을 보더라도 이 일은 바울에게 매우 시급하고 중요했습니다. 바울의 사역이 성공적으로 수행되면 될수록, 바울과 유대인 간의 갈등이 더욱 거세지고 있었기 때문입니다. 단적으로 말해서, 바울은 예수 그리스도의 십자가와 부활로 말미암아 구약이 요구하는 율법적 규례들이 이미 완수되었다, 즉 율법은 이제 효력이 없다고 주장했습니다. 그러나 유대적 배경을 가진 그리스도인들은 율법이, 특히 할례가 여전히 효력이 있다고 주장했습니다. 이런 갈등으로 인해서, 바울을 죽이려는 결사대까지 여기저기서 일어나고 있었습니다. 따라서 바울로서는 자신의 복음이 예루살렘의 사도들과 다를 바 없다는 점을 확인해야 할 필요성이 날로 커져갔던 것입니다.

자, 이런 목적을 가지고 예루살렘을 방문한 바울이 이방인인 디도에게 할례를 베풀었을 리가 절대 없겠지요? 더군다나 이 사실을 사도행전도 아닌 갈라디아서에서 바울이 언급하는 점에 우리가 주목해야 합니다. 갈라디아 교회에 언제부터인가 한 그룹이 생겼는데, 바울은 이들을 '거짓 형제'라고 불렀습니다. 이들은 예수를 믿는 교인들을 꼬드겨서 다시 율법과 할례의 종으로 삼으려 했습니다. 즉, 교회에 들어와서 율법을 지켜야 한다고 주장했으며, 할례를 받아야 한다고 가르쳤다는 것입니다. 상황이 이렇다면 바울이 왜 디도가 할례받지 않도록 했다고 말하는지 짐작이 가실 겁니다. 바울이 갈라디아서에서 디도를 언급한 것은 할례가 구원에 있어서 절대적인 조건이 아님을 강조하려 했기 때문입니다.

이제 다시 본문으로 돌아와서 할례에 관한 바울의 태도를 생각해 봐야겠습니다. 바울은 디모데에게 할례를 받게 했으나 디도에게는 그렇게 하지 않았습니다. 이 두 경우에 모순이 여전히 있습니까? 결국 바울은 할례에 관한 원칙이 분명히 있었습니다. 예수를 믿는 자에게 할례는 필요 없습니다. 그러나 유대인과 함께 일하는 데 필요하다면, 굳이 할례를 극단적으로 반대할 이유는 없습니다.

어디까지의 자율인가

자, 이렇게 보면 바울은 복음을 전하는 일에 있어서 아주 많은 재량권(裁量權)을 갖고 있는 듯이 보입니다. 더 길어지지 않기 위해 이렇게 거칠게 문제를 제기해야겠습니다. 복음을 전하는 자는 믿음을 성장시키기 위해서, 혹은 교회를 성장시키기 위해서 얼마만큼의 자유를 갖고 있는 것일까요? 제가 이렇게 물어보는 데는 이유가 있습니다.

제가 신대원을 다닐 때 이런 일이 있었습니다. 2학년이 되어 '설교 연습'이라는 과목을 듣게 되었습니다. 수업 시간, 정해진 순서대로 학생들이 강단으로 올라가서 설교를 하고, 그것을 평가하는 과목이었습니다. 그런데 한 사람이 귀가 번쩍 띄는 설교를 했습니다. 그 설교는 하나님을 믿는 사람이 복을 받는다는 내용이었는데, 요한삼서 2절의 말씀을 가지고서 작성한 설교였습니다. 거기에 이런 말씀이 나오지요.

사랑하는 자여 네 영혼이 잘됨같이 네가 범사에 잘되고 강건하기를 내가 간
구하노라 (요삼 2)

논리만을 갖고 이 말씀을 해석하면, 예수 믿어서 영혼이 잘되면 자
연적으로 육신적인 모든 일에도 형통하다는 것입니다. 당시 한국 교회
에는 소위 '삼박자 구원'이라는 말이 유행하기 시작하던 터였고, 더욱이
이 말은 우리나라에서 가장 크다는 교회의 목사님께서 주도적으로 강
조하시는 덕에 신학생이라면 모르는 사람이 없을 지경이었습니다. 참
고로 말씀드리면 이 설교는 나중에 집중적인 비판을 받았습니다. 장로
교단에서 '삼박자 구원'이라? 정말 머리 아픈 조합인데, 이걸 자세히 말
씀드리자면 더 골치 아플까 봐 잠시만 말씀을 드리고 줄이겠습니다.

예수 믿고 구원받으면, 그 신자의 모든 일도 형통합니까? 이 문제를
놓고서 이렇게까지 희한한 해석을 덧붙이는 분도 적지 않습니다. "영통
육통(靈通肉通)". 뭔 소리냐 하면, 하늘에서 문제가 해결되면 육적으로도
형통한다는 말입니다. 맞는 말이지요. 인간과 하나님과의 문제가 해결
되었는데 더 이상 문제 될 것이 무엇이 있겠습니까? 그럼에도 불구하고
이 원리에 대해 끊임없이 질문을 제기하는 것은 이 말이 담고 있는 원리
자체가 아니라 이 말을 신봉하려는 사람들의 심리 때문입니다. 먼저는
하나님과의 화평을 이루고 그다음에 이 땅에서의 문제가 해결되는 것
이라면 신자 치고 원하지 않을 사람은 아무도 없을 것입니다. 그러나 한

번 생각해 봅시다. 누군가가 하나님과의 화평이라는 것을 단지 세상에서의 복을 받기 위한 수단으로만 생각하면 어떻게 되겠습니까? 그는 세상의 복을 받기 위해서 '하나님과 나'라는 고귀한 관계를 이용하는 것일 뿐입니다.

믿음을 성장시킨다는 명목으로, 교인을 늘리려는 목적으로, 지금까지 얼마나 많은 사람들이 성경의 가르침을 왜곡해 왔는지 모릅니다. 도대체 믿음이 무엇입니까? 교회가 무엇입니까? 여러분은 이 두 개의 단어에 대해 어떤 정의를 갖고 있습니까? 단적으로 말해서, 믿음은 하나님의 부르심에 대한 인간의 대답이며, 교회는 그분의 부르심에 대해 '예'라고 대답한 사람들의 모임입니다. 그렇다면, '믿음'과 '교회'라는 두 단어에 하나의 공통점이 있는 셈입니다. 믿음이 먼저가 아니라 하나님의 부르심이 먼저이며, 우리의 신념이 먼저가 아니라 하나님의 기준이 먼저인 것입니다.

사도 바울의 태도를 본문 6절 이하에서 봅시다. 바울의 원래 계획은 소아시아 지역에다 자신이 심어 놓은 복음이 제대로 뿌리내려 가는지를 보는 것이었습니다. 말하자면 바울은 소아시아 지역을 순회하는 데 관심이 있었다는 것입니다. 그러나 바울의 여정은 드로아에서 체험한 환상에 의해 급격한 변화를 맞게 됩니다. 바울은 이 환상에서 자신을 부르는 마게도니아 사람을 보았습니다. 마게도니아 사람은 환상 속에서 바울에게 나를 도와달라고 말했습니다. 사도 바울은 이 환상을 통해 자신의 전도 여행 계획을 급히 바꿉니다. 본문 7절을 보면 원래 자기 계획표대로 움직이기 위해서 어지간히 노력하기도 한 모양입니다. 그러나 바울은 환상을 보자마자 '곧' 마게도니아 방향으로 진로를 바꾸었습니다. 진도가 예정대로 나가지 않고 자꾸 지체되는 이유가 바로 이 환상, 즉 주님의 인도하심이 달리 있었기 때문이라고 받아들였던 것입니다.

자율과 순종, 그 경계는 어디인가?

바울은 복음을 전하는 가운데 복음의 진리가 훼손되지 않는 범위 내에서 활동했습니다. 그에게는 복음이 효과적으로 전달되며, 교회가 성장하는 일이라면 무엇이든지 융통성을 가지고서 사역했습니다. 그러나 그에게 무한대의 융통성이 있었던 것은 절대 아닙니다. 그는 언제든지, 무엇이든지 하나님께서 지시하시면 즉시 순종했습니다. 하나님의 일을 하는 데 있어서 한계가 분명한 자유를 누리고 있었습니다. 복음 안에서 자유로이 일하는 한편, 언제든지 하나님께서 원하시는 것을 순종하려는 자세로 일했다는 뜻입니다. 그런데 여러분, 이 말이 쉽게 느껴지십니까? 이것이 우리 개인의 신앙과 교회의 문제에 적용되려면 절대 만만치 않은 장애물들이 수없이 달려드는 것을 보게 될 것입니다.

바울의 상황에서 이 문제를 생각해 봅시다. 그리스도께서는 율법에 매인 바울을 풀어내어 당신을 위해 마음껏 사용될 수 있는 기회를 주셨습니다. 바울은 자신의 생애를 그리스도를 위해 바치기로 작정했습니다. 그는 복음을 전하는 자로서 평생을 살기로 결심했으며, 기회가 닿는 대로 곳곳에서 복음을 전했습니다. 그러나 그가 부딪히는 문제들은 언제나 '처음'이었습니다. 복음을 들고 끝없이 나갈 때 가는 곳마다 낯선 문화와 낯선 종교, 낯선 사람과 낯선 문제가 닥쳐왔습니다. 요즘에는 선교사로 나가기 전에 자신이 가야 할 곳에 관한 지식을 충분하게 훈련받고 갑니다. 그러나 바울 선교사의 경우는 달랐습니다. 그는 모든 것을 자신이 알아서 해야 했고, 자신이 판단해야 했습니다. 한마디로, 그에게는 '이럴 때는 이렇게 하라'는 교범이 없었던 것입니다. 그는 모든 일을 주님과 상의해서 결정해야 했습니다. 이것이 바울의 상황이었습니다.

여기서 그가 세운 사역의 원칙이 무엇이었는지는 매우 분명합니다. 그는 복음이 말하는 원리가 무엇인지를 물어서 거기에 합당하게 결정했습니다. 그러나 원칙을 아주 분명하게 세워 놓았습니다. 바울은 이것을 고린도전서 9장에서 이렇게 말했습니다.

> 내가 모든 사람에게서 자유로우나 스스로 모든 사람에게 종이 된 것은 더 많은 사람을 얻고자 함이라 유대인들에게 내가 유대인과 같이 된 것은 유대인들을 얻고자 함이요 율법 아래에 있는 자들에게는 내가 율법 아래에 있지 아니하나 율법 아래에 있는 자같이 된 것은 율법 아래에 있는 자들을 얻고자 함이요 (고전 9:19-20)

바울은 하나님의 사람을 얻기 위해서라면 자신의 태도가 일관성이 없다고 보이는 것에 대해서마저 거리낌이 없었습니다. 그는 오히려 이런 태도를 자랑스럽게 생각했습니다. 그의 이 전략이 성공했습니까? 네, 성공했습니다. 본문 사도행전 16장 5절은 디모데가 할례를 받은 이

후에 인근의 교인들의 믿음이 더욱 성장하고, 그 수도 크게 늘었다고 말하고 있습니다.

이제 우리는 결론을 생각할 지점에 도달했습니다. 여러분, 바울의 고민과 상황은 개인적으로나 교회적으로 전혀 별개의 것이 아닙니다. 우리는 진리의 말씀 안에서 자유를 얻었습니다. 따라서 우리는 모든 일에 있어서 "반드시 이 일을 해야 한다"라는 말을 쓰지 않아도 됩니다. 그러나 우리는 이 자유를 어떤 원칙 위에서 사용합니까? 성경은 내 삶에서 일어나는 모든 문제에 대해 "이럴 때는 이렇게, 저럴 때는 저렇게" 하고 말씀하지 않습니다. 여러분은 매일같이 일어나는 유학 생활의 경험에 대해 이렇게 하라는 교육을 받지 않았습니다. 이렇게 처음으로 경험하는 삶의 문제에 어떻게 대처하십니까? 여러분은 이런 문제를 놓고 얼마나 진지하게 하나님의 뜻을 물어보셨습니까?

우리나라에서 근래에 유행하는 우스갯소리가 있습니다. "그때그때 달라요." 조금 과장해서 말씀드리자면, 저는 이 말을 굉장히 싫어합니다. 사람의 감정이란 워낙 변덕스러워서, 같은 상황이라도 받아들이는 느낌이 매번 달리 느껴질 수 있을 것입니다. 그러나 그렇다고 해서 오늘은 이렇게, 내일은 저렇게 행동한다면, 이를 "줏대가 없다"라고 말해야 하지 않을까요? 오늘 한 일을 내일 뒤집으며 사는 사람은 어른답지 못한 것입니다. 그런 이를 가리켜 우리는 성숙하지 못한 사람, 다시 말해 어린아이라고 말해야 합니다. 우리는 이렇게 살기 위해 부름받지 않았습니다. 우리는 바울처럼 자유 속에서도 아주 분명한 판단의 기준을 갖고 살기 위해 하나님의 부르심을 받았습니다.

교회도 마찬가지입니다. 교회는 예측할 수 없이 급변하는 환경 속에 존재합니다. 성경이 말하지 않는 문제들로 가득 찬 이 세상에 존재하는 교회가 도대체 어떤 기준을 갖고서 이것들을 판단해야 하겠습니까? 숫자를 늘리는 것이, 몸집을 불리는 것이 우선인 '경쟁 시대'에 교회가 서 있는 것같이 보입니다. 제가 잘못 보지 않았다고 생각합니다. 오늘날 교회의 모습은 차라리 무질서에 가깝습니다. 어디에 하나님이 계시며, 어디에서 그분의 말씀이 존중받고 있습니까? 교회는 어떤 것에 관심을 집중합니까? 사역자는 어디에 관심이 있습니까? 그리고 나는 어디에 초점을 맞추어 살고 있습니까?

모든 것을 다하면서 살기에는, 교회와 개인에게 주어진 시간이 너무 짧습니다. 목적을 분명하게 의식하는 사람만이 지금 내가 할 일을 분명하게 정할 수 있는 것입니다. 목적 있는 삶은 목적을 분명히 아는 사람만이 누릴 수 있습니다. 교회 역시 그러합니다. 지금의 나, 그리고 지금의 교회가 무엇을 해야 하며, 왜 그것을 해야 하는지를 알고서 나아가야 합니다. 그것은 우리 모두의 주인이시며 존재의 이유이신 주 예수 그리스도를 좀 더 분명히 만나야 얻어질 것입니다. 저는 여러분 모두가 남이 아닌 바로 여러분 자신의 삶 속에서 우리 구주 예수님을 깊이 만나서 보다 확실한 원칙을 가지고서 살아가기를 바랍니다. 삶의 초점이 분명한 신자, 하나님이 세우신 목적에만 초점을 맞춘 교회, 참으로 복된 존재입니다. 저는 여러분이 이런 복된 존재가 될 거라고 믿습니다. 주여, 우리를 도우소서.

32

하나님의 인도를 따르는 사람들
행 16:11

바울, 빌립보에 도착하다

　지난번에 우리는 사도 바울 일행이 하나님의 지시를 따라서 마게도니아로 진로(進路)를 바꾼 일을 생각해 보았습니다. 크게 강조하지는 않았습니다만, 바울은 하나님의 뜻이라는 판단이 서자마자 즉시 마게도니아로 가기 위해 노력했습니다. 바울은 드로아에서 빌립보를 향해서 배를 탔습니다. 본문에는 바울 일행이 거쳐 간 지역 이름이 등장합니다. 바울은 드로아를 떠나 배를 타고 사모드라게를 지났습니다. 바울은 여기서 다시 네압볼리로 갔습니다.

　성경을 보니까 드로아에서 네압볼리까지 이틀이 걸렸다고 합니다. 그런데 사도행전 20장을 보면 바울은 빌립보에서 드로아로 배를 타고 가는데 이때 배로 닷새가 걸렸다는 기록이 나옵니다. 본문에서 드로아로부터 빌립보까지 가는데 이틀이 걸렸다는 것은, 이번 항해가 얼마나 순조로웠는지를 알려 줍니다. 네압볼리는 기원전 500년 무렵부터 아테네 연합 동맹의 하나였다가 기원전 168년에 로마에 합병되었습니다. 빌립보의 외항(外港)으로, 빌립보와 약 16km 떨어진 항구입니다. 바울은 이렇게 항로를 이용해서 단 이틀 만에 250km의 여행을 마치고 빌립보에 도착한 것입니다.

마가는 사도행전에서 빌립보를 '마게도냐 지경(地境) 첫 성'이라고 표현했습니다. 오늘날의 유럽을 향해서 극적으로 진로를 바꾼 바울 일행이 빌립보를 얼마나 중요하게 생각했는지를 알리는 말입니다. 빌립보는 기원전 42년경 브루투스(Brutus)와 카시우스(Cassius)가 옥타비아누스(Octavianus)와 한판 전투를 벌인 곳으로 유명합니다. 옥타비아누스는 승리를 기념하기 위해 이곳을 황제의 직속 도시로 삼았습니다. 이 지역의 주민들은 로마 본국의 시민들과 동일한 권리를 누렸으며, 얼마 되지 않아 이 인근의 농업과 상업의 중심지가 되었습니다. 돈이 돌고 교통이 발달했다는 점은 사람이 몰린다는 뜻이며, 동시에 물자와 사람의 이동이 잦다는 뜻입니다. 이런 환경은 더욱 많은 사람에게 복음을 전하고자 하는 바울 일행에게 아주 큰 매력 포인트가 되었을 것입니다.

안식일이 되자 바울은 기도처가 있는지를 찾았습니다. 바울이 원하는 기도처는 사실 공회당이었습니다. 공회당에 가서 예배도 드리고 기도도 하겠다는 것인데, 여기에 공회당을 전도를 위한 발판으로 삼겠다는 의도도 있었을 것입니다. 그때 바울은 숙소(宿所) 바로 앞에서 몇 명의 여인을 보았습니다. 그들은 유대인 여인이었으며, 강가에 모여서 모임을 하고 있었습니다. 여인들이 강가에 모인 것은 유대인의 규례 때문이었을 것입니다. 유대의 의식법에 따르면 제사나 예배를 드리기 전에 먼저 물로 깨끗하게 해야 했는데, 이 때문에 이들은 자연히 물과 가까운 강가에서 모였을 것이라 짐작됩니다.

당시의 유대 법에 따르면 공회당은 열 명 이상의 남자가 있어야만 만들어질 수 있었다고 합니다. 따라서 빌립보에는 바울이 찾던 공회당이 없었다고 봐야 합니다. 바울은 빌립보에서 공회당이라고 하는 선교의 거점을 얻을 수 없었다는 뜻입니다. 동시에 유대인도 그만큼이나 찾아보기 어려웠다는 뜻이 되겠습니다.

여인들을 만나다

바울은 숙소 근처의 강가에 둘러앉아 예배하는 여인을 찾아갔습니다. 그는 여인들에게 말을 겁니다. 첫마디가 무엇이었을까요? "당신들도 유대인이십니까?" 혹은 "여기 근처에 예배를 드릴 만한 공회당이 없을까요?" 이런 정도가 아니었겠습니까? 어쨌든 이렇게 함으로써 바울은 빌립보에 사는 유대인에게 그리스도의 복음을 전했습니다. 소위 유럽에서의 첫 전도가 이렇게 해서 이루어졌습니다. 그런데 사도행전 16장 14절을 보면 '루디아'라는 여인이 바울의 말을 들었다고 전합니다. 여기에 '들었다(ἤκουεν)'라는 동사는 루디아가 바울의 말을 여러 번 들었음을 암시합니다. 그러니까, 바울이 강가에서 만난 이들에게 한 번이 아니라 여러 번 복음을 전했다는 것입니다.

자, 여기서 잠시 생각해 보겠습니다. 지금 바울의 유럽 전도 사역은 처음부터 성공적이었다고 말할 수 있을까요? 바울은 그전까지 수많은 청중 앞에서 설교한 적이 자주 있었고, 설교에서 많은 결신자도 얻곤 했습니다. 그러나 이번은 달랐습니다. 그는 단지 소수의 여인들에게 말씀을 전했으며, 단번에 결신자를 얻지 못했습니다. 그렇다면 우리는 이렇게 생각할 수 있겠습니다. "이번 여행은 하나님께서 인도하신 것이 아닌가? 아시아로 가려던 바울을 강권해서 이곳으로 부르셨는데, 어째서 하나님께서는 이 여행에서 복음을 전하는 바울에게 어떻게 이만큼 적은 성과를 얻게 하실까?" 정말 그렇지요?

바울이 여기까지 온 것은 전적으로 하나님의 인도 때문이었습니다. 바울은 하나님께서 자신을 부르신다고 판단하자마자 빌립보까지 달려왔습니다. 빌립보는 유럽으로 가는 길목에 있는 요지입니다. 화려한 문물과 많은 인구, 편리한 교통 등등, 선교를 위해서 아주 좋은 조건을 가진 대도시였습니다. 거기에서 활발하게 전도 활동을 하려면 많은 동역자와 전도를 위한 조건들이 잘 갖춰져 있어야 하지 않았을까요? 그러나 빌립보에서의 전도 사역은 그 환경이 이전보다 나빴으면 나빴지, 전혀 좋지 않았습니다. 출발이 별로 좋은 모습은 아니었다는 말씀입니다.

그런데 이때 하나님께서 일하셨습니다. 사도행전 16장 14절은 이렇게 말합니다.

> 두아디라 시에 있는 자색 옷감 장사로서 하나님을 섬기는 루디아라 하는 한 여자가 말을 듣고 있을 때 주께서 그 마음을 열어 바울의 말을 따르게 하신지라 (행 16:14)

수차례에 걸친 위대한 사도, 바울의 설교에도 불구하고 사람들은 움직이지 않았습니다. 그러나 하나님께서 허락하실 때 그들의 마음이 열렸습니다. 이것은 복음이 하나님의 계획에 의해서만 전해짐을 의미합니다. 그리고 동시에 복음을 전한다는 것이 어느 인간의 능력에 달린 것이 아니라 하나님의 능력에 달린 것임을 가르쳐 줍니다. 하나님께서 바울을 빌립보로 보내셨습니다. 그러니까 바울이 빌립보에서 어떻게 사역하느냐 하는 것은 전적으로 하나님께 달린 문제였습니다.

귀신을 쫓아내다

계속 말씀을 읽으며 생각합니다. 사도행전 16장 15절에는 이렇게 기록되어 있습니다.

그와 그 집이 다 세례를 받고 우리에게 청하여 이르되 만일 나를 주 믿는 자로 알거든 내 집에 들어와 유하라 하고 강권하여 머물게 하니라 (행 16:15)

수차례의 전도에도 불구하고 여전히 닫혀 있던 루디아의 마음은 일단 하나님께서 여시자마자 급변했습니다. 루디아는 자신뿐만 아니라 가족까지도 세례받기를 청했으며, 거기다가 바울 일행을 자기 집으로 불러서 머물게 했습니다. 루디아는 원래 빌립보 사람이 아니었습니다. 그녀는 두아디라 사람이었습니다. 두아디라는 당시에 직조(織造), 즉 천 짜기와 염색으로 유명했다고 하는데, 루디아는 염색 사업에 뛰어난 재능이 있어서 빌립보까지 사업을 확장했던 것 같습니다. 어느 정도 시간이 지난 후 루디아는 주거지를 빌립보로 옮긴 모양인데, 여기서 우리는 루디아의 사업이 아주 번창했을 것이라고 짐작할 수 있습니다. 루디아는 가족과 함께 빌립보에 살게 되었으며, 당연히 그럴 만큼이나 경제적으로 넉넉했을 것입니다. 이런 상황은 바울 일행이 루디아의 집에 머물게 된 중요한 이유가 되었습니다.

자, 이렇게 해서 바울 일행은 빌립보에서 복음을 전할 좋은 조건들을 갖추게 되었는데, 이 무렵에 한 가지 중요한 사건이 일어났습니다. 어느 날, 바울 일행이 루디아의 집에서 기도하는 곳을 향하다가 귀신 들린 여자 하나를 만났는데, 사도행전 16장 16절에서는 이 여인을 "점치는 귀신 들린 여종"이라 했습니다. 이 여인은 귀신이 들린 사람이었으며, 귀신의 능력을 빌어서 점을 쳤습니다. 말하자면 이 여인은 인간의 운명을 내다보는 능력을 가지고 있었다는 것이지요. 자신의 운명에 관해 궁금한 사람들은 이 여인에게 와서 돈을 주고 점을 쳤습니다. 이 여인은 이 일을 통해서 큰돈을 얻게 되었지만, 사실 그 돈은 이 여인의 주인에게 고스란히 돌아가는 것이었습니다. 그녀는 하인이었기 때문입니다.

여기 가련한 여인이 있습니다. 귀신 들린 데다가 하인인 여인, 귀신의 힘으로 미래를 점쳐 주고 돈을 벌었지만, 그 돈은 고스란히 주인에게 빼앗기는 여인. 많은 돈을 벌어 주었지만, 주인은 그녀가 귀신 들렸다는 사실에 대해서 조금만치의 동정심도 갖지 않았습니다. 그 주인들에게 있어서 유일한 관심이 있다면, 이 여인이 돈을 벌어다 준다는 사실뿐이었던 것이지요. 그런데 이 여인이 바울을 보면서 소동이 일어났습니다. 여인은 바울 일행을 따라와서는 크게 소리를 질렀습니다. 여인은 이렇게 말합니다.

> "이 사람들은 여러분에게 구원의 길을 전하고 있는 가장 높으신 하나님의
> 종들이오" (행 16:17, 현대인의 성경)

귀신이 하나님의 종들을 알아보았습니다. 이 얼마나 묘한 일입니까? 바울이 얻고자 하는 사람들은 몇 번을 전도해야, 그것도 하나님께서 알아듣게 하셔야 비로소 하나님의 아들을 영접합니다. 그러나 귀신 들린 이 여인은 바울 일행이 하나님께서 보내신 종들인 것을 바로 알아보았습니다. 이것은 그녀가 귀신 들렸기에 가능했던 일입니다.

"울지도 웃지도 못한다"라는 말이 있는데, 바울이 그때 그랬던 것 같습니다. 사도행전 16장 18절을 보니 바울은 여인이 이렇게 여러 날을 쫓아다니면서 소리를 지르는 통에 심히 괴로워했다고 전합니다. 마침내 바울은 이 여인에게서 귀신을 쫓아내기로 결심했습니다. 바울은 여인을 향해 이렇게 명령했습니다. "예수 그리스도의 이름으로 내가 네게 명하노니 그에게서 나오라!"(18절b) 이 말을 하자마자 귀신이 여인에게서 나왔습니다. 이렇게 해서 여인은 귀신에게서 벗어나게 되었습니다. 참으로 놀랍고 좋은 일이지요? 하지만 이 일을 불쾌하게 생각하는 이들이 있었는데… 네, 그들은 바로 이 여인의 주인들이었습니다. 왜일까요? 그들은 귀신 들린 여인이 낫는 데는 관심이 없었습니다. 그들의 유일한 관심은 이 일로 인해서 수입이 없어지게 되었다는 사실뿐이었습니다. 그들은 사람이 낫는 데 기뻐하기보다, 자기에게 들어올 돈이 없

어진 것에 화가 났습니다. 이들은 즉시 바울과 실라를 잡아서 관원에게 끌고 갔습니다.

하나님의 인도와 인간의 일에 관하여

이 일로 인해서 바울 일행은 매를 맞은 후에 옥에 갇힙니다. 그러나 이들은 하나님의 이적을 통해서 풀려나지요. 그 일에 대해서는 다음에 말씀드릴 것이기 때문에 진도는 여기에서 멈추고, 본문의 말씀을 가지고서 결론을 맺고자 합니다.

바울이 어느 날 드로아에서 꿈을 꾸었습니다. 그는 꿈속에서 마게도니아 사람 하나가 나타나, 자기에게 도와달라고 말하는 광경을 보았습니다. 그 꿈은 매우 인상적이었지만, 그는 그것이 자신의 여정을 바꾸기 위한 하나님의 섭리였는지를 확신하지 못했습니다. 바울 일행은 바로 그 전에 브루기아와 갈라디아를 거쳐 무시아에 이르렀다가 비두니아로 가려고 했습니다. 그러나 그 일은 아무리 애를 써도 어떤 이유에서인지 진척되지 않았습니다. 그들은 마침내 이렇게 생각하게 됩니다. "아, 예수께서 이 일을 원치 않으시는구나." 사도행전 16장 7절은 이 일을 가리켜 "예수의 영이 (이를) 허락하지 아니하"셨다고 말합니다. 그러나 우리는 이 표현이 실제로 어떤 모습을 가리키는지 자세히 모릅니다. 다만 짐작할 수 있는 사실은 바울 일행이 원래 세운 여행 일정표가 있었을 거라는 것, 그들이 그 계획을 따라가 보려고 무지 애를 썼지만 여러 날 동안 뜻을 이룰 수 없었다는 것 정도입니다.

저는 이렇게 생각해 봅니다. 바울은 이런 여러 가지 상황을 종합해서 깊이 생각했고요, 마침내 그것이 마게도니아 지방으로 자신을 보내시려는 하나님의 부르심이라고 판단했습니다. 그렇다 하더라도, 바울이 계획대로 전도 여행을 가기 위해서 이렇게 애를 쓸 때 "예수의 영이 허락하지 아니"했다는 말씀은 구체적으로 무슨 의미일까요? 거기에 하나님께서 환상을 통해서 마게도니아 사람이 바울을 향해 손짓하는 광경을 보게 하신 이유는 무엇일까요? 하나님께서 아예 처음부터 "그건 내 뜻이 아니다"라고 확실하게 말씀하실 수는 없었을까요? 하나님께서는 왜 그렇게 구차스럽고 시간 오래 걸리는 방법으로 당신의 뜻을 바울에게 알려 주셨을까요? "그거야 하나님 마음이니까!" 하면 되겠습니다만, 그렇다 하더라도 우리가 여기에서 '하나님의 인도하심이란 구체적으로 어떤 모습일까?' 하는 질문을 하게 되는 것은 너무도 당연합니다.

이 질문은 바울이 빌립보에 가서 전도를 시작할 때도 여전히 제기됩니다. 바울은 하나님께서 마게도니아로 부르신다는 확신을 하고 금방이라도 거기에 가서 일하려고 서둘러 빌립보에 도착했습니다. 기왕에 마게도니아 지방을 전도하라는 것이 하나님의 뜻이라면 어떻게든 효과적으로 복음을 전해야 하지 않겠습니까? 바울 일행은 첫 번째 전도지로 빌립보를 택했습니다. 교통과 문화의 중심지에다 사람도 돈도 활발하게 도는 도시였습니다. 전도를 위한 확실한 발판을 마련할 만한 도시임이 틀림없는 곳이었지요. 바울의 판단은 틀림없었지요? 바울이 얼마나 크게 기대했겠습니까? 얼마나 신이 나고 기뻤겠습니까?

그러나 빌립보에 도착해 보니 며칠이 지나도록 어디에서 그 일을 시작해야 할지, 전도를 하기 위해서 소위 비벼 볼 만한 곳이라고는 전혀 없었습니다. 그때까지의 기록을 보면 바울 일행은 가는 곳마다 공회당에 들러서 예배도 드리고 또 거기 모인 사람들에게 복음을 전하곤 했습니다. 이것이 바울의 기본적인 전도 전략이었습니다. 그런데 빌립보에는 그렇게 할 만한 공회당이 없었습니다. 그저 몇 명의 여인네들이 강가에 모여서 예배를 드릴 뿐이었습니다. 이건 좀 황당하지요? 우리는 이렇게 생각할 수 있습니다. "기껏 이렇게 모인 몇 명의 아낙네에게 복음을 전하자고 여기까지 온 것인가?" 그렇지요, 바울은 드로아에서 빌립보까지 배를 타고 무려 250km를 항해해 왔습니다. 그런데 그의 눈앞에 벌어진 현실이 이랬습니다. 하나님께서 바울을 통해서 여태까지 많은 큰일을 하셨는데, 빌립보에서 전도를 시작할 때 처음부터 화끈하고 엄청난 일을 벌이도록 하셔서 그의 마음을 위로하실 수는 없었을까요?

하나님의 뜻을 확신하고 달려온 빌립보에서 기댈 곳이라고는 거의 없어 보이는 상황에서 불과 몇 명의 유대인 아낙네 앞에 선 바울. 여러분은 바울의 심정이 어떠했을 것이라고 짐작하십니까? 조금, 아니 상당히 막막했겠지요? 그러나 바울의 상황이 실제로도 그렇게 막막합니까? 보십시오. 그 '불과 얼마 안 되는 여인' 가운데는 앞으로 그를 크게 도와줄 여인 루디아가 있었습니다. 뿐만 아니라 그를 여기까지 불러오신 하나님의 계획이 있었습니다. 비록 사람의 눈으로 볼 때는 아주 사소한 모임 같았겠지만, 사실은 그렇지 않았습니다. 강가에서 열린 이 작은 모임은, 오늘날 우리가 유럽이라고 부르는 이 광대한 지역에 교회를 세우시려는 하나님의 계획의 시작이었던 셈입니다. 즉, 바울은 몇 명 안 되는 여인 앞에서 전도한 것이 아니라, 유럽을 향해 전도한 것이었다는 말씀입니다. 하나님의 계획은 이미 있었고, 그 계획은 이미 진행되고 있었습니다. 다만 그것이 인간의 눈에 보이지 않을 뿐!

그러므로 저는 이렇게 생각합니다. 하나님께서는 바울을 드로아에서 여러 날을 지체하게 하셨으며, 하나님의 뜻이 무엇인지를 알기 위해 무진 기도하게 하셨습니다. 하나님께서는 바울에게 속시원한 목소리를 들려주시지 않고 고민하고 묵상하게 하셨습니다. 수수께끼 같은 환상을 보게 하셔서 그것을 놓고 다시 기도하게 하셨습니다. 빌립보에서의 사역에 관해서는 더 말씀드리지 않겠습니다. 만일 이것이 바로 여러분의 상황이라면, 여러분은 여기에서 하나님의 뜻을 어떻게 찾으며 어떤 식으로 이루어 가겠습니까? 제가 이렇게 묻는 것은, 우리 역시 이런 모습으로 각자의 삶에 관한 하나님의 뜻을 찾고 있기 때문입니다.

기도하라, 움직이라!

여태까지 말씀드린 대로 바울은 마치 수수께끼의 해답을 찾듯이 기도하고 움직이며 일했습니다. 이 모습이야말로 우리가 경험하는 우리 자신의 현실입니다. 앞서 말씀드린 것처럼, 우리는 하나님의 뜻에 관해 도무지 속시원한 대답을 듣지 못하며 그 뜻을 계속 묻고 있습니다. "하나님의 뜻을 알아서 그것을 이루기 위해 열심히 살더라도, 우리에게 주어진 시간은 너무 짧다!" 이것이 우리의 답답한 외침이 아닐까요? 그러나 바울의 태도는 우리에게 아주 인상적인 교훈을 줍니다. 그는 기도했으며, 결정했습니다. 그는 하나님의 계획이 아닌 것 같아 보이는 환경에서도 복음을 몇 번이고 전했습니다. 그러고 난 후에야 조금씩 하나님의 계획을 구체적으로 볼 수 있었습니다.

사랑하는 여러분, 여러분 자신의 경우는 어떻습니까? 막연해 보이는 하나님의 계획에 대한 여러분의 반응은 어떻습니까? 기도하고 기다리십시오. 하나님의 뜻이 느껴지신다면, 누구라도 의심할 수 없을 만한 분명한 환경이 당장 주어지지 않더라도 열심히 움직이십시오. 하나님의 계획이 없어서가 아니라 내 눈이 그것을 보지 못했을 뿐입니다. 몇명의 여인 앞에서 설교한 바울은 유럽을 앞에 놓고 설교했습니다. 마찬가지로, 지금 여러분이 하고 있는 일이 여러분의 장래를 놓고 하는 일인지 어떻게 알겠습니까? 우리가 할 일은 이것입니다. 쉬지 말고 기도하며, 부지런히 오늘을 사는 것!

분명하게 알아야 할 사실이 여기 있습니다. 우리는 "하나님께서 인도하셨다"라는 말을 자주 씁니다. 내가 어떤 일을 당할 때, 그것이 하나님의 계획에 속한 것임을 이런 말로 고백하곤 합니다. 그러나 우리가 동시에 자주 잊어버리는 사실이 있지요. 하나님께서 그렇게 인도하셨다면 하나님께서 그 일 전체를 당신의 뜻대로 움직이실 것을 믿어야 하는데, 우리는 그 점을 믿지 않습니다. 한번 생각해 봅시다. 지금 내가 하나님의 인도 아래 있다고 믿으십니까? 그렇다면, 그 일이 하나님께서 작정하신 대로 마지막까지 이루어질 것도 믿으십니까?

말을 돌리지 않고 이렇게 물어보겠습니다. 내가 독일에 온 것이 하나님의 뜻입니까? 그러면, 공부를 한 후에 무엇이 되어 무엇을 하게 될지도 하나님의 계획 아래 있음을 믿으십니까? 만일 여러분 가운데 자신의 장래에 대해 어떤 두려움이 있다면 그것은 무엇 때문입니까? 하나님의 뜻이라는 것을 고백하면서도 염려하고 걱정하는 이유는 무엇입니까? 바울은 하나님의 인도를 따라 빌립보에 도착해서, 자기에게 커다란 청중이 주어지든지 아니면 소수의 여인들이 주어지든지 몇 번이고 그리스도의 복음을 전했습니다. 하나님의 뜻을 찾는 사람은 이래야 합니다. 주변의 상황이 어떠하든지 계속해서 노력하고 기도해야 합니다. 그럴 때 하나님께서 일을 이루십니다.

하나님의 뜻을 찾는 사람에게 있어서 현재와 미래는 분리되지 않습니다. 오늘에 충실하며, 내일을 위해 기도하는 사람이 하나님의 뜻을 이루는 사람입니다. 그는 사실상 미래를 현재에서 살아가는 사람입니다. 하나님의 뜻은 오늘 여러분에게 완전하게 알려지지 않을 수도 있습니다. 더욱 중요한 것은, 기도하는 것이며 움직이는 것입니다. 현재 속에서 부지런히 미래를 만들어 가는 여러분이 되기를 바랍니다.

33 구원은 편하게 오지 않는다
행 16:19-34

바울과 실라, 옥에 갇히다

지난번 본문 가운데 한 사람이 귀신에게서 풀려난 사건이 있었습니다. 사도행전 16장 16절에서 이 사람은 "점치는 귀신 들린 여종"이라고 설명되었습니다. 귀신 들렸다, 귀신에 사로잡혔다는 것은 자신의 의지와 사고력을 갖고 살지 못한다는 뜻입니다. 귀신이 땅에 구르라고 하면 굴러야 하는 것이고, 사람이 먹지 못하는 것을 먹으라 하더라도 먹어야 합니다. 거기에 인간의 가치라든지 존엄성, 인격이라는 것은 없습니다. 인격체가 그 자신의 인격으로 존중될 수 없는 상황, 이야말로 인간에게 있어서 가장 비참한 상황이겠지요. 그러나 그녀를 지배하는 귀신은 '점치는' 귀신이었습니다. 여인은 귀신의 힘을 빌려서 인간의 운명을 어느 정도 볼 수 있었으며, 이로써 적지 않은 돈을 벌었습니다. 주인들에게는 오직 이 사실만이 중요했습니다. 돈을 벌어다 준다는 사실만이 이 여인이 살아야 할 유일한 가치였던 것입니다.

예수를 믿어서 거듭났다 하더라도 아직은 죽음을 기다리는 육체에 간혀 있기 때문에, 인간은 과거나 미래를 내다보는 일에 제한받을 수밖에 없습니다. 이 한계 때문에 인간은 귀신의 능력에 경외심을 갖습니다. 하나님을 알지 못하는 사람은 귀신의 힘을 더욱 두려워하고 거기에 예배하기도 합니다. 그러나 영의 세계에는 분명한 질서의 원칙이 있습니다. "강한 것이 약한 것을 지배한다"라는 것입니다. 본문만 하더라도 바울은 예수 그리스도의 이름을 힘입어서 이 여인을 지배하던 귀신을 쫓아냈습니다. 바울은 하나님에 사로잡힌 사람이었으며, 여인은 귀신에 사로잡힌 사람이었습니다. 그러니 누구의 힘이 더 셌겠습니까? 바울의 입에서 "예수 그리스도의 이름으로 내가 네게 명하노니 그에게서 나오라"라는 말이 떨어지자마자 여인을 사로잡았던 귀신은 즉시 물러날 수밖에 없었습니다.

이렇게 하여 여인은 회복되었지만, 이 자유의 대가를 치러야 할 사람들이 있었습니다. 여인이 벌어다 준 돈으로 호강을 누렸던 '주인들'이었습니다. 사실 여인이 온전하게 된 것을 기뻐해야 할 사람은 바로 그 주인들이었습니다. 그러나 그들은 도리어 화를 냈습니다. 그들의 수입이 막히게 되었기 때문입니다. 그들에게 있어서 중요한 것은 여종의 건강이 아니라 돈이었다는 뜻이지요. 그런데 그들의 분노는 분노로 그치지 않았습니다. 그들은 분노를 행동으로 옮겼습니다. 그들은 바울과 실라를 잡아다가 관원에게 고발했습니다. 그러나 귀신 들린 사람을 고쳤다는 사실은 어떤 이유로도 죄가 되기 어려웠습니다. 그들이 관원에게 바울과 실라를 고발할 때의 혐의가 본문 20-21절에 이렇게 나옵니다.

상관들 앞에 데리고 가서 말하되 이 사람들이 유대인인데 우리 성을 심히 요란하게 하여 로마 사람인 우리가 받지도 못하고 행하지도 못할 풍속을 전한다 하거늘 (20-21절)

요컨대, 그들의 말인즉슨 이들이 로마 사회가 받아들이기 어려운 풍속을 전파한다는 것이지요? 요즘 말로 하면 바울과 실라는 일종의 풍속 사범(風俗事犯)인 셈입니다.

그런데 이들의 말에서 가장 중요한 사실이 빠졌습니다. 바울과 실라가 귀신 들린 사람을 고쳤다는 사실! 이것이 가장 중요한 원인인데, 그들은 이 사실을 쏙 빼먹었습니다. 더욱 놀라운 것은 이들의 말을 관원들이 그대로 믿었다는 사실입니다. 제대로 된 관원이라면 누가 어떤 죄목으로 고발하더라도 사실 관계를 확인했어야지요. 그러나 관원은 고발을 접수하자마자 피고소인의 변명이나 입장을 확인하지도 않고서 바울과 실라를 매질하고 옥에 가두어 버렸습니다.

감옥에서 일어난 기적

본문 24절을 보면 간수는 바울과 실라를 깊은 감옥에다가 가두었으며, 뿐만 아니라 그들에게 차꼬, 즉 발에다가 족쇄를 채웠다고 합니다. 하지만 많은 매를 맞은 데다가 사슬에 묶여서 갇힌 바울과 실라는 태평스럽게도 한밤중까지 찬양을 계속했습니다. 기도도 했습니다. 이때 지진이 일어났습니다. 얼마나 큰 지진이었는지 감옥 전체가 흔들리고 옥문이 열릴 정도였으며, 죄수들을 묶은 차꼬와 수갑이 풀릴 지경이었습니다. 상식적으로 볼 때 이런 일이 일어났다면 죄수들이 달아나야 정상이겠지요? 하나님께서 감옥을 흔드셔서 감옥 문을 여시고 수갑과 차꼬를 푸셨다면, 이것은 혹시 도망하라고 그러신 것이 아니겠습니까? 그러나 바울과 실라는 이 혼란 중에도 그 자리를 지켰습니다. 이유는 어렵지 않게 짐작됩니다. 바울과 실라가 그때 감옥을 나갔다면, 그들이 어떻게 다시 대중 앞에 서서 전도할 수 있겠습니까?

이러한 와중에, 문제는 오히려 간수에게서 일어납니다. 감옥에 지진이 일어나고 죄수들이 사실상 풀려나게 되자, 간수는 죄수들이 모조리 도망간 것으로 착각했습니다. 사실 그럴 만한 것이 이런 상황에서 도망치지 않는 죄수가 오히려 바보가 아닐까요? 로마의 법에는 탈옥자가 생길 경우 죄수를 지키던 간수가 그 형량을 고스란히 물려받게 되어 있었습니다. 더욱이 죄수를 놓쳤다는 불명예는 그를 평생토록 괴롭게 하겠지요. 간수에게 있어서 그것은 죽는 것보다 더 가혹한 일이었을 겁니다. 따라서 간수는 바울과 실라가 탈옥했을 것이라는 판단이 생겨 자살하기로 결심합니다. 그 자리에서 칼을 뽑아 자기의 목을 겨누었습니다. 죽고 싶기야 했겠습니까? 하지만 탈옥으로 인해서 받아야 할 벌이 얼마나 무서운지를 아는 간수는 차라리 자결하는 것이 낫다고 생각했을 것입니다. 형벌에 대한 공포는 간수의 넋을 뽑았고, 이 때문에 그는 덜 아픈 고통으로써 더 아플 고통을 막아 보려 했던 것입니다.

간수가 칼로 자결하려 하는 그때 바울과 실라가 큰소리로 이를 말렸습니다. 바울이 말합니다. "우리는 여기 있소, 죽지 마시오!" 어둠 속에서 죄수 바울의 목소리를 들은 간수는 부하에게 등불을 받아서 급히 감옥 방으로 뛰어갔습니다. 과연 거기에는 바울과 실라가 태연스럽게 앉아 있었습니다. 이 사실을 확인했다면 간수가 기뻐하거나 안심하는 것이 당연합니다. 하지만 간수는 여전히 두려움에 사로잡혀 있었습니다. 그는 바울과 실라 앞에 넙죽 엎드렸습니다. 그리스어 성경에 사용된 "엎드리고(προσπίπτω)"라는 단어는, 그냥 얌전히 엎드렸다는 의미가 아닙니다. 마치 그 앞에 슬라이딩을 하듯이 급히 달려가서 엎드렸다. 거꾸러지듯이, 무너지듯이 엎드렸다는 뜻입니다. 뿐만 아니라 그는 그렇게 엎드려서 벌벌 떨었습니다.

참으로 어울리지 않는 광경 아닙니까? 불과 얼마 전에 이 간수는 비록 상관의 명령에 따른 것이지만 이 죄수 바울과 실라를 때리고 수갑을 채우며 차꼬로 묶었습니다. 그런 그가 이제는 이렇게 덜덜 떨면서 그들 앞에 엎드려 있으니, 그가 얼마나 심한 공포에 사로잡혀 있었는지를 짐작할 만합니다. 그 시간 간수는 판단력을 상실했습니다. 그는 바울과 실라를 감옥 방 밖으로 인도해 낸 후 이렇게 묻습니다. "선생들이여, 내가 어떻게 하여야 구원을 받으리이까?"(30절) 문맥이나 상황을 보건대 이 간수의 질문은 "도대체 제가 이럴 때 어떻게 하면 좋겠습니까?" 하는 뜻일 것입니다. 그러나 바로 이 순간 바울과 실라가 내놓은 대답은 실로 놀랍기도 하고 엉뚱하기도 했습니다. 바울의 말을 봅시다. 본문 31절입니다.

주 예수를 믿으라 그리하면 너와 네 집이 구원을 받으리라 (31절)

공포 속에 다가온 구원의 기회

문맥을 볼 때, 바울이 말한 '믿음'은 우리가 지금 말하는 그 '믿음'과 약간 차이가 있습니다. 바울이 말한 믿음(πιστεύω)은 그리스어로 "사물이나 사람에 대해 믿음을 갖다, 신용하다"라는 의미입니다. 지금의 문맥에 맞추어 제가 제 나름대로 의역하자면 이런 정도가 아닐까 싶습니다. "이 상황의 주관자이신 예수님을 믿어 보는 수밖에 더 있겠습니까?" 제가 여러분께 전해드리고 싶은 분위기는 이런 것입니다. 지금 간수는 지진의 순간 이후에 벌어지는 상황에서 우왕좌왕 정신을 잃고 있습니다. 그는 죄수로 갇힌 바울과 실라에게 넙죽 엎드려서, 마치 지푸라기라도 잡는 심정으로 물어보는 겁니다. "아이고 선생님들, 저는 이제 어떻게 하면 좋을까요?"

바울과 실라의 입장에서 그에게 대답할 수 있는 말이 무엇이겠습니까? 지진이 왜 일어났죠? 그들도 이유는 잘 모릅니다만, 확실히 아는 것은 있습니다. 지진이 일어나고 감옥 문이 열린 것은 하나님께서 일으키신 사건이라는 점이지요. 여기에는 우리도 짐작하다시피 하나의 분명한 메시지가 담겨 있습니다. 바울과 실라는 지금 감옥에 갇혀 있습니다. 그들이 갇힌 이유는 무엇입니까? 넓게는 전도하다가, 좁게는 귀신을 쫓아낸 일 때문입니다. 이때 하나님께서 감옥 문을 여셨다면 그것은 하나님께서 바울과 실라가 무죄하다, 그들이 올바른 일을 했다고 손을 들어 주시는 뜻인 것입니다. 말하자면 하나님께서 바울과 실라의 편을 드셨다는 것입니다.

그러나 간수의 입장에서 볼 때 이 사건은 도대체 무슨 의미입니까? 자신에게 중요한 것은 지진이라는 이적 때문에 죄수가 탈옥할 뻔했다는 것이고, 따라서 자기가 그 죄를 모조리 뒤집어쓰게 되었다는 사실입니다. 따라서 판단력을 상실한 간수가 바울과 실라에게 '내가 어떻게 해야 하겠습니까?' 하고 물은 것은 이 사건의 의미를 바울과 실라가 해석해 주기를 바라는 요청이지 않겠습니까? 바울과 실라가 "주 예수를 믿으라"라고 말했을 때, 그들은 아마 이런 취지로 말했을 거라고 생각할 수 있겠습니다. "이 일을 일으키신 이가 하나님이시니, 당신이 이 일에 어떻게 해야 할지에 관해서도 하나님께 맡겨야 하지 않겠습니까?"

어떤 사건이 일어날 때 그 일의 시작과 마지막을 그 일을 일으킨 하나님께 맡긴다…. 이것이야말로 우리가 말하는 믿음의 첫걸음입니다. 우리가 믿음이라는 단어를 쓸 때, 그 단어에는 '예수는 하나님의 아들이요 우리의 구세주시다' 등등의 교리적인 진술이 함축되어 있습니다. 예수를 믿는 시간이 길어질수록 믿음이라는 단어에는 그에 비례하는 분량의 지식과 경험이 개입되는 것입니다. 그러나 우리가 믿음이라는 단어를 처음으로 접하게 되었을 때, 그때는 그 분량이 그리 많지 않았습니다. 예수가 누구신지, 그 믿음의 내용이 무엇인지, 믿음의 결과가 무엇인지 등등, 그 모든 것이 불분명한 채로 우리의 삶에 다가왔습니다. 우리가 믿음이라는 단어를 처음 접했을 때의 그 믿음은, 내 인생을 창조주시라 불리는 하나님께 맡기려 한다는 정도였습니다. 그러므로 본문에서 간수에게 "주 예수를 믿으라"라고 말했을 때 바울이 강조하려 했던 것은 이 일의 주관자이신 주 예수 그리스도에게 네 운명을 맡기라는 의미가 더 강했을 것입니다. 이야말로 지금 공황 상태에 빠진 간수에게 가장 긴요하고 요령 있는 충고였던 것이지요.

자, 이제 본문의 교훈에 집중하기 위해서 한 가지 질문을 던져야겠습니다. 우리는 믿음이라는 단어를 말할 때, 가장 먼저 어떤 개념을 떠올립니까? 우리는 혹시 이렇게 생각하지 않습니까? '믿음은 영생을 위한 것이요, 천국에 가기 위한 것이며, 믿음은 내세를 바라보는 것이다. 그러므로 믿음은 그 소망으로 인해 지금의 삶에서 평안을 의미한다.' 이런 논리는, 믿음은 곧 평안이라는 등식을 만들어 냅니다. 예수를 구주로 영접할 때 평안이 있다? 사실 나쁘지 않은 논리입니다. 그런데, 예수를 믿으면 평안하기만 합니까? 물론 그런 사람도 있을 것입니다. 그러나 참으로 많은 사람들은 어떤 견딜 수 없는 불안과 고통 가운데서 벗어나고자 예수를 선택하기도 합니다. 다시 말해 불안과 고통을 배경으로 하여 믿음이라는 것을 갖게 되었다는 것입니다.

본문에 나오는 간수 역시 그러했습니다. 어쩌면 이 간수는 평생을 순탄하게, 직장에 충실하게 살아왔던 사람일 것입니다. 그에게 있어서 자신의 인생은 언제나 예측이 가능한 것이었습니다. 출근하고 퇴근하고, 가족과 단란하게 여가를 보내고…. 어쩌면 그는 내일쯤 가족과 함께 여행을 가기 위해서 꿈에 부풀어 있었을지도 모르겠습니다. 그의 나이가 몇이었는지는 모르겠지만, 어쩌면 그는 은퇴를 앞두고 있었을지도 모릅니다. 그래서 '몇 년 후에 내가 은퇴한다면 어디로 편한 곳에 가서 여유 있게 살아야지' 하고 행복한 생각에 잠겨 있었을지도 모르지요. 오늘밤에 숙직하면 '내일은 어디 사우나에 가서 몸 좀 풀어야겠다' 하고 생각하고 있었을지도 모릅니다.

그러나 평범하고, 시계추가 오가듯이 뻔했던, 사실 심심한 인생이라 볼 수도 있겠지만 좋게 보면 확실하고 평범한 그의 인생은 이 밤에 일어난 지진 한 방에 완전히 헝클어지고 말았습니다. 얼마나 허무합니까? 그의 결점 없는 직장생활은 지진 한 방에 마구 엉클어져서 회복할 기회는 고사하고 이 일 하나 때문에 변명할 기회도 없이 차라리 자살로써 인생을 마감하는 게 가장 좋을 형편이 되고 말았습니다. 이 공황 가운데서 간수는, 아무 대안도 없는 선택을 강요받았습니다. 그리고 간수는 이 지진의 주관자이신 예수를 그리스도로 선택하고 말았습니다. 생각해 봅시다. 지진이 일어난 그 순간은 간수에게 있어서 재앙입니까? 네, 절대 일어나서는 안 될 일입니다. 그런데 간수가 예수를 영접한 후의 시점에서 다시 생각해 봅시다. 예수를 믿은 일은 아주 잘한 일이지요? 간수의 선택은 그의 일생에 가장 현명한 결정이었습니다. 그런데 간수가 예수를 영접한 것이 무엇 때문이었습니까? 지진이 아니었다면 간수는 절대 예수를 안 믿었을 것이고, 이렇게 생각하면 간수에게 있어서 그날 밤에 벌어진 지진은 복의 시작이었습니다. 다시 말씀드립니다. 그날 밤에 일어난 지진이라는 이름의 공포는 간수에게 예수와 구원이라는 복을 실어다 준 도구였던 것입니다.

위기라는 이름의 초청장

간수에게 일어난 지진은 처음에는 분명히 재앙이었습니다. 평탄하던 그의 생애를 송두리째 흔들어서, 서슴없이 칼을 빼 들어 자기의 목을 찌르지 않고서는 견딜 수 없는 공포를 느끼게 했습니다. 인생을 살아갈 때 우리 역시 간수와 같은 경험을 할 수 있습니다. 이전까지 살아오던 방식으로는 절대 해결되지 않을 것 같은 어려움에 닥칠 때, 우리는 마치 어린아이같이 판단력을 잃고 허둥대고 두려워합니다. 무슨 방법으로도 벗어날 수 없는 일 가운데 울부짖기도 하고 누구라도 붙잡고서 '나는 어떻게 하면 되지?' 하고 물어보기도 합니다. 때로는 '이렇게 어려운 일이 왜 나에게만 이렇게 일어난담?' 하는 생각에 차라리 세상과의 관계를 끊고 방에 처박혀 시간을 보낼 때도 있습니다. 이런 일이 심지어는 예수를 믿은 후에도 일어납니다.

그런데 매 맞고 쇠사슬에 묶여서 깊은 감옥 방에 처박힌 바울과 실라를 보십시오. 그들은 매맞은 아픔이나 수갑과 차꼬에 채인 불편쯤은 아랑곳하지 않고 기도하며 찬송을 계속했습니다. 지진 때문에 감옥이 흔들려서 문이 열릴 지경이 되며, 심지어는 수갑마저 저절로 풀리게 되었는데도 태연했습니다. 열린 문을 통해서 넉넉히 탈옥할 수 있었는데도 그들은 그 자리를 지켰습니다. 그들은 간수가 이 소동 가운데 허둥대는 모습을 침착하게 지켜보았습니다. 그들은 자살하려는 간수를 말렸으며, 그에게 가장 현명한 결정이 무엇인지를 충고해 주었습니다. 이 대담함과 평안이 어디에서 나온 것일까요?

바울을 보십시오. 다메섹으로 가던 중에 만난 예수가 자신의 모두를 부정하여야 할 이유, 즉 재앙과 같은 분이었습니다. 그러나 그가 그 예수를 구주로 영접한 순간 그분은 자기의 모든 것을 내어놓아도 아깝지 않을 소중한 존재가 되셨습니다. 바울이 그날 밤 그처럼 편하게 지진의 혼란 속에서 예수를 전할 수 있었던 것은, 그 역시 그런 순간을 경험해 보았기 때문입니다. 간수가 바울과 실라를 보았을 때, 그들의 모습이 어떻게 보였겠습니까? 왜 갇힌 사람은 평안하고 가둔 사람은 그리 떨어야 하는가 생각하지 않았겠습니까?

옥에 가두었다고 강하지 않으며, 옥에 갇혔다고 약하지 않습니다. 진정한 강자는 이런 공포에서 담대할 수 있어야 하며, 따라서 바울과 실라야말로 이 순간의 진정한 강자였습니다. 바울과 실라는 간수에게 충고했습니다. 아니 선포했습니다. "주 예수를 믿으시오, 그렇게 하면 당신과 가족이 구원을 얻을 것입니다." 이렇게 담대하게 말하는 강자 뒤에는 지진을 제어하시는 하나님이 계셨습니다. 간수는 바울과 실라의 평안 가운데서 '하나님'이라는 존재를 볼 수 있었습니다. 간수는 생명이 걸린 일생일대의 위기에서 바울과 실라를 평안케 하시는 하나님을 영접하기로 결심했습니다.

인간은 늘 이성적이지 않아서 어려움을 당할 때 냉철하게 생각하려 하기보다는 오직 자신이 아프다는 사실만을 봅니다. 따라서, 심지어 예수를 믿는 사람이라 하더라도 그 아픔을 하나님께 호소하려 할 뿐 그 뒤에 하나님께서 숨겨 놓으신 복을 찾아보려 하지 않습니다. 바울과 실라를 보십시오. 그들은 옳은 일을 하다가 감옥에 갇혔으며, 매까지 맞았습니다. 하나님께서 자기편을 들어 주셔서 감옥의 문이 열리고 결박이 풀렸는데도, 그들은 그 자리에 앉아 하나님께서 보여 주실 어떤 기회를 찾았습니다. 만일 그들이 아무 생각 없이 감옥에서 도망했다면 그 간수의 생명은 어떻게 되었겠습니까? 바울과 실라는 지진 속에서 오히려 평안했고, 하나님께서 그 혼란 가운데서 어떤 일을 하기 원하시는지를 찾았습니다. 이들의 담대함은 지금 일어나는 모든 일들이 하나님의 손길 아래 벌어지고 있다는 굳은 믿음 때문이었습니다.

바울과 실라는 위기 속에서 복음을 전할 기회를 만났으며, 간수 역시 공포에서 벗어날 기회를 찾았습니다. 누구나 위기를 만날 수 있습니다. 위기를 보고 무조건 불행이라 할 수는 없습니다. 오늘 본문에서의 간수처럼 위기 가운데서 오히려 복을 찾는 경우를 보기 때문입니다. 누구에게나 닥칠 수 있는 어려움, 문제는 그 가운데서 무엇을 얻으며 어떻게 그것을 해결하느냐 하는 것입니다. 여러분은 어떠십니까? 본문의 간수는 죽음으로 모면하여야 했던 위기에서 하나님을 선택했습니다. 그의 선택은 성공적이었습니다. 그는 죽지 않고 오히려 살았으며, 거기에다 영원한 생명도 얻었습니다. 그에게 있어서 위기는 위기가 아니라 오히려 축복으로 가는 과정이었습니다.

'위기는 곧 기회이다'라는 말이 있지요? 하나님께서는 당신의 백성을 부르실 때 '고통'이라는 이름으로 포장해서 초청장을 보내시기도 합니다. 여러분 가운데 혹시 이 고통이라는 이름의 초청장을 받고 계십니까? 초청장 껍데기에 쓰인 고통이라는 단어에 무조건 두려워하지 마시고, 그것을 뜯어 보십시오. 위기를 딛고서 영원한 행복에 도달하는 방법이 반드시 거기 쓰여 있을 것입니다. 고통, 그것은 모든 인간을 아프게 합니다. 그것은 인간 모두에게 주어질 수 있습니다. 문제는 그것을 어떻게 해결하는가 하는 것입니다. 간수는 바울과 실라를 붙들고 "내가 어찌하여야 하겠습니까?" 하고 물었습니다. 그는 올바른 대답을 해 줄 만한 사람에게 물었으며 올바른 선택을 했습니다. 우리는 위기의 순간에 누구를 붙잡습니까? 누구에게 물어봅니까? 무엇을 물어봅니까? 어떤 선택을 하고 있습니까? 위기가 문제가 아니라 선택이 문제입니다. 이 사실을 꼭 기억하시기 바랍니다.

34

뱀처럼 지혜롭게, 비둘기처럼 순결하게!

행 16:34-40

무죄방면을 거절하는 바울

사도행전 16장에 등장하는 바울과 실라의 이야기에는 사실 궁금증을 가질 만한 지점들이 많이 있습니다. 바울과 실라가 간수의 집으로 가서 세례를 주는 장면도 그중의 하나입니다. 이 간수는 지진 때문에 감옥 문이 열린 것을 보고 죄수들, 특히 바울과 실라가 도망한 것으로 알았습니다. 그는 그 책임이 두려워서 죽으려고 했습니다. 이때 바울과 실라가 말려서 자살 문턱에서 살아났습니다. 그런데 그가 바울과 실라를 집으로 데려갔다고 합니다. 간수가 죄수를 마음대로 집으로 데려갈 수 있을까요? 이 점이 궁금해서 이곳저곳 책들을 찾아봤습니다만, 이 궁금증에 관한 해답은 없었습니다. 성경도 이 부분에 관해서 설명하고 있지 않으니, 그럴 수도 있었나 보다 하고 지나가는 게 좋겠습니다. 어쨌든 간수는 바울과 실라를 집으로 데리고 가서 가족에게 복음을 전하게 했습니다. 이로써 이 가정은 모두 예수를 믿게 되었고, 간수의 가족은 그날 밤 모두 세례를 받았습니다.

또 하나의 궁금한 일이 그다음 날에 일어납니다. 간수가 자기 집으로 바울과 실라를 데려갔다는 사실을 어떻게 알았는지, 간수의 상관들은 사람을 보내어 그들을 그냥 그 자리에서 석방하라고 명령했습니다. 우리의 상식으로는 이해가 안 가지요? 간수가 데려갔든 제 발로 걸어 나갔든, 탈옥은 탈옥입니다. 그러므로 탈옥수들을 불러다가 상황을 먼저 확인하고 거기에 합당한 벌을 주어야 하는 것 아닐까요? 그러나 관리들은 그렇게 하지 않았습니다. 그들은 죄수의 위치를 알면서도 거기에 또 다른 부하를 보내어 그들을 그 자리에서 풀어 주라고 명령했습니다. 어떤 사람은 지난밤에 있었던 지진 때문에, 이들이 크게 두려워 탈옥수인 바울과 실라를 다시 볼 마음이 없어진 듯하다고 해석합니다. 또 어떤 사람은 이들이 바울과 실라에 관한 고소 건이 거짓인 것을 발견하고 풀어 주게 되었다 말하기도 합니다.

그러나 제가 보기에 그런 분석들은 근거가 충분하지 않습니다. 혹시 이들은 바울과 실라에 관한 고소를, 뇌물을 받고서 접수한 게 아닐까요? 그러다가 지진이 일어나고 이로써 바울과 실라가 보통 사람이 아닌 것을 깨닫고 께름칙해서는 이들을 그냥 풀어 주라 명령한 게 아닐까요? 그들은 이 사건을 그냥 조용히 묻어 두려고 했던 것으로 보입니다. 그러나 정확한 이유는 여전히 알 길이 없습니다. 그런데 바울과 실라의 입장에서 이 사건은 하나의 좋은 기회였습니다. 보시죠. 바울과 실라가 귀신에 들린 여인을 낫게 했습니다. 그들은 이 여종의 주인에게 멱살잡이를 당한 채 관청으로 끌려가서 심한 매를 맞았습니다. 뿐만 아니라 중죄인이나 당해야 할 일, 즉 수갑에 차이고 차꼬에 매인 채 감옥에 갇히게 되었습니다. 그런데 바울과 실라는 지진 때문에 풀려나고, 이로 인해서 간수의 가족을 통째로 구원받게 했습니다. 이만하면 되지 않았나요? 하나님에 의해서 자신의 옳음이 증명되었고, 거기다가 간수까지 영접하게 했으니, 전도자로서는 너무나도 통쾌한 반전(反轉) 드라마를 보여 준 것이 아니겠습니까? 그러나 바울은 자기를 풀어 주라는 소식을 들고 온 관리에게 여전히 시비를 걸었습니다. 본문 37절에 있는 바울의 말을 읽어 봅시다.

> 바울이 이르되 로마 사람인 우리를 죄도 정하지 아니하고 공중 앞에서 때리고 옥에 가두었다가 이제는 가만히 내보내고자 하느냐 아니라 그들이 친히 와서 우리를 데리고 나가야 하리라 한대 (37절)

우리 식으로 말하자면, 이 정도가 되겠습니다. "우리를 잡아다가 때리고 가둘 때는 언제고, 이제 와서는 그냥 가도 좋다고 하느냐? 못 간다. 그러려면 그 인간들이 직접 여기로 와서 나를 풀어 줘야 한다!" 바울은 그들을 풀어 주려는 상관들을 다그치기 시작했습니다. 전갈하러 온 관리가 다시 상관에게 돌아가 바울의 말을 전하는 순간, 상관은 이 일이 사실은 엄청난 문제가 될 수 있음을 알고 크게 놀랐습니다. 바울이 로마 사람이라는 사실을 그제야 알게 되었습니다.

바울이 로마 사람이라는 사실, 이 사실은 실로 엄청난 의미였습니다. 왜 그런지를 이해하려면 우리는 먼저 이때의 상황을 알아야 합니다. 아우구스투스 황제 때 발레리아 법과 포르시아 법(Lex Valeria and Lex Poscia)

이 제정되었다고 합니다. 이 법에 따르면 로마 시민은 로마의 보호 아래 로마 행정 지역의 어느 곳이나 여행할 수 있으며, 본인의 동의 아래에서만 지방법률에 따라 재판을 받습니다. 뿐만 아니라 특별한 사정이 있는 경우 로마 시민은 지방 당국이 아닌 로마 황제에게 직접 재판을 요구할 수 있었습니다. 말하자면 로마 시민은 로마 황제에게 직접 판결을 요구할 만한 특권을 부여받았다는 것이지요. 따라서 로마 시민권을 가진 바울이 지방 당국자로부터 매질당하고 감금되었다는 사실은 이에 관련된 사람들을 큰 곤경에 빠뜨릴 수 있었습니다.

바울은 자기가 매맞았다고 말할 때 그리스어로 '데로(δέρω)'라는 단어를 사용합니다. 이 단어는 '가죽을 벗기다', 즉 '몹시 세게 때리다'라는 뜻입니다. 관리에게 겁을 주기 위해서 약간 과장도 했겠습니다만, 그가 얼마나 심하게 맞았는지를 표현한 것으로 볼 수 있을 것 같습니다. 그러나 더욱 중요한 사실은 바울이 지적하듯이, 그들이 바울을 '공개적으로', 그리고 '죄를 정하지도 않은 채' 매를 때렸으며 감옥에 처넣었다는 것입니다. 누가 고소를 했다면 재판을 해야 하며, 판결을 하되 법에 근거해야 합니다. 만약 그들이 고소를 접수해서 사실 관계부터 확인했더라면 이런 일은 없었겠지요. 그러나 그들은 고소인들이 바울 일행의 멱살을 잡고 들이닥치자 다짜고짜 매질하고 감금했습니다. 매질당하고 감금당한 사람이 일반인이었더라도 문제인 것을, 거기다가 바울은 로마 시민권자이니 이게 얼마나 큰 문제가 되겠습니까?

바울의 전략

바울은 본문 37절에서 완강하게 뻗대고 있습니다. "조용히는 못 나가 겠으니, 너희들이 와서 나를 내보내라!" 로마의 시민 바울이 못할 말도 아니고, 더욱이 이렇게 불법적인 대접을 받은 사람으로서 요구할 수 있는 당연한 권리라고도 보입니다. 그러나 좀 심하지 않은가요? 누가 알 겠습니까? 혹시라도 그 관리들에게 신세 질 일도 생기지 않겠습니까? 잘못했다고 쩔쩔매는 사람을 너그럽게 이해해 주면, 속된 말로 서로 돕 고 사는 게 낫지 않겠습니까? 그런데 바울은 왜 이렇게 꼬장꼬장하게 관리들을 다그치는 것일까요?

사도행전의 기록을 아무리 살펴보더라도 이 질문에 대한 해답은 보 이지 않는 것 같습니다. 그러나 우리는 본문 38절 이하에서 한 가지 실 마리를 찾을 수 있습니다. 38-39절의 말씀을 다시 읽어 보겠습니다.

> 부하들이 이 말을 상관들에게 보고하니 그들이 로마 사람이라 하는 말을
> 듣고 두려워하여 와서 권하여 데리고 나가 그 성에서 떠나기를 청하니 (38-
> 39절)

바울이 바랐던 것은 이처럼 상관들이 와서 자기의 잘못을 인정하는 것이었습니다. 그러나 바울이 단지 이것만을 원했다고 생각할 사람은 아무도 없을 것입니다. 그러면 바울은 과연 무엇을 원했을까요? 이 질 문에 대한 답은 본문 40절에서 찾을 수 있습니다. 거기에 이렇게 기록

되어 있습니다.

> 두 사람이 옥에서 나와 루디아의 집에 들어가서 형제들을 만나 보고 위로하
> 고 가니라

감옥에서 나온 바울과 실라. 지금 이 모습이 죄인의 모습은 분명히 아니지요? 어제는 죄인의 모습으로 끌려가서 매맞고 갇혔지만, 바울과 실라는 오히려 관리들의 환송을 받으며 감옥에서 나옵니다. 바울로서야 원래부터 법적인 신분이 그런 대접을 받아도 되니까 이래도 저래도 상관없습니다. 그러나 이 모습을 바라보는 빌립보 지역의 신자들은 절대 덤덤하지 않았을 것입니다. 관리들의 환송을 받으며 감옥에서 나오는 바울과 실라의 모습에서 그들은 승리자의 모습을 보았을 것입니다. 네, 그렇습니다. 바울은 복음 안에서 거듭나서 이제 막 뿌리를 뻗어 가는 빌립보 지역의 신자들에게 힘을 북돋아 주기를 원했던 것입니다.

사도들이 끌려가서 매질당하고 감금당한다면, 처음으로 복음을 받아들인 사람들은 예수 믿는 일에 상당한 부담을 느낄 것입니다. 끌려가는 모습을 본 초신자들, 매맞는 광경을 본 초신자들은 아마 그날 밤에 잠도 자지 못했을 것입니다. 그러나 바로 그날 밤에 지진이 일어나고, 감옥이 흔들리고, 감옥이 열리고 죄수가 풀려나는 일을 보았다면, 이 소식을 들은 사람들은 하나님께서 당신의 자녀들을 보호하고 지켜주시기 때문에 이런 일이 일어났음을 믿게 될 것입니다. 결론적으로 바울은 이 '지진'이라는 이적을 가장 효과적으로 사용하여 고난을 두려워할지도

모르는 초신자들에게 용기를 주려 했습니다. 이것은 이제 곧 이 지역을 떠나는 바울이 이들에게 줄 수 있는 가장 좋은 선물이었습니다.

지혜로운 자가 되는 법

자, 이쯤 해서 우리는 바울의 생각에 관해서 요약을 해야겠습니다. 바울은 자신의 고난과 지진, 그리고 관리들의 부당한 근무 자세 등등 모든 요소를 이용해서 실로 지혜로운 전략을 사용했습니다. 바울은 주변에서 일어나는 이 모든 상황을 통해서 복음도 전하고, 복음의 능력도 과시하며, 뿐만 아니라 믿음이 약한 형제와 자매들에게 용기를 주었습니다. 그는 이 목적을 이루기 위해서 자기 주변에서 일어나는 모든 사건을 용의주도하게 바라보고, 계획을 짜고, 실행에 옮기고 있었던 것이지요. 간단히 말하자면 바울은 자신의 주변에서 일어나는 사건들을 참으로 주의 깊게 하나의 목적 아래 사용하고 있었다는 것입니다.

무엇보다도 바울은 자신을 복음 전하는 자로 인식했습니다. '어떻게 하면 복음이 더 잘 전해질 수 있겠는가, 어떻게 하면 이 복음이 더욱 든든하게 세워질까?' 이 목적을 위해서라면 자기가 매맞고 옥에 갇히는 것, 관리들의 부당한 근무태도, 자신의 시민권, 심지어는 관리들의 약점을 이용해서 위협하는 일까지도 모두 동원했습니다. 바울은 이 세상을 살아가면서 자신이 처한 상황을 정확하게 파악했고, 이런 인식 가운데서 자기가 해야 할 일을 분명하게 알고 있었던 것입니다. 바울은 에베소서에서 이렇게 말한 적이 있습니다.

그런즉 너희가 어떻게 행할지를 자세히 주의하여 지혜 없는 자같이 하지 말고 오직 지혜 있는 자같이 하여 세월을 아끼라 때가 악하니라 그러므로 어리석은 자가 되지 말고 오직 주의 뜻이 무엇인가 이해하라 (엡 5:17-18)

"때가 악하다!" 이것이 바울의 판단이었습니다. 그리고 이 악한 시대를 살아가는 신자에게 요구되는 가장 우선되는 덕목은 지혜입니다. 바울은 이 지혜를 가지고서 주의 뜻을 이해하라고 명령하는 것입니다. 바울이 왜 이렇게 말하는지는, 에베소서 6장에서 분명하게 설명되어 있습니다. 에베소서 6장 11절 이하에서 바울은 이렇게 설명합니다.

마귀의 간계를 능히 대적하기 위하여 하나님의 전신 갑주를 입으라 우리의 씨름은 혈과 육을 상대하는 것이 아니요 통치자들과 권세들과 이 어둠의 세상 주관자들과 하늘에 있는 악의 영들을 상대함이라 그러므로 하나님의 전신 갑주를 취하라 이는 악한 날에 너희가 능히 대적하고 모든 일을 행한 후에 서기 위함이라 (엡 6:11-13)

바울이 보는 오늘의 세계는 영적 전쟁터입니다. 하늘 가장 높은 곳에는 하나님이 계시고, 인간이 삽니다. 하늘과 땅의 중간에는 악의 영들이 존재합니다. 바울은 에베소서 2장 2절에서 이미 악의 영이라는 존재를 이렇게 설명한 바 있습니다.

그때에 너희는 그 가운데서 행하여 이 세상 풍조를 따르고 공중의 권세 잡

은 자를 따랐으니 곧 지금 불순종의 아들들 가운데서 역사하는 영이라 (엡 2:2)

이런 세계관이 말하려는 상황은 한마디로 '영적 전쟁'입니다. 하늘에는 이 세상의 주관자이신 하나님께서 계시며, 이 세상을 지배하십니다. 그러나 하나님과 인간 사이에는 '공중의 권세 잡은 자', 즉 마귀가 있어서, 인간으로 하여금 하나님을 불순종하게 하려고 전력을 다하고 있다는 것입니다. 이 영향력 아래 있는 인간들은 정세와 권세와 이 어두움의 세상의 주관자, 하늘에 있는 악의 영들, 즉 실로 다양한 모습으로 나타나는 원수들과 싸워야 합니다.

이 전투에 있어서 가장 큰 문제는 하나님의 사람들이 아직도 혈과 육, 즉 육체에 갇혀 있기 때문에 이런 영적 모양새를 알아채지 못한다는 데 있습니다. 예수님께서 십자가에 달려 돌아가시고 다시 살아나심으로써, 마귀는 죽음이라는 권력을 가지고서 다스리던 힘을 완전히 잃게 되었습니다. 그러나 마귀가 완전히 하나님께 굴복하는 것은 세상의 마지막, 즉 하나님께서 최후로 심판하실 때 이루어질 것입니다. 마귀는 지금도 자신의 패배를 인정하지 않고 어떻게든지 자신의 추종자들을 하나라도 더 만들려 애쓰고 있습니다. 베드로는 베드로전서 5장 8절에서 이렇게 말합니다.

근신하라 깨어라 너희 대적 마귀가 우는 사자 같이 두루 다니며 삼킬 자를 찾나니 (벧전 5:8)

마귀는 우는 사자와 같이 사납게 꼬드길 만한 자를 찾아다닙니다. 이 험난하고 위태로운 시대를 살아가는 것이 바로 우리, 즉 예수의 부활과 마지막 하나님의 심판 사이의 시기를 살아가는 신자들이라는 뜻입니다.

지금까지의 말씀을 다시 요약해 봅시다. 신자가 가져야 할 첫 번째 덕목은 지혜입니다. 지혜가 있는 사람만이 시대를 판단할 수 있으며, 이 판단 아래 자신이 해야 할 일을 분명히 알 수 있습니다. 따라서 목적이 분명한 사람은 자신이 처한 시대가 어떤지를 아는 사람이며, 이런 사람만이 자기가 해야 할 일이 무엇인지를 알 수 있습니다. 어리석은 자는 자기가 어떤 상황에서 사는지를 모릅니다. 모르므로 할 일이 없고, 그래서 게을러지는 것이지요. 쉽게 말할 수 있습니다. 나는 지금 공부하러 이곳에 왔습니다. 이 사실을 심각하게 생각하는 사람이라면 지금 이 시간에 내가 무엇을 해야 할지 분명할 것입니다. 그렇지 않다면 그 사람은 누구도 보지 않고 충고할 사람도 없는 이곳에서 하루하루를 시간을 낭비하며 살아갈 것입니다.

지혜는 책에서 나오지 않으며, 친구에게서 나오지도 않습니다. 자기가 처한 상황을 바로 보는 데서 나옵니다. 그러므로 지혜는 시대를 바로 볼 줄 아는 데서 나온다고 말할 수 있지요. 지혜로운 일꾼은 때를 정확하게 판단하는 데서 나타납니다. 바울이 평생을 오직 한 가지의 목적 아래 자신의 인생을 투자할 수 있었던 비결이 바로 여기 있습니다. 바울은 자기가 살아가는 세상을 바라보면서 자기가 해야 할 일을 찾았던 것입니다.

뱀처럼 지혜롭게! 비둘기처럼 순결하게!

우리 주님께서는 마태복음 10장 16절에서 이렇게 말씀하십니다.

보라 내가 너희를 보냄이 양을 이리 가운데로 보냄과 같도다 그러므로 너희
는 뱀같이 지혜롭고 비둘기같이 순결하라

주님께서 보시는 세계는 이리 떼들의 모임과 같습니다. 이런 세상 가
운데 보내지는 전도자는 마치 이리 떼 사이에 놓인 순한 양과 같다고 보
신 것입니다. 전도자를 보내시는 주님께서 이런 상황에 대해 극히 염려
하실 것은 너무나도 분명합니다. 그리고 "뱀같이 지혜로워라"라는 말씀
은 원래 고대 근동 지역의 속담이었다고 합니다. 그 뜻은 신중하고 분별
력이 있어야 한다는 것이었고요. 그러기에 예수님은 제자들을 향해
신중한 분별력을 지녀서 이리들의 위험에서 벗어나라고 당부하신 것입
니다. 그러나 주님께서는 제자들에게 동시에 비둘기처럼 순결하라고
당부하십니다. '순결(ἀκέραιος)'이라는 단어는 문자적으로 거짓이 없는 솔
직함, 순진함을 의미합니다. 동시에 비둘기는 미련해서 쉽게 속는 동물
로서 성경에 등장하기도 합니다(호 7:11).

사나운 이리의 위험에 처할 제자들이 지혜와 순결을 동시에 갖추기
를 원하셨던 주님의 뜻은 무엇이었을까요? 순박함이 빠진 지혜는 우
리말로 되바라진 것이고요, 순수함이 지나치면 바보처럼 보이기도 합
니다. 지혜와 순결이 하나의 완벽한 조합을 이룰 때, 다시 말해서 건전

한 판단력과 순수함을 동시에 가질 때에야 비로소 주님의 사람은 세상을 성공적으로 살아갈 수 있다는 것입니다. 이 가르침은 복음 전도자에게만 요구되는 것이 아닙니다. 오히려 이 시대를 살아가는 모든 신자에게 요청되는 덕목입니다. 지금 우리가 생각하는 바울만 하더라도 이런 인식 때문에 자신의 모든 상황을 바로 그 목적을 위해서 사용할 수 있는 지혜로운 사역자가 되었던 것입니다.

바울은 죽음을 바로 앞에 두고 자신의 인생을 이렇게 회고했습니다.

형제들아 나는 아직 내가 잡은 줄로 여기지 아니하고 오직 한 일 즉 뒤에 있는 것은 잊어버리고 앞에 있는 것을 잡으려고 푯대를 향하여 그리스도 예수 안에서 하나님이 위에서 부르신 부름의 상을 위하여 달려가노라 (빌 3:13-14)

그 푯대의 뒤에는 이것이 기다리고 있습니다. 디모데후서 4장 7-8절의 말씀입니다.

나는 선한 싸움을 싸우고 나의 달려갈 길을 마치고 믿음을 지켰으니 이제 후로는 나를 위하여 의의 면류관이 예비되었으므로 주 곧 의로우신 재판장이 그날에 내게 주실 것이며 내게만 아니라 주의 나타나심을 사모하는 모든 자에게도니라 (딤전 4:7-8)

아시다시피, 그의 최후는 편히 늙어 죽는 것이 아니라 목이 잘려 죽는 것이었습니다. 그러나 바울은 그 비극적인 죽음을 앞에 놓고서도 자신은 후회할 것이 없었으며, 오히려 자신의 충성스러운 삶을 면류관으로 보상해 주실 하나님을 더욱 의지한다고 말합니다. 참으로 멋진 인생 아니겠습니까? 그런데 사랑하는 여러분, 더 놀라운 사실이 있습니다. 이 멋진 인생은 자기가 무엇을 하기 위해 지금 살고 있다고 인식하는 모든 사람에게 허용되는 행복입니다. 때를 아는 지혜, 할 일이 무엇인지를 분명하게 아는 지혜를 가진 사람은 그것을 위해 기꺼이 자신의 전부를 겁니다. 얼마나 멋지고 신나는 인생입니까? 그러므로 우리는 때를 분별해야 합니다. 뱀처럼 지혜롭게, 그러나 비둘기처럼 순결하게 살아가야 합니다. 목적 있고 보람 있는 삶이 그때에서야 여러분 앞에 펼쳐질 것입니다.

저는 지금 여러분과 함께 소망합니다. 바울과 나란히 하나님 앞에 서서 영광의 면류관을 받아 쓰실 여러분의 모습을 바라보고자 합니다. 그 기쁨 가운데 여러분 모두를 만나기 원합니다. 후회 없이 멋지게 인생을 살아, 때를 알았던 지혜로운 사역자와 일꾼으로서 하나님을 기쁘시게 해 드린 사람의 모임에서 저와 여러분 모두가 만나게 되기를 소망합니다.

35

이유 없는 어려움은 없다

행 17:1-14

데살로니가에서의 전도 활동

바울과 실라는 빌립보에서 떠나 암비볼리와 아볼로니아를 거쳐 마침내 데살로니가에 도착했습니다. 암비볼리는 빌립보에서 남서쪽으로 약 53km 떨어진 곳이며, 기원전 167년부터 146년 무렵에는 마게도니아 북부 지방의 수도였다고 합니다. 바울 일행은 이 도시를 그냥 지나쳤습니다. 암비볼리는 빌립보보다 큰 도시로 알려졌지만, 그보다는 데살로니가가 더 중요하다고 판단했기 때문입니다. 발칸 반도 전역에 복음을 전하려는 바울과 실라로서는 데살로니가야말로 주목할 만한 지역이었습니다(살전 1:7-8). 데살로니가는 마게도니아 지방의 수도였으며, 마게도니아 내륙의 풍부한 농산물을 육로와 해상을 통해서 중계하는 전략적 요충지였습니다. 당시의 데살로니가 인구는 약 20만 명으로 주변 지역의 정치적·경제적 중심지였습니다.

바울과 실라는 데살로니가에 도착해서 유대인의 회당을 찾습니다. 데살로니가에 유대인이 많았다는 기록이 있는데, 따라서 바울 일행이 유대인의 회당을 찾는 일은 어렵지 않았던 것 같습니다. 바울은 회당에 가서 성경을 가지고 예수 그리스도를 증거했습니다. 바울은 구약 성경을 인용하면서 이 구절들이 바로 예수 그리스도를 말하는 것이라고 주장했습니다. 본문 3절은 바울이 어떤 내용을 가지고 전도했는지를 간략하게 보여 줍니다.

> 뜻을 풀어 그리스도가 해를 받고 죽은 자 가운데서 다시 살아나야 할 것을 증언하고 이르되 내가 너희에게 전하는 이 예수가 곧 그리스도라 하니 (3절)

'그리스도(χριστός)'라는 단어를 문자 그대로 해석하면 '기름 부음을 받은 자', 즉 '메시아(הָמָּשִׁיחַ)'입니다. 메시아든 그리스도든 공통적으로 말하려고 하는 것은, 바로 이 인물이 하나님의 지목을 받아 세상의 구원자로 오신다는 사실입니다. 따라서 유대인 대부분이 믿는 '메시아' 혹은 '그리스도'는 하나님의 힘과 능력을 지닌 인물일 수밖에 없습니다. 그러나 바울이 전한 그리스도는 유대인이 믿는 그리스도의 이미지가 아니었습니다. 바울의 그리스도는 고난당하셨다가 부활하신 분이었습니다. 유대인의 전통과 상관없는 이방인에게는 이것이 별문제가 되지 않았겠지만, 유대인에게는 이 이미지가 절대 받아들여질 수 없었습니다.

사도행전 17장은 이방인과 유대인의 반응을 흥미롭게 기록해 놓았습니다. 본문 4-5절의 말씀을 읽겠습니다.

그중의 어떤 사람 곧 경건한 헬라인의 큰 무리와 적지 않은 귀부인도 권함을 받고 바울과 실라를 따르나 그러나 유대인들은 시기하여 저자의 어떤 불량한 사람들을 데리고 떼를 지어 성을 소동하게 하여 야손의 집에 침입하여 그들을 백성에게 끌어내려고 찾았으나 (4-5절)

그리스 사람 가운데 유대교를 신봉하는 사람들, 그리고 상류층 부인들이 적잖이 예수님을 영접했습니다. 그러나 유대인들은 이것을 보고 시기했습니다. 그런데 이 시기가 그냥 마음에서 머물지 않습니다. 이들은 거리의 불량배를 동원하여 바울 일행의 전도 활동을 조직적으로 방해했습니다. 이들은 마침내 바울이 머무는 집까지 떼 지어 찾아왔습니다. 그러나 이들은 바울 일행을 찾지 못하고, 대신에 그 집의 주인인 야손과 그의 형제들을 붙잡았습니다.

불량배들은 야손 형제를 읍장에게 끌고 갑니다. 당시의 기록에 의하면 데살로니가는 자유 도시였으며 이 도시에는 적어도 다섯 명의 읍장(πολιτάρχης)이 있어서 그들이 이 도시를 다스렸다고 합니다. 불량배들이 야손 형제들에게 무슨 죄목을 갖다 붙였을까요? 본문 6-7절에는 이렇게 기록되어 있습니다.

… 야손과 몇 형제들을 끌고 읍장들 앞에 가서 소리 질러 이르되 천하를 어지럽게 하던 이 사람들이 여기도 이르매 야손이 그들을 맞아들였도다 이 사람들이 다 가이사의 명을 거역하여 말하되 다른 임금 곧 예수라 하는 이가 있다 하더이다 하니 (6-7절)

7절에서 이들이 "가이사의 명을 거역"했다, 즉 '예수가 다른 임금이라고 전했다'라고 말하는 것을 보면, 이들은 바울 일행을 반역죄로 몰려고 한 게 아닌가 짐작됩니다.

반역죄는 언제 어디서나 아주 중요한 죄목입니다. 읍장들은 '반역'이라는 단어가 나오자 소스라치게 놀랐습니다. 반역이라는 말을 듣고도 시큰둥할 수 없는 것이, 그럴 경우 읍장들 역시 반역에 동조한 사람이 될 것이기 때문입니다. 야손이 정말 잘 변호했든지, 혹은 유대인의 고발장이 믿을 만하지 않아서였는지는 모르겠습니다만, 어쨌든 이 소동은 야손 형제가 풀려남으로써 진정되었습니다. 그러나 이 소동으로 인해서 바울은 더 이상 데살로니가에 머물 수 없게 되었습니다. 바울 일행은 이날 밤 베뢰아로 가게 되었습니다.

베뢰아에서의 순탄한 활동

데살로니가와 베뢰아는 약 80km 떨어졌다고 합니다. 이동하는 데 상당한 시간이 걸렸겠지만, 바울 일행은 베뢰아에 도착하자마자 역시 회당을 찾았습니다. 바울은 회당에 들러서 다시 전도를 시작했습니다. 그런데 베뢰아에서의 상황은 데살로니가에서의 상황과 사뭇 달랐습니다. 본문 11절은 베뢰아 사람의 반응을 이렇게 설명해 놓았습니다.

베뢰아에 있는 사람들은 데살로니가에 있는 사람들보다 더 너그러워서 간절한 마음으로 말씀을 받고 이것이 그러한가 하여 날마다 성경을 상고하므

로 (11절)

　문자 그대로 뜻풀이를 하면 "더 너그럽다(εὐγενέστεροι)"라는 말은 '가문이 좋다', '고상하다'라는 뜻의 비교급입니다. 설마 베뢰아 사람들의 혈통이 데살로니가 사람보다 낫다는 말은 아닐 것입니다. 우리말로 '점잖다'라는 말을 '양반 같다'라는 말로도 표현하는데, 이는 베뢰아 사람이 복음을 받아들일 때 데살로니가 사람보다는 순했다는 뜻이 아닐까 짐작됩니다.

　베뢰아 사람에게는 또 하나의 장점이 있었습니다. 그들은 복음을 들을 때, 점잖았을 뿐만 아니라 '간절한 마음으로 말씀을 받'았습니다. '간절한 마음으로(μετὰ πάσης προθυμίας)'는 '준비된', '열심히'라는 의미입니다. 이들은 복음을 들을 때에 마치 준비된 사람처럼 그것을 적극적으로 받아들였습니다. 이들의 준비된 열심은 여기서 그치지 않았습니다. 이들은 "날마다 성경을 상고"했습니다. '상고하다(ἀνακρίνοντες)'라는 그리스 단어는 '자세하게 골라내다', '체를 쳐서 가려내다' 등의 뜻이 있다고 합니다. 베뢰아 사람들은 바울의 설교를 들은 후에 그것으로 그치지 않았습니다. 설교가 끝난 후에는 성경을 자세히 읽고 살펴서 그 뜻을 다시 새겨보곤 했다는 것입니다. 베뢰아 사람들 가운데 이렇게 많은 사람들이 매우 긍정적으로, 그리고 진지하게 복음을 받아들이다 보니, 과연 그 지역에서도 많은 결신자가 생겼습니다.

　그러나 이때 베뢰아에 똑같은 문제가 발생했습니다. 바울 일행의 사역이 활발하게 진행될 때, 이 소식을 들은 데살로니가의 유대인들이 베뢰아로 몰려왔습니다. 이들은 다시 불량배들을 몰고 베뢰아에 와서 한 바탕 난동을 부렸습니다. 성경 어디를 보더라도 이 소란에 베뢰아 사람이 개입했다는 증거는 보이지 않습니다. 그러나 이것만으로는 부족했습니다. 데살로니가에서 온 이들의 소란으로 인해서 바울은 즉시 이곳을 떠나기로 결정했습니다. 이렇게 하여 바울은 바닷길로 베뢰아를 떠났으며, 대신에 실라와 디모데는 베뢰아에 따로 남아서 초신자들을 관리하게 되었습니다.

복음과 인간의 반응, 그리고 하나님의 작정에 관하여

자, 이제 이쯤에서 우리의 현실로 돌아옵시다. 사도행전의 말씀은 오늘을 사는 우리에게 무엇을 이야기하는 것일까요? 바울 일행은 본문에서 데살로니가와 베뢰아에 복음을 전했습니다. 데살로니가에서도, 베뢰아에서도, 많은 이들이 복음을 듣고서 예수를 구주로 영접했습니다. 하지만 이 두 도시는 바울에게 있어서 너무나도 대조적인 반응을 보여 주었습니다. 아니, 사실은 인간이 그렇게 대조적인 반응을 보인 것이지요. 성경이 보여 주는 대조적인 인간상이 여기 있는데, 복음을 받아들이는 인간과 복음을 거절하는 인간이 바로 그것입니다. 우선 복음을 거절하는 인간에 대해서 보면, 그들의 종교적 열심 자체는 비록 부정적인 것이지만 그 열심만큼은 천하제일이었습니다. 데살로니가의 유대인은 예수를 전하는 자들을 핍박하고 방해하기 위해서 먼 거리를 마다하지 않고 쫓아왔습니다. 교통도 불편하던 당시에 80km나 되는 먼 거리를 떼 지어 이동한다는 것, 더구나 자기 돈을 들여서까지 그럴 수 있다는 것은 정말로 대단한 일이 아닐 수 없지요.

여기 또 하나의 그룹이 있습니다. 복음을 받아들이는 인간들이 바로 그들입니다. 특히 베뢰아에서 예수를 영접한 사람들은 복음에 대해서 극히 호의적이었습니다. 바울 일행의 입에서 쏟아져 나오는 복음의 말씀은 거침없이 그들의 마음에 꽂혔으며, 그것이 그 안에서 살아 움직여서 그들의 영혼을 온통 휘저어 놓았습니다. 성경을 통해 증거되는 모든 메시지를 아무런 저항도 없이 진리로 받아들였으며, 말씀을 들은 후에도 그것을 다시 곱씹어 보면서 그 말씀이 담고 있는 의미 가운데 놓친 것은 없는지를 되새겨 보았던 것입니다. 이런 태도들은 강요된 것이 아닙니다. 스스로 그리한 것이었습니다. 이런 차이가 어디에서 나온 것일까요? 사도행전은 이에 대해 아주 의미심장한 표현을 사용하고 있습니다. 사도행전 13장 48절은 이렇게 기록합니다.

> **이방인들이 듣고 기뻐하여 하나님의 말씀을 찬송하며 영생을 주시기로 작정된 자는 다 믿더라 (행 13:48)**

이방인들이 복음을 듣고 기뻐하며 하나님의 말씀을 찬송하는 모습을 지금 사도행전의 기자가 보고 있습니다. 그는 이렇게 판단합니다. "아, 하나님이 믿도록 예정하신 자들은 복음을 저렇게 거절하지 않고 기쁘게 받는구나." 저는 이 표현을 나름대로 이렇게 해석합니다. 무엇보다도 이방인이 복음을 받아들여서 교회로 들어온다는 사실은 유대인들이 절대 생각할 수 없는 일이었습니다. 그러나 기대했던 유대인이 아닌 이방인이 복음이 전해지는 곳마다 그리스도를 영접하고 있으니, 도대체 이 일을 어떻게 이해할 수 있었겠습니까? 따라서 그들이 인정할 수밖에 없는 이유는 단 한 가지였습니다. "이 일은, 하나님의 계획이 아니고서는 도저히 있을 수 없는 일이다." 아닌 게 아니라 성경은, 이른바 하나님의 작정, 혹은 하나님의 예정이라는 개념을 무수하게 말합니다. 이 주제는 이번에 다룰 일이 아니므로 그냥 지나가겠습니다만, 어쨌든 복음에 대해 긍정적인 태도를 갖는 일과 부정적인 반응을 보이는 일은 인간 스스로의 결정이면서 동시에 하나님의 작정의 결과이기도 하다는 점을 우리는 매우 진지하게 받아들여야 합니다.

그래도 역시 데살로니가이다!

자, 이제 우리는 마지막 결론에 이르게 되었습니다. 베뢰아와 데살로니가, 두 도시를 현재의 시점에서 생각해 봅시다. 빌립보와 데살로니가에서 경험한 그 참담한 반대 때문에, 베뢰아 사람들의 신사적인 태도를 대했을 때 바울이 얼마나 행복해했을 지 우리는 능히 짐작할 수 있겠습니다. 복음을 전하는 자 역시 사람입니다. 메시지가 선포될 때 청중이 "아멘!" 하고 받으면, 얼마나 행복한지요. 한 시간 설교하고 말 것을 두 시간도 힘들지 않게 전할 만큼이나 힘이 날 것입니다. 그러나 설교할 때 야유가 등장하고 "쳇!" 하는 소리를 들으면, 더욱이 자기를 죽이려고 달려들기나 한다면 설교자는 한시라도 빨리 그 자리를 벗어나고 싶어 할 것입니다. 설교자에게 있어서 가장 큰 위로와 격려는 말씀이 전해질 때 청중이 긍정적으로 반응하는 것입니다. 그때 설교자는 최선을 다해서 복음을 전하려 준비합니다. 따라서 훌륭한 설교자는 청중이 만듭니다. 별 볼 일 없는 설교자라고 하더라도 끊임없는 아멘과 그 말씀대로 살려는 청중을 보면서 더 나은 전도자가 되기 위해 노력하게 됩니다.

이렇게 본다면, 데살로니가 사람들은 바울을 참으로 힘들게 했을 것입니다. 잠깐의 행복을 주었던 베뢰아 전도 기간도 데살로니가에서 몰려든 유대인과 불량배 때문에 예정보다 단축되어야만 했습니다. 바울 일행이 이에 얼마나 실망했겠습니까? 그런데 보십시오, 얼마나 하나님의 섭리가 오묘한지! 저는 이렇게 봅니다. 베뢰아에서의 행복은 그 시절뿐이었습니다. 그러나 데살로니가에서의 참담한 반응은 길게 보면 차라리 강건한 교회를 세울 수 있는 힘이 되었습니다. 신약 성경 어디를 보아도 베뢰아의 기독교 공동체 이야기가 나오지 않습니다. 그렇게도 신사적이고 긍정적으로 복음을 받아들였으나 베뢰아의 공동체는 그냥 그렇게, 순하고 평범한 공동체로서 유지되었다는 뜻입니다. 그러나 데살로니가는, 오늘날 성경에서 데살로니가전후서로 불리는 서신의 배경이 되었습니다.

바울은 데살로니가 사람들의 폭력을 피해서 데살로니가에서 무려 400km나 떨어진 아덴, 즉 오늘날의 아테네로 이동합니다. 대신에 실라와 디모데가 베뢰아에 계속 남아서 새로 태어난 공동체를 돌봅니다. 얼마 후 디모데는 데살로니가 교회의 어려운 소식을 알리기 위해서 아덴까지 내려갔습니다. 이 소식을 들은 바울은 디모데 편에 여러 가지 당부를 데살로니가 교회에 보냈습니다. 그리고 다시 얼마 후, 바울은 아덴에서 고린도로 이동하여 그곳에서 약 1년 반을 머뭅니다. 디모데는 다시 고린도를 방문하여 데살로니가 지역의 소식을 전합니다. 그런데 이때 바울에게 전해진 소식은 그를 기쁘게 했습니다. 데살로니가 교회는 그때 신앙의 모범을 보이는 공동체로 성장했으며, 박해를 받는 가운데서도 꿋꿋하게 믿음을 지켜 나가고 있었던 것입니다.

바울은 디모데를 통해서, 혹은 다른 경로를 통해서 데살로니가 교회의 소식을 들었습니다. 그의 판단에 따르면 데살로니가 교회는 그 인근에 소문난 교회였으며, 믿음으로 박해를 이겨낸 건강한 교회였습니다. 바울은 이 교회를 불과 석 주 동안 돌봤으며, 디모데와 실라가 이 교회를 실질적으로 키워 냈습니다. 이들의 수고로 인해서 마치 돌밭과 같이 황무했던 데살로니가에는 믿음의 역사가 살아 움직이는 소문난 교회가 태어날 수 있었던 것입니다. 바울 일행은 데살로니가의 전략적 중요성을 충분히 알고 있었습니다. 따라서 그들은 주민들의 난폭한 반응에도 불구하고 이 지역을 포기하지 않았던 것입니다. 그들의 판단은 옳았습니다. 시간이 지난 후에 데살로니가 교회는 주변에까지 좋은 영향을 주는 교회로서 든든히 서게 되었습니다.

자, 이제 우리에게 마지막 물음이 주어집니다. 데살로니가 지역에 이처럼 훌륭한 교회가 서게 되었다면, 데살로니가에 복음이 처음으로 전해질 때 나타난 그 흉포한 반응은 무엇 때문이었을까요? 이 물음에 대해서 저는 이렇게 대답하고 싶습니다. 복음에 대한 반응이 하나님의 작정 아래 있다면, 데살로니가 사람들의 난폭함 역시 하나님의 계획 아래에 있었을 것이라고 말입니다. 미움도 관심의 표현입니다. 저는 데살로니가 사람들이 처음에 보여 준 그 반응이야말로 참 역설적이게도 저들의 적극적인 관심을 표현하는 것이었다고 믿습니다. 복음을 받을 때, 정말 순하게 믿는 사람이 있습니다. 그러나 그와는 반대로, 복음에 대해서 격렬하게 반대하는 사람도 적지 않습니다. 약을 먹을 때, 오히려 병이 더 악화하는 듯한 증상을 보이기도 합니다. 마찬가지로 전도자는 격렬한 반대 역시 '복음'이라는 약이 가지고 오는 긍정적인 증상 가운데 하나일 수도 있다는 점을 명심해야 합니다.

기도에는 배짱이 필요하다

저는 성격이 참 특이해서, 복음을 받지 않으려고 기를 쓰는 사람에게 더 관심이 갑니다. 순하게 믿는 사람은 처음에는 말씀을 전하기에 편하지만, 시간이 지나서 그때는 믿어지지 않는 것을 일부러 믿어진다고 말했었노라 털어놓는 사람도 적지 않게 보았습니다. 그런데 처음에 복음을 절대 믿지 않을 것처럼 반대하던 사람이 믿고 나서는 더 열심히 믿는 경우를 많이 보았습니다. 결국 저는 반대도 역시 관심의 일종이라는, 나름의 신념을 갖게 되었습니다. 저는 이렇게 말합니다. "복음은 원래 안 믿어지는 게 정상이다." 눈에 안 보이는 하나님을 어떻게 믿겠습니까? 안 믿어지는 게 당연하지 않습니까? 말씀을 듣고 아무 질문이 없이 쉽게 믿어진다는 분을 봅니다. 저는 그런 분이 더 걱정입니다. 저는 안 믿어지는 것, 이해되지 않는 것을 꼬치꼬치 묻는 것이 차라리 더 정직하고 용감한 것이라고 생각합니다.

지금 말씀을 듣고 받아들이느냐, 안 받아들이느냐는 중요하지 않습니다. 영접한 듯이 보여도 확신은 없는 분이 있을 수 있고, 반대하는 것 같아 보여도 여전히 희망이 있는 분이 있을 수 있습니다. 데살로니가는 처음에는 절대 교회가 설 수 없는 곳같이 보였습니다. 그러나 그 지역의 중요성을 아시는 하나님께서 결국에는 그곳에 칭찬받는 교회를 기어이 세우셨습니다. 전도자는 지금 당장의 반응에 목을 매달 필요가 없습니다. 그저, 이곳을 하나님께서 사용하실 계획이 있느냐만을 물어야 합니다. 하나님께 계획이 있다면 결국에는 하나님께서 승리하실 것입니다. 그것은 전도자의 문제가 이미 아닙니다. 마귀가 바보가 아닌 다음에야 어찌 그 지역을 순순히 내어놓겠습니까? 못 먹어도 찔러는 본다고, 기왕 질 것이 틀림없음에도 불구하고 한 번 앙탈을 부려 보는 것이지요. 그러므로 승리든 실패든, 오직 하나님께서 결정하십니다.

전도자에게 있어서 청중의 지독한 반대는 다만 기도하라는 하나님의 사인에 불과할 뿐입니다. 전도자는 반대자의 반대가 격렬할수록 여기에서 승리하실 하나님을 믿음으로써 더욱 분발해야 합니다. 짧은 예를 들어 봅시다. 지금 우리는 어딜 보아도 영 아닌 것 같은 이 황당한 이곳 카셀을 바라봅니다. 우리 각자는 나 자신에게 주어진 일에 정신을 팔고 있으며, 교회 주변에는 우리의 비전을 이룰 만한 어떤 조건도 없습니다. 이 황당한 환경은 복음 전파는커녕 우리 자신을 유지하기에도 벅찹니다. 여기에서 우리를 통해 이루실 만한 계획이 하나님께 있는 것일까요?

독일, 정말 만만치 않다. 그러니까 복음 전한다는 거창한 생각은 하지 말고 친교나 하다 오자? 그러니까 우리는 우리가 잘하는 찬양이나 멋지게 하고 돌아오자? 예배 끝나자마자 빨랑 빠져나와서 우리끼리 친교나 하자? 정말 속상한 생각입니다. 그러나 저는 낙망하지 않습니다. 원래 이런 황당한 데서 하나님의 일이 일어나야 오직 하나님만이 영광을 받으실 것이기 때문입니다. 요즘 저는 엉뚱한 생각을 자주 합니다. '우리도 마음놓고 모여서 친교하고 성경공부 할 수 있는 장소를 가지면 좋겠다.' 현재 상황에서 얼마나 기가 막힐 생각입니까?

그러나 저는 허무맹랑한 일이라는 생각 도중에도 간간이 저 자신에게 타이릅니다. 가능하냐 아니냐의 판단은 하나님께만 달렸다고 말입니다. 하나님께서 원하시면 어떻게든 이루어집니다. 되느냐 안 되느냐의 판단은 주께 맡기고 이 일이 주님께서 원하시는 일이냐만 알고 싶습니다. 필요하다고 그분이 판단하시면 될 것입니다. 우리는 다만 기도할 뿐입니다. 우리의 배짱은 하나님께 기도하게 할 것이며, 그 기도는 마침내 홀로 영광 받아 마땅하신 하나님께서 보좌에서 떨쳐 일어나시는 모습을 보게 할 것입니다. 우리 함께 그 장엄한 광경을 인내 가운데 기도하며 바라봅시다.

비전, 기도의 힘

이러한 태도는 비단 우리 교회에만 국한되는 것이 아닙니다. 우리 모두의 삶에 해당하는 원리입니다. 나 자신의 장래를 놓고서 이 일이 될 것이냐 안 될 것이냐의 문제는 우리가 걱정할 문제가 아닙니다. 우리의 입술을 통해서 하나님께서 내 마음에 소원을 두신 것을 기도하게 하시는 하나님께서 이 일을 이룰 마음이 있으시냐 없으시냐가 중요하다는 것입니다. 우리는 배짱 있는 믿음을 가져야 합니다. 배짱 있는 기도를 해야 합니다. 나 자신의 현실을 바라보면서 판단하는 것은 하나님께서 하실 일이지 우리가 할 일이 아닙니다.

우리의 기도가 갖는 힘은 하나님께 달려 있는 것이지, 나 자신이 갖고 있는 믿음의 강도에 비례하지 않습니다. 사랑하는 여러분, 여러분은 여러분 개인의 장래를 놓고서 어떤 비전과 목표를 갖고 계십니까? 그리고 그것이 될 것이라고 믿든지 안 될 것이라고 믿든지, 그 근거를 어디에 두고서 그렇게 판단하십니까? 우리 교회는 어떤 비전을 갖고 있습니까? 우리는 우리 비전을 어디에 근거하여 이루어질 것인지 그렇지 않을 것인지를 판단합니까? 사랑하는 여러분, 우리가 지금 해야 할 것은 하나님의 뜻을 물으며 그것을 이루어 달라고 담대하게 기도하는 것입니다. 그 기도가 마침내 하나님을 감동시켜 그분이 뜻하신 뜻을 속히 이루려 보좌에서 떨쳐 일어나시는 모습을 우리는 봐야 합니다.

우리의 기도는 자기 마음이나 위로하자고 주어지는 것이 아닙니다. 하나님의 뜻을 이루기 위해서, 하나님의 뜻을 우리의 입술을 통해 그분께 알려 드리는 것입니다. 그렇게 우리의 입술을 통해 나오는 기도의 제목들이 하나님의 마음을 흔들게 될 때, 그 뜻을 속히 이루시려는 하나님의 작정이 우리의 삶 가운데 현실로 나타나게 될 것입니다. 사랑하는 여러분, 내가 서 있는 이곳에 든든히 서서 내가 해야 할 일을 열심히 하면서 하나님께 기도하십시오.

36 견딜 수 없는 어떤 분노에 관하여
행 17:15-34

우상에 물든 아덴

사도행전 17장 전반부에서 바울은 베뢰아에서 사역하고 있었습니다. 그런데 유대인과 데살로니가 사람들이 악착같이 방해하려고 달려들었습니다. 바울은 이들을 피해서 무려 170km나 떨어진 아덴으로 피신했습니다. '아덴'은 우리가 너무나 잘 아는 도시 '아테네'를 가리킵니다. 아덴은 아티카의 데세우스에 의해서 건설되었다고 하는데, 여신 아테네(Athene)를 기념하기 위해서 그 이름을 그대로 따왔습니다. 아덴은 기원전 495년부터 239년 사이에 전성기를 맞습니다. 이 기간에 파르테논(Parthenon) 신전을 비롯한 수많은 사원과 건축물들이 지어졌습니다. 동시에 문학, 철학, 과학, 수사학 등이 꽃을 피웠으며 민주주의의 기초가 내려지기도 했습니다. 아덴은 펠로폰네수스 전쟁(B.C. 431-404) 이후에 절정기를 지납니다. 그럼에도 불구하고 그 명성만큼은 수 세기 동안 지속되었습니다.

바울은 아덴에 도착한 후 곧바로 베뢰아에 사람을 보내어 디모데와 실라를 오게 했습니다. 워낙 먼 거리였기 때문에 이들을 기다리는 시간이 꽤 길었을 것이라 짐작됩니다. 바울은 이 동안에 회당과 번화한 거리를 돌아다니면서 열심히 토론을 벌였습니다. 동역자들이 합류할 때까지 느긋하게 기다릴 수는 없었을까요? 그러나 그럴 수 없었습니다. 본문 17장 16절에 그 이유가 이렇게 기록되어 있습니다.

바울이 아덴에서 그들을 기다리다가 그 성에 우상이 가득한 것을 보고 마음에 격분하여 (16절)

바울은 이 도시 전체에 가득 퍼져 있는 '우상'을 보았습니다. 주민들의 마음에 가득 찬 우상과 이교(異敎) 문화들. 주민들은 이 오랜 전통이 숨 쉬는 아덴을 자랑스럽게 생각했습니다. 그들의 사는 방식은 아덴의 오래고 고귀한 전통 그 자체였으며, 그들의 언어 하나하나에는 누구라도 부러워할 만한 품위가 깃들어 있었습니다. 그들은 이렇게 조상들이 일구어 놓은 문화 가운데서 자부심을 가지고서 살았습니다.

그러나 바울이 보기에 아덴은 우상의 소굴이었습니다. 저들이 말하는 것, 행하는 것, 자랑스러워하는 것, 모두가 이교적이었으며 우상이었습니다. 저들은 저마다 자신의 지식과 교양을 한껏 과시하면서 말하고 살아가지만, 바울이 볼 때 그 모든 것은 허탄한 것이었으며, 회칠한 무덤과 같이 죽음을 일시적으로 가려 놓은 가면에 불과했습니다. 이 어이없는 모습은 바울을 분노하게 했습니다. 한글 성경에서 "마음에 격분하여"라고 번역해 놓은 부분은 '분이 끓어오르다($\pi\alpha\rho\xi\acute{\upsilon}\nu\omega$)'라고 번역할 수 있습니다. 다시 말해 이 단어는 바울의 마음이 어떤 자극을 받아서 분노로 끓어오르게 되었음을 보여 줍니다. 바울은 우상으로 가득 찬 이 이교도의 도시를 보고서 화가 나서 견딜 수가 없었습니다.

결론부터 말하자면, 바울의 전도와 변론은 별로 성과가 없었습니다. 아덴 사람들은 본문 18절에서 바울을 이렇게 평가합니다.

> 그 가운데서 몇몇은 "이 말쟁이가 도대체 무슨 소리를 하려는 것인가?" 하고 말하는가 하면, 또 몇몇은 "그는 외국의 낯선 신들을 선전하는 사람인 것 같다" 하고 말하기도 했다. (행 17:18, 표준새번역)

이들은 바울이 말을 잘한다고 인정했습니다. 하지만 바울의 말을 이해할 수는 없었습니다. 따라서 아덴 사람들은 바울을 가리켜 '말쟁이', 즉 떠벌이라고 빈정거렸습니다. 어떤 사람들은 바울을 가리켜 이제껏 자기들이 알지 못하던 새로운 신들을 전하러 온 사람이라고도 평가했습니다. 성경은 바울이 이때 접한 사람들에 관하여 아주 흥미로운 정보를 전하고 있습니다. 이 정보들을 곰곰이 생각해 보면, 바울의 전도가 어째서 그렇게 먹혀들지 않았는지를 짐작할 수 있겠습니다.

먼저, '에피쿠로스'에 관하여. 원어로 '에피쿠레이오스(Ἐπικούρειος)' 입니다. 우리가 학교 다닐 때 배운 철학자 그룹의 하나인데, 에피쿠로스(Epicurius)에 의해 설립된 학파를 가리킵니다. 이들은 "쾌락이 인생의 목적"이라고 주장했습니다. 물론 이들이 말하는 쾌락은 '아타락시아(ἀταραξία)', 즉 고통, 육정, 공포, 죽음 등에 대한 염려에서 벗어난 마음의 평정을 가리킵니다. 이들이 신의 존재를 부정하지 않습니다. 하지만, 그들의 신은 인간의 삶과 전혀 관련이 없는 것으로 알려집니다. 굳이 규정한다면 에피쿠로스학파 사람들은 자연신관(自然神觀)을 갖고 있다고 하겠습니다. 둘째, '스토아'에 관하여. '스토이코스(Στωϊκός)'는 스토아학파를 가리킵니다. 제논(Zenon)이라는 사람에 의해 설립되었으며, 우주 속에 내재하는 인간 삶의 지침이 되는 원칙으로서 이성의 중요성을 강조하는 학파였습니다. 엄격한 금욕주의를 내세우는 이들은 종교적으로 범신론의 입장을 취했다고 합니다. 따라서 이들의 하나님은 인격적인 존재가 아닙니다.

아덴에는 이러저러한 소신을 가진 철학자들이 떼를 지어 다니면서 자신의 학설을 주장했습니다. 이들의 철학은 활발한 변론을 통해서 나름대로 발전했으며, 이것이 아덴의 문화를 지탱하고 발전시키는 데 지대한 공헌을 했습니다. 이러다 보니 저잣거리에서 사람을 붙잡고 그리스도를 전하는 바울은 영락없이 세상의 주목을 받으려고 돌아다니는 저 철학자들 가운데 하나처럼 보이게 했을 것이 틀림없습니다. 이 수많은 학설과 주장 사이에서 열띤 변론을 벌이는 바울. 그러나 무신론에 가까운 스토아학파와 에피쿠로스학파 학자들과의 변론에서 소득을 거둘 수 없었던 것은 어쩌면 당연한 일이었습니다. 그래도 절망은 아니었습니다. 아덴 사람들은 바울의 말을 이해할 수는 없었으나 그의 말에 어느 정도 관심을 보였습니다. 아덴 사람들은 이렇게 말했습니다. 본문 19-20절 말씀입니다.

그를 붙들어 아레오바고로 가며 말하기를 네가 말하는 이 새로운 가르침이 무엇인지 우리가 알 수 있겠느냐 네가 어떤 이상한 것을 우리 귀에 들려주니 그 무슨 뜻인지 알고자 하노라 하니 (19-20절)

그들은 복음을 받아들이지 않았습니다. 그들은 '새로운 지식'에 대해서만 호기심을 가졌습니다. 본문 21절에 말한 대로, 아덴 사람들은 가장 새로운 지식을 알아내는 데에만 관심을 가졌습니다. 따라서 가장 유식하고 고상한 사람은 가장 새로운 지식을 아는 사람이어야 했습니다. 이런 면에서 기독교는 아덴 사람들의 이목을 끌기에 적합했습니다. 기독교는 유대에서 방금 전에 발생하여 아덴까지 건너온 따끈따끈한 것이었기 때문입니다. 그렇다면, 아덴 사람의 이런 습성이 복음을 받아들이는 데 도움이 될까요? 아닙니다. 만일 또 다른 새로운 것이 나타난다면 아덴 사람은 언제든지 기독교를 던져 버릴 것입니다.

바울의 설교

자, 이렇게 해서 바울에게 절호의 기회가 주어졌습니다. 공개적으로 다수의 군중 앞에서 연설할 수 있는 기회가 주어진 것입니다. 이것은 아덴 사람들이 스스로 원해서 일어난 일이므로, 군중들이 관심을 기울여서 들을 기회이기도 했습니다. 바울이 이때 행한 설교는 기독교 역사상 가장 위대한 설교 가운데 하나로 기록됩니다. 그는 설교를 이런 말로써 시작했습니다.

아덴 사람들아 너희를 보니 범사에 종교심이 많도다 (22절)

어떤 번역본은 "종교심이 많다"라는 말을 '너무 미신적이다'라고, 또 다른 번역본은 '매우 종교적이다'라고 해석했습니다. 곰곰이 생각해 보면, 바울의 말은 있는 사실에 근거해서 아덴 사람들을 칭찬하는 것 같기도 하고 비난하는 것 같기도 합니다.

바울은 아덴에 도착하여 며칠 동안 아덴 곳곳을 돌아다녔습니다. 그는 아덴 사람들이 곳곳에 '알지 못하는 신에게(Ἀγνώστῳ θεῷ)'라고 새겨 놓은 것을 발견했습니다. 그들은 어디에나 '신'을 언급했습니다. 말하자면 그들은 그만큼이나 신, 즉 종교에 관심을 가졌던 것이지요. 그러나 그렇게도 똑똑하고 신을 추구하는 아덴 사람들이 그 '신'이 어떤 존재인지는 몰랐습니다. 그랬기에, 신의 이름을 '알지 못하는 신'이라 붙여 놓았던 것이지요. 그들은 높은 학문과 정교한 철학적 체계를 자랑했습니다. 따라서 유대 땅에서 굴러온 바울의 복음은 그들에게 그저 새로운 학문 중에 하나쯤으로 여겨질 수밖에 없었습니다.

아덴 사람은 새로운 것이 보이면 또다시 거기에 정신을 팔 것입니다. 기독교를 철학적 진리의 하나로 보는 한, 그토록 간절하게 찾기를 원했던 그 '신'을 발견할 수 없을 것입니다. 아무리 지식이 높다 해도 그토록 자주 입에 올리는 신의 정체를 모른다? 얼마나 모순된 일입니까? 또한 이들이 진심으로 '신'을 찾고자 원했다면, 이 얼마나 불행한 일입니까?

바울은 이 모순과 불행을 지적함으로써 설교를 시작했습니다. 그러고 나서, 그들이 찾아 마지않았던 그 신의 정체를 설명했습니다. 아덴 사람이 분명히 있다고 믿었으나 누구인지는 몰랐던 그 신은 바로 하나님입니다. 이 하나님은 유대인에 의해서 오랫동안 '엘로힘', 혹은 '여호와'로 불린 분입니다. 이분의 아들은 '예수'라는 이름의 그리스도이십니다. 하나님께서는 이 세상을 만드셨으며, 지금도 이 우주를 다스리십니다. 모든 피조물은 전능하신 하나님의 힘을 힘입어 살아가고 있습니다. 하나님께서는 이제까지 피조물이 당신을 알지 못한 것을 탓하지 않으셨습니다. 그러나 하나님께서는 이제 예수를 통해서 이 세상을 심판하실 것입니다. 이제 모든 인간은 예수를 그리스도로 영접하여 다가온 심판을 면해야 합니다.

바울이 강조하려는 사실은 이것입니다. 바울이 전하는 하나님은 아덴 사람이 말하는 '신'처럼 철학적 이데아도 아니요, 무인격적 존재도 아닙니다. 당신 고유의 의지와 목적을 가지고서 이 우주를 창조하시고 다스리시며 심판하시는 존재이십니다. 그러므로 바울이 전하는 하나님은 철학적 탐구의 대상이 아니며, 사유의 대상도 아닙니다. 바울의 하나님은 경배의 대상이며, 생명과 심판의 주재자이십니다. 이에 비해 아덴 사람의 '신'은 그야말로 '알지 못하는 신'에 불과했습니다. 그 '신'은 인간의 이성 안에서 만들어지고 형상화된 대상일 뿐이었습니다. 거기에는 인간을 만들 만한 능력도 존재하지 않으며, 인간의 행위를 심판할 만한 힘도 없습니다. 그저 '누구인지는 모르지만, 있는 것만은 확실한 거 같아'라고 생각되는 존재일 뿐이지요.

바울의 분노에 관하여

지금까지 우리는 아덴 사람과 바울이 말하는 '하나님', 혹은 '신'에 관해 생각해 보았습니다. 그러나 여러분, 지금 제가 이 본문에서 여러분과 나누려고 하는 것은 바울의 설교 내용이 아닙니다. 저는 지금, 바울이 아덴에 가득 찬 우상에 분노한 바로 그 사실에 관해 여러분과 생각을 나누고자 합니다. 아덴의 수많은 신전들, 그리고 그 신전의 기둥마다 아덴 사람들이 새겨 놓은 글씨들은 무엇이었습니까? "알지 못하는 신들에게." 전도자 바울은 이 글귀를 볼 때마다 마음속 깊은 곳에서부터 무섭게 끓어오르는 분노를 느꼈습니다. 바울의 그 심정을 이렇게 표현할 수 있지 않겠습니까? "알 수 없는 신들에게라고? 알 수 없기는! 나는 그 알 수 없는 신이 누구인지를 안다, 내가 믿고 있는 하나님, 여호와가 바로 그분이야!" 그의 분노는 차라리 안타까움에 가까웠을 것이라고 짐작합니다. 나는 이처럼 분명히 알고 있는데, 왜 저들은 그것을 모를까?

이 안타까움은 바울을 움직이게 했습니다. 바울은 아덴으로 오는 긴 여정에도 불구하고 쉬지 않았습니다. 아니, 쉴 수 없었습니다. 그가 확실하게 알고 있는 바로 그 하나님을 알려 주고 싶었기 때문입니다. "알 수 없다니, 알 수 없기는 왜 알 수 없어? 그 신이 바로 여호와 하나님이신데!" 바울은 매일같이 숙소에서 뛰쳐나가서 이곳저곳 사람이 모이는 곳마다, 철학자들이 저마다의 주장을 펼치는 곳마다 찾아가서 열심히 그들과 변론하고 설교했습니다. 아덴의 길고 수준 높은 철학적 전통은 바울의 열정적인 변론을 받아들이지 않았습니다. 그들이 볼 때 바울의 주장은 신기하긴 했지만, 그 이상도 그 이하도 아니었습니다. 그들은 바울의 하나님을 새로운 신 가운데 하나로 생각했습니다. 그러나 바울은 아덴을 향해 알지 못하는 그 신에 관해 선포했습니다. 비록 바울의 설교가 실패한 것처럼 보이긴 하지만 그것은 상관없습니다. 바울은 할 일을 했으며, 아덴에 살아 계신 심판 주 하나님을 분명히 알렸습니다. 그것을 받아들이든지, 받아들이지 않든지, 이제 그 결과에 대한 책임은 아덴 사람들 자신에게 주어질 것입니다.

이제 저는 저를 포함해서 이 책을 읽는 모든 분에게 이렇게 묻습니다. 우리는 바울의 심정을 가지고서 이방 문화에 대해 분노하며 살아갑니까? 개신교의 발상지나 다름없는 이 독일 땅에 오기 전, 우리는 이 유럽이 기독교 국가라고 알고 있었습니다. 그러나 이제는 거의 노인들만 앉아 있는 듯이 보이는 이 유럽의 교회는, 도대체 언제 이 나라들이 기독교 국가였는가를 의심하게 만듭니다. 물론 한국도 마찬가지입니다만, 우리가 사는 이 사회의 어느 구석에 기독교적 가치관이 분명하게 남아 있는지를 의심하게 합니다. 뿐만 아니라 우리 자신도 그러합니다. 나는 예수를 믿는 사람이 맞습니까? 어디, 무엇을 보아 그렇습니까? 밥먹을 때 기도하는 것? 아주 가끔 성경 보는 것? 기독교에 관해 비난하는 소리를 들을 때, 기분 나빠 하는 내 모습에서? 내 목에 걸린 십자가를 볼 때?

바울의 분노는 하나님께서 만드신 이 세계가 하나님을 모른 채 돌아가는 현실에 대한 분노였습니다. 하나님의 자녀로서 당연히 가져야 할 분노였습니다. 바울의 열정적인 변론은 하나님의 자녀로서의 당연한 태도였습니다. 남의 집에 가더라도 화장실에 불이 켜져 있거나 수도꼭지에서 물이 샐 때 불을 끄고 물을 잠급니다. 내 집이라면 더욱 그러하겠지요? 우리가 하나님의 자녀이면서 하나님의 의도대로 돌아가지 않는 모습을 보면서도 아무렇지 않다면, 그건 어울리지 않는 모습 아니겠습니까? 나의 약점을 비난하는 일에는 화가 나는데, 하나님의 세계가 비뚤어져 있는 모습을 보고서도 화가 나지 않는다면, 그것은 나의 자의식(自意識)에 심각한 문제가 있다는 뜻입니다. 나는 이 사회의 부조리에 분노합니까? 나는 내 주변에서 매일같이 반복되는 불의에 대해 마음이 뜨거워집니까? 나는 아직도 하나님을 모르는 친구에게 전도할 마음이 일어납니까? 나는 세계 곳곳에 존재하는 고통과 절망을 위해 기도하고 싶은 마음이 일어납니까? 그리고 나는 그 모든 문제에 대해 지금 무슨 일을 하고 있습니까?

저는 지금 수준 높은 세계관이나 사람들이 존경할 만한 고결한 행위를 요청하는 것이 아닙니다. 믿음은 바라보게 하는 것이며, 깨달음은 행동을 요구한다는 바로 이 평범한 사실을 가지고서 지적하는 것입니다. 우리는 하나님의 전능하심을 믿습니다. 이 사실을 믿는다면, 우리는 "기도해도 소용없어"라고 말할 수 없습니다. 우리는 하나님께서 정의로우시다는 사실을 믿습니다. 그렇다면 우리가 "세상은 돈이 많고 볼일이야"라고 말해서는 안 됩니다. 우리는 하나님의 공의를 믿습니다. 그렇다면 우리는 "열심히 공부해 봐야 소용없어. 세상은 연줄 있는 사람이 출세하는 거지"라고 말할 수 없습니다. 우리는 모든 왜곡된 가치관과 경험에 대해 의문을 제기해야 하며, 분노해야 합니다. 바울이 아덴의 우상과 이교적 문화에 분노했듯이, 그리고 그것을 깨우치기 위해 매일같이 변론했듯이, 우리도 우리가 사는 이 세상에 대해 정당한 의문을 가져야 하며, 이것을 해명하기 위해 행동해야 합니다.

아직도 예수를 믿지 않는 내 주변의 친구들에게 나는 무엇을 말합니까? 학교 문을 들어서면서 동성애에 빠진 친구들을 위해 기도합니까? 하나님 말고도 살 수 있는 듯이 살아가는 친구에게 나는 무엇이라 말합니까? 내가 일하는 곳에서 당연한 듯이 매일 벌어지는 부당한 일에 대해, 나는 무엇을 하고 있습니까? 저는 이 수많은 질문을 단 하나의 질문으로 요약하고자 합니다. 우리가 기독교에 관해, 하나님에 관해, 성경에서 얻은 그 지식은 나의 판단과 삶과 기도의 내용에서 어떤 역할을 하고 있습니까?

고통을 느끼지 않는다면, 그 사람은 죽은 사람입니다. 움직이지 않는 사람 역시 죽은 사람입니다. 반응하지 않는 믿음은 죽은 믿음이며, 말만 하고 움직이지 않는 사람은 이미 병든 사람입니다. 지금 우리가 학생이냐 아니냐, 우리가 지금 한국에 있느냐 타국에 있느냐는 중요한 문제가 아닙니다. 우리가 건전한 믿음과 자의식을 가졌다면, 우리 주변에서 일어나는 모든 일에 대해 기독교인답게 반응하고 움직이는 것이 당연합니다. 우리가 바울을 위대한 사도라고 말하는 것은 어쩌면 우리의 게으름과 무관심을 감추기 위한 방편인지도 모릅니다. 그를 위대하다고 말하는 것은 우리는 평범하다는 뜻이며, 그는 위대하기 때문에 할 수 있었지만 우리는 평범하기에 그렇게 살 수 없다는 뜻이기도 하기 때문입니다.

맞습니다. 바울은 위대한 사람이었습니다. 그러나 그의 위대함은 평범한 상식, "나는 하나님의 사람이며, 하나님께서는 이 세상의 창조주이시다"라는 믿음에서 나왔습니다. 그의 상식은 우상으로 뒤덮인 아덴에 의문을 제기했으며, 자기가 아는 그 '신'을 설명하게 했습니다. 그의 믿음은 곧 행동을 의미하는 것이었습니다. 바울은 마땅히 의문해야 할 것에 의문을 던졌으며, 느껴야 할 것을 느꼈습니다. 그는 움직여야 할 일을 위해 움직였을 뿐입니다. 따라서 저는 이렇게 말하고자 합니다. 사람을 위대하게 만드는 것은 그 사람만이 가진 초월적인 능력이 아닙니다. 그가 가진 신앙, 그가 믿는 신념에 얼마나 충실하게 사느냐의 문제입니다. 빛을 보고서도 동공이 움직이지 않으면 그 사람은 이미 죽은 것입니다. 우리의 믿음이 우리 주변에 대해 느끼거나 움직이게 하지 않는다면, 우리는 이미 심각한 상태에 빠진 것입니다. 기억하십시오. 산 믿음은 느끼게 합니다. 참믿음은 말하게 합니다. 건강한 믿음은 움직이게 합니다. 건강한 믿음이 무엇인지를 생각하면서 설교를 마치고자 합니다.

37 나만이 가진 가치를 찾는다
행 18:1-11

고린도에서 전도를 시작하다

바울은 아덴 사람들의 신사적인 태도에 깊은 감명을 받았습니다. 그러나 동시에 그들의 소위 그 '신사적인 태도'가 갖는 한계도 경험했습니다. 아덴 사람 가운데 적지 않은 사람이 복음을 영접했습니다만, 그렇다고 해서 아덴에 길게 머물러야 할 만큼은 아니었던 것 같습니다. 아덴에서 전도 사역을 시작한 지 얼마 되지 않아, 바울은 이내 고린도를 향해서 떠나게 되었습니다. 고린도는 아덴에서 남서쪽으로 약 80km 떨어진 곳입니다. 고린도는 기원전 6-7세기경에 절정기를 맞았습니다. 그러나 기원전 146년 이 도시는 로마의 장군 무미우스(Mummius)에 의해 완전히 파괴되었고, 주민은 노예로 팔려 갔습니다.

기원전 46년 로마 황제 카이사르(Caesar)가 여기를 재건해서 로마의 식민지로 삼았고, 기원전 27년에는 아가야 지역의 수도가 되었습니다. 주민은 헬라인, 이탈리아 출신의 자유민, 로마군의 퇴역 장군, 상인, 정부 관리 등 여러 부류의 사람들로 구성되어 있었습니다. 고린도는 육상 및 해상 무역로가 집중되어 있었습니다. 따라서 이들은 많은 부를 축적할 수 있었습니다. 사람들은 호사스러운 생활을 했으며, 이러한 생활은 결국 그들을 윤리적, 도덕적으로 타락하게 만들었습니다. 기원전 5세기 초에 이 지역에 '고린도 사람이 되다'라는 단어가 만들어졌습니다. 이 말은 '성적(性的)으로 부도덕한 사람이 된다'라는 뜻과 동의어로 쓰였습니다. 그만큼이나 고린도 사람들이 문란하게 살았음을 보여 주는 말인 셈이지요.

바울 사도는 고린도에 도착해서 얼마 되지 않아서 아주 요긴한 동역자들을 만납니다. 이들은 바로 아굴라와 브리스길라 부부였습니다. 아굴라 부부는 원래 이탈리아 로마에서 살던 사람이었던 것 같습니다. 그러나 이들은 얼마 전 이곳으로 왔습니다. 글라우디오 황제가 명을 내려서, 로마 본토에 사는 유대인을 강제로 추방했기 때문입니다. 아굴라 부부는 염소나 소 등의 가죽으로 천막을 만들어서 생활했습니다. 한편 바울 역시 사람인지라 먹고 살 방책이 필요했습니다. 바울은 틈틈이 천막을 만들어서 먹을 것을 마련했습니다. 바울의 출생지인 길리기아 다소의 주변에는 염소 가죽이 많이 났다고 하는데, 이 가죽이 천막의 재료로 유명했다고 합니다. 이런 환경을 보았을 때, 바울이 천막 만드는 법을 전문적으로 배우지는 않았다 하더라도 전혀 모르지는 않았을 겁니다.

어쨌든, 천막 일을 통해서 바울은 아굴라와 브리스길라라는 동역자를 자연스레 만날 수 있었습니다. 이들이 바울에게 적지 않은 위로가 되었을 것은 분명합니다. 바울의 기쁨은 실라와 디모데가 오면서 더욱 커졌습니다. 데살로니가전서의 기록을 따르면, 디모데는 바울에게 오면서 데살로니가 교회에 관한 소식을 전했습니다. 또 실라는 빌립보 교회의 소식과 함께 이들이 보낸 헌금을 가지고 왔습니다. 실라의 헌금으로 인해서 바울은 천막 짓는 일을 쉴 수 있었던 것 같습니다. 이로써 바울은 전도하는 일에 좀 더 시간을 투자할 수 있었습니다.

반대와 성공의 사이에서

그러나 바울의 전도는 순조롭지 않았습니다. 고린도 사람들은 바울의 전도에 대해서 극히 부정적이었습니다. 그런데 우리는 바울에 반대하는 이들이 누구인지를 살펴봐야 합니다. 본문 6절에 나오는 '그들'은 유대인들이었습니다. 바울은 고린도에서도 유대인 회당을 일차적으로 공략했던 것이 틀림없습니다. 과연 사도행전 18장 4절을 보면 바울은 실라와 디모데가 오기 전부터 이미 회당에 가서 유대인에게 전도했던 것으로 기록되었습니다. 실라와 디모데가 온 후에도 바울은 유대인들에게 예수 그리스도를 소개했습니다. 바울은 가는 곳마다 유대인이 방해하는 일을 이미 경험했습니다. 그러나 고린도에서의 반대는 생각보다 훨씬 심각했습니다.

본문 6절을 보면 고린도 사람들, 특히 유대인이 바울을 대적했다고 말합니다. 이 '대적하다(ἀντιτάσσω)'라는 말은 '반대편에 서다'라는 뜻입니다. 그리고, '비방하다(βλασφημέω)'라는 말은 '불경건하게 말하다', 즉 '모욕하다', '조롱하다'라는 뜻입니다. 다시 말해 바울이 전하는 그리스도 예수를 모욕하고 조롱했다는 뜻입니다. 이 두 단어는 유대인들의 반대가 개인적인 견해의 차이라는 수준을 넘어 조직적이었다는 사실을 암시하는 것 같습니다. 따라서 고린도 지역의 유대인들은 바울의 전도에 대해서 떼를 지어 반대하여 그리스도를 모욕했다고 말할 수 있습니다. 이 반대가 얼마나 심했는지, 바울은 마침내 이렇게 말합니다.

… 너희 피가 너희 머리로 돌아갈 것이요 나는 깨끗하니라 이후에는 이방인에게로 가리라 (6절)

이 말의 의미가 어떤지는 우리가 잘 압니다. 그가 얼마나 이 일에 큰 충격을 받았는지, 능히 짐작할 만합니다.

바울은 이렇게 마음을 정한 후에 곧바로 집을 옮겼습니다. 바울이 머물 새집의 주인은 유스도였습니다. 이 사람의 이름은 디도 유스도, 즉 티투스 유스투스(Titus Justus)입니다. 다시 말해, 이 사람이 로마 시민권을 가진 사람이었을 확률이 매우 크다는 뜻입니다. 바울이 이 집을 의도적으로 찾았는지는 분명하지 않습니다. 하지만 이 얼마나 절묘한 선택이었는지요! 바울을 조직적으로 반대하는 유대인이 적지 않은 지금, 로마 시민권을 가진 유스도의 집은 바울을 안전하게 지켜 주는 역할을 톡톡히 했을 것입니다. 뿐만 아니라 이 집 바로 옆에는 유대인의 집회 장소인 회당이 있었습니다. 그런데 바로 이어지는 8절을 보면, 회당장 그리스보가 예수를 영접했다고 알려 줍니다. 유대인의 종교와 정신의 지주라 할 수 있는 회당장이 그리스도인이 되었다! 이 사건은 이 지역의 유대인에게 큰 충격을 주었습니다.

자, 이런 일들의 결과로 고린도에 교회가 설립되었습니다. 성경 이곳 저곳을 종합해 보면 고린도 교회의 초창기 멤버들은 이렇습니다. 유스도와 그리스보, 에배네도와 스데바나(롬 16:5; 고전 16:15), 브드나도와 아가이고(고전 16:17) 등등. 고린도 교회는 이처럼 이방인들이 다수를 이루었으며, 여기에 소수의 유대인이 있었습니다. 말하자면, 고린도 교회는 이방인이 주축을 이루는 국제 교회가 되었던 것입니다. 8절 후반부에서 이렇게 말합니다.

> … 수많은 고린도 사람도 듣고 믿어 세례를 받더라 (8절b)

"듣고 믿어 세례를 받더라(ἀκούοντες ἐπίστευον καὶ ἐβαπτίζοντο)"라는 부분의 문법적 표현은 '듣고 믿어 세례를 받는' 일이 단회적이 아니라 지속적으로 일어났음을 알립니다. 이로써 바울을 중심으로 실라와 디모데 등의 공동 사역이 성공적으로 계속되었음을 알리는 것입니다.

갈등과 선택의 기로에서

이렇게 하여 바울의 사역은 일단 안정기에 접어들었습니다. 하지만 문제가 남아 있었습니다. 바울 일행의 사역은 분명 값진 것입니다. 더구나 이 성공은 유대인들의 적극적이고 조직적인 반대 속에서 일궈 낸 것이었습니다. 그러나 이들의 반대는 여전히 계속되고 있었습니다. 강하고 지속적인 반대와 이 가운데 일궈 낸 성공, 누구라도 이 상황 속에서 한 번쯤은 생각해야 할 갈등이 여기에서 시작됩니다. 성공은 좋은 일입니다. 그러나 그 못지않은 격렬한 방해 공작이 끊임없이 이어진다면, 이 일을 그래도 계속해야 할까요? 방해를 무릅쓰고서라도 작은 성공을 계속 유지할 것인가? 아니면 방해를 피해서 더 큰 성공을 노릴 것인가? 고생을 기왕 할 것이라면 차라리 우호적인 분위기를 찾아가서 거기서 일하는 것이 낫지 않을까요?

이 갈등의 뒤에는 이른바 '효율'이라는 개념이 도사리고 있습니다. '효율'이라는 말의 뜻을 찾아보면 "들인 노력과 얻은 결과와의 비율, 즉 일의 능률"이라고 풀이되어 있습니다(민중 국어사전). 효율이라는 단어는 유한한 세계에 사는 인간이라면 누구라도 추구하는 덕목입니다. '가능한 한 적은 노력을 들여서 가장 큰 성과를 얻는다.' 이것을 싫어할 인간은 어디에도 없다는 말씀입니다. 바울을 보십시오. 그는 고린도에서 이런 갈등에 휩싸여 있습니다. 고린도에 이제 교회가 설립되었으니, 바울이 떠나는 것이 좋지 않겠습니까? 세계 곳곳에서 그리스도의 복음을 요청하고 있습니다. 고린도에서 조직적인 반대가 이어지는데, 바울이 고린도에서 이들의 방해와 싸우느니 차라리 복음을 아직 모르는 곳에서 일하는 것이 낫지 않겠습니까?

그러나 하나님의 사역은 효율이라는 관점에서만 볼 수 없습니다. 하나님의 뜻은 그와 반대였습니다. 본문 9-10절에는 이렇게 기록되어 있습니다.

밤에 주께서 환상 가운데 바울에게 말씀하시되 두려워하지 말며 침묵하지

말고 말하라 내가 너와 함께 있으매 어떤 사람도 너를 대적하여 해롭게 할 자가 없을 것이니 이는 이 성 중에 내 백성이 많음이라 하시더라 (9-10절)

주님께서 바울에게 나타나셨습니다. 바울에게 말씀하셨습니다. "두려워하지 말라. 잠잠하지 말고 말하라." 이 말씀은 바울의 마음에 적지 않은 두려움이 있음을 암시합니다. 다시 말해, 고린도 사람들의 적대 행위가 바울에게도 적잖은 위협으로 느껴졌다는 말씀입니다. 주님께서는 바울에게 차라리 딴 곳으로 가는 것이 어떻겠느냐고 말씀하지 않았습니다. 오히려 잠잠하지 말고 말하라고 말씀하셨습니다. 잠잠하지 말고 전하라는 말씀과 함께, 주님께서는 한 가지를 보장하셨습니다. "내가 너와 함께 있겠다. 따라서 누구라도 너를 해칠 자가 없을 것이다." 이것이 고린도에서 버티면서 계속 사역해야 할 바울에게 주어진 주님의 약속이었습니다.

그런데, 주님께서 이렇게까지 바울을 고린도에 남겨 두셔야 할 이유가 무엇이었을까요? 본문 10절에 그 이유가 이렇게 설명되어 있습니다.

이 성 중에 내 백성이 많음이라 (10절)

하나님께서 바울을 고린도에 계속 머물게 하시는 이유가 바로 여기에 있었습니다. 바울이 고린도에서 거둬야 할 영혼이 아직 많기 때문이라는 것이지요.

고린도의 유대인들이 기를 쓰고서 바울의 사역을 방해했습니다. 이 현실은 바울을 두렵게 했습니다. 이 상황에서 바울이 다른 곳으로 간다고 해서 나무랄 사람은 없었을 것입니다. 고린도에 이미 교회가 서서 회당장인 그리스보까지 신자가 되었고, 더 효율적인 선교를 위해서라면 탁월한 일꾼 바울 사도를 이 정도 선에서 이동하는 것이 차라리 더 나은 선택이었을 것입니다. 그러나 주님께서는 그렇게 생각하지 않으셨습니다. '바울이 거둬야 할 영혼이 아직 많이 남았다!' 이것이, 더 긴 장래를 내다보는 주님의 판단이었습니다. 이렇게 하여 바울은 고린도에서 무려 1년 반을 더 머물게 되었습니다.

효율성에 지배되지 않는 교회

이름을 잊었습니다만, 인도 선교의 초창기에 영국에서 파송된 한 선교사가 있었습니다. 그는 인도에서 60년을 일한 것으로 알려졌습니다. 그는 그 60년 동안에 단 두 명을 전도했습니다. 그나마 한 사람은 임종 무렵에 얻은 전도의 열매였습니다. 하나의 생명으로 두 생명을 전도했다…. 이 일이 개인적인 전도의 결과였다면 밑지는 장사는 아닙니다. 한 생명으로 둘을 구했으니 말입니다. 그러나 이 결과는 선교사가 육십 평생 일군 사역의 열매였습니다. 바로 이 점에서 사람들은 이른바 '효율'을 생각합니다. 이 선교사가 60년 동안 인도에서 일하기 위해서는 실로 엄청난 선교비가 지출되었을 것입니다. 그리고 그는 해마다 선교 본부에 사역 보고를 보냈을 것입니다. 이 선교사의 보고서를 보면서 참 열심히 일한다고 말할 사람이 몇이나 있었겠습니까? 그러나 선교 본부는 이 선교사가 인도에 열매도 별로 없이 육십 평생을 선교하도록 허락했습니다.

비록 인간의 눈으로는 실패, 혹은 비효율적인 투자임이 틀림없었겠지요. 그러나 하나님의 일에 어떤 것이 더 낫고 덜하다는 판단은 누가 하는 것입니까? 하나님의 일이 아니라 그 어떤 일이라 하더라도 그것을 판단하는 궁극적인 권리와 능력은 어디에, 그리고 누구에게 있지요? 주님께서 바울에게 말씀하십니다. "너는 여기에 1년 반 더 있거라." 왜죠? "네가 거두어야 할 영혼이 아직 여기에 더 남았다." 바울이 이렇게 질문할 수 있지 않았을까요? "주님, 제가 고린도에 남아서 쏟아야 할 노력으로 딴 곳에서 일한다면 더 많은 결실을 맺을 수 있지 않을까요?" 그러나 그것은 바울의 판단일 뿐입니다. 주님께서 거기 남기를 원하셨습니다. 그렇다면 바울은 고린도에 남아 있어야 합니다. 이제 떠나도 좋다는 주님의 허락이 있을 때까지, 바울은 거기에 머물러 일해야 했습니다. 이것이 사역자의 태도이며, 하나님의 사람이 가져야 할 자세입니다.

바울은 이 효율성의 문제를 놓고 아주 심각하게 기도한 적이 있습니다. 그에게는 지병(持病), 즉 끊임없이 그를 괴롭히는 병이 있었습니다. 혹은 이 병이 '안질'이라고도 말하며, 혹은 '간질'이라고도 말합니다. 그는 이 병을 놓고 세 번이나 기도했습니다. 병 없는 몸으로 주님을 위해서 열심히 일하면, 병중에 일하는 것보다 확실히 낫겠지요? 그러나 하나님께서 이 기도에 아주 간단히 응답하셨습니다. "내 은혜가 네게 족하도다!"(고후 12:9). 이렇게 하나님의 생각은 인간의 효율성과 거리가 먼 것입니다.

부끄러운 일입니다만, 제가 한국에 있을 때 어떤 선배 목사님께서 이렇게 말씀하신 적이 있습니다. "목사는 부동산에 대해서 잘 알아야 한다." 소위 목 좋은 곳이 있습니다. 사람이 많이 지나다닐 뿐만 아니라 돈을 풀어놓기에 적합한 땅은 따로 있다는 말입니다. 상업적인 측면에서 본다면 이런 장소야말로 소위 돈 되는 땅입니다. 상업적인 가치가 있는 땅이 바로 이곳이며, 이런 땅이야말로 값이 비싸게 매겨집니다. 교회 역시 그런 측면에서 평가되는 것이 엄연한 현실입니다. 소위 목 좋은 곳에 위치한 교회가 있다는 뜻이지요. 사람이 많이 몰리는 곳에 있는 교회, 이것이 보다 많은 영혼을 구하기 위한 충정에서 나온다면 얼마나 좋겠습니까?

뿐만 아니라 목회자 개인에게도 똑같은 문제가 있습니다. 사람이 많아서 교인을 많이 만날 수 있는 도회지가 좋겠습니까, 아니면 노인들만 덩그러니 남은 시골이 좋겠습니까? 어차피 한 번 사는 인생인데, 좀 더 많은 사역의 열매를 맺는 곳이 좋지 않겠습니까? 그러나 설사 그렇다 하더라도 문제는 여전히 남습니다. 교회마다 소위 목 좋다는 곳을 선호한다면, 소위 돈이 되지 않고, 그래서 인기도 없는 곳은 도대체 어떻게 해야 합니까? 목회자마다 소위 경쟁이 치열하지만 누구나 사역의 열매가 화려한 곳을 찾는다면, 그렇지 않은 지역의 영혼은 어떻게 해야 합니까? 저는 교회든, 목회자든, 아니 모든 하나님의 백성들이 경제 논리에 의해서 교회와 선교를 판단하는 이 현실에 매우 조심스러워야 한다고 생각합니다.

어떤 분의 자료에 따르면, 독일 땅에 한인 교회가 300여 개 있다고 합니다. 아시다시피 독일 땅에는 약 3만 5천 명 정도의 한인이 있습니다(2008년 당시). 그러나 이 인구는 베를린이나 함부르크, 쾰른, 프랑크푸르트 등지의 권역에 집중되어 있습니다. 이런 심한 편차는 한인 교회의 분포를 기형적으로 만들었습니다. 그러나 생각해 봅시다. 어디에 산다고 영적인 혜택이 넘치도록 풍성하고, 어디에 산다고 소홀하게 대해질 수 있는 것일까요? 한 영혼의 무게와 가치가 어디에 산다고 달라질 수 있겠습니까? 그럼에도 불구하고 이 질문은 치열한 효율성의 논리에 의해서 무참하게 도전받고 있는 것이 우리 대부분의 경험입니다. 그리고 정확히 바로 여기에 하나님의 도전이 존재합니다.

좋은 교회란 어떤 교회일까요? 사람이 넘치고 물자도 풍성한 교회? 어려울 때 도움을 받아서? 여러 가지 프로그램이 좋아서? 예배가 경건하고, 설교가 알아듣기 쉬워서? 아니면 내 취향에 맞는 사람이 많아서? 이런 기준들이 소위 '좋은 교회'의 조건이 된다면, 우리는 서슴없이 소위 목 좋은 교회가 있는 대도시로 뛰쳐나가야 할 것입니다. 그렇다면 그렇지 않은 사람들은 무엇입니까? 교통비 없고, 혹은 그렇게 마음에 드는 교회까지 멀리 갈 열심은 없는 사람들입니까? 가난한 교회가 불쌍해서 그냥 앉아 있는 사람들입니까? 교회의 가치는 하나님께서 판단하시며, 그 교회가 있어야 할 이유 역시 오직 하나님만이 판단하십니다.

나만의 가치를 지닌 인간으로서 살기

저는 지금, 교회의 가치라고 할까, 특히 가난하고 시골에 박힌 영세한 교회도 가치가 있다는 말씀만을 전하려는 것이 아닙니다. 저는 지금까지 교회의 가치를 말하면서 하나님만의 판단 기준이 있다는 사실을 전했습니다. 그러므로 본문의 말씀이 비단 교회에만 국한되어서는 안 됩니다. 하나님만의 판단 기준은 우리 삶의 모든 부분에서도 적용되어야 합니다. 예를 들어 보지요. 우리가 유학을 왔어야 했습니까? 오기를 참 잘했다거나 시간 낭비였다고 판단한다면, 그 근거는 무엇입니까? 한국으로 돌아가서 유학 안 나온 사람보다 더 잘사는 것? 예를 들어 카셀보다 뒤셀도르프가 더 나을 뻔했다고 생각하신다면, 그 근거는 어디에 있습니까? 학교가 좋기 때문에? 한인들이 거기에 많이 있어서 환경도 좋고, 먹을 것도 많고, 게다가 거기에 좋은 교회도 있어서요? 그러나 생각하십시오. 모든 가치는 하나님께서 결정하시는 것입니다. 내게 필요해야 가치 있는 것입니다. 내가 어디에 있는 것이 필요하다고 생각하신다면 하나님께서 그렇게 하실 것입니다. 그러므로 내가 어디에 있든지 거기에서 최선을 다하면 좋은 것입니다.

인간의 안목으로 이 가르침을 풀자면, 저는 이렇게 말씀드려야겠습니다. 모든 가치는 하나님의 뜻에 근거하여 인간 스스로가 만들어 내는 것입니다. 하나님께서 지금 내가 어디에서 무엇을 하기 원하시는지를 묵상하면서 그 뜻을 이루기 위해 하루하루 최선을 다하는 것, 이것이 하나님의 자녀들에게 요청되는 삶의 모습입니다. 이런 자세로 하루하루를 살아가는 사람만이 변하지 않는 나만의 가치를 창조할 수 있습니다. 이런 사람은 어디에서, 혹은 어떠한 조건 아래 살더라도 영속적인 가치를 지닌 사람으로서 존재할 수 있습니다. 세상은 가장 높고 가장 고상한 것만을 추구합니다. 그래서 오직 일등만이 가치 있다고 말하지요. 그러나 하나님의 가치는 다릅니다. 있어야 할 곳에 있으며 해야 할 일에 성실한 사람, 하나님께서는 그 자리와 일이 비록 시원치 않아 보인다고 하더라도 거기에 있는 그 사람을 '가치 있는 사람'이라 말씀하실 것입니다. 그는 하나님께서 필요하다고 생각하신 그 자리에서, 하나님께서 하기를 원하시는 그 일을 하고 있기 때문입니다.

여러분은 자신을 하나님 앞에 가치 있는 사람으로 사십니까, 아니면 사람들이 가치 있다고 생각하는 그것을 탐내십니까? 인간의 가치를 매기는 것은 남이 아닌 바로 내가 어떤 기준을 따라서 사느냐에 달려 있습니다. 세상의 기준을 따라 산다면, 우리는 머지않아 성공한 유일한 사람으로 살든지 아니면 가치 없는 이등, 혹은 삼등으로서 살게 될 것입니다. 그러나 하나님의 기준을 따라 산다면, 나는 어디에서든 나만의 가치를 지닌 사람으로서 살 것입니다. 저는 여러분 하나하나가 남과 비길 수 없는 나만의 가치를 지닌 사람으로서 이 세상에서 살아가기를 원합니다. 부디 여러분 자신의 가치를 하나님에게서만 찾으시길 바랍니다.

38 하나님께서 일하시는 방식에 관하여
행 18:12–28

갈리오의 총독 부임과 유대인의 고소

바울 일행이 고린도에서 공동으로 사역할 무렵, 고린도 지역에 정치적인 변화가 있었습니다. 이 무렵 고린도에 새로운 총독이 부임했습니다. 본문의 12절은 이렇게 말합니다.

갈리오가 아가야 총독 되었을 때에… (12절a)

바울 일행이 1년 반을 고린도에 머물면서 전도하던 시기에 '갈리오'라는 인물이 아가야 지역의 총독으로 부임하게 되었습니다. 고린도가 아가야 지방의 수도인 사실은 이미 지난번에 말씀드렸지요? 갈리오의 공식 이름은 마르쿠스 안네우스 노바투스(Marcus Annaeus Novatus)라고 합니다. 그는 스페인 출신으로 수사학자이자 갑부인 마르쿠스 안네우스 세네카(M.A. Seneca: B.C. 50 – A.D. 40)의 아들이며, 스토아 철학자이자 정치가, 희곡 작가인 루키우스 안네우스 세네카(L.A. Seneca: B.C. 4 – A.D. 65)의 동생이었습니다.

갈리오는 로마 황제 글라우디오의 통치 기간(A.D. 41-54) 중에 로마로 가서 로마의 수사학자 루키우스 유니우스 갈리오(Lucius Junius Gallio)의 양자가 되었습니다. 갈리오는 A.D. 51년 7월 1일 아가야의 총독이 되었습니다. 그는 A.D. 65년 네로를 제거하려는 음모에 가담한 혐의로 자살할 것을 강요받아 죽었습니다. 그는 독창적이며 청렴결백하고, 온화한 성격의 소유자라는 평을 들었습니다. 참고로 갈리오가 부임한 아가야는 B.C. 27-15년까지 원로원의 관할 지역이었습니다. 그 후 황제의 직속 영지가 되었다가 A.D. 44년부터 다시 원로원의 관할 지역이 되었습니다. 따라서 본문이 기록된 시기는 총독에 의해 통치되었던 때였습니다.

갈리오가 황제에 의해 총독으로 파송되어 고린도에 부임하자, 고린도 지역의 유대인들은 집단으로 행동을 시작했습니다. 본문 12-13절의 기록을 봅시다.

> … 유대인이 일제히 일어나 바울을 대적하여 법정으로 데리고 가서 말하되
> 이 사람이 율법을 어기면서 하나님을 경외하라고 사람들을 권한다 하거늘
> (12b-13절)

이 집단행동은 바울 일행을 방해하려는 것이었습니다. 유대인은 갈리오에게로 바울을 끌고 와서 고발했습니다. 고발의 내용은 무엇보다도 율법을 어겼다는 것이었습니다. 그들의 주장에 따르면 바울은 불법적인 종교를 전파했습니다. 로마의 법률에 따르면, 로마 당국으로부터

허가를 받지 않은 종교는 모두 불법입니다. 가이우스 칼리굴라 황제는 자신의 상(像)을 예루살렘 성전에 세워 놓고 이를 신격화했습니다. 그러나 그의 후계자인 글라우디오는 칙령을 내려서 유대인들이 로마 제국 어디에서든지 자신의 종교를 따라 예배할 수 있도록 허락했습니다. 말하자면, 유대교는 로마 제국으로부터 인정받은 종교였던 것이지요.

우리가 주목해야 할 것은 이들이 이처럼 떼를 지어 총독을 찾아가 고소하는 행위입니다. 시간적인 관점에서 생각할 때 바울은 고린도에서 이미 8-9개월을 전도하고 있었습니다. 바울 사도가 고린도에서 사역하기 시작한 시기가 주후 50년 가을 무렵이기 때문입니다. 바울이 전하는 종교가 정말 말 그대로 불법이어서 총독에게 고발할 정도였다면, 그들은 왜 이제야 그렇게 하는 것일까요? 그러므로 우리는 이들이 이제야 바울을 고발한 이유를 다른 곳에서 찾아야 할 것입니다. 결론적으로 말씀드리자면, 그들은 총독이 새로 부임하는 시기를 틈타서 그리했을 것이라고 봐야 합니다. 새로 총독이 부임하면 당연히 현지 주민들의 마음을 사기 위해서 노력할 것이고, 따라서 유대인들이 집단으로 고소하면 총독은 어지간해서는 이들의 요구를 들어줄 수밖에 없을 것입니다. 유대인들은 바로 이 점을 노렸던 것이지요.

어쨌든, 떠들썩하게 지껄이는 유대인들의 고소에 대해서 바울이 나름대로 변호하려 할 때, 갈리오가 재빠르게 답변했습니다. 본문 14절 이하의 말씀입니다.

바울이 입을 열고자 할 때에 갈리오가 유대인들에게 이르되 너희 유대인들

아 만일 이것이 무슨 부정한 일이나 불량한 행동이었으면 내가 너희 말을
들어 주는 것이 옳거니와 만일 문제가 언어와 명칭과 너희 법에 관한 것이면
너희가 스스로 처리하라 나는 이러한 일에 재판장 되기를 원하지 아니하노
라 하고 (14-15절)

"부정한 일(ἀδίκημα)"이란, 문자 그대로 '불법적인 행동', '잘못된 행위'
를 가리킵니다. 또 "불량한 행동(ἢ ῥᾳδιούργημα πονηρόν)"이란, '잘못된 행
동이나 범죄'를 뜻합니다. 말하자면 바울의 행위가 로마법에 의해 불법
이면 총독인 자기가 당연히 관여할 것이라는 의미입니다. 그러나 갈리
오는 유대인의 고소에 대해 관여할 의도가 없었습니다. 그가 보기에 이
들의 고소 내용은 유대교 내부의 문제였기 때문입니다. 갈리오는 이렇
게 명쾌하게 판단했습니다. 이들의 갈등은 유대교 안에서 신의 말씀,
즉 로고스(λόγος)와 신의 이름(ὄνομα), 그리고 율법(νόμος)을 둘러싼 논쟁이
었습니다.

　로마의 법률은 식민지 각 지역의 종교와 문화를 존중했습니다. 각 지
역의 가치관과 문화를 적당히 인정해야만 식민지 백성의 불만을 줄일
수 있었기 때문입니다. 유대교가 로마 당국의 허가를 받았던 것도 바로
이 때문이었습니다. 그런데 갈리오가 볼 때, 유대인들은 지금 로마의
총독에게 와서 유대교 내부의 갈등에 관하여 고소하고 있습니다. 법률
적으로는 총독의 권한으로 뭐라고 판결해도 되겠지만, 그러나 이런 문
제는 가능한 한 거리를 두는 것이 좋습니다. 종교적인 갈등은 다루기가
여간 까다롭지 않아서 섣불리 끼어들면 빠져나오기도 어렵고, 따라서

본전을 찾기도 어렵기 때문입니다. 갈리오 총독은 유대인들의 고소에 대해서 간섭하기를 거절했습니다. 따라서 갈리오는 이 골치 아픈 문제에 대해서 자신의 태도를 재빨리 표시했습니다. 갈리오는 이 소란스러운 무리를 즉시 쫓아냈습니다.

바울이 고린도를 떠나다

이렇게 해서 유대인들의 음모는 실패로 끝났습니다. 그런데 본문 17절을 보니, 이 일 후에 일어난 사건을 이렇게 기록하고 있습니다.

> 모든 사람이 회당장 소스데네를 잡아 법정 앞에서 때리되 … (17절a)

소스데네라는 회당장의 이름에 대해 의문을 가지실 줄 압니다. 바로 전주에 읽은 본문에서는 당시 고린도 시의 회당장이 그리스보라고 했기 때문입니다. 그러나 당시의 회당에는 여러 명의 회당장이 있었기 때문에 이상할 것은 없습니다. 어쨌든, 여기에 등장하는 "모든 사람($\pi\acute{\alpha}\nu\tau\epsilon\varsigma$)"은 유대인들이 아닙니다. 이 소란스러운 광경을 지켜보던 그리스 사람들을 가리킵니다. 그리스 사람들은 신임 총독 갈리오가 유대인들의 집단 소송에 대해서 이유가 없다고 기각하자, 이런 소동을 벌이는 유대인의 대표 격으로 소스데네를 끌어내서 두들겨 팼습니다. 이 일은 사도행전 18장에서 하나의 에피소드에 불과합니다. 그러나 우리는 이 일을 통해서 한 가지 사실을 알게 됩니다. 그리스 사람들이 유대인들을 몹시 싫어했다는 겁니다.

이제 생각해 봅시다. 바울은 이 사건이 있은 지 몇 달 후에 고린도를 떠났습니다. 그런데 이 사건이 무슨 의미가 있는 것일까요? 저는 이 질문에 대해 이렇게 말씀드리고자 합니다. 바울 사도의 전도 전략이 지혜로웠다는 것입니다. 바울의 전도 전략이 무엇입니까? 가는 곳마다 제일 먼저 회당을 찾아가서는 거기서 유대인들을 전도하는 것 아닙니까? 선교 전략적인 관점에서 이 방법은, 전도할 때 전도 대상과 함께할 만한 어떤 공통점이 있어야 한다는 원리를 보여 줍니다.

무슨 말을 하든지 상대와 공통점이 있어야 대화를 풀어나갈 수 있습니다. 낯선 사람을 만날 때 우리가 먼저 날씨나 가정에 관해서 이야기를 꺼내는 것은 바로 이 때문입니다. 바울은 가는 곳마다 회당을 찾아가서 그들이 믿는 구약과 율법을 먼저 이야기했습니다. 이로써 바울 자신이 그들과 한 부류임을 보여 주었지요. 그러나 바울은 바로 그 율법을 근거로 해서 예수 그리스도를 설명하는 데까지 나아갔습니다. 이것은 적어도 두 가지 점에서 유익합니다. 첫째는, 유대인이 구약적 이미지 위에서 예수 그리스도를 이해하는 데 도움이 된다는 것입니다. 두 번째는, 바울과 유대인 사이에 갈등이 일어나더라도 이것을 바라보는 이방인들이 옳고 그름을 판단하기가 쉽지 않다는 점입니다.

두 번째 장점이 바로 본문의 사건에서 적용됩니다. 유대교의 배경이 없는 그리스인들이 보기에는 예수든, 여호와든, 유대교 안에서 일어나는 신학적 논쟁일 뿐이었습니다. 갈리오가 유대인과 바울의 논쟁을 놓고 "이것은 언어와 명칭과 법의 문제다"라고 말한 것이 바로 이 이유 때문입니다. 이처럼, 그리스인은 바울과 유대인 사이의 논쟁에서 어느 쪽을 역성들기가 쉽지 않았을 것이 분명합니다. 바울의 지혜가 바로 여기 있습니다. 그는 유대인의 가르침과 다른 새로운 도(道)를 전했습니다. 그러나 그는 교묘하게도 유대교와 기독교 사이의 어디에 분명하게 경계선을 그을 수 없는 신학적 논쟁을 불러일으켰습니다. 말하자면 바울이 전하는 예수교는 유대교와 교집합(交集合)적인 관계를 갖고 있었다는 것입니다. 이로써 그는 때론 유대인에게 보호받고 동시에 때론 비유대인에게도 보호받을 수 있었습니다.

바울의 이 전략이 세계 선교에 어떤 영향을 주었을까요? 바울이 갈리오에게서 받아 낸 판결은 앞으로의 선교에 지대한 공헌을 할 것이 틀림없습니다. 다시 말해서 유대인과 바울이 종교적 강조점을 놓고서 싸움하는 모습으로 보이는 한, 로마는 유대인의 편을 들어 주지 않을 것입니다. 따라서 바울은 앞으로도 세계 어디를 가든지 회당을 먼저 찾아가서 종교 논쟁을 일으키는 방식으로 자신의 종교를 전파하고, 동시에 로마 당국의 중립적 태도를 기대할 수 있게 되었습니다.

바울이 떠난 후…

말씀의 교훈에 도달하기 위해서 우리는 조금 더 진도를 나가야 하겠습니다. 바울은 갈리오 총독의 판결 후 얼마간 더 고린도에 머물다가 겐그레아를 거쳐서 에베소로 이동했습니다. 이 길에 브리스길라와 아굴라가 동행했는데, 바울은 이들을 에베소에 머물게 하고 자기 혼자 계속 이동해 갔습니다. 에베소에 머물 때 바울은 여러 기회를 통해서 복음을 전했는데, 여러 사람이 더 머물러 달라 요청했습니다만 듣지 않았습니다. 아직 드러나지는 않았습니다만, 바울의 마음에 한 가지 계획이 있었기 때문입니다. 그런데 바울이 떠난 후 에베소 사람들에게 한 가지 좋은 소식이 있었습니다. 이 에베소에 아볼로라는 사람이 온 것입니다. 아볼로는 알렉산드리아에서 온 사람입니다. 그는 학문이 많은 사람(ἀνὴρ λόγιος), 즉 배운 것이 많아 말을 잘하는 사람이었습니다.

아볼로는 일찍부터 예수의 도를 접했는데, 에베소에 와서도 열심으로 예수를 전했습니다. 아볼로가 예수를 전하기 위해서 열심히 회당을 드나들 때, 마침 이곳에 남아 있던 브리스길라와 아굴라가 이 모습을 보았습니다. 반가운 일이었지만 이들이 볼 때 아볼로에게는 한 가지 아쉬운 점이 있었습니다. 아볼로는 "요한의 세례만 알 따름이라"(25절), 즉 성령의 세례에 관해서는 몰랐던 것입니다. 다시 말해 아볼로가 아는 '예수'는 예수의 제자들에 의해 알려진 예수, 즉 말씀대로 나시고 죽으시고 부활하신 그리스도로서의 예수가 아니라 세례 요한에 의해서 알려진 예수, 즉 메시아로서의 예수만을 알고 있었던 것입니다. 브리스길라와 아굴라는 즉시 아볼로를 불러서 자신들이 믿는 예수 그리스도를 전했습니다. 이로써 유식하고 말 잘하는 아볼로는 예수에 관한 정확한 지식을 더하게 되었습니다.

아볼로의 등장은 바울의 이동으로 인해서 다소 허전해진 아가야 지방의 선교에 새로운 활력을 주었습니다. 아볼로는 브리스길라와 아굴라 부부로부터 예수교의 진수를 전해 받은 후 아가야 지방, 즉 고린도 지역으로 가기를 원했습니다. 이에 브리스길라와 아굴라는 아볼로를 소개하는 추천장을 써 주었지요. 이렇게 하여 아볼로의 고린도 지역 사역이 있게 된 것입니다. 성경에 능한 데다가 복음의 핵심을 깨달은 아볼로는 탁월한 학식과 언변을 가지고 활발하게 사역하게 됩니다. 그의 이런 은사들은 어디를 가든지 유대인과의 논쟁에서 승리하게 했습니다.

이제 생각해 봅시다. 바울이 고린도와 에베소를 떠난 후, 브리스길라와 아굴라뿐만 아니라 실라와 디모데가 이 지역의 선교를 떠맡게 됩니다. 거기에 아볼로가 와서 브리스길라와 아굴라 부부의 선교 활동을 더욱 활발하게 했습니다. 우리는 이런 움직임이 절대 우연이 아님을 압니다. 우리는 이 같은 선교의 연속성이 하나님의 치밀한 계획 아래에서 이루어지고 있음을 알고 있습니다. 바울은 고린도전서 3장에서 이렇게 말합니다.

> 그런즉 아볼로는 무엇이며 바울은 무엇이냐 그들은 주께서 각각 주신 대로 너희로 하여금 믿게 한 사역자들이니라 나는 심었고 아볼로는 물을 주었으되 오직 하나님께서 자라나게 하셨나니 그런즉 심는 이나 물 주는 이는 아무것도 아니로되 오직 자라게 하시는 이는 하나님뿐이니라 (고전 3:5-7)

이 말은 비록 아볼로파와 바울파, 베드로파로 분열된 고린도 교회를 배경으로 하는 것이지만, 바울은 진리를 있는 그대로 표현한 것이 틀림없습니다. 그렇습니다. 바울은 복음의 씨를 뿌렸고 아볼로는 여기에 물을 주었습니다. 그러나 바울이 강조해 마지않는 사실이 있지요. 이 모든 일이 하나님의 한 계획 아래에서 일어난 일이라고 말입니다. 하늘의 별과 같은 수많은 하나님의 종들이 있었습니다. 이들은 위대한 사역들을 보여 주었지만, 그들 자신이 주인공은 아니었습니다. 그들은 하나님의 일을 했을 뿐입니다. 따라서 씨를 뿌리고 물을 주며 가꾸어서 열매를 맺는 이 모든 과정은 오직 한 분 하나님께서 하신 일일 뿐입니다. 우리는 지금 본문에서 바로 이 사실을 볼 수 있어야 합니다. 다시 말씀드립니다. 고린도와 에베소 지역을 중심으로 일어나는 사건들은 선교의 중심에 바울도 아니고, 아볼로도 아니고, 브리스길라나 아굴라도 아닌, 바로 하나님께서 서 계신다는 말씀입니다.

하나님 중심의 선교를 바라보며…

몇 번인가 말씀드렸습니다만, 저는 생각의 갈림길에 설 때면 슬그머니 헤라클레스 성에 올라가 카셀 땅을 내려다보곤 합니다. 이 카셀 땅을 하나님께서 말씀으로 통치하는 것. 이것 외에 내가 카셀 땅에 있을 이유는 없다는 사실을 잊지 않기 위해서입니다. 우리는 저마다 나름의 사연을 안고 이곳까지 오게 되었습니다. 어떤 사람은 공부하기 위해서 왔으며, 또 어떤 사람은 삶의 터전을 갖기 위해서 왔습니다. 그런데 그리스도를 구주로 영접한 사람들은 또 하나의 공통적인 삶의 의미를 갖고 있습니다. 우리는 그의 자녀이며, 동시에 그분의 이름을 전하기 위해서 존재합니다. 내가 살아가는 것, 혹은 내가 살아야 할 이유는 내가 선 바로 그곳에서 그 이름을 부르고 경배하는 것입니다. 따라서 내가 이곳에 사는 것은 내 입술을 통해서 그분의 높고 존귀하신 이름이 이곳에서 불려지기 위함입니다. 따라서 내가 이곳에 사는 이유, 그리고 우리 교회가 여기에 존재하는 것은 바로 이 목적을 성취하기 위해서입니다.

그런데 이 땅에 머물면서 하나님의 이름을 전하는 것이 우리의 사명이고 또 하나님의 계획이라면, 본문이 시사하는 바는 무엇일까요? 저는 이렇게 믿습니다. 우리를 통해 하나님의 이름이 카셀에 전해지기 위해서는, 우리의 관점이 우리 중심이 아니라 하나님 중심이 되어야 합니다. 다시 말해 우리는 하나님의 이름을 전하기 위해서 우리 밖의 모든 것에 대해 가능성을 열어 놓아야 한다는 것입니다.

예를 들어 보지요. 작년 초까지 저는 1년 동안 어학원에 다녔습니다. 거기서 저는 미국에서 선교사로 온 한 부부를 만났습니다. 저는 그 사람들을 놓고 이렇게 생각해 보았습니다. 우리 한인 교회는 밖에 나가서 전도를 할 수 있습니다. 그러나 아직까지 독일어나 영어로 예배드리는 것까지는 할 형편이 안 됩니다. 그러나 이 부부가 섬기는 공동체는 아직 규모는 작아도 독일어로 예배하고 또 독일어나 영어로 제자 훈련을 할 수 있는 능력을 갖추고 있습니다. 이런 판단을 근거로 저는 이들에게 이렇게 제안했습니다. 우리가 어떤 독일인이나 기타 외국인을 전도하면, 그들이 이들을 맡아 양육하는 것이 어떨까 하고 말입니다. 뿐만 아니라 저는 이들과의 만남이 하나님의 계획이라 믿습니다.

또 한 가지. 금요일 저녁마다 기도 모임을 하기 위해서 교회를 들어설 때, 제 마음은 안타깝습니다. '술병을 들고서, 혹은 담배를 피우면서 잡담하고 그냥 앉아 있는 저 젊은이들을 어찌하면 좋을까?' 하는 생각 때문입니다. 저들을 위해서 매주 금요일마다 연주를 해 볼까? 혹은 영화를 상영해 줄까? 저는 이들을 보면서 영화「시스터 액트」를 떠올리곤 합니다. 그러나 우리는 어떤 일이든지 먼저 루터 교회와 의논을 해야 합니다. 우리 단독의 힘으로는 어렵기 때문입니다. 요컨대 저의 생각은 우리 기독교인이 힘과 가능성을 모두 모아서 카셀에 살아 있는 복음을 전해야 한다는 것이며, 이것이야말로 우리 기독교인들에게 주어진 궁극적인 사명이라는 것입니다. 이 때문에 저는 언젠가 독일 개신교연합회의 관계자에게, 우리 기독교인들은 가능한 한 모든 방법을 동원해서 이 카셀을 복음으로 둘러싸야 한다고 말한 적이 있습니다.

조금 후에 보시겠지만, 우리 교회는 올해에 한 가지 의미 있는 행사를 실행할 것입니다. 이 카셀에는 만 명이 넘는 터키인들이 있습니다. 그런데 아시다시피 우리나라는 이 터키인들과의 참으로 긴밀한 역사를 갖고 있습니다. 예, 육이오 전쟁 때에 터키 사람들이 군대를 보내 우리와 같이 공산군과 싸운 역사가 있는 것입니다. 지난번 공동 의회를 준비하는 제직회 모임에서 제직들은 이 사실을 기억하고 이것을 기념하는 행사를 치르기로 계획했습니다. 6 · 25 전쟁을 기념하는 음악회를 개최하고 여기에 '혈맹(血盟)'이라 불리는 터키 사람들을 초청하자는 것입니다. 물론 우리는 이 자리에서 전도라는 말은 한마디도 꺼내지 않을 것입니다. 오직, 같은 지역에 사는 마이너리티(Minority) 민족으로서, 혹은 나그네로서, 한 가지 역사적 배경을 공통으로 지닌 유대감만을 이야기할 것입니다. 그러나 저는 그러기만 해도 좋다고 믿습니다. 우리는 우리의 손을 이웃에게 뻗기를 원하며, 어깨를 같이하기를 기도할 뿐입니다. 이

만남에서 우리를 통해 어떤 방식으로 복음이 전해질지는 오직 하나님의 지혜에 달린 문제입니다. 우리는 단지 그분을 위해서 의미 있게 사용되기를 바랄 뿐인 것입니다.

　바울은 씨를 뿌리고 아볼로는 물을 주었습니다. 이 모든 과정에 하나님께서 미리 계획하시고, 간섭하시고, 마침내 거두셨습니다. 이렇게, 하나님의 계획 안에서 모든 것은 하나의 의도와 정해진 방향을 가지고서 움직입니다. 이 관점이야말로 우리 신자가, 그리고 교회가 믿어야 할 내용인 것입니다. 사랑하는 여러분, 시간이 허락되지 않아서 과제로 남기겠습니다만, 이런 믿음이 어찌 전도에만 적용되는 것이겠습니까? 이는 전도뿐만 아니라 우리 개인의 삶에도 적용되는 원리입니다. 내 주변에서 일어나는 이 사건과 저 사건은 독립적으로 일어나는 것이 아닙니다. 하나님의 온전한 한 가지 계획 아래에서 진행되는 일들의 일부입니다. 이 사실을 기억하시고, 여러분 자신의 삶에서 일어나는 모든 사건에 관해서도 하나님의 뜻이라는 관점에서 깊이 묵상하면서 통찰력을 얻으시기 바랍니다.

39 각자의 믿음을 확인하라
행 19:1-10

신천지 교회 파동을 보면서

한 청년이 있었습니다. 1986년 대학에 입학할 무렵, 그는 장로교회에 속한 교인이었습니다. 대학에 입학하면서 그는 담임 목사님과 함께 성경공부를 했습니다. 이듬해인 1987년, 이 청년에게 충격적인 일이 벌어졌습니다. 그가 섬기던 교회가 통째로 신천지라는 이단에 넘어가게 된 것입니다. 나중에야 알게 되었습니다만 이 교회의 담임 목사님은 오래전부터 이만희라는 신천지의 설립자에게서 성경을 배우고 있었습니다. 그러니 이 청년은 물론이고 교회 전체가 자기도 모르는 새에 신천지의 가르침을 받고 있었던 것이지요. 이 청년은 이 교회의 전도사로 활동하면서 동시에 신천지 본부 교회의 청년부 회장으로 봉사하게 되었습니다. 그는 1992년에 신천지 단체의 주 강사로 일하는 한편, 교회를 세워 몇 년 안에 2천여 명이 모이는 대교회로 부흥시켰습니다.

이 청년의 이름은 신현욱이며, 2006년까지 신천지의 일곱 교사 가운데 하나로서 교주의 활동을 돕는 핵심 중의 핵심으로 일했습니다. 그러던 그의 마음에 하나의 괴로운 질문이 싹트고 있었습니다. 바로 한 개의 성경 구절 때문이었습니다. 요한계시록 20장 4절의 말씀이 바로 그것인데, 거기에 이런 말씀이 있습니다.

> 또 내가 보좌들을 보니 거기에 앉은 자들이 있어 심판하는 권세를 받았더라 또 내가 보니 예수를 증언함과 하나님의 말씀 때문에 목 베임을 당한 자들의 영혼들과 또 짐승과 그의 우상에게 경배하지 아니하고 그들의 이마와 손에 그의 표를 받지 아니한 자들이 살아서 그리스도와 더불어 천 년 동안 왕 노릇 하니 (계 20:4)

여기에 "예수를 증언함과 하나님의 말씀 때문에 목 베임을 당한 자들의 영혼들과 또 짐승과 그의 우상에게 경배하지 아니하고 그들의 이마와 손에 그의 표를 받지 아니한 자들이 살아서"라는 구절이 나오는데 신천지에서는 이 구절을 근거로 해서, "목 베인 순교자의 영혼과 표 받지 아니한 자들의 육체가 하나가 되어서(靈肉一體, 神人合一) 죽지 않고 천 년 동안 산다, 나아가 영원히 산다"라는 교리를 만들어 냈습니다.

그런데 신현욱은 공교로이 이 성경 구절의 다른 번역본을 보게 되었다고 합니다. 인터뷰 기사를 보면, 그가 발견한 번역본에는 이렇게 나와 있었다고 합니다. "순교자의 영혼 곧 그들은 누구냐? 표 받지 아니한 자들이다." 간단히 말하자면, 이 번역본으로 인해서 그동안 신천지가 주장해 온 교리가 순식간에 근거도 없는 주장이 되어 버린 것입니다. 그는 2006년 10월, 대전 근처의 신천지 모임에서 몇 사람에게 고민을 털어놓았으며, 이때 자연스럽게 자신의 생각에 동조하는 사람들과 지속적인 교류를 갖게 되었습니다. 물론 그는 원래 신천지를 개혁하자는 생각을 하고 있었습니다. 하지만 이 조그만 움직임은 현재 신천지 모임을 뒤흔들 만한 쿠데타로 발전한 상태입니다. 그리고 그는 지금 자신의 20년 젊음을 불살라 섬겼던 그 단체를 없애기 위해서 온갖 노력을 다하고 있습니다.

얼마 전 한국의 한 교회는 주일 예배가 끝난 후 교인들에게 백지를 돌린 일이 있었습니다. 이 교회는 백지를 돌리면서, 주변에 수상하게 보이는 교인이 있는지를 적어 달라고 부탁했다고 합니다. 제 기억에 한국 교회 역사상 이런 일이 있었다는 소식을 이제껏 들어 본 적이 없습니다만, 신천지 교회 파문이 한국 교회에 얼마나 심각하게 영향을 주는지를 잘 보여 주는 경우라고 하겠습니다. 솔직히 말씀드리면, 이 신천지 교회의 주장에 대해서는 저도 자세히 모릅니다. 제가 한국에 있을 때는 이 모임이 그다지 문제가 되지 않았기 때문입니다. 그러니 제가 이 문제를 거론하기가 쉽지는 않습니다. 그럼에도 불구하고 제가 지금 이 문제를 언급한 것은 마침 이 문제가 본문과 연관이 있어 보였기 때문입니다.

신천지의 문제

신천지 교회라 불리는 이 단체의 설립자는, 아까 말씀드린 대로 '이만희'라는 사람입니다. 이만희는 1931년 9월 경북 청도에서 출생했습니다. 이 사람은 농부의 아들로서 중학교 졸업 학력도 갖지 못한 것으로 알려졌는데, 열일곱 살 무렵 서울 어디에선가 세례를 받고서, 고향으로 내려가서 신앙생활을 계속했습니다. 그리고 1957년, 그러니까 그의 나이 27세가 되던 해에 이만희는 한 가지 신비한 체험을 합니다. 집 뒤의 들판에서 기도하다가 하늘로부터 별이 내려오는 광경을 보았다는 것입니다. 그는 얼마 후 서울로 올라와서 박태선의 신앙촌에 머물다가, 1969년에 또 다른 이단 종파인 과천 장막 성전파의 유재열을 만납니다. 그리고 1980년 안양에 신천지 안양교회를 세웁니다. 이만희는 1990년 서울 방배동에 무료 성경 학원을 열고 본격적으로 자신의 길을 걷기 시작했습니다.

앞서 제가 신현욱의 이야기를 전해 드렸는데, 그가 신천지의 문제를 인식하기 시작한 성경 구절이 어디라고 말씀드렸지요? 네, 요한계시록 20장 4절의 말씀입니다. 기억을 돕기 위해서 제가 그 구절을 다시 읽어 보겠습니다.

또 내가 보좌들을 보니 거기에 앉은 자들이 있어 심판하는 권세를 받았더라 또 내가 보니 예수를 증언함과 하나님의 말씀 때문에 목 베임을 당한 자들의 영혼들과 또 짐승과 그의 우상에게 경배하지 아니하고 그들의 이마와 손에 그의 표를 받지 아니한 자들이 살아서 그리스도와 더불어 천 년 동안 왕 노릇 하니 (계 20:4)

이 구절을 간략하게 정돈을 하면 이렇습니다. 사도 요한이 환상 중에 광경을 보는데 하늘의 보좌에 앉아서 심판하는 분을 보았고요, 또 순교자의 영혼들과 배교하지 않은 자들이 그리스도와 함께 왕 노릇 하는 광경을 보았다는 것입니다. 문법적으로 볼 때, 여기 어디에서도 순교자의 영혼이 신앙의 정절을 지킨 사람들의 육체가 하나로 결합한다는 내용을 유추할 수 없는데, 어떻게 이런 교리를 유추해 냈는지 정말 이해하기 어렵습니다.

어쨌든 신현욱의 경험에서 우리는 놀라운 사실을 발견합니다. 신현욱이든, 누구든, 신천지에 몸담은 그 누구도 한글 개역 성경 외에는 다른 번역본을 본 적이 없다는 사실입니다. 자신의 젊음을 송두리째 쏟은 그 일, 절대 사소하지 않은 일이겠지요? 더구나 그는 자신이 믿는 바를 20년 동안이나 다른 이들에게 전하고 가르쳤습니다. 그런데 그 일이 사실은 아무런 근거도 없음이 밝혀진 것입니다. 너무나도 어이없는 일이지요? 더욱 심각한 것은 이런 일들이 지금도, 심지어는 독일 땅의 한인 교회에서도 일어나고 있다는 점입니다. 신천지에 가담했던 사람들이 밝히는 바에 의하면 이들은 기성 교회를 공략하기 위해서 이른바 '추수꾼'을 지속적으로 파송한다고 합니다. 이들이 발행한 지침서에 따르면, 이들은 첫째, 목사의 비리가 있다든지 교회의 채무가 많은 곳, 둘째, 교인 수는 많으나 말씀이 없는 곳, 셋째, 노회나 총회에 많이 연결되지 않는 교회 등에 이 추수꾼들을 등록시킵니다. 그래서 그들이 그 교회의 중추적인 일꾼이 되도록 합니다. 그리고 나서는 기성 교회의 교인들을 송두리째 신천지 교인으로 만들어 버리는 것이지요.

교회의 위기

어떻게 이런 일이 벌어질 수 있을까요? 여태까지의 줄거리를 훑어보면, 우리는 아주 분명하게 이런 일의 원인을 추측할 수 있습니다. 이런 일은 단적으로 신앙의 무지에서 비롯되었습니다. 앞서 신현욱이 성경을 좀 더 주의 깊게 살펴보았더라면, 이런 어이없는 일이 일어날 수 있었을까요? 이만희가 성경을 좀 더 체계적으로 연구했더라면, 이런 일이 있을 수 있었을까요? 교회가 좀 더 성경을 깊이 있게 볼 수 있도록 교인들을 훈련했더라도 이런 일이 일어날 수 있었을까요? 신천지 교회에 빠진 사람들은 대부분, 기성 교회가 신천지처럼 자세하게 성경을 가르쳐 주지 않았다고 증언합니다. 그러나 한번 보시죠. 제가 인터넷으로 얻은 동영상 가운데 이만희 교주가 직접 성경을 강해하는 장면이 짧게 보이는데, 여기서 그가 강해하는 내용을 인용해 보면 다음과 같습니다.

… 가장 서울하고 가까우면서도 감추어진 지역이 있었습니다. 그래서 보고 있는데요, 산은 청계산입니다. 청계산을 글자로 보면 시내 계(溪) 자입니다. 옛날에 모세도 엘리야도 갔던 시내산 아시죠? 이 시내 '계'자예요. 청계산이란 저 산이 그 기슭 위에 하나님이 성경대로 첫 장막을 세웠고, 성경대로 일곱 별이라고 하는 일곱 천사를 목자로 세워서 역사를 했습니다. …

부분만 인용했습니다만, 이 가운데 가장 잘 드러나는 현상은 시간 개념이 뒤엉킨 데다가 성경을 문맥 가운데 이해하려 하지 않았다는 점입니다. 그리고 성경을 부분부분 단어로만 인용함으로써, 성경이 역사 속에서 말하려는 메시지를 들으려 하는 것이 아니라 자기가 말하려는 메시지의 증거 자료로 사용하고 있습니다. 말하자면, 성경에 관한 올바른 지식이 없으면 누구라도 이런 위험에 노출될 수밖에 없다는 것이지요.

오늘날의 교회, 제가 보더라도 위험한 면이 있습니다. 한국을 오랜만에 방문했을 때, 저는 아주 흥미로운 현상을 발견했습니다. 크든 작든 빔프로젝트 없는 곳이 없고, 드럼 없는 곳이 없었습니다. 좀 더 신나고 집중력을 요구하는 예배를 진행하는 데 도움이 될 수도 있겠지만, 한편으로는 염려가 없지 않았습니다. 단적으로, 현재의 예배에서는 예배자들이 할 게 거의 없어 보입니다. 눈이 안 좋다 하더라도 걱정할 필요가 없지요. 모든 걸 다 알아서 바로 코앞에서 보여 주니까요. 성경책 찾을 필요도 없고, 찬송가 찾을 필요도 없습니다. 설교 어렵다고 걱정할 필요도 없습니다. 중간중간에 설교를 요약해서 빔프로젝트로 쏘아 주기도 합니다. 심지어 어느 교회는 요약된 설교의 내용을 주보에 실어 주기도 하는데, 중심 개념이 되는 단어들을 괄호에 채워 넣도록 해놓기도 합니다. 겉으로 보아서는 더 이상 편하게 믿기도 어려운 시절을 우리가 살아가는 것입니다.

그러나 여러분, 투자하지 않고 노력하지 않은 곳에는 사람의 마음이 따라가지 않습니다. 땀 흘리지 않은 곳에는 애정이 가지 않습니다. 아무리 편한 시절을 살아도 땀 흘려야 하는 곳에는 땀을 흘려야 하고 시간을 투자해야 할 곳에는 시간을 쏟아야 하는 것입니다. 우리 교회도 마찬가지입니다. 예배 시간이나 기도 모임 때에 성경 없이 입장하는 선수들이 보입니다. 물론 교회의 배려는 살뜰하지요. 성경도 비치되어 있고, 더군다나 설교 본문도 인쇄되어 있고, 그날 볼 본문까지 인쇄되어 있으니까요. 그러나 제대로 말합시다. 그런 건, 혹 예정에 없이 참석하는 분이나 주중에 몇 번이고 그 말씀을 되새김질하려는 분들을 위한 것입니다. 요컨대 저는 요즘 한국 교회의 예배가 희생의 제사가 아니라 흥겨운 엔터테인먼트로 변화해 가는 듯해서 걱정이라는 뜻입니다.

그 결과가 무엇일까요? 여기저기 어디에나 성경 말씀이 있고 격조 높은 해석과 묵상이 흥청거리지만, 목숨을 건 진지함과 자기를 부정하는 헌신은 찾아보기 어렵습니다. 이것이야말로 불길한 징조입니다. 한 마디 한마디의 말씀에 자신의 인생을 걸지 않는 한, 어떠한 말씀이라도 진지하게 들릴 리가 없습니다. 성경이 주목하는 관점에는 관심이 없고 자기가 듣고 싶은 말만 찾는 사람에게 있어서 지천으로 깔린 그 많은 설교와 성경공부는 자신의 영혼을 살찌우는 보화들이 아닙니다. 그저 자기가 찾던 말, 듣고 싶었던 말만 골라내기 위해서, 시장터에서 물건 고르듯이 설교와 저 말씀을 비교할 뿐입니다. 이런 영적 불감증은 마침내 성경의 지식들을 자신의 신앙을 포장하는 액세서리 정도밖에 안 되도록 하지요. 우리는 이 점을 아주 심각하게 경계해야 합니다.

믿을 때에 성령을 받았느냐?

자, 이쯤에서 본문으로 돌아가야 하겠습니다. 본문에는 사도 바울이 세 번째로 소아시아 지방을 전도하러 나섰을 때 에베소에서 경험한

한 이야기가 기록되어 있습니다. 앞장에서 브리스길라와 아굴라 부부가 아볼로에게 예수 그리스도를 자세히 설명했고요, 아볼로는 복음의 핵심으로 재무장한 후 고린도 지역으로 가서 사역했습니다. 바울 사도가 에베소에 도착한 시기가 이 무렵이었습니다. 이때 바울이 소위 '제자들'을 만났습니다. 사도행전 19장 7절을 보니 이 제자들은 모두 열두 명이었습니다. 이들은 예수를 이미 알고 있었습니다. 성경은 이들을 '제자(μαθητής)'라고 부릅니다. '제자'라는 단어는 예수를 영접한 사람들을 일반적으로 부르는 말입니다. 따라서 이 열두 명은 이미 예수를 믿는 사람이었음이 틀림없습니다.

그런데 바울은 이들에게서 이상한 점을 발견합니다. 그가 이렇게 묻습니다. "너희가 믿을 때에 성령을 받았느냐?"(2절) 그들의 대답은 너무나 황당했습니다. "아니라, 우리는 성령이 계심도 듣지 못하였노라" 말하자면 이들은 '성령의 성 자도 모르는' 사람들이었던 것입니다. 바울은 계속 물었습니다. "그러면 너희가 무슨 세례를 받았느냐?" "요한의 세례를 받았노라." 이들의 신앙 상태를 정리해 봅시다. 이들은 예수를 믿었습니다. 이들은 예수를 믿은 증거이자 회개의 표시로 요한의 세례, 즉 물세례를 받았습니다. 그러나 이들은 성령의 세례에 대해서는 전혀 몰랐습니다. 바로 여기서 우리는 한 가지를 생각해 봐야 합니다. 앞장에서 아볼로의 경우를 생각해 봅시다. 아볼로는 예수를 믿었지만 세례 요한의 세례만을 경험했습니다. 그러나 이 열두 제자들은 역시 예수를 믿었고 세례 요한의 세례를 받았습니다. 이 두 경우는 같은 것 같지만 실은 다릅니다. 아볼로와 열두 제자가 똑같이 세례 요한의 물세례를 받았지만, 이 둘은 달랐다는 것입니다.

어디에서 차이가 날까요? 세례 요한의 물세례를 받았다는 것은 형식으로 봤을 때 물로 세례를 받았다는 뜻입니다. 그러나 세례 요한의 물세례를 받은 사람이라면 당연히 성령의 세례도 알아야 합니다. 왜냐하면 세례 요한 자신이 물세례를 베풀 때 이렇게 말했기 때문입니다. 누가복음 3장 16절의 말씀입니다.

> … 나는 물로 너희에게 세례를 베풀거니와 나보다 능력이 많으신 이가 오시나니 나는 그의 신발끈을 풀기도 감당하지 못하겠노라 그는 성령과 불로 너희에게 세례를 베푸실 것이요 (눅 3:16)

따라서 세례 요한의 가르침을 따라 예수를 믿고 물세례를 받았다는 사람이라면, 당연히 예수께서 주실 불세례, 즉 성령의 세례를 기다려야 합니다. 아볼로와 열두 제자의 차이가 바로 여기에 있습니다. 아볼로는 성령의 세례를 기다렸지만 실제로 받지 못했고요, 열두 제자들은 물세례를 받았음에도 성령의 세례를 알지도 못했다는 것이지요.

그러나 우리는 지금 아볼로와 열두 제자 간의 신학적 차이를 보려는 게 아닙니다. 바울이 열두 제자를 만난 자리에서 어떤 세례를 받았는지, 성령 세례를 받았는지를 물어보는 데서 말씀의 교훈을 찾아보려는 것입니다. 우리는 이렇게 가정해도 좋겠습니다. 바울 사도가 열두 제자를 만난 자리에서 이들이 성령 세례를 받지 못한 사실을 모르고 이처럼 물어보았겠습니까? 바울 사도처럼 깊은 성령 체험을 한 사람이 설마 그 정도도 못 알아보았을 리가 없습니다. 그러나 그럼에도 불구하고 바울 사도는 기어이 자기 입으로 자신의 신앙 체험과 믿음을 고백하도록 유도했던 것입니다. 이 사실이 우리에게 무엇을 말하려는 것일까요? 바로 이 사실을 우리가 깊이 있게 봐야겠다는 것입니다.

어디에 시선을 맞추어야 하나?

우리는 어디를 가든지 내가 예수 믿는다는 사실을 말합니다. 또 그런 이야기를 다른 이들로부터 듣기도 합니다. 그러나 오늘날 우리의 경험은 이 믿음에 관한 주제가 '내가 믿는 예수, 내가 믿는 하나님'을 이야기하는 데 있지 않습니다. "나는 예수를 믿습니다"라는 말이 나오자마자 우리는 금방 이렇게 대답합니다. "아, 그러세요? 저도 예수 믿는데…. 그런데 어느 교회에 나가세요?" 혹은, "집사님이세요, 장로님이세요? 직분 없이 부르려니 거시기해서요…." 극단적으로 말씀드려서 미안합니다만, 제가 보기에 이런 이야기들은 신앙이라는 주제의 껍데기일 뿐입니다. 생텍쥐페리가 『어린 왕자』라는 소설에서 이렇게 말했지요? 누가 집을 가졌다고 하면 당장 그게 얼마짜리 집에 몇 층짜리 집이냐 등등이나 물어보는 세속적인 어른들처럼, 예수를 믿는다는 말이 나오자마자 직분이 뭐냐 어느 교단에 속했느냐 하는 이야기나 나누는, 오늘날 우리의 현실이 딱하다는 말씀입니다.

누군가가 오늘 멋지게 연주했습니다. 연주가 끝난 뒤에 누가 이렇게 물어봅니다. "여보세요, 당신의 그 활이 얼마짜리인가요?" 혹은 이럽니다. "이야, 그 정도 실력이면 어디 가서 얼마나 받을 수 있을까?" 이건 아니지요? 음악을 아름다움을 나누는 수단으로 믿는 음악인이라면, 악기의 가격보다는 연주된 음악에 더 관심을 가져야 합니다. 어디 가서 얼마 받을까를 계산하기 전에 그 음악의 아름다움에 미쳐서 거기에만 관심을 집중해야 합니다. 믿음도 마찬가지입니다. 신앙인이라면 신앙의 본질에 더욱 관심을 가져야 합니다. 신자가 신자를 만났을 때, 다시 말해 자기가 사모하는 주님을 동일하게 섬기는 사람을 보았을 때, 그가 가진 외적인 조건보다는 주님 자체에 더욱 관심을 가져야 한다는 사실을 말씀드리는 것입니다. 그런 열정이 사라졌기 때문에, 그 초점이 흐려졌기 때문에, 교회에 와서도 하나님이 보이지 않고 이리저리 방황하다가 사람에 걸려서 이리 넘어지고 저런 시험에 빠지는 것입니다.

다시 말씀드립니다. 바울은 신자를 만났을 때 오직 그들이 믿는 믿음의 내용과 복음의 핵심에만 관심을 기울였습니다. 그리고 그들에게 가장 적절한 처방을 내렸으며, 이들의 부족한 점을 채워 주었습니다. 비록 이 모든 것이 주님께서 주신 은사와 능력이긴 했습니다만, 저는 '무늬만 신자'들이 많은 오늘날의 세상에서 더욱 그런 태도를 유지해야 할 필요를 느낍니다. 그런 의미에서 우리는 이렇게 다짐해야 합니다. 신앙의 본질에 더욱 집착하자! 그렇습니다. 우리는 우리가 믿는 이 믿음의 본질에 더욱 매달려야 하며, 우리 믿음의 내용을 더욱 풍성하게 채우기 위해서 최선을 다해야 합니다. 이렇게 살아갈 때, 다음 부분에 보시는 바와 같이 하나님의 능력이 따르는 역사가 일어나게 되는 것입니다. 이번에는 여기에서 마무리하고, 다음번에 제대로 믿는 신앙과 하나님의 능력에 관한 이야기를 생각해 보도록 하겠습니다. 우리의 신앙이 제대로 된 근거 위에서 이루어져야 한다는 사실만은 반드시 기억하시길 바랍니다.

40 너는 누구냐?
행 19:11-19

바울의 열정에 관하여

바울이 열두 명의 신자를 에베소에서 만나고, 그들에게 성령 세례를 베푼 사건을 앞장에서 살펴보았습니다. 바울은 이번 세 번째 전도 여행길에 에베소에 다시 들렀는데, 이곳에서의 전도 활동은 순탄하지 않았습니다. 우선 사도행전 19장 8절을 보면, 바울은 이번에도 회당을 방문했습니다. 그리고 거기서 하나님 나라에 관해 설교했습니다. 그가 이렇게 복음을 전한 기간을, 성경은 석 달이라 말합니다. 회당이 개인에게 석 달이나 설교할 기회를 주었다는 것은 회당의 입장으로서는 상당한 호의를 베푼 것입니다. 그러나 19장 9절을 보면 "어떤 사람들은 마음이 굳어 순종치 않고 무리 앞에서 이 도를 비방"했다고 합니다. "마음이 굳어"라는 부분의 그리스어 성경의 표현(ἐσκληρύνοντο)을 문법적으로 해석하면(동사, 미완료 수동태, 직설법, 3인칭 복수), 이 "어떤 사람들"이 '스스로 자기의 마음을 닫아걸었다'라는 뜻입니다.

하나님의 복음이 전해질 때, 어떤 사람들은 자기의 마음을 단단히 닫아겁니다. 이런 자세를 가진 사람의 마음에는 복음이 파고들어 갈 여지가 전혀 없지요. 그 결과는 불신입니다. 무슨 말을 해도 믿어지지 않는다는 것입니다. 사람이 이렇게 가능성을 닫아 버리는 이유는 여러 가지가 있겠습니다. 말하는 사람에 대한 선입관 때문일 수도 있고, 첫인상 때문일 수도 있고, 가치관이나 전제(前提)가 달라서 그럴 수도 있습니다. 회당에 나와서 바울의 설교를 들은 사람들이 그랬다면, 이들의 믿는 내용이 바울과 달라서 그럴 수 있었을 거라고 짐작됩니다. 어쨌든 이런 일은 우리도 자주 경험합니다. 누구에 대해서 선입견을 품고 있다고 합시다. 그렇게 되면, 그 사람이 무슨 말을 하더라도 받아들여지지 않는 거지요.

사도 바울은 이런 상황에서 어떤 결정을 해야만 했습니다. 바울은 이렇게 결정했습니다. '첫째, 회당에서 떠난다. 둘째, 다른 곳에서 계속 복음을 전한다.' 이렇게 해서 오늘날 우리까지도 아는 두란노 서원에서의 사역이 시작되었습니다. 결과적으로 바울 사도는 이 에베소에서 거의 두 해나 되는 오랜 시간을 머물게 됩니다. 에베소에는 석 달 동안의 긴 설득에도 굴복하지 않는 청중들이 있었고요, 거기에 더욱 집요한 바울의 반격이 두 해 동안 계속된 것입니다. 그리고 이 싸움의 결과는 바울의 승리로 끝났습니다. 사도행전 19장 10절은 이렇게 그 결과를 기록해 놓았습니다.

아시아에 사는 자는 유대인이나 헬라인이나 다 주의 말씀을 듣더라 (행 19:10)

에베소에서의 2년 동안, 하나님께서는 바울을 통해 골로새, 히에라볼리, 라오디게아, 서머나, 버가모, 두아디라, 빌라델비아 교회 등등이 세워지게 하셨습니다.

바울이 석 달이나 설교를 했는데도 받아들이지 않는 다수의 유대인에게 달리 무슨 말로 권면할 수 있겠습니까? 물론 복음을 받는 사람도 있었습니다. 그것이 적잖이 위로가 될 수는 있겠지요. 하지만 반대하는 더 많은 사람들의 압력이 더욱 크게 느껴졌을 것입니다. 그러나 바울은 이 문제를 정면으로 돌파해 나가기로 결심했습니다. 우리는 이런 경우를 이미 한번 지켜본 적이 있습니다. 바울이 두 번째 전도 여행에 나섰을 때, 고린도에서도 이런 일이 있었습니다. 고린도 사람들은 바울의 전도에 대해 조롱하고 모욕하며, 조직적으로 방해했습니다. 바울은 이들의 반대에 대해 오히려 1년 반이나 여기에 더 머무는 것으로 대응했습니다. 바울은 에베소에서의 거친 반대에 대해서도 같은 방식으로 대응했습니다. 어느 주석을 보면, 바울은 두란노 서원이라는 곳을 거점으로 정하고 매일 오전 11시부터 오후 4시까지 쉬지 않고 복음을 강론했다고 해설했습니다. 그 결과는 이미 말씀드린 바와 같습니다.

바울의 이 경험은 우리에게 많은 것을 생각하게 합니다. 고린도에서도, 에베소에서도, 많은 사람들이 하나님 나라의 복음에 반대했지만, 바울은 이에 비례해서 더욱 열정적인 몸짓으로 복음을 전했습니다. 그때 그의 심정을 여러분은 짐작할 수 있겠습니까? 우리가 만약 이런 상황에 부딪혔다면 어떻게 할까요? 보따리 싸서 딴 데로 갈까요, 아니면 그 자리에 철썩 주저앉아서 버틸까요? 물론 모범 정답은 '하나님께 뜻을 묻는다'입니다. 그러나 그렇다 하더라도 이런 상황에서 가장 중요한 것은 우리가 그 일에 과연 얼마만 한 열정을 가졌는가 하는 것이 아닐까요? 선택의 기로인 듯이 보이는 시점에서 그 사람의 행동을 결정하는 가장 큰 요소는 그 사람이 그 일에 대해 갖고 있는 열정입니다. 하겠다는 집념이 있는 사람은 환경에 굴복하지 않습니다. 어떤 상황에서도 그 일을 이루고 말겠다는 집념 때문에 그는 그 모든 악조건을 견뎌 낼 수 있습니다.

바울은 복음을 반대하던 사람이었습니다. 복음이 유대교 신앙에 어긋난다고 보았기 때문입니다. 뿐만 아니라 그는 기독교인들을 기꺼이 죽이기까지 했습니다. 그러나 그의 신념은 예수를 만나면서 철저하게 무너집니다. 그는 자기 잘못을 인정했으며, 그리스도 예수를 위해 기꺼이 자기 생명까지도 내놓았습니다. 이런 경험과 각오를 가진 사람이었기에, 그는 고린도와 에베소에서의 반대에도 눈 하나 깜짝하지 않았습니다. 스데반에게 돌을 던져 죽이기도 했습니다. 에베소와 고린도에서 박해와 반대를 받았기로, 아무려면 자기만큼이나 무섭게 반대했겠습니까? 반대자들이 돌을 던지고 침을 뱉어도, 그는 넉넉히 견딜 수 있었습니다. 자기는 그보다 더했으니, 자기 경험을 볼 때 그처럼 격렬하게 반대하는 사람 가운데 또 자기 같은 사람이 있을지도 모른다고 생각하면서 오히려 더욱 분발하지 않았을까 짐작해 봅니다.

바울과 이적에 관하여

그런데 본문은 바울이 이 기간에 행한 이적들을 언급하고 있습니다. 본문 11절 말씀입니다.

하나님이 바울의 손으로 놀라운 능력을 행하게 하시니 (11절)

문법적인 지식만을 갖고 이 부분을 유심히 보더라도 금방 알아차릴 만한 메시지가 있습니다. 그것은 바울이 아닌 하나님께서 이런 희한한 능력들을 행하셨다는 사실입니다. 이 희한한 능력의 구체적인 내용이 사도행전 19장 12절에 나오는데요, "사람들이 바울의 몸에서 손수건이나 앞치마를 가져다가 병든 사람에게 얹으면 그 병이 떠나고 악귀도 나가더라"라고 말합니다. 바울이 쓰던 손수건이나 앞치마를 가져다가 병자에게 얹으면 그 병이 낫기도 하고, 귀신도 나갔다는 내용입니다. 신기한 일이지요? 우리가 흔히 쓰는 말로 하면 이것은 이적입니다. 그러나 이 지점에 서 있는 우리로서는 이 구절이 바울의 신유 능력, 즉 병 고치고 귀신 쫓는 능력을 말하려는 것이 아니라고 말해야 합니다. 우리가 이미 예수님의 말씀을 기억하기 때문입니다. 주님께서 이렇게 말씀하신 적이 있지요? 누가복음 10장 17-18절을 봅시다.

칠십 인이 기뻐하며 돌아와 이르되 주여 주의 이름이면 귀신들도 우리에게 항복하더이다 예수께서 이르시되 사탄이 하늘로부터 번개같이 떨어지는

것을 내가 보았노라 (눅 10:17-18)

주님의 관점에서 볼 때 제자들이 병을 고치고 귀신을 쫓은 것은 사단이 하나님과의 영적 싸움에서 패배한 현상이었다는 뜻입니다. 이런 관점을 가지고 바울의 경험을 설명하면 어떻게 되겠습니까? 바울이 지금 에베소에서 복음을 전하고 있는데, 그 과정에서 병자가 낫고 귀신이 쫓겨납니다. 이것은 귀신이 하나님께 졌다는 뜻입니다. 다시 말해 귀신의 힘이 지배하던 영역이 하나님께서 지배하는 영역으로 바뀌었다는 것이지요. 그런데 이것이 바울 자신이 가진 능력 때문이었습니까? 아니지요? 앞에서 말씀드린 대로 하나님의 능력 때문이었습니다. 그런데 이것이 사람의 눈에는 보이지 않기 때문에 문제인 것입니다. 본문의 13절이 이렇게 말합니다.

이에 돌아다니며 마술하는 어떤 유대인들이 시험 삼아 악귀 들린 자들에게 주 예수의 이름을 불러 말하되 내가 바울이 전파하는 예수를 의지하여 너희에게 명하노라 하더라 (13절)

에베소 지역에 유대인 마술사들이 있었는데, 바울이 병을 고치고 귀신을 쫓아내는 모습을 보고서 이것을 오해했습니다. 그들은 귀신 들린 사람 앞에서 "내가 바울이 믿는 예수의 이름으로 명한다"라고 말하면서 귀신을 쫓아내려고 해 보았습니다. 이들에게 있어서 그 예수, 즉 바울이 믿는 예수의 이름은 하나님의 아들로서의 예수가 아니었습니다. 십자가 위에서 죽으시고 부활하심으로써 세상을 다스리는 권세를 받으신 그분의 이름도 아니었습니다. 그들이 불러대는 예수라는 단어는, 인간의 몸으로 세상에 오셔서 죄인과 병자들을 불쌍히 여기시고 그들에게 천국의 복음을 전하신 역사적인 존재, 즉 인격적인 이름이 아니었다는 뜻입니다. 그들에게 있어서 '예수'라는 단어는 귀신을 쫓아내기 위한 수단, 즉 주문(呪文)에 불과했습니다. 그러므로 그들은 자신이 믿는 예수의 이름이 아니라 바울이 믿는 예수의 이름을 사용했던 것이지요.

마술사들이 '예수'라는 단어를 병자나 귀신 앞에 들이댈 때, 병이 낫는다든지 귀신이 쫓겨난다든지 하는 이적이 일어날 수 있었겠습니까? 아니지요? 바울조차도 그럴 수는 없었습니다. 바울이 병자 앞에서 예수의 이름을 말하며 귀신을 쫓을 때 예수의 이름을 말했다 하더라도, 거기 그 순간에 병이 낫고 귀신이 쫓겨나는 것은 자동으로 일어날 수 있는 일이 아닙니다. 그 순간 거기에서 그 일을 일어나게 하겠다는 하나님 자신의 결정이 있지 않고서는 절대 일어날 수 없습니다. 그 일의 최종적이고 유일한 결정권자는 하나님이시기 때문입니다. 마술사들은 이 사실을 몰랐습니다. 바울이 하나님께 사로잡혀서 이렇게 이적을 행하고 있다는 사실을 보지 못하고, 그가 어디서 괴상한 힘을 받아서 제 맘대로 그 능력을 사용하는 줄 알았습니다. 하나님이 인격과 생각을 갖지 못한 채 바울의 지배를 받아 바울이 말하는 대로 움직이셔서 귀신이 쫓겨나는 줄 알았습니다. 결국 그들은, 바울 안에서 그를 지배하시고 그를 사용하시며 그를 통해서 일하시는 하나님을 알지 못했습니다.

이어지는 본문 14절 이하에는 더욱 슬픈 이야기를 전하고 있습니다.

에베소에 제사장 스게와가 있었습니다. 이 사람에게는 일곱 명의 아들이 있었습니다. 그런데 이 일곱 아들은 마술사들처럼 예수의 이름으로 귀신을 쫓아내는 흉내를 냈습니다. 이들은 귀신 들린 사람이나 병자를 찾아가 "예수의 이름으로 명하노니, 귀신아, 물러가라!" 혹은 "예수의 이름으로 명하노니, 병은 물러갈지어다!"라고 하며 소리를 지르곤 했다는 것입니다. 본문에 나오는 스게와의 아들들은 철딱서니 없게도 귀신 들린 사람 앞에서 까불다가 큰 봉변을 당하고 말았습니다. 본문 15절을 보면 악한 귀신이 이렇게 그들에게 말합니다. "내가 예수도 알고 바울도 안다만, 도대체 너희는 누구란 말이냐?" 스게와의 아들들은 이렇게 봉변을 당한 뒤에 혼비백산해서 집으로 도망갔습니다. 이 사건을 알게 된 사람들은 크게 두려워했습니다. 여기 아주 분명한 사실이 있습니다. 바울은 예수 그리스도의 이름으로 귀신과 병마를 쫓아냈습니다. 그러나 이 예수의 이름은 오로지 바울에게서만 효과를 냈습니다. 마술사와 제사장의 아들도 그 '예수의 이름'을 사용해 보았지만, 그들은 오히려 병자와 귀신 들린 자에게 봉변을 당했습니다. 그렇다면 이것은 무슨 의미이겠습니까?

주의 말씀은 힘이 있다!

에베소는 특히 우상이 들끓는 도시였습니다. 나중에 다시 언급되겠습니다만, 에베소는 기원전 3세기 무렵에 이미 25만 명 이상이 살던 상업의 중심지였습니다. 이곳이 얼마나 화려한 도시였는지, 한꺼번에 2만

5천 명이 들어갈 수 있는 대형 극장, 도서관, 거기에 보석 가게들까지 있었고, 로마의 집정관 안토니우스는 클레오파트라와 결혼한 후 에베소의 보석상에 자주 방문해서 쇼핑을 했다고 합니다. 이로 인해 당시 전 세계의 여성이라면 한 번만이라도 가 보기를 꿈꾸는 곳이라고까지 합니다. 에베소를 말할 때 거대한 아데미 신전을 빼놓을 수 없었습니다. 이 아데미 신전은 아테네의 그 유명한 파르테논 신전 크기의 무려 네 배나 되었습니다. 세계의 7대 불가사의 중의 하나로 꼽히는 이 신전은 유방이 스물네 개 달린 여신 아데미를 숭배하는 곳이며, 이 여신은 풍요의 신이라 불렸습니다. 이 거대한 신전에서 벌어지는 제사는 동시에 음탕하기로도 유명한 행사였습니다. 이런 풍속에 물든 에베소이다 보니, 에베소는 그 자체만으로도 우상 숭배와 연결되는 지역이었습니다.

기원전 560년 무렵, 리디아의 군주 크로에수스(Croesus)가 에베소에 쳐들어왔습니다. 크로에수스는 한 때 에베소를 점령하고 지배했습니다. 그러나 그는 이내 퇴각하고 말았습니다. 에베소의 주민들이 너무나도 열정적으로 아데미 여신을 숭배하는 모습을 보고 크게 감동을 먹었기 때문입니다. 이 정도 역사를 지닌 에베소이니, 우상 숭배의 분위기가 얼마나 강력했겠습니까? 이 에베소에서 벌어진 이 소동들, 그리고 이 소동들의 중심에 선 바울, 이런 것들이 의미하는 바가 과연 무엇이었겠습니까? 곰곰이 생각해 보면 이 에베소에 바울이 무려 2년이나 머물게 되고, 거기다가 이렇게 엄청난 이적이 벌어진 것도 아무 계획 없이 일어난 일이 아님이 분명합니다. 본문에 이 사건이 몰고 온 엄청난 결과가 이렇게 기록되어 있습니다.

믿은 사람들이 많이 와서 자복하여 행한 일을 알리며 또 마술을 행하던 많은 사람이 그 책을 모아 가지고 와서 모든 사람 앞에서 불사르니 그 책값을 계산한즉 은 오만이나 되더라 (18-19절)

그리고 이 모든 일의 마지막 행선지가 본문 20절에 이렇게 드러납니다.

이와 같이 주의 말씀이 힘이 있어 흥왕하여 세력을 얻으니라 (20절)

지금까지 우리가 살펴본 것과 같이, 바울이 에베소에서 행한 일이 적지 않고 또 그 사건들이 가져온 파장이 작지 않았습니다. 그러나 놀랍게도 본문의 결론에서 바울이라는 인물은 단 한 자락의 자리도 차지하지 않았습니다. 에베소에 와서 2년 동안 매일같이 복음을 전파하며 적지 않은 이적도 행했습니다만, 그의 사역 뒤에는 오직 하나, 살아서 움직이는 하나님의 말씀과 그 능력만이 영원히 사라지지 않는 향기로서 남게 되었습니다. 그러나 제가 지금 여러분에게 강조하고 전하려는 메시지는 바울이 아닙니다. 살아서 움직이는 말씀, 귀신과 병을 지배하는 능력으로서의 믿음의 성격입니다.

본문에 에베소 사람들이 크게 놀라고 두려워하는 사실이 있습니다. 바울이 전하는 그 예수가 귀신도 제압하며 병자도 낫게 한다는 바로 그 사실입니다. 간단히 말해서 복음에는 능력이 있고, 예수의 이름은 실제로 이 세상을 지배할 권세가 있다는 것이지요. 우리는 "하나님의 나라는 말에 있지 아니하고 오직 능력에 있다"라는 고린도전서 4장 20절의 말씀도 알고 있습니다. "너희가 만일 믿음이 한 겨자씨만큼만 있으면 이 산을 명하여 여기서 저기로 옮기라 하여도 옮길 것이요 또 너희가 못할 것이 없으리라"라는 마태복음 17장 20절 말씀도 압니다. 성경이 단호하게 선언하는 것은 우리가 가진 믿음이 허탄한 철학이 아니라 실제로 무엇인가를 지배하는 힘이요 능력이라는 사실입니다. 어떤 사람이 음악이 이렇고 노래가 저렇다고 말할 때, 우리는 이렇게 퉁명스럽게 말합니다. "그럼, 네가 해 봐!" 엄밀하게 말한다면 말, 즉 이론과 그 이론을 실천하는 일은 구별되어야 합니다. 그러나 이론과 실기가 어긋날 때 그의 말이 얼마나 허탄하겠습니까?

우리는 예수를 믿습니다. 그리고 그 이름의 능력으로 거듭남을 믿으며, 천국에서의 영원한 삶을 믿습니다. 뿐만 아니라 이 우주를 창조하시고 지배하시는 그분의 능력을 믿습니다. 이 믿음이 공허한 철학이 아니라 엄연한 현실이라면, 우리의 삶과 믿음은 어떠해야겠습니까? 이 엄청난 질문을 이번 본문에만 제한해서 이렇게 다시 물어보겠습니다. 여러분의 믿음은 귀신이 알아봅니까? 오늘 우리에게 마귀가 물어봅니다. "예수도 알고 바울도 안다. 그런데 너는 대체 누구냐?" 이 질문에 대해서 여러분은 어떻게 대답하시겠습니까? 오늘 우리의 믿음은 살아 계신 그 능력의 주, 예수의 이름에 기대어 있습니까? 아니면 아무 힘도, 능력도 없는 액세서리에 불과한 부적과 같은 것입니까? 이 책을 덮기 전에 확인해야 할 사실이 있습니다. 지금 내 믿음은 나를 움직이는 실질적인 힘과 능력입니까? 아니면 가끔 마음이 울적할 때 찔끔 눈물이나 쥐어짜는 감동스러운 단어에 불과합니까? 확인하십시오. 나의 이 믿음은 귀신을 지배하는 능력입니까? 아니면 나도 다스리지 못하는 표어에 불과합니까?

개혁 교회의 신앙고백 가운데 「하이델베르크 요리문답」이라는 것이 있습니다. 그 첫 물음과 답은 이렇게 시작합니다.

문 1: 사나 죽으나 당신의 유일한 위로는 무엇입니까?

답: 몸과 영혼이 사나 죽으나 나 자신에게 속한 것이 아니라 나의 미쁘신 구주 예수 그리스도에게 속한다는 것입니다. 그는 자기 자신의 피로써 나의 모든 죗값을 다 갚아 주셨고, 악마의 지배에서 나를 완전히 해방해 주셨습니다. 그는 나를 잘 지켜 주시기 때문에 하늘에 계시는 하나님의 뜻이 없이는 머리털 하나도 나의 머리에서 떨어지지 않을 것입니다. 참으로 모든 것이 나의 구원을 위한 그의 목적에 부합됨에 틀림없습니다. 그러므로 그의 성령에 의해서 그는 영생을 나에게 보장해 주시고, 나로 하여금 이제부터는 뜻을 다하여 그를 위하여 살도록 준비해 주십니다.

이 문답과 관련하여 유명한 신학자 칼 바르트(Karl Barth)의 일화가 있습니다. 그가 바젤에서 교수로 있을 때, 학생들 사이에 이런 우스갯소리가 있었다고 합니다.

어느 날 천국 문을 지키던 베드로는 바르트가 걸어오는 것을 보았습니다. 반가운 마음에 인사를 건넨 후, 베드로는 평소에 궁금했던 믿음에 관한 질문들을 바르트에게 물어보았습니다. 그러나 얼마 지나지 않아 베드로는 자기가 도대체 무엇을 모르고 무엇을 물어보았는지도 모를 정도로 헷갈리고 말았습니다. 그는 자기보다 많이 알 것 같은 성령님께 바르트를 인계했습니다. 그러나 성령님께서도 얼마 후 머리를 절레절레 흔들며 바르트를 예수님께로 인도하고 말았습니다. 마침내 예수님과 바르트가 만나자, 구름 뒤에서 격렬한 논쟁이 벌어지고 말았습니다. 한참 후 예수님께서 화난 어조로 베드로에게 명령하셨습니다. "이 사람 도로 돌려보내라. 도대체 원, 나도 모르는 내 생각을 알고 있다니! 이 인사가 도대체 무슨 얘기를 얼마나 더 할 수 있는지 지켜봐야겠다." 바젤의 학생들은 그만큼이나 바르트가 복잡하고 정교한 신학을 갖고 있다는 경탄의 소리를 이런 전설 같은 이야기로써 표현했습니다.

그러나 이 바르트가 진짜로 죽게 되었을 때, 그의 임종을 지켜보던 사람은 그가 거의 알아듣지 못할 작은 소리로 하이델베르크 요리문답 제1문답을 암송하는 것을 보았습니다. 일세를 풍미하던 그 위대한 신학자가 생과 사를 오갈 때, 그를 위로하고 평안케 했던 것은 그렇게도 칭송받던 고상하고 수준 높은 자신의 신학이 아니었습니다. 그가 어려서 견신례를 받을 때 수없이 암송하던 이 단순 무비한 고백이었습니다. "사나 죽으나 당신의 유일한 위로는 무엇입니까? 몸과 영혼이 사나 죽으나 나 자신에게 속한 것이 아니라 나의 미쁘신 구주 예수 그리스도에게 속한다는 것입니다. 그는 자기 자신의 피로써 나의 모든 죗값을 다 갚아 주셨고, 악마의 지배에서 나를 완전히 해방해 주셨습니다. 그는 나를 잘 지켜 주시기 때문에 하늘에 계시는 하나님의 뜻이 없이는 머리털 하나도 나의 머리에서 떨어지지 않을 것입니다."

하나님의 나라와 예수의 이름은 실제의 능력입니다. 이 사실을 체험하지 않는 한, 우리는 귀신과 세상의 비웃음을 피할 수 없습니다. 이 믿음이 아닌 한, 우리는 이 풍파 많은 세상에서 단 한 자락의 위로도 받지 못할 것입니다. 사랑하는 여러분, 부디 살아 있는 힘으로서의 예수를 모시고 사시기를 축복합니다.

41
믿음은 선택이다
행 19:21-42

로마로 갈 계획을 세우다

본문 사도행전 19장 21절은 "이 일이 있은 후…"라는 말로 시작됩니다. 가장 적당한 해석이라면 '에베소에서의 사역이 마무리된 후'일 것입니다. 다시 말해, 에베소에서의 2년간의 사역이 끝나갈 무렵이라는 뜻입니다. 그리고 그다음 구절을 보면 "바울이 마게도냐와 아가야로 다녀서 예루살렘에 가기로 작정하여…"라고 하는데, 여기에는 약간의 설명이 필요합니다. 여기 본문에는 나오지 않았지만, 이 무렵에 예루살렘 지역에는 흉년이 들어 많은 사람이 어려움을 겪었습니다. 바울은 흉년으로 고생하는 형제들을 돕기 위해 에베소를 떠나 예루살렘에 가기로 결정했습니다. 성경을 보면, 바울은 이 귀환 계획을 좀 더 구체적으로 설명합니다. 즉 바울은 마게도냐와 아가야를 거쳐서 예루살렘으로 가겠다고 계획했던 것입니다.

그런데, "작정"이라는 단어를 그리스어 성경으로 보면 이 부분의 의미가 아주 다른 것을 봅니다. 이 부분($\check{\epsilon}\theta\epsilon\tau o$ $\acute{o}$ $\Pi\alpha\hat{v}\lambda o\varsigma$ $\dot{\epsilon}v$ $\tau\hat{\omega}$ $\pi v\epsilon\acute{v}\mu\alpha\tau\iota$)을 문자

그대로 번역하면 '바울이 성령 안에서 결정했다'가 됩니다. 다시 말해서 바울은 에베소를 떠나 예루살렘으로 가는 일을 기도하는 가운데 신중하게 계획했습니다. 뿐만 아니라 바울은 이번에 예루살렘에 가는 길에 더 원대한 계획을 실천에 옮기려 했습니다. 이 계획이 바로 다음에 나오는데, 그것은 로마로 가는 것이었습니다(21절).

나중에 다시 다루겠습니다만, 바울의 로마행은 기독교 역사상 매우 중요한 의미를 가지고 있습니다. 바울의 로마행은 여러 차례 하나님의 지지와 격려를 받았습니다. 예를 들면 바울이 체포되어 예루살렘의 옥에 갇혔을 때, 주님께서는 바울에게 나타나서 그를 이렇게 격려하셨습니다.

그날 밤에 주께서 바울 곁에 서서 이르시되 담대하라 네가 예루살렘에서 나의 일을 증언한 것 같이 로마에서도 증언하여야 하리라 하시니라 (행 23:11)

또, 배를 타고 가다가 큰 폭풍을 만났을 때, 바울은 이렇게 간증했습니다.

내가 속한 바 곧 내가 섬기는 하나님의 사자가 어제 밤에 내 곁에 서서 말하되 바울아 두려워하지 말라 네가 가이사 앞에 서야 하겠고 또 하나님께서 너와 함께 항해하는 자를 다 네게 주셨다 하였으니 (행 27:23-24)

아무튼 바울은 이후로도 끊임없이 로마로 갈 것을 계획하고 기도했었음이 분명합니다. 로마서 1장에서 바울은 이렇게 말합니다.

형제들아 내가 여러 번 너희에게 가고자 한 것을 너희가 모르기를 원하지 아니하노니 이는 너희 중에서도 다른 이방인 중에서와 같이 열매를 맺게 하려 함이로되 지금까지 길이 막혔도다 (롬 1:13)

이에 관해서는 다시 말씀드리기로 하고, 본문으로 돌아가겠습니다.

복음에 반대하는 자들

이번 본문에는 에베소에서 일어난 한 가지 소동을 기록해 놓았습니다. 데메드리오라는 인물이 주동자인데, 이 사람은 은장색, 즉 은으로 세공(細工)을 하는 기술자였습니다. 이 사람은 아데미의 은감실, 즉 은으로 아데미 신전의 미니어처(miniature) 같은 것을 만들어 파는 사업을 하고 있었는데, 사업이 번창했는지, 많은 직공을 두고 있었습니다. 돈도 많이 벌었을 것은 말할 필요도 없겠지요. 그런데 그는 얼마 전부터 사업에 어려움을 겪고 있었습니다. 원인은 바울에게 있었습니다. 바울이 에베소에 와서 복음을 전하며 문제가 생긴 것인데, 바울을 중심으로 복음이 활발하게 전파되자 이 지역에서 아데미를 신봉하는 사람이 현저하게 줄어들었고, 따라서 데메드리오의 사업이 막심한 타격을 받은 것입니다.

데메드리오는 직공들을 모아 놓고 이렇게 말합니다. 조금 더 생생한 어감을 위해서 이 부분을 공동 번역 성경으로 읽어 보겠습니다.

"여러분, 여러분도 알다시피 우리는 이 사업으로 잘 살아왔습니다. 그런데 그 바울로라는 자가 사람의 손으로 만든 것은 신이 아니라고 하면서 이 에 페소에서뿐만 아니라 거의 아시아 전역에서 많은 사람들을 설득하여 마음을 돌려 놓았다는 사실을 여러분은 보고 들었을 것입니다. 이대로 가다가는 우리의 사업이 타격을 입게 될 뿐만 아니라 위대한 여신 아르데미스 신당이 괄시를 받게 되고 마침내는 온 아시아와 온 세계가 숭상하는 이 여신의 위신이 땅에 떨어지고 말 터이니 참으로 위험합니다."(25b-27절, 공동번역)

전에 말씀드린 바와 같이, 에베소는 아데미 신을 정성 들여 섬기는 것으로 유명한 곳이었습니다. 오죽하면 본문 35절에서 서기장이 '에베소는 아데미의 신전지기'라고까지 말했겠습니까? 데메드리오의 선동은 성공했습니다. 데메드리오의 말을 들은 직공들은 흥분해서 함께 외쳤습니다. "에베소의 아데미 여신 만세!" 그리고 이 모임에 에베소 사람들이 많이 합세하면서 온 도시가 소란스러워졌습니다.

이들은 바울의 일행 가운데 마게도냐 사람 가이오와 아리스다고를 잡아서 극장으로 몰려갔습니다. 두 사람을 끌고서 극장에 도착했을 때, 이 소식을 듣고 바울이 급히 쫓아왔습니다. 바울은 이들이 모인 곳으로 들어가려고 했습니다만, 그의 가까운 친구들이 그를 막았습니다. 바울이 극장 안으로 들어가면 무슨 일이 벌어질 게 틀림없기 때문이었습니다. 그런데 성경은 한 가지 어이없는 사실을 기록해 놓았습니다. 이들 중에는 무엇 때문에 자기가 여기 있는지조차 모르는 사람이 반 가까이나 되었다는 것입니다. 참으로 많은 사람들이 흥분한 채로 모여 있었으나, 사실은 자기가 하고 싶은 소리만 내지르고 있었던 것입니다.

본문 33절 이하에 흥미로운 에피소드가 끼워져 있습니다. 유대인들이 알렉산더를 내세워 무슨 말을 하려다가 저지당한 사건이 바로 그것입니다. 알렉산더가 앞에 서는 순간 군중들은 소리를 질러 그의 말을 막아 버렸습니다. 알렉산더는 두 시간이나 고래고래 "아데미 여신 만세!"를 질러 대는 에베소 사람 앞에서 입도 뻥긋하지 못하고 물러났습니다. 이 유대인들은 자신을 바울 일행과 구별해 달라고 요청하려 했던 것이 아닌가 싶습니다. 에베소 사람들이 지금 소리소리 지르면서 바울 일행을 끌고 다니는데, 이렇게 되면 에베소 사람들이 유대인이라면 모두 싫어하거나 위협할 것이 분명하기 때문입니다. 이 비정한 유대인들은 동족들이 위험한 처지임에도 불구하고 자신의 신분만 보호받기를 원했습니다.

어쨌든, 극장에 모인 군중의 모습은 무질서 그 자체였을 거라고 보입니다. 아주 오랜 시간을 모여서 소리 지르고 흥분했지만, 어떠한 결론도 내려지지 않을 것 같았습니다. 이 소란스러운 무리 앞에 마침내 서기장이 섰습니다. '서기장'이라는 자리는 로마 관리가 아니었습니다. 에베소는 자유 도시여서 자치적으로 의회를 구성했습니다. 이 의회의 서기장은 의회에서 서기로 일하는 자들의 우두머리였습니다. 지금 이 자리에 선 서기장이 로마 사람인지는 분명치 않습니다만, 지역 주민에 의해 선출된 사람이니만큼 에베소 사람들의 신망(信望)이 적지 않았을 것입니다. 과연 이 사람의 발언은 성난 군중의 주목을 끌었고, 그의 발언이 이어졌습니다. 그는 이렇게 말합니다.

> … 에베소 사람들아 에베소 시가 큰 아데미와 제우스에게서 내려온 우상의 신전지기가 된 줄을 누가 알지 못하겠느냐 이 일이 그렇지 않다 할 수 없으니 너희가 가만히 있어서 무엇이든지 경솔히 아니하여야 하리라 (35-36절)

그가 말하려는 것은 에베소 사람들이 자부심 높은 아데미의 추종자답게 이 일에 대해 신중해야 한다는 것입니다.

서기장은 군중의 흥분을 가라앉히기 위해 이들을 한껏 높이는 표현을 한 게 틀림없습니다. 이 칭찬이 효과를 냈는지, 군중은 이 말에 영향을 받기 시작했습니다. 서기장이 이어서 말합니다. 군중이 지금 끌고 온 바울의 일행, 즉 가이오와 아리스다고가 에베소에 실질적인 피해를 주지 않았으며, 그럼에도 불구하고 판결할 것이 있다면 적법한 절차를 밟아야 하지 않겠느냐고 말입니다. 서기장은 마지막에다 하나의 커다란 못질을 함으로써 무질서한 무리에게 겁을 줍니다. 이유도 분명하지 않은 이 모임이 까딱 잘못하면 불법으로 책망받을 우려가 있었기 때문입니다. 이 사람의 지적은 냉정하고 현실적이었습니다. 따라서 이 모임은 곧 싱겁게 끝을 맺었습니다.

신앙과 먹고사는 일에 관하여

사건이 싱겁게 끝나긴 했습니다만, 우리가 계속해서 깊이 묵상해야 할 주제가 남았습니다. 데메드리오와 직공들, 그리고 군중은 무엇 때문에 그토록 열을 올렸을까요? 불타는 종교심 때문에? 데메드리오의 말솜씨 때문에? 기독교인 혹은 유대인에 대한 증오심 때문에? 우리는 데메드리오의 발언에서 실마리를 발견합니다. 데메드리오는 바울과 예수교가 자신들에게 가져다준 위협을 다음 두 가지로 설명했습니다. '첫째, 바울과 예수교는 자기들이 조상 대대로 믿어 온 아데미 신을 헛된 것이라 말했다. 둘째, 기독교는 자신들의 생계를 위협하고 있다.' 곰곰이 생각해 보면, 기독교는 에베소 사람들의 사는 이유와 사는 방법을 송두리째 위협했습니다. 이것은 분명한 사실입니다. "너희가 조상 대대로 믿어 온 종교가 잘못되었다!" 이 선언은 그들의 자존심을 뼈아프게 건드리는 말이었으며, 동시에 그 신을 빌미로 생계를 이어 온 이들의 현실을 뿌리째 뒤흔드는 실제적 위협이었습니다. 이 때문에 에베소 사람은 데메드리오의 선동에 동의했던 것입니다.

우리는 데메드리오의 말에서 하나의 의미심장한 연결고리를 발견합니다. '신앙과 먹고사는 일'이라는 연결고리입니다. 보십시오. 데메드리오는 아데미 신을 섬기는 사람이며, 동시에 그 종교와 연관한 사업으로 생계를 잇고 있습니다. 그에게 있어서 신앙과 생계는 떨어지려야 떨어질 수 없는 연관성을 갖고 있었습니다. 정도의 차이는 있을지언정 이 연관성은 에베소에 사는 사람이라면 모두에게 있었습니다. 데메드리오의 공장에서 일하는 사람이 그렇고요, 에베소 시민들이 그러했습니다. 아데미 신앙이 쇠퇴할수록 아데미의 신전을 새겨서 파는 은장색 사업도 위축될 것이고, 아데미와 연관된 관광 사업이나 숙박업 등등 역시 위축될 것이 분명합니다. 이것은 에베소 지역의 경기에 결정적인 타격이 될 것입니다.

그러나, 그러나 말입니다. 먹고 사는 문제가 아무리 중하기로 믿음보다 중요하겠습니까? 사전적인 정의에 따르면 '믿음'은 기본적으로 어떤 사실에 대한 신념과 어떤 사람에 대한 신뢰를 가리키는 말입니다. 특별히 기독교가 말하는 '믿음'은 인격과 인격 사이의 신뢰를 의미하는 경향이 강합니다. 그렇습니다. 믿음은 절대자이신 하나님과 인간 개인 간의 신뢰이며, 하나님께서 성경을 통해 보여 주신 당신의 모습에 대해서 인간이 반응하는 것입니다. 이 반응에는 나는 누구이며, 내가 왜 사는지에 대한 새로운 성찰과 그에 따른 구체적인 행동이 포함됩니다. 다시 말해, 내가 하나님을 믿는다고 말할 때 그 믿음으로 인해서 신자의 살아가는 방식이 근본적으로 변하게 된다는 말씀입니다. 이렇게나 중요한 것이 믿음일진대, 어째서 그들은 그 복음을 현재까지의 신념과 삶의 수단으로서의 아데미 숭배에 막혀서 받아들일 수 없었던 것일까요?

어쨌든, 데메드리오와 많은 에베소 사람들은 믿음과 생계(生計)의 갈림길에서 먹고사는 일을 선택했습니다. 먹고사는 일이 진리를 알아 구원에 이르는 일보다 중요하다고 판단했던 것입니다. 나아가 그들은 여태까지 살아오던 방식과 믿어 오던 종교에 거스르는 것들을 귀찮게 생각하고 화를 냈습니다. 결과적으로 그들은 자신에게 다가온 구원의 기회를 걷어찬 것입니다. 반면에, 이와 같지 않은 사람들이 있었지요? 지난번에 읽기만 하고 지나간 본문이 하나 있는데, 사도행전 19장 18-19절 말씀을 다시 읽어 보겠습니다.

> 믿은 사람들이 많이 와서 자복하여 행한 일을 알리며 또 마술을 행하던 많은 사람이 그 책을 모아 가지고 와서 모든 사람 앞에서 불사르니 그 책값을 계산한즉 은 오만이나 되더라 (행 19:18-19)

이들은 복음을 대하면서, 이전까지 살아온 것들이 모두 잘못되었다는 사실을 깨달았습니다. 그들은 자신의 잘못된 과거를 공개적으로 시인하고, 뿐만 아니라 그들이 구체적으로 무엇을 어떻게 잘못했는지를 털어놓았습니다. 그들의 깨달음은 과거의 문제에만 매달리지 않았습니다. 그들은 현재에도 여전히 벌어지고 있는 잘못된 삶의 모습을 버리고 고쳤습니다. 그 결과가 마술책을 불태우는 행동으로 이어지는 것입니다. 그렇다면 이 사람들에게 중요한 것은 무엇일까요? 이들은 복음을 통해서 자신의 현재를 발견했으며, 이것을 통렬하게 고치길 원했습니다. 그러지 않았다면 그들이 그 많은 분량의 마술책을 불태우지 않았을 것입니다.

다시 데메드리오와 에베소 사람에게 초점을 맞추면, 그들은 기독교로 개종하는 사람들로 인해 분명히 큰 충격을 받았습니다. 그러나 그들은 자기에게 닥쳐올 불이익과 생계의 위협에만 주목했습니다. 그들에게는 진리 앞에 드러난 자신의 죄보다 먹고살 일이 더욱 중요했습니다.

본문 26절을 보면, 데메드리오와 에베소 사람들은 바울이 에베소뿐만 아니라 소아시아 전역에 그리스도의 복음을 전했으며, 적지 않은 사람들이 기독교로 개종했다는 소식을 잘 듣고 있었습니다. 그렇게나 많은 사람이 복음을 듣고 개종했다면, 그 복음이 사람들의 생계나 위협하는 위험한 물건이라고 치부하고 말 일은 아니지 않겠습니까?

선택하기

여기까지 이르러 우리는 주님의 교훈을 돌이키게 됩니다. 누가복음 14장에서 주님께서 이렇게 비유로 말씀하셨습니다.

> 이르시되 어떤 사람이 큰 잔치를 베풀고 많은 사람을 청하였더니 잔치할 시각에 그 청하였던 자들에게 종을 보내어 이르되 오소서 모든 것이 준비되었나이다 하매 다 일치하게 사양하여 한 사람은 이르되 나는 밭을 샀으매 아무래도 나가 보아야 하겠으니 청컨대 나를 양해하도록 하라 하고 또 한 사람은 이르되 나는 소 다섯 겨리를 샀으매 시험하러 가니 청컨대 나를 양해하도록 하라 하고 또 한 사람은 이르되 나는 장가 들었으니 그러므로 가지 못하겠노라 하는지라 (눅 14:16-20)

어떤 사람이 큰 잔치를 열어서 사람들을 초청했습니다. 그러나 어떤 사람은 밭을 샀기 때문에 거기 가 봐야겠다고, 또 어떤 사람은 소를 샀는데 그걸 시험해 봐야 하므로, 또 어떤 사람은 내가 장가를 갔기 때문등등의 이유를 붙여서 잔치에 오지 않았습니다. 그들 각자에게는 그럴 듯한 이유가 되겠지만, 남들이 볼 때에는 실로 어이없는 일이라고 보이는 이유들이 아닐까요? 저는 이들이 내세운 이유가 정당하지 못하다고 봅니다.

그래요. 땅 사고, 장가 가고, 소 사는 게 바쁜 이유가 될 수도 있겠습니다. 하지만 밭을 갈지 말라는 것도 아니고, 소를 돌보지 말라는 것도 아닙니다. 그렇다고 그게 잔치에 오지 못할 만큼이나 급박한 일은 아니지 않습니까? 예수님께서 잔치와 결혼, 혹은 밭, 소 등을 비교하신 것은 어떤 것이 더 중요하고 어떤 것이 더 시급한 일인지를 판별하라는 뜻입니다. 결론을 말씀드리자면 이렇습니다. 가장 우선하는 일이 가장 급한 일입니다. 이 사실은 언제나 진리입니다. 누군가가 A라는 일을 놔두고서 B라는 일을 먼저 한다면, 우리는 이 사람이 A보다 B를 더 중요하게 생각한다고 판단해도 좋습니다. 같은 원리로 데메드리오를 판단했을 때, 그는 복음과 구원보다 생계를 더 중요하게 여겼습니다.

교회를 드나드는 사람에게서도 이 주제는 여전히 중요합니다. 믿음을 가졌다는 사람조차도 성경 말씀을 볼 때 그 가르침에 귀를 기울이기보다 자신의 신념을 고집하는 경우를 너무 자주 보기 때문입니다. A를 믿는다는 사람이 B의 말에 귀를 더 기울인다면, 우리는 이 상황을 어떻게 해석해야 하겠습니까? 사람은 누구나 자신이 중요하다고 믿는 대로 행동하고 삽니다. 그러나 믿음에서뿐만 아니라 대부분의 영역에서 인간은 더 중요하고 시급한 것이 무엇인지를 잊은 채 살아갑니다. 안다고 인정하면서도 변하지 않는 삶이나 습관을 고집하는 사람도 허다합니다. 이래서는 안 됩니다. 미래가 있다고 믿는 사람에게 있어서, 현재는 그 미래의 오늘입니다. 우리는 매일같이 우리에게 닥쳐오는 일과 사건 앞에서 무엇을 더 먼저, 무엇을 더 우선적으로 해야 하는지를 판단하며 살아갑니다. 그래서 우리는 인생이 선택의 연속이라고 말합니다.

가정을 해 봅시다. 데메드리오가 복음을 들을 때, 그것이 나의 생계에 어떤 영향을 줄 것인지보다 그 말씀이 나 자신에게 어떤 의미가 있는지에 관심을 기울였더라면 어떤 일이 벌어졌을까요? 그는 세상을 사는 동안 돈이 없음으로 인해서 조금은 불편했을 것입니다. 그러나 그 대신 참생명이라는 선물을 영원토록 즐길 수 있었을 것입니다. 인간은 본성적으로 진리를 추구하게 되어 있습니다. 그러나 참으로 슬픈 일은 많은 사람들에게 그 진리가 참되고 바르게 사는 원리로 받아들여지지 않는다는 사실입니다. 그들은 여태까지 살아왔던 익숙한 습관을 진리라고 착각하며, 자신의 생활을 바꾸어야 한다는 불편함으로 인해 진리를 진리라고 인정하면서도 실행에 옮기지 않으려 합니다.

엄청나지 않은 예를 들어 보겠습니다. 우리는 날마다 하나님의 말씀을 읽고 묵상해야 한다는 사실을 압니다. 그럼에도 불구하고 우리는 이 깨달음에 성실하지 못합니다. 또, 누군가 말하면 그 사람의 말이 옳으냐를 이성으로 판단하지 않습니다. 그 사람이 나와 무슨 관계이며, 그 사람이 나에게 어떤 인상을 주었는지를 가지고 판단합니다. 때로는 인간이 싫어서, 때로는 사실을 인정하기 싫어서, 때로는 변하기가 두려워서 주님의 말씀에 귀를 막기도 합니다. 이렇게 수많은 이유들이 우리의 눈을 가로막아서 복음에 담긴 진리를 보지 못하게, 인정하지 못하게 만드는 것이지요. 인생은 선택입니다. 믿음은 선택입니다. 무엇이 더 중요한지를 아는 것이 믿음이며, 따라서 믿음은 곧 참다운 지혜에 도달하는 길입니다.

성경은 우리에게 더 많이 가진 사람이 되기보다 지혜로운 사람이 되기를 권합니다. 더 많이 아는 것도 좋지만, 바르게 선택하는 것이 더 중요하기 때문입니다. 지혜가 여기 있습니다. 중요한 것이 무엇인지를 아는 것이며, 그것을 선택하는 것입니다. 사랑하는 여러분, 예전의 습관과 이미 갖고 있는 것을 버리기가 두려워서 더 나은 것을 선택하지 못하는 사람처럼 어리석은 인간은 없습니다. 복음 앞에 온몸으로 마주 서서 더 나은 것을 용감하게 선택하십시오. 진리를 삶의 기준으로 받아들이는 지혜로운 사람이 되시기를 축복합니다.

42

거기에도 하나님의 백성이 많았다
행 20:1-12

바울, 에베소를 떠나다

은 세공업자인 데메드리오가 난동을 일으켜서 바울 일행을 핍박한 사건 이후, 에베소에서의 전도 사역은 비교적 순탄했던 것 같습니다. 사도행전 19장에서 서기장이 시민들에게 묻습니다. "바울 일행이 에베소 신전의 제물을 도적질했는가, 아니면 여신을 모독했는가?" 서기장은 점잖게 이어 말합니다. "그래도 저들을 고발할 일이 있으면 정식으로 민회에 고발하라. 그렇지 않을 거면, 아데미 여신을 추종하는 사람답게 점잖게 있든지…" 결국 예수교를 전하는 자들을 더 이상 조직적으로 반대하기 어렵게 된 것이지요.

이런 상황은 바울 입장에서 보면 전도 사역이 앞으로 조직적인 반대에 부딪히지 않게 될 것을 의미합니다. 본문을 보면, 바울은 다른 지역으로 이동하기로 결정합니다. 사도행전 19장 21절에서 말한 대로, 이 일은 바울이 이미 오래전부터 기도하며 준비한 일일 뿐 아니라 성령께서도 바울에게 명령하신 일이었습니다.

다시 정리해 봅시다. 사도행전 19장 21절에 기록된 바울의 계획이 무엇이죠? 바울은 마게도냐와 아가야를 거쳐서 예루살렘으로 가려고 했습니다. 지도를 보면 이상한 계획입니다. 에베소에서 예루살렘으로 가는 가장 빠른 길은 에베소에서 배를 타고 그레데 섬이나 구브로 섬을 거쳐 가면 됩니다. 그런데 왜 굳이 멀리 돌아서 마게도냐와 아가야 지역을 거쳐서 가는 걸까요? 여기에는 두 가지 이유가 있습니다. 첫째는, 이 지역에 복음이 제대로 성장하고 있는지를 확인하려 함입니다. 둘째는, 이 지역 교우들로부터 구제 헌금을 걷어서 이것을 예루살렘의 교우들에게 전달하려고 했던 것입니다. 이 두 가지 목적을 좀 더 설명하겠습니다.

우선, 첫 번째 목적. 앞에서 몇 번 말씀드린 것처럼 마게도냐와 아가야 지역은 바울의 전도 전략에서 매우 중요한 의미가 있었습니다. 당시 세계의 중심은 로마였으며, 마게도냐와 아가야 지방은 예루살렘 교회가 로마로 진출하기 위한 디딤돌이었지요. 더욱이 바울이 계획한 대로 로마에 복음이 전해진다면 이 복음은 다시 이 지역을 거쳐서 온 세계로 뻗어나갈 수 있을 것입니다. 말하자면 이 지역은 예루살렘을 중심으로 한 초기의 기독교회가 세계로 뻗어 나가기 위한 전략적 요충지였던 것입니다. 그러므로 바울로서는 이 지역의 교회가 건강하게 자라고 있는지를 확인하는 것이 필요할 수밖에 없었습니다.

두 번째 목적. 바울이 보기에 예루살렘 지역 교회에 전달될 구제 헌금은 아주 중요한 의미가 있습니다. 이 구제 헌금은 마게도냐 및 가이야 지방, 즉 소아시아 지방의 교회가 전달하는 부조금입니다. 소아시아 지방의 교회는 유대인의 관점에서 볼 때 이방인, 즉 비유대인들이 주축을 이루는 교회입니다. 그 비유대인들의 교회가 본 교회라고 할 수 있는 예루살렘 지역 교회를 돕는다, 이것이야말로 정말 놀라운 일이 아니겠습니까? 바울은 이방인들의 형제 교회가 이른바 본 교회라 할 수 있는 예루살렘 지역 교회를 도움으로써 당당하게 그리스도의 교회의 일원이 되기를 바랐습니다. 자신을 '이방인을 선교하기 위한 그릇'(행 9:15; 갈 2:8)이라고 말했던 바울에게 있어서 이 모습이 얼마나 대견했겠습니까? 바울로서는 이방인을 향한 사역의 길로 들어선 지 실로 오랜만에 비로소 본토의 동족과 동료에게 사역의 열매를 보여 줄 수 있는 기회를 맞았던 것입니다.

드로아에 들리다

에베소를 떠나서 다시 긴 여행을 나서려는 바울은 에베소의 제자들을 여러 가지 말로 위로하며 격려함으로써 자신 이후의 상황을 대비했습니다. 드디어 바울은 에베소를 떠납니다. 성경이 말하지 않습니다만, 바울은 배를 타고 에베소를 출발한 것 같습니다. 지도를 볼 때 에베소에서 마게도냐 지방을 간다면 배를 타는 것이 편합니다. 행로(行路)를 일직선으로 만들 수 있기 때문입니다. 그러나 배를 타고 떠난 바울은 항로를 정반대로 꺾어서 드로아로 갔습니다. 이유가 있었습니다. 그는 드로아에서 디도를 만나려고 했습니다. 디도를 통해서 고린도 교회에서 일어난 몇 가지 문제들이 어떻게 진전되어 가는지를 듣기 원했던 것입니다.

바울은 이전에 디도를 고린도 교회에 보냈습니다. 이때 바울은 디도

편에 '눈물의 편지'라 불리는 서신을 보냈다고 합니다. 이 편지는 고린도전서 이후에 보내진 또 하나의 편지였으며, 고린도전서에 이어서 다시 고린도 교회의 몇 가지 문제를 놓고 눈물 어린 충고를 적었던 것 같습니다. 바울은 드로아에서 디도를 만나 자신의 충고에 대해서 고린도 교회가 어떻게 받아들이는지를 알고자 했던 것 같습니다. 바울과 디도는 드로아에서 만나기로 했습니다. 하지만 바울이 에베소에서 예정보다 일찍 도착했기 때문인지 만나지 못했습니다. 고린도후서 2장에서 말하는 것처럼, 물론 바울은 드로아에 복음을 전하고자 했습니다. 그러나 고린도 교회에 대한 염려 때문에 드로아에서 복음을 본격적으로 전하지는 못하고 이내 마게도냐로 향했습니다.

본문 2절을 보면, 바울이 '그 지방'을 지나갔다고 기록되어 있습니다. '그 지방'이라는 표현은 에베소에서 고린도에 이르는 긴 육로(陸路)를 의미합니다. 다시 말해 그는 에베소에서 고린도에 이르는 긴 여정을 걸어가면서 그 길에 있는 여러 도시를 방문했다는 것입니다. 여기에는 빌립보, 데살로니가, 그리고 베뢰아가 포함되어 있었을 것입니다. 바울 일행은 '헬라'에 도착해서 거기서 약 3개월을 머물게 됩니다. '헬라'는 아가야 지역을 가리키는 말인데, 바울은 아가야의 수도인 고린도에 머물렀습니다. 바울은 긴 여행 끝에 드디어 그의 근심거리였던 고린도에 직접 가게 되었습니다. 이때가 기원후 56년 혹은 57년의 겨울이었습니다.

석 달 동안 고린도에 머물면서 바울은 가이오의 따뜻한 대접을 받으면서 로마서를 기록했습니다. 바울은 그 후에 다시 길을 떠나려 했지만, 곧 계획을 수정해야 했습니다. 바울 일행을 해치려는 유대인 무리가 있다는 소문이 있었기 때문입니다. 고린도에서 예루살렘으로 가려면 배를 타는 것이 가장 빠릅니다. 그러나 바울을 해치려는 유대인들을 피하기 위해서, 바울은 배를 타지 않는 대신 마게도냐로 가는 육로를 선택했습니다. 이 길은 원래의 계획보다 훨씬 도는 길이었습니다. 그래도 그 길은 심심하지 않았습니다. 사도행전 20장 3절에 언급된 대로 그의 여행에는 적어도 일곱 명의 동행(同行)이 있었기 때문입니다. 이 일곱 명은 바울과 연관된 이방인 교회의 대표였습니다. 바울은 소아시아 지역의 이방인 교회들이 모은 구제 헌금을 직접 관리하지 않고 이들에게 맡겼는데, 이 때문에 이들이 에베소에서부터 바울과 동행하고 있었던 것입니다. 본문 5절을 보면, 이 일곱 사람은 바울보다 먼저 드로아로 떠났습니다. 바울은 누가와 함께 고린도에 남아서 무교절을 지냈으며, 그후 닷새 만에 드로아에 도착하여 일곱 사람들과 합류했습니다.

드로아의 이적

본문 7절 이하를 보면, 한 가지 흥미로운 에피소드가 실렸습니다. 드로아에서 이레를 지낸 바울 일행은 다시 길을 떠나려 했습니다. 바울 일행은 떠나는 날짜를 안식 후 이틀째 되는 날, 즉 월요일로 잡았습니다. 전날인 '안식 후 첫날'은 주일이잖아요. 그런데 유대인은 규례에 따라 안식일을 거룩한 날로 지켰습니다. 그러나 예수께서 십자가에 달리셨다가 부활하신 날, 즉 안식 후 첫날이 점점 더 크게 예수교인들에게 지켜지게 되었던 것입니다. 기독교회는 결국 안식 후 첫날을 '주일', 즉 '주의 날'

이라 하여 구별해서 지키게 되었지만, 이는 본문보다 훨씬 뒤의 일이었습니다. 사도행전의 본문이 기록된 시점에는 안식일과 안식일 후 첫날, 이렇게 두 날을 동시에 지키는 상황이었기 때문에, 바울은 드로아를 떠나기 전날인 안식일 후 첫날에는 교우들과 함께했던 것입니다.

성경을 보면, 바울은 이날 온종일을 교인과 함께 지냈습니다. 교인들과 작별 인사도 했을 것이고, 예배도 물론 드렸을 것입니다. 당시의 교회가 그랬던 것처럼 함께 식사도 하고 성찬도 나누며 교제했을 것입니다. 이 모임은 그날 밤늦게까지 계속되었는데, 본문 7절을 보면 늦은 밤에도 그 수가 줄지 않았던 것 같습니다. 바울이 드로아에서 마지막으로 강론하는 날인지라 사람들이 더욱 사모하지 않았을까 짐작됩니다. 늦은 밤까지 계속되는 데다가 좁은 공간이라 환기까지 잘되지 않았을 것이고, 거기에 여러 곳에 등불까지 켜져 있었다고 합니다. 이런 상황이니 조는 사람도 있었겠지요. 거기에 '유두고'라는 사람이 있었는데, 이 사람이 창문에 걸터앉아 바울의 강론을 들으며 졸다가 그만 창문 밖으로 떨어져 버렸습니다. 이 사람이 걸터앉은 창문은 3층이었다고 합니다. 3층에서 떨어졌으니 무사할 리가 없지요. 이 사람은 그 자리에서 즉사하고 말았습니다.

설교를 듣던 사람이 졸다가 3층에서 떨어져서 죽었으니 그 자리에 참석한 사람들이 적지 아니 놀랐을 것이고, 따라서 그 자리가 상당히 소란스러웠을 것입니다. 그러나 오직 한 사람, 바울만은 그렇지 않았습니다. 바울은 소란스러운 사람들의 영향을 전혀 받지 않고 침착했습니다. 그는 3층에서 뛰어 내려가서 유두고의 시신 위에 자기 몸을 얹고서는 그를 꼭 껴안았습니다. 그러고 나서 그를 품에 안고 일어서면서 무리에게 이렇게 말했습니다.

떠들지 말라 생명이 그에게 있다 (10절)

그러고는 아무 일도 없다는 듯이 다시 3층으로 올라가 계속 떡을 떼면서 이야기를 이어 갔습니다. 그럼, 유두고는 어떻게 되었을까요? 그가 3층에서 떨어져 죽었다는 말이 사실이라면, 그리고 그가 바울에 의해 다시 살아났다면 이 일이 어찌 아무렇지도 않은 일이었겠습니까? 그러나 성경은 유두고가 살아났느니, 그래서 사람들이 이 이적을 보고서 하나님께 크게 영광을 돌렸다거니 하는 이야기가 일절 등장하지 않습니다. 모든 것은 원상대로 회복되었으며, 따라서 유두고가 죽었다가 살아난 일이 이 무리에게 있어서 문자 그대로 아무 일도 아니게 되어 버린 것입니다. 성경은 유두고 사건에 관하여 이 한 가지만을 기록해 두었습니다.

사람들이 살아난 아이를 데리고 가서 위로를 적지 않게 받았더라 (12절)

죽은 사람이 살아난 일치고는 너무 간단한 기록 아닐까요? 이런 일이 우리 시대에 일어났다면 기독교와는 전혀 관계없는 신문이라도 대문짝만한 크기로 기사(記事)를 내보냈을 것입니다. "능력의 종 바울, 설교 도중에 졸다가 떨어져 죽은 사람을 살려 내다!" 그러나 성경은 이 일에 대해 마치 아무 일도 없는 듯이, 아니 죽은 사람 살리는 일쯤은 일도 아니라는 듯이 지나쳐 버립니다. 성경이 말 안 하는 걸 제가 어찌 알겠습니까마는, 그래도 짐작되는 바가 있습니다. 그것은 성경의 관심이 죽은 사람 살리는 이적에 있는 게 아니라 다른 데 있었다는 것입니다. 그럼, 그 다른 게 뭘까요? 성경은 바울이 밤늦도록 하나님의 말씀을 전했다는 사실에 더 큰 관심을 갖고 있습니다. 그리고 그 밤이 지새도록 하나님의 은혜를 갈망하는 수많은 영혼이 거기 있었다는 사실을 더욱 주목하고 있습니다.

더욱 서둘러야 한다!

우리는 이 점에 대해서 더 생각해야 합니다. 바울 일행은 지금까지 에베소를 출발하여 드로아를 거쳐서 빌립보, 데살로니가를 지난 후 고린도에 도착했습니다. 그들은 고린도에서 석 달을 머문 후 다시 드로아로 돌아왔습니다. 그들은 여기서 다시 예루살렘으로 가야 합니다. 지도를 보신 분들은 그들이 지금 얼마나 기나긴 여행을 하고 있는지 아실 겁니다. 교통이 불편했던 당시에, 이렇게 긴 여행을 한다는 것이 얼마나 피곤하고 위험한 일이었겠습니까? 이런 여행은 무엇인가에 미친 사람, 혹은 엄청난 열정이 있는 사람이 아니고서는 절대 쉽게 할 수 없는 일이라는 것에 여러분도 동의하실 겁니다. 바울 일행은 그 엄청난 여정(旅程)을 계속하려는 마당에, 길을 떠나기 전날 밤늦게까지 한 시간이라도 시간을 아껴서 말씀을 전하려 했던 것입니다. 그런데 이 일이 청중의 호응도 없이 일어난 일은 아니지요? 바울은 한마디라도 더 하나님의 말씀을 전하려 했으며, 드로아의 청중은 한마디라도 더 그 말씀을 들으려 했습니다.

지금 여러분의 마음에 이러한 바울의 심정과 청중의 심정이 잘 전달되었으면 좋겠습니다. 전하려는 자와 들으려는 자의 안타까움, 그것은 말씀을 사모하는 하나님의 백성들이 가지는 공통된 마음이었습니다. 그리고 유두고의 사건은 이 갈급한 심령들이 모인 자리에 하나의 해프닝처럼 일어나서, 그들을 벽력과 같이 격려하시는 하나님의 음성이었던 것입니다. 결론적으로 바울의 마음을 온통 사로잡고 있는 것은 이것입니다. 자신이 가는 곳마다 눈에 불을 켜고 하나님 나라의 복음을 사모하는 소아시아의 영혼들에 대한 안타까움이었습니다. 다시 말씀드립니다. 바울이 이처럼 동분서주하면서 재촉하여 복음을 전하려 했던 것은, 가는 곳마다 만날 수 있는 하나님의 택하신 백성들의 갈급함 때문이었습니다. 이들의 갈급함을 볼 때마다 바울은 어떻게 해서든지 한 영혼이라도 더 구원하기 위해 길을 더욱 재촉할 수밖에 없었던 것입니다.

정리해 보겠습니다. 바울은 이방인에게 전도하라는 소명을 받아 소아시아 지방을 여행했습니다. 가는 곳마다 예수의 복음을 사모하는 영혼이 적지 않은 사실을 발견했습니다. 하나님의 지시는 어긋나지 않았습니다. 바울은 가는 곳마다 복음을 영접하는 사람들을 만날 수 있었으며, 그들은 하나님께서 자신을 통해서 구원하시기 위해 준비해 놓으신 당신의 백성이라는 사실을 알게 되었습니다. "하나님의 능력은 이제 유대인의 혈통과 국경을 넘어서 세계로 뻗어가고자 하신다!" 십자가에서

흘린 그리스도의 보혈은 이제 인종과 지역의 경계를 넘어 온 우주로 뻗어 가기 위해서 그 거친 숨결을 고르고 있다는 사실을 바울은 깨달았습니다. 그는 이 영광되고 가슴 벅찬 사명을 위해 부르심을 받았으며, 자신을 통해서 거세게 뻗어 나갈 복음의 능력을 가로막을 것은 아무것도 없다고 확신했습니다. 이제 그가 해야 할 일은 분명합니다. 세월을 아껴서, 죽을힘을 다해서 복음을 전하는 일이었습니다.

바울이 그 기나긴 여정을 계속할 때 마음에 품은 것은 실로 엄청난 비전이었으며 가슴 벅찬 영광이었습니다. 바울은 다메섹으로 가는 길에서 자신이 박해하던 예수를 만났으며, 이분을 통해서 전혀 다른 삶의 목적을 얻었습니다. 그는 예수와 만남으로써 새로운 가치와 의미를 지닌 '나'를 찾았습니다. 바울은 예수를 만난 후에 깨달은 '나'를 새로운 피조물이라 불렀습니다(고후 5:17). 이 새로운 피조물은 이제 내가 아닌 하나님을 위해서만 살도록 만들어진 존재입니다. 세상에 얼마나 많은 사람들이 자신을 위해서 살기에 급급합니까? 그러나 바울은 예수를 만난 자리에서 하나님의 복음을 세상 끝까지 전하는 삶의 목표를 얻었습니다. 그리고 문자 그대로 그 푯대를 향해 달려가는 삶을 살았습니다(빌 3:10-14).

자신의 푯대를 발견한 자는 행복하다

사랑하는 여러분, 저는 지금 이 시간에 여러분을 늦은 밤 드로아의 한 집으로 초대하고 싶습니다. 수많은 사람이 늦은 밤까지 모여서 내일 아침이면 떠날 바울 사도를 붙들고서 귀를 기울여 하나님 나라의 복음을 듣고 있습니다. 편히 앉을 수 없을 만큼 조밀하고 공기도 탁하며, 온종일 이어지는 설교에 몸이 피곤해서 거의 쓰러질 지경입니다. 피곤을 이기지 못한 유두고가 창문에서 떨어져 죽고, 바울이 그를 살려 놓았지만, 이 해프닝이 말씀을 좀 더 듣고자 하는 저들의 관심을 흐트러뜨리지 못합니다. 내일 먼 길을 떠나야 하는 바울 역시 이들의 뜨거운 마음을 알기에 잠시라도 더 시간을 내어서 자기가 믿는 복음을 증거합니다.

바울의 마음은 이들에게 복음의 비밀과 능력을 좀 더 전하고자 하는 열망으로 뜨거웠습니다. 그리고 가는 곳마다 하나님께서 당신의 백성으로 거두어들이시려는 사람들이 기다리고 있음을 보았습니다. 그 수많은 백성을 주님께 돌려드리기 위해서, 바울은 세계의 심장 로마를 마지막 종착역으로 삼았습니다. 이제 그는 예루살렘으로 갈 것이며, 거기에서 다시 로마로 향하게 될 것입니다. 그는 로마에다 자기 피를 뿌림으로써, 온 세계의 사람들을 주님께로 돌리는 이 영광스러운 계획이 물꼬를 트게 만들 것입니다. 바울은 지금 드로아의 작은 집에 앉아 있지만, 그의 마음은 벌써 주님의 원대한 계획의 일부가 되어 있었던 것입니다. 우리 주님께서 요한복음 4장 35절에서 제자들에게 이렇게 말씀하신 적이 있습니다.

너희는 넉 달이 지나야 추수할 때가 이르겠다 하지 아니하느냐 그러나 나는 너희에게 이르노니 너희 눈을 들어 밭을 보라 희어져 추수하게 되었도다 (요 4:35)

우리는 밭을 보면서 얼마쯤 지나야 추수를 할 수 있겠다고 예측합니다. 그러나 영의 눈을 떠서 추수를 기다리는 수많은 영혼들을 보지는 못합니다. 바울은 예수님을 만났고, 그분 안에서 영의 눈을 떴고, 자기를 기다리는 수많은 영혼들을 보았습니다. 그리고 그들에게 복음을 전하여 주님께로 돌리는 것이 자신의 사명인 것을 알았습니다. 이 사명을 위해서 그는 자신의 전부를 바쳤으며, 결과적으로 이 세상에서 가장 행복한 사람이 되었습니다. 사랑하는 여러분, 여러분도 자기 인생을 통째로 바칠 만한 어떤 목표를 분명히 알고 사는 이 행복을 누리고 싶지 않으십니까?

좁은 방에 앉아서 시간을 보내고 있지만 세계를 마음에 품고 자신의 전부를 드리는 멋진 인생, 바울의 모습이 여러분 앞에 보이십니까? 여러분은 무엇에다 자신을 걸고서 뛰고 싶으십니까? 바울이 세계를 마음에 품고 발이 부르트도록 숨차게 뛰어다니는 모습이 보이십니까? 주님께서 함께 일하자고 부르시는 저 드넓은 들판이 보이십니까? 좁은 골방에서 뛰쳐나와 좀 더 넓은 세계를 보십시오. 그리고 깊이 숨을 들이쉬십시오. 우리가 '지금'에만 관심을 가지면 졸업, 취업, 이성 문제, 높아진 환율, 지금 나의 근심거리가 된 인간관계에만 갇히게 됩니다. 주님께서 피를 흘려 사신 나의 가치가 겨우 그 정도밖에 안 된다고 생각하십니까? 나의 꿈을 이루기 위해 비행기를 타고 일만 km를 날아왔다면, 내 인생의 스케일도 그 정도는 되어야 하지 않겠습니까? 오늘은 한국에서, 내일은 독일에서, 모레는 미국에서, 이렇게 통 큰 인생을 살아 보겠노라는 배짱이 있어야 합니다. 그래야 나는 비로소 이 우주의 통치자이신 하나님의 자녀라 불릴 수 있을 것입니다. 이것이 망상인가요? 여러분이 스스로 그려 낸 것이라면 망상이겠지요. 그러나 이것이 주님으로부터 온 것이라면, 그 꿈은 지금 내 형편에 상관없이 반드시 이루어질 것입니다.

예수를 만나면 눈이 뜨입니다. 인생의 목표가 바로 섭니다. 숨차게 달려도 힘들지 않은 멋진 삶을 살게 됩니다. 이러한 삶이 바로 여러분의 인생 되기를 축복합니다.

43 죽음이 나를 기다린다 할지라도
행 21:1-16

예언을 고대하는 마음

아마 2002년 봄이었던 것으로 기억하는데, 제가 살던 네덜란드 집으로 귀한 손님들이 들이닥쳤습니다. 한국에서 이름을 대면 꽤 많은 분이 알 법한 유명한 분들이었습니다만, 이들은 수련회를 인도하기 위해 독일을 방문했다가 차를 하나 대절해서 예정에도 없이 우리 집을 방문했습니다. 사실 저는 개인적으로 이들을 알지 못했습니다. 그런데 이들은 독일에서 저를 잘 알던 한 가정이 간곡하게 부탁해서, 일부러 네덜란드로 달려왔습니다. 그 가운데 한 분은 예언의 은사를 받은 분이었습니다. 사실 이분이야말로 이 사건의 근본적인 이유였는데, 이들은 제 집을 방문해서 교제도 하고 예언도 해 주시려 온 것이었습니다.

예언, 제 인생에서 너무나도 익숙한 은사의 이름입니다. 병든 아들을 낫게 해 보려고 예수를 믿기 시작한 어머님은, 기회가 닿기만 하면 어떻게든지 제가 예언을 받도록 주선하셨습니다. 한국 땅에서 장애를 갖고 산다는 것, 그것은 장래가 없음을 의미하는 불행이었습니다. 따라서 대부분의 부모들은 장애를 짊어진 자녀들보다 반드시 오래 살아야 할 의무를 스스로에게 지웠습니다. 자기가 죽고 나면 돌볼 사람이 없을 것이라 염려했기 때문입니다. 이런 막무가내 모정(母情)으로 인해, 저는 어려서부터 예언이라는 단어를 아주 익숙하게 들으면서 살았습니다. 그러나 2002년의 그 사건은 제게 참으로 오랜만의 사건이었습니다. 신대원을 졸업하고 목사 안수를 받으니, 목사의 신분으로서 누구에게 예언을 받는다는 게 참 거북한 일이었고, 또 그럴 기회도 자주 없었습니다. 가장 중요한 것은 신대원을 거치면서 단련된 제 마음이었습니다. 온갖 신학 이론으로 무장된 제 마음은 소위 예언 같은 신비주의적 색채가 들어설 공간이 거의 없었습니다.

그러나 2002년 봄, 그때만큼은 못 이기는 척 예언 기도를 받아 보고픈 마음이 없지 않았습니다. 그때 저와 제 가정은 도무지 앞길이 보이지 않는 어둠 속에 빠져 있었기 때문입니다. 공부를 계속해야 할지, 아니면 한국으로 돌아가야 할지, 한국으로 돌아간다면 그 많은 사람들에게 공부를 중단한 이유를 어떻게 설명해야 할지, 고등학교에 다니는 딸의 거취는 어떻게 해야 할지, 그리고 당장 다음 달 생활은 어떻게 꾸려 가야 할지…. 고구마 줄기처럼 끝없이 이어지는 이 어려운 질문들을 도무지 어디서부터 해결해야 할지를 모르는 상황이었습니다. 이런 상황에서 슬그머니 생각나는 것이 예언이었습니다. '하나님께서는 이 상황에서 내가 무엇을 어떻게 하기를 원하실까….' 인간이라면 당연히 가질 수 있는 기대심이 아니었을까 생각해 봅니다.

설렘과 두려움 속에 손님을 맞았고, 즐거운 교제를 가졌습니다. 그리고 드디어 메인 이벤트! 각자 주섬주섬 성경 · 찬송을 꺼내서 저와 집사람, 그리고 다섯 명의 손님이 식탁에 둘러앉아 찬송하고 기도하면서 성령님의 감동하심을 기다렸습니다. 드디어 전도사님의 예언이 시작되었습니다. 장장 20분이 넘는 예언이 이어졌지요. 여기에는 저와 가족에 관한 구체적인 말씀이 들어 있었습니다. 그러나 이 긴 말씀은 아주 간단히 요약될 수 있었습니다. 그것은 예수님께서 저를 사랑하신다는 것과 담대하라는 것이었습니다. 하지만 그 긴 예언 속에는 제가 무엇을 어떻게 하라는 말씀만은 없었습니다. 한편으로는 섭섭하기도 했습니다만, 한편으로는 그 섭섭함보다 더한 평안을 누릴 수 있었습니다. 그리고 계속 이어지는 감사의 기도…. 그 감사는 저의 갈 길을 알게 되었다는 데서 나오는 감사가 아니라, 하나님께서 저를 믿으신다는 사실에서 나오는 감사였습니다.

하나님께서 지금 제게 무엇을 어떻게 하라고 말씀하시지 않는다 하더라도 저는 만족합니다. 오직 그분께서 저를 인정하시며, 그래서 제가 무엇을 어떻게 하더라도 제가 그분을 사랑하는 마음으로 그것을 선택했음을 믿어 주신다면 말입니다. 그분께서 저를 믿고 동행하신다면, 그보다 더한 행복이 어디 있겠습니까? 선택의 기로에 설 때마다 저는 이렇게 기도합니다. "제게 오직 하나만 말씀해 주십시오. 제가 어떤 길을 가더라도 어떤 선택을 하더라도 그 모든 것을 제 욕심이 아니라 당신을 기쁘게 해 드리기 위해 결정한 일이라는 사실을 인정해 주십시오." 저는 어려운 선택의 갈림길마다 그 많은 길 중에 어떤 것이 가장 좋을까를 고민하지 않습니다. 그 순간 나의 마음과 동기가 가장 순수하게 하나님을 사랑하고 있기를 바랄 뿐입니다.

그렇다 하더라도, 어려운 일이 있을 때 나의 장래를 알기를 바라지 않는 사람이 어디 있겠습니까? "누구든지 5분 후에 일어날 일을 미리 안다면, 그 사람은 세상을 정복할 것이다"라는 말이 있지 않습니까? 아니, 세상을 정복하는 것은 바라지 않습니다. 내가 도대체 어떻게 해야 지금 이렇게도 엉망으로 얽힌 문제들로부터 벗어날 수 있는지, 그것만이라도 하나님께서 알려 주시기를 바랄 뿐일 때가 어디 우리 인생길에서 한두 번만 있겠습니까? 이 학교를 가야 할까요, 저 직장을 가야 할까요? 이 사람과 결혼해도 될까요? 한국으로 돌아가야 하겠습니까, 아니면 계속 공부를 해야 하겠습니까? 이런저런 질문에 얽혀 있는 그 수많은 선택의 기로에 서서, 하나님께서 단 한마디라도 해 주시기를 바라는 그 간절한 소원을 가져 보지 않은 사람이 어디 있겠습니까?

그런데 여러분, 저는 이 지점에서 여러분에게 이렇게 물어보고 싶습니다. 그 혼돈의 길목에서 그렇게도 간절히 바라던 주님의 음성이 정말 들린다면, 그러면 여러분은 정말 그 말씀에 어떠한 토도 달지 않고 순종할 준비는 되어 있습니까? 여러분에게 지금 주님께서 나타나셔서 "너의 장래는 이것이다"라고 말씀하시면, 여러분은 그 길을 서슴없이 걸어갈 마음이 있으십니까? "네 배우자는 그 사람이다"라고, 제가 전혀 호감조차 갖지 않은 사람을 가리켜 말씀하신다면 그 말씀에 순종하실 마음은 있으십니까? 한국으로 갈까, 아니면 독일에 남을까 궁금하던 중에 예언 기도를 받아 보니 여러분에게 주님께서 이렇게 말씀하십니다. "나는 네가 저 아프리카의 오지에 선교사로 가기를 원한다." 이렇게 말씀하시면 여러분은 어떻게 하시렵니까? 만약 그런 말씀에 동의하거나 순종할 마음이 없다면, 여러분은 어째서 그렇게도 여러분의 장래를 미리 알기를 바랐을까요? 한마디로 묻습니다. 여러분에게 있어서 예언은 어떤 의미인가요?

바울, 예언을 받다

본문에는 바울과 예언에 관한 이야기가 실려 있습니다. 바울 사도가 에베소 교인들과 감동 넘치는 고별을 마치고 배에 올라 두로에 도착했습니다. 바울 일행은 거기서 이레를 머물렀는데, 거기에 기독교인이 있는지를 찾았습니다. 과연 거기에도 예수를 믿는 사람들이 있었습니다. 얼마나 반가웠을까요? 그러나 바울은 그들로부터 참으로 심란한 소리를 들어야 했습니다. 본문 4절을 보면 이렇게 기록되어 있습니다.

> 제자들을 찾아 거기서 이레를 머물더니 그 제자들이 성령의 감동으로 바울더러 예루살렘에 들어가지 말라 하더라 (4절)

"예루살렘에 들어가지 말라." 두로에 살던 크리스천들이 바울을 만난 것은 전혀 계획에 없던 일이었습니다. 그러나 바울이 어찌해서 지금 두로에 와 있는지, 그가 가려고 하는 곳이 어디인지를 충분히 알았을 것입니다. 그런데 그들이 바울을 향해 "당신, 예루살렘으로 가지 마시오"라고 말합니다.

바울이 왜 예루살렘으로 가려는지를 그들이 몰랐을까요? 더구나 그들은 '성령의 감동'을 받아서 그렇게 예언했습니다. 성령의 감동을 받아서 예언했다는 것은 이 예언이 하나님의 뜻임을 의미합니다. 이것이야말로 정말 이상합니다. 사도행전 19장을 보면, 바울이 예루살렘으로 가는 일은 바울 자신이 성령의 지시를 받았기에 결정된 사항이며, 더욱이 바울이 오랫동안 기도하며 결정한 일입니다. 그런데 어째서 하나님께서 두로의 크리스천들의 입을 빌어 예루살렘으로 가지 말라고 말씀하셨을까요? 이에 관하여 여러 주석가들은 이렇게 말합니다. 두로의 형제들은 예루살렘으로 가면 고난의 길이 열릴 것이라는 사실을 말했을 뿐, 예루살렘으로 가지 말라고 말한 것은 아니라는 것입니다. 그러고 보니 그럴듯한 해석이긴 합니다. 그러나 사실이 어쨌든 바울이 이들의 예언을 듣고 기분이 유쾌하지는 않았을 것이 확실합니다.

이 문제는 이 정도로 말씀드리고 다음으로 넘어가겠습니다. 두로에 머문 배가 정비를 마치고 이레 후에 다시 떠나 며칠 후 가이사랴에 도착했습니다. 바울 일행은 가이사랴에서 빌립의 집을 찾아갔습니다. 빌립은 본문 8절에 기록된 대로 예루살렘 교회가 처음으로 뽑은 일곱 집사 가운데 하나였습니다. 어쨌든, 빌립의 집에 머물던 바울은 여기서 아주 심란한 사건을 경험합니다. 그 사건이 본문 9절 이하에 설명되었습니다. 빌립에게 네 명의 딸이 있었습니다. 이들은 예언의 은사를 받았다고 합니다. 그런데 아가보라는 사람이 빌립의 집을 방문합니다. 아가보는 여기서 '선지자'라고 소개되었습니다. 아가보는 과거에 몇 사람의 선지자들과 함께 안디옥에 내려와서 유대에 기근이 들 것을 예언했습니다. 우리는 이 사건에 관한 기록을 사도행전 11장 28절에서 읽을 수 있습니다. 이런 기록을 볼 때, 아가보는 소위 영험한 예언자라 할 수 있겠지요? 그런데 이 아가보가 하나의 퍼포먼스를 펼칩니다. 본문 10-11절을 봅니다.

> 여러 날 머물러 있더니 아가보라 하는 한 선지자가 유대로부터 내려와 우리에게 와서 바울의 띠를 가져다가 자기 수족을 잡아매고 말하기를 성령이 말씀하시되 예루살렘에서 유대인들이 이같이 이 띠 임자를 결박하여 이방인의 손에 넘겨 주리라 하거늘 (10-11절)

"예루살렘으로 가면 네가 묶여서 이방인에게 넘겨질 것이다"라고 말만 해도 심란할 터인데, 자기 손발을 묶어 보이면서 이리 말하니, 이 광경을 보는 바울의 심정이 어떠했겠습니까? 이어지는 12절을 보면 이 예언을 들은 주변 사람들의 반응이 이렇게 기록되어 있습니다.

> 우리가 그 말을 듣고 그 곳 사람들과 더불어 바울에게 예루살렘으로 올라가지 말라 권하니 (12절)

아무리 바울의 결심과 계획을 들었다 할지라도 이렇게 선지자 아가보의 퍼포먼스를 본 친지들이 바울을 말리는 것은 당연한 일 아닐까요? 하지만 바울은 이렇게 대답합니다.

바울이 대답하되 여러분이 어찌하여 울어 내 마음을 상하게 하느냐 나는 주 예수의 이름을 위하여 결박당할 뿐 아니라 예루살렘에서 죽을 것도 각오하였노라 하니 (13절)

바울은 말합니다. "나를 슬프게 하지 말라. 나는 아가보가 말하는 대로 결박당할 뿐 아니라 죽는 일까지도 각오했다." 이렇게 단단한 각오를 바울의 입으로부터 듣는 순간, 주변 사람들은 이렇게 말할 수밖에 없었습니다. "주님의 뜻대로 되기를!"

예언, 어떻게 받아들일 것인가?

자, 이제 마무리하기 위해서 생각해 봅시다. 바울은 오랫동안 기도하는 가운데 세계의 중심부 로마로 가서 황제 앞에서 그리스도의 복음을 전하기로 결정했습니다. 이 계획은 하나님의 소원이기도 했습니다. 그런데 이 계획을 따라서 예루살렘으로 돌아가는 바울에게 두 번이나 예언이 주어집니다. 이 두 번의 예언은 바울이 곧 결박될 것이라는 내용이었습니다. 그러니까, 이 두 번의 예언은 바울의 장래에 벌어질 일을 말하는 것이었다는 뜻입니다. 그런데 바울은 이 두 번의 예언에 대해서 "그래도 나는 예루살렘으로 가겠다"라고 말합니다. 복음을 전하러 가는 길에 고난이 있을 것이라는 사실을, 바울은 몰랐을까요? 알았지요? 그러나 이 길을 가는 도중에 이렇게 두 번이나 예언을 듣습니다. 더구나 이 예언을 들은 사람들이 한결같이 가지 말라고 말립니다. 그런데도 바울은 역시 한결같이 그 길을 기어이 가겠노라고 고집합니다.

단적으로 이렇게 질문해 보겠습니다. 바울에게 있어서 그 예언은 도대체 무슨 의미입니까? 미래의 일을 미리 알려 주는 수단입니까? 그럴 수도 있겠지만, 그것만은 아닙니다. 아니, 그보다 더 중요한 의미가 있었습니다. 아주 단순하게 이렇게 비교해도 되겠습니다. 여기 바울의 계획이 있습니다. 그리고 하나님의 예언이 있습니다. 그런데 바울은 "네가 고난당하며 죽을 수도 있다"라는 예언보다 자신이 세운 계획을 더 중요하게 생각했다는 것입니다. 왜일까요? 자신이 세운 계획, 즉 예루살렘으로 갔다가 마지막으로 로마에 도착해서 거기서 복음을 전하겠다는 계획은 바울 자신이 오랫동안 기도하며 묵상하는 가운데 세운 것입니다. 거기에도 역시 하나님의 지시가 있었으며, 그렇게 해야만 할 정당성이 확실했습니다. 이 사실 때문에 자신의 앞날에 관한 불길한 (사실 이런 표현은 쓰지 않아야 하는데) 예언이 두 번이나 거듭되었음에도 원래의 계획을 변경하지 않았던 것입니다. 그러므로 우리는 이렇게 결론지을 수 있습니다. 바울에게 있어서 그 두 번의 예언은 자신의 계획을 변경해야 할 이유가 되지 않았습니다. 바울은 실상 그 예언들을 들으면서 자신의 결심을 더욱 굳히는 계기로 삼았습니다.

이 사실이 여러분에게 아주 진지한 도전이 되어야 할 것입니다. 여러분이 하나님께 기도하면서 어떤 계획을 세웠습니다. 예를 들어서 이렇게 결정했다 합시다. '나는 독일 땅에 남아서 이러저러하게 살아야겠다.' 그런데 시간이 지나다 보니 이 계획이 이루어질 확률은 점점 적어 보이고, 게다가 여기저기서 오라, 혹은 자리가 났다는 소리가 들리는 겁니다. 헷갈리지요? 마침 그때 어떤 분에게 예언을 받았는데, 뭐 여기도 괜찮지만 저기도 괜찮다고 하는 겁니다. 이럴 때 나는 어떻게 해야 하는 겁니까? 그럴 때 저라면, 그래도 끝까지 노력할 것입니다. '나의 장래가 어떨 것이다' 하는 예언은 '내가 어떤 노력과 계획을 가지고 있다 하더라도 결국은 그렇게 될 것이다' 하는 메시지가 아닙니다. 저는 우리가 흔히 말하는 그런 종류의 예언들이 들어맞지 않는 경우를 숱하게 보았습니다. 그럼, 그런 예언들은 도대체 무슨 의미일까요? 저는 간단히 이렇게 요약하고자 합니다. 그런 종류의 예언들은 확고한 운명으로서의 내 미래를 선언하는 것이 아니라 위로하는 데 목적이 있으며, 나의 결심과 계획을 격려하는 데 목적이 있다는 것입니다.

예언에도 불구하고…

여러분, 장차 내가 어디에 어떻게 서게 되는지 궁금하십니까? 지금 내 갈 길이 막막하십니까? 하나님께 기도하십시오. 그러나 명심하십시오. 내 장래를 알려 달라고 기도하는 것보다 더욱 중요한 일이 있습니다. 내가 무엇을 하고자 하는지, 내가 진정 무엇을 원하는지 먼저 결정하십시오. 하나님께서는 자신의 의지가 확고하지 않는 사람과는 대화하기를 싫어하십니다. 하나님은 변덕스러운 사람과 대화하기를 원치 않으십니다. 여러분의 장래를 놓고 생각하시는 내용을 여러분 스스로의 언어로 한번 적어 보십시오. 그리고 찬찬히 읽어 보십시오. 저는 여러분과 대화하면서 이런 식의 계획을 자주 듣습니다. "기회가 되면 독일에서 일하면서 살고 싶다. 그러나 한국에서 일자리가 생긴다면 한국으로 간다. 그런데 정 먹고살기 어렵다면 다른 일이라도 해야 하겠지….” 그런데 여러분, 이런 정도의 계획은 계획이 아닙니다. 그냥 시간 날 때 해 보는 상상입니다. 그런 계획도 없는 사람이 어디에 있겠습니까?

하나님께 나에 관한 계획을 여쭐 때 가장 중요한 것은 나의 의견입니다. 내 생각이 분명해야, 깰 것은 깨고 보충할 것은 보충할 것입니다. 도대체 무슨 정신으로 무엇을 부탁하는지도 모르는 질문을 누구에게서 받을 때 여러분의 마음은 어떻던가요? “그러니까, 도대체 뭘 해 달라는 거야?” 하지 않겠습니까? 마찬가지로, 무엇을 어떻게 도와야 할지 모르는 부탁에 대해 하나님께서는 무엇을 하실 수 있겠습니까? 바울의 마음은 확고했습니다. 두 번이나 거듭되는 자기 죽음에 관한 예언에도 불구하고 예루살렘을 거쳐서 로마까지 가야겠다는 계획을 변경할 마음이 전혀 없었습니다. 그 두 번의 예언은 자신의 결심을 더욱 확고하게 하는 도전에 불과했던 것입니다. 저는 이렇게 생각해 봅니다. 죽음을 향해서 한 걸음씩 다가가는 바울에게, 하나님께서 예언을 통해 이렇게 말씀하시는 겁니다. “이래도 그렇게 할래? 이런데도 그 길을 가겠니?” 바울의 대답은 분명합니다. “예, 하겠습니다! 죽음이 저를 기다린다고 하더라도 저는 분명히 그 길을 갈 것입니다. 그것이 하나님을 사랑하는 저의 소원이기 때문입니다. 그것이 당신의 뜻이기 때문입니다!”

마지막으로 저는 여러분께 말씀드립니다. 막막할 때, 앞이 보이지 않는 듯이 보일 때, 그래서 하나님의 계획을 듣고 싶을 때, 하나님께 먼저 이렇게 기도하십시오. “하나님, 제 마음을 먼저 알게 해 주십시오. 내가 무엇을 진정으로 원하는지를 알게 해 주십시오." 하나님의 뜻을 알고자 하는 사람은 먼저 자신의 뜻을 분명히 해야 합니다. 그러므로 하나님께서 가장 기뻐하시는 사람이 여기 있습니다. 자신의 앞길이 어떠하든지 하나님을 위해, 그분을 기쁘시게 해 드리기 위해 한 걸음 한 걸음 오늘 하루를 성실하게 살아가는 사람, 바로 이런 사람에게 하나님께서 그의 앞길을 기꺼이 보여 주실 것입니다. 그런 사람에게는 굳이 예언이 필요 없습니다. 그러나 순전하게 주님을 사랑하는 그의 마음을 하나님께서 기뻐하시며, 그 기쁨으로 말미암아 그에게 가장 좋은 것을 주시려는 하나님의 도움이 그와 항상 함께할 것입니다. 그의 장래를 굳이 알 필요도 없습니다. 그가 지금 하는 일을 보면 이미 그의 장래가 분명하게 보이기 때문입니다. 그러므로 그런 사람에게 있어서 그의 현재는 곧 그의 미래라고 할 수 있겠습니다.

사랑하는 형제자매 여러분, 저는 지금 간절히 소망합니다. 예언에 매인 사람이 아니라, 예언에도 불구하고 당당히 자신의 길을 용기 있게 걸어 나가는 바울과 같은 사람이 되기를 바랍니다.

44

제대로 된 일꾼이 되라

행 21:15-26

사역, 그리고 사역자에 관하여

바울이 두 번에 걸친 예언에도 불구하고 예루살렘으로 가기를 고집한 사실은 이미 우리가 살펴본 바 있습니다. 본문에서 바울은 가이사랴를 떠났습니다. 이윽고 바울 일행이 예루살렘에 도착했을 때, 예루살렘 교우 가운데 몇 사람이 이들을 맞았습니다. 그리고 그다음 날, 바울 일행은 야고보 사도와 장로들을 만났습니다. 야고보는 그 무렵 예루살렘 교회를 이끄는 리더 가운데 하나였습니다. 바울은 야고보와 장로들에게 인사를 한 후 자신의 사역에 관해서 아주 상세하게 보고했습니다. 우리는 본문 19절의 기록을 유심히 살펴보아야 합니다. 바울은 자신의 한 일과 관련하여 이렇게 표현합니다.

하나님이 자기의 사역으로 말미암아 이방 가운데서 하신 일을 낱낱이 말하니 (19절)

즉, 바울은 자신의 사역을 보고(報告)하는 이 문장에서 주어, 즉 일하신 주체를 굳이 하나님이라 말합니다. 무엇을 말하려는 것일까요? 자신이 소아시아 지역에서 이러저러한 일을 했는데 사실 그 일을 하신 분은 하나님이시며, 자신의 역할이라고는 그저 하나님의 심부름이나 했을 뿐이라는 뜻입니다.

우리는 '사역(使役)'이라는 단어를 자주 사용합니다. 크리스천에게서 이 '사역'이라는 단어는 주로 하나님이나 교회, 혹은 신앙과 관련된 일을 할 때에 사용됩니다. 예를 들면 선교 사역, 찬양 사역, 목회 사역 등등…. 이 일이 하나님의 일인 이상, 여기에 '사역'이라는 단어를 붙이는 데 이의가 없을 것입니다. 그러나 우리가 짚어야 할 사실이 있지요. 그것은 이 찬양, 선교, 목회 등등의 사역의 주체가 누구냐 하는 것입니다. '사역'의 사전적인 뜻은 "남을 부리어 일을 시킴"입니다. 말하자면 누가 누구에게 일을 시켜서 그 일을 하는가, 이 점을 분명히 하는 것이 매우 중요하다는 말씀입니다. 바울이 소아시아 지방에서 선교 사역을 했습니다. 야고보가 예루살렘 교회에서 교인의 리더로서 사역했습니다. 다 말이 되지요? 그런데 그 일을 누가 한 겁니까? 그 일을 누가 시켰습니까? 자기가 자신에게 시켰습니까? 하나님께서 이들에게 명령하셨지요? 그래서 그들이 일했지요? 그렇다면 그 일들의 주관자는 누구입니까? 하나님이십니다. 바울의 생각이 바로 이것이었습니다.

사역자들이 자주 잊어버리는 사실이 바로 여기에 있습니다. 어떤 사람이 기도하다가, 찬양하다가, 감동이 되어서 이른바 '사역자의 길'로 접어듭니다. 열심히 일했습니다. 좋은 열매를 얻었습니다. 보람도 느꼈습니다. 그 사람은 여기저기에 그런저런 '사역'들을 널리 알렸습니다.

그런데 그 사역에서 누가 주인이 되며, 누가 영광을 얻어야 합니까? 사역에 있어서 일을 시키는 주체가 주인이며, 따라서 그 사역의 영광 역시 주인이 취해야 합니다. 이것이 너무나도 당연한 결론입니다. 그러나 사역자들은 바로 이 점을 자주 잊고 있는 것 같아 보입니다. 저는 목사 안수를 받은 후 지금까지 저 자신이 하는 일을 '사역'이라 부른 적이 거의 없습니다. '사역'이라는 단어가 주는 압박이 너무 심하기 때문입니다.

정말 나는 이 일을 하나님께서 하라시니까 하는 것일까? 이 질문에 대해서 제가 '그렇다'라고 자신있게 대답하려면, 저는 다음과 같은 질문에 대해서도 당당해야 합니다. "너는 지금 하는 그 일을 당장이라도 그만두라고 할 때 즉시 '예'라고 대답할 수 있는가?" 어떤 일에 사심(私心)이 없이 봉사한다고 말할 수 있으려면 그는 그 일을 기꺼이 포기할 수 있어야 합니다. 포기야말로 그 일에 매여 있지 않음, 즉 자유함의 또 다른 표현이기 때문입니다. 이 원리가 여러분의 현실에서도 그리 멀지 않습니다. 여러분은 지금 "나에게 가장 귀중한 분이 하나님이십니다"라고 고백할 수 있습니까? 그렇다면 여러분은 지금 그 하나님을 위해서 무엇이라도 기꺼이 희생할 수 있습니까? 여러분, 제가 지금 이처럼 극단적인 질문을 드리는 것은 우리가 평소에 내놓는 그 수많은 단어와 고백들이 얼마나 책임지기 어려운가를 보이기 위함입니다. 다시 말해 우리는 "하나님을 위해서!"라고 말하지만, 실제로는 자신을 위해서 일하는 경우가 대단히 많다는 것입니다.

"머리 나쁜 사람이 열심까지 있으면 최악"이라는 우스갯소리가 있습니다. 자기가 세운 뜻을 하나님의 뜻이라고 착각하는 사람의 비극은 상상하기도 어려울 정도입니다. 성경에도 이런 예가 있는데, 사사 입다가 그런 예에 속합니다. 입다는 하나님으로부터 사사로 부름을 받았습니다. 암몬 족속이 이스라엘을 괴롭히던 때, 사사가 된 입다는 암몬을 치러 가기 전에 하나님께 이렇게 약속했습니다. "… 주께서 과연 암몬 자손을 내 손에 넘겨 주시면 내가 암몬 자손에게서 평안히 돌아올 때에 누구든지 내 집 문에서 나와서 나를 영접하는 그는 여호와께 돌릴 것이니 내가 그를 번제물로 드리겠나이다"(삿 11:30-31). 누가 입다에게 이런 약속을 하라 했을까요? 하나님? 아닙니다. 실은 자신이 세운 약속입니다. 기왕에 이길 전쟁이었습니다. 하나님께서 그렇게 하시기로 했기 때문입니다. 그럼에도 이렇게 약속을 함으로써 그는 승리의 기쁨을 누리지도, 지도자로서의 영광을 차지하지도 못한 채 딸을 잃은 슬픔에 빠지고 말았습니다.

다시 바울을 봅시다. 바울은 소아시아 지방을 떠들썩하게 만들었던 자신의 사역을 '그저 하나님께서 하시는 일을 곁에서 거들기나 한' 것으로 설명했습니다. 하나님께서 복음으로 능력 있게 일하시면서 잃어버린 영혼들을 찾으실 때, 자신은 옆에서 잔심부름이나 했다는 것입니다. 이것이야말로 사역자들이 잊어서는 안 되는 사역의 기본 자세입니다. 세례 요한이 광야에서 하나님 나라를 전파할 때도 자신의 심정을 이렇게 말한 적이 있습니다.

그는 흥하여야 하겠고 나는 쇠하여야 하리라 (요 3:30)

일꾼은 주인을 위해서 존재합니다. 내가 낮아짐으로써 주인을 높이는 것, 이것이 종 된 자의 기본 자세입니다. 주인이 존귀하게 되기 위해서라면 종은 기꺼이 낮아지는 일을 감수해야 합니다. 이런 자세를 잊은 사람은 종이라 할 수 없습니다.

바울이 자신이 아닌 하나님을 높이는 사역자였음은 그가 자신의 사역을 보고할 때 예루살렘 교우들의 반응을 보면 압니다. 본문 20절을 보면 예루살렘 교인들은 바울의 사역 보고를 들은 후 "하나님께 영광을" 돌렸다고 말합니다. 바울은 자신의 사역을 낱낱이 간증했으나, 청중은 그의 보고 가운데서 세심하게 일하시며 잃은 영혼을 거두시는 하나님의 능력을 발견했습니다. 바울의 말에 바울 자신의 개인적인 자랑이나 무용담이라고 받아들일 만한 것이 전혀 없었다는 뜻입니다. 사역자는 자신의 의지대로 움직일 수 없습니다. 사역자는 하나님의 뜻에 따라서만 움직여야 합니다. 사역자의 최종 목표는 자기 주인을 높이는 것입니다. 따라서 사역자가 진정으로 '사역자'인 것을 알려면, 그 사람의 일을 통해서 마지막에 누가 높임을 받는가를 지켜보면 됩니다.

소문에 휩싸인 바울

그리고 바울은 야고보와 교우들에게 자신의 사역을 자세히 보고한 후에, 한 가지 심각한 문제가 있음을 들었습니다. 본문이 기록한 대로 이 문제를 들어 보겠습니다.

… 형제여 그대도 보는 바에 유대인 중에 믿는 자 수만 명이 있으니 다 율법에 열성을 가진 자라 21네가 이방에 있는 모든 유대인을 가르치되 모세를 배반하고 아들들에게 할례를 행하지 말고 또 관습을 지키지 말라 한다 함을 그들이 들었도다 (행 21:20b-21)

바울이 예루살렘에 돌아와서 야고보를 만날 무렵, 유대인 가운데 그리스도를 믿는 사람들이 적지 않았습니다. 예루살렘 교인들은 그 숫자가 무려 수만에 이른다고 바울에게 말했습니다. 그런데 문제는 이 유대인들이 바울에 관한 나쁜 소문을 들었다는 사실입니다. 이들은 바울이 소아시아의 유대인들에게 모세의 율법을 지키지 않아도 된다고 가르쳤다는 소문을 들었습니다. 소문에 의하면 바울은 심지어 '할례를 받지 않아도 된다', 또 '유대인의 전통을 지키지 않아도 된다'라고도 말했다는 것입니다. 이들은 이 소문을 듣고 화를 냈습니다.

'율법을 지키지 않아도 된다', '할례를 받지 않아도 된다', '유대인의 전통을 지키지 않아도 된다'와 같은 이런 말이 기독교인이 된 유대인에게 정말 받아들이기 힘든 것일까요? 단적으로 말하자면 바울은 율법 자체를 부정한 바가 없습니다. 로마서 7장 12절을 보면 바울은 율법을 신령한 것으로 보았으며, 갈라디아서에서는 율법의 긍정적인 역할을 인정하기도 했습니다(갈 3:24). 다만 바울은 사람들이 율법 자체에 얽매여서 스스로를 의롭게 하려는 행위들에 대해 반박했을 뿐입니다. 더욱이 바울이 할례를 금했다는 것도 전혀 터무니없는 허위 사실이었습니다. 바울은 할례 그 자체에 대해서 어떤 가치를 부여하지는 않았으나 하는 것도, 안 하는 것도 무방하다고 했으며(고전 7:18-19; 갈 5:6), 디모데에게는 할례를 받도록 했습니다. 사실이 이런데도 바울에 관한 소문은 너무나 흉흉해서 그 소문들에 대해 시시비비를 가릴 수 없는 지경에 이르러 버렸습니다.

문제는 사실 바울에게만 있지 않았습니다. 기독교로 개종한 유대인에게도 있었습니다. 이 문제는 나중에 다시 말씀드리기로 하고, 이 상황을 바라본 예루살렘 교인들은 바울에게 한 가지 아이디어를 제안합니다. 예루살렘 교인 가운데 하나님께 기도하는 네 명의 교인이 있는데 바울이 이들과 함께 결례를 행하는 것이 어떻겠느냐는 것이었습니다. 우리는 이들이 민수기 6장에 나오는 이른바 '나실인의 서원'을 실행한 것이 아닐까 짐작할 뿐입니다. 따라서 "함께 결례를 행하고 저희를 위하여 비용을 내어 머리를 깎게 하라"는 말(24절)은 이 네 사람이 결례의 마지막 절차인 희생 제사를 바치기에는 너무 가난했기 때문에 이를 대신 부담해 달라고 부탁한 것이 아닌가 짐작됩니다.

민수기 6장에 따르면, 나실인은 원래 하나님께서 지명해서 부른 거룩한 사람을 의미했습니다. 그러나 세월이 흐르면서 누구든지 서원하기만 하면 서원한 기간만큼만 나실인으로서 살도록 허락되었습니다. 단, 이들은 포도주와 독주를 멀리해야 했고, 머리를 밀어서는 안 되었으며, 부모가 죽어도 시신을 만져서는 안 되었습니다. 나실인의 서원은 보통 30일, 특별한 경우에는 7일로 단축하기도 합니다. 끝나는 날에는 결례를 행하도록 되어 있는데, 머리털을 밀어서 제8일에 예물로 드리도록 되어 있었습니다. 이때 번제물로 1년 된 숫양 하나, 속죄 제물로 1년

된 어린 암양 하나, 화목제로 숫양 하나, 그 외에 무교병 과자 등이 필요
했습니다(민 6:1-21). 이런 정도의 희생물은 평범한 유대인에게 결코 만
만한 경제적 부담이 아니었습니다.

따라서 바울이 이들의 결례 의식을 대신한다면, 이 모습을 지켜보는
유대인들이 바울에 관한 나쁜 소문, 즉 바울이 유대인의 규례와 관습을
무시한다는 소문이 잘못된 것임을 알게 될 것입니다. 더욱이 유대인의
습관 중에는 오랫동안 여행을 다녀온 사람이 7일간의 결례를 행하는 경
우도 있었다고 합니다. 말하자면, 예루살렘 교인들의 제안은 바울에 관
한 나쁜 소문들을 일시에 없앨 수 있는 아주 지혜로운 방안이었던 것입
니다. 바울은 이들의 조언을 그대로 받아들였습니다. 바울은 다음 날
예루살렘 성전으로 갔습니다. 그리고 제사장 앞에서 자기 머리를 깎고,
율법의 규례를 따라 그 머리털을 제단 불에 던져서 태웠습니다.

참된 사역자의 모델

자, 이렇게 해서 바울은 유대인의 오해를 씻을 수 있었습니까? 아닙
니다. 소아시아 지역에서 전도하는 바울의 모습을 목격했던 유대인들
이 들고일어나는 바람에 바울은 큰 위기를 만납니다. 그러나 이 부분은
다음 장에서 계속 말씀드리겠습니다. 어쨌든 이번 본문에서 우리는 두
가지 큰 교훈을 얻게 됩니다.

첫째, 사역자의 자세에 관한 교훈입니다. 사역자는 스스로의 의지가
아니라 하나님의 뜻에 순종하는 사람입니다. 사역자의 첫 번째 모토는

"나는 낮아지고 하나님께서 높아져야 한다"가 되어야 합니다. 사역자가 자신의 일을 사역이라 말할 수 있는 것은 그 일의 주체와 주관자가 하나님이심을 전제해야 합니다. 하나님께서 명령하신 것을 행하는 사람만이 사역자라 불릴 수 있습니다. 따라서 사역자는 일을 잘하는 사람이 되기 전에, 자기 일이 하나님에게서 왔는지 아니면 스스로에게서 왔는지를 분명히 구분할 줄 아는 사람이 되어야 합니다. 스스로 부여한 임무에 충실하더라도 일을 열심히 할 수는 있습니다. 그러나 하나님의 일을 하는 사역자와 명백한 차이가 있습니다. 그것은 열매입니다. 일하는 자신이 칭찬을 받는다면 그 사람은 자기 일을 한 것입니다. 하나님께서 칭찬과 영광을 받으신다면 그 사람은 하나님의 일을 한 것입니다. 이와 같이 하나님의 일을 하는 사람은 자신에게 임무를 부여하신 하나님께만 영광이 돌아가도록 일해야 합니다.

둘째, 사역자는 필요하다면 자신을 기꺼이 낮출 줄 알아야 합니다. 바울은 자신이 율법을 무시한다는 소문을 해명하기 위해서 결례 의식을 행했습니다. 자신이 율법을 존중한다는 사실을 입증하기 위해서입니다. 물론 바울은 그렇게 한다고 하더라도 유대인의 불신을 씻을 수 있다고 믿지 않았습니다. 그럼에도 불구하고 바울은 예루살렘 교회의 제안을 받아들였습니다. 유대인은 기독교로 개종한 후에도 율법이 여전히 효력이 있다고 믿었습니다. 정직하게 말하자면 이들의 종교는 예전부터 믿던 유대교에다가 예수 그리스도를 추가한 것에 불과했습니다. 그만큼이나 유대교에 대한 집착이 강했습니다. 이로 인해서, 유대교의 전통과는 전혀 상관없이 기독교회 안에 들어온 이방인 개종자들의 혼란이란 말도 할 수 없을 만큼 심했습니다. 따라서 유대인 기독교 공동체와 이방인 기독교 공동체의 공존은 엄청난 기세로 뻗어 가는 기독교회의 심각한 과제 가운데 하나였습니다.

바울은 이 문제의 해결을 위해서 자신이 양보하기로 결심했습니다. 바울에게 있어서 율법은 더 이상 의미가 없었습니다. 바울에게 있어서 할례나 결례는 생명의 길이요 진리 되신 예수 그리스도보다 중요한 것이 아니었다는 뜻입니다. 일반적으로 큰 것이 작은 것을 포용합니다. 이것은 진리일진대, 더 큰 진리를 가진 바울이 그보다 적은 진리를 믿는 이들에게 양보하는 것이 당연한 것 아니겠습니까? 따라서 바울은 율법에 목을 매단 형제들을 위해서 자신이 한 발 양보하기로 결정했습니다. 바로 여기서 우리는 바울 사도의 위대한 선교 전략을 봅니다. 바울은 그리스도의 복음을 전하기 위해서라면 유대인도 될 수 있었고, 이방인도 될 수 있었습니다. 그는 디모데에게 할례를 행하도록 했으며 반대로 디도에게는 할례를 요구하지 않았습니다. 그에게 있어서 가장 중요한 목표는 하나였습니다. 그리스도의 복음을 증거하기 위한 그 한 가지 열망이었습니다.

바울은 자신이 누구를 위해, 무엇을 위해 일하는지를 분명히 알았습니다. 이를 위해서 그는 자신을 한껏 낮추었으며, 이로써 오직 하나님만이 높아지시도록 했습니다. 우리는 이것을 사역자로서의 정체성 인식이라 말할 수 있겠습니다. 사역자는 자신이 누구인지를 분명히 알아야 한다는 뜻입니다. 또, 바울은 자신의 사명을 완수하기 위해서라면 더 중요한 것을 위해 덜 중요한 것을 양보하는 태도를 보여 주었습니다.

그에게 있어서 제일 중요한 것은 복음을 전하는 것입니다. 유대인 기독교 공동체와 이방인 기독교 공동체가 화목하기 위해서, 바울은 기꺼이 자신을 율법의 규례에 복종했습니다. 이제 본문의 바울로부터 이상적인 사역자의 모습을 정리해 보겠습니다. 정체성이 분명한 사람, 그리고 보다 큰 목표를 이루기 위해 덜 중요한 것을 양보하는 사람. 이야말로 오늘을 살아가는 하나님의 일꾼들에게도 필요한 덕목이 아니겠습니까?

지혜로운 사역자가 되기 위하여

우리는 다음번에 이 사실에 관한 자세한 사건을 보게 될 것입니다. 어쨌든, 말씀을 마치기 전에 사역자 바울의 모범과 관련해서 한 가지 말씀드리고 싶은 것이 있습니다. 우리 교회는 한 가지 중요한 행사를 앞두고 있습니다. 그것은 오는 6월 말로 예정된 터키 친구 초청 음악회입니다. 이미 아시다시피 이 음악회는 근본 취지는 6 · 25 전쟁, 즉 한국 전쟁을 소재로 삼아서 우리 주변의 터키 사람들과 가까워지자는 것입니다. 물론 우리의 가장 궁극적인 목표는 터키인 전도입니다. 그러나 이 음악회는 조금 이상한 전도 집회가 되지 않을까 싶습니다. '예수'라든지 '구원'이라든지 하는 기독교 용어가 하나도 등장하지 않는 전도 집회가 될 것이라는 말씀입니다. 따라서 이 음악회는 소리 없는 아우성, 즉 겉으로는 신나게 놀지만 속으로는 서로의 신들이 격돌하는 영적 전쟁이 될 것입니다.

이 일을 앞두고 우리가 직시해야 할 질문이 있습니다. 무엇보다도,

'이 일이 왜 필요한가?' 하는 질문입니다. 우리가 외국인이고, 더욱이 대부분이 잠시 있다 갈 사람들입니다. 그런데 우리에게 선교라는 사역이 필요할까요? 다음으로, 이 일이 필요하다면 왜 이런 방식으로 전도합니까? 이상의 질문들에 대해서 저는 이렇게 대답합니다.

우리가 이 땅에 다만 몇 일만 살지라도 전도는 해야 합니다. 지난 주간은 카셀시 전체가 지젤(Sissel) 축제를 치른 것으로 압니다. 아마 마지막 날쯤, 상당히 많은 분이 하천 혹은 시내를 거닐며 한 잔 마시기도 하면서 모처럼 젊음을 누려 보셨겠지요. 맥주병 하나 들고서 무리를 지어 다녀 보니 기분이 어떻던가요? 내가 젊다는 사실, 내가 살아 있다는 사실을 느끼면서 그동안의 스트레스를 풀 수 있었겠지요? 마찬가지입니다. 산 자는 말하기 마련이며, 따라서 예수의 이름으로 새 생명을 얻은 사람은 자신이 살아 있음을 반드시 표현해야 합니다. 길거리를 쏘다니면서 알지 못하는 사람에게 눈인사를 하며, "야호!"를 외치는 것이 살아 있는 젊은이의 특권이라면, 우리가 목청껏 "예수!"를 외치는 것 역시 환경에 구애받을 수 없을 겁니다.

전도는 산 자의 당연한 권리입니다. 그럼에도 저는 지금, 완장을 차고서 밖으로 뛰쳐나가 "예수 천당!"을 외치자고는 하지 않겠습니다. 여러분이 가진 재능으로, 그러나 예수의 '예' 자는 한마디도 하지 않은 채 우리 이웃에게 예수를 전하자고 말씀드립니다. 여러분은 지금 전도의 일은 잠시 뒤로 한 채 공부에만 전념하려고 이 땅에 오지는 않았습니다. 물론, 집중해야 할 일에 집중하지 말고 전도하자 강요하고 싶은 마음도 없습니다. 그럼에도 여러분, 여러분 평생에 언제 다시 이처럼 많은 무슬럼을 보겠습니까? 여러분 평생에 언제 다시 이처럼 많은 터키 친구를 보겠습니까? 초대 교회의 신자들은 박해라는 수단으로 흩으시는 하나님의 섭리를 통해 세계 곳곳으로 흩어져 갔습니다. 그리고 그들은 바로 그곳에서 예수의 이름을 전했습니다. 이들의 경험에서 여러분은 무엇을 느끼십니까? 우리는 우리 자신의 형편과 능력을 모두 동원하여 그리스도 예수의 이름을 이방인들에게 전하고자 합니다. 우리는 이 일을 위해 기도하며 준비해야 합니다.

사랑하는 여러분, 바울이 사역자로서 보여 준 모범이 여러분 자신과 우리 교회의 삶에 깊은 성찰을 가져다주기를 바랍니다. 지혜롭고 충성스러운 하나님의 일꾼들이 되시기를, 예수의 이름으로 마음껏 축복합니다.

45 충성스러운 일꾼의 가장 큰 위로
행 23:1-11

소동 속에 홀로 선 바울

앞에서 저는 바울 사도가 로마로 가려는 계획 때문에 예루살렘으로 돌아왔다고 말씀드렸습니다. 예루살렘 교회의 지도자들을 만났을 때, 바울 사도는 큰일을 이루신 하나님의 능력을 증거했습니다. 동시에 자신에 대한 오해를 듣게 되었습니다. 예루살렘 교회의 충고에 따라 바울 사도는 자신이 유대인의 종교와 전통을 무시하지 않는다는 사실을 보여 주기 위해서 결례를 행하기로 결정했습니다. 그러나 결과는 기대와는 전혀 달랐습니다. 결례가 끝나는 날, 바울이 소아시아 지방에서 전도하는 모습을 본 유대인들이 성전에 있던 바울을 붙잡았기 때문입니다. 유대인들은 예루살렘 성 주민들을 선동했으며, 바울을 붙잡아서 성 밖으로 끌고 나갔습니다.

이들은 바울에게 두 가지 혐의를 씌웠습니다. 첫째는 바울이 소아시아 지방에서 유대인의 종교와 전통을 어기고 훼방했다는 것이고, 둘째는 바울이 이방인을 데리고 성전 안으로 들어갔다는 것이었습니다. 이 두 가지 혐의는 모두 죽어 마땅한 죄목에 해당하는 것이었습니다. 이들의 선동 때문에 예루살렘 성이 소란스러워지자, 이 소식을 듣고 로마 군대의 천부장이 달려왔습니다. 천부장은 소란스럽게 떠들며 매질해 대는 유대인에게서 겨우 바울을 끌어냈습니다. 그리고 사실을 확인하기 위해 바울을 부대 안으로 옮겼습니다. 이때 바울은 천부장에게 자신을 스스로 변호할 수 있도록 허락해 달라고 요청했습니다. 천부장은 바울이 헬라어, 즉 그리스어로 말하는 것을 보고 놀랐습니다. 헬라어는 로마 제국의 공용어였습니다. 하지만 헬라어는 교양을 갖춘 소수만이 구사하는 언어였습니다.

천부장은 바울의 요청을 받아들였습니다. 바울은 변론을 시작했습니다. 그의 양팔에는 사슬이 묶여 있었으며, 좌우로 그 사슬을 잡은 군인이 두 명 서 있었습니다. 그는 이런 모습으로 부대 입구의 계단 가장 높은 곳에 서 있었습니다. 바울을 보호하려는 수백 명의 로마 군인이 그의 앞을 둘러막았으며, 그 앞에는 흥분한 수많은 군중들이 군인들을 마주 보고 서 있었습니다. 이렇게 긴장된 분위기에서 바울은 자신을 변론하기 시작했는데, 그는 이 변론을 히브리어 방언으로 말했습니다. 성경이 바울의 언어를 '히브리어 방언'이라 말한 것은 이유가 있습니다. 당시 이 지역에서 팔레스타인 사람들이 사용했던 '히브리어 방언'은 성경의 히브리어와는 약간 다릅니다. 유대인들이 포로 생활 끝에 고향으로 돌아왔는데, 이 무렵부터 팔레스타인에 사는 유대인들은 약간 변형된 히브리어를 사용하기 시작했습니다. 이 방언을 가리켜 우리는 '아람어'라고 부릅니다.

어쨌든 바울은 이 위험스러운 분위기에서 침착하게 손짓해서 무리를 진정시키고 말을 시작했습니다. 그가 히브리어 방언, 즉 아람어로 말한 것은 대단한 효과가 있었습니다. 바울은 바로 전에 천부장과 헬라어로 말했습니다. 그런데 지금은 아람어로 말합니다. 무엇보다도, 바울이 자기 뜻을 아람어로 전할 때에 청중이 그 말을 잘 알아들을 것이라는 점에서 탁월한 선택이었습니다. 그러나 그가 노린 효과는 이에 그치지 않습니다. 청중들은 바울이 아람어로 말하는 광경을 보면서 이 사람이 유대의 전통을 존중하는 인물인 것을 받아들이게 될 것입니다. 말하자면 바울은 이 짧은 순간에도 자기 행동이 가져다줄 효과를 치밀하고 민첩하게 계산하고 있었다는 것입니다.

바울의 생각은 적중했습니다. 청중은 자신이 알아듣는 언어로 말하는 바울의 변론을 듣기 위해 순식간에 조용해졌으며, 바울의 말은 수많은 군중들의 귀에 낭랑하게 울려 퍼졌습니다. 사도행전 22장 12절까지 이어지는 바울의 변론은 자신이 어떤 배경에서 태어나고 자랐는지, 어떻게 예수 그리스도를 핍박했는지, 그리고 어떻게 자신이 예수를 만나 그 앞에서 굴복하게 되었는지, 나아가 왜 자신이 이방인에게 나아가서 그리스도의 복음을 전하게 되었는지를 자세히 설명하고 있습니다. 바울 자신의 설명에 따르면, 바울은 예수를 직접 만나 극적으로 회심했습니다. 그러나 그리스도인들을 핍박하고 죽이기까지 한 과거 때문에 복음을 전하는 사람으로 나서는 일만은 꺼렸습니다. 하지만 그는 어쩔 수 없이 그 일에 나섰습니다. 주님께서 그 일을 강권하셨기 때문입니다.

그러나 바울의 말은 여기에 이르러 더 이상 계속될 수 없었습니다.

여기까지 듣고 있던 유대인들이 다시 벌떼같이 일어나 소동을 벌이기 시작했기 때문입니다. 사도행전 22장 22절을 보면, 유대인은 바울이 이방인에게 복음을 전해야만 하는 경험을 이야기할 때 "이런 놈은 더 이상 살려둘 수 없다"라고 떠들어 댔습니다. 예수를 믿을 마음은 없었으나 그렇다고 그 이름이 이방인에게 전해지는 것도 싫었기 때문입니다. 그들은 일제히 일어나 옷을 벗어 던지고 먼지를 날렸습니다. 그러자 아람어를 알아들을 수 없기 때문에 여기까지의 장면을 옆에서 지켜볼 수밖에 없었던 천부장이 급히 나서서 다시 군중을 진정시켰습니다. 그리고 천부장은 왜 이들이 다시 화를 내는지를 바울에게 묻기 위해 바울을 급히 부대 안으로 옮겼습니다.

바울의 지혜

천부장은 바울을 신문(訊問)하기 위해서 매질을 하려고 했습니다. 그는 바울을 가죽 줄로 묶도록 명령했습니다. 그런데 바로 그때 바울이 자신을 묶는 백부장에게 묻습니다. "너희가 로마 사람 된 자를 죄도 정하지 않고 채찍질할 수 있느냐?"(행 22:25). 이 질문을 받은 백부장은 크게 놀랐습니다. 그는 즉시 천부장에게 달려가 바울의 말을 전했습니다. 천부장 역시 자신이 로마 시민임을 밝힌 바울의 말에 크게 놀라서 바울에게 뛰어왔습니다. 천부장이 묻습니다. "나는 로마의 시민권을 돈 주고 샀는데, 당신은 어떻게 시민권을 구했소?" 바울이 대답합니다. "나는 나면서부터 그걸 갖고 있었소." 여기에 무슨 대화가 더 필요합니까?

천부장은 즉시 바울을 풀어 주었습니다.

이튿날, 바울은 천부장의 배려에 따라 다시 자신을 변호할 기회를 얻게 되었습니다. 본문이 바로 이 대목에서부터 시작하는데, 이번에 바울은 공회 앞에 서게 되었습니다. 성경은 바울이 사도행전 22장 마지막에 이어서 금방 공회에 출두한 것처럼 기록했는데, 그렇지는 않은 것 같습니다. 짐작건대 바울은 여러 명의 공회 의원에 의해 고소를 당했으며, 바울 역시 공회 앞에서 적어도 한 차례 이상 자신을 변호한 것 같습니다. 말하자면 사도행전 23장은 몇 가지 사건들을 생략한 채 시작하고 있다는 것입니다. 어쨌든 사도행전 23장의 첫 절에 등장하는 바울은 수많은 공회 의원들과 관중 앞에 홀로 서 있음에도 불구하고 그들을 '주목'하여 바라보고 있습니다. "주목하여(ἀτενίσας, ἀτενίζω)"라는 원어의 단어는 원래 '노려보다'라는 의미가 있다고 합니다. 바울은 그 삼엄하고 흉흉한 분위기 가운데 홀로 피의자의 신분으로 서 있으며, 따라서 오직 자신만이 자신을 변호해야 하는 상황임에도 불구하고, 오히려 담대하게 그들을 하나하나 뚫어지게 바라보고 있었다는 것입니다.

바울은 그들을 노려보면서 변론을 이어갑니다. 그는 공회의 의원들을 향해 '형제들'이라 불렀습니다. 그는 이 자리에 피의자의 신분으로 서 있습니다. 따라서 바울은 그들을 최대한 공손하게 불러야 마땅했습니다. 그러나 바울은 그들을 의도적으로 '형제'라고 부름으로써, 자신이 그들의 위압적인 태도에 전혀 눌리지 않았음을 보이려 했던 것입니다. 어쨌든 바울은 자신이 모든 일에 양심을 따라 하나님을 섬겼다고 주장했습니다. 아마 이 말이 사도행전의 본문 이전에 생략된 것처럼 보이는 부분에서 바울이 주장한 내용인 것 같습니다. 그런데 이 말을 듣고 있던 대제사장이 바울 옆에 있던 사람들에게 그의 입을 때리라고 명령했습니다. 바울의 변명을 듣고 몹시 화가 났기 때문입니다.

이 대제사장의 이름은 아나니아였으며, 네데베우스(Nedebaeus)의 아들로 알려진 인물입니다. 아나니아는 주후 48년에서 58년까지 대제사장으로 일했으며, 잔인하고 동시에 탐욕스러운 인물로 전해집니다. 유대인 역사가 요세푸스에 의하면, 아나니아는 제사장들로부터 십분의 일 세(稅)를 몰수하여 재산을 축적했고, 로마 고관들에게는 상당한 뇌물을 바쳤다고 합니다. 그의 친로마 정책으로 인해 유대인들에게서 미움을 받았으며, 주후 66년에 로마와의 전쟁이 시작되었을 때 유대인이 그의 집을 불태웠고, 그는 헤롯 대왕의 궁전 하수도에 숨었다가 잡혀서 형과 함께 죽임을 당했다고 합니다.

어쨌든 아나니아가 입을 때리라고 명령하자, 바울은 발끈해서 항의했습니다. "율법에 따라서 심판한다는 사람이 율법을 스스로 어기는 것인가?" 이어서 그는 이렇게 말했습니다. "여러분 형제들아, 나는 바리새인이요 또 바리새인의 아들이라. 죽은 자의 소망 곧 부활을 인하여 내가 심문을 받노라"(6절). 이건 또 무슨 난데없는 말일까요? 그러나 바울의 말은 자기 주변의 분위기를 매우 치밀하게 계산하고 내놓은 것이었습니다. 다시 말해, 바울은 공회의 의원들이 사두개인과 바리새인으로 갈려져 있음을 보고 한 말이었다는 것이지요. 더 길어지지 않기 위해 간략히 말씀드리자면, 사두개파는 유대인 가운데 현실에 관심이 많아 내세를 부정하는 그룹을 말하며, 바리새파는 내세와 영혼의 존재를 믿으면서 반 로마적 정서를 지닌 집단을 이릅니다. 이 두 그룹은 유대인 사회의 주도권을 놓고 날카롭게 대립했는데, 바울은 이 두 그룹의 민감한 이슈를 건드려 버렸습니다.

바울은 자신을 바리새파라고 소개했으며, 부활을 믿기 때문에 자신이 재판을 받게 되었노라고 주장했습니다. 이 말은 과연 엄청난 소용돌이를 몰고 왔습니다. 본문 9절은 이로 인해 "크게 떠들었다(ἐγένετο δὲ κραυγὴ)"라고 말합니다. 이런 표현은 예를 들어 '누군가 죽었다는 것 같은 놀라운 소식을 듣고서 격정적으로 소리 지른다'라는 의미입니다. 다시 말해 바울이 "나는 바리새인이며, 부활을 믿기 때문에 여기 재판을 받고 있다"라고 말하는 순간, 공회 안에 엄청난 비명과 함께 큰 소란이 일어났다는 것입니다. 이 소란은 부활이 있다고 믿는 바리새인이 바울을 변호하는 소리에다가 부활이 없다고 믿는 사두개인이 바울을 비난하는 소리가 더해지면서 일어난 것이었습니다. 이 소란은 말로만 그치지 않았습니다. 바울을 지키려는 바리새인과 바울을 해치려는 사두개인의 치열한 몸싸움으로 이어졌습니다. 이 몸싸움이 얼마나 컸던지, 천부장은 바울이 그들 사이에서 찢길까 두려워하여 급히 옮길 정도였습니다(10절). 천부장은 군대를 명하여 바울을 빼앗아 부대로 들어가라고 명했습니다.

주께서 위로하시다

이렇게 해서 폭풍처럼 밀어닥친 한바탕의 소란이 잦아들었습니다.

그날은 모든 사람에게 정말 힘든 하루였을 것입니다. 그런데 그날 밤, 바울에게 한 가지 의미 깊은 일이 일어납니다. 본문 11절을 보면, 이날 밤에 예수께서 바울을 찾아오시지 않았겠습니까. 주께서 바울에게 이렇게 말씀하셨습니다.

> … 담대하라 네가 예루살렘에서 나의 일을 증언한 것같이 로마에서도 증언하여야 하리라 (11절b)

바울은 주님을 예루살렘 성전에서 만난 사실을 이미 증언한 바 있습니다(행 22장). 그때 주님께서는 바울에게 이렇게 말씀하셨습니다. "떠나가라, 내가 너를 멀리 이방인에게로 보내리라." 그로부터 몇 년이 지난 지금, 주님께서는 그 "멀리"를 '로마'라고 지칭하셨습니다. 지금까지 바울은 적잖이 주님을 만나기도 하고 환상을 보기도 했습니다. 그런데 지금 나타나신 주님께서는 바울 곁에 서서 말씀하셨습니다. 바울은 지금 오랫동안 기도하며 준비하던 로마 전도의 길을 임박한 현실로서 마주 대하고 있는 것입니다.

그러나 그 길은 전도의 길로만 끝나지 않을 것입니다. 로마로 가는 길은 사실 죽음의 길, 즉 순교의 길이기도 했습니다. 다시 말해 바울은 자기의 목덜미로 파고드는 날카로운 칼바람을 지금 실제처럼 느끼고 있었습니다. 바로 이때 바울에게 주님께서 나타나셨습니다. 주님께서는 그에게 다가오셔서 바로 그 옆에 서서 그를 향해 말씀하셨습니다. "담대하라, 네가 로마에서도 나를 증거하게 될 것이다." 죽음이 그를 향해 가까이 다가온 만큼, 주님께서도 그의 곁 가까이에 서서 그렇게 말씀하셨습니다. 그러므로 '네가 로마에서도 나를 전할 것'이라는 말씀의 뜻은, '로마에 가서 복음을 전하기까지 네가 죽지 않을 것이다'라는 뜻이었으며, "그때까지 내가 너를 지킬 것"이라는 뜻이기도 했습니다.

여기서 우리가 생각해야 할 문제가 있습니다. 앞서 말씀드린 대로, 바울은 두 번에 걸친 예언에도 불구하고 로마로 가서 복음을 전하려는 계획을 포기하지 않고 실행에 옮겼습니다. 그런데 앞서 말씀드린 대로 예루살렘에 돌아와서 이렇게도 흉악스러운 상황에 빠져 있는 것입니다. 병정들의 보호 아래 위태한 밤을 지내야 했던 바울에게 주님께서 나타나셨습니다. 그런데 주님께서는 바울에게 "네가 로마로 가서 나를 증거할 것이다"라고만 말씀하셨습니다. 주님께서 혹시 이렇게 보장하실 수는 없었을까요? "네가 로마로 가서 복음을 전할 것이다. 위험하겠지만 그래도 안심하거라. 네가 결코 죽지는 않을 것이다." 바울은 당신을 위해서 죽음을 각오했으며, 이미 충분히 고난도 당했습니다. 주님께서 이 충성스러운 바울의 짐을 덜어주실 수는 없으셨을까요? 그의 마지막을 목이 잘려 죽는 것으로 끝나지 않도록 하실 수는 없었을까요? 충성의 결과가 죽음으로 끝난다면, 이건 너무 비극적이고 유감스러운 일이 아니겠습니까?

이날 밤 바울은 주님을 만났지만 '네가 죽지 않을 것이다'라는 보장을 받지 못했습니다. 그럼에도 불구하고 그는 주님을 원망하지도, 위축되지도 않았습니다. 오히려 죽음을 향한 걸음을 더 깊이 내디뎠습니다. 이날 밤 나타나신 주님께서도 당신의 충성스러운 종에게 '네가 죽지 않을 것'이라는 보장은 하지 않으셨습니다. "네가 계획한 대로 로마로 가서 나를 전할 것이라"라고만 말씀하셨습니다. 그럼에도 불구하고 주님께서는 바울의 길을 가만히 손 놓고서 바라보고만 계시지 않으실 것입니다. 주님께서는 모든 일을 치밀하게 지켜보실 것이며, 가장 적절하게 간섭하실 것입니다. 우리는 이 시점에서 이렇게 말할 수 있습니다. 이것이 바울이 이날 밤 주님을 만나서 얻은 유일한 위로였으며, 주님께서 충성스러운 종 바울에게 주신 가장 큰 위로였다는 것입니다.

뒤로 물러서지 않는 자의 담대함에 관하여

사랑하는 여러분, 말씀의 교훈을 얻기 위해서 우리는 바울의 행동에 더욱 주목해야겠습니다. 바울은 결례가 끝날 무렵 유대인에게 붙잡혀서 로마 병사들의 손에 들어가 공회의 재판을 거칠 때까지 당당했으며, 생명의 위협 속에서도 침착했습니다. 그의 행적을 유심히 지켜보면서 우리는 이렇게 정리할 수 있습니다. 바울은 자신을 찢어 죽일 듯이 흉포하게 날뛰는 군중 틈에서 아람어와 헬라어를 사용하면서 당당하게 논쟁했습니다. 로마 시민권과 가문과 학벌, 종파 등을 내세워서 성난 군중과 난폭한 군인들을 오히려 위협하기도 하고, 그들을 분열시켜 무기력하게 만들기도 했습니다. 큰 혼란과 위기의 연속 가운데서 자신의 주변을 면밀하게 관찰했으며, 오직 한 가지 목적을 이루기 위해 자신이 가진 모든 것을 동원했습니다.

우리는 그 한 가지 목적이 무엇인지를 분명히 압니다. 그것은 어떻게 해서라도 로마로 가야 한다는 것이었습니다. 죽음이 기다린다 할지라도, 로마는 반드시 가야 했습니다. 거기서 주님의 이름을 전해야 했기 때문입니다. 그것은 죽었어도 벌써 죽어 마땅한 죄인을 구하시고 오히려 당신의 영광스러운 이름을 전하도록 믿어 주신 주님에 대한 보답이었습니다. 동시에 그것은 주님의 명령을 이루는 길이기도 했습니다. 그의 집념은 사납게 짖어 대는 군중의 울부짖음에 대해서도 물러서지 않는 용기를 불렀고요, 그 무서운 용기는 사방으로 에워싼 죽음의 공포에서도 살아남을 지혜를 가져다주었습니다. 그는 죽음의 무서운 파도를 타면서도 그 모든 사건을 자신의 로마행을 이루는 수단으로 바꾸어 냈던 것입니다.

자, 바울의 행적으로부터 우리는 무엇을 배워야 할까요? 전부터 저는 여러분에게 여러 차례 이렇게 말씀드렸습니다. 미래에 관한 예언보다 중요한 것은 본인의 굳건한 의지일 수 있다고 말입니다. 다시 말씀드리자면, 바울의 의지는 죽음 앞에서도 물러서지 않는 용기를 불러일으켰으며, 이 용기는 죽음에서 벗어날 지혜를 가져다주었습니다. 그 지혜는 단지 살아날 지혜가 아니었습니다. 그 죽음 같은 위기에서 벗어날 뿐만 아니라 자신이 목적하는 바에 더욱 빨리 도달할 지혜였습니다. 이 사실이 지금 여러분에게 어떠한 도전을 던져 줍니까?

혹시 공포스러운 절망이 여러분을 둘러싸고 있습니까? 이리 둘러보아도 빛이 보이지 않고, 저리 둘러보아도 길이 보이지 않습니까? 어떻게 하는 것이 좋을지, 하나님의 음성을 기다리십니까? 그분의 음성이 들리지 않아서 답답하십니까? 저는 여러분에게 이렇게 말씀드리고 싶습니다. 길이 없다고 생각하는 사람에게는 절대 길이 보이지 않는다고 말입니다. 물러서는 것이 좋겠다고 마음먹은 사람에게는 도무지 길이 보이지 않는다고 말입니다. 그러므로 저는 이렇게 믿습니다. 때로 우리에게 길이 보이지 않는 것은 하나님께서 알려 주시지 않아서 그런 것만은 아닙니다. 우리에게 분명한 의지가 없기 때문일 수도 있습니다.

다시 말씀드립니다. 하나님의 뜻을 묻기 이전에, 먼저 나의 뜻이 무엇인지를 아십시오. 자신이 무엇을 원하는지 모르는데 하나님께서 무슨 말씀을 하신들 그것이 무슨 의미가 있겠습니까? 충성스러운 하나님의 종에게 가장 큰 기쁨은 이전까지 몰랐던 나의 장래를 아는 것보다, 최선을 다해 달려가는 나의 모습을 격려하시고 칭찬하시는 그분의 음성을 듣는 것입니다. 바울은 늦은 밤에 나타나신 주님께서 "너는 절대 죽지 않을 것이다"라는 말씀을 듣고 감사하지 않았습니다. 오히려, "네가 작정한 대로 로마에 가서 죽을 것이다"라는 말씀을 듣고 감사했습니다. 그에게 있어서 참으로 감사한 것은 주님께서 자신의 생명을 지켜 주신다는 사실보다 생명을 바쳐 사랑하는 주님께서 자기의 가는 길을 지지하시며 동행하신다는 사실 자체에 있었기 때문입니다.

사랑하는 여러분, 열심히 달려가는 충성스러운 나의 모습을 보고 기뻐하시며, 잘한다고 응원하시는 그분의 음성이 들리십니까? 그렇다면 여러분은 세상에서 가장 행복한 사람이며, 이미 성공한 사람입니다. 행복은 아무 일 없이 오래 잘 사는 것이 아니라 내가 가장 사랑하는 사람과 같은 길을 가는 것입니다. 여러분의 삶이 마칠 때까지 그 길을 그렇게 힘차게 살아가십시오. 주님의 보좌 앞에서 그분이 내미실 영광의 면류관이 멀지 않습니다. 인생의 길을 걸어가는 여러분 옆에, 함께 걸으시는 주님이 보이십니까? 하나님께서 옳다 인정하신 길을 달려가는 여러분을 마음껏 축하합니다.

46 하나님의 시간표에 관하여
행 24:10-27

총독에게 이송된 바울

지난 본문에서 바울은 공회에서 자신의 무죄를 변론했습니다. 그러나 이 공방전에서 양측은 서로 물러설 여지가 전혀 없음을 확인했을 뿐입니다. 천부장은 바리새파와 사두개파로 갈려서 다툼을 벌이는 모습을 보고서 바울을 호송하여 부대로 철수했습니다. 이어 바울에게 조카가 찾아왔는데, 조카는 바울을 죽이려는 결사대가 조직되었음을 알렸습니다. 이 소식을 접한 천부장은 급히 바울을 총독에게 보내면서 편지를 첨부했습니다. 그는 편지에서 바울이 종교적 신념 때문에 고발당했을 뿐이라고 보고했습니다. 이어서 천부장은 보병 200명, 기마병 70명, 창군 200명으로 구성된 부대를 바울에게 붙여 총독 관저로 떠나도록 했습니다.

호위 부대는 저녁 9시경에 예루살렘을 출발하여 안디바드리, 즉 예루살렘에서 북서쪽으로 약 56km 떨어진 곳에 도착했습니다. 이쯤에서 유대인의 암살 위협에서 벗어난 것으로 판단한 호위 부대는 밤을 지낸 뒤 기마 부대만으로 호위대를 재편성하여 다시 바울을 호송했습니다. 이날 이들은 가이사랴에 이릅니다. 가이사랴는 안디바드리에서 약 39km 떨어진 곳인데, 여기에 총독의 관저가 있었습니다. 가이사랴에는 원래 헤롯 궁이라는 궁전이 있었습니다. 헤롯이 자신의 권력을 자랑하기 위해 지은 궁전이었습니다만 후에 총독의 관저로 사용되었습니다.

총독 벨릭스는 천부장의 편지를 읽은 후 바울에 대해 예비 심문을 행합니다. 바울 사건이 어느 구역 관할인가를 확인하기 위한 절차였습니다. 바울은 길리기아 다소 출신이므로 총독 자신이 맡아야 할 사건으로 밝혀졌습니다. 길리기아는 로마의 직할 구역이었기 때문입니다. 이렇게 관할 재판관이 결정되자, 총독 벨릭스는 고소인들이 도착할 때까지 바울을 총독 관저에 연금할 것을 명령했습니다. 닷새 후, 대제사장 아나니아가 도착했습니다. 아나니아는 더둘로를 데리고 왔는데, 더둘로는 로마법과 재판 절차에 깊은 지식을 지닌 사람이었을 것으로 짐작됩니다.

우리가 이미 생각한 바와 같이 아나니아가 주재한 공회에서의 공방전에서 바울 때문에 공회가 사두개파와 바리새파로 분열되어 버렸습니다. 이런 상황이니 공회가 불과 닷새 만에 화해해서 하나가 되었을 리는 없을 것입니다. 따라서 아나니아 일행은 엄밀히 말한다면 유대인을 대표하는 자격으로 오지는 않았을 것입니다. 공회 의원 가운데 적어도 바리새파는 더 이상 바울을 고소하기를 원치 않았을 터이니 말입니다. 그렇다면 아나니아 일행은 지금 사두개파의 대리자로서 여기에 왔을 것이 분명합니다. 그러므로 바울을 또다시 고소하려면 이전과는 다른 죄목을 덧붙여야 했습니다.

아니나 다를까, 이들은 바울을 염병, 즉 극히 위험한 인물이라 비난했습니다. 왜죠? 바울이 예수를 수괴(首魁)로 하는 이단 종파의 선전자이기 때문이며, 이 집단은 사방에 퍼진 유대인을 소요케 했기 때문입니다. 더둘로가 말하는 '소요'는 정치적인 표현이었습니다. 무엇보다도 로마 당국은 지역 내에서 벌어지는 종교 문제에 대해서는 관심이 없었습니다. 역사가 요세푸스에 따르면, 벨릭스는 임기 중에 정치적 소요의 주동자는 물론 추종자까지 가차 없이 십자가형에 처한 것으로 유명합니다. 따라서 더둘로가 민감한 정치 문제를 먼저 이야기한 것은 바울을 어떻게 해서든지 죽이기를 원했음을 보여 주는 것이지요.

연금 속에 살아가는 바울

더둘로가 화려한 수사법으로 바울을 고소하자, 적지 않은 유대인들이 화답(和答)했습니다. 아나니아는 예루살렘에서 고소에 필요한 인원만 데리고 오지 않았습니다. 더둘로와 수 명의 유대교 장로들, 그 외에도 적지 않은 숫자의 응원단도 데려왔습니다. 이들의 존재는 재판 중에 적지 않은 압력을 줄 것입니다. 아나니아는 이것까지도 계산하고 행동을 했습니다. 이에 바울이 대응한 것을 보면, 공회에서와 마찬가지로 침착함과 치밀함이 돋보입니다. 그는 재판관의 입장에서 심문하는 벨릭스를 적절하게 예우했으며, 자신이 정치 소요를 일으킨다는 고소에 대해서는 자기가 예루살렘에 올라간 것이 불과 열이틀밖에 되지 않았는데, 그 짧은 시간에 어떻게 그런 일을 할 수 있는가 하는 질문으로써 반박했습니다.

바울은 이어서 자신이 여전히 종교적인 문제 때문에 고소를 당했다고 주장했습니다. 바울은 기근으로 고통받는 동족을 돕기 위해 구제금을 들고 예루살렘에 왔으며, 유대교를 존중하기에 예루살렘에 오자마자 결례를 행하기도 했다고 주장했습니다. 여기까지 바울의 변론을 들은 벨릭스는 천부장 루시아가 오는 대로 이 재판을 마무리하겠다는 말과 함께 휴정을 선언해 버렸습니다. 바울은 이 재판의 판결이 확정될 때까지 거의 완전한 자유를 누리게 될 것입니다. 뿐만 아니라 바울은 로마 총독 관저에서 완벽한 보호를 받게 되었습니다.

여기까지의 상황만 생각하면 이번 재판은 바울의 승리로 보입니다. 그러나 정말 그럴까요? 본문 24절을 보면 벨릭스는 부인과 함께 찾아와 바울에게서 예수에 관한 복음 듣기를 청하기도 했습니다. 그러나 벨릭스는 "의와 절제와 심판"에 관한 메시지를 듣고는 두려워하며 물러갔습니다. 그러니 벨릭스가 바울에게 유리한 판결을 내리지 않았던 것이 분명합니다. 하지만 벨릭스가 바울과의 교류를 완전히 끊은 것도 아닙니다. 본문 26절을 보면 보다 깊은 벨릭스의 진심이 이렇게 드러납니다.

동시에 또 바울에게서 돈을 받을까 바라는 고로 더 자주 불러 같이 이야기하더라 (26절)

벨릭스가 돈을 바라고서 이렇게 바울에게 호의를 베푸는 척했다는 것이지요. 벨릭스는 원래 노예였다고 합니다. 그는 글라디우스 황제의 어머니인 안토니아에 의해 자유인이 됩니다. 이 때문에 그의 이름이 안토니우스 벨릭스라고 불린 것입니다. 벨릭스는 형제 팔라스의 도움으로 A.D. 52년에 유대의 총독으로 임명되었습니다. 기록에 의하면, 그는 '노예의 정신으로 왕의 권력'을 행사했다고 합니다. 그는 탐욕스럽고 음탕하며 잔인한 인물로 전해집니다. 기록들은 그가 심지어 강도떼를 사주해서 강도짓을 하게 한 후 물품을 나누기도 했다고 합니다. 어쩌면 벨릭스는 바울이 구제 헌금을 가지고 예루살렘에 방문했다는 말에 정신이 번쩍 들었을 수도 있겠고, 바울이 날 때부터 로마 시민권을 갖고 있었다는 말에 그가 돈이 많지 않은가 짐작했을 수도 있겠습니다. 어쨌든 벨릭스는 바울을 계속 방문하면서 복음에 관하여 물었던 것 같으나, 실제 의도는 자기에게 돈을 주기만 하면 금방이라도 풀어 주겠노라고 설득하려 했던 것 같습니다.

이태가 흐르다

이제 말씀에 관심을 집중하기 위해 본문 27절을 보겠습니다.

이태가 지난 후 보르기오 베스도가 벨릭스의 소임을 이어받으니 벨릭스가 유대인의 마음을 얻고자 하여 바울을 구류하여 두니라 (27절)

여러분, "이태"라는 말이 무슨 뜻인지 아시지요? 이태는 2년을 말합니다. 바울의 구금이 2년이나 계속되었다는 뜻입니다. 이렇게 오랜 시간이 지난 후에 벨릭스가 물러나고 베스도가 부임했습니다. 역사의 기록을 보면 벨릭스가 살던 가이사랴 지방에 유대인과 헬라인 간에 분쟁이 일어났는데 그가 여기에 개입한 사실이 드러나 소환을 당했다고 합니다. 어쨌든 이 일로 베스도가 후임으로 왔습니다만, 바울의 처지는 변하지 않았습니다. 베스도가 부임했으니 이 장기 미결수 바울을 처리해야 할 텐데, 베스도는 신임 총독으로서 유대인의 마음을 얻기 위해서는 바울을 풀어 줄 수 없었기 때문입니다. 바울은 이 때문에 여전히 총독의 궁에서 머물러야 했습니다.

이번에 제가 여러분과 함께 생각하고자 하는 주제는 바로 '시간표'입니다. 이 주제를 생각하기 위해서는 예루살렘 교회의 시작을 돌이켜 봐야 합니다. 오순절에 기도하던 제자들에게 성령께서 임하셨습니다. 이 사건 이후 예루살렘 교회는 하루가 지나면 놀랄 정도로 성장을 거듭했습니다. 매일같이 모여서 예배하고 찬양하며, 재산까지 팔아서 가난한 자를 구제하는 이 공동체는 이어지는 모진 박해 속에서도 세포 분열을 거듭했습니다. 그런데 말이죠, 이런 놀라운 상황이 신자들의 눈에 어떻게 비취었을까요? 그것은 영광 중에 오실 예수 그리스도의 재림이었습니다. 그리고 그분의 재림은 하나님 나라의 시작을 의미하기도 했습니다. 신약 성경을 읽어 보면 어느 곳에서도 다시 오실 예수 그리스도에 관한 소망이 발견됩니다. 그러나 그들이 바랐던 재림은 좀처럼 실현되지 않았습니다. 그들에 대한 탄압은 점점 강해졌으며, 이로 인해 수많은 사람이 죽어 갔고, 재산을 몰수당하거나 노예로 팔려 가기도 했습니다.

그리스도의 재림은 극심한 고난 가운데 살아가는 신자들에게 유일한 소망이 되었습니다. "아멘, 주 예수여, 어서 오시옵소서!"를 외치는 신자들의 소리는 세계의 곳곳으로 퍼져 갔고, 이 호소는 하나님의 보좌 앞에 쉴 새 없이 쌓여 갔습니다. 그러나 그들의 울부짖음은 언제 응답될지 모르는 채 속절없이 시간만 지나가고 있었습니다. 바울 개인에게 초점을 맞추더라도 이런 상황은 계속되는 듯이 보입니다. 그가 만난 하나님의 아들 예수 그리스도, 그분은 과연 언제쯤이나 다시 오실까? 예수의 재림은 그의 개인적인 질문에 답하는 사건만은 아니었을 것입니다. 그러나 바울과 함께 살아가는 기독교인들 모두의 부르짖음에 하나님께서 분명하게 대답해 주셔야 하지 않겠습니까?

우리는 이미 몇 번에 걸쳐 바울이 예루살렘을 거쳐 로마에 가기로 결심했음을 보았습니다. 그는 로마에서 죽기를 각오했습니다. 안타까운 일입니다만, 바울의 충심(忠心)을 하나님께서 아신다면 하나님께서는 왜 바울을 이처럼 총독 관저에서 2년이나 썩게 하시는 걸까요? 죽음을 각오한 사람에게서 가장 맥 빠지는 게 무엇입니까? 자기의 강한 결심이 아무에게도 주목받지 못하는 것 아닐까요? 총독의 궁(宮)에 2년이나 지내는 동안, 예수교에 호감을 가진 듯이 굴지만, 사실은 돈을 바라는 총독의 가증스러운 회유가 이어졌습니다. 그에게 사실상의 자유가 보장되었습니다만, 그래도 궁 밖에는 금식까지 하면서 호시탐탐 노리는 암살대가 있었습니다. 새로 총독이 부임했는데, 이 사람이 또 무슨 시비를 걸지 모릅니다. 최종 판결은 언제 날지 모릅니다. 따라서 언제쯤에나 로마로 갈 수 있을지, 도무지 알 수가 없었습니다.

하나님의 시간표를 받아들여야 한다!

바울에게 있어서 2년은 참으로 금쪽같았을 것입니다. 그가 예루살렘으로 돌아왔을 때, 이런 상황을 예측했을까요? 공회에서 변론을 마친 그날 밤에 주님께서 나타나 "네가 로마로 가리라"라고 하신 말씀은 무슨 의미일까요? 자기 피를 로마에 뿌리려는 신성한 발걸음이 이렇게 어이없는 상황에 붙잡히리라고는 예상하지 못했을 것입니다. 그러나 분명한 것은 지금 바울이 할 수 있는 것이 아무것도 없었다는 것입니다. 바울은 이제 자신의 시간표를 내려놓고 '하나님의 시간표'를 받아들일 수밖에 없었던 것입니다. 하나님의 시간표란, 하나님께서 친히 짜신 시간표를 말합니다. 그럼, 하나님의 시간표는 무엇일까요?

사도 바울에게뿐만 아니라 그 시대를 살아가는 모든 신자에게 주어진 공개 시간표는 이것입니다. 사도행전 1장 7-8절의 말씀을 봅니다.

이르시되 때와 시기는 아버지께서 자기의 권한에 두셨으니 너희가 알 바 아니요 오직 성령이 너희에게 임하시면 너희가 권능을 받고 예루살렘과 온 유대와 사마리아와 땅끝까지 이르러 내 증인이 되리라 하시니라 (행 1:8)

하나님의 나라가 언제 회복될 것인지를 묻는 제자들에게 예수께서 친히 대답하신 말씀입니다. 이 말씀을 보면 하나님께서 당신의 나라를 회복시키시는 어젠다(agenda)가 들어있습니다. 먼저는 예루살렘에서 시작하여 사마리아를 거쳐 땅끝까지 복음이 전파된 후에야, 비로소 하나님의 나라가 회복될 것이란 말씀입니다. 따라서 그 시대의 신자들이 그렇게도 간절히 사모했던 하나님의 나라, 혹은 그리스도 예수의 재림은 아직 멀었습니다. 세상 땅끝까지 복음이 전파된 후에야 비로소 주님께서 다시 오실 것입니다.

여기서 약간 머리 아픈 부분을 아주 잠깐 이야기해야 합니다. 바울은 로마서에서 아주 의미심장한 발언을 하고 있는데, 먼저 이 구절을 보아야 하겠습니다. 로마서 11장 11절의 말씀입니다.

> 그러므로 내가 말하노니 그들이 넘어지기까지 실족하였느냐 그럴 수 없느니라 그들이 넘어짐으로 구원이 이방인에게 이르러 이스라엘로 시기나게 함이니라 (롬 11:11)

간단하게 말하자면, 이방인이 구원을 받아 하나님의 백성이 된 것은 이스라엘 백성을 시기 나게 하려 하심이었다는 것입니다. 이방인이 먼저 구원받음으로써 이스라엘 사람이 시기하게 되어 마침내는 그들 역시 구원에 이르게 된다는 뜻이지요. 따라서 로마서 11장에서 바울이 드러내는 하나님의 구원 어젠다는 이렇게 됩니다. 먼저 이방인, 그다음에 이스라엘. 이 논리는 우리에게 아주 의미심장합니다. 사도행전 1장 8절이 말하는 구원의 순서는 지역적입니다. 예루살렘에서 시작하여 사마리아를 거쳐 마침내 땅끝으로…. 그러나 로마서 11장은 이방인이 먼저, 그다음은 이스라엘. 이 둘을 조합할 때, 우리는 아주 뜻밖의 결론을 얻습니다. 이스라엘 민족이야말로 가장 나중에 구원을 얻을 것입니다. 그러므로 예수께서 말씀하신 '땅끝'은 바울에 의해서 새롭게 해석됩니다. 그곳이 어디입니까? 이스라엘입니다.

로마로 향하는 바울의 발길은 하나님 나라를 실현하기 위한 걸음 가운데 하나일 뿐입니다. 그가 아무리 위대한 사도라 하더라도 이와 같이 원대한 하나님의 시간표에서 볼 때 아무것도 아니라는 뜻입니다. 바울은 하나님의 계획을 실행해 가는 길에 도움을 주는 조력자였을 뿐입니다. 그는 하나님의 나라를 이루기 위한 한 걸음을 띄어 놓기 위해 로마로 갈 따름입니다. 따라서 바울은 자신의 안타까운 마음과는 상관없이, 하나님의 출발 신호등이 켜지기를 기다려야만 했습니다. 하나님께서 출발하라시면 출발하는 것이고, 기다리라시면 기다려야 하는 것이지요. 우리는 이런 식으로 세계 역사의 흐름을 교통 정리 하시는 하나님의 모습을 성경에서 너무나도 익숙하게 보았습니다. 모세를 볼까요? 그의 인생이 얼마나 극적이었습니까? 그가 보여 준 활약은 얼마나 뛰어났습니까? 그러나 그는 그렇게 고대했던 가나안 땅에 발을 들여놓지 못했습니다. 하나님께서는 그가 가나안에 들어가는 것을 허락하지 않으셨기 때문입니다.

그의 시대는 가나안 땅을 먼발치에서 쳐다보는 것으로 끝났습니다. 그의 영광스러운 사역은 그의 시종이었던 여호수아에 의해 이어질 것입니다. 이것이 부당하고 이해되지 않는 일이라 하더라도 어쩔 수 없습니다. 역사의 주인공은 모세도 아니고 여호수아도 아니기 때문입니다. 역사의 주관자는 하나님이시기에, 그가 허락하지 않는 한 어떤 일도 일어날 수 없습니다. 모세도 이 사실을 알았으며, 아마 바울 역시 그러했을 것입니다. 그러므로 바울은 그 지리한 시간을 기다릴 수밖에 없었습니다. 바울은 이 지리한 시간을 낭비라 생각하지 않았습니다. 그는 이 시간을 묵상하면서, 하나님께서 "가라!" 하고 신호를 내실 때를 기다렸습니다. 신호만 떨어지면, 바울은 즉시 달려갈 것입니다. 그 시간이 되기만 한다면, 그는 기꺼이 그때 자신의 목을 하나님께 드릴 것입니다. 이것이 바로 하나님의 종의 모습입니다.

십자가에 달려 죽으신 예수 그리스도께서 가장 본때 있게 당신이 구세주이심을 보여 줄 사건은 재림이라 하겠습니다. 신자들이 세상에서 고난당할 때 자신의 믿음이 옳았음을 증명할 가장 좋은 방법 역시 영광스러운 주님의 재림일 것입니다. 바울 개인에게 있어서도 마찬가지일 것입니다. 그가 가장 사랑하는 분, 그의 그 많은 수고와 눈물을 말끔히 닦아 줄 사건 역시 그리스도 예수께서 영광의 주로 오시는 것 아니었겠습니까? 그러나 그가 가야 할 길은 멀었고, 때로는 지리했으며, 자신이 이 세상에 사는 동안에는 일어나지 않을 것이 점점 분명해졌습니다. 이때 그가 선택할 수 있는 것이 무엇일까요? 그것은 '기다리는 것'이었습니다. '인내하는 것'이었습니다. 자신의 시간표를 접고서 하나님의 시간표를 받아들이는 것이었습니다. 그것은 하나님의 주권에 대한 순종을 의미하는 것이기도 했습니다.

완전하신 그분을 믿는 믿음에 관하여

사랑하는 여러분, 한껏 숨을 들이마신 뒤에 출발선에 선 선수의 심정을 경험해 보셨습니까? 어느 날 언제, 발표를 기다리는 심정을 경험 하셨나요? 내 인생 언제쯤이면 거기에 도달할 것이라는 계획표를 세워 보신 적이 있으시지요? 그때 그 모든 예측이 빗나가는 경험을 해 보셨 습니까? 그때의 당혹함과 허전함을 느껴 보셨습니까? 분명히 그 길이 맞기는 한데 왜 이리 시간이 더딘지 짜증 나신 적이 있었습니까? 바울 의 경험은 우리에게 한 가지 분명한 교훈을 줍니다. 기다려야 할 때에 는 기다려야 한다는 것이지요. 인간의 시간표와 하나님의 시간표가 달 리 보일 때가 있습니다. 때로는 한도 없이 기다려야 할 듯이 보일 때도 있을 것입니다. 그때 우리가 명심해야 할 사실이 있지요. 우리가 세워 서 이루기를 바라는 간절한 소원들은 하나님에 의해 무시된 것이 아닙 니다. 다만, 가장 완전하시고 가장 지혜로우신 그분께서 그분만이 하실 수 있는 방법으로 그것들을 이루어 나가신다는 사실을 우리는 믿어야 합니다.

바울의 경험을 봅시다. 바울은 속절없이 2년을 보내야 했습니다. 그 의 고귀한 순교 정신이 무시당한 걸까요? 아닙니다. 우리의 연대 계산 이 맞다면, 그는 네로 황제가 다스리던 그 살벌한 박해의 때까지 그렇게 기다려야 했습니다. 그의 순교가 바울 자신에게나 하나님에게 있어야 할 사건이라면, 그 사건이 가장 고귀하게, 가장 효과적으로 일어날 그 때까지 기다려야 했다는 것입니다. 그 시기는 오직 한 분, 하나님의 판 단에 달려 있는 것이었고요. 그러나 마침내 그때가 되었을 때, 바울은 자신이 결정한 그 길을 걷기 위해 필요한 모든 것이 이미 준비되어 있음 을 보았습니다. 바울이 천부장에 의해 총독의 관저로 호송되던 장면을 돌이켜 보십시오. 어느 누가 그처럼 바울을 철저하게 보호해 줄 수 있었겠습니까? 주님께서 일찍이 약속하신 것처럼, 바울은 로마에 가서 복음을 전할 때까지 누구도 해할 수 없었습니다. 바울은 자기를 호위하는 470명의 로마 군인을 보면서, 주님의 약속을 떠올렸을 것입니다. '내가 서야 할 자리에 설 때까지, 누구도 나를 해할 수 없다!'

약속이 없거나 하나님의 시간표를 모르는 사람이었다면 수많은 군인의 호위 속에 밤길을 달려야 하는 자기 신세가 얼마나 고단한가 하고 한탄했겠지만, 바울은 그렇지 않았습니다. 그는 때가 되기까지 신실하게 기다리며, 자기가 쓰일 그때를 고대했습니다. 충성된 종은 주인의 생각을 의심하지 않습니다. 그가 할 일은 하라고 할 때 지체 없이 합니다. 이 사실이 무엇을 여러분에게 의미합니까? 더디다고 생각하십니까? 그분을 신뢰하고 기다리십시오. 여러분이 지금 하실 일은 그분을 믿는 가운데 그분이 "이때다!" 하실 때 언제든 지체 없이 움직일 준비를 하는 것입니다. 우리의 지루함과 의문들은 그때 모두 풀리게 될 것입니다.

인내는 하나님을 온전히 신뢰할 때 생겨나는 신앙의 열매입니다. 누구보다 주님을 사랑했고 재림을 바란 사도 요한은 비록 살아서 주님을 다시 뵙지 못했으나 요한계시록에서 이렇게 고백합니다.

볼지어다 그가 구름을 타고 오시리라 각 사람의 눈이 그를 보겠고 그를 찌른 자들도 볼 것이요 땅에 있는 모든 족속이 그로 말미암아 애곡하리니 그러하리라 아멘 (계 1:7)

우리 모두가 하나님을 진심으로 의뢰하며, 그가 세우신 시간표를 따라 인내 가운데 기다릴 줄 아는 사람들이 되기를 소망합니다.

47

참자유

행 26:24-32

재판이 다시 열리다

베스도가 벨릭스의 후임으로 부임한 지 사흘 만에 예루살렘을 방문했습니다. 약간 서둔 감이 없진 않습니다만, 그의 관할 지역에서 예루살렘이 가장 중요한 성이니만큼 그럴 수밖에 없었을 것입니다. 그런데 베스도가 예루살렘의 유지들을 만났을 때, 유대인 대제사장과 고위급 인사들이 베스도에게 넌지시 청을 넣었습니다. '바울을 예루살렘으로 데려와서 다시 재판하게 해 달라'고 말입니다. 어느 역사가에 의하면, 아그립바 2세는 베스도의 전임자 벨릭스 재임 말기에 아나니아를 해임하고 이스마엘이라는 인물을 대제사장으로 세웠다고 합니다. 원래 대제사장의 자리는 종신직이며 세습제였습니다. 로마가 통치하게 되면서 이 자리는 권력자의 의지에 따라 수시로 바뀌게 된 것이지요.

이 대제사장은 전임에게서 물려받은 하나의 숙제를 해결하기 원했습니다. 거기다가, 베스도가 지역 사정을 파악하지 못한 부임 초기에 바울의 문제를 해결해 버리려고 했던 것이지요. 그러나 그가 그 재판을 진심으로 원한 것은 아닙니다. 원래의 계획은 바울이 재판을 받기 위해 예루살렘에 오는 도중 그를 암살해 버리는 것이었습니다. 그렇지만 아무려면 로마가 덜떨어진 인물을 총독으로 파송했겠습니까? 베스도는 대제사장의 청탁을 듣는 순간 감을 잡아 버렸습니다. 베스도는 단호하고 간단하게, '안 돼'를 해 버렸습니다. 대신, 며칠 후 가이사랴로 돌아가 바울에 대한 재판을 열었습니다. 이로써 바울의 재판이 무려 2년 만에 속개(續開)된 것입니다.

베스도는 바울의 변론에서 그가 무죄라는 확신을 얻었습니다. 하지만 민심에 대한 부담도 적지 않았습니다. 따라서 베스도는 바울에게 예루살렘으로 가서 재판을 받겠느냐는 제안을 했습니다. 그러나 바울은 그의 제안을 받지 않았습니다. 바울은 로마 황제에게서 재판을 받겠노라고 말했습니다. 결국 바울의 재판은 결론 없이 끝나고, 로마에서의 재판이 확정되고 말았습니다. 그런데 사도행전 25장 13절을 보면, 이로부터 며칠 후 베스도에게 귀한 손님이 찾아옵니다. 아그립바 왕과 버니게가 찾아왔지요. 본문에 등장하는 '아그립바 왕'은 아그립바 2세(A.D. 27-100)입니다. 그는 아그립바 1세의 아들이며, 헤롯 대왕의 증손입니다. 그는 친로마 노선을 유지했습니다. 이 때문에 그는 총독이 새로 부임할 때마다 인사를 받을 정도로 영향력 있는 인물이 되었습니다. 버니게는 그의 누이이며, 총독 벨릭스의 부인인 드루실라의 동생입니다. 버니게는 이때 첫 결혼에 실패하고 오빠의 집에 머물러 있었다고 합니다.

어쨌든 이 두 사람이 신임 총독으로 부임한 베스도를 찾아왔을 때, 베스도는 한 가지를 이들에게 제안했습니다. 자기에게 전임 벨릭스 때부터 이어지는 미결 재판이 하나 있는데, 이 재판에 대해 귀하의 의견을 듣고자 한다는 것이었습니다. 아그립바 왕이 이 지역에 대해 실질적인 통치권이 있는 것은 아니었습니다. 그러나 아그립바는 황제 글라우디오로부터 '성전(聖殿)의 후견인'이라는 칭호와 함께 대제사장의 임명 및 파면권, 성전 창고와 제사장의 예복을 관리하는 책임을 부여받은 바 있었습니다. 따라서 베스도로서는 아그립바에게 바울 문제에 관한 조언을 듣는 것도 좋겠다고 생각했던 것 같습니다. 또 이렇게 함으로써 이지역의 유력자 아그립바의 얼굴을 적절히 세워 줄 수 있었겠지요. 아그립바 왕은 베스도의 제안에 대해 선뜻 알겠다고 응답했습니다. 이로써 바울은 다시 한번 심문을 받게 되었습니다.

바울, 재판정에 다시 서다

이튿날, 아그립바가 참여하고 베스도가 주관하는 심문이 열렸습니다. 화려하고 위엄 있는 복장으로 아그립바와 버니게가 베스도와 함께 입장하고, 천부장들과 성의 유력자들이 뒤따랐습니다. 베스도는 바울을 데려오라 명령했습니다. 이어서 베스도가 이 사건의 경위와 함께 아그립바의 판단을 구하는 짧은 인사말을 전했습니다. 물론 이 시간은 재판하는 시간이 아니었습니다. 로마의 시민권을 가진 바울이 황제에게 억울함을 직접 말하겠노라고 말하는 바람에 재판은 이미 물 건너간 일이 되어 버렸기 때문입니다. 따라서 이날의 모임은 아그립바가 바울 사건의 쟁점이 대체 무엇인지를 확인해 보는 것이 주된 목적이었지요.

심리적으로 볼 때, 바울이 지난 재판 때보다 훨씬 부담이 적었을 것은 분명합니다. 그렇다 하더라도, 생각해 보십시오. 사슬에 묶인 채 다수의 대중 앞에, 더구나 왕 앞에 서서 자신을 홀로 변론한다는 것이 어찌 가벼운 일이었겠습니까? 그럼에도 불구하고 바울은 심문장에 들어서서 한 치의 흐트러짐도 없었습니다. 변론할 시간이 다가오자, 바울은 예전과 같이 높이 손을 들어 관중의 시선을 집중시키기까지 했습니다. 그리고 또다시 자신이 회심하게 된 사연과 함께 자기 경험과 생애를 감동적으로 풀어내기 시작했습니다. 그러나 바울의 이번 변론에서 지난번과 확연히 다른 점이 보입니다. 바울은 이번 변론에서 '부활'이라는 유대교 교리만을 쟁점으로 내세우지 않았습니다. 이번 심문에서 바울은 보다 근본적인 쟁점들을 거론했습니다. 바울은 열렬한 유대교 추종자인 자기에게 부딪혀 온 예수라는 인물이 가져다준 충격을 이야기했으며, 이것이 자신에게 얼마나 큰 변화를 일으켰는지를 지적했습니다.

바울의 주장은 예수교인에 의해 그리스도로 믿어지는 인물 예수가 유대교와의 단절을 의미하지 않는다는 것입니다. "예수는 유대교 전통이 예고한 바로 그 그리스도이시다. 이는 모세를 포함한 모든 선지자에 의해 지지되었다. 수다한 선지자들은 그리스도가 나타나셔서 고난당하시고 죽으셨다가 부활하실 것이라고 예언했다." 바울이 여기까지 말할 때, 마침내 아그립바 왕은 소리를 질렀습니다. "네가 미쳤구나!" 그러나 아그립바는 바울이 헛소리를 하는 것이 아니라는 사실을 인정할 수밖에 없었습니다. 아그립바가 보기에 바울은 엄청나게 많이 공부한 사람이었습니다. 그러나 바울이 주장하는 내용, 즉 예수라는 인물이 바로 그 메시아, 즉 그리스도시라는 사실에는 동의할 수 없었습니다. 따라서 아그립바는 주장합니다. "너, 공부를 너무 많이 해서 그리된 것 같구나!"

바울은 단도직입적으로 다시 묻습니다. "왕이여, 당신은 선지자를 믿습니까?" 다시 말해, 당신이 유대교가 신봉하는 선지자를 믿는다면 그들이 말하는 그리스도 역시 믿어야 하지 않겠느냐는 말입니다. 아그립바는 껄껄 웃으며 말했습니다. "네가 몇 마디 말로 나를 전도하려 하는구나." 그렇습니다. 바울은 심문의 자리에 홀로 서서 당당하게 자신의 믿음을 설파했으며, 가능하다면 이 심문의 주빈(主賓) 아그립바 왕을 전도하려 했습니다. 이 사실을 아그립바 역시 분명히 느끼고 있었습니다. 바울은 자신에게 주어진 시간이 얼마 남지 않음을 느꼈습니다. 그는 마지막으로 이렇게 말합니다.

당신뿐만 아니라 오늘 내 말을 듣는 모든 사람도 다 이렇게 결박된 것 외에는 나와 같이 되기를 하나님께 원하나이다 (29절)

아그립바는 바울의 무죄를 확신했습니다. 따라서 아그립바는 다른 참관자들과 함께 물러가 의견을 나눈 후 이렇게 선언합니다.

이 사람은 사형이나 결박을 당할 만한 행위가 없다 (31절)

아그립바는 베스도에게 덧붙여서 다음과 같이 개인적인 소감을 토로

(吐露)했습니다. 본문 32절 말씀입니다.

> 이 사람이 만일 가이사에게 상소하지 아니하였더라면 석방될 수 있을 뻔하
> 였다 (32절)

그렇습니다. 이 사실은 아그립바뿐만 아니라 베스도, 그리고 그 자리에 참석했던 대부분의 사람들의 판단이었습니다. 이들은 한마음으로 말합니다. "차라리 황제에게 판단을 요구하지 않았더라면 당장에라도 풀려났을 터인데⋯." 지금 바울을 보면서 혀를 차는 아그립바 일행은 바울 개인의 '안위(安危)'에만 관심을 가졌기 때문입니다. 따라서 아그립바의 관점에서 보자면 바울의 선택은 어리석었습니다. 바울이 황제만 찾지 않았더라면 구차스럽게 로마까지 가지 않아도 되었습니다. 아그립바가 보기에, 그리고 누가 보더라도 바울은 무죄였다는 뜻이지요. "그런데 어쩌자고 바울은 굳이 그 길을 선택한 것일까?" 이것이 아그립바와 베스도, 그리고 그 자리에 있었던 유력 인사들의 심정이었습니다.

스스로를 복음에 맨 바울

바울이 이런 결과를 몰랐을까요? 자기에게 닥쳐올 고난과 반대가 두려워서 그랬을까요? 유대인들이 죽이려는 것이 무서워서 로마로 도망가려고 그랬던가요? 바울은 로마에 의지해서 자신의 생명을 보호하기 원했던 건가요? 아니지요? 몇 번에 걸친 재판과 심문에서 묘사되는 바

울을 보면 바울은 적절한, 아니 치밀한 계산 끝에 자신을 변론했습니다. 그는 유대인의 정서와 전통에 통달했을 뿐 아니라 로마의 법체계와 소송 과정을 깊이 이해하고 있었습니다. 따라서 바울이 마음만 먹었다면 예루살렘에서라도 자신을 충분히 보호할 수 있었을 것입니다. 물론 풀려날 수도 있었겠지요. 그러나 바울의 초점은 로마에 맞추어져 있었습니다. 로마로 가야겠다는 목적 때문에 그렇게 행동했던 것입니다. 바울은 디모데후서 2장에서 이렇게 말합니다.

> 내가 전한 복음대로 다윗의 씨로 죽은 자 가운데서 다시 살아나신 예수 그리스도를 기억하라 복음으로 말미암아 내가 죄인과 같이 매이는 데까지 고난을 받았으나 하나님의 말씀은 매이지 아니하니라 그러므로 내가 택함받은 자들을 위하여 모든 것을 참음은 그들도 그리스도 예수 안에 있는 구원을 영원한 영광과 함께 받게 하려 함이라 (딤후 2:8-10)

바울은 자신이 복음을 전하기 위해 스스로 죄인처럼 매여 고난을 받았다고 주장합니다. 그러나 위대한 파라독스가 여기 있습니다. 인간 바울은 죄수가 되어 매였습니다. 그런데 이로 인해서 복음은 매이지 않게 되었습니다. 쉽게 말해서, 바울의 얽매임으로 인해 복음이 자유를 얻었다는 것입니다. 바울이 죄인이 되어서 로마로 가게 되었으며, 이로 인해 복음은 자연스레 바울을 따라 로마로 파고들어가 그리스도를 증거할 것입니다.

바울은 복음을 통해서 그리스도 예수와 그의 구원을 전파하기 위해 스스로 죄인이 되어 사슬에 묶였습니다. 바울은 이것을 골로새서 1장에서 이렇게 표현했습니다.

> 나는 이제 너희를 위하여 받는 괴로움을 기뻐하고 그리스도의 남은 고난을 그의 몸된 교회를 위하여 내 육체에 채우노라 (골 1:24)

바울이 복음을 전하기 위해 고난받는 것은 '그리스도의 남은 고난을 채우는 행위'입니다. 그는 그리스도 예수의 영광을 만인에게 전하기 위해 그가 받으셔야 할 고난을 스스로에게 지웠다는 것입니다. 디모데후서 2장 10절에서 드러나는 그의 궁극적인 목표는 이것입니다. 이 세상의 모든 사람이 예수를 통해 구원받으며, 뿐만 아니라 영원한 영광에 참여할 수 있게 하기 위함입니다. '세상의 모든 사람에게 그리스도의 복음을 전한다!' 이것은 그리스도 예수께서 그에게 부여하신 사명이며, 바울이 자신에게 부여한 임무였습니다. 이 일을 위해서라면, 그는 어떠한 고난이라도 달게 받을 각오가 되어 있었던 것이지요.

자, 이제 본문의 주제에 더 가까이 다가서기 위해 아그립바 앞에 선 바울의 모습을 우리 마음에 그려 봅시다. 바울은 지금 사슬에 매인 채 심문대에 서 있습니다. 분위기를 압도하는 엄숙한 심문대에 섰으며, 죄수의 신분으로 섰습니다. 정치적으로 혹은 경제적으로, 사회적으로 소위 성공했다는 사람들 앞에 초라하게 서 있습니다. 물론 그는 그들 가운데 누구 못지않게 많이 배우고, 로마의 시민으로서 뒤처질 것 없는 사람이었습니다. 그러나 그는 오직 한 가지의 이유 때문에 그렇게 왜소하게, 혹은 실패한 사람처럼 거기에 서 있었습니다. 그것은 예수 그리스도라는 분 때문이었습니다. 바울은 자신의 임무를 잘 이해했습니다. 자기가 죄인이 되어야만 그리스도 예수의 복음이 활개를 치고 로마에 도달할 수 있을 것이라는 사실을 말입니다. 바울이 자유롭지 못할수록 거기에 비례해서 복음은 자유로울 것입니다. 말하자면 복음이 마음껏 세상에 뛰놀기 위해 복음을 전하는 자는 자신의 자유를 얽어매어야 한다는 것입니다.

스스로를 매는 자유

바울은 복음이 이 세상에서 마음껏 뛰놀 수 있는 원리가 무엇인지를 웅변으로 보여 주었습니다. 복음이 거침없이 사람들의 마음속으로 파고 들어가기 위해서, 복음이 더 널리 퍼져가기 위해서, 복음이 듣는 자들의 영혼을 파고 들어가 그들을 주께로 인도하기 위해서, 전도자 바울은 스스로를 묶어야 했습니다. 이것이 바울이 온몸으로 보여 준 원리였습니다. 자, 이것을 우리는 어떻게 정리할 수 있겠습니까? 복음이 능력 있게 뛰어놀게 하려면 대가를 치러야 합니다. 복음을 모르는 자를 자유롭게 하기 위해서는, 신자의 자유가 담보되어야 합니다. 이것은 예수 그리스도의 생애에서 이미 입증되었습니다. 그리스도 예수께서는 당신의 백성을 자유케 하기 위해 스스로의 자유를 내놓으셨습니다. 백성들이 영광에 이르게 하기 위하여 당신의 영광을 내버리셨습니다.

우리의 삶으로 이 원리를 들여와 봅시다. 우리는 예수를 믿는 자들이며, 우리는 우리 자신의 모자람에도 불구하고 예수 그리스도의 생명을 담보로 하여 의인이라 칭함을 받았습니다. 이 사실은 우리가 하나님께 대하여 큰 빛을 진 사람임을 의미합니다. 그래서 바울은 로마서 8장에서 이렇게 말합니다.

> 그러므로 형제들아 우리가 빚진 자로되 육신에게 져서 육신대로 살 것이 아
>
> 니니라 (롬 8:12)

바울이 말한 대로 우리가 하나님께 은혜의 빚을 졌다는 사실은 우리가 이 세상에서 사는 모습에 일대 변혁을 요구합니다. 하나님의 은혜에 빚진 사람은 자기 육체가 원하는 것을 따르지 않고 하나님의 소원에 따라서 살아야 한다는 말입니다. 우리는 이것을 이렇게 표현합니다. "신자는 은혜로 주어진 자유를 하나님을 위해 다시 얽어맨다." 하나님께서 우리에게 주신 자유는 우리 마음대로 사용해도 좋은 것이 아닙니다. 우리 마음대로 사용하는 자유는 방종(放縱)입니다. 자신의 판단과 욕심을 위해서 사용되어도 좋은 자유는 없습니다.

바울은 사슬에 묶인 채 화려한 옷을 입고서 위엄을 갖춘 명사(名士)들 앞에 섰습니다. 세상의 관점에서 볼 때 바울은 실패한 자요 낮아진 자였습니다. 이것이 바울의 현실이었지요. 그러나 바울은 자신을 복음에 빚진 자로 생각했으며, 따라서 사슬에 매여 그 자리에 선 것을 수치가 아니라 복음의 빚을 갚기 위해, 복음을 전하는 자로서 섰다고 생각했습니다. 복음을 위해 매인 바 된 바울은 오히려 그 복음 안에서 자유로웠습

니다. 복음 때문에 사슬에 매인 바울이야말로 진정한 자유인이었습니다. 안타까운 듯이, 마치 바울을 심판할 자격이 있는 듯이 앉아 있는 저 아그립바 왕과 베스도 총독, 그리고 수많은 귀족과 명사들이야말로 매인 자, 즉 죽음과 마귀의 지배에 매인 자들이었습니다. 그들은 지금 자유인처럼 앉아 있지만, 복음을 받아들이지 않는다면 하나님 앞에 설 때 마저 자유롭지 않을 것입니다. 따라서 우리는 이렇게 결론짓습니다. 그 시간, 참자유자는 바울밖에 없었습니다.

바울은 심문대에 서서 손을 높이 들어 관중의 시선을 모았습니다. 그리고 담대하게 말합니다. "이렇게 사슬 매인 것 외에는 여러분도 나와 같이 되기를 바랍니다." 이 자신감은 오직 참자유인만이 보여 줄 수 있습니다. 진정으로 자유로운 사람만이 자신의 자유를 스스로의 의지로 맬 수 있기 때문입니다. 이제 결론을 말씀드리기 위해 저는 여러분에게 묻고자 합니다. 세상 앞에 서서 여러분은 무엇을 들고서 손을 높이 쳐들 수 있겠습니까? 명예입니까? 재산입니까? 아니면 누구라도 부러워할 만한 엄청난 성공? 만일 우리의 손이 썩어질 것을 든다면 얼마나 안타까운 일일까요? 썩어질 것으로 자랑하는 사람이 된다면, 우리는 그것의 썩어짐과 함께 더 이상 자랑할 것이 없을 것입니다.

비밀이 여기 있습니다. 그리스도께서는 당신이 하나님의 아들 되신다는 사실을 강변(強辯)함으로써 영광을 받지 않으셨습니다. 죄 없으신 분으로서 인간의 죄를 대신 지신 그 참혹한 십자가의 수치를 높이 드심으로써, 진심에서 우러나오는 복종과 찬송을 신자들에게서 받아 내셨습니다. 바울 역시 그러했습니다. 바울은 자신의 화려한 학력과 배경을 세상 앞에 높이 들지 않았습니다. 그는 자신을 묶고 있는 사슬을 높이 쳐들었습니다. 그리고 외쳤습니다. "보시오, 여러분도 나처럼 되기를 원합니다!" 이것이 바울의 자유였으며, 바울의 자랑이었습니다. 미련한 사람들의 눈에는 이것이 수치로 보였겠지만, 바울의 눈에는 이야말로 자기를 자유롭게 해 주신 하나님을 높이는 방식이었던 것입니다.

사랑하는 여러분, 참자유인으로 사는 방식이 이제 보입니까? 나를 낮춤으로써 주님을 높이는 원리가 보이십니까? 이것이 주님께서 우리에게 보이신 삶의 원리요, 낮아짐으로써 높임받는 비밀입니다. 따라서 우리는 이렇게 고백해야 합니다. 먼저 낮아지는 자가 높임을 받을 수 있으며, 주를 위해 먼저 자유를 매는 자가 자유롭게 될 수 있다고 말입니다.

우리가 사람 앞에 높이 들어 보여야 할 것은 사람들이 부러워하거나 두려워할 만한 권력과 부, 명예가 아니라, 낮아짐입니다. 그리스도의 이름을 위해서 자기에게 주어진 자유를 스스로 포기하는 절제력입니다. 참자유자만이 자기에게 주어진 자유를 스스로 맬 수 있습니다. 그것이 그리스도인의 능력이요 자랑입니다. 낮아짐과 섬김으로써 존경받는 하나님의 자녀가 되시기를 바랍니다. 자유를 주신 하나님을 위해 그 자유를 스스로 얽어맨 참자유인이 되시기 바랍니다. 하나님께서 여러분을 마지막 심판대 앞에서 높이시고, 영원토록 자유인이 되게 하실 것입니다.

48 리더는 폭풍 가운데 드러난다
행 27:20-26

로마를 향해 떠나다

사도행전 27장의 첫 부분을 보면 바울은 드디어 로마를 향한 여정(旅程)에 오릅니다. 바울을 호송하는 책임을 맡은 이는 백부장 율리오였으며, 이 여정에는 바울 외에도 몇 명의 죄수가 있었습니다. 먼 길을 항해하려면 당연히 큰 배를 타야 하는데, 그때 그런 배가 찾기 어려웠던 것 같습니다. 따라서 바울 일행은 '아드라뭇데노호'를 탑니다. 이 배는 '아드라뭇데노'라는 항구에서 온 배로서 근처의 연안 도시를 오가는 작은 여객선이었습니다. 바울이 가이사랴에서 떠날 때 누가와 아리스다고가 동행합니다. 이는 상당한 배려였습니다.

가이사랴를 출발한 아드라뭇데노호는 꼬박 하루가 걸려서 시돈에 도착했습니다. 백부장 율리오는 바울이 여기에서 교우들을 만나도록 허락했습니다. 그리고 그다음 날, 바울을 실은 배는 항해를 다시 시작했으나 강한 북서풍을 만나는 바람에 연안을 따라 천천히 전진합니다. 이때를 주후 59년 10월경으로 추정하는데, 이 시기에 강한 북서풍이 부는 것이 보통이었습니다. 사도행전 27장 5절을 보면, 아드라뭇데노호는 이윽고 '무라'에 도착합니다. 무라는 소아시아 대륙의 가장 남쪽 항구인데, 어떤 사본에서는 아드라뭇데노호가 시돈에서 길리기아, 밤빌리아, 루디아를 거쳐 무라에 도착하는 데 약 14일 걸렸다고 말합니다. 바울 일행은 무라항에서 알렉산드리아 배를 만나 이 배로 갈아탑니다.

항해는 순탄하지 않았습니다. 이 시기 지중해에 몰아치는 강한 북서풍이 계속되었기 때문인데, 바울 일행은 무라에서 니도까지 약 230km의 거리를 여러 날 만에 간신히 도착할 수 있었습니다. 그럼에도 불구하고 바람은 잦아들지 않아서, 배는 그레데 섬의 남쪽을 끼고 진행해야 했습니다. 그래야만 거센 바람을 그레데 섬으로 막을 수 있었기 때문입니다. 배가 그레데 섬의 미항에 도착했을 때도 이 바람은 약해지지 않았습니다. 하지만 배는 잠시 쉰 후 항해를 계속하려 했습니다. 바울이 보기에는 이 항해가 무척 위험했습니다. 기록에 의하면 지중해 지역은 11월 중순에서 다음 해 2월까지 항해가 금지되었다고 합니다. 이 기간에 부는 무역풍이 매우 위험했기 때문입니다. 바울 일행이 탄 배는 아프리카에서 로마까지 곡물을 나르는 무역선이었다고 하는데, 뱃사람들은 어떻게든지 서둘러서 운항 금지 기간 이전에 로마에 도착하려고 욕심을 부렸던 것입니다.

바울은 세 번에 걸친 전도 여행을 통해 이 지역의 사정을 훤히 알았습니다. 그러므로 바울은 뱃사람들에게 위험을 경고했습니다. 하지만 누구도 그의 말에 신경 쓰려 하지 않았습니다. 조금이라도 더 항해하려는 마음이 급했던 이들은 도중에 겨울을 난다 하더라도 미항같이 작고 불편한 곳보다 뵈닉스에서 지내는 것이 낫다고 생각했습니다. 더욱이 그들은 뱃길을 바울보다 잘 안다고 자신했을 것입니다. 따라서 그들은 운항을 계속했는데, 때마침 바람이 남쪽에서 불어오자 몹시 기뻐했습니다. 아마 하늘도 자기들을 돕는다고 생각했겠지요. 그러나 바울이 예견한 일이 현실로 나타나고 말았습니다. 남풍을 타고 순조롭게 항해하던 배가 갑자기 광풍을 만났습니다. 사도행전 27장 14절은 이 폭풍을 '유라굴로(Εὐρακύλων)'라고 부르는데, 유라굴로는 '동북풍'이라는 뜻이며, 지금 불고 있는 남풍과 그레데 섬의 높은 산에서 발생한 기류가 얽히면서 일어나는 폭풍이었습니다.

폭풍 속에서 살아나다

유라굴로는 남풍을 맞으며 순조롭게 항해하던 배를 순식간에 위험에 빠뜨렸습니다. 바울을 실은 배는 겨우겨우 그레데에서 얼마 떨어지지 않은 가우다 섬 근처에 도달할 수 있었습니다. 그들은 가우다 섬을 등지고 바람을 막으면서 간신히 거룻배를 끌어올릴 수 있었습니다. 그러나 위기는 계속됩니다. 이 부근에는 '스르디스(Σύρτιν)', 즉 모래톱이 펼쳐져 있었습니다. 때문에 선원들은 가능한 한 모든 도구를 다 동원하여 이 모래톱을 피하면서 운항을 계속했습니다. 이렇게 여러 날이 계속되자 선원들은 배에 실린 짐들을 내던지기 시작했습니다. 배의 무게를 줄이기 위해서입니다. 그러나 이도 모자라 나중에는 배의 도구들까지도 버렸습니다. 밤낮을 구별하기 어려운 가운데 풍랑마저 멈추지 않는 악천

후가 이렇게 며칠이나 계속되자, 선원들은 지칠 대로 지쳐 버렸습니다. 본문 20절은 이들이 완전한 절망 상태에 빠져 버렸다고 설명하고 있습니다. 바로 이때, 바울이 기진맥진한 이들 가운데 서서 입을 열어 말했습니다.

> 여러분이여 내 말을 듣고 그레데에서 떠나지 아니하여 이 타격과 손상을 면하였더라면 좋을 뻔하였느니라 (21절b)

그러나 바울은 지금 선원들이 자기 말 듣지 않은 사실을 탓하려는 것은 아니었습니다. 그는 이어서 말합니다.

> 내가 너희를 권하노니 이제는 안심하라 너희 중 아무도 생명에는 아무런 손상이 없겠고 오직 배뿐이리라 (22절)

여러 날 동안 절망스러운 시간을 지내던 이들에게 어째서 안심하라고 할까요? 아무도 죽지 않을 것이며, 오직 배만 상할 것이라는 사실을 바울은 어떻게 알았을까요? 23절의 말씀입니다.

> 내가 속한 바 곧 내가 섬기는 하나님의 사자가 어젯밤에 내 곁에 서서 말하되 (23절)

그렇습니다. 바울의 확신은 하나님 말씀 때문이었습니다. "이 배에 탄 사람 중 아무도 죽지 않을 것이다, 오직 배만 상할 것이다" 하는 말은 어젯밤 나타난 하나님의 사자가 바울에게 알려 주신 내용이었습니다. 24절에서 바울은 자기에게 하나님의 사자가 들려주신 말씀을 계속 전합니다.

> 바울아 두려워하지 말라 네가 가이사 앞에 서야 하겠고 또 하나님께서 너와
> 함께 항해하는 자를 다 네게 주셨다 하였으니

이 배의 승객들이 안전한 이유는 단 한 가지입니다. 바울이 로마의 황제 앞에 서야 했기 때문입니다. 달리 말하면, 바울이 살아야 했기 때문에 그와 함께 배에 탄 사람들도 모두 산다는 뜻입니다. 하나님께서 이렇게 말씀하셨지요. "너와 함께 항해하는 자를 다 네게 주셨다"(24절). 이 폭풍을 계기로 해서 바울이 이 배에 탄 일행에 관한 주도권을 쥐게 된다는 뜻입니다. 이 말씀은 나중에 사실로 드러나게 되는데, 어쨌든 바울은 자기의 말을 있는 그대로 믿는다고 공언했습니다. 그 말씀이 바로 하나님의 말씀이었기 때문입니다.

바울이 탄 배는 미항을 떠난 지 열나흘 만에 멜리데 근처에 도착했습니다. 그러나 처음에는 이곳이 멜리데인 줄도 몰랐습니다. 이들은 열나흘 만에 폭풍에 밀려서 미항에서 800km나 떨어진 이곳에 도착했습니다. 암초를 두려워한 선원들은 조심스럽게 수심을 재면서 배를 해안에 갖다 댔습니다. 그러나 호되게 혼이 난 이들은 닻을 내리는 척하면서 거룻배를 내려 도망하려 했습니다. 바울은 이들의 수상쩍은 행동을 발견

하고 백부장에게 알림으로써 이 위기를 벗어나게 했습니다. 뿐만 아니라 바울은 276명이나 되는 승객과 선원을 안심시켜 음식을 먹게 했습니다. 힘을 얻은 선원들은 실었던 곡물을 버리고 비상 착륙을 시도했습니다. 이들은 마침내 땅을 밟게 되었습니다. 자, 이러고 보니 바울이 말한 것이 그대로 이루어진 셈입니다.

위기와 리더십

지금까지 우리는 본문의 이야기를 살펴보았습니다. 본문에서 우리는 하나의 중심 이동을 분명하게 발견합니다. 그것은 바울의 위치에 관한 중심 이동입니다. 로마를 향한 항해가 시작될 때, 바울은 죄수의 신분이었습니다. 더욱이 그는 로마로 압송되는 죄수 가운데 하나였습니다. 그런데 이 항해가 예상치도 않게 어려움을 겪게 되자, 바울의 역할이 두드러지게 되었지요. 바울은 폭풍이 휘몰아치는 가운데 자신의 위치를 유감없이 드러냅니다. 그는 죽음의 공포와 절망에 시달리는 승객 가운데 서서 희망의 메시지를 선포했습니다. "여러분은 안전할 것입니다. 하나님께서 어젯밤에 내게 그리 말씀하셨기 때문입니다."

그의 메시지는 모든 승객의 안전을 약속하는 데 그치지 않았습니다. 그들을 구체적으로 움직이게 했습니다. 그들은 바울의 약속대로 안전하게 살아남았습니다. 바울의 지도력은 백부장보다 영향력이 더했으며, 그의 판단력은 선장보다 더했습니다. 그의 예언은 그대로 적중해서, 배는 잃었지만 사람들은 모두 살아남을 수 있게 되었습니다. 바울의 위치는 연속되는 위기 속에서 더욱 분명하게 드러났습니다. 죄수 가운데 그저 한 사람이 아니라, 이 배 전체를 움직이고 안전을 보장하는 가장 중심적인 인물이 되어 버린 것입니다. 저는 본문 속에서 리더십, 즉 성경이 말하는 리더의 모델을 봅니다. 결론부터 미리 말씀드립니다. 바울의 경험을 통해서 보이는 리더십은 '강요되는 것이 아니라 자연스럽게 이루어지는 것'입니다.

여러분은 '지도자', 혹은 '리더'라는 단어를 말할 때 어떤 생각을 하십니까? 혹시 '지도자'나 '리더'를, 힘의 중심에 서서 그 단체나 사회를 움직이는 자리로 생각하지 않으십니까? 현재 한국에서 일어나는 비극적인 사태는 바로 이 생각에서 비롯된 것입니다.

'잘 살자'라는 말처럼 호소력 있고 본능을 자극하는 구호도 없습니다. 오죽하면 옛말에 "백성을 배부르게 하여 땅을 두드리며 놀게 하는 왕이야말로 훌륭한 왕이다"라고까지 했겠습니까? 격동의 세월을 숨 가쁘게 달려온 국민들은 잘살게만 해 준다면 무엇이든 양보할 수 있다고 생각했던 것 같습니다. 박정희 대통령이 "우리도 한번 잘살아 보세"라며 가난한 백성의 감성을 흔들 때 백성은 독재를 묵인했습니다. 자유보다는 밥이 더 중요하다는 논리였습니다. 그의 뒤를 이어 군부독재가 지속되었으나 국민은 인권보다 높은 소득을 택했습니다. 물론 수많은 사람이 고통을 감수하면서 자유와 민주주의를 외쳤지만, 외형상으로는 대다수가 자유와 인권보다 생존과 안정을 원했습니다.

요컨대 현재 한국 사회의 갈등은 리더십에 관한 패러다임의 갈등입니다. 권위주의적이고 효율을 중시하는 과거의 리더십은 개인의 주권을 우선하는 시민들의 저항 속에서 지금 갈등하고 있습니다.

카리스마, 권위에 관하여

우리는 지도자의 권위를 '카리스마'라는 말로 자주 표현하곤 합니다. '카리스마'라는 단어를 국어사전에서 찾아보면 이렇게 설명되어 있습니다. "⑴ 기적을 행하고 예언을 행하는 초능력. ⑵ 사회의 지배자나 지도자의 절대적인 권위." 요컨대, 우리가 세상의 지도자와 관련하여 카리스마를 이야기할 때 '압도적인 힘'이 그 배경이 된다는 것입니다. 그런데 '카리스마'라는 단어의 근원지라 할 성경은 이것을 아주 다르게 설명합니다. 성경의 '카리스마(χάρισμα)'는 원래 하나님에게서만 찾을 수 있는 권위를 가리킵니다. 이 하나님께서 인간에게 주신 '카리스마'는 '카리스(χάρις)', 즉 '은혜'라고 불립니다. 인간은 근본적으로 자격이 없으며, 따라서 그 카리스마는 전적으로 하나님의 호의에 따라 주어진 것이기 때문이지요. 그러므로 이 은혜에 따라 주어진 것을 우리는 '카리스마타(χαρίσματα)', 즉 '은사, 선물'이라고 부릅니다.

이게 대체 무슨 의미일까요? 인간의 카리스마는 하나님의 카리스마와 다른 점이 분명히 있습니다. 하나님의 권위, 카리스마는 선언적입니다. 다시 말해, 하나님의 권위는 인간이나 기타 피조물이 인정하든 안 하든 상관없이 스스로 권위적입니다. 그러나 인간의 카리스마는 본질적으로 하나님의 권위에서 나온 것이며, 하나님의 권위와는 달리 선언적이지 않습니다. 따라서 인간에게 부여된 권위는 하나님과 인간의 동의를 받아야 합니다. 다시 말해, 한 인간의 카리스마, 즉 권위는 추종자를 설득하여 자발적인 동의를 끌어내야 합니다.

그러하기에 교회든, 사회든, 인간들의 모임에서 지도자가 가진 권위는 그 그룹 구성원들의 마음에서 자연적으로 우러나온 동의를 바탕으로 해야 합니다. 즉, 지도자는 추종자들의 마음으로부터 우러나는 동의를 얻어야 하며, 이렇게 모여진 동의가 참된 권위를 이룹니다. 하나님께서 어떤 사람에게 권위를 허락하셨다면, 그 권위는 반드시 주변의 구성원들에게 강요가 아니라 설득될 것입니다. 그리고 설득의 방법은 군림과 지배가 아니라 겸손의 모습으로 드러나는 섬김입니다. 이 원리가 가장 두드러지게 선포된 것이 예수 그리스도의 생애이지요. 예수께서는 하나님과 하나님의 아들로서의 권위를 인간에게 강요하지 않으셨습니다. 오히려 자신을 낮추고 비워서 종의 모습으로 이 땅에 오셨으며, 십자가에서 이 생애를 극적으로 보여 주셨습니다. 하나님께서는 아들을 보좌에 앉히심으로써 아들의 주장이 옳다는 사실을 증거하셨습니다.

이 사실이 우리에게 새롭지 않습니다. 교회라는 이름의 모임은 그리스도의 삶의 원리를 실천하는 곳이라 배웠습니다. 따라서 교회는 그리스도의 삶을 닮아 가는 자들의 모임입니다. 교회는 스스로 낮아져서 형제와 자매를 섬기는 공동체입니다. 그러므로 교회가 질서를 말할 때 그 질서는 나이의 많고 적음, 학력의 높고 낮음, '힘과 견제의 균형(check and balance)' 등과 같은 수단으로 이루어지는 것이 아닙니다. 다시 말해 교회라는 공동체의 질서는 서로가 서로를 섬김으로써 유지되고, 하나님께서 어느 인간에게 어떤 권위를 주셨다면, 그 권위는 낮아짐과 섬김의 방식에 의해서 사람들에게 설득될 것입니다. 다시 말해 하나님으로부터 권위를 부여받은 사람은 반드시 그 권위를 인정받을 것인데, 다만 그 권위는 총칼과 강요가 아니라 이웃을 섬기려는 태도로써 설득된다는 말씀입니다.

하나님의 권위는 위기 속에서 드러난다

사랑하는 여러분, 이제 우리는 드디어 본문의 말씀을 마무리할 지점에 도착했습니다. 본문에서 우리는 바울 사도가 폭풍과 죽음의 위험 가운데서 그 격랑의 중심에 서는 이야기를 보았습니다. 저는 여기에서 하나의 중요한 메시지를 읽어야 한다고 생각합니다. 우리나라는 지금까지의 대통령들을 보면서 하나의 화두(話頭)를 놓고 고민하고 있습니다. 즉, 권위란 과연 무엇인가 하는 물음이 바로 그것입니다. 과거 수십 년 동안 우리 사회를 지배해 온 권위의 개념은 사방에서 도전받고 있습니다. 지나친 권위주의의 역사, 독재, 사회 전통의 급격한 붕괴 과정 등을 통해 여태껏 우리 사회를 지탱하던 권위들이 하나씩 무너져 가고 있으며, 이로 인해 사회의 구성원들은 커다란 혼란에 빠져 있습니다. 권위가 실종된 사회는 유지될 수 없기 때문입니다.

우리 사회는 거의 모든 부분에서 이 질문의 위협을 받고 있습니다. "왜 그걸 꼭 해야 해?" 말하자면, 우리는 지금 새로운 권위를 기초로 하여 새로운 사회 질서를 세워야 할 처지에 놓인 것입니다. 이 형편은 교회라고 다르지 않습니다. 이전에는 당연했던 것이 권위의 개념을 잃어

버린 현대인에 의해 낱낱이 질문되기 때문입니다. "왜 주일을 지켜야 합니까?"에서 시작한 질문은 "왜 꼭 교회에서 예배를 드려야 합니까?", "왜 하나님 외에는 신이 없다고 합니까?" "왜 이 시대에조차도 말씀대로 살아야 합니까?"에 이르기까지, 교회의 모든 가르침을 '전통'과 '과거의 권위'에 묶어 놓고서 사정없이 흔들고 있습니다. 따라서 오늘날의 교회는 교인이 동의하는 것만 말할 수밖에 없는 지경에 이르고 말았습니다.

그러나 여러분, 성경은 자신의 권위를 검증받는 것을 거부합니다. 성경은 바울의 이야기를 통해서 말씀합니다. "하나님께서 부여하신 권위는 반드시 사람들에 의해 받아들여질 것이다"라고 말입니다. 하나님께서는 바울을 로마로 보내 당신의 복음을 전하기로 결정하셨습니다. 바울이 로마로 가는 항해는 이 목적을 이루기 위해서입니다. 바울의 처지가 죄수였든, 로마 군대의 백부장이었든, 아니면 배의 선장이었든 그것은 상관없습니다. 이 항해는 바울이 로마로 가는 데 그 목적이 있었습니다. 그러므로 이 항해의 주인공은 바울이었습니다. 바울의 영적 주도권은 폭풍 속에서 분명하게 드러났습니다. 그는 자신의 권위를 주장하지도, 강요하지도 않았습니다. 그러나 그의 권위는 폭풍우 가운데 배에 탄 사람들을 인도하는 과정에서 점점 분명해졌습니다. 그의 권위와 리더십은 이렇게 세워진 것입니다.

사랑하는 여러분, 오늘날을 살아가는 우리에게 진정한 권위와 리더십은 어디에 있으며, 어떻게 세워지는 것일까요? 모든 권위와 리더십이 도전받는 오늘, 진정한 권위의 근원이신 하나님께 다시 돌아가는 것이 이 시대의 해결책이 아니겠습니까? 하나님께서 부여하신 권위는 위기 속에서 찬연하게 빛납니다. 하나님께서 인정하신 리더십은 폭풍 속에서 스스로 빛이 되어 사람을 인도합니다. 로마에 복음을 전하시려는 하나님의 뜻을 알았기에, 바울은 스스로 죄수가 되어 배에 올랐습니다. 그러나 바울은 위기 가운데 자신의 가치를 드러냈습니다. 하나님의 뜻을 마음에 품은 자는 이런 모습으로 세상의 중심에 섭니다. 그가 어느 자리에 있든, 하나님의 뜻을 품었다면 그는 곧 그 자리에서 실제적인 리더, 즉 권위를 지닌 중심인물이 됩니다. 이것이 바로 본문이 우리에게 알리는 교훈입니다.

우리가 매일 하나님의 뜻을 묵상하며 순간마다 자신을 그분에게 드려야 할 이유가 바로 여기에 있습니다. 여러분, 여러분이 하나님의 자녀라면 여러분이 원하든 원치 아니하든 세상의 중심에 서야 합니다. 하나님께서는 당신의 자녀를 통해 당신의 세계를 이끄시기 때문입니다. 우리는 폭풍이 휘몰아치는 이 세상 속에서 하나님의 뜻을 실현해 가는 주인공이 되어야 합니다. 그것이 하나님의 기대입니다. 그러나 분명히 아십시오. 세상의 중심에 선다는 말은 반드시 권력과 관심의 중심에 서야 한다는 뜻이 아닙니다. 우리가 세상의 권력과 관심의 중심에 서지 아니할지라도 이 혼란한 세상에서 참된 빛과 권위가 될 수 있다면, 그것이 바로 참된 권위를 지닌 리더입니다. 리더는 최고의 계급에 서는 자가 아니라 실제로 그 주변에 영향을 끼칩니다. 한 사람만이 권력으로 세상을 이끌던 시대는 이미 끝나갑니다. 세상 곳곳에서 참된 권위로 빛을 발하는 리더를 필요로 합니다.

하나님께서는 이 어두운 시대를 이끌어 갈 지도자를 찾으시며, 사람들이 동의할 만한 권위를 바로 우리가 세우기를 원하십니다. 이 일은 뜻을 품은 사람만이 할 수 있습니다. 저는 바로 여러분 하나하나가 그런 사람이 되어 하나님을 기쁘시게 하며, 세상을 밝히는 진정한 리더가 되기를 바랍니다. 어떤 자리에 서느냐를 놓고 고민하기보다 하나님의 뜻을 품기를 더 원하신다면, 여러분은 반드시 세상을 이끄는 리더가 될 것입니다.

49

영광스러운 삶에 초대받은 사람들
행 28:30-31

개인적으로는 아쉬운 점이 아주 많습니다만, 저는 이번을 마지막으로 사도행전 설교를 끝내려고 합니다. 사실 이 설교를 위해서 저는 오랫동안 많이 생각했습니다. 가장 먼저는, 마지막 설교에서 하고 싶은 말이 많은데, 그 많은 이야기를 한 번에 풀어 놓기가 쉽지 않다는 점 때문입니다. 그리고 목사 대부분이 그렇듯이 저 역시 사도행전을 이어서 설교하면서 이것을 좀 더 완성된 모습으로 마무리하고 싶은 욕심도 있었습니다. 그러나 한정된 여건과 상황 때문에라도 이쯤에서 사도행전 설교는 끝내야겠다고 결정했습니다.

사도행전은 무엇을 말하는가?

사도행전 설교를 처음 시작하면서, 저는 이렇게 말씀드렸습니다.

제가 올 초에 한 달 동안 한국을 방문했습니다. 그 잠시 후인 3월 중순부터 제게 아주 엄청난 일이 벌어졌지요? 그건, 외국인청에서 비자를 주면서 요구했던 어학 공부였습니다. 저로서는 기왕 언어 공부하는 일에 좀 더 시간을 집중하자고 매일 4시간 반짜리 집중 강좌를 선택했습니다. 이미 각오한 바이지만, 그 후부터 월요일부터 금요일까지 실질적인 풀타임 학생이 되어 버렸던 것입니다. 뭐, 제가 여러분같이 젊었다면 어땠을지 모르겠지만, 당뇨라는 병까지 가진 중 늙은이인지라 조금만 움직이거나 신경을 쓰면 지치다 보니 올 초부터 지금까지, 아니 예정대로라면 오는 11월 말까지 꼼짝없이 '이놈의 어학'에 매달릴 수밖에 없게 된 것입니다.

계획에는 없었지만 이런 상황은 조금씩 해결해야 할 문제이니 그렇게 걱정하지 않습니다. 하지만, 그보다 더 저를 힘들게 하는 것이 있는데 그것은 제가 올해에 계획했던 일이 너무 늦어지고 있다는 점입니다. 작년에 저는, 내년에 우리가 주변에 있는 외국인들, 특히 터키 사람들을 전도하는 일을 본격적으로 하고자 한다고 말씀드렸습니다. 이 일을 위해 구체적인 일거리들을 계획해 놓고 있지만 아직도 그 일들이 실천되지 못하고 있습니다. 이 일 때문에 제가 얼마나 마음으로 힘이든지 모르겠습니다.

이런 상황에서 저는, 오늘부터 사도행전을 가지고 여러분과 함께 여행을 떠나고자 합니다. 출애굽기와 사도행전을 놓고 제가 고민하는 가운데 사도행전을 고른 것은 지금까지 제가 길게 말씀드린 깊은 고민들의 결과입니다. 다시 말씀드리자면 사도행전을 가지고 여러분 앞에 선 이유 가운데 하나는, 제마음속에 품어진 이웃 전도의 꿈을 절대 잊지 않겠다는 다짐을 이런 방식으로써 되새기려는 것입니다. 저는 예수 그리스도의 부활과 승천, 그리고 오순절 성령 강림 사건의 결과로서 시작되어 세계를 향해 뻗어 가는 교회의 초창기 역사를 돌아보면서, 우리 교회가 그 같은 영적인 목적성과 활력을 받아 가길 원합니다. 또 저는, 사도행전을 연구하면서 우리 교회가 이 독일 땅에 존재하면서 어떤 모습으로 성장해 가야 하는지를 하나님께 묻고 싶습니다. (이상 2006년 9월 17일 주일설교, "기도하고 기다리면"에서)

제가 그동안 여러분과 함께 사도행전을 여행한 가장 근본적인 목적은 '우리 교회가 어떻게 하면 부흥할까?' 하는 것에 있지 않았습니다. 물론 저도 우리 교회가 '부흥'하기를 원합니다. 그러나 그 '부흥'의 내용은 우리가 흔히 쓰는 '부흥'이라는 단어의 내용과 다릅니다. 간단히 말씀드리자면, 저에게 있어 교회의 부흥은 교회가 교회로서의 모습을 갖추는 일을 의미합니다. 다시 말해, 제가 생각하는 교회의 부흥은 숫자, 혹은 양적인 팽창을 의미하지 않습니다. 교회가 성경이 말하는 바대로의 모습으로 향해 가는 것입니다. 그렇다면 우리는 이 시점에서 진지하게 물어봐야겠지요. 우리가 그간에 사도행전을 그런 목적으로 읽었다면, 이제 사도행전은 우리에게 교회를 무엇이라 설명한다고 요약할 수 있겠습니까?

이 질문에 대해서 사도행전은 아주 분명하게 다음 사실을 알려 줍니다. 즉, 사도행전에 기록된 교회는 철저하게 하나님의 계획에 의한 것입니다. 사도행전에서 설명되는 교회의 구체적인 모습이 독자의 입장에 따라 약간의 차이가 나더라도, 그것은 본질적인 문제가 아닙니다. 사도행전이 말하는 교회는 무엇보다도 하나님께서 계획하시고 실행하시고 이끌어 나가시는 공동체라는 사실이 무엇보다도 중요합니다. 이 교회는 하나님의 아들 예수 그리스도께서 머리가 되시는 공동체입니다. 이 공동체는 성령 하나님의 역동적인 활동에 의해 활력을 공급받습니다. 예를 들어 볼까요? 사도행전 1장에는 예수님의 마지막 당부가 기록되어 있습니다. 1장 8절의 말씀이 바로 그것입니다.

> 오직 성령이 너희에게 임하시면 너희가 권능을 받고 예루살렘과 온 유대와
> 사마리아와 땅끝까지 이르러 내 증인이 되리라 하시니라 (행 1:8)

이것을 사도행전이 앞으로 어떻게 전개될지를 알려 주는 스케일이라고 한다면, 사도행전 2장 33절의 말씀은 이런 일이 일어나야 할 이유를 설명합니다. 베드로는 사도행전 2장 33절에서 이렇게 말합니다.

> 하나님이 오른손으로 예수를 높이시매 그가 약속하신 성령을 아버지께 받
> 아서 너희가 보고 듣는 이것을 부어 주셨느니라 (행 2:33)

이상을 간단히 말하자면, 이렇게 됩니다. 사도행전이 예수의 부활과 승천 이후에 벌어지는 교회의 확장을 기록한 것은 철저하게 예수의 하나님 아들과 온 인류의 구주 되심을 증거하기 위함이었습니다. 다시 말해, 교회가 성령의 역동적인 힘과 함께 세계를 향해 뻗어 가는 그 모든 과정이 예수의 하나님 아들 되심과 예수의 그리스도 되심을 증거하는 역사(歷史)라는 말씀입니다. 따라서 사도행전에 기적적인 사건이 기록되든지, 혹은 어떤 위대한 인물이 놀라운 일을 행하든지, 그 사건은 하나의 예외도 없이 하나님의 아들 예수의 그리스도 되심을 선포하는 의도에서 기록되었다고 봐야 한다는 것입니다. 교회가 처음부터 끝까지

하나님의 계획 위에 존재한다는 말은 교회의 주재권(主宰權, Lordship)이 전적으로 하나님께 있음을 의미합니다.

사도 바울의 역사?

하지만 이런 결론은 사도행전의 독자들에게 하나의 질문을 던져 줍니다. "그래요, 그것이 사도행전의 가장 큰 의도라고 합시다. 그러면 사도행전 후반에서 바울 사도가 일하는 장면들은 도대체 어떻게 받아들이면 좋습니까?" 제가 생각해 보더라도 사도행전의 후반에 등장하는 바울 사도의 이야기는 쉽게 설명하기 어렵습니다. 바울 사도가 드라마틱한 과정을 거치면서 크리스천이 되고, 사도로 부르심을 받고, 이방 선교의 길로 나서는 과정을 우리는 아주 길게 바라보았습니다. 이 때문에 우리는 사도행전을 바울행전이 아닐까 착각하기까지 합니다.

사도행전은, 특히 사도행전의 후반부는 바울 사도의 영웅담일까요? 물론 아닙니다. 그렇다면 바울 사도의 활약상을 상세하게 기록한 이 부분은 도대체 어떻게 해석해야 할까요? 이 질문의 대답은 의외로 가까이에 있습니다. 고린도전서 15장 10절에서 바울 사도는 이렇게 말합니다.

> 그러나 내가 나 된 것은 하나님의 은혜로 된 것이니 내게 주신 그의 은혜가 헛되지 아니하여 내가 모든 사도보다 더 많이 수고하였으나 내가 한 것이 아니요 오직 나와 함께 하신 하나님의 은혜로라 (고전 15:10)

바울은 이 고백에서 자신의 현재가 오로지 하나님의 은혜 때문이라고 말합니다. 그가 다른 사도보다 더 많은 수고를 했다고 하더라도 이 사실은 결코 달라지지 않습니다. 그가 그처럼 다른 사도보다 더 많이 수고할 수밖에 없었던 것도 하나님의 섭리 때문이었습니다. 그 섭리가 무엇이냐고요? 고린도전서 15장 9절에서 바울은 이렇게 설명합니다.

> 나는 사도 중에 가장 작은 자라 나는 하나님의 교회를 박해하였으므로 사도라 칭함 받기를 감당하지 못할 자니라 (고전 15:9)

사람들은 자기를 위대하다 말하겠지만, 자신은 그 말을 절대 받아들일 수 없다고 합니다. 바울의 일생을 통해 절대 잊히지 않는 과거, 다시 말해 바울이 예수를 믿기 전에 하나님의 사람들을 핍박했다는 바로 그 과거 때문입니다. 하나님의 백성들을 핍박한 과거의 사실 때문에 그는 다른 사도보다 더 많이 일했음에도 사도라 불리는 것이 황송할 뿐이었지요.

따라서 사도행전의 후반부가 사도 바울이 곧 세계 선교의 전부인 듯이 보일 만큼 바울 개인의 사역에 집중된 것은 조금 다르게 해석되어야 합니다. 요점을 말씀드리자면 이렇습니다. 사도행전의 전반부가 유대인의 혈통을 넘어 세계로 뻗어 가는 교회의 모습에 집중했다면, 사도행전의 후반부는 그 일이 가능했던 근본적인 이유를 바울 개인의 스토리를 통해 이야기하고 있습니다. 사도행전의 후반부가 바울 개인의 스토리에 초점을 맞춘 이유는 무엇일까요? 바울의 위대함이나 바울 사역의 비중 때문이 아닙니다. 바울이 생명을 바쳐 복음을 전한 것은 바울의 인격 내부로부터의 변화가 있었기 때문입니다. 다시 말해 바울이 예수 그리스도를 만나서 그분을 개인적인 구주로 영접한 후에 자연적인 결과로서 그가 그렇게 살았다는 것입니다. 따라서 예수를 만난 이후 바울의 스토리는 성령의 스토리이기도 합니다.

사도행전에 이름을 남기지는 않았지만, 수많은 사람들이 이런저런 방식으로 예수 그리스도를 만났습니다. 그 사람들은 자신의 생애에 가장 중요하고 귀중한 순간을 주님과 연결 지었습니다. 이러저러한 이유로 세상을 떠돌았고, 가는 곳마다 자신의 구주이신 예수님과 여호와 하나님을 전했습니다. 그리고 이들의 신앙 궤적들은 가로와 세로의 줄을 엮어 가면서 마침내 교회라는 거대한 결과물을 만들어 냈습니다. 사도행전 후반부의 주인공처럼 보이는 바울의 삶 역시 그 가운데 하나일 뿐입니다. 하나님께서 당신의 교회를 이 세상에 건설하시기 위해 오래전부터 이러저러한 역사와 섭리를 통해 당신의 사람들을 세상에 뿌리셨습니다. 그들의 삶이 하나님의 이 거대한 역사(役事) 속에서의 관계성을 분명하게 설명하지는 못할지라도, 이들의 삶은 엄청나게 긴 시간을 통해 하나하나 퍼즐처럼 맞춰져서 마침내 하나님의 교회를 이루어 냈던 것입니다.

그들의 삶이 미리 뿌려지지 않았더라면, 바울이 어떻게 가는 곳마다 승리할 수 있었겠습니까? 이름 없는 신앙의 용사들이 미리 가서 씨를 뿌려 놓았기에 바울은 그 뒤를 쫓아가며 그가 거둘 분량만큼의 열매를 거둘 수 있었습니다. 사도행전 28장의 초반에도 그런 이야기가 나옵니다. 바울이 드디어 로마에 입성했을 때, 그를 환영하는 신앙의 동역자들이 적지 않았습니다. 결국 바울이 어디에서나 복음을 전하고 나름의 성공을 거둘 수 있었던 것은 바울 혼자만의 사역 때문이 아니라는 것입니다. 바울 이전에 누가 어떤 식으로든 바울이 성공할 수 있을 토양을 만들어 놓았기 때문에, 바울이 거기서 그 나름의 사역을 할 수 있었던 것이지요.

바울 역시 그러합니다. 그는 자신의 생명을 바쳐서 복음을 전했습니다. 그러나 그의 사역은 그 시대만으로 그치지 않을 것입니다. 바울의 시대가 지나가면 그 뒤를 이어 또 누군가가 거기에 복음을 들고 가 일할 것입니다. 이런 식으로, 복음은 씨를 뿌리고, 뿌리를 내리며, 줄기를 뻗어, 마침내 열매를 맺을 것입니다. 이 모든 것을 우리가 어떻게 설명할 수 있겠습니까? 복음은 가는 곳마다 뿌려지고 생명을 이어 가면서 그 복음을 받아들이는 인간들의 삶을 변혁시킬 것입니다. 이 모든 일의 계획자와 집행자는 궁극적으로 하나님이십니다. 하나님께서는 이런 과정을 통해 이 세상과 우주를 하나님의 세계로 회복하실 것입니다. 그러므로 우리는 이렇게 말해야 합니다. 사도행전의 진정한 주인공은 하나님이시며, 복음을 위해 일한 사람들은 그분의 일을 돕는 동역자들이었다고 말입니다.

본문에서 보듯이, 바울은 지금 그가 그토록 오기를 소망했던 로마에 도착했습니다. 그러나 그의 생애에는 당장에 어떤 극적인 일이 벌어지지 않습니다. 오히려 그는 로마에 도착해서 집을 얻어 거의 자유롭게 생활합니다. 거기서 유대인을 만나며, 그들과 복음을 나누기도 합니다.

개중에서 크리스천을 얻기도 하며, 동시에 많은 반대자를 만나기도 합니다. 이런 식으로 바울은 다시 두 해 동안이나 재판을 기다리며 살아야 했습니다. 도대체 로마 황제와의 만남은 언제 실현될 것인가? 언제 복음을 위해 피를 흘릴 것인가? 이러저러한 질문들이 많았겠지만, 바울이 할 수 있는 것은 다만 기다리는 중에 자기가 해야 할 일을 계속하는 것이었습니다. 바울의 인생 주인은 하나님이시기 때문에, 그분께서 세우신 시간표를 묵묵히 인내하며 따라가는 것이 바울에게 최선의 길이었던 것입니다.

사도행전과 나

자, 이렇게 해서 우리는 사도행전의 전체를 대강 훑어보았습니다. 이로써 우리는 사도행전의 일관된 흐름을 잡아 보았습니다만, 그럼에도 여전한 의문 하나를 쥐고 있습니다. 저는 이에 대해서도 역시 지난 설교에서 이렇게 말씀드린 적이 있습니다. 저는 이 부분을 인용함으로써 말씀을 맺고자 합니다.

사도행전에 등장하는 사람들이 참 많습니다. 그들은 우리와 같은 한 개인이며, 각자의 시대와 상황 속에 살아가는 사람들이었습니다. 그러나 그들은 성령의 폭풍에 휘말려 듭니다. 이들은 때론 예측하지 못한 사람을 통해서, 때로는 사건을 통해 성령을 체험함으로써 이전과는 전혀 다른 종류의 삶을 경험하게 되었습니다. 이들은 성령께서 말씀 가운데서 증거하시는 대로 자신에 대한 하나님의 계획을 확신했습니다. 그러고 나서 이들은 때론 자신이 이전에 전혀 계획하지 않았던 나그네의 길을 떠나기도 했습니다. 이들의 다양한 경험을 모두 열거할 수는 없습니다만, 사도행전에 등장하는 이들은 한결같이 공통된 경험을 했습니다. 즉, 그들이 모두 이전까지 살아온 것과는 전혀 다르고 높은 차원의 삶을 경험했다는 것입니다.

예수 그리스도의 복음과 성령을 체험하기 전까지 그들의 삶은 주로 개인적인 것이었습니다. 그들의 인생은 그들이 각자 태어난 지역과 환경에 의해서 제한되었습니다. 종으로 태어났으면 종으로 평생 사는 것이며, 소아시아 지역의 어디에서 태어났으면 거기에서 평생토록 사는 것이 일반적인 경험입니다. 우리는 이것을 가리켜 '안정되고 예측되는 삶'이라 말하곤 합니다. 태어나서 죽을 때까지 어떤 사람의 삶이 어떠할지, 누가 보더라도 뻔하게 보이기 때문입니다. 동시에 이런 삶은 '제한된 삶'이라고도 불립니다. 아무리 발버둥을 쳐 보아도 그에게 주어진 환경과 조건들이 그의 생각과 노력을 그냥 그 자리에 붙들어 매기 때문입니다.

사도행전에 기록된 수많은 그리스도인은 이런 자리에서 예수를 만남으로 인해 극적인 변화를 경험했습니다. 오순절의 다락방에서 성령을 체험한 사도들이 그랬고, 다메섹으로 가던 사도 바울이 그랬으며, 박해를 피해서 땅끝까지 도망쳐야 했던 이름 없는 그리스도인들이 그랬습니다. 예수님의 제자들이 만일 예수를 만나지 않았더라면 어떠했겠습니까? 그들의 인생이 너무 뻔하지 않았겠습니까? 그들은 아마 평생을 고기 잡으며 살았을 것입니다. 바울은 어떠했겠습니까? 젊은 나이에 꽤 알려진 율법 학자로서 평생을 살지 않았겠습니까? 박해를 피해서 소아시아 지방까지 도망간 수많은 그리스도인은 어떠했을까요? 그냥 그러저러한 환경 속에서 아기자기하게 소박한 미래를 소망하면서 평범하게 살아가지 않았을까요?

사도행전이 보여 주는 수많은 그리스도인의 삶의 궤적들은 이런 의미에서 우리에게 '의미가 있는' 것입니다. 그들과 마찬가지로 우리의 삶 역시 예수를 만나기 이전에는 평범합니다. 한 가정에서 태어나 건강하게 자라 여러 가지 재능을 받았습니다. 우리는 이 재능을 가지고 무엇을 해 볼까 궁리하며 살았습니다. 우리가 지금 상황에서 꿈꾸는 장래들을 보면, 솔직히 뻔하거나 누구라고 해서 별반 다르지 않습니다. 이 사람 저 사람 각자가 다 다른 것 같지만, 결국 음악 공부한 사람은 음악 공부했던 다른 선배들과 별반 다르지 않은 길을 갈 것이며, 미술 공부한 사람도 그럴 것입니다. 인문학이나 사회학을 공부한 사람도 마찬가지이지요. 결국 우리는 드라마틱하고 개성 있는 삶을 나름 꾸며 갈 것 같아도, 크게 보아서는 그 사람이 그 사람인, 장래가 뻔하게 보이는 스토리를 나름대로 써내려 가고 있는 것입니다.

그러나 사도행전의 역사를 돌아볼 때, 우리는 예수를 만난 사람에게 공통적으로 경험되는 질풍 노도와 같은 변화를 우리에게서도 예측할 수밖에 없습니다. 사도행전의 역사 가운데 살았던 사람들은 모두 자기중심의 관점에서 인생을 살다가 하나님 중심의 관점으로 인생을 살게 되었기 때문입니다. 그들 역시 우리와 마찬가지로 "아, 나는 이러저러한 환경에서 산다, 그러므로 나는 이 정도로 살아서 이런 장래를 실현해야겠다"라고 생각했습니다. 그러나 복음을 전해 들은 그들의 생각이 극적으로 바뀝니다. "지금까지 이렇게 살아온 것이 하나님의 뜻이었구나. 그분이 이렇게 살기를 원하시는구나." 지금까지 인생의 주인이 바로 '나'요, 그것을 지배한 것이 내 주변 환경이었습니다. 그러나 예수를 만나서는 이러한 시각이 통째로 바뀝니다. "이제부터 내 인생의 주인은 하나님이며, 이제부터 나는 하나님이 내게 바라시는 그것을 이루어 내기 위해 살아야 한다." 이 사실을 깨달은 그들은 각자 보내져야 할 곳으로 달려가 이루어야 할 일을 이루기 위해 열심히 살아갔습니다.

그러므로 여러분, 정리해 봅시다. 우리가 사도행전을 탐구하는 이유가 무엇입니까? '나' 중심의 문맥에 매여 있는 내 인생을 '하나님' 중심의 문맥으로 바꾸기 위한 학습이 아니겠습니까? 다시 말씀드립니다. 지금까지 내 인생은 오로지 '나'라는 차원에서만 해석되고 사용되었습니다. 그러나 사도행전에 등장하는 수많은 그리스도인의 경험을 통해서, 우리는 우리 인생의 차원과 용도를 하나님과 세계라고 하는 거대한 틀에 맞추는 훈련을 하고 있는 것입니다.

나에게만 연결된 내 인생을 하나님께 연결시켜 가는 것. 이 연결의 고리가 바로 '하나님의 아들 예수 그리스도'라는 인물이며, 이 연결의 끈을 이어 가는 힘이 성령입니다. 다시 말해 사도행전은 우리 인생의 차원을 보다 높고 넓은 곳으로 인도하는 학습서인 셈입니다. 사도행전은 그러므로 '나'라는 좁은 틀에 매인 나의 인생을 질적으로 향상시키는 지침서이며, 내 인생이 세계를 무대로 펼쳐 가도록 하는 지도책입니다. 이 책을 따라서 읽어 가다 보면, 더 이상 좁은 관점에서 살아가기에는 너무도 아까운, 내 인생의 새로운 가치를 발견하게 될 것입니다.

성경은 복음을 만난 사람들의 인생이 근본적으로 변혁되는 이야기입니다. 사도행전을 통해서 여러분의 삶이 달라져야 한다고 생각되셨습니까? 성경을 읽다가, 여러분의 인생이 다른 목적으로 사용되어야겠다고 생각되셨나요? 그렇다면 여러분은 성경을 제대로 읽으신 것입니다. 성경은 다른 누가 아닌, 바로 여러분의 삶을 변화시키는 책이기 때문입니다. 하나님께서는 성경의 이야기를 통해서 자신의 삶을 하나님의 영광스러운 사역을 위해 가치 있게 사용하려는 사람을 부르십니다. 그 부르심에 응답하는 자들은 영광의 면류관을 약속받을 것입니다. 저는 여러분 모두가 하나님의 말씀 속에서 이 영광스러운 삶을 향한 초청의 음성을 듣게 되길 기원합니다.

부록

부임 설교, 고별 설교

———

부임 설교는 2002년 필자가 카셀아름다운교회에 부임할 때 전한 설교이며, 고별 설교는 2021년 교회를 닫으면서 필자가 마지막 예배 때 전한 설교이다. 교회의 시작과 마침을 기억하는 소중한 의미가 있어 기록으로 남긴다.

(2002년 10월 27일 주일 예배 설교)

아름다운 교회를 향하여

행 2:42-47

이름

지난번, 조OO 전도사님이 한국에 가신 동안 설교를 하러 왔을 때, 교회 주보를 보고서 사실은 약간 놀랐습니다. 교회 이름이 '아름다운교회'였기 때문입니다. 그때 저는 이미 토요일 저녁에 카셀에 도착해서 양집사님이 머무르시는 숙소에서 구역 예배에 참석하기까지 했었습니다만, 그다음 날 주일 예배 직전에 교회에서 주보를 받아 보기 전까지도이 교회의 이름이 '카셀한인교회'인 줄 알고 있었습니다. 그런데 '아름다운교회'라고 하니….

제가 교회 이름에 그처럼 관심이 쏠린 것은 제 기억에 아직도 아스라이 남아 있는 추억이 그때 떠올랐기 때문입니다. 30여 년쯤 전, 한국의한 교회를 섬길 때, 중고등부 주일학교를 맡은 적이 있었는데, 그때 학생들이 제게 이렇게 물었습니다. "목사님, 나중에 목사님이 교회를 맡으시면 교회 이름을 뭐라고 지으실 거예요?" 그때 제가 이렇게 대답한 것으로 기억합니다. "음, 뭐라고 하면 좋을까? 지금 생각에는 '신나는교회'라고 지을 거 같애. 아니면 '재미있는교회'라고 할까?" 아이들은 제 대답을 듣고는 "히히" 하고 웃었습니다. "목사님, 교회 이름이 그게 뭐예요? 좀 그러네요." 교회 이름이 '신나는교회' 혹은 '재미있는교회'라니, 뜻은 분명하지만 그래도 왠지 교회 이름으로서는 너무 가벼운 느낌이 나는 것은 어쩔 수 없었기 때문입니다. 그래서 저는 이렇게 대답했습니다. "야, 뭐 어때? 재미있고 신나면 그만이지…. 내가 잘 아는 목사님은 당신 교회 이름을 '잘되는교회'라고 지으셨댄다."

아이가 태어나면, 부모는 그 아이의 이름을 짓습니다. 물론, 그때의 이름이라는 것은 그 아이를 딴 아이와 구분 짓기 위한 방법일 뿐이라고도 볼 수 있습니다. 이름이 그처럼 '이것'과 '저것'을 구분하기 위한 수단일까요? 아니면 다른 의미와 내용이 담겨 있는 것일까요? 이에 관해서는 철학이나 기타 다른 학문의 분야에서도 격렬한 논쟁이 있어 올 만큼 유서가 깊고 심각한 주제입니다. 그러나 분명한 것은 사람이 어떤 존재에 이름을 붙일 때는 반드시 이름을 붙이는 그 사람의 의도와 바람을 담기 마련입니다.

예를 들어, 우리나라의 전통적인 이름 가운데 '개똥이'라는 것도 있습니다. 부모가 자신의 아이에게 '개똥이'라는 이름을 붙였다고 합시다. 그러면, 그 부모는 자기 자식을 개똥같이 천하게 본다는 뜻일까요? 아닙니다. 보건 위생의 수준이 낮은 시절, 우리나라의 어린이의 유아 사망률은 아주 높았습니다. 열 명의 아이가 나면 그중 다만 네댓만 살아남던 시절이었지요. 요즘은 남녀가 사귀기 시작한 지 100일이 되면 '백일식'을 한다지만, 아이가 난 지 100일이 되었다 해서 치르는 '백일 잔치'는 엄밀한 의미에서 잔치가 아닙니다. 난 지 백일이 되어 봐야 이 아이가 계속 살 수 있을는지 알 수 있겠다는, 우리나라가 어렵던 시절의 참담한 상황에서 나온 행사일 뿐입니다.

어쨌든, 상황이 이렇다 보니 부모는 새로 난 자식에게 '개똥이'라는 이름을 붙임으로써, 그 아이 주변에 있는 온갖 잡귀들, 악귀들에게 주목의 대상이 되지 않도록 했습니다. 말하자면, 아이에게 일부러 싸구려 옷을 입힘으로써 유괴를 막아 보려는 요즘 부모들의 마음과 같다고 보면 되겠습니다. 요컨대, 어느 부모에게나 자식이 잘되기를 바라는 마음으로 그 이름을 주었다는 것이지요. 그리고 보면 여러분의 각자 이름에도 여러분의 부모님께서 바라는 것들이 담겨 있을 거라고 생각해도 좋겠습니다. 으뜸가는 인물이 되라고 해서 '원일'이, 샛별같이 빛나라고 해서 '샛별'이…. 아참, 우리집 아이의 이름은 '보람'입니다. 노후 생활에 기른 보람이 있어야 하지 않을까 해서 부르는 이름입니다. 물론 딸아이는 이런 소리를 들으면 질색을 합니다. 자기에게 너무 부담을 준다고 말입니다.

아름다운 교회?

어쨌든, 우리는 지금 이름, 다시 말해 교회의 이름에 대해서 생각해 봅니다만, 우리 '카셀아름다운교회'가 문자 그대로 아름다운 교회가 되기를 진심으로 바랍니다. 그리고, 이렇게 이 교회를 아름다운 교회로 만들어 나가는 자리에 저 역시 작으나마 한 자리 담당하게 되기를 진심으로 원합니다.

그런데 저는 여러분께 한 가지 여쭤보고 싶은 것이 있습니다. 과연 무엇이 교회를 아름답게 하는 것일까요? 어떤 교회가 아름다운 교회일까요? 우선, '아름답다'라는 말이 어떤 의미인가를 정의하는 것이 쉽지 않습니다. 하나의 기준 주파수가 그것의 배수에 가까운 다른 주파수와 어우러졌을 때 우리의 귀는 즐거움을 느낀다고 합니다. 여러분이 잘 아시는 화음(和音)을 물리학적으로 표현한 것입니다. 물리학적으로 표현된 음악의 아름다움에 대한 정의이지요. 또 사람은 한정된 면이나 공간에서 대칭을 보며 아름다움을 느끼기도 합니다. 미술에서의 한 관점입니다. 어느 날 이른 아침, 상큼한 공기를 마시면서 정원 앞 나뭇잎에 맺힌 이슬을 보며 아름답다고 느낍니다. 열심히 일하는 사람의 콧잔등에 맺힌 땀방울을 보며 아름다움을 느끼기도 하지요. 이처럼, '아름다움'이라는 말은 그 단어가 적용되는 분야와 상황에 따라 기준도 관점도 다릅니다. 즉, 아름다움의 개념은 다양하다는 것이지요.

어쨌든, '아름답다'라는 단어의 뜻을 사전에서 찾아보면 '사물이 보거나 듣기에 좋은 느낌을 가지게 할 만하다', 혹은 '마음에 들게 참되고 훌륭하다'라고 설명하고 있음을 볼 수 있습니다. 그런데, '교회가 아름답다'라는 표현이 말이 되는 표현이라면 '아름다운 교회'는 어떤 교회를 말하는 것일까요? 방금 말씀드린 바와 같이 '아름답다'라는 말이 '사물이 보거나 듣기에 좋은 느낌을 가지게 할 만하다'라는 뜻이라면, 도대체 그 교회는 누가 보거나 듣기에 좋은 느낌을 가져야 하는 것일까요? 제가 지금 던지는 질문에는 아주 중요한 전제가 있습니다. 교회를 아름답다고 판단하는 기준은 우리가 아니라 하나님이라는 점입니다. 우리 눈과 판단에 아름다운 교회가 아니라 하나님 보시기에 아름다운 교회가 되어야 한다는 점입니다.

저는 이 질문과 함께 여러분을 창세기로 안내하고자 합니다. 창세기 1장의 말씀을 보면, 하나님께서 당신의 뜻을 따라 세상을 일주일 동안 지으신 기록이 나옵니다. 그때, 하나님께서는 당신께서 매일 해 놓으신 일을 보시면서 기뻐하셨습니다. "보시기에 좋았더라"라는 말이 그 뜻입니다. 앞서 우리가 사전에서 찾은 '아름답다'의 정의, '사물이 보거나 듣기에 좋은 느낌을 가지게 할 만하다'가 바로 여기에 해당됩니다. 다시 말해서 하나님은 당신이 이루신 피조물들을 보며 아름답다고 느끼셨다는 것입니다.

이 말씀의 의미를 깊이 들여다보자면 끝도 없을 만큼 방대한 일이 됩니다. 그러나 분명한 사실은, 하나님께서 당신의 눈에 보기 좋다고 판단하신 일, 다시 말해 하나님께서 당신 나름으로 '아름답다'라고 느끼신 기준을 우리가 발견할 수 있다는 사실입니다. 그것이 무엇일까요? 하나님이 느끼시는, 혹은 판단하시는 아름다움의 가장 기초적인 기준은 '당신의 뜻대로 이루어진 상태'입니다. 세상이, 혹은 어떤 대상이 당신이 만드시려고 작정하신 바 그대로 이루어지고 존재할 때, 하나님은 그것을 아름답다고 판단하시는 것입니다.

이렇게 본다면 교회가 아름다워지기 위해, 다시 말해 하나님이 보실 때 아름다운 교회가 되기 위해서는 다음과 같은 조건이 충족되면 되는 셈입니다. 무엇입니까? '교회가 교회다워질 때'입니다. 하나님께서 미리 택하시고 부르신 사람들의 집단을 가리켜 '교회'라고 부릅니다. 하나님께서 이 세상 사람 가운데 당신께서 택한 사람을 불러 '교회'라는 공동체를 만들기 원하셨을 때, 그분의 마음에 계획된 교회의 모습이 있는 것이고, 그 교회가 그런 모습을 갖춰 갈 때 그 교회는 비로소 하나님이 보시기에 '아름다운 교회'가 되는 것입니다.

그럼 아름다운 교회는 어떤 교회를 말하는 것일까요? 이 점에 대해서는 한두 시간으로 설명할 수 없습니다. 그러나 지금 우리가 읽은 본문의 말씀을 중심으로 생각해 보면, 하나님이 원하시는 교회의 이상적인 모습, 아름다운 교회의 모습을 어느 정도 그려 볼 수 있습니다.

사도행전에 나타난 초대 교회

먼저, 우리는 사도행전에 나타나는 교회가 어떤 상황에 있었는지를 간략하게 말씀드려야겠습니다. 사도행전 4장의 초반을 보면 급격하게 성장하는 기독교회는 이미 당시의 종교 지도자였던 제사장들과 성전 맡은 자와 사두개인들에 의해 주목을 받는 상태였으며, 이 도를 전하는 것을 위협하고 공갈하여 금지하는 움직임이 보다 구체적인 위험으로 다가오는 상황이었습니다. 예수를 믿는다는 이유로 어떤 사람은 집을 뺏기기도 했고, 생업의 터전을 잃기도 했습니다. 가족을 잃기도 했습니다. 어떤 사람은 노예가 되기도 했습니다. 어쩌면 그들은 신앙 때문에 더 많은 것을 잃어야 할지도 모르는 상황에 놓여 있었던 것입니다.

그럼에도 불구하고 그들은 거의 매일같이 한곳에 모였고, 모이기만 하면 하나님과 그의 아들 예수 그리스도를 찬미하며 한마음으로 기도했습니다. 사도행전 2장 44-45절을 보면 "믿는 사람이 다 함께 있어 모든 물건을 서로 통용하고 또 재산과 소유를 팔아 각 사람의 필요를 따라 나눠 주고"라고 합니다. 그리고 나서 46절과 47절 전반(前半)은 "날마다 마음을 같이 하여 성전에 모이기를 힘쓰고 집에서 떡을 떼며 기쁨과 순전한 마음으로 음식을 먹고 하나님을 찬미하며…"라고 말합니다.

자신의 재산을 팔아 그 돈으로 그것을 필요로 하는 사람들에게 나누어 주었으며, 그리고 나서는 성전에 모여 한마음으로 기도하고 또 신자들의 집에 따로 모여 성찬과 애찬을 나누며 하나님께 영광을 돌렸습니다. 그 결과가 다음과 같이 사도행전 4장 34절에 나타납니다. "그중에 핍절한 사람이 없으니…." 바로 이 모습을 보면서 세상 사람들은 교회와 그곳에 모인 교인들을 두려워하기도 하고, 한편으로는 칭찬을 하기도 했다는 것입니다.

그들은 매일같이 한자리에 모여 하나님을 찬미하고 예배드렸으며, 교제를 나누었습니다. 그런데 이들의 교제는 형식적인 것이 아니었습니다. 그들의 그리스도인으로서의 사랑은 행동으로써 입증이 됩니다. 누가 시켜서도 그런 게 아닌데도 불구하고, 마음에 감동이 있는 사람들은 심지어는 자기 재산까지도 팔아 가난한 사람을 돕는 데 사용했습니다. 가난한 자들을 돕는 데는 교회의 안팎에 차별이 없었습니다. 이렇게 하여, 마침내 그들은 가난한 자도 부유한 자도 없는 이상적인 모임을 실현해 내고 말았던 것입니다. 그 모습을 보고 세상의 사람들이 어떻게 해서 이런 일이 일어날 수 있는가 신기해하기도 하고, 칭찬하기도 하며, 두려워하기도 했다는 것입니다.

초대 교회 – 아름다운 교회를 이룰 가능성 발견하기

자, 여기까지 말씀을 드리면 약간 주눅이 드는 것을 어찌할 수 없습니다. "야, 아름다운 교회가 이런 것이라면 과연 우리는 우리 교회를 아름다운 교회로 이룰 수 있을까?" 이 질문에 대해, 저는 "할 수 있다"라고 분명하게 대답을 드릴 수 있습니다.

오늘날 우리가 말하는 교회는 오순절 성령 강림 사건과 함께 시작되었습니다만, 지금과 같은 교회의 모습을 처음부터 갖춘 것은 분명히 아니었습니다. 오늘날의 우리처럼 이렇게 모여서 예배를 드릴 공간도 없었고, 잘 짜인 조직도 없었습니다. 잘 훈련받고 교육받은 신앙인의 집단은 더더구나 아니었습니다. 오히려, 모든 것들이 어수선한 가운데 있었습니다. 교인이라고 부를 만한 기준이 무엇인지, 누구를 그 교회의 지도자라고 해야 할지, 모든 것이 안정되지 않았던 것입니다.

더욱이, 당시 유대인들의 정통 종교였던 유대교의 입장에서 볼 때 그리스도인들의 모임은 이단에 불과했으며, 소수(小數) 집단이었습니다. 많은 사람이 알기에, 그리스도인들이 부활했다고 주장하는 예수라는 인물은 나사렛에서 자라난, 가난하고, 평범한 사람이었습니다. 그러나, 십자가형(刑)을 받아 사망하기 약 3년 전부터, 그는 갑자기 자신을 하나님의 아들이라고 소개하면서, 회개하고 자신을 하나님의 아들로 인정해야 구원을 받을 수 있다고 주장하며 제자들과 함께 유대 전역을 돌아다녔습니다.

그 제자들 역시 별로 좋은 집안의 자손들도 아니요, 오히려 천대받던 어부들이었습니다. 그들은 당시 이스라엘 사회 안에서 그다지 존경받지 못하는 계층의 사람들이었던 것입니다. 배운 것도 별로 없었고, 그렇다고 확고한 신념을 지닌 용감한 인물들도 아니었습니다. 예수님의 구속 사역에 대한 깊은 이해가 있었던 자들도 아니었습니다. 때로는 하나님의 나라가 이 땅에 이루어지면 그 나라에서 누가 더 높은 자리에 앉을 수 있을까 논쟁하면서 서로를 시샘하기도 하는, 수준 이하의 제자들이었습니다. 그들은 마침내 헤롯왕 앞에서 심문을 받아 사형을 언도받는 자리에서 선생이신 예수님을 공개적으로 부인하는 비겁한 모습을 보이기도 했습니다.

이렇게 시작된 예루살렘 교회의 구성원들을 보면, 그들의 도덕적인 수준이 칭찬받을 수 없을 만큼 낮은 사람들이었다고 해도 지나친 말은 아닙니다. 성경에는 구체적인 언급이 없지만, 예수님께서 하나님 나라를 전파하실 때 그를 따랐던 무리를 생각해 보거나, 공개적으로 예수 그리스도를 믿을 수 있는 상황이 아니었던 점을 고려해 본다면, 예루살렘 교회의 교인들 역시 두드러질 만큼 도덕적으로 인정받는 정도는 아니었을 것으로 짐작됩니다. 그런데, 그들이 모여서 이룬 교회가 불신자들로부터 칭찬과 두려움의 대상이 되었다고 성경은 말합니다. 다시 말해, 그리스도를 믿는 무리가 모여서 예배를 드리고 교제를 나눌 때, 세상 사람들이 이들을 칭찬했다는 것이지요.

이렇게 본다면, 오늘을 살아가는 우리나 그들이나, 적어도 구성원의 자질만을 놓고 본다면 우리도 과히 딸리는 자질은 아니라고 말씀드릴 수 있겠습니다. 위로가 되십니까? 중요한 것은, 아름다운 교회를 이루었던 원인이 교회 구성원 하나하나의 자질에 딸린 것이 아니라는 사실입니다. 아름다운 교회를 이루기 위해서는 학력도, 학식도, 교양도, 재산도, 인맥도, 실력도 필요 없습니다. 비록 신통찮은 사람들이 모였을지라도 그들 사이에 어떤 모습을 갖추느냐 하는 것이 더욱 중요합니다. 이 때문에 우리는 지금부터 초대 교회가 아름다운 교회가 될 수 있었던 몇 가지 특징을 찾아봐야만 합니다.

아름다운 교회가 되기 위한 원리들

첫째로, 초대 교회는 하나님을 예배했습니다. 아주 평범한 것 같지만 동시에 아주 중요한 점입니다. 교회는 하나님을 섬기는 곳입니다. 예배를 드리는 곳이라는 뜻만은 아닙니다. 예배는 섬김의 표현입니다. 예배는 그 행위를 통해 예배의 참석자의 진정한 주인이 누군지를 고백하는 것입니다. 하나님을 예배하는 사람은 자신의 주인이 하나님이심을 고백하는 것입니다. 하나님께 예배드리는 공동체가 예배 때만 하나님을 높이고, 그 나머지 부분에서는 자신이 주인이 될 수는 없습니다. 하나님을 예배했다면, 우리는 그 교회의 모든 일과 영역에서 하나님의 뜻이 무엇인지를 여쭤보고, 그분의 뜻을 따라 모든 일을 행해야 할 것입니다. 하나님은 당신을 존중하는 자를 존중하십니다. 당신에게 예배하며, 이를 통해 당신을 주인으로 고백하는 자들의 주인이 되십니다. 그를 참으로 예배하는 자들에게 당신의 뜻이 무엇인지를 알려 주실 것입니다. 요컨대, 아름다운 교회는 하나님이 진정한 주인 되시는 교회를 가리키는 말이라는 것입니다. 하나님이 오직 한 분이시며, 이 교회의 주인이 되시고, 목사와 교인은 하나님과 서로에 대해 하인의 모습이 될 때 비로소 그 교회는 아름다운 교회가 될 수 있다는 뜻입니다. 우리 카셀아름다운교회가 이렇게 하나님이 주인 되시며 모든 예배와 모임과 행사에서 높임을 받는, 하나님 보시기에 아름다운 교회가 되기를 소망합니다.

둘째로, 교제가 있었습니다. 본문 가운데 사도행전 2장 42절에 나오는 교제의 원래 뜻은 '코이노니아', 즉 '나눔'입니다. 이 나눔의 모습을 사도행전 2장 46절에서 '떡을 뗌'과 '음식을 먹는 일'로 표현하고 있습니다. 이것을 사도행전 2장 42절에서 '전혀 힘썼다', 즉 마음을 다해 계속했다고 말했습니다. 먹는 일에 전력했다는 뜻이 아닙니다. 교제를 위해 그렇게 힘썼다는 뜻입니다. 그런데 교제가 무엇이기에 그렇게 전력을 다했다는 것일까요? 어떤 신학자는 '교제'라는 말을 다음과 같이 정리했습니다. "희생적인 사랑의 정신으로 이웃에게 봉사하는 것." 여기에는 이웃의 물질적인 어려움을 도와주는 것과, 또 그들을 위해 기도해 주는 것이 동시에 포함되어 있습니다.

사도행전 2장 42절에 나온 '떡을 떼며 기도하는 일'이 좁은 의미로는 우리 주님의 성찬을 가리킵니다만, 보다 넓은 의미로는 형제 사랑의 구체적인 표현이자 형제 사랑의 가시적인 시작, 즉 성도 간의 교제였다고 보아도 될 것입니다. 여기에서 우리는 교제의 의미를 어느 정도 짐작할 수 있습니다. 서로에 대해 관심을 갖고 그를 위해 기도하며 돕는 행위라는 것이지요. 어쨌든 이처럼 진정한 교제가 이루어지기 위해 반드시 필요한 것이 있습니다. 이웃에 대한 진정한 관심과 사랑입니다. 우리 교회는 예배가 끝난 후 점심 겸 친교의 시간을 갖습니다. 이 시간이 떠들썩하게 먹고 마시는 자리가 되어서는 안 될 것입니다. 먹을 것을 먹는 풍성하고 너그러운 자리에서 내 앞과 옆에 앉은 형제자매의 삶과 생각과 아픔을 들어 보며, 그들을 좋은 말로 격려하고, 위해 기도하는 참교제가 있어야 할 것입니다. 또한 이런 모습으로 우리가 나머지 일주일도 살아갈 수 있다면, 참으로 하나님께서 우리 교회를 아름답다고 말씀하실 것이라 믿습니다.

앞으로 이 문제를 놓고 여러 차례 기회가 나는 대로 말씀드릴 것이기 때문에 이번에는 이쯤에서 마치겠습니다. 어쨌든 저는 지금까지 카셀아름다운교회가 진정으로 아름다운 교회가 되기를 소원했고, 또 아름다운교회가 아름다워지기 위한 기본적인 원리들에 대해 말씀드렸습니다. 부디 이 카셀아름다운교회가 하나님께서 주인 되심을 통해, 또 참으로 사랑에 넘치는 교제를 통해 아름다운 교회가 되어 가기를 소원합니다. 저 역시 그런 교회를 이루어 가는 데 동참하게 된 것을 진심으로 감사하게 생각하며, 제 모든 능력과 성의를 다해 그 일에 조그마한 힘이나마 보태겠습니다.

(2021년 2월 28일 주일 예배 설교)

아름다운 교회를 향하여

행 2:42−47

여러분도 이미 아시다시피, 오늘은 우리 교회가 마지막으로 주일 예배를 드리는 시간입니다. 우리 교회는 1983년 5월 어느 날, 이곳에 거주하던 몇몇 교민들이 정기적으로 예배를 시작하여 지금에 이르렀습니다. 처음에는 다른 여러 지역과 비슷한 이름을 갖고 있었다고 합니다. '카셀 한민교회'. 그리고 어느 시간에 교회에 어려움이 닥치면서 그 뒤까지 남아 있던 몇 사람이 투표를 하여 지금까지 우리가 불러온 '카셀아름다운교회'라는 이름을 갖게 되었습니다. 이제 우리 교회는 그 역사의 막을 내리고자 합니다. 지금 이 시간을 위해 말씀을 전하면서 저는 오래 전, 제가 이 교회로 부임하던 첫날에 전한 설교를 사용하고자 합니다.

아름다운 교회?

… 무엇이 교회를 아름답게 하는 것일까요? 어떤 교회가 아름다운

교회일까요? 우선, '아름답다'라는 말이 어떤 의미인가를 정의하는 것이 쉽지 않습니다. 하나의 기준 주파수가 그것의 배수에 가까운 다른 주파수와 어우러졌을 때, 우리의 귀는 즐거움을 느낀다고 합니다. 여러분이 잘 아시는 화음(和音)을 물리학적으로 표현한 것입니다. 또 사람은 한정된 면이나 공간에서 대칭을 보면서 아름다움을 느끼기도 합니다. 미술에서의 한 관점입니다. 어느 날 이른 아침, 상큼한 공기를 마시면서 정원 앞 나뭇잎에 맺힌 이슬을 보며 아름답다고 느낍니다. 열심히 일하는 사람의 콧잔등에 맺힌 땀방울을 보며 아름다움을 느끼기도 하지요. 이처럼, 아름다움의 개념은 다양합니다.

어쨌든, '아름답다'라는 단어의 뜻을 사전에서 찾아보면, "사물이 보거나 듣기에 좋은 느낌을 가지게 할 만하다", 혹은 "마음에 들게 참되고 훌륭하다"라고 설명하고 있음을 볼 수 있습니다. 그런데 '교회가 아름답다'라는 표현이 말이 되는 표현이라면 '아름다운 교회'는 어떤 교회를 말하는 것일까요? 방금 말씀드린 바와 같이 '아름답다'라는 말이 "사물이 보거나 듣기에 좋은 느낌을 가지게 할 만하다"라는 뜻이라면, 도대체 그 교회는 누가 보거나 듣기에 좋은 느낌을 가져야 하는 것일까요?

창세기 1장의 말씀을 보면, 하나님께서 당신의 뜻을 따라 세상을 일주일 동안 지으신 기록이 나옵니다. 그때, 하나님께서는 당신께서 매일 해 놓으신 일을 보시면서 기뻐하셨습니다. "보시기에 좋았더라" 하는 말이 그 뜻입니다. 앞서 우리가 사전에서 찾은 '아름답다'의 정의, "사물이 보거나 듣기에 좋은 느낌을 가지게 할 만하다"가 바로 여기에 해당됩니다. 다시 말해서 하나님께서는 당신이 이루신 피조물들을 보며 아름답다고 느끼셨다는 것입니다.

간단하게 결론을 말씀드립니다. 하나님께서 느끼시는 아름다움의 가장 기초적인 기준은 '당신의 뜻대로 이루어진 상태'입니다. 세상이, 혹은 어떤 대상이 당신이 만드시려고 작정하신 바로 그대로 이루어지고 존재할 때, 하나님은 그것을 아름답다고 판단하신다는 것입니다. 이렇게 본다면 교회가 아름다워지기 위해, 다시 말해 하나님께서 보실 때 아름다운 교회가 되기 위해서는 다음과 같은 조건이 충족되면 되는 셈입니다. 즉, '교회가 교회다워질 때'입니다. 하나님께서 미리 택하시고 부르신 사람들의 집단을 가리켜 '교회'라고 부릅니다. 하나님께서 이 세상사람 가운데 당신께서 택한 사람을 불러 교회라는 공동체를 만들기 원하셨을 때, 그분의 마음에 계획된 교회의 모습이 있는 것이고, 그 교회가 그런 모습을 갖춰 갈 때 그 교회는 비로소 하나님이 보시기에 '아름다운 교회'가 되는 것입니다.

이 점에 대해서는 한두 시간으로 설명할 수 없습니다. 그러나 오늘 우리가 읽은 본문의 말씀을 중심으로 생각해 보면, 하나님께서 원하시는 교회의 이상적인 모습, 아름다운 교회의 모습을 어느 정도 그려 볼 수 있습니다.

사도행전에 나타난 초대 교회

먼저, 사도행전에 나타나는 교회가 어떤 상황에 있었는지를 말씀드려야겠습니다. 사도행전 4장의 초반을 보면 급격하게 성장하는 기독교회는 이미 당시의 종교 지도자였던 제사장들과 성전 맡은 자와 사두개인들에 의해 주목을 받는 상태였으며, 이 도를 전하는 것을 위협하고 공갈하여 금지하는 움직임이 보다 구체적인 위험으로 다가오는 상황이었습니다. 예수를 믿는다는 이유로 어떤 사람은 집을 뺏기기도 했고, 생업의 터전을 잃기도 했습니다. 어떤 사람은 노예가 되기도 했습니다. 어쩌면 그들은 신앙 때문에 더 많은 것을 잃어야 할는지도 모르는 상황에 놓여 있었던 것입니다.

그럼에도 불구하고 그들은 거의 매일같이 한곳에 모였고, 모이기만 하면 하나님과 그의 아들 예수 그리스도를 찬미하며 한마음으로 기도했습니다. 사도행전 2장 44-45절을 보면 "믿는 사람이 다 함께 있어 모든 물건을 서로 통용하고 또 재산과 소유를 팔아 각 사람의 필요를 따라 나눠 주고"라고 합니다. 그리고 나서 46-47절 전반(前半)은 "날마다 마음을 같이 하여 성전에 모이기를 힘쓰고 집에서 떡을 떼며 기쁨과 순전한 마음으로 음식을 먹고 하나님을 찬미하며…"라고 기록합니다.

자기 재산을 팔아 그 돈으로 그것을 필요로 하는 사람들에게 나누어 주었으며, 그리고 나서는 성전에 모여 한마음으로 기도하고, 또 신자들의 집에 따로 모여 성찬과 애찬을 나누며 하나님께 영광을 돌렸습니다. 그 결과가 다음과 같이 사도행전 4장 34절에 나타납니다. "그중에 핍절한 사람이 없으니…" 바로 이 모습을 보면서 세상 사람들은 교회와 그곳에 모인 교인들을 두려워하기도 하고, 한편으로는 칭찬을 하기도 했다는 것입니다.

그들은 매일같이 한자리에 모여 하나님을 찬미하고, 예배를 드렸으며, 교제를 나누었습니다. 그런데 이들의 교제는 형식적이지 않았습니다. 그리스도인으로서 그들의 사랑은 행동으로써 입증이 됩니다. 누가 시켜서도 아닌데도 불구하고, 마음에 감동이 있는 사람들은 심지어 자신의 재산까지도 팔아 가난한 사람을 돕는 데 사용했습니다. 가난한 자들을 돕는 데는 교회의 안팎에 차별이 없었습니다. 이렇게 하여, 마침내 그들은 가난한 자도 부유한 자도 없는 이상적인 모임을 실현해 내고 말았던 것입니다. 그 모습을 보고 세상의 사람들이 어떻게 해서 이런 일이 일어날 수 있는가 신기해하기도 하고, 칭찬하기도 하며, 두려워하기도 했습니다. 이것이 바로 교회의 시초라고 불리는 예루살렘 교회의 모습이었던 것이지요.

아름다운 교회가 되기 위한 원리들

이제 저는 본문에서 유추할 수 있는 아름다운 교회의 원리를 몇 가지 정리해 보겠습니다.

첫째로, 초대 교회는 하나님을 예배했습니다. 교회는 하나님을 섬기는 곳입니다. 예배는 섬김의 표현입니다. 예배는 그 행위를 통해 예배의 참석자의 진정한 주인이 누군지를 고백하는 것입니다. 하나님께 예배드리는 공동체가 예배 때만 하나님을 높이고, 그 나머지 부분에서는 자신이 주인이 될 수는 없는 법입니다. 하나님을 예배했다면, 우리는 그 교회의 모든 일과 영역에서 하나님의 뜻이 무엇인지를 여쭈어보고, 그분의 뜻을 따라 모든 일을 행해야 할 것입니다.

하나님께서는 당신을 존중하는 자를 존중하십니다. 그를 참으로 예배하는 자들에게 당신의 뜻이 무엇인지를 알려 주실 것입니다. 요컨대, '아름다운 교회'는 하나님이 진정한 주인이 되시는 교회를 가리키는 말이라는 것입니다. 오직 하나님 한 분만이 교회의 주인이 되시고, 목사와 교인은 하나님과 서로에 대해 하인의 모습이 될 때 비로소 그 교회는 아름다운 교회가 될 수 있다는 뜻입니다.

둘째로, 초대 교회에는 교제가 있었습니다. 오늘의 본문 가운데 사도행전 2장 42절에 나오는 교제의 원래 뜻은 '코이노니아', 즉 '나눔'입니다. 이 나눔의 모습을 사도행전 2장 46절에서 '떡을 뗌'과 '음식을 먹는 일'로 표현하고 있습니다. 이것을 사도행전 2장 42절에서 '전혀 힘썼다', 즉 마음을 다해 계속했다고 말했습니다. 이 말은 먹는 일에 전력했다는 뜻이 아닙니다. 교제를 위해 그렇게 힘썼다는 뜻입니다. 그런데 교제가 무엇이기에 그렇게 전력을 다했다는 것일까요? 여기에는 이웃의 물질적인 어려움을 도와주는 것과 또 그들을 위해 기도해 주는 것이 동시에 포함되어 있습니다.

사도행전 2장 42절에 나온 "떡을 떼며 기도하는 일"이 좁은 의미로는 우리 주님의 성찬을 가리킵니다만, 보다 넓은 의미로는 형제 사랑의 구체적인 표현이자 형제 사랑의 가시적인 시작, 즉 성도 간의 교제였다고 봐도 될 것입니다. 여기에서 우리는 교제의 의미를 어느 정도 짐작할 수 있습니다. 서로에 대해 관심을 갖고 그를 위해 기도하며 돕는 행위라는 것이지요. 어쨌든 이러한 진정한 교제가 이루어지기 위해서는 반드시 필요한 것이 있는데, 바로 이웃에 대한 진정한 관심과 사랑입니다. 먹을 것을 먹는 풍성하고 너그러운 자리에서 내 앞과 옆에 앉은 형제자매의 삶과 생각과 아픔을 들어 보며, 그들을 좋은 말로 격려하고 위해 기도하는 참교제가 있어야 합니다. 이런 모습으로 또한 우리가 나머지 일주일도 살아갈 수 있다면, 참으로 하나님께서 우리 교회를 아름답다고 말씀하실 것이라 믿습니다.

거기에 하나님이 계시네

자, 이제 마무리를 하려고 합니다.

여러분, 우리는 물리적으로 카셀아름다운교회, 하나님께서 아름답게 보시는 교회를 만들기 위해 적지 않은 사람이 짧지 않은 기간을 모여 교회를 이루어 왔습니다. 이제 우리 교회의 이름에 담은 우리의 꿈은 사라지는 걸까요? 그렇지 않습니다. 그렇지 않다고 저는 믿습니다.

오래전, 우리 교회는 성찬을 나누면서 오랫동안 교회에 전해져 내려오는 찬송을 불렀습니다. 그 노래의 가사는 이랬습니다. *"ubi caritas et amor, Deus ibi est"* 우리말로 번역하면 이렇습니다. "우리 안에 자비와 사랑이 있네. (거기에) 하나님이 계시네." 네, 하나님은 이리로 오시라고 소리를 질러야 오시는 분이 아닙니다. 그는 거룩하고 전능하신 하나님이시기 때문에 누구의 외침, 심지어 그러한 기도에도 움직이지 않으시는 분입니다. 그러나 우리가 그의 성품, 즉 자비와 사랑으로 서로를 대하면, 바로 그 자리에 이미 와 계시는 분이십니다.

이 찬송이 가진 의미는 아주 깊습니다. 교회는 건물이 있고, 목사가 있고, 교인이 있기 때문에 교회가 아닙니다. 교회가 하나님의 품성을 닮았기에 하나님이 거기 계십니다. 그래서 교회입니다. 이 원리는 우리에게도 적용됩니다. 다시 말해, 비록 우리가 물리적으로 떨어져 있고 함께 예배하지 못할지라도, 그리스도의 사랑으로 서로 사랑하고 용납하며, 그래서 하나님의 성품을 우리 몸으로 드러내 보이면서 산다면, 바로 거기에 하나님이 계시는 거룩한 교회가 존재할 것입니다. 이것이 오늘 제가 여러분에게 드리고 싶은 바람이며 믿음입니다. 어디로 가시든, 무엇을 하시든, 그리스도 예수께서 여러분에게 보이신 성품을 닮아 가십시오. 그럴 때, 바로 거기가 하나님께서 계신 곳이며 하나님의 교회가 될 것입니다.

우리 교회가 지금보다 더 오래 존재했다 하더라도, 제가 이곳에서 더 오래 일할 수 있었다 하더라도, 제가 전하고자 했던 궁극적인 메시지는 바로 이것이었습니다. 교회는 존재를 목적하지 않습니다. 교회는 교회를 이루는 여러분 자신을 교회로 만들고자 존재해 왔습니다. 이제 우리는 물리적인 이별을 경험하겠지만, 교회가 무엇인지를 깨닫고 어느 곳에서나 교회로 살아가시는 우리가 되었으면 합니다. 그렇게 되기를 축복합니다!

저자 홍성훈

한국 교회가 부흥의 불길을 지피기 시작하던 1970년대에 학창 시절을 보내고, 폭발적인 부흥이 지속되던 1980년대에 총신 신학대학원에서 공부했다. 그러나 그 부흥의 시간에 교회가 큰 갈림길 앞에 서 있음을 직감하고, 네덜란드 유학의 길을 떠났다. 거기서 한국 교회가 갈 길을 모색하기 위해, 캄펀 신학원[Theologische Universiteit Kampen(Oudestraat)]과 암스테르담 자유대학(Vrije Universiteit Amsterdam)에서 기독교 윤리학으로 박사학위 과정을 수학했다.

10여 년의 고민 끝에 마침내 하나의 길을 찾았는데, 그것은 책이 아닌 교회였다. 이후 필생의 업으로 삼은 목표는 하나였다. 성경을 통해서 신자를 하나님께로 직접 인도하는 것. 성경을 직접 읽으며 무릎으로 기도하는 가운데 하나님을 개인적으로 체험하는 기독교의 원초적 본질로 돌아가지 않고서는 신자 개인에게도, 조직화되고 권력화되는 종교로서의 교회에도, 더 이상 희망이 없다고 믿었다.

그러한 결론은, 저자를 독일의 한 지역에 힘들게 존재하는 교회로 인도했다. 거기서, 장래에 대한 불안과 꿈을 함께 안고 유학하는 젊은 학생들에게 자신의 삶을 짊어지고 하나님 앞에 홀로 서는 신앙생활을 강조했다. 그러한 메시지는 코로나 사태(COVID-19)에 교회의 예배가 금지되는 상황에서 마지막 적용의 꽃을 피웠고, 유럽에서의 목회 여정은 2022년 마침내 교회가 해산함으로써 막을 내렸다. 2022년 가을, 한국으로 영구 귀국하여 천안에 자리를 잡았으며, 남은 시간을 믿음의 친구들과 함께 삶과 믿음을 나누며 보내고 있다.